同济法学先哲文存

陈盛清集

陈盛清 著
叶英萍 编

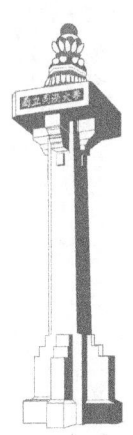

商务印书馆
The Commercial Press

编 委 会

顾　　　问：吕培明　吴广明　雷星晖
策　　　划：吴为民
主　　　编：蒋惠岭
执 行 主 编：徐　钢　陈　颐
编委会成员：(按姓氏笔画排序)

　　　　　　刘志坚　严桂珍　吴为民　陈　颐　金泽刚
　　　　　　夏　凌　徐　钢　高旭军　黄丽勤　曹伊清
　　　　　　蒋晓伟　蒋惠岭

陈盛清教授

(1910—2009)

总 序

同济大学的法科教育,可溯至1914年11月同济大学接收青岛特别高等专门学堂法政科9名学生。1945年9月13日,南京国民政府教育部训令同济大学:"兹为积极培植法律人才,该校自本学年度起成立法学院,并先设法律学系开始招生,仰迅筹办具报,此令。"同月,同济大学发布增设法学院并先添设法律学系布告,筹办法学院,并于当年12月正式开学。

自清末修律以来,近代中国法制变革以日本(清末)、德国(南京国民政府时期)为宗。但在法律教育领域,介绍德国法学者独付阙如。同济大学之外国语文向以德文为主,教育部训令同济大学增设法学院,应是基于上述考量。故此,同济大学法学院之课程及一切设施参照德国法律教育制度,是近代中国法律教育史上唯一一所以德国法为特色的法学院。

同济大学法学院能在近代中国法律教育史上留有一席之地,除了德国法特色外,与法学院在短时期内汇聚了一批国内名家,有莫大的关联。法学院首任院长胡元义教授为南京国民政府教育部第一届部聘教授(第一届部聘教授中唯一的法科教授),民法造诣深厚;继任院长徐道隣教授为德国柏林大学法学博士、一代法学大家;代理院长薛祀光教授为中山大学法学院创始院长,精研债法;代理院长张企泰教授为法国巴黎大学博士,并曾任德国波恩大学及柏林大学法学院研究员。范扬、余群宗、吴岐、俞叔平、顾福漕、刘笃、钱实甫、萧作梁、何远岫、叶叔良、左仞彦、陈盛清、谢怀栻、丘日庆、余鑫如、林诚毅、胡继纯、曹茂良、朱伯康诸教授皆学养深厚、术有专攻、著述不辍，堪称一时之盛。

值此学习贯彻习近平法治思想，开启法治中国建设新征程之际，同济大学法学院奉"同舟共济"之校训，怀"继往"之心，全面整理同济法学先哲著述，纪念同济法学先哲；秉"开来"之愿，勇担"立时代潮头，育法治英才，发思想先声"的历史使命。"同济法学先哲文存"的编辑出版，为同济大学法学院"四分之三世纪再出发"构筑了历史底色，也为全面推进"新法科"建设提供了丰富的先哲智慧。

同济法学先哲，执教同济之先，大抵皆曾掌各名校教席有著誉者；1949年院系调整后，虽散落各方，亦皆曾为新中国法制、法学与法律教育的创建著有功勋。"同济法学先哲文存"的编辑出版，非仅以存同济法学院一院之学，亦拟为中国法学涵化百廿年传统、再创新章略尽绵薄之力。

谨此为序。

"同济法学先哲文存"编委会
二〇二〇年十二月

凡 例

一、"同济法学先哲文存"收录近代同济法学先哲所著，成就斐然、泽被学林的法学文存。入选作品以名作为主，或选录名篇合集。

二、入选著作内容、编次一仍其旧，率以原刊或作者修订、校阅本为底本，参校他本，正其讹误。前人引书，时有省略更改，倘不失原意，则不以原书文字改动引文；如确需校改，则出脚注说明版本依据，以"编者注"或"校者注"形式说明。

三、作者自有其文字风格，各时代均有其语言习惯，可不按现行用法、写法及表现手法改动原文；原书专名（人名、地名、术语）及译名与今不统一者，亦不作改动。如确系作者笔误、排印舛误、数据计算与外文拼写错误等，则予径改。

四、原书为直排繁体，除个别特殊情况，均改作横排简体。原书无标点或仅有简单断句者，增加新式标点；专名号从略。

五、原书篇后注原则上移作脚注，双行夹注改为单行夹注。文献著录则从其原貌，稍加统一。

六、原书因年代久远而字迹模糊或纸页残缺者，据所缺字数用"□"表示；字数难以确定者，则用"（下缺）"表示。

目　录

五五宪草释论 ………………………………………… 1

公证法要论 …………………………………………… 267

宪法要义 ……………………………………………… 429

论　文 ………………………………………………… 593
　一个《农村债务调解法》的建议 ……………………… 595
　法律是恋爱的藩篱 …………………………………… 601
　抗战期内的司法 ……………………………………… 614
　抗战建国与惩治贪污 ………………………………… 627
　战后的婚姻问题 ……………………………………… 638
　战时的民事诉讼——《非常时期民事诉讼补充条例》述评 …… 650
　战时的刑事诉讼——《非常时期刑事诉讼补充条例》述评 …… 667
　论乡镇民代表会 ……………………………………… 685
　论县市参议会 ………………………………………… 697
　厉行法治惩治贪污 …………………………………… 710
　我国调解制度 ………………………………………… 716
　抗战七年来之法律 …………………………………… 723
　论特种刑事案件诉讼程序 …………………………… 728
　战后关于婚姻的法律问题 …………………………… 742

战后关于亲子的法律问题 ………………………………… 752
战后继承问题 …………………………………………………… 759
抗战七年来之法律学 …………………………………………… 771
战后民事上的时效问题 ………………………………………… 786
战后关于土地的法律问题 ……………………………………… 791
战后债务问题 …………………………………………………… 801
战后租赁问题 …………………………………………………… 811
关于汉奸的审判 ………………………………………………… 823
论司法院大法官会议之解释权 ………………………………… 825
怎样读"法律学系" …………………………………………… 839
读李达编的《中华人民共和国宪法讲话》 …………………… 845
关于法在历史发展中的继承性问题 …………………………… 849
论孙中山的"五权宪法"思想 ………………………………… 859
法律教育古今谈——兼论解放思想广开学路 ………………… 874
论孙中山的法律思想 …………………………………………… 883
论新《宪法》的指导思想 ……………………………………… 890
论法制史的比较研究 …………………………………………… 897
论中国历代官吏考核奖惩制度 ………………………………… 904
论民法与预防犯罪——民法是防止人民内部矛盾激化、预防犯罪、搞好综合治理的重要工具 ………………………………… 915
论法学教育的改革 ……………………………………………… 923
关于法史学观念更新的思考 …………………………………… 934
包拯的儒法兼容 ………………………………………………… 945

编后记 …………………………………………………………… 956

五五宪草释论

弁　言

一、本书系就民国二十六年五月八日，国民政府修正宣布之《中华民国宪法草案》，即一般所谓《五五宪草》（原公布期为民国二十五年五月五日，故称《五五宪草》），释论其要略，藉供国民大会制宪前国人研究宪草之一助。

二、本书凡分前论、本论、后论三编：前论部分说明《宪草》的由来、渊源及其议订经过；后论部分综合《宪草》全文，研究其特色、批判其内容，并就其是否能与抗战后所新发生的事实与经验相适应，论其大概；本论部分则将《宪草》全文逐条解释，并于各章各节之前，有"本章总释"，系统的解释各该章法文内容；有"本节总释"，系统的解释各该节法文内容，俾读者于探讨各该章节法文之前，先有系统的概念。

三、本书仓卒完稿，且于批判《宪草》之处，不无与时人意见略有出入，著者自惭谫陋，谬误难免，幸祈读者高明有以指正！

四、本书初稿完成于民国二十九年五月间，嗣以是年十一月十二日原拟召开之国民大会，明令展期，本书才展缓付梓。[①] 现值中央发动全

[①] 1939 年，在中共和各民主党派的推动下，全国掀起民主宪政运动的热潮，国民党政府迫于压力，也表示"企求宪政之早日实现"，并宣布于 1940 年 11 月召开国民大会制定宪法。但最终，国民党当局于 1940 年 9 月宣布受战局影响，无法如期召开国大，直到 1946 年 11 月才召开单方面的所谓"制宪国大"。——编者注

国研究《五五宪草》，著者不揣浅陋，重加增订，谨以献呈国人，并预祝将来我国划时代的制宪工作成功！

民国三十二年十一月十二日于独石桥立法院

目 录

弁言

第一编　前论

　第一章　《五五宪草》的由来

　　一、中国国民党与宪政运动

　　二、宪政运动与《五五宪草》

　　三、《五五宪草》与实施宪政

　第二章　《五五宪草》议订经过

　　一、前期——完成初稿时期

　　二、后期——完成草案时期

　第三章　《五五宪草》的渊源

　　一、建国程序

　　二、建国主义

　　三、建国制度

第二编　本论

　宪草前文

　第一章　总纲

　第二章　人民之权利与义务

　第三章　国民大会

第四章　中央政府
　第一节　总统
　第二节　行政院
　第三节　立法院
　第四节　司法院
　第五节　考试院
　第六节　监察院
第五章　地方制度
　第一节　省
　第二节　县
　第三节　市
第六章　国民经济
第七章　教育
第八章　宪法之施行及修正
第三编　后论
第一章　《五五宪草》的特色
　一、三民主义共和国的国体
　二、政权机关的国民大会
　三、治权机关的各院政制
　四、总统实权制的元首
　五、均权制度的中央与地方
　六、民生主义的经济制度
　七、实施宪政的过渡条款
　八、刚性宪法的修改与解释
第二章　《五五宪草》的批评

一、国民大会要不要常任机关

二、五权制度应该怎样规定

三、中央与地方究竟怎样均权

四、妇女在宪法上应有的地位

五、经济与教育两章应否取销

六、宪法的解释应否另设机关

第三章 《五五宪草》与抗战建国

一、主权与领土问题

二、人民权利义务问题

三、总统职权问题

四、五院政制问题

五、加强省政问题

六、经济与教育问题

附录①

一、国民大会组织法

二、国民大会代表选举法

---

① 受篇幅所限，本文集在收录《五五宪草释论》时，将附录部分省略。——编者注

第一编 前论

第一章 《五五宪草》的由来

"中华民国宪法草案",在中国的制宪史上,虽然先后曾有过三次,无疑的,我们这所谓"宪法草案",是指民国二十六年五月八日国民政府修正宣布的《中华民国宪法草案》即现在的《五五宪法草案》(原公布期为民国二十五年五月五日)而言,绝不是民国二年的所谓《天坛宪法草案》,更不是民国八年的《中华民国宪法草案》,那些宪法草案,只是历史上的陈物,不值得我们此刻再去注意了。

我们要在"抗战胜利接近之日,完成建国工作未竟之功",就得遵照总裁[①]训示,完成训政,促进宪政;我们要在艰难困苦的抗战中,在训政工作尚未告竣的时候,促成宪政,就得研讨国民政府宣布,经立法院集合全国法律学者,根据《建国大纲》及训政成绩慎重起草,初稿完成后,又公开征求民意,根据民意屡加修改,因而制定的《五五宪草》;我们要根究《五五宪草》,便得探索一下若干年来的宪政运动;我们要探索宪政运动,更得推出中国国民党对于宪政运动的努力和目的。因此,本章关于《五五宪草》的由来,我们得分三节来加以说明:(一)中国国民党与宪政运动;(二)宪政运动与《五五宪草》;(三)《五五宪草》与实施宪政。

---

① 指中国国民党总裁蒋介石。——编者注

一、中国国民党与宪政运动

中国国民党,是我国首倡民主立宪的革命党,本党的全部革命史,也可以说是中国的宪政运动史。国父即本党总理①数十年如一日的革命,和本党总裁坚苦卓绝继续不断的奋斗,以及本党无数先烈前仆后继百折不回的牺牲,就是要实施五权宪法,完成三民主义的建设。这里,我们可以从三点来说:

首先,我们说明,实施宪政,是中国国民党的革命目的。怎样说实施宪政是中国国民党的革命目的呢?我们可以从本党文献和总理遗教中去探求。

(一)从本党文献来说明实施宪政是中国国民党的革命目的。实施宪政,是中国国民党的革命主要目的之一,在本党早年的文献里便已明白宣露了——一八九五年,即民国纪元前十八年,《香港兴中会宣言》:"民为邦本,本固邦宁。"一九〇五年,即纪元前七年,《中国同盟会宣言》布告天下,主张"建立民国"——"凡我国民皆平等、皆有参政权,大总统由国民共举;议会以国民公举之议员构成之,制定中华民国宪法,人人共守。"一九一一年,即民国纪元前一年,《中国同盟会本部宣言》:"盖天下公器,人权式尊,政之所繇,民实畀之。大道之行,不可以界,天命惟民,古训是则,东西宁有异哉?"民国元年,《国民党组党宣言》:"共和之制,国民为国主体;吾人于使人不忘其义也,故颜其名曰国民党。党有宗旨,所以定众志。吾党以求完成共和立宪政治为志者也。故明其义曰:'巩固共和,实行平民政治。'"同年,《国民党宣言》:"吾党主张将来宪法上

---

① 指中国国民党总理、中国革命的先行者孙中山。——编者注

采用责任内阁制，并主张正式政府由政党组织，内阁实负责任。"因此，民元国会议员中，国民党占了绝对多数。嗣后袁世凯毁弃《约法》、解散国会，本党总理更以大义号召全国，揭起"护法"的旗帜，孤军奋斗，矢志不移。虽崎岖岭表，而未尝忘却讨伐毁法乱纪的军阀政客。这些都无非是为的要实施宪政，完成中国国民党的革命目的罢了。

（二）从国父遗教来说明实施宪政是中国国民党的革命目的。中国国民党是以奉行国父遗教为职志的。国父所手创的民权主义，是最进步的民主政治思想：他主张于间接民权之外，复行直接民权；又指出革命民权与天赋人权殊科。国父所手创的五权宪法，是最完美的宪政制度：他把权和能分开，使人民有权、政府有能。但是四种直接民权——选举权、罢免权、创制权、复决权之行使，有待于训练，革命民权有待于鉴别与培养，而整个民权之运用，亦有待于民权初步之学习与地方自治的建设。所以要达成民权主义的民主政治、五权宪法的宪政制度，必须经过《建国大纲》所规定的军政和训政二时期。民国十三年冬，国父扶病北上时，曾主张召开"国民会议"，解决国是，即是欲全国澈底的实施《建国大纲》。不幸当时的执政者未予赞助，竟令他赍志以殁，到了临终以前，尚谆谆以召"开国民会议"之嘱，未能忘怀于宪政运动和民主政治，这自然更足以证明实施宪政是中国国民党的革命目的了。

复次，我们说明：中国国民党是以革命手段来达到宪政目的的。因为一个国家要实施宪政，必具备对外独立和对内统一两个条件：《北美合众国宪法》的颁布，是在一七八九年独立战争胜利以后，这是前者之例；法国宪政的名副其实，是在一八七五年第三次共和以后，这是后者之例。所以中国国民党在辛亥革命以前，绝不向清廷乞怜，要求宪政，并且反对与虎谋皮似的宪政运动。当端方等五大臣出洋考察宪政的时候，党中先烈吴樾已抛出反对君主立宪的炸弹；当一般士大夫和议员代表向着清廷请求早开国会的时候，党中同志在国父领导之下，已发动了许多次革命，明年更在武昌展开了革命大业。这时代的需要是革命，由革命的手段求取对外的独立和对内统一，以达成宪政的目的。如果将本党整个的革命史当作宪政运动史来看，那么，辛亥革命仅仅是奠定了宪政的基础，……唯有对内统一，才能增强实施宪政的可能性；唯有对外独立，才能说得上实施真正的宪政。而对内的统一与对外的独立，又必须以革命的手段才能达到，所以中国国民党是以革命的手段达成宪政目的的。

再其次，我们说明：中国国民党促进宪政的程序。实施宪政，不是一蹴而可就的，中国国民党促进宪政的程序，分做军政、训政和宪政三个时期。一九〇五年即纪元前七年，《中国同盟会宣言》里，便已提出了所谓"军法之治、约法之治和宪法之治"。民国三年《中华革命党宣言》："认为本党党员，协力同心，共图三次革命，迄于革命成功，宪法颁布，国基确定时，均由吾党员负责。"民国十二年，国父著《中国革命史》，于革命之方略定下军政、训政、宪政三个时期的规模。到了民国十三年，更具体的制成革命的宪法——《建国大纲》："分革命建设为军政、训政、宪政之三时期，期于循序渐进，以完成革命之工作。""积十三年痛苦之经验，当知所谓人民权利与人民幸福，当务其实，不当徒袭其名。傥能依《建国大纲》以行，则军政时代已能肃清反侧，训政时代已能扶植民治；虽无宪政之名，而人民所得权利与幸福，已非借宪法而行专政者所可同日而语。且由此以至宪政时期，所历者皆为坦途，无颠蹶之虑。"这是痛苦经验的教训，是革命的需要，是时代的要求，是到宪政之路。

本于这个实施宪政的程序，中国国民党于民国十三年《第一次全国代表大会宣言》，肯定地指出以党治国："至于既取得政权树立政府之时，为制止国内反革命运动及各国帝国主义压制吾国民众胜利的阴谋，芟除实行国民党主义之一切障碍，更应以党为掌握政权之中枢；盖唯有组织有权威之党，乃为革命的民众之本据，能为全国国民尽此忠实之义务故耳。"北伐完成后，于民国十八年《第三次全国代表大会宣言》，又曾向全国提出要求："愿全国国民于此训政开始时期，依照国父所著之《建国大纲》，予本党以效忠宣力之赞助，课本党以效忠宣力之责任，举国一致，勇往直前，以努力于国民革命之完成。"于此可见中国国民党的党治与训政，是曾经公开昭示全国，并且是有计划而负责任的，走向实施宪政的大路而前进的。中国国民党为实践国父临终时召开国民会议的遗嘱，并向国民报告治绩起见，曾于民国二十年五月五日举行国民会议："将一切建国根本问题，恳切开陈于全国国民，用期齐一全国国民之心志，集中全国国民之力量，以立民治民有民享之基础，而明本党执政期间之责任。"同时又制定了《训政时期约法》，使宪政精神更有寄托，而易于贯澈。所谓六年训政的计划，便是为了实施宪政而定下了的。

二、宪政运动与《五五宪草》

自从民国十七年七月，国民政府统一全国，即实施训政筹备自治，以期宪政的开始，故于民国十八年六月，中国国民党第三届第二次全体中央执行委员会议，遵照总理革命方略和《建国大纲》的遗教，决议：规定训政时期为六年，至民国二十四年完成。这种决议，与《同盟会宣言》所定三年完成县自治，全国平定后六年制定宪法的期限，是大致相符合的。但因北伐完成后，内乱频仍，训政工作，未易着手措办，训政开始后数年，而训政的成绩，距离宪政的实施，还是遥远的很。民国二十年"九一八"国难猝发，国人奔走呼号，群谋救亡图存，党内外遂多结束训政，开放政权，实施宪政之议：

民国二十年冬，中国国民党第四届第一次全体中央执行委员会开会

于首都,中央执行委员孙科等提出《国民代表会大纲》,列举五项:

(一)甲,国民代表会由每省职业团体共举代表十人组织之;乙,特别市及未设省之蒙藏,等于省。

(二)宪政未实现以前,国民代表会为民意代表机关,关于内政外交之重要事项,须得其同意。

(三)国民代表会筹备宪政进行事宜。

(四)国民代表会选举若干人为立法院监察院委员,其名额以全院委员之半数为准。

(五)第四项之候选人,不限于国民代表。

同时,中央委员李烈钧、张知本等十余人,亦提出《缩短训政时期,进入宪政时期案》,其办法如次:

(一)于六个月内,设立国民大会;

(二)国民大会筹备会人员,由人民选出之;

(三)国民大会筹备会之责任,除筹备各项事务外,并须拟订国民大会代表选举法及施行细则;

(四)国民大会筹备会设立后,于一年内开国民大会,决定国是。

此外,尚有何委员香凝提《政治公开,由人民组织监政委员会案》、杨委员庶堪等提《缩短训政速行宪政案》。经全会主席团提出,并案讨论,当经决议:"应从速限期完成地方自治,筹备召集国民代表机关,交中央常会遵照《建国大纲》妥速议定办法。"当强敌侵陵,国难严重,不独党外的爱国志士有促进宪政的运动,而且党内中央委员,亦多缩短训政的提议,由此已可概见。

民国二十一年四月七日,国民政府遵照中国国民党第四届第一次全体中央执行委员会的决议,召集国难会议于洛阳,讨论御侮、救灾、绥靖各事宜。当时有出席会员杨端六等提议《设立中央民意机关案》,主张政府应该如期结束训政,召集国民大会,制定宪法;又陈书农等提议《于最短期间,召集国民代表大会案》、马良等提《实施民治,促成宪政,以纾国难案》、胡廷銮等提《速开国民大会,进行制宪案》、褚辅成等提《顺应民意,迅施宪政,以求一致御侮案》、高阳等提《限期召集制宪会议,实施宪政案》、叶夏声等提《请政府召集国民大会案》、宋渊源等提《制宪救国,即召集国民大会主持实行案》、王晓籁等提《对内结束训政,即日实施宪政案》、林学衡等提《请国民党召集第五次全国代表大会,讨论缩短训政,筹备宪政案》,张耀曾等未出席会议,亦电请筹备宪政,限八个月内,制定民主主义的宪法宣布之。以上各案,经御侮审查委员会汇总审核,认为讨论的焦点有四:

(一) 国民代表大会(或国民制宪会议)的成立时期;

(二) 国民代表大会的召集方法;

(三) 宪法起草方法;

(四) 国民代表大会未成立前,应否设立民意机关?其组织及职权又应如何?

接着,于第四次会议,决议原则四项:

(一) 政府应切实办理地方自治,如期结束训政;

（二）宪政未实施以前，提前设立中央民意机关，定名为国民代表会；

（三）国民代表会有议决下列各事项之权：甲、预算决算，乙、国债，丙、重要条约；

（四）国民代表会之组织、代表之额数，及其成立时期，交审查委员会审议后，提下次大会讨论。

同时又于第五次会议，决议具体方案二项：

（一）国民代表会，由各大都市职业团体、海外华侨，及各省区地方人民选出之代表三百人以上组织之；

（二）国民代表会应于民国二十一年十月十日以前成立，在国民代表会未开会前，政府应依据上列原则，修正国民政府组织法。

因此，民国二十一年十二月，中国国民党第四届中央执行委员会开第三次全体会议，中央常务委员会提出《定期召集国民参政会，并规定组织要点案》，经决议照原案通过。又孙科等二十七委员提《集中国力，挽救危亡案》，亦经决议修正通过。原决议案中，关于宪政的准备，分为三项：

（一）为集中民族力量，澈底抵抗外患，挽救危亡，应于最近期间，积极遵行《建国大纲》所规定的地方自治工作，以继续进行宪政开始之准备；

（二）拟定民国二十四年三月，开国民大会，议决宪法，并决定颁布日期；

（三）立法院应速起草宪法草案发表之，以备国人之研讨。

立法院本于前项决议，旋即着手起草宪法，并完成宪法草案，因此我们可以说，《五五宪草》是实施宪政的张本，同时也是宪政运动的结晶品，既经合法制定，自然有其合法性在，不容我们今日借口其他理由，存根本推翻之念的。

三、《五五宪草》与实施宪政

本来，中国国民党为实践六年训政的诺言起见，于民国二十四年《第五次全国代表大会宣言》里，规定"国民大会须于二十五年以内召集之；宪法草案并须悉心修订，俾益臻于完善"。《中华民国宪法草案》即于民国二十五年五月五日，由国民政府正式宣布，是年并公布《国民大会组织法》及《国民代表选举法》，开始筹备选举，展期至民国二十六年秋完成，期于同年十一月十二日在南京召开国民大会，公布《宪法》，开始实行宪政。不图"七七事变"爆发，抗战军兴，全国上下，集中精力于救亡图存，国民大会之召集遂因之而延缓。民国二十七年二月中国国民党召开临时全国代表大会于武汉，通过《中国国民党抗战建国纲领》，又本于大会的决议，于同年七月七日在汉口召集国民参政会，集思广益，延揽各方人才，参与国事。民国二十八年，国民参政会第一届第四次大会通过中国国民党党员孔庚等五十九人"请政府定期召开国民大会，公布宪法，实施宪政"的提案。同年十一月，中国国民党第五届中央执行委员会第六次全体会议，复决议于民国二十九年十一月十二日召开国民大会。嗣于是年九月十八日五届第一五七次常会，以各地交通因受战事影响，颇多不便，如依原限召集，不无重大困难，并经国民参政会之要求，展期至战后再行召集。经详细考虑，认为国民大会之召集日期，应俟另行决定。至一切未完选举事宜，仍应由政府责成国民大会选举事务所积极办理。所有关于会场建筑等事宜，并应特设国民大会筹备委员会负责主持。该项决议，经于是年九月二十六日由国民政府通令全国。国民大会之召开，虽以日寇侵略，迭遭梗阻，唯于实施宪政之基础工作，如中央及省市民意机关之建立、地方自治工作之推进及地方民意机关之建立等，则仍照常进行，绝未以抗战而稍形松懈。民国三十二年九月八日，五届十一中全会通过关于宪政总报告之决议案：（一）全国党政各机关，除后方各省应就原有基础加紧推行地方自治之工作外，今后随各地之恢复，应积极辅导各该地人民加速完成地方自治及职业团体组织，确立宪政之基础，并以为复员建国之中心工作。（二）国民政府于战争结束后一年内，召集国民大会制定宪法而颁布之，并由国民大会决定施行日期。（三）凡前次产生之国民大会代表，除因背叛国家或死亡及因他故而丧失其资格者外，一律有效。前次选举未竣或未及举办选举之各区与各职业团体，均应依法补选，至迟于国民大会召集之前三个月办理完竣。（四）关于筹备国民大会及开始实施宪政各项应有之准备，由政府督促主管机关负责办理。中央本此决议，因于国防最高委员会设置宪政协进会，网罗党内外人士，从事宪政实施的协进工作。

　　在抗战结束后一年内，召集国民大会，制定宪法而颁布之，并决定其施行日期，实施宪政。制定宪法，既然是实施宪政的先决条件，因此我们就不得不考虑到《五五宪草》的合法性了。国民政府于民国二十六年五月八日修正宣布的宪法草案即《五五宪法草案》，系立法院依照法定手续，集合全国公法学者，竭两三年之努力起草而成，其内容采撷世界各国宪法的精英，针对我国国情，堪称世界各国宪法中的后起之秀。初稿完成后，又在六个月之内，公开征求全国人民的意见，然后由中国国民党中央执行委员会详加研讨，尽量容纳全国人民的意见，定为草案，送国民政府宣布。无论就法理上与技术上说，皆不容轻易修改；纵使情势推移，间或有应行修正之处，亦只能各本所见，向政府建议，由政府斟酌采纳，提送国民大会。而且，关于宪法，还得有两点的认识：

（一）中华民国的宪法，必然是三民主义的宪法，这是由于开国以来历史的演进，尤其是抗战以来确定三民主义为建国之最高准绳这一段历史的演进所决定了的。

（二）中华民国的宪法，必然是五权宪法的典型。因为五权宪法是根据中西学理，用长舍短的一种最完善、最适合中国国情的制度，是总理在政治制度上的伟大的发明，不容任意推翻、徒滋纷扰的。

实施宪政，固然需要有良好的宪法，但是要发挥宪政的精神，必须建筑良好的政治的社会的基础，否则"徒法不能以自行"的。所谓实施宪政必须具备的政治的社会的基础是什么？在我国就莫过于地方自治的完成。总裁说："地方自治是政治建设之初步，也就是三民主义的国家建设的基本。"又说："地方自治各种事业，都是救亡复兴，完成革命，最基本的任务。"可见各县市地方自治如果没有切实办好，收到成效，纵然请了法律专家，闭门造车的制定了宪法，实际上还是丝毫无补于宪政的。总裁说："实施宪政的功效，不在于宪法的条文和形式，而在于具备宪治的精神。"其意义盖即在此。因此，中国国民党第五届中央执行委员会第六次全体会议的宣言里，一方面规定召开国民大会，一方面又规定加紧县政建设，说：

> 吾国近年国力衰弱民力散漫之现象，推其本源，实由忽略国父革命程序"以县为自治单位"之精义，与地方自治开始实行法之规定，因而筹备自治，未彰其实效。一切政治建设，既未能确奠其基

础,而组织民众训练民众之工作,遂未由推进。抗战既起,此种缺陷,更见显著,中央爰于二十九年九月,有县各级组织纲要之颁布,期使管教养卫各事项,逐层贯注,由当地人民自身之努力,谋地方事业确实之推进,而以训练合格之人员,配于县区乡镇,以为实际之辅导,于督劝民权之中,收培植民权之效。本会议认为此一法案,乃实行宪政真实之保障,为使中国造成近代国家必由之途径。不唯后方各省,应当全力进行,即战区各地,亦宜排除万难,普遍推动。……由此而实施宪政,乃能使国基巩固,而五十余年来本党革命先烈与全国同胞为建立民国之牺牲奋斗,始不陷于空虚,国家人民久远之福利,亦必造端于此。

最后,我们关于"实施宪政"和"结束训政",还得补充几句话。固然,"早日实施宪政,正是我们革命的目的,并不违反本党的政策,同时,也唯有真正努力于训练人民的工作,才足以确实奠定我们宪治的基础,所以我们一方面要求实施宪政,一方面要在宪法颁布以后,继续推行训政未完的工作。""促成宪政和实施宪政,不但不相妨害,而且是相需相成。""训政工作,不仅在训政时期要积极推行,而宪政也不一定要训政完全结束之日才开始,这是从国父遗教的精神中间,大家都能体会得出来的。"用总裁给予我们的训示来解释和说明,自然是最确当不过的了。明乎此,不但不会把"实施宪政"和"结束训政"并为一谈,而且再也不会把"实施宪政"和"结束党治"连带起来说了吧?

本章参考资料:

(一)谢振民编著:《中华民国立法史》第二八九页至第二九七页及第三五七页至第三九五页。

（二）吴经熊、黄公觉:《中国制宪史》第一章。

（三）王世杰、钱端升:《比较宪法》下册第六编。

（四）中央训练团党政训练班第六期小组讨论会总结论《国民对于实施宪政应有之认识与本党应有之努力》第一二三页至第一三六页。

（五）蒋议长在国民参政会第一届第四届会议训词《国民对于实施宪政应有的认识》。

（六）《中国国民党第五届六中全会宣言》。

（七）许孝炎:《中国国民党与宪政》(《时代精神》第一卷第四期)。

（八）胡梦华:《宪政运动与宪政精神》(《时代精神》第一卷第五期)。

（九）潘公展:《训政宪政与宪法》(《时代精神》第一卷第四期)。

（十）潘公展:《宪政民主与三民主义》(《时代精神》第一卷第五期)。

（十一）《总理全集》。

（十二）《总裁言论》。

（十三）中宣部《宪政建设决议案》。

（十四）《中国国民党第五届中央执行委员会第十一次全会关于实施宪政总报告之决议案》。

第二章 《五五宪草》议订经过

立法院遵奉中国国民党四届三中全会的决议①，自民国二十二年一月，孙科就任立法院院长时起，即组织宪法草案起草委员会，积极进行、不遗余力，连最后一次《五五宪草》的修正计算在内，可以说为时四载，稿凡八易②，其审慎周详、字斟句酌，可想而知。为什么宪法草案的议订要费时如此之久、易稿如此之多呢？孙院长于此，列举制宪困难三点③：

（一）五权宪法是总理的遗教，起草宪法自当据为宪政制度的唯一

---

① 参照本书前论第一章。
② 1. 吴稿。条文二百十四条，民国二十二年六月八日发表。此乃根据起草原则二十五点起草。
　2. 主稿七委员初步草案。条文一百六十六条，未经发表，此系根据吴稿酌加修正，不分章节。
　3. 初稿。条文一百六十条，民国二十三年二月二十八日宪委会通过，同年三月一日发表，此系根据初步草案审议修正。
　4. 初稿审查修正案。条文一百八十八条，民国二十三年七月九日发表，此系根据初稿及各方意见，审查修正。
　5. 草案。条文一百七十八条，民国二十三年十月十六日立法院会议三读通过，此系根据初稿审查修正案讨论修正。
　6. 草案修正案。条文一百五十条，民国二十四年十月二十五日立法院会议三读通过，此系根据中央决定原则五点修正。
　7. 草案二次修正案，即《五五宪草》。条文一百四十八条，民国二十五年五月一日立法院会议三读通过，同月五日国民政府明令宣布，此系根据审议意见二十三点，讨论修正。
　8. 草案三次修正案即现在的《五五宪草》。条文一百四十七条，民国二十六年五月一日立法院依中常会决议案修正通过，同月八日国民政府宣布。
③ 孙院长：《立法院议订宪法草案经过概略》。

准绳,但此种特创的制度,各国尚无先例足资借镜。要想应因环境,充实遗教所诏示我们的各大原则,而期其折衷至当,那就不得不从长计议了。

(二)总理《建国方略》关于建国的步骤,定为军政、训政、宪政三时期,原应该循序渐进,以底于完满境域的。现在训政工作尚未澈底完成,徒以迫于目前事态,才提早开始宪政。那么宪法草案中就不能不顾及此种缺陷,俾使宪法实施以后,仍由民选政府领导人民,完成自治大业,以竟训政未完的功效。这样,宪法草案应该对于正常的宪政与过渡时期的宪政,兼筹并顾,不容偏废,怎么能不从长计议呢?

(三)立宪是国家的百年大计,凡属国人,无不切肤相关,立法院于起草的时候,自应博咨周询,广罗众议,俾使法文的规定与民众的实际需要深相契合,才不致稍涉玄虚,窒碍难行。不过众议纷繁,或者不明了中央提早开始宪政的用意,或者怀疑到五权制度实际运用的不便,其为具体的建议之主张,自极左以至极右,往往一事而列说竟至数十,衡量取舍,颇费周章,自然更得从长计议了。

综合以观,立法院议订宪法草案,一方面不能背离国父遗教,一方面又应适切于时代环境的需要,审慎周详、字斟句酌,那自然是意料中事。我们回顾一下立法院议订宪法草案的经过,可分为前后两期:前期是立法院与全国民众共同研究的时期,也是完成初稿的时期;后期是立法院与中央方面共同研究的时期,也是完成草案的时期。兹分别述其梗概于次。

一、前期——完成初稿时期

前期自民国二十二年一月,立法院宪法草案起草委员会组织成立之时起,至二十三年十月第一次草案完成之日止,是完成初稿时期。其中经过,又可分为五期:

（一）研究原则及最初属稿时期。先由院长指派立法委员四十人，组织宪法草案起草委员会，并指定委员吴经熊、张知本二人为副委员长。该会成立后，自二月九日至四月二十七日，先后开会十二次，就宪法中应行规定各端，分别提出研究。经决定起草原则二十五点：

（1）中华民国为三民主义共和国。

（2）领土采概括式，又领土非经国民大会议决，不得变更。

（3）中华民国主权，属于国民全体。

（4）中华民国国旗，定为红地左上角青天白日。

（5）中华民国国民，无男女、种族、宗教、阶级、职业之区别，在法律上一律平等。

（6）中华民国国民，有依法律行使选举、罢免、创制、复决之权。

（7）人民有身体、迁徙、居住、言论、著作、信仰、结社、集会等自由。

（8）人民有纳税、服兵役、服公务之义务。

（9）国民大会由每县或其同等区域选出代表一人组织之。其代表之选举，应以普通、平等、直接之方法行之。

（10）凡国民年满二十岁者，有选举代表权，年满三十岁经考试及格者，有被选举代表权。

（11）国民大会，每三年开会一次，会期为一个月，必要时得召集临时会。

（12）国民大会之职权，有选举或罢免中央重要官员之权，有复决及创制法律之权，有修改宪法之权，有核批各院报告之权。

（13）关于中央事项，采列举式。

（14）关于地方事项，采概括式。

（15）设总统及副总统，由国民大会选举，军人非退职后，不得当选总统。

（16）总统为国家元首，不直接负行政责任。

（17）行政院长，由总统经立法院之同意任免。

（18）考试、司法两院院长及立法委员、监察委员，由国民大会选举，立法院长与监察院长，由各该院委员互选。

（19）司法行政隶属于司法院。

（20）总统任期六年，不得连任，司法、考试两院院长暨立委、监委，任期均为三年。

（21）立委名额，不得过二百，监委不得过五十。

（22）省毋须制定省宪。

（23）省应采省长制，省长以民选为原则；但在未完成自治之前，暂由中央任命。

（24）省设参议会、省政府、省民代表会。

（25）县制遵照《总理遗教》起草，不另定原则。

同时，并推定吴经熊、张知本、马寅初、焦易堂、陈肇英、傅秉常、吴尚鹰七人为宪法草案初稿之主稿委员，又推吴经熊担任最初之起草工作。一面由立法院分函海内名流，并刊登告白，征求各界对于制宪之意见，并呈请国府通饬各级地方，分别组设宪法草案研究会，将研究结果拟具意见，送立法院参考。吴经熊所拟初步稿件，于六月初起稿完毕，凡五编二百一十四条。该稿即由吴氏以个人名义，先行发表，俾各方得以集中其研究之目标，而作具体的批评与主张。是为"吴拟宪草初稿"。

（二）主稿委员共同审查时期。立法院于吴稿发表之先后，陆续收到各方意见及论评，约有二百余件。主稿委员即于二十二年八月三十一日起,至十一月十六日止,先后开会十八次,就吴稿逐条讨论,审择各方意见,酌加修正。是为七委员共同起草的"初步草案",凡十章一百六十六条,不复分编。

（三）初稿起草时期。前项主稿人"初步草案",旋经提出宪法草案起草委员会公共审议,自二十二年十一月三十日起,至二十三年二月二十三日止,接续举行会议十一次,而正式的《宪法草案初稿》,遂以完成。全稿仍分十章,删减为一百六十条。三月一日即将该稿刊布报端,并广为印送,正式征求国人之意见。

（四）初稿审查修正时期。初稿完成后,宪法草案起草委员会即经结束,由院长另派委员傅秉常等三十六人为审查委员,先将各方意见分别整理,借为修改初稿的张本。是项整理工作,由审查委员会推定委员傅秉常、林彬、陶履谦三人主持之。计自初稿刊布后至二十三年五月十八日止,立法院收到的各方意见,共为二百八十一件。均经逐一审查,摘录要点,分别附入初稿相当条文之末,汇印成册,以便参考。审查会于意见整理完毕后,即分组研究,予以归纳。自六月十三日起开始讨论,先后开会九次。于同月二十九日将初稿逐条审查修正完毕,是为初稿审查修正案,全文共计一百八十八条,分列十二章。立法院为使国人明了广纳众见之赤诚,及更求精进起见,是项修正案仍于七月九日送登各报披露。

（五）第一次草案完成时期。初稿审查修正案公刊后,各方论评仅得二十七件,且其中同情于该案之所定者亦复不少,足证草案内容与社会意见,已渐趋一致。修正案于二十三年九月十四日提出立法院第三届第六十六次会议讨论,至十月十六日第七十四次会议止,先后开会八次,三读程序完毕,是为立法院第一次议订的草案。全文仍分十二章,凡一百七十八条。该草案当经呈报国府,转送中央审核,至此,立法院起草工作遂告一段落。

自从初稿属稿,以迄草案的完成,稿凡五易,其间更易颇多,我们不必再将此五次稿的异同细加缕析;我们但就立法院三读通过的宪法草案,或第一次宪法草案,来和前述起草原则二十五点比较一下,就有下述各点之不同:

(1)关于领土,改采列举主义(原决定的原则采取概括主义),但仍赘以概括字语。

(2)关于国民大会:(甲)国民代表的选举,除依原定地域标准外,加入人口比例;(乙)国民代表的被选举权,年满二十五岁(原决定的原则规定为年满三十岁)即可取得;(丙)国民大会每两年开会一次,会期仍为一月,但得延长一月;(丁)国民大会的职权,并无核批各院报告一项。

(3)关于中央与地方之权限,并无明显的列举规定与概括规定。

(4)关于中央政制:(甲)行政院院长径由总统任免,不必经立法院的同意;(乙)立法监察两院院长,改互选制为径由国民大会选任制;(丙)司法考试两院院长,改由总统得立法院同意任命之(原决定原则为由国民大会选举之);(丁)总统任期改为四年,且得连任一次,司法、考试两院院长暨立委、监委,任期均改为四年;(戊)立委和监委人员,似亦超出原定原则所规定之名额。

(5)关于省:(甲)省长由中央政府任命,并无以民选为原则之规定;(乙)省不设省民代表会。

二、后期——完成草案时期

后期自民国二十三年十月十六日第一次草案完成时起,至二十六年五月一日第四次草案完成时止,其中经过,又可分为三期:

(一)草案初次修正时期。民国二十三年十二月十四日,中央第四届五中全会，将立法院所订宪法草案提出讨论，经决议："中华民国宪法草案应遵奉总理之三民主义，以期建立民有民治民享之国家。同时应审察中华民族目前所处之环境，及其危险，斟酌实际政治经验，以造成可运用灵敏、能集中国力之制度。本草案应交常会依照此原则，郑重核议。"至二十四年十月，中央第一九二次常会，始将宪法草案审查完竣，决议如次：

中华民国宪法草案，应交立法院照下列原则，重加修正：

（甲）为尊重革命之历史基础，应以三民主义、《建国大纲》及《训政时期约法》之精神，为宪法草案之所本。

（乙）政府之组织，应斟酌实际政治经验，以造成运用灵敏、能集中国力之制度，行政权行使之限制，不宜有刚性之规定。

（丙）中央政府及地方制度，在宪法草案内应于职权上为大体规定，其组织以法律定之。

（丁）宪法草案中有必须规定之条文，而事实上有不能及时施行，或不能同时施行于全国者，其实施程序，应以法律定之。

（戊）宪法条款，不宜繁多，文字务求简明。

立法院于奉到是项原则后，当经指派委员傅秉常、吴经熊、林彬、马寅初、吴尚鹰、何遂、梁寒操七人为审查委员，先就草案原文，遵照中央原则逐条审查，拟具修正案八章，一百四十九条，十月二十四日立法院第四届第三十四次会议，该案提出讨论。翌日第三十五次会议三读修正通过，全文共计一百五十条，仍分八章，是为立法院第二次议订之草案。

（二）草案重加修正时期。前项第二次草案呈送中央后，同年十一月间，第四届六中全会提出讨论，认为尚应加以详尽之研讨。同月二十一日,提出五全大会,当经决议接受,并授权第五届中央执行委员会,据大会通过之重要宪草各提案再加修正。指定委员叶楚伧、李文范等十九人为该会委员,并定二十五年五月五日为公布宪法草案之期。中央审议会审议宪法草案,经广征各领袖同志意见,就五全大会发交提案,分别归纳为审议意见二十三点如次:

(1) 第八章"附则"二字,应改为"宪法之施行及修正"。

(2) 在"宪法之施行及修正"一章内,对于原草案内不能同时实施之条文,应另定适当条款。

(3) 原草案第二十二条人民有依法律服兵役之义务,应于"服兵役"三字下,加"及工役"三字。

(4) 国民代表任期改为六年。

(5) 国民大会改为每三年召集一次,由总统召集之。

(6) 原第三十一条第二项,改为"国民大会经五分二以上代表之同意,得自行召集临时国民大会"。并应另加"总统得召集临时国民大会"及"国民大会开会地点,必须在中央政府所在地"二项。

(7) 选举、罢免、创制、复决四权之行使,另以法律定之——在国民大会章另加一条。

(8) 总统副总统之任期,均定为六年。

(9) 五院各设副院长一人。

(10) 各院院长副院长(除行政院外)及立法监察两院委员之任期,均定为三年。立法监察两院院长及委员连选得连任。

(11) 原第三十八条"依法"二字应删,并应将此条移置于原三十六条之后。

(12) 原第四十四条应删。

(13) 在原第四十三条后增加两条：

一、规定总统有发布紧急命令及为紧急处分之权。

（附拟条文）国家遇有紧急情形，或国家经济上有重大变故，须为急速处分时，总统得经行政会议之议决，发布紧急命令，为必要之处置。

前项命令中如有须经立法院之议决者，应于发布命令后三个月内提交立法院追认。

二、总统得召集五院院长会议，解决关于两院以上事项，及总统交议事项。

(14) 行政院政务委员仍照原草案不规定名额，但应规定不管部之委员不得过管部者之半数。

(15) 原第五十九条改为："行政院设行政会议。由行政院院长副院长及政务委员组织之，以行政院长为主席。"

原第六十条"总统交议之事项"，改为"总统或行政院院长交议之事项"。

(16) 原第六十七条关于立法委员之产生，应改为全数选举，在宪法之施行章内规定一过渡办法，半数选举，半数由立法院院长呈请总统任命。

(17) 关于监察委员之产生，应在宪法之施行章内规定一过渡办法，半数选举，半数由监察院院长呈请总统任命。

(18) 原第一百〇五条应修正如下：

"凡事务有因地制宜之性质者，属地方自治，地方自治事项，以法律定之。"

(19) 在宪法之施行章内，应规定未完成自治之县，其县长由中央任命之(市亦同)。

（20）原第一百四十六条第一项关于违宪问题，应规定只能由监察院提出，并规定其提出时间之限制（例如法律施行后六个月，即不能提出，谓其为违宪），及其详以法律定之。

（21）原第一百五十条应删，另定施行日期。

（22）在宪法之施行章内应规定一条："第一届国民大会之职权，由制定宪法之国民大会行使之。"

以上各条，拟请交立法院分别依照修正或整理文字。其原草案内与本会所提意见有连带关系之条文，并应修正之。

（23）下列各条，拟请交立法院再行审议整理：

　　甲、原第二十四条第二十五条；

　　乙、原第三十二条第六款；

　　丙、原第一百三十九条至第一百四十四条。

以上宪法草案审议委员会审议意见二十三点，经中央常务委员会于同年四月二十三日提出第十次会议议决：一、照审议意见通过，交立法院；二、原草案第七十六条"公务员惩戒"应删去。立法院奉命后，又经派委员傅秉常、吴经熊、马寅初、吴尚鹰、何遂、梁寒操、林彬、瞿曾泽八人先行整理，提经同年五月一日该院第四届第五十九次会议讨论，三读修正通过。全文仍分八章，都一百四十八条，是为立法院第三次议订之草案。其修正前草案最重要之点，均为中央原则所决定。立法院于三读修正通过后，即呈由国民政府于民国二十五年五月五日明令宣布，故又称为《五五宪法草案》，或简称为《五五宪草》。

（三）草案三加修正时期。《五五宪草》公布后，廿六年四月廿二日第五届中央第四十二次常会，重加修正一次。议决于《国民大会组织法》内规定本届国民大会的职权，而将《国民大会组织法》第一条修改为

"国民大会制定宪法,并决定宪法施行日期";增加"本届国民大会,于会期完毕,任务终了"一条;删去宪法草案第一四六条"第一届国民大会之职权,由制定宪法之国民大会行使之"一条。确定本届国民大会为制宪机关,并非宪法所产生的机关。必须由根据宪法而产生之下次国民大会,始能行使宪法所赋予之职权。事后立法院遵照通过,于廿六年五月十八日将修正案公布,即为现在的《五五宪草》修正案。

本章参考资料:

（一）谢振民:《中华民国立法史》第二八九页至第二九七页及第三五七页至第三九五页。

（二）吴经熊、黄公觉:《中国制宪史》第二篇。

（三）孙院长:《立法院议订宪法草案经过概略》。

（四）孙院长:《〈五五宪草〉草议经过及其内容的说明》(国民参政会五次会议报告)。

（五）中宣部《宪政建设决议案》。

第三章 《五五宪草》的渊源

如果我们探索《五五宪草》的渊源，我们只要参阅《五五宪草》的弁言，便可了然。《宪草》弁言明白地宣示我们：

中华民国国民大会，受全体国民付托，遵照创立中华民国之孙先生之遗教，制兹宪法，颁行全国，永矢咸遵！

的确，只有在国父遗教里，才找得出《五五宪草》的渊源来。我们在抗战建国的过程中，为了实施宪政而提早颁行宪法，为了提早颁行宪法，而研讨《五五宪草》，尤其是依照全国人民一致拥护的《抗战建国纲领》的规定，也只有在国父遗教里，才能寻求出将来宪法的渊源来。因为《抗战建国纲领》第一条规定："确定三民主义暨总理遗教为一般抗战行动及建国之最高准绳。"三民主义也是国父遗教之一，国父遗教既然是建国的最高准绳，那么，作为建国的根本大法的宪法，自然应以国父遗教为唯一的渊源了。

国父遗教中，作为宪法渊源的，除三民主义、《建国大纲》外，其他与宪法问题有关的遗教，例如《中国革命史》《国民党政纲》等，都包括在内。我们就《五五宪草》中寻求它的渊源，可从建国程序、建国主义、建国制度三点，分析说明。因为全部宪法，是建国的张本，全部国父遗教，是建国的典范，作为建国张本的《五五宪草》，怎样从作为建国典范的国父遗教中渊源而来，自然是我们应该着眼的地方。

一、建国程序

国父遗教中关于建国的程序，依照《建国大纲》、《中国革命史》中革命之方略，以及《孙文学说》第六章所载：革命进行的时期为三——第一为军政时期，第二为训政时期，第三为宪政时期。第一为破坏时期，在此时期内施行军法，一切制度悉隶于军政之下，政府一面用兵力以扫除国内之障碍，一面宣传主义以开化全国的人心，而促进国家的统一。第二为过渡时期，在此时期内施行约法，自一省完全底定之日开始，政府当建设地方自治，促进民权发达，等到人口清查、土地测竣、警卫道路各事充分办就，而其人民曾受四权使用之训练，完毕其国民的义务，誓行革命的义务，即可成为以县为单位的自治团体。俟一省全数之县，皆已完全自治，而有全国过半数省份达到此种程度者，各县即得选举代表一人，组织国民大会以制定五权宪法，在五权宪法未经国民大会制定颁行以前，中央政府当由立法院本于《建国大纲》及训政、宪政两时期之成绩，议订宪法草案，其宪法草案经国民大会制定颁布之后，训政时期便因此告终。第三为建设完成时期，在此时期，开始宪政，施行宪法。

为什么革命建国的程序，要经过军政、训政和宪政三个时期呢？总理在《制定〈建国大纲〉宣言》中说：

> ……盖不经军政时代，则反革命之势力，无由扫荡，而革命之主义，亦无由宣传于群众，以得其同情与信仰；不经训政时代，则大多数之人民，久经束缚，虽骤被解放，初不了知其活动之方式，非墨守其放弃责任之故习，即为人利用，陷于反革命而不自知。前者之大

病,在革命之破坏不能了澈;后者之大病,在革命之建设不能进行。……夫革命为非常之破坏,故不可无非常之建设以继之。积十三年痛苦之经验,当知所谓人民权利与人民幸福,当务其实,不能徒袭其名。傥能依《建国大纲》以行,则军政时代已能肃清反动,训政时代已能扶植民治,虽无宪政之名,而人民所得权利与幸福,已非借宪法而行专政者所可同日而语。且由此以至宪政时期,所历者皆为坦途,无颠蹶之虑。为民国计,为国民计,莫善于此。

《五五宪草》本于此种遗教,于第一四三条至第一四五条规定了过渡条款,作为由训政时期进入于宪政时期的桥梁。一方面促进地方自治,一方面在地方自治未完成以前而提前实施宪政,又不得不施行若干过渡办法,县长市长不适用民选的规定,而由中央任免,立法委员、监察委员并不全数由国民大会选举,半数则由立法、监察两院院长提请总统任命。关于这,孙院长的解释是:"……因为我们的宪法,一方面要遵照总理遗教,成为理想的、完善的五权宪法;一方面又要顾到目前的国情,能够确切实行,而不使宪法成为具文,所以不得不有这种补救的办法。在宪法的最后,增加几条过渡条款,以为补救训政尚未全部完成的不足。"[①]观于此,我们更可明白,《五五宪草》是遵照国父建国程序的遗教而为之规定的了。

二、建国主义

"主义是一种思想、一种信仰和一种力量。"三民主义是国父遗教中

---

① 《宪法草案最后一次修正之经过情形》(二十五年五月十一日在中央报告)。

关于革命建国的中心思想。《五五宪草》第一条,开宗明义,就规定"中华民国为三民主义共和国"。这自然是遵循国父建国主义而应有的规定。关于三民主义共和国的解释,以及对于反对者的批驳,我们且容后再述①,我们且就民族主义、民权主义和民生主义三部分,来探讨《五五宪草》的渊源:

(一)民族主义。民族主义的目的,在促进中国的国际地位平等,故对于国内之弱小民族,政府当扶植之,使之能自决自治,对于国外之侵略强权,政府当抵御之,并同时修改各国条约,以恢复我国际平等、国家独立②。《五五宪草》于此,由于宪法是国内法而非国际法这性质上的限制,仅于第五条规定:"中华民国各民族,均为中华国族之构成分子,一律平等。"对于对外的部分,则无规定。

我们要用"能知与合群"的方法,来恢复民族主义;用恢复固有道德智识与能力,以及使中国科学化的方法,来恢复民族地位。因此,《五五宪草》第一三一条规定:"中华民国的教育宗旨,在发扬民族精神,培养国民道德,……以造成健全国民。"第一三二条规定:"中华民国人民受教育之机会一律平等。"第一三四条至第一三八条规定"基本教育、补习教育的普遍实施,高等教育的机会均等,教育经费的最低限度,教育和学术事业的鼓励……"等,都无非是恢复民族地位以及恢复民族精神所必要的。《国民党政纲》第十三条所谓"励行教育普及,以全力发展儿童本位的教育,整理学制系统,增高教育经费,并保障其独立",也正是同样的意义,而此种原则,《五五宪草》上述各条中,都已分别采纳了。

(二)民权主义。民权主义的目的,在促进政治地位平等,故对于人

---

① 参照第一条释文。
② 见《建国大纲》第四条。

民之政治智识能力,政府当训导之,以行使其选举权,行使其罢官权,行使其创制权,行使其复决权①。于此,我们除将权能分立制让诸次节再为详述外,兹就民权主义各主要点,来探索《五五宪草》的渊源:

"以人民管理政事,便叫做民权。"主权是国家至高无上的权力,在实行民权主义的国家,其主权自应属于国民全体,才与人民管理政事的意义相符合。故《五五宪草》第三条规定:"中华民国之主权,属于国民全体。"

民权这个名词,每每与自由那个名词并列,我们此刻应该争取的是民族自由、国家自由,在民族自由或国家自由的范围之内,才谈得到个人的自由,《国民党政纲》对内政策第六条,所谓"确定人民有集会、结社、言论、出版、居住、信仰之完全自由权",并不指绝对的自由而言,以民族自由和国家自由为前提的自由,自然只是相对的自由。故《五五宪草》第九条至第十七条关于人民的基本权利——人民的身体自由、居住自由、迁徙自由、言论自由、著作自由、出版自由、秘密通讯自由、信仰宗教自由、集会自由、结社自由、财产自由等各种自由,采取法律间接保障主义,并不采取宪法直接保障主义,每一种自由,都有"非依法律不得限制"字样,这是说法律为民族自由或国家自由,对于个人基本自由,是可得加以限制的。

说起自由,往往就使我们会联想到平等,民权主义所争取的平等,是立足点平等的真平等,是政治地位的平等,《国民党政纲对内政策》第十二条所谓"于法律上、经济上、教育上、社会上,确认男女平等之原则,助进女权之发展",便是这个意思。《五五宪草》第八条,规定"中华民国人民,在法律上一律平等",即是据此而设的。

民权主义所谓民权,是全民政治的民权,是人民直接管理政府的直

---

① 见《建国大纲》第三条。

接民权。人民用什么方法来直接管理政府呢？人民用四种政权,即选举权、罢免权、创制权、复决权四种政权,去直接管理政府。《五五宪草》第十九条所谓"人民有依法律选举罢免创制复决"之权,便是此种原则的规定。县民大会的选举县长和罢免县长、市民大会的选举市长和罢免市长、县民大会或市民大会对于县议会或市议会议员的选举、县市议会的选举省参议员、国民代表的选举、国民大会对于中央高级长官的选举与罢免,以及创制法律与复决法律、制定宪法与修改宪法的职权等[①],都是本于此种原则而设的规定。

民权主义所赋予人民的民权,是革命民权,并非人人可得享有,如果是反革命者或汉奸之类,应该是排除在民权享有者之外,不得享有四种政权的。而且除此而外,享有民权的人,对于国家负有应尽的义务,例如纳税义务、兵役义务、工役义务、服公务义务,《五五宪草》第二十一条至第二十四条,都有明文的规定。自然,只有服行革命义务者,才配享有革命民权的。

（三）民生主义。"民生是人民的生活,社会的生存,国民的生计,群众的生命。""民生主义的目的,在促进经济地位的平等,故对于全国人民之衣、食、住、行四大需要,政府当与人民协力,共谋农业之发展,以足民食;共谋织造之发展,以裕民衣;建筑大计划之各式屋舍,以乐民居;修治道路运河,以利民行。"《五五宪草》第一一六条所谓,"中华民国之经济制度,应以民生主义为基础,以谋国民生计之均足",便是本于此而设的原则规定。

民生主义的两个办法:第一个是平均地权;第二个是节制资本。所

[①] 参照第三十二条、第一〇〇条、第一〇五条、第一〇六条、第一〇八条、第一一二条、第一一三条。

谓节制资本，又包括节制私人资本与发达国家资本。平均地权的三个办法是照价征税、涨价归公和照价收买，故《建国大纲》第十条说：每县开创自治之时，必须先规定全县私有土地之价，其法由地主自报之。地方政府则照价征税，并可随时照价收买。自此次报价之后，若土地因政治之改良、社会之进步而增价者，则其利益当为全县人民所共享，原主不得而私之。《国民党政纲》对内政策第十四条亦说：由国家规定《土地法》《土地使用法》《土地征收法》及《地价税法》。私人所有土地，由地主估价，呈报政府，国家就价征税，并于必要时得依报价收买之。《五五宪草》于此，于第一二〇条规定扶植自耕农及自行使用土地人的原则；于第一一七条规定国家对于人民取得所有权之土地，得按照土地所有权人申报，或政府估定之地价，依法律征税或征收之；于第一一九条规定土地价值，非因施以劳力资本而增加者，应以征收土地增值税方法，收归人民公共享受。节制私人资本是防免走向资本主义的不二法门，故《五五宪草》第一二二条虽然规定国家对于国民生产事业及对外贸易应奖励指导及保护之，但于第一二一条又规定，国家对于私人之财富及私营事业，认为有妨害国民生计之均衡发展时，得依法律节制之。发达国家资本也是防免走向资本主义的又一方法，故《国民党政纲》对内政策第十五条规定：企业之有独占的性质者，及为私人之力所不能办者，如铁路航路等，当由国家经营管理之。《五五宪草》于此，亦于第一二三条规定：公用事业及其他有独占性之企业，以国家公营为原则，但因必要，得特许国民私营之；而且，国家对于特许私营的事业，因国防上的紧急需要，得临时管理之，并得依法律收归公营。此外，《国民党政纲》对内政策第十一条规定：制定劳工法，改良劳动者之生活状况，保障劳工团体，并扶助其发展。第十条规定：改良农村组织，增进农人生活。那是因为劳工为生产三要素之一，对于其他二要素，如土地和资本，既有平均地权节制资本分别为之解决，对于劳工，自亦不可无适当规定；又因为我国以农立国，百分之八十以上为农民，故对于农人的生活以及农村的问题，亦不可无适当的规定。《五五宪草》本于此，特于第一二四条至第一二六条规定：国家改良劳工生活，增进其生产技能，及救济劳工失业，应实施保护劳工政策。妇女儿童从事劳动者，应按其年龄及身体状态，施以特别之保护。劳资双方应本协调互助原则，发展生产事业。国家为谋农业之发展及农民之福利，应充裕农村经济，改善农村生活，并以科学方法，提高农民耕作效能。国家对于农产品之种类、数量及分配，得调节之。

三、建国制度

国父遗教中关于建国的制度，我们可以分为"权""能"分立制度、中央与地方均权制度，以及以县为单位的地方自治制度三项目。析言之：中央方面是政权与治权的对立，即"权""能"分立制度；地方方面是以县为单位的地方自治制度；中央与地方之关系，是均权制度。尤其是关于中央方面的权能分立制度，是总理五权宪法的根本精神，更值得我们加以注意的：

（一）"权""能"分立制度。五权宪法的根本精神，便是对于一国的政治，把"权"与"能"分开。与其说五权宪法是国父在政治学上的伟大发明，毋宁说"权""能"分立制是国父在政治学上的不朽创作。所谓"权"是甚么？就是人民管理政事的权力。所谓"能"是甚么？就是政府治理政事的能力。前者又叫做"政权"，后者又叫做"治权"。此种"权""能"分开的主张，一方面是"全民政治"，一方面是"专家政治"或"技术政治"。因为人民有了"权"，则一切政治的设施，都要以全国人民的意志为依归，而政府不敢专制独断了，所以谓之"全民政治"。政府既有

"能",则治理政事的人,便非政治专家不行了,所以谓之"专家政治"。不过要想真正实现"全民政治"或"专家政治",还得将"权"和"能"分开,人民才能有其"权"、尽其"权";政府才能有其"能"、尽其"能"。国父这个"权""能"分立的原则,是把政权分为选举权、罢免权、创制权、复决权四种,交到有权的人民去行使,把治权分为行政权、立法权、司法权、考试权、监察权五种,交到有能的政府去行使。然而我们要想拿来施之于实际,究竟还要怎样根据这个原因,来定出精密的办法呢?我们且分政权和治权即"权"和"能"两方面来说:

(甲)关于"权"的方面。人民关于中央的政权,《建国大纲》第二十四条说:宪法颁布之后,中央统治权则归于国民大会行使之,即国民大会对于中央政府官员,有选举权、有罢免权,对于中央法律,有创制权、有复决权。因为我国地方辽阔、人口众多,人民对于中央,要想直接来行使其政权,那是事实上所办不到的。这样,自非委托国民大会来行使不可。国民大会既是代表全国人民行使政权的机关,那么,关于它的组织和职权,就得有很妥适的规定了:

(Ⅰ)国民大会的组织。关于国民大会的组织,分二点言之:(1)国民代表的产生。代表产生的方法,原有地域代表制与职业代表制两种,前者是以地域为单位,后者是以职业团体为单位。《五五宪草》第二七条采取以人口为比例的地域代表制,那是遵从国父在五权宪法演讲中所提示的方法。至于代表的人数,国父原有的主张,虽是每县一人[①],但此不过一种原则,为使人民选举权利平等起见,依人口的比例而为平等的分配,自然无可訾议的。(2)国民大会的集会次数和会期。国民大会的集会次数和会期,国父虽无具体的提示,但是要使国民大

---

① 参照《建国大纲》第十四条。

会真正能够来代表人民行使政权，自然得有一个很适当的规定，以便可以尽其职责的机会。《五五宪草》于此，定为代表任期六年，大会每三年一次，会期一月，得延长至二月，并得召集临时大会，而且若干问题的取决，尽可用投票的形式，不必举行集会，当可达其充分行使职权的目的了。

（Ⅱ）国民大会的职权。国民大会的职权，是代表人民行使政权：(1)选举权。这个选举权，是人民任命公务员之权。中国地广人众，人民对于中央主要公务员，不容易直接选举出来，只得委托国民大会去行使。《五五宪草》第三二条规定：国民大会选举总统、副总统，立法院院长、副院长，监察院院长、副院长，立法委员、监察委员，便是这个意思。(2)罢免权。国民大会对于中央公务员有了选举权以后，同时又必须有一种罢免权，才可以相辅而行，以收其监督政府的实效。故《五五宪草》同条又规定国民大会对于此等公务员有罢免权。(3)创制权。创制权就是造法的权。(4)复决权。复决权的作用，便在批准法律或否决法律。国民大会如果仅有创制权而无复决权，则政府仍可制定一种不良的法律，来妨害人民的权利而人民还是无可如何的。

（乙）关于"能"的方面。中央政府的治权，《建国大纲》第十九条说：在宪政开始时期，中央政府当完成设立五院，以试行五权之治，其序列如下：曰行政院，曰立法院，曰司法院，曰考试院，曰监察院。此种五院政制，便是五权宪法的着眼点。《五五宪草》于此，设行政院为中央政府行使行政权之最高机关，行政院又设各部各委员会，分掌行政职权，并由行政院及各部会主管长官暨政务委员，组设行政会议；设立法院为中央政府行使立法权之最高机关，掌理法律案、预算案、戒严案、大赦案、宣战案、媾和案、条约案及其他关于重要事项之议决权；设司法院为中央政府行使司法权之最高机关，掌理民事刑事行政诉讼之审判及司法行政；设考试院为中央政府行使考试权之最高机关,掌理考选铨叙;设监察院为中央政府行使监察权之最高机关,掌理弹劾惩戒审计。五院之上,设总统为国家的元首,总统对于五院有形式上的监督权,对于行政院并有实质上的监督权。故立法司法考试监察四院院长,均对国民大会负责,不对总统负责,行政院院长须对总统负责,由总统代向国民大会负责。立法、司法、考试、监察四院院长,均有一定的任期,司法、考试两院院长虽由总统任命,但总统对之却不能纠问政治责任;行政院院长无一定的任期,不但由总统任命,且亦由总统免职,总统是有自由任免之权的。至于五院间的相互衡制权①,更足表示出唯有五院政制,才能表示五权宪法的特质呢!

至此,让我们将五权宪法下"权能分立制度""权"与"能"的关系,图示于次,以明总理特创的五权宪法的根本精神:

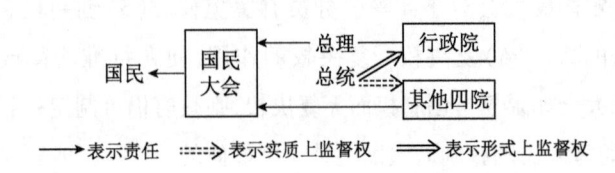

国民 → 国民大会 ←总理— 行政院
　　　　　　　　←总统⇢ 其他四院

⟶ 表示责任　⇢ 表示实质上监督权　⟹ 表示形式上监督权

（二）均权制度。关于中央与地方的权限,各国的制度,或为中央集权,或为地方分权。国父主张不偏于中央集权,亦不偏于地方分权,创为均权制度。故于《建国大纲》第十七条说,在此时期(指宪政时期),中央与省之权限,采均权制度,凡事务有全国一致之性质者,划归中央;有因地制宜之性质者,划归地方;不偏于中央集权或地方分权。国民党政纲对内政策第一条也说:关于中央及地方之权限,采均权主义。凡事务有全国一致之性质者,划归中央,有因地制宜之性质者,划归地方,不偏于

---

① 参照本书本论第四章各节总释。

中央集权制,或地方分权制。接着在第二条也说:各省人民得自定宪法,自举省长,但省宪不得与国宪相抵触,省长一方面为本省自治之监督,一方面受中央指挥以处理国家行政事务。依据国父此种均权制度的原意,似乎所谓均权,系指中央与省的均权而言。但是所谓地方,却不以"省"为限,地方既非"省"的专属代名词,"县"自然也包括在内。为适应时代所需要的环境,为建设统一的国家,自然不必再拘泥于省自治的遗教,而让省也制定省宪,将统一的中国,割裂为若干与联邦国相类似的省区。因此,《五五宪草》中关于地方制度,虽然包括省和县而言,而省的性质,却为中央行政区域而非地方自治团体,而且省政府为执行中央法令及监督地方自治的机关,诚如《建国大纲》第十八条所说:"……省立于中央与县之间,以收联络之效。"理论上且是中央的延长说。关于均权,《建国大纲》第十至十一条虽然明白地规定:"土地之岁收,地价之增益,公地之生产,山林川泽之息,矿产水力之利,皆为地方政府之所有,而用以经营地方人民之事业,及育幼、养老、济贫、救灾、医病与夫种种公共之需。各县之天然富源,与及大规模之工商事业。本县之资力不能发展与兴办,而须外资乃能经营者,当由中央政府为之协助;而所获之纯利,中央与地方政府,各占其半。各县对于中央政府之负担,当以每县之岁收百分之几,为中央经费,每年由国民代表定之,其限度不得少于百分之十,不得加于百分之五十。"《五五宪草》却无具体而类似的规定,只于第一〇四条说:"凡事务有因地制宜之性质者,画为地方自治事项。地方自治事项,以法律定之。"这是将均权的内容,让诸普通法律的意思,《五五宪草》不过将中央与地方均权的制度,概括的规定其原则罢了。

(三) 地方自治制度。国父对于地方自治,创为以县为单位的地方自治制度,即所谓"分县自治"。而于《建国大纲》第十八条说:"县为自治之单位。"第九条说:"一完全自治之县,其国民有直接选举官员之权,有直接罢免官员之权,有直接创制法律之权,有直接复决法律之权。"《国民党政纲》对内政策第三条也说:"确定县为自治单位,自治之县,其人民有直接选举及罢免官吏之权,有直接创制及复决法律之权。"关于分县自治的重要,国父在十一年《中华民国建设之基础》里说:"综上四者(指分县自治、全民政治、五权分立、国民大会四者而言),实行民治必由之道,而其实行之次第,则莫先于分县自治。盖无分县自治,则人民无所凭借,所谓全民政治必无由实现。无全民政治,则虽有五权分立,国民大会,亦未由举主权在民之实也。"又于五年演讲自治制度为建设之础石时说:"今假定民权以县为单位,吾国今不止二千县,如蒙藏亦能渐进,则至少可为三千县,三千县之民权,犹三千块之础石,础坚则五十层之崇楼,不难建立。建屋不能猝就,建国亦然。"的确,地方自治是一切建设的前提。

《五五宪草》本于此种遗教,于第一〇三条至第一一五条,规定县市为地方自治的单位,县市民关于县市自治事项,依法律行使创制复决之权,对于县市长及其他县市自治人员,依法律行使选举、罢免之权。另外又设县市议会,由县市民大会选举议员,作为固定的民意机关。至于地方自治事项的范围,让诸普通法律为之规定,《五五宪草》自然不必详为列举的。

本章参考资料:

(一)《三民主义》。

(二)《建国大纲》。

(三)《孙文学说》第六章。

(四)《中国革命史》二革命之方略。

(五)《中国国民党政纲》对内政策。

（六）《五权宪法》。

（七）吴经熊、黄公觉:《中国制宪史:〈总理遗教〉中关于宪法问题摘要》(第六三七页至第七一二页)。

（八）张知本:《怎样才是五权宪法》(《东方杂志》)。

（九）金鸣盛:《五权宪政论集》。

（十）章渊若:《现代宪政论》。

第二编 本论

《宪草》前文

  中华民国国民大会，受全体国民付托，遵照创立中华民国之孙先生之遗教，制兹宪法，颁行全国，永矢咸遵。

  这是《宪草》弁言，或称《宪草》前文。在全文前面，就明白声明制定宪法的机关和根据：宪法由国民大会代表全体国民所制定，不消多说；制定宪法应以国父遗教为根据，还得稍加阐释。所谓"孙先生之遗教"，包括三民主义、五权宪法，以及其他《总理全集》中一切与宪法有关的文书。国父遗教中关于宪法问题的主张，除三民主义五权宪法外，依其性质，可参阅下列各文：

甲、一般问题

  1.《三民主义与中国民族之前途》（见《全集》第二集第七九至八一页）。

  2.《孙文学说》第六章（见《全集》第□集第四九四至四九六页）。

  3.《中国革命史：革命之方略》（见《全集》第一集第九一八至九一九页）。

  4.《国民党政纲》对内政策（见《全集》第一集第八四八至八五〇页）。

5.《建国大纲》(见《全集》第一集第八五〇至八五四页)。

6.《制定〈建国大纲〉宣言》(见《全集》第二集第六〇至六二页)。

乙、人民权利义务问题

1.《军人精神教育》(见《全集》第二集第二六二页)。

2.《中国国民党第一次全国代表大会宣言》(见《全集》第二集第四七页)。

3.《民权初步序》(见《全集》第一集第七一四页)。

4.《地方自治开始实行法》(见《全集》第一集第八六〇页)。

丙、国民经济问题

1.《提倡国家社会主义》(见《全集》第二集第一〇〇页)。

2.《对于劳资问题及社会主义之意见》(见《全集》第二集第五九二页)。

3.《中国国民党第一次全国代表大会宣言》(见《全集》第二集第四七至四八页)。

4.《地方自治开始实行法》(见《全集》第一集第八□一至八六二页)。

5.《耕者要有其田》(见《全集》第二集第五〇〇页)。

6.《中国实业当如何发展》(见《全集》第一集第一〇一八页)。

7.《实业计划第一计划》(见《全集》第一集第五五三页)。

丁、国民教育问题

1.《地方自治开始实行法》(见《全集》第一集第八六三至八六四页)。

2.《知难行易》(见《全集》第二集第二三三至二三四页)。

戊、均权制度问题

1.《非常大总统就职宣言》(见《全集》第二集第二四页)。

2.《中华民国建设之基础》(见《全集》第一集第一〇二五页至一〇二六页)。

己、中央政制问题

1.《同盟会革命方略》(见《全集》第一集第二九〇页)。

庚、地方政制问题

1.《中华民国建设之基础》(见《全集》第一集第一〇二七至一〇二九页)。

2.《中国国民党第一次全国代表大会宣言》(见《全集》第四二页至四三页)。

3.《自治制度为建设之础石》(见《全集》第二集第一七〇页)。

4.《地方自治开始实行法》(见《全集》第一集第八五九至八六五页)。

宪草前首冠以"弁言",其理由有四:(一)仿照现代新宪法成例,德国新宪法及苏联宪法,均系其例;(二)表示我国革命的使命;(三)表示本宪法特殊精神;(四)加重宪法的尊严,引起人民的信仰。[①]

[①] 《宪法草案意见书摘要汇编》第一至五页。另见章渊若《宪法平议》。

第一章　总纲

本章总释　本章规定国家的几个根本问题,如主权(第二条)、国民(第三条)、领土(第四条)和国家政治组织形式的国体(第一条),是构成国家的要素;其他如各民族相互间的法律地位(第五条),代表国家的国旗(第六条),政治中心的国都(第七条),更莫不是国家的重要而基本的问题。

第一条　中华民国为三民主义共和国。

本条是关于国体的规定。《中华民国训政时期约法》仅规定"中华民国永为统一共和国"(第三条),本条何以规定不同呢? 制宪之初,各方对此持反对见解者颇多,殊不知中华民国乃革命的产物,宪法又是保障革命基础的工具。本党革命的主张,既为建立三民主义共和国,那么宪法上如仅言"共和国"或"民主国",与"民权"的意义不符,不能显示出立国的特性。立法院长孙哲生氏,对于反对见解驳覆得极为详尽,他对反对者的五个理由一一加以不客气的批判说[①]:

甲、反对者以为主义有时间性,国体则不容改易,便说不应该

---

① 孙院长:《中国宪法的几个问题》(二十三年双十节论文)。胡梦华:《三民主义共和国》(《人民评论旬刊》)。

以有时间性的主义冠诸国体之上。其实主义如有改变，经过革命而改造的国家便已不能存在，那就是整个的改宪，不仅是国体改变的问题了。

乙、反对者以为三民主义为一党之主义，将来实行宪政以后，便不能强令国人一体遵信三民主义，否则就与信仰自由之义背谬了。其实，中华民国便是三民主义的产物，凡属中华民国的国民，饮水思源，谁也不能认为三民主义仅为一党的信仰而反对之。反过来说，如以广大的政权授诸反对三民主义之人，那么我们不但自毁已往的革命史迹，实施宪政，便是毫无意义；而且《建国大纲》第八条，明明白白规定以"誓行革命之主义"为县自治完成条件之一，怎能以宪政之开始，作为反对三民主义公开活动的当然解释呢？

丙、反对者以为三民主义解释纷歧，认为以三民主义限制国体，未免有随时发生违宪问题的可能，那也不然。如谓三民主义解释不一，则《总理遗教》具在，不难复按，少数人如欲有所假借，以图自便，在公论制裁之下，强辞曲解，自然难以托足的。

丁、反对者以为三民主义为富有温和性的一种主义，与苏联的布尔希维克主义性质全异，不必效法苏联的宪法以主义冠于国体之上。不错，我们也承认三民主义与布尔希维克主义性质不同，不过，我们以三民主义为国体，自有其特殊需要，决非盲目的效法苏联宪法。

戊、反对者又以为主义与国体乃显不相同之二物，宪法条文尽可将三民主义之精神贯注其间，但不必把它限制国体。我们恰恰相反，认为唯其是三民主义的国家，才需要三民主义的宪法；唯其是宪法全文涵有三民主义的精神，尤其不可不于开宗明义的第一条，有一个明显的表示。

第二条　中华民国之主权,属于国民全体。

本条是主权的归属。"主权"是国家至高无上的权力。本来,主权的归属,学说和立法例上有:(一)君主主权说(如《日本宪法》);(二)国会主权说(如学者谓英国的主权,属于国会与君主的集合体——The King in Parliament);(三)国民主权说(如《法国宪法》);(四)国家主权说(如中南美诸小国宪法)的不同。挽近一般民主国家如德国、爱司托尼亚、立陶宛、土耳其、智利等国,均采国民主权说,认为主权的主体是国民,国家的主权,属于国民全体。本条的规定,亦其一例①。

中华民国的主权,既然属于国民全体,那么全体国民怎样行使主权呢?人民行使主权的方法不一,"政权"不过是行使主权的一个方式,至于国民大会,乃代表人民行使政权的机关,并无行使主权的权力,主权仍然属于国民全体,那是毫无疑义的。

第三条　具有中华民国之国籍者,为中华民国国民。

本条是"国民"的法律意义。因为前条既规定主权属于国民全体,则何者为中华民国国民,不可不有明确的规定。怎样才具有中华民国之国籍,那是国籍法上的问题。依照现行《国籍法》,有固有国籍与取得国籍之别:

甲、固有国籍。以血统主义为主,属地主义为辅,下列各人,属中华民国国籍(《国籍法》第二条):

(1) 生时,父为中国人者;
(2) 生于父死后,其父死时为中国人者;

---

① 参照王世杰、钱端升:《比较宪法》第六三至七二页。

(3) 父无可考或无国籍,其母为中国人者;

(4) 生于中国地,父母均无可考,或均无国籍者。

乙、取得国籍。外国人有下列各款情事之一者,取得中华民国国籍(《国籍法》第二条):

(1) 为中国人妻者(但那位为中国人妻之外国人的本国法,保留原有国籍者,则是例外);

(2) 父为中国人经其父认知者;

(3) 父无可考或未认知,母为中国人经其母认知者;

(4) 为中国人之养子者;

(5) 归化者。

固有或取得国籍的人,如果丧失国籍,自然自丧失时起,便不是中华民国国民[①]。

第四条 中华民国领土为江苏、浙江、安徽、江西、湖南、湖北、四川、西康、河北、山东、山西、河南、陕西、甘肃、青海、福建、广东、广西、云南、贵州、辽宁、吉林、黑龙江、热河、察哈尔、绥远、宁夏、新疆、蒙古、西藏等固有之疆域。中华民国领土,非经国民大会议决,不得变更。

本条第一项为"领土"的列举规定。其省名或地方名称,系指地理的自然地域而言,不但上海、南京等市区包括在内,即使将来缩小省区、

---

① 参阅《国籍法》第十条以下。

扩大为若干倍于现有之省区,亦无影响。至其各省地名之排列,以首都所在之长江流域为先,次及黄河流域、珠江流域,而以黑龙江流域及边疆所属各省为殿,自东而西,厘然有序①。所谓"固有之疆域",不但指"九一八"以前的领土,且可包括近百年来以不平等条约而丧失的领土。又沿海岛屿,以及关于"领空""领海"等国际上所公认的原则,亦当然包括在此所谓"领土"之内。

宪草关于"领土"的规定,所以采"列举主义"而不采"概括主义"的理由,则在为国家本身利益着想。因为中国在现在的情况之下,失土未复,我们能在宪法上像欧战后的比利时一样,明白地表现出中国的疆土,使大家一望而知其然,人人抱收复失土之念,那更具有教育的意义了②。

本条第二项所谓"领土之变更",系指领土之丧失、取得或交换而言。领土非经国民大会议决不得有任何变更,是防免野心家擅自处分的规定。

第五条　中华民国各民族,均为中华国族之构成分子,一律平等。

本条是国内民族平等的规定。国内各民族一律平等,不但列为本党对内政策之一,且为民族主义的重要涵义,《宪草》有此规定,则国内汉、满、蒙回、藏等民族,法律上一视同仁,无分轩轾,这就是三民主义的宪法精神。《苏联宪法》亦有类似规定。

第六条　中华民国国旗,定为红色,左上角青天白日。

本条是国旗的规定。国旗是国家的标帜,国际上极为重视。国父定

---

① 吴经熊、黄公觉:《中国制宪史》第三九一页。
② 同前揭书第一一八页、第三九〇页、第四二八页、第四八七页。

国旗旗色为青天白日满地红者,其所用青白红三色,象征三民主义之民族、民权、民生,青天白日表示弃黑暗而向光明,满地红表示牺牲精神与天下为公的理想。民国成立后,以临时政府仓卒采红黄蓝白黑的五色国旗,直至国民政府成立,始恢复国父所定仪式,依照民国十七年十二月十七日公布施行的国旗的尺度款式,均有一定,不能稍有违异。

第七条 中华民国国都,定于南京。

本条是关于国都的规定。国民政府遵从国父的主张①,于民国十六年四月十八日,奠都于南京。二十一年,另设行都于洛阳,陪都于西安,次年又改西安为西京,设西京市。抗战发生后,又改设"行都"于重庆(嗣又改称"陪都"),在抗战期间,即以重庆为临时首都。

---

① 国父于《实业计划》第二计划第三部有云:"南京有高山、有深水、有平原,此三种天工,钟毓一处,在世界之大都市,诚难觅有如此佳境也。"

第二章　人民之权利与义务

本章总释　人民的权利与义务，在现代各国宪法中，大都占一重要部分。因为宪法的内容，本来是国家对于主权、领土、人民及政府四者的一般记载，而人民与国家的关系，当然占重要的一页；况且从宪法的由来是为了人民争取自由或权利的保障来看，人民权利和义务的规定，也应该占着宪法重要的一页。《宪草》关于人民的权利与义务，我们分开权利和义务来说：

先说人民的权利。《宪草》对于人民权利的规定，我们须得说明者三点：

（一）宪法上关于人民权利自由的规定，本有宪法直接保障主义（即宪法限制主义）与法律间接保障主义（即法律限制主义）之分：前者是由宪法规定各种权利自由的范围，后者是由普通法律规定各种权利自由的范围。换一句话说，如采法律间接保障主义，宪法上虽承认人民有何种之自由，但又委任其他法律以干涉之权，虽行政之干涉，不为宪法所许，立法的干涉则许之，这种限制人民权利自由的方法，对于人民权利自由之保障，仍觉薄弱。且此种法律间接保障主义，必待各种有关法律颁布之后，人民始能享受宪法上所规定的权利自由，人民的权利自由，要等到立法机关将法律制定之后，才得到保障。但如采宪法直接保障主义，则宪法一经颁布，人民便即享受他们的自由权利。就保障的实效而论，法律间接保障主义远不及宪法直接保障主义,固不待言。《宪草》于此,多有"非依法律不得限制"之句,原则上自系采取法律间接保障主义(例外如第十条则采宪法直接保障主义)。其立法旨趣,立法院长孙哲生氏曾提出三点①:

  甲、依照"社会联立主义"学说,认自由为发展个性以致力于社会的工具,国父遗教亦有"只有国家自由,更无个人自由"之说,故不能予人民以绝对的自由,而应予以合理的多方的限制。

  乙、法律与命令不同,行政机关决不能以命令蹂躏人民的自由,如谓法律将"左手与之,右手取之"而等宪章于具文,亦属过虑。因为宪法颁行以后,法律由民意机关所决定,受人民创制权与复决权的限制,司法机关并将运用其解释权为宪法作保障,自无恶法侵及人民自由的可能。

  丙、直按保障的具体规定,挂一漏万,有时且竟为不可能,因为社会复杂万状,故宪法上所应规定,为自由保障的原则,其余均待普通法补充,宪法条文自然不必一切都列举无遗。

此外,我们今天的大问题,是怎样救国家、救民族,我们要救国家民族,则不得不要求个人极力牺牲他所有的自由,以求团体的自由,这都是《宪草》采法律间接保障主义的理由。

(二) 宪法上关于人民权利的规定,约分"自由权""受益权""参政权"三种②:

---

① 孙院长:《中国宪法的几个问题》(二十三年双十节论文)。
② 王世杰、钱端升:《比较宪法》第九五页。

甲、自由权为国家所不能侵犯且须防止侵犯的权利，又称消极的权利。《宪草》于此，有身体自由、居住自由、迁徙自由、意见自由（包括言论自由、著作自由及出版自由）、通讯自由、信仰自由、集会自由、结社自由、财产自由等规定。

乙、受益权为从国家享受特定利益的权利，又称积极的权利。《宪草》于此，除在本章规定请愿、诉愿及诉讼等权利外，其余如享受教育的权利（参照第一三二条、第一三四条、第一三五条）、关于受救济的权利（参照第一二七条、第一二八条）以及劳工保护权（参照第一二四条），则于第六第七两章分别规定。

丙、参政权为参与国家政治的权利，又称政权。《宪草》于此，有选举权、罢免权、创制权、复决权、应考权等规定。

因为自由权、受益权、参政权之行使，必人人立于平等的地位，故又有"平等权"的规定。

（三）人民权利自由规定的方式，各国宪法，有单纯列举方式（《德国韦玛宪法》及爱司托尼亚是）和列举与概括混合方式（美国、葡萄牙是）两种。因为列举与概括混合方式，可以避免单纯列举方式的挂漏，同时又足以保护发生于后而为宪法所未规定的重要权利。故《宪草》于列举规定（第九条至第二十条）外，又于第二十四条设概括的规定，使将来无背于宪法原则的权利均受保障。

其次说人民的义务。人民对于国家，既然享有权利，同时就应负担义务，其间虽无因果关系，却为国家的共同生活所必要。宪法于此，虽未如苏、德等国宪法，规定"工作义务"和"财产义务"，却也有"纳税""服兵役""服工役"和"服公务"四种，按照"社会本位"的法律观念，是否应扩大义务的范围，这是国民大会制宪时所值得考虑的（参照第一一七条第二项第一二一条）。

本章各条规定：平等权（第八条），人身自由（第九条、第十条），居住自由（第十一条），迁徙自由（第十二条），意见自由（第十三条），通讯自由（第十四条），信仰宗教自由（第十五条），集会结社自由（第十六条），财产自由（第十七条），受益权（第十八条），参政权（第十九条、第二十条），纳税义务（第二一条），兵役、工役义务（第二二条），服公务义务（第二三条），自由权利的一般保障（第二四至二五条）。

第八条　中华民国人民，在法律上一律平等。

本条是平等权的规定。"法律上一律平等"，就是民权主义中所谓"真平等"，亦即"立足点平等"的意思。否认特殊人民享有任何特权，法律之前，人人同等待遇，一切公共机关的职位，除规定智识的及道德的资格外，不应有其他任何限制。详言之，即不分男女、种族、阶级、宗教、职业，一律平等。不但不复有贵族和奴隶的存在，所谓"王子犯法与庶民同罪"，而且不分贫富，法律上都得享有同等的权利与义务。不过，关于阶级，尤其是所谓身份上的阶级，因为蒙、藏等地王公等制度一时尚未易革除，又孔子的后裔中央特任为奉祀官，为世袭的特殊制度，这是两个例外。

又本条所规定的平等，以个人为单位，与第五条之以民族为单位者不同，观点各异，可不待言。

第九条　人民有身体之自由，非依法律不得逮捕、拘禁、审问或处罚。

人民因犯罪嫌疑被逮捕、拘禁者，其执行机关，应即将逮捕拘禁原因，告知本人及其亲属，并至迟于二十四小时内，移送于该管法院审问；本人或他人，亦得声请该管法院，于二十四小时内，向执行机关提审。

法院对于前项声请，不得拒绝，执行机关对于法院之提审，亦不得拒绝。

第十条　人民除现役军人外，不受军事裁判。

上述两条，是关于"身体自由"的规定。所谓"身体自由"，是"居止行动"的自由，身体如不自由，其他一切自由都是徒托空言。以身体自由是一切自由的前提。兹就《宪草》的规定，分释于次。

（一）《宪草》关于身体自由，所谓"非依法律"，不得"逮捕、拘禁、审问、处罚"，涵义有三①：

甲、须有"法定的行为"，才得逮捕、拘禁、审问、处罚。人民之被逮捕、拘禁、审问或处罚，固然不以犯罪行为或犯罪嫌疑为限，例如警察拘捕违警犯、海关检查疾疫、民刑事诉讼的拘提和传讯证人，以及行政上的秩序罚等，都并无可以认为犯罪的情形，但无论是否因为犯罪或其他情形而逮捕、拘禁、审问或处罚，均须有法律上规定"应行"或"可得"逮捕、拘禁、审问或处罚的"行为"或"事实"才行。尤其是关于犯罪，刑法更有"无明文不为罪"的明文②。

乙、须由"法定的机关"才能逮捕、拘禁、审问、处罚。例如检疫的"海关"，逮捕犯人的司法警察、司法警察官等，都是所谓"法定的机关"。又任何人对现行犯都可以加以拘捕③，在逮捕现行犯的场合，普通人便都是"逮捕"的法定机关。至于有权逮捕、拘禁、审问、处罚的法定机关，

---

① 王世杰、钱端升：《比较宪法》第一一一至一一四页。
② 《刑法》第一条"行为之处罚，以行为时之法律有明文规定者为限"。
③ 参照《刑事诉讼法》第八八条。

对于并无法定行为或法定事实之人,不得逮捕、拘禁、审问、处罚,自不待言。

丙、须依"法定的手续",才好逮捕、拘禁、审问、处罚。"法定的机关",对于有"法定的行为"之人,不依"法定的手续",便不能逮捕、拘禁、审问、处罚。所谓"法定的手续",例如执行逮捕,除现行犯外,必须持有拘票,法院科刑,必依刑法所规定的刑罚,拘禁审问不能违背刑事诉讼法。

(二)《宪草》关于"身体自由",仿照英国的出庭状制,设有声请提审的规定,作为直接保障的方法。因为有权逮捕、拘禁犯罪嫌疑之人者,不以法院和检察官为限,其他有侦查或协助侦查犯罪权限之人,如县长、警察官长、宪兵队长(司法警察官)以及警察、宪兵(司法警察)等,都有权执行逮捕拘禁犯罪嫌疑人。这些法院和检察官以外的机关,如逮捕拘禁犯罪嫌疑人,应即将逮捕拘禁原因,告知其本人及其亲属并至迟于二十四小时内移送于有管辖权的法院审问;被逮捕或拘禁之本人或其亲属(《宪草》虽规定"他人"[任何人]亦可声请,但依提审法[1]第一条只限于有亲属关系的人),亦得声请该管法院,于二十四小时以内,向执行逮捕拘禁的机关提审。法院对于提审的声请,固然不得拒绝,执行逮捕拘禁的机关对于法院的提审,亦不得拒绝,否则当受应得之处罚[2]。

(三)《宪草》为保障"身体自由"起见,又于第十条规定:现役军人以外的人民,不受军事裁判的制裁。原来,军事审判与普通法院审判不同,前者贵乎迅速,由军法机关依陆海空军审判法审理裁判;后者贵乎慎重,由普通法院依民刑事诉讼法审理裁判。陆海空军军人、军属,如犯罪

---

[1] 该法于二十四年六月二十一日公布其施行日期于宪法施行后以命令定之。
[2] 同法第十条。

而系触犯军法,固应受军法机关的裁判,如系触犯普通刑法,依照现行《刑事诉讼法》①尚且要归普通法院审判②,如果并无陆海空军军人军属身份的人民,自然更不受军法机关的裁判了。再从反面说,人民犯罪如受军事裁判,其不利之点有三:(一)现行刑事诉讼法采三级三审制,当事人对该法院判决,得行上诉,而军事审判,多一审终结,如果普通人民要受军事裁判,等于剥夺其上诉权。(二)刑事诉讼法采辩护制度,军事裁判则仅由被告自行防御,普通人民受军事裁判,难免冤抑。(三)军事裁判,审判官须服从长官命令,非如普通法院法官之可以独立审判。所以本条特保障人民享受普通法院审判的权利。

第十一条　人民有居住之自由,其居住处所,非依法律,不得侵入、搜索或封锢。

本条是居住自由的规定。"居住自由",即人民之居所或住所不受侵犯之意。同是住宅,法律上有"住所"与"居所"之别:"住所"是永久居住的处所,"居所"是暂时居住的处所,二者之区别,在于有无永久居住意思,且住所不能有二处。无论"住所""居所"非经同意,均不得任意侵犯,所谓侵犯,包括侵入、搜索或封锢。但如依照法律之规定,自得侵入、搜索或封锢住所居所。例如依照《刑事诉讼法》逮捕罪犯或搜索罪证,便可侵入或搜索住所居所③;依照《行政执行法》所为直接强制处分,对于家宅或其他处所,便得侵入④;依照《强制执行法》查封不动产⑤,依照

---

① 《刑诉法》第一条第二项"军人军属之犯罪,除犯军法应受军事裁判者外,仍应依本法规定追诉处罚"。
② 《陆海空军审判法》第一条第一项。
③ 《刑诉法》第一二二条以下。
④ 该法第六条、第十条。
⑤ 参照该法第七五条以下。

《军事征用法》征用住宅①,便可封锢住宅居所;又如户籍警调查户口、经收员征收赋税而侵入住宅,均不能认为违法。

第十二条　人民有迁徙之自由,非依法律,不得限制之。

本条是迁徙自由的规定。"迁徙自由",指个人的行动及家宅之迁徙,不受国家的干涉而言。但如战时为敌机空袭,强令不必要的老弱妇孺疏散乡间②,以及接战地域内居民的勒令退出③或战区企业之迁移④,那便是法律所加于"迁徙自由"的限制。

第十三条　人民有言论、著作及出版之自由,非依法律,不得限制之。

本条是"意见自由"的规定。所谓"意见自由",即表示意见的自由:凡意见之以语言表示者,为"言论自由";以文字图画表示者,为"著作自由";以印刷的著作物发表者,为"出版自由"。促进文化的发展,是保障"意见自由"的主要原因,但如与促进文化发展之目的相背谬,或且背叛国家、危及社会、妨害风化,那就应当严加取缔,并无保障可言了。

限制"意见自由"的法律,对国家言,以不妨害秩序为范围(参照《刑法》第一五三条,《危害民国紧急治罪法》第一条第四条);对社会言,以不妨害风化为范围(参照《刑法》第二三五条);对个人言,以不妨害他人的名誉和信用为范围(参照《刑法》第三一〇条以下)。

"意见自由"中,以"出版自由"为最主要的一种,因为用出版的方法

---

① 该法第七条。
② 参照《防空法》第八条、第五条。
③ 参照《戒严法》第十二条第七款。
④ 参照《非常时期农矿工商管理条例》第九条。

表示意见,最能发生重大效果,其传播的范围亦较言论或著作为广,所以对于限制"出版自由"的法律,尤其值得注意。各国法律[1]对于"出版自由"的限制,有的采取事前预防主义,有的采取事后干涉主义,有的兼采事前预防与事后监督的折衷主义。"事前预防",即出版物须先经政府检查,并得允准以后,才能出版,所以又称"检查制";"事后干涉"即出版物不必先经检查便可自由出版,但如被发见不应该登载的文字,便得禁止其出售或散布,所以又称"追惩制";又因为"事前预防"是由警察机关监督于事前,又称"警治制度";"事后干涉"是仅于违法出版之后始受法律的制裁,所以又称"法治制度"。所谓"折衷主义",则出版物虽不必先经检查然后出版,但于事前仍须由出版人履行一定手续,事后更须受一定的制裁。所谓一定的手续,有的在开办时须经政府特许者,叫做"特许制";有的在开办时须缴纳若干保证金者,叫做"保证金制";有的仅须于出版时向警察机关报告者,叫做"报告制"。各种限制方法中,以"检查制"的"事先预防主义"为最有效,但其所加于自由的束缚太甚。我国限制"出版自由"的法律,如《出版法》[2]、《修正抗战时期图书杂志审查标准》[3]各规定,对于有关政治的传单标语,非经地方主管机关许可,不得印刷发行,采的是"检查制",自然是"事前预防主义";对于新闻纸、杂志的发行,应于首次发行前呈由所在地地方主管官署,转呈省政府或直隶于行政院之市政府核准后,始得发行,采的是"特许制";对于书籍或其他出版品,仅须于发行前呈缴内政部中央宣传部等机关,采的又是"报告制"。至于法律对于出版物内容上所加的限制,应参照《出版法》第二一条至第二五条以及《修正抗战期间图书杂志审查标准》的规定。

---

[1] 王世杰、钱端升:《比较宪法》第一三一至一四八页。
[2] 该法第八条、第九条、第二十条、第二十一至二十九条。
[3] 该标准系二十七年七月二十一日第五届中常会第八十六次会议通过。

第十四条 人民有秘密通讯之自由,非依法律,不得限制之。

本条是通讯自由的规定。"通讯秘密自由",指人民函件与电信的秘密,不受任何官吏或私人侵犯而言,私人相互间,用书信、电报或电话彼此交换意见,或由一方以意见传达于他方,往往有隐秘的必要。现代邮电事业,既大都由国家专营,不许私人经营,通讯秘密自由,宪法上即不可无保障的明文,倘有侵犯,依照《刑法》第三一五条以下处罚。

但是,法律对于此种自由,基于公共安全与避免损害计,仍有若干例外的限制。例如父母对于未成年子女,运用其监护权而拆阅书信①;法院或检察官为侦查犯罪而拆阅书信②;监狱官吏的检查在监犯人的书信③;以及《戒严法》关于戒严地域内最高司令官检查邮电的规定④、《破产法》关于检查破产者书信的规定⑤都是。

第十五条 人民有信仰宗教之自由,非依法律,不得限制之。

本条是信教自由的规定。"信教自由"包括两种自由:其一为信仰自由,即人民有信仰任何宗教与不信仰任何宗教的自由,所谓信仰,指对于宗教的信条而言;其二为礼拜自由,即一方面任何人有履行其所信仰之本教仪节的自由,一方面国家又不得强迫任何人民履行任何宗教的仪节的自由。所谓礼拜自由,指宗教的仪节而言⑥。

各国宪法对于信教自由,有两种不同的制度:

---

① 《民法》第一○八四至一○八六条。
② 《刑诉法》第一○五条。
③ 《监狱规则》第七一条。
④ 《戒严法》第十二条。
⑤ 《破产法》第六七条。
⑥ 王世杰、钱端升:《比较宪法》第一五三页。

（一）国教制，大别又有两种：

甲、绝对国教制。回教诸国，以回教为国教，而强迫一切人民信奉其教义、履行其仪节，不信奉国教者，不得享受法律上同等的权利。

乙、相对国教制。英国虽以英吉林教①为国教，但又同时对于人民之信奉他教者，亦任其自由。

（二）非国教制，大别亦有两种：

甲、不立国教制。法、比等国，宪法上虽不立国教，但对于某几种宗教，仍优厚其待遇。

乙、绝对信仰自由制。《苏联宪法》一任人民信仰、不信仰或反对宗教的自由。

《宪草》虽亦采取非国教制，与绝对信仰自由制又不尽相同，对于坛庙、寺观、教堂，不得公然侮辱，且不得妨害他人传教，《刑法》第二六四条以下有明文规定，所以法律对于信教，仍有若干限制的。至于蒙、藏、青海等地方，佛教仍不脱为一种国教，那是又当别论。

第十六条　人民有集会结社之自由，非依法律，不得限制之。

本条为"集会自由"与"结社自由"的规定。"集会自由"指人民集合一地，以演讲形式表示其思想或知识，或以辩论形式互换其思想与知识之自由。"结社自由"指人民为达特定目的而组织团体的自由。因为"会"是一种暂时的集合，"社"是一种永久的团体；"会"是特定人或不特定人的集合，"社"是特定人的集合；"社"是有机关有规律的组织，而"会"则不然，所以"集会"与"结社"各不相同。

（一）集会自由。集会由于性质的不同，有"政治的集会"与"非政

---

① 即 Anglicanism，今译为"安立甘宗"，又作"圣公会"。——编者注

治的集会"。由于地点的不同,有"屋外集会"与"屋内集会"。关于"集会自由"的限制,各国立法例有两种制度①:

甲、追惩制。集会前不必报告政府就得自由集会,集会时如有违法行动,则集会后须受法律的制裁,这是"追惩制"。

乙、预防制。集会前必须报告警察机关或得其许可,是为"预防制",大别之又有二种:

(1)报告制。集会仅须报告警察机关者,为"报告制"。

(2)许可制。集会于报告后仍须得警察机关的许可者,为"许可制"。

上述三种制度,以"追惩制"为最宽,"许可制"为最严。英国对于一切集会,均采"追惩制";大陆各国大概对于"屋外集会"采"许可制","屋内政治集会"采"报告制",其他屋内集会采"追惩制"。我国现行法律,战时依《戒严法》得停止"集会自由"②外,平时对于聚众暴动的集会,警察机关自得直接解散,并得加以惩罚③,又《危害民国紧急治罪法》有禁止以危害民国为目的之集会的明文规定④,并无事前报告或取得许可的明文,解释上采的是"追惩制"。

(二)结社自由。结社,依其性质,有"营利结社"与"非营利结社"之别,"非营利结社"又有"政治结社"与"非政治结社"两种。关于"结社自由"的限制,各国立法例亦有"追惩制"与"预防制"之别,和"集会自由"的限制一样⑤。我国现行法律对于"营利结社"如公司等,依照《民法》和《公司法》只须办理登记手续;对于"非营利结社",则除战时依《戒

---

① 王世杰、钱端升:《比较宪法》第一五九至一六四页。
② 《戒严法》第十二条。
③ 《刑法》第一四九条、第一五〇条;《违警罚法》第五四条第六款。
④ 该法第三条。
⑤ 王世杰、钱端升:《比较宪法》第一六五页以下。

严法》得停止"结社自由"①外，平时《刑法》禁止以犯罪为目的之结社②，《危害民国紧急治罪法》禁止以危害民国为目的之结社，解释上也采的是"追惩制"。但在非常时期，人民结社应依《非常时期人民团体组织法》所定的程序办理，依照该法须经社会行政主管官署事先核准，成立后，主管官署仍保有监督及指导权力，采的是预防制中的"许可制"。此外，工会、农会、商会、教育会等，依照《工会法》《农会法》《商会法》《教育会法》的规定，于设立时，除向社会行政主管官署请求准可外，更须依法报告目的事业主管官署，解释上也采的是"许可制"。

第十七条 人民之财产，非依法律，不得征用、征收、查封或没收。

本条是"财产自由"的规定。财产权的旧观念，早已随时代而被废弃，财产权的新解释，依照"社会职务说"，乃是随所有权而发生的社会职务。因为私产的存在在现时状况之下，尚为"社会利益"所要求，法律所以承认私产，只因社会财富的增加，与社会需要的满足，现时尚不能不利用私产制度为工具。为适应"社会利益"计，在财产所有者的一方，应视财产权为社会职务，而在社会一方，则应尊重这财产权。换一句话说，财产所有人既负有这种社会职务，所以于其履行这种职务时，便应受法律的保护，他便有处分其财产的相当自由③。

财产权根本上既系以社会利益为根据，既根据于所有者的一种社会职务，所以原则上便不是所有者的一种含有绝对性或不受限制性的权

---

① 该法第十二条。
② 该法第一五四条。
③ 王世杰、钱端升：《比较宪法》第一八九页以下。

利,法律上对之自可加以限制。财产自由的限制——所有权的限制,有全部剥夺与局部限制的不同,本条所谓"征用",《民法》《土地法》以及本草案第六章的规定,是局部的限制;本条所谓"征收""查封""没收",都是全部的剥夺。

"征用"是以国家的力量强制使用私人的财产。但须基于公共利益所必需,并由国家给予相当的补偿,且如使用的目的达到以后,便应返归原主。

"征收"是以国家的力量强制取得私人的财产。当然也得基于公共利益所必需,并由国家给予相当的补偿,例如《土地法》关于土地征收的规定①。"征收"与"征用"不同:"征收"是财产权全部的剥夺,"征用"则是所有权部分的限制,即系财产使用权的移转;"征收"是永久的剥夺,"征用"则为暂时的或有时间性的剥夺。

与"征用""征收"不同者,学理上又有所谓"征发",其目的虽同为财产的使用与取得,但"征用""征收"是基于公益上的需要,而"征发"则基于军事上的必要。查现行《军事征用法》对于因军事上紧急的需要而令人民供给军需物或劳力,仍为"征用",已废弃"征发"字样了。

"查封"有时称做"扣押",有民事上的查封与刑事上的查封之别:刑事上的查封,称做"扣押",是法院将可供犯罪证据的物件,以及可以没收的物件,移转于法院的强制处分②;民事上的查封为法院依照法律的规定,经债权人声请,就执行名义范围内,对于执行标的物——债务人之财产所为的强制处分③。此外,《民事诉讼法》上又有所谓"假扣押",是民事保全程序之一种,法院对于债务人财产,为"假扣押"时,债务人的

---

① 《土地法》第五编。
② 《刑诉法》第一三三条。
③ 《强制执行法》第四条。

财产自然也受了限制①。

"没收"有刑事上的没收与违警上的没收之别：刑事上的没收为从刑之一种，是剥夺犯罪人财产之全部或一部的刑罚，应该没收的物件，依照《刑法》第三八条规定有：（一）违禁物，（二）供犯罪所用或预备之物，（三）因犯罪所得之物三种。又依照《处理逆产条例》而没收的"逆产"，以及《惩治汉奸条例》而没收的财产，也都是刑事上的没收。违警上的没收，指警察机关对于占有物品足以发生违警情事时，剥夺其物品之占有的处分。依照《违警罚法》第十六条的规定，应该没收的物件有：（一）供违警所用之物，（二）因违警所得之物二种；至其没收的机关，当然是警察机关而非法院。此外，与"没收"相类而实不相同者，又有所谓"没入"，"没入"指刑事诉讼上保证金的没入而言，法院对于停止羁押交保外出的被告，如有抗传不到，即得没入其保证金，那是一种行政罚，与"没收"不同②。

第十八条　人民有依法律请愿、诉愿及诉讼之权。

本条是受益权的规定。人民对于国家的"受益权"，有行政上的受益权、司法上的受益权、经济上的受益权，与教育上的受益权之别。本条规定行政上的受益权与司法上的受益权，至于经济上的受益权与教育上的受益权，则规定于第六、第七两章。

"请愿"是人民对于国家机关的政治措施提供意见、表示愿望的方法。人民请愿，可对国家一切机关提出，不拘一定方式，口头或书面均可，更不论个人请愿或联合多数人请愿，被请愿的机关，亦可不受请愿的拘束。

---

① 该法第九八条以下。
② 《刑诉法》第一一一条。

"诉愿"是人民因国家机关的违法处分或不当处分而受有损害时,请求撤销或变更其处分的一种救济方法,其详可参阅《诉愿法》之规定。"诉愿"与"请愿"的区别,共有五点:(一)范围——请愿的范围甚广,凡国家机关未曾实行的行为,均得请愿;诉愿必须对于国家行政机关的违法或不当处分,方得提起。(二)原因——请愿的原因,不以关系个人的事实为限;诉愿的原因,必须诉愿人受有权利或利益的损害。(三)方式——请愿无一定的方式;诉愿则必须备具诉愿书。(四)结果——请愿的结果,接受请愿的机关有采纳与否的自由;诉愿必须由接受诉愿的机关予以决定。(五)次数——请愿无次数的限制;诉愿则进一步有再诉愿或行政诉讼的规定①。

"诉讼"包括"民事诉讼""刑事诉讼"及"行政诉讼"。人民因私权受有侵害,请求国家机关除去其侵害,或私权将受侵害,请求国家机关除去其危险。总之,凡请求保护私权者,是"民事诉讼";民事诉讼依《民事诉讼法》的规定,向法院为之。国家处罚犯罪的程序,是"刑事诉讼",犯罪的结果有侵害个人的法益、社会的法益和国家的法益之不同,但直接间接,往往个人的利益因之而受损害,国家处罚犯罪,一方面固在保障公共安宁与大众利益,一方面却间接足予受害人以精神上的安慰,因此而能得到保护私权的效果。详细手续,依照《刑事诉讼法》的规定,向法院或检察处为之。"行政诉讼"是行政上违法处分的一种救济,凡人民因国家机关的违法处置致损害其权利,经提起再诉愿而不服时,向行政法院声请救济者,称为"行政诉讼"。行政诉讼,依照《行政诉讼法》的规定。

综合起来说,本条关于受益权的规定,可如下表:

---

① 范扬:《行政法总论》第二八九页以下。

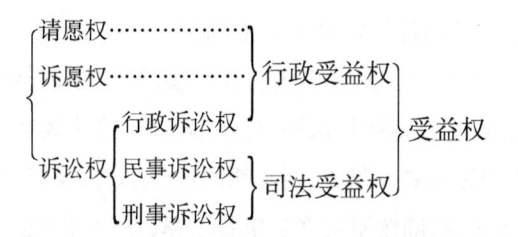

```
          ┌ 请愿权··············┐
          │ 诉愿权··············├ 行政受益权 ┐
          │       行政诉讼权   │           ├ 受益权
          │      ┌ 行政诉讼权 ┐│           │
          └ 诉讼权┤ 民事诉讼权 ├ 司法受益权 ┘
                 └ 刑事诉讼权 ┘
```

第十九条　人民有依法律选举、罢免、创制、复决之权。

第二〇条　人民有依法律应考试之权。

上述二条是"参政权"的规定。换一句话说，《宪草》所规定的"参政权"，有选举权、罢免权、创制权、复决权和应考权五种，而选举、罢免、创制、复决四权，亦即人民的四种"政权"。此四种"政权"是人民直接参加政治活动，不待政府发动，就得享受的权益；其他如"自由权"在要求政府不侵犯，"受益权"亦须政府有所表示，其性质自不相同。《宪草》明定四种"政权"，是实施国父民权主义的规定。

（一）选举权是具有公民资格[①]的人选举国家公务人员的权能。本草案各章规定下面各种公务人员，人民有直接选举权：

甲、国民代表——见第二九条；

乙、县议会议员——见第一〇六条；

丙、市议会议员——见第一一二条；

丁、县长——见第一〇八条；

戊、市长——见第一一三条。

此外，如总统、副总统，立法院院长、副院长，监察院院长、副院长，立法委员、监察委员的选举，由国民大会行使之[②]；省参议会议员，由各县

---

① 《县各级组织纲要》第六条。

② 本草案第三二条。

市议会选举①;这些都是采的间接选举制。

现行法律中之《国民大会代表选举法》②,对于国民代表的选举,就区域选举言,先经乡镇坊长选举应出代表之十倍为候选人,次由人民就候选人名单中选举之,那是初创时期的过渡办法,我们相信将来宪法颁行后,关于选举,将陆续制定许多单行法律,作为行使选举权的本据,一定不至于再沿用此种选举办法了。

(二)"罢免权"是具有公民资格的人民,罢免国家公务人员的权能。本草案各章,规定下面各科公务人员,人民有直接罢免权:

甲、国民代表——见第三○条第二项;

乙、县议会议员——见第一一○条;

丙、市议会议员——见第一一五条;

丁、县长——见第一一○条;

戊、市长——见第一一五条。

此外,如总统、副总统,立法、司法、考试、监察各院院长、副院长,立法委员、监察委员的罢免,由国民大会行使之③。那可以说是人民的间接罢免权,将来宪法颁行后,关于罢免,自然应该制定许多单行法律,作为行使罢免权的本据。

(三)"创制权"是人民直接创制国家法律的权能,依照《宪草》的规定:

甲、国民大会有创制中央法律案之权——见第三二条第三款;

乙、县民对于县自治事项有创制权——见第一○五条;

丙、市民对于市自治事项有创制权——见第一一一案。

---

① 本草案第一○○条。
② 该法第九条至第十六条。
③ 本草案第三二条。

其他详细情形,有待于宪法颁行后续为制定各种单行法律。

(四)"复决权"是人民对于国家的法律或法律案,决定其应否改废或成立的权能,依照《宪草》的规定:

甲、国民大会有复决中央法律案之权——见第三二条第四款;

乙、县民对于县自治事项,有复决权——见第一〇五条;

丙、市民对于市自治事项,有复决权——见第一一一条。

其他详细情形,有待于宪法颁行后续为制定各种单行法律。

综合起来说,此四种"政权",因为选举权与罢免权为人民监制政府公务员的工具,性质上为"监官权",而创制权与复决权则为人民监制法律的工具,性质上为"监法权"。它们的被运用,自然都有待于法律的根据①。

最后,关于四种"政权"以外的"参政权",还有一种"应考权"。因为服务公职的人员,以经考试及格者为限②,故必让人民有应考试之权,才有考取的机会,考取后才有服公务的资格、才有以"官吏"而参政的机会。

第二一条　人民有依法律纳税之义务。

本条是纳税义务的规定。完纳租税为人民对于国家应尽的义务,因为政府为人民所支持,政府的公务自然是人民大众的公务,支持公务的支出——财政,自然应该由人民承担,而纳税义务就是人民承担国家财政最普遍的方法。

纳税虽是人民对于国家应尽的义务,但是人民纳税,仅以法律有根据者为限,而规定人民租税的法律,应由人民或人民的代表机关自行议定,《宪草》第一二九条就有可供参照的规定。

---

① 金鸣盛:《五权宪政论集》第二〇七页至第二二四页。
② 本草案第八五条;《建国大纲》第十五条。

第二二条　人民有依法律服兵役及工役之义务。

本条是兵役义务及工役义务的规定。国家的制度有一天存在,国与国间即不能无战争,战争的准备,最主要的还是武装国民,所以服兵役的义务是每一个国民的天职。关于兵役制度,有"募兵制""征兵制"和"民兵制"的不同,我国现行《兵役法》采"征兵制",分兵役为国民兵役与常备兵役两种[①],合乎三平原则:(一)平等——不分阶级,不论贵贱,凡届兵役年龄的男子,均须服兵役义务;(二)平均——按征兵一定数目,依国内各处人口壮丁之多少而支配一定的比例,平均征集;(三)平允——办理兵役,公平允当,设有缓役、免役、停役等规定。

工役即古代所谓"徭役"或"力役"的意思,凡是国家的大工程大建筑,均与公众福利有莫大关系,于政府财力窘迫的现在,每一个国民自然都有服工役的义务。关于工役义务,依照《国民义务劳动法》的规定,有平时工役和非常时期工役之别。另外,战时因军事上之需要,又有"劳力征用"的规定,其详可参阅《军事征用法》。

第二三条　人民有依法律服公务之义务。

本条是服公务的义务。从前的旧观念认为服官是人民的一种权利,故有"服官权"之称,现在国家的事务日繁,公务的范围不以服官为限,尤其是地方自治方面的公务,服公务的人多半并无薪给,纯属义务职,国父说"官吏为人民公仆","人人应该以服务为目的,不该以夺取为目的"[②],因此服公务也列入人民义务之一种了。

人民服公务的义务,在宪法颁行后应该颁订的各种法规中,当有详

[①]　《兵役法》第二条至第四条。
[②]　《民权主义》第三讲。

尽的规定,现行《公务员服务法》①上所规定的属于公务员的义务,那是做了公务员以后的义务,与此自然不可相提并论。

第二四条 凡人民之其他自由及权利,不妨害社会秩序、公共利益者,均受宪法之保障,非依法律,不得限制之。

本条是保障人民自由权利的概括规定。人民的权利,种类繁多,本草案第八条至第二十条所规定者,不过只是就其主要者而为例示,并非择其所应有的而为完全的列举。即在各该条规定之外,人民尚有他种相当的权利,宪法也应当加以保障,例如婚姻自由、教学自由、工作自由、演剧自由……便是。因此,本条才设有概括的规定,以资保障。

本条所保障的其他自由及权利,应以不妨害社会秩序及公共利益为限,如于社会秩序有碍或与公共利益相背,那就不在保障之列了。反之,人民其他自由及权利,只要不妨害社会秩序及公共利益,国家行政机关非要依照法律的规定,不得加以限制的。

第二五条 凡限制人民自由或权利之法律,以保障国家安全,避免紧急危难,维持社会秩序,或增进公共利益所必要者为限。

本条是保障人民之自由权利的又一规定。《宪草》保障人民权利的规定采取两种方式:其一为对行政权及司法权而限制其不得侵害者,本章第九条、第十一条至第二十条,所谓"非依法律不得限制",或"依法律"云云即是,换一句话说,只有立法机关可以制定法律限制人民的权利或自由,

---

① 该法第一条至第二十一条。

而行政机关与司法机关则不得恣意加以限制;其二为对立法权而限制其不得侵害者,本条规定即是。依照本条的规定,可知立法机关如果想制定法律去限制人民的权利或自由,则必须根据于下列四条件之一:

(一)保障国家安全——例如战时颁订《禁运资敌物品条例》对于人民和日本人间的买卖自由加以限制;《危害民国紧急治罪法》[①]对于人民与日本人间的通讯自由加以限制,都是为保障国家安全而有的规定。

(二)避免紧急危难——例如《戒严法》第十二条关于各种权利的停止,以及战时颁订的《防空法》[②]关于各种自由的限制,都是避免紧急危难而有的规定。

(三)维持社会秩序——例如《防空法》上关于人民自由或权利的限制[③],《违警罚法》上关于携带武器在屋外的禁止[④],都是维持社会秩序而有的规定。

(四)增进公共福利——例如《土地法》关于公用土地的征收[⑤],以及《建筑法》关于建筑管理各条[⑥],都是增进公共福利的规定。

第二六条 凡公务员违法侵害人民之自由或权利者,除依法律惩戒外,应负刑事及民事责任;被害人民,就其所受损害,并得依法律向国家请求赔偿。

本条是公务员侵害人民自由权利的责任,亦即保障自由权利的又一

---

① 该法第六条。
② 该法第八条。
③ 该法第八条。
④ 该法第三一条。
⑤ 该法第五编。
⑥ 该法第二七条以下。

规定。公务员侵害人民的自由或权利如系依照法律的规定,那是合法行为,自然不负刑事责任、民事责任或惩戒责任;如果"违法"而侵害人民的自由或权利,那便是违法行为。公务员的违法行为,可以分为两种:一为基于私人身份的违法行为,或职务外的违法行为;一为基于公务员身份的违法行为,或职务上的违法行为。关于公务员职务外的违法行为,或基于私人身份的违法行为,和普通人有了违法行为时一样;关于公务员职务上的违法行为,或基于公务员身份的违法行为,则因其情节不同,应负三种或任何一种或二种责任:

(一)惩戒责任,惩戒是行政上的制裁,依照《公务员惩戒法》的规定办理;

(二)刑事责任,公务员的违法行为,如构成渎职或触犯其他罪名时,应负刑事上的罪责;

(三)民事责任,公务员的违法行为,如为民事上的侵权行为时,应负民事上的损害赔偿责任(参照《民法》第一八六条)。

被害人民,如因公务员职务上的违法行为而受有私权的损害时,其救济方法如下:

(一)诉愿——对于公务员行政上的违法行为,可向上级机关提起诉愿;

(二)行政诉讼——不服再诉愿的决定时,可向行政法院提起行政诉讼;

(三)告诉或自诉——对于公务员的犯罪行为,得向检察处告诉或向法院自诉;

(四)举发——对于公务员行政上的违法行为或犯罪行为,得向监察院举发;

(五)民事起诉——对于公务员民事上的侵权行为,可向法院民事起诉,声请赔偿损害。

　　本条末段,又说:"被害人民就其所受损害,并得依法律向国家请求赔偿。"关于由国家负责赔偿损害的一般规定,还有待于制定。除法律有特别规定外①,解释上似应责成为侵权行为的公务员先行赔偿,公务员不能或无从赔偿时,才由国家赔偿;至于公务员私人如无侵权行为的责任,而人民因其有违法行为受有权利之损害时,如同过去曾轰动一时的"冤狱赔偿运动"②中所说人民因诉讼牵累而受的损害,公务员既可无责任,那就应该由国家赔偿,才能确保人民的权利和自由。

---

① 《土地法》第三六条:"因登记错误遗漏或虚伪致受损害者,由地政机关负损害赔偿责任。但地政机关证明其原因应归责于损害人时,不在此限。"
② 指20世纪30年代由中华民国全国律师协会领导发动的一场旨在保障人权、改良司法制度的社会运动。运动领导人通过发起提案、举行集会、发动媒体等方式推动国家承担对受到冤屈的公民负担赔偿的责任,并迫使国民政府着手制定《无罪受押赔偿法》。但随着全面抗战爆发,该项立法搁置,"冤狱赔偿运动"未能实现其目标。——编者注

第三章　国民大会

本章总释　国民大会为依据国父遗教而设的创制规定。它的性质如何？学者间有各种不同的主张①，我们归纳起来说，国民大会的特质不外两点：

（一）国民大会是人民的代表机关。本来，"政权"是属于人民全体的，应由人民直接行使，但因我国疆域广大，交通未尽开发，人民的智识尚未普遍，如果立即实行直接民权制，事实上殊不可能，因此才不得不由人民选举代表，委托他们去代表行使，国民代表集合起来，便为国民大会，所以说，国民大会是人民的代表机关。

（二）国民大会是政权的代表机关。国民大会虽然是人民的代表机关，但其职权，只以代表人民行使政权为限，换一句话说，国民大会只能代表人民行使四权——选举权、罢免权、创制权、复决权。依照国父"权"与"能"分离的学说，人民要有"权"，政府要有"能"，人民的政权与政府的治权各不相犯，国民大会既是代表人民行使政权的机关，那么对于政府的治权自然是不容侵及的。因而我们进一步可以说：国民大会既是"政权"的代行机关，和英国"巴力门"之为"主权"的代行机关不同；国民大会，既是"政权"的代行机关，和苏联"苏维埃大会"之为"最高的权力机关"，性质上也各不相同。

---

① 　金鸣盛：《五权宪法内国民大会性质之研究》（见耿文田编《国民大会参考资料》）。

本章各条,规定:国民大会的组织(第二七条),职权(第三二条),代表的产生(第二八条、第二九条),任期(第三〇条),责任(第三三条、第三四条)及大会的召集与会议(第三一条)等。

第二七条　国民大会,以下列国民代表组织之:

一、每县市及其同等区域各选出代表一人,但其人口逾三十万者,每增加五十万人,增选代表一人。

县市同等区域,以法律定之。

二、蒙古、西藏选出代表,其名额依法律定之。

三、侨居国外之国民选出代表,其名额以法律定之。

本条为国民大会组织的规定。国民大会的组织包括三种代表:(一)各县市代表;(二)蒙古、西藏代表;(三)侨民代表。大体上看来,完全是采的"地域代表制",以地域为国民代表选举的单位。对于"职业代表制"——以职业团体如农会、工会、商会以及其他自由职业团体为国民代表选举的单位——并未采取。其实《建国大纲》上虽然明定"每县地方自治政府成立之后,得选国民代表一员,以组织代表会,参预中央政事";但是兼采职业代表制与地域代表制,可以避免种种弊害,已为宪法学者所公认[1]。不用说,这一次依照国民大会代表选举法的规定所产生的国民代表,也有职业代表的成分[2],况且就是国父本人,在晚年时也曾主张以职业代表制来替代地域代表制的[3]。本条未将职业代表制同时采取,我们认为不无可以商讨的价值。

---

[1]　王世杰、钱端升:《比较宪法》第二二二页以下。
[2]　《国民大会代表选举法》。
[3]　国父民国十三年十一月十日《北上宣言》。

本条关于蒙古、西藏及侨民代表的名额，固然让将来的选举法上另为规定，对于县市及其同等区域，原则上每一县市及其同等区域产生代表一人；但以县市人口，由数千以至数十百万不等，人民智识文化程度亦以交通及地位而悬殊，如竟强为一律，每县市只限一个代表，未免失之不平允。故本条特设例外，如其人口逾三十万者，每增加五十万人，增选代表一人。例如某县人口八十万，可选代表二人是。至所谓县市同等区域，如设治局、北碚管理局及特别行政区如威海卫等，均依照法律之规定。

本条国民代表的选举，以每一县市选一代表为原则，这也和现行《国民大会代表选举法》不同，该法区域选举代表的产生，以行政督察区为单位，每一行政督察区产生的代表二人至七人不等，行政院直属各市也是二人至八人不等[①]。

第二八条 国民代表之选举，以普通、平等、直接、无记名投票之方法行之。

本条是国民代表选举法的规定。按理国民代表的选举法，应有单行法规，本条之所定，不过原则而已。国民代表的选举是：

（一）普通选举。选举权无财产、性别、教育的限制者，为"普通选举"。反之，则为"限制选举"。

（二）平等选举。选举权一律平等，即每一有选举权之国民应各有一投票权，亦仅有一投票权，不得一人有二票以上的投票权，为"平等选举"。反之，则为"不平等选举"或"复数选举"。

（三）直接选举。由选举权人直接选举国民代表，无须经过复选手

---

① 该法附表一。

续者,为"直接选举"。反之,由选举权人先选举代表人,再由代表人代行选举权选出国民代表者,则为"间接选举"。

（四）秘密选举。"秘密选举"即所谓"无记名投票方法",选举人姓名不写在选举票上。反之,将被选举人的姓名与选举人姓名一并写在选举票上者,便是"公开选举"。主张秘密选举的理由有三:（一）公开选举往往为人所胁迫,失却选举人的自由意思;（二）选举人可无所顾忌,抛弃选举权者必少;（三）贿赂选举等手段,可不奏效。

此次国民大会代表选举法采的是普通选举、平等选举、秘密选举,但,是不纯正的直接选举①。

第二九条 中华民国国民,年满二十岁者,有依法律选举代表权;年满二十五岁者,有依法律被选举代表权。

本条为国民代表之选举权与被选举权关于年龄的规定。所谓二十岁与二十五岁,均须于选举当时实际届满各该年龄,以户籍册上的出生登记为标准。不满二十岁的人,在《民法》上不能单独为有效的法律行为,尚未成年,为限制行为能力人②,所以无选举权;至于被选举权的年龄较大五岁,那是因为国民代表负有极大使命,二十五岁大概可有大学毕业以上的程度,当不至于"少不更事",有辱使命。

关于选举权和被选举权在其他方面的资格,在选举法上应有详尽的规定。但无论行使选举权或享有被选举权,其为必具公民资格则一。关于公民资格,依现行《县各级组织纲要》的规定,有积极资格与消极资格两种:中华民国人民,无论男女,在县区域内居住六个月以

---

① 该法先由各选区内乡镇坊长选出应上候选人的十倍,然后由选民就候选人中选举之。
② 《民法》第十三条。

上,或有住所达一年以上,年满二十岁者,为县公民,有依法行使选举、复决、创制、罢免之权,这是积极资格。反之,有下列情形之一者,不得有公民资格,便是消极资格:(一)褫夺公权者;(二)亏欠公款者;(三)曾因赃私处罚有案者;(四)禁治产者;(五)吸食鸦片或其代用品者①。这一次的《国民大会代表选举法》无论选举或被选举,均尚须经过公民宣誓②。

第三〇条　国民代表任期六年。

**　　国民代表违法或失职时,原选举区依法律罢免之。**

　　本条是国民代表之任期以及罢免的规定。国民代表的选举,手续繁重,需时甚久,如果任期过短不但国民有不胜选举之烦,而且因为国民代表全部更迭,难免有与前届代表意见出入之处,因其运用政权的结果势必影响整个政局,不足以应付复杂的国际环境,故其任期定为六年。

　　关于国民代表在任期间的罢免问题,有待于将来《国民大会代表罢免法》的规定,本条第二项规定国民代表罢免的原因,仅以"违法"或"失职"为限,至其罢免权的行使,本条项规定原选举区人民。但原选举区人民,不能以该国民代表不能代表其原选举区的利益为理由,而行使罢免,解释上应属当然。

第三一条　国民大会每三年由总统召集一次,会期一月,必要时,得延长一月。

　　国民大会经五分之二以上代表之同意,得自行召集临时

---

① 该纲要第六条。
② 该法第三条、第十三条。

国民大会。

　　总统得召集临时国民大会。

　　国民大会之开会地点,在中央政府所在地。

　　本条是国民大会之"常会""临时会"及"开会地点"的规定。国民大会常会,每三年由总统召集一次,会期一月,必要时虽得延长一月,但于三年之内,至多开会二月,殊不足以奏代表人民行使政权之效果,故除总统得自动的召集临时国民大会外,如经国民代表五分之二以上的同意,亦得由国民大会自行召集临时国民大会。关于召集的方法和手续,当于国民大会组织法中规定之。又依本草案第九三条的规定,监察院在国民大会闭会期间,对于总统、副总统,立法、司法、考试、监察各院院长、副院长提出弹劾时,应请国民大会依法召集临时会,决议罢免与否①。

　　国民大会开会地点,在中央政府所在地,那是应有的规定,因为与治权机关接洽便利,并且易收代表人民行使政权的效果。

第三二条　国民大会之职权如下:

　　一、选举总统、副总统、立法院院长、副院长、监察院院长、副院长、立法委员、监察委员;

　　二、罢免总统、副总统、立法、司法、考试、监察各院院长、副院长、立法委员、监察委员;

　　三、创制法律;

　　四、复决法律;

　　五、修改宪法;

---

① 金鸣盛:《中华民国宪法草案释义》第一六三号解释。

六、宪法赋予之其他职权。

本条为国民大会之职权的规定。国民大会为代表人民行使政权的机关,已如前述。本条所列六款,前四款是"选举""罢免""创制""复决",固不待言;最后二款,其一(指第五款)是广义的创制法律,其一(指第六款)无非指的变更领土的决议,也可包括在创制与复决法律的范围之内,自然都逃不出"政权"的范畴。

(一)选举权。国民大会的选举权,除总统、副总统、立法委员、监察委员而外,五院院长中只以立法、监察两院正副院长为限,那是因为司法、考试两院正副院长,在其性质上不宜由国民大会选举①,行政院正副院长,以对于总统负责任,故亦不必由国民大会选举②。立法委员与监察委员以及各该院正副院长,以与地域有关③,自然应由国民大会选举。至关于总统、副总统的产生,本有直接民选与间接民选即国民大会代选两种办法。主张直接选举制的理由是:(甲)总统直接民选,足以引起人民之政治兴趣,予人民以实际的政治训练;(乙)《宪草》既采总统实权制,应以民选为宜;(丙)北政府时代国会选举总统,一系受制于袁世凯的威迫,一系曹锟贿选,如由人民直接选举,可免此种恶例;(丁)宪法为百年根本大法,不能牵就事实;(戊)事实上,国民代表既可民选,总统亦何尝不能?主张间接民选制的理由是:(甲)自治尚未完成,民选必多困难;(乙)国民代表如确系本于民意而产生,则总统由国民代表选举,民意之表现,较切实际;(丙)民智未普及,国内又无两大政党的对峙,总统民选,难得全国一致且极适当的人选;(丁)人民对于国民代表有罢免权,如有操纵把持威逼贿卖情事,亦有救济;(戊)将来教育普及,人民智

---

① 参照第七七条、第八十四条解释。
② 参照第五六条解释。
③ 参照第六七条、第九〇条解释。

识提高后,如感觉总统应由人民直接选举,亦可修改宪法①。双方均有相当理由,且依国父遗教及《建国大纲》,似两种制度,均有根据②,《宪草》参照国内实际情形,采取间接民选制,自亦未可厚非。

（二）罢免权。国民大会的罢免权,除得对于由其选举而产生之总统、副总统,立法、监察各院院长、副院长,以及立法委员、监察委员以外,司法、考试两院正副院长,须对国民大会负责③,故国民大会如发觉有不称职等情事,自然也对之有罢免权。对于立法委员和监察委员的罢免,提请罢免的权限不以原选举区的代表为限,甲省代表对于乙省籍立法委员或监察委员,亦得提请罢免。至关于罢免权行使的程序,将来应有罢免法详细规定,解释上,除依本草案第九三条的规定,监察院弹劾总统、副总统,立法、司法、考试、监察各院院长、副院长,应向国民大会提出外,提请罢免的权限由若干法定数目的国民代表联署行之,究竟罢免与否,其权自然属于国民大会,应由国民大会依法决议,或举行总投票。

（三）创制权。国民大会的创制权,以创制普通法律为限,此所谓创制,包括全部法律的创制与部分法律的修改,创制法律权的行使,有待于单行法的规定,解释上应由国民代表法定数额的联署提请创制,然后由国民大会各代表总投票以决定之。至于未经总投票以前,国民代表之联署是否可直接送请立法院议订法律,以及国民大会的创制法律,究为提出草案抑系提出原则,应由将来的单行法为之决定。不过国民大会创制的法律案,立法院对之虽不能再加修改,仍应经过大总统的公布手续才正式施行。又总统对于国民大会票决创制的法律案,并无提交复议权,

---

① 吴经熊、黄公觉:《中国制宪史》第五〇三页至第五一〇页。
② 见《中国制宪史》载宪草审议时林彬氏之报告。
③ 本草案第十七条、第八四条。

那是不消多说的。

（四）复决权。国民大会的复决权，以复决普通法律为限。此所谓"复决"，包括全部法律的复决与一部分法律的复决。此所谓"法律"，包括已经总统公布施行的"法律"与未经公布的"法律案"。复决法律权的行使，有待于单行法的规定，解释上应由国民代表法定数额的联署提请复决，然后由国民大会各代表总投票以决定之。至于未经总投票以前，国民代表之联署是否可直接送请立法院重行修订，有待于将来单行法的规定。国民大会有权请求复决的法律案，依本草案第六四条的规定，似不包括预算案、戒严案、大赦案、宣战案、媾和案、条约案……，仅以普通法律案为限。又国民大会本于总统依本草案第七十条第二项关于法律条约案的提请而为复决，那是另一方式的复决权，此种方式的复决，自然与经过国民代表法定数额的联署而提出复决者不同。

（五）修改宪法权。国民大会的修改宪法权，仍具有创制权与复决权的性质，因其性质重要，故特表而出之。宪法的修改，始于国民代表的提议，终于国民大会的决议[①]，治权机关自然不得过问。

（六）宪法赋予之其他职权。本款系指草案第四条第二项所谓"领土之变更"而言。国民大会此种领土变更的议决权，本可包括在复决权的范围之内，又可包括在修改宪法权的范围之内，前者固不待多说，后者因为《宪草》对于领土的规定，采的是列举制，如有领土变更即领土的取得或丧失情事，国民大会本于国民代表法定数额的联署声请，经国民大会全体代表总投票而议决后，仍旧不免要修改宪法上关于领土的规定的。本草案为显豁起见，才有此款的规定。

[①] 宪法应否修正之原则，政府不得参加，修正草案的决定，立法院亦不得过问。

第三三条 国民代表在会议时所为之言论及表决,对外不负责任。

本条是国民代表关于言论自由与表决自由的保障规定。为使国民代表充分发挥其行使政权的职责计,自不可不有此种保障意见自由的特权。但所谓对外不负责任,是指"会议时"职务范围内的发言与表决,对"会外"不负任何民事上的损害赔偿,以及刑事上的追诉责任而言。例如国民代表为行使其罢免总统之职权,在会议时,为检讨总统之罪状,虽有妨害名誉情事,亦不负民事上侵权行为的赔偿责任与刑事上妨害名誉罪的罪责。《刑法》本于此种保障通例,于妨害名誉罪章第三一一条规定以善意发表言论不罚,可供参照①。

第三四条 国民代表,除现行犯外,在会期中非经国民大会许可,不得逮捕或拘禁。

本条是国民代表关于身体自由的保障规定。因为国民代表如欲充分行使其职权,便须与政府立于对立地位,有时予政府以不利。为免政府滥用职权,压迫代表就范计,自不可不有此种保障人身自由的特权。国民代表在会议期间,纵使有犯罪行为,亦只有在两种情形下可得逮捕拘禁:一种是现行犯。所谓现行犯,依《刑事诉讼法》第八八条规定,是指正在实施犯罪中,或实施犯罪后即时被发觉者,被追呼为犯罪人者,因持有赃证或显有可疑之情形者而言。一种是经过国民大会议决许可者。如无此二种情形之一,对于国民代表的犯罪行为,只能待到会议终了时再逮捕拘禁,进行诉追②。

---

① 现行《国民大会组织法》第十六条有与本草案第三三条同样之规定。
② 现行《国民大会组织法》第十七条有与本草案第三四条同样之规定。

第三五条 国民大会之组织，国民代表之选举、罢免及国民大会行使职权之程序，以法律定之。

本草案关于国民大会，只规定其大者要者，至于其组织以及国民代表的选举、罢免，国民大会行使职权的程序，自然有待于子法即普通法的规定。解释上，此所谓普通法包括：《国民大会组织法》《国民代表选举法》《国民代表罢免法》《国民大会四权行使法》等单行法。

第四章　中央政府

本章总释　本章所谓中央政府,包括中央五院及国家元首而言。本草案遵奉国父五权宪法的遗教,采取五院制,自然和一般三权宪法国家或议会政治国家不同,无所谓议会与政府的对立,亦无所谓立法与行政的对立。

五院的政治责任,除行政责任系由总统担当非由行政院院长担当,故行政院院长直接对总统负责外,立法、司法、考试、监察四院及总统,均直接对国民大会负责①。又立法、监察两院采的"合议制",由各该院负其责任,司法、考试两院采的"独任制",由各该院院长负其责任。所以国民大会认为:总统,立法、监察两院或司法、考试两院院长,有不称职情事,可运用其罢免权;反之,国民大会如对之信任,便可照常行使其应有的治权,自无任何问题。

五院相互间,虽然谁也不必向谁负责,但亦有其互相监督互相衡制之权:

（一）行政与立法。行政责任由总统担任,总统对立法院的议决案有提交复议权,立法院亦有维持原案的抗衡权,总统对于此种抗衡,有时又有提请国民大会复决权②。

---

① 　见第四六条、第五六条第一项、第六三条、第七七条、第八四条、第八七条。
② 　第六五条、第七〇条。

（二）立法与各院。行政、司法、考试、监察各院关于主管事项，得向立法院提出议案，立法院对于立法事项，得向各院提出质询①。

（三）监察与各院。监察院对于各院公务员得提出弹劾并付惩戒，但对总统、副总统，立法、司法、考试、监察各院院长，则应向国民大会提出弹劾。为行使其监察权自得向各院部会提出质询②。

（四）司法与各院。司法院对于各院公务员的民刑事责任，以及行政处分，掌理审判与最后决定权，又有解释法令及判定法律是否违宪之权③。

（五）考试与各院。考试院对于各院公务员的任用，有考试并铨定资格之权④。

本草案于五院之间，并不像现在的国府制一样，另有综合机关的组织。因为现行国民政府委员会会议⑤形同虚设，并未发挥其解决纠纷与沟通五权的效用，将来正常的五权分立之下，如果设置此种组织，有并五权为一权的可能，况且院与院间的纠纷，不但各院有互相衡制之权，同时又可依第四五条规定谋一解决，故此种综合机关，并未采取。

本章各条规定：总统、副总统的产生（第四七条、第四八条、第五〇条）；总统的职权（第三六条至第四五条、第七〇条、第七一条）、任期（第四九条）、责任（第四六条、第五四条）；副总统的代理及继任（第五一条至第五三条）；五院的性质（第五五条、第六三条、第七六条、第八三条、第八七条）、组织（第五六条、第五七条、第六〇条、第六二条、第七五条、第八二条、第八六条、第九七条）、职权（第六一条、第六四条、第六五条、

---

① 第六五条。
② 第八七条、第八八条。
③ 第七六条、第七九条、第一四〇条第二项。
④ 第八五条、第八三条。
⑤ 参照《现行国民政府组织法》。

第六九条、第七八条、第七九条、第八三条、第八六条、第九二条、第九三条);五院院长及各部会主管长的产生任期与责任(第五六条、第五八条、第五九条、第六六条、第七七条、第八四条、第八九条);立法委员与监察委员的产生(第六七条、第九〇条)、任期与责任(第六八条、第七二条、第七三条、第九一条、第九四条、第九五条),及不兼职的限制(第七九条、第九六条);法官的保障(第八〇条、第八一条)。

第一节　总统

本节总释　《宪草》以总统为国家的元首,凌驾于五院之上,采的是"五院制"与"总统实权制",既与"总统虚权制"即"责任内阁制"各殊,亦与外国所谓"总统制"不可同日而语,请分两层说明:

首先,《宪草》为什么采取"总统实权制"而不采取"总统虚权制"呢?其立法理由,不外六点:(一)国父遗教有"五权宪法的行政首领,就是大总统"[①]、"总统组织行政院"[②]的话,并无设置虚权元首之论;(二)元首兼行政首领,是适合各国行政集权现势的;(三)虚权元首如现在国府主席一样,统而不治,并无重大意义;(四)总统如无实权,第一流大才不肯当选;(五)总统有实权,才足以应付国难当前的特殊环境;(六)元首与行政首领并合,如另有五院相互监制的规定,并不会使五权地位失其平衡。由于这些理由,故总统对于行政院具有实质上的监督权,对行政院

---

① 见《五权宪法演讲》。
② 《中国革命史》及《总理自传》。

长官有自由任免权及课责权①,与对其他四院之仅为形式上监督者不同。

其次,《宪草》所采"五院制"与"总统制""内阁制"有何不同呢？总统制是由总统负实际的政治责任,阁员由总统自由任免,对总统负责,不但阁员与议会的信任与否毫无关系,就是总统亦只向国民负责,不向议会负责。本《宪草》所采五院制,总统荐派行政院长官,兼掌行政实权,行政院长由总统自由任免,对总统负责,看似与总统制仿佛,实则总统向国民大会负责,非径向国民负责,更不向半议会性质的立法院负责,自然是似是而实不同。内阁制是总统不负实际的政治责任,由内阁掌握政治实权,内阁既由议会推荐,亦向议会负责,而内阁的久暂,亦由议会的信任与否来决定,与总统的是否信任毫无关系。本《宪草》所采五院制,总统既负实际的政治责任；行政院亦与内阁制下的内阁不同,系由总统推荐,向总统负责,行政院院长的久暂,亦由总统的信任与否来决定,与国民大会或立法院的信任与否毫无关系。况且总统制与内阁制,都是三权制下的问题,与五权制下的五院制自然不得相提并论的。

第三六条 总统为国家元首,对外代表中华民国。

本条上半段是总统的定义,下半段为总统的代表国家权,以次至第四五条及第七〇条,均是总统的元首权。因为国家在国际法上是一个人格者,对外必须有一个代表,总统既为国家的元首,那么国家的代表权,当然属于总统。又总统的元首权,不以行政院一院为限,其关系涉及于五院,但对于立法、司法、考试、监察四院只有"形式上的监督权",对于行政院则有"实质上的监督权",不可不辨。

---

① 《宪草》第五六条、第五八条、第五九条。

第三七条 总统统率全国陆海空军。

本条是总统的军事权。总统既为国家元首,那么国家的武力——陆海空军,自然应该归于总统统率,各国的宪法如美国、巴西、墨西哥、芬兰、智利、希腊、德国《韦玛宪法》等都是一样。不过陆海空军的统率权,与命令权即指挥权不同,统率可以包括指挥,但不必自掌军令,自任指挥,即另委他人指挥,亦可谓为总统统率军队的。至于军队的编制及军额的决定权,牵涉到预算问题,除《日本宪法》外①,一般民主国的立法例,均不包括在统率权之内。

第三八条 总统依法公布法律,发布命令,并须经关系院院长之副署。

本条是总统的公布法律权与发布命令权。

先说公布法律权。经立法院议决的法律案,必须送请总统公布后,始为"法律"。总统对于立法院议决的法律案,如其形式上有欠缺,固有拒绝公布的权限,如其实质上有欠缺,例如违宪或失当时,有相对的拒绝权,即提交复议或提请复决权,此种暂不公布,将原案提交立法院复议交国民大会复决的权限,学者称为"抗议权"②。

次说发布命令权。总统行使宪法上元首权而发布命令,与各院发布之命令不同,例如公布法律,须发布命令;任免官员,亦须发布命令。有人称此种直接根据宪法的元首命令为"大权命令"。

总统无论公布法律或发布命令,均须经关系院院长的副署。所谓"副署",即关系各院院长随总统署名之次,一并署名的意思。所谓"关

---

① 《日本宪法》第十二条规定天皇兼有决定军额及军队编制权。
② 第七〇条。

系院院长",依其法律或命令之性质定之,例如公布法律,须经立法院院长的副署,其他考试事项或司法事项,须经考试院院长或司法院院长的副署。如果关系于一院以上的事项,应由各关系院院长一并副署,例如颁布戒严令或大赦令,须经立法院院长与行政院院长的副署是。至于各关系院院长对于总统公布的法律或发布的命令,解释上也应该有拒绝副议权[1]。

第三九条　总统依法行使宣战、媾和及缔结条约之权。

本条是总统的"宣战权""媾和权"与"缔约权",总之,均是总统的"对外权"。因为"宣战""媾和""缔约"都是国家对外的国际行为,总统既为一国的对外代表,自应有此权限。所谓"宣战"是国家对一国或一国以上宣示其开战意旨的国际行为。但国与国的战争,近今颇多不宣而战的事例,虽非严格意义的宣战,依照一九〇七年第二次世界和平会议议决案,于战争开始之前,对外宣战,但如宣布总动员令时,亦可解释为广义的宣战之一种。"媾和"是二或二以上交战国间,停止战时状态、恢复平时国交的国际行为。"缔结条约"是国与国间订立契约的国际行为,因"媾和"亦应订立条约,故"媾和权"实可包括在"缔约权"之内。

总统的"宣战权""媾和权"与"缔约权",均有一定的限制,即无论宣战媾和或缔约,均应由行政院提经立法院议决[2],总统方得行使。至关于领土变更的条约,更应经国民大会的议决,或由行政院本于国民大会的议决提经立法院议定条约案,或先由行政院提经立法院议决后再经国民大会复决,这又是缔约权的特殊限制了。

---

[1]　金鸣盛:《中华民国宪法草案释义》第八〇至八二页。
[2]　第六一条第三款、第六四条。

第四〇条　总统依法宣布戒严、解严。

本条是总统的宣布戒严权与宣布解严权。"戒严"是国家在战争状态或其他非常事变的时候,为维持国家治安,于全国或特定地方,施以兵力戒备的方法。"解严"是在戒严原因不存在时,撤销戒严除去戒严状态的方法。宣告戒严的地域,人民的各种自由,都受很大的限制,民政和司法机关的职权,一部或全部移属于军事机关处理之。所以总统行使此种职权时,完全要依照规定戒严和解严的法规办理。

关于戒严的制定有法国制、德国制、英国制和美国制四种①,我国现行《戒严法》,分戒严为一般戒严、临时戒严和特别戒严三种,原则上国民政府宣告戒严,应经立法院议决或追认②,将来宪法公布后,自应依据本法而为适当之修订。按照本《宪草》的规定,戒严令应经行政院提出于立法院议决后,才由总统宣告之,将来自应本此规定修改《戒严法》③。

第四一条　总统依法行使大赦、特赦、减刑、复权之权。

本条是总统的赦免权。细言之,赦免权又包括大赦权、特赦权、减刑权和复权权种。

"大赦"是在某一时期,对于某种犯罪,不论已未起诉或判决,更不论判决已未执行,一概予以赦免的办法。故大赦不但是刑罚的免除,而且是诉追的免除,被赦之人,与未曾犯罪一样。

"特赦"是对于已受确定判决的罪犯,赦免其刑罚的办法,特赦和大赦的区别,除手续上特赦由司法院院长呈请总统为之,大赦由行政院提

---

① 王世杰、钱端升:《比较宪法》第一七八页以下。
② 拙著《戒严法之检讨》(《东方杂志》全国司法会议专号)。
③ 第六一条、第六四条。

经立法院议决后呈请总统为之①外，特赦仅赦免刑罚的执行，被赦人仍为罪犯，得为累犯加重的条件，又特赦的对象是特定的犯人，故与大赦完全不同。

"减刑"是对于已受确定判决的罪犯，减轻其刑罚的办法，减刑所赦免者为应执行的一部分刑罚，而特赦所赦免者则为应执行的全部刑罚，故与特赦不同。

"复权"是对于因确定判决而褫夺公权的罪犯，恢复其公权的办法，复权的对象自然也是特定的犯人。依照现行刑法，褫夺公权是褫夺公务员、公职候选人和行使选举、罢免、创制、复决四权的资格②，复权后这些公权，自然都在恢复之列。"减刑"与"复权"既也是对于特定犯人免除其刑罚执行的办法，所以从学理上说来，应该认为广义的特赦，性质上与大赦不同。

大赦是对于政治犯、军事犯以及其他犯人，原其动机，予以宽假，与民更始，调剂政治的办法。特赦、减刑、复权，则是救济法律之不足与裁判之不当的办法。但各国宪法如德国《韦玛宪法》、美国、智利、希腊、立陶宛、芬兰等，均认为大赦应以法律行之，以昭慎重，故本草案亦规定应由行政院提经立法院议决后呈请总统为之，解释上应为法律的形式，而特赦减刑复权则只须司法院院长依法呈请总统宣布就得了③。

第四二条　总统依法任免文武官员。

本条是总统的任免官吏权。所谓"文武官员"，包括国家一切的公

---

① 第六一条、第六四条、第七八条。
② 《刑法》第三六条。
③ 第六一条、第六四条、第七八条。

务员而言，但因选举而产生的官员，应属例外。总统任免权，有形式上的任免权与实质上的任免权之别：本草案规定行政院院长、副院长及政务委员，由总统自由任免，行政院内各部会长官，由总统在政务委员中遴任之①，因为这些人员对总统直接负责，故总统有实质上的任免权。至于司法及考试两院院长，虽由总统代国民大会择任，但各该院院长均对国民大会负责②，总统无免职权，故只有形式上的任免权。又在过渡时期，立法委员及监察委员的半数，由总统依据立法及监察院院长的提请而任命之③，但以立法委员及监察委员均对国民大会负责，故总统对之亦无免职权，只有形式上的任免权。其他文武官吏，总统有否形式上的任免权，将来当有单行法的规定。

任免官员，其权无论属于总统与否，任免权的行使，都得具备法定的条件：受任命的人应具有法定资格，任命时应经法定的铨叙程序④，被免职的人应有法定免职的事由，免职时并应经法定免职的程序。但如总统对于行政院正、副院长，政务委员及行政院所属各部会主管长官，均得自由任免，那是法律规定的例外。

第四三条　总统依法授与荣典。

本条是总统的颁给荣典权。荣典有"爵位"及爵位以外之其他荣典两类，对于康藏活佛或喇嘛，为适应其特殊的习惯与环境计，仍有特种的封典；对于孔子的后裔，为尊孔计，仍有至圣先师奉祀官的封典，这些都和封建时代的公侯伯子男等爵位不同，但亦不能不谓为"爵位"的变相。

---

① 第五八条。
② 第六三条、第八七条。
③ 第一四三条。
④ 第八五条。

至于"爵位"以外的荣典,例如"勋章""匾额""褒章"……都是,不但对于本国文武官员及国民可以颁给此类荣典,而且国际往来,对于友邦元首以及外国人于我国有极大贡献者,亦可以授受荣典。

关于颁给荣典的现行法律,平时有《颁给勋章条例》《褒扬条例》《陆海空军勋章条例》,抗战后更有《陆海空军奖励条例》《陆海空军勋赏条例》《特受空军将士复兴荣誉勋章条例》《战地守土奖励条例》等法规,殊不无架床叠屋之处,将来似应有必要的修订与调整。

第四四条　国家遇有紧急事变,或国家经济上有重大变故,须为急速处分时,总统得经行政会议之议决,发布紧急命令,为必要之处置,但应于发布命令后三个月内,提交立法院追认。

本条是总统的紧急命令权。本草案规定宪法的效力高于法律,法律的效力又高于命令①,固是法治国一般的通例,但以法律须经繁重的立法程序,如遇外患猝发,或灾变突至,如仍从容审议势必缓不济急,容易误事,所以总统为应付紧急事变,得发布变更法律或代替法律的命令,这便是所谓"紧急命令"。

总统行使紧急命令权,应具备实质上的条件和程序上的条件。实质上的条件是国家遇有紧急事变,须为急速处分,或国家经济上有重大变故,须为急速的处分。所谓"紧急事变",包括一切紧急性质的事变而言,例如敌军临境不及履行宣战程序,因即颁发总动员令;内乱突发,不及依一般戒严通例,宣告戒严,必须立即派兵弹压;洪水为灾,不及坐待立法院决议增加预算,必须立即为超预算;以上款项的救济都是。所谓"经济上重大变故",本来亦系"紧急事变",例如大规模总同盟罢工的制

---

① 第一四〇条、第一四一条。

止,以及金融或货币的统制等是。此等"紧急事变",为非急速处分不可的事变,自与不一定需要急速处分的"非常事变"不同。又紧急事变的发布命令,其范围仅为省略立法程序而以命令替为法律为限,其本来可由行政机关以职权措置,而可不必经立法程序者,自然不必发布紧急命令。至于发布紧急命令的程序上的条件:第一,事前须经行政会议议决,因为紧急命令的执行,是行政院的职权,平时行政院提出于立法院的议案,尚且要经行政会议议决①,可以变更法律的紧急命令,自然有特别慎重的必要了。第二,事后于发布命令后三个月内,应提交立法院追认,总统即使在立法院开会期间,也可不于发布紧急命令时立即提交立法院,只须于三个月内提交追认;又如立法院不予追认,解释上可提请国民大会解决,但该项紧急命令,似不便停止执行,仍应照常为有效的执行。至于紧急命令的内容,应为"必要的措置",那是不消多说的。

紧急命令的效力,各国的制度不同,本草案仅认为有与法律同等效力,即替代法律或变更法律的效力。因为假使紧急命令能够变更宪法,决非立法院所得有权追认,修改宪法之权,专属于国民大会②,决非立法院所能过问的。本条既以紧急命令应经立法院追认为条件,那么紧急命令只能变更法律,不能变更宪法,已可不待烦言了。

第四五条 总统得召集五院院长,会商关于二院以上事项,及总统咨询事项。

本条是总统召集五院院长会商之权。关于二院以上的事项,总统得召集五院院长会商,借谋解决,总统对于五院施政有何咨询,亦得召集会

---

① 第六一条。
② 第三二条。

商。但此种会商，不过交换各方意见，为一种非正式的联络机关，既无驾凌五院宰制一切的大权，又不能议决关于五院职权的事项，拘束五院。此种规定，本来可有可无，即使无此规定，解释上总统亦当然可得召集五院院长会商或咨询的。

第四六条　总统对国民大会负其责任。

本条是关于总统政治责任及行政上违法责任的规定。总统的责任，本有"违法责任"与"政治责任"之别，违法责任又有"刑事责任"与"非刑事责任"之别。总统除内乱外患罪，不负刑事责任，那是本草案第五四条的规定，不在本条范围之内。又"非刑事责任"有"行政上违法责任"与"民事上违法责任"之别，总统私人关于民事上的违法责任，与一般普通人民同，亦不必多及。所余只是"政治责任"与"行政上违法责任"两种：所谓"政治责任"，系指对于一切不忠于职务及失当行为应负责任而言；所谓"行政上违法责任"，系指对于违反宪法或普通法律应负责任而言。

总统为国家元首，兼对行政院享有实质上的监督权，而行政院院长又向总统负责，故总统不但于其行使元首大权应向国民大会负责，同时关于行政方面的设施，亦应担当责任而向国民大会负责。由此说来，总统向国民大会应负的责任，一是元首责任，一是行政责任。无论哪一方面，如有"政治责任"或"行政上的违法责任"，国民大会都得对于总统行使罢免权的。国民大会罢免总统，除由大会自行提出外，亦得由监察院提出弹劾案[①]。

---

① 第九二条、第九三条。

第四七条 中华民国国民,年满四十岁者,得被选为总统、副总统。

本条是总统与副总统的候选资格。总统及副总统的当选资格,本条仅有二种限制:(一)为国籍的限制,即必为中华民国国民,依本草案第三条规定,"具有中华民国之国籍者,为中华民国国民",故所谓中华民国国民,换言之即是具有中华民国国籍的人。国籍虽有"固有国籍"和"取得国籍"之分,外国宪法如美国等虽以固有国籍为限,始得为总统候选人,但本草案则无此限制。(二)为年龄的限制,年龄大小与智识经验均有关系,总统为一国元首,尤非年高德劭者难当其任,本条规定年满四十岁,与民二《大总统选举法》同,自是折衷各国宪法的规定。

至于总统候选人,应具备公民资格,自不待言。因为人民必具有公民资格才能行使选举权,如无公民资格,那么做一个选举人尚不可能,哪能被选为总统呢?此外,各国宪法更有其他的限制。为本草案所不采。

第四八条 总统、副总统之选举,以法律定之。

总统的选举,各国法例有人民选举、国会选举与混合选举三种。人民选举又有直接选举与间接选举之别:由人民直接投票选举者为人民直接选举,德国即系其例;由人民选举"总统选举人",再由"总统选举人"选举总统者,为人民间接选举,如美国即系其例。国会选举,有由国会上下两院议员联合投票选举者,如法国即系其例;有由两院议员推举若干人为选举团,再由选举团选举者,如委内瑞拉即系其例。混合选举是人民选举与国会选举的调和,过去西班牙及奥国曾采此制①。本草案关于总统的选举,采取国民大会的间接选举制,和国会选举的间接选举制,其

---

① 王、钱合著前揭书第三七五页以下。

意义自属不同①。至于国民大会选举总统的程序，均应于国民大会四权行使法内详为规定。至副总统的选举，自然也要依该法之规定。对于副总统的选举，各国往往与总统的选举采取同一形式，亦有为简捷计，以总统得票之次多数人，为副总统当选人者。

第四九条 总统、副总统之任期，均为六年，连选得连任一次。

本条是总统、副总统任期及其连任限制的规定。关于总统的任期，大抵总统实权制国家，任期较短，总统虚权制国家，任期较长。亦但不尽然，例如美国、土耳其、巴西总统任期四年，希腊、秘鲁总统五年，墨西哥、阿根廷、智利、芬兰总统六年，法、德、立陶宛、葡萄牙总统七年。本草案虽采总统实权制，但采墨西哥之例，仍规定任期六年，以免任期过短，致无尽量发挥其抱负的余地。

总统任期届满后，有连任与再任之别，继续担任总统者，称做"连任"，并不继续，但于卸职后若干年又担任总统者，称做"再任"。各国宪法有许"连任"而无次数的限制者，如美国便是其例②；有许"连任"而有次数的限制者，如古巴总统只许"连任"一次；有不许"连任"与"再任"者，如葡萄牙便系其例；有隔一任后许"再任"者，如阿根廷；有隔二任后许"再任"者，如巴拉圭即其例③。本草案规定连选得"连任"，但以"连任"一次为限。因为"连任"的限制，固在防止总统利用政治势力，为不正当之选举竞争，流为变相的专制政治；许可"连任"，则足以鼓励其勇

---

① 国民大会与国会不同，可参阅本编第三章前言。
② 《美国宪法》原无规定总统连任次数的限制，遂有富兰克林·罗斯福总统于20世纪30至40年代因大萧条和第二次世界大战而连任四届的纪录。直至1947年美国国会通过宪法第22条修正案，方正式规定任何人当选担任总统职务不得超过两次。——编者注
③ 汪著前揭书第一七〇页。

气,以期假以较久时日,建立功效,而免埋没长才。

至于副总统的任期,也与总统同其终始,一般法例,其产生或就职虽稍有先后,任满之期,当与总统相同。

第五〇条　总统应于就职日宣誓,誓词如下:

"余正心诚意,向国民宣誓,余必遵守宪法,尽忠职务,增进人民福利,保卫国家,无负国民付托,如违誓言,愿受国法严厉之制裁,谨誓!"

本条是总统就职仪式中的誓词。各国宪法,如美国、德国等都规定此种仪式,因为宣誓的作用,一方面足以表示其庄重,一方面即为总统违法时国民制裁的张本,意义极为重大。袁世凯背誓叛宪,举国反对,致遭失败,总理在《孙文学说》中归功于袁氏就职誓言的意义,于此已可见一斑。

副总统就职时,是否亦应同样举行宣誓,本条无规定,似嫌疏漏。其实,副总统于总统缺位时亦将代行总统职权,岂不也应有宣誓的必要吗?

第五一条　总统缺位时,由副总统继其任。

总统因故不能视事时,由副总统代行其职权;总统、副总统均不能视事时,由行政院院长代行其职权。

本条是总统缺职时的补救方法。总统的缺职,有两种情形:一为"出缺",即本条第一项所谓"缺位",即总统任期中,因为死亡,或被国民大会罢免,或自行辞职而发生的总统缺位问题;一为"停职",即本条第二项所谓"因故不能视事",即总统任期中,因为疾病、出国或其他事故而发生的暂时离职问题。

各国宪法对于总统"出缺"时与"停职"时的补救，大致有设副员制与不设副员制两种：（一）设副员制的国家，往往兼采"代位制"与"代理制"。即总统出缺时，由副员继续至其任期终了，是即"代位制"，不过"代位制"有"短期代位"与"正式代位"之不同罢了；总统因事停职时，由副员代行其职权，是即"代理制"。至于总统与副员同时缺职时，往往采"代理制"而不采"代位制"。（二）不设副员制的国家，则多采"代理制"而不采"代位制"[1]。设置副员固足弥补选举总统的困难，而为选举手续比较繁重各国所采用。但副员既为总统的副贰，难免不发生政治上僭位的阴谋，以是近今立法趋势，多已废弃副员制，采"代理制"而不采"代位制"。

本条采取副员制，并且兼采"代位制"与"代理制"。总统"缺位"时，由副总统"代位"；总统"停职"时，由副总统"代理"。如总统与副总统均不能视事时，由行政院院长"代理"，因为行政院长为总统所信任，短期"代理"，自较便利。又此所谓总统与副总统同时缺职，包括三种情形：（一）同时出缺；（二）同时停职；（三）一出缺、一停职。如果同时出缺，应依第五三条，于六个月内，一面由行政院院长"代理"，一面须另行选举，自不待言。

论者对于本条采副员制，多不谓然[2]。因为总统既由国民大会选举，那么选举手续并不繁重，即有"出缺"亦可一面由行政院院长"代理"，一面召集临时国民大会另举新总统，如有"停职"情事，更可由行政院长暂行代理，较为适应现代立法趋势。殊不知五权制下的各院，地位一律平等，如果不设副总统，每遇总统停职时，都由行政院长代理，不

---

[1] 金鸣盛：《中华民国宪法草案释义》第一○三至一○六页。
[2] 金氏前揭书第一○六页。

免常有行政院凌驾其他各院而上之的顾虑,本草案采取副员制,似亦不能说全无必要。

第五二条 总统于任满之日解职,如届期次任总统尚未选出,或选出后总统、副总统均未就职时,由行政院院长代行总统职权。

本条是前后任总统不能连接时的补救方法。因为国家不可一日无元首,如前任总统、副总统已任满解职,次任总统尚未选出而次任副总统先已选出者,由次任副总统先行就职并代理总统职务,如总统、副总统虽已选出,但在未就职前,亦由行政院院长代理。

第五三条 行政院院长代行总统职权时,其期限不得逾六个月。

本条是行政院院长代理总统的限制。因为行政院院长虽为总统所信托之人,但非特设的副员,其代理期限自然不宜过长。如六个月的代理期限已告届满,而总统尚不能就职或复职,并无副员代理时,唯有召集临时国民大会以解决之。至于六个月的期限,应依连续计算,如果第一次代理一个月,第二次在隔若干时期以后又代理三个月时,解释上应不至代理届满期。

第五四条 总统除犯内乱或外患罪外,非经罢免或解职,不受刑事上之诉究。

本条是总统的刑事责任,与不受司法管辖的特权。总统为一国元首,如无保障,难免托故陷害,故本条亦依民主国通例,对于刑事责任,设有原则上"不受司法管辖"的特殊保障。总统犯罪,在其任期以内不受刑事诉追,换一句话说,即不受法院命令的干涉,不遵行司法侦查与审判的一切手续,不被逮捕拘禁,法院并不得以任何方法剥夺总统的自由。但此种保障,非谓总统犯罪即可免受刑罚,不过说在总统任期以内不受刑事诉追而已。总统经罢免或解职以后,仍须对于在任期内的犯罪受刑事上的诉究。不过此种特权,有一例外,即总统如犯内乱罪或外患罪时,虽未经罢免或解职,仍受刑事上的诉追,换一句话说,法院对于总统犯内乱罪或外患罪时,得对之依法诉追。不过,事实上,如不经监察院的弹劾或国民大会的进行罢免,法院对于总统恐难能畅遂地行使其诉追的职权,因此有人主张将本条内容酌予必要之修改,以期醒豁[①]。

第二节 行政院

本节总释 本草案采总统实权制,行政院主管长官,虽向总统负责,总统对于行政院,虽有很大的监督权,但与一般总统制国家的内阁不同:(一)行政院院长为国家行政首领,行政院为行使中央行政权之最高机关,以与其他四院并峙,非谓总统外别无最高行政机关的存在;而总统制国家,元首即为行政首长,内阁阁员为总统僚属,且无独立的行政机关。(二)行政院主管长官,总统有自由任命之权,不必得任何机关同意,而总统制国家,如美国任命阁员,形式上须经参议院同意。(三)对于行政

---

① 金鸣盛:《宪法草案释义》第一一一页。

院有实质监督权的总统,系对国民大会负责,国民大会有罢免总统之权;而总统制国家的负实际行政责任的元首,直接对国民负责,国民除下届改选时消极的不选外,别无制裁方法。

行政院对总统负责,行政院主管长官由总统任免,故行政院与国民大会不发生直接关系,而由总统担当行政责任。因此国民大会对于行政院院长无选举权,亦无罢免权,行政院如有违法或失当行为,国民大会只能向总统追问责任。

行政院与立法院的关系:(一)关于法案的议定。行政院有提出法律案、预算案、戒严案、大赦案、宣战案、媾和案、条约案及其他重要国际事项之权;立法院有议决这些案件之权。行政院对于立法院的议决案,如认为不满,可请总统提交立法院复议;立法院复议时如有三分二以上出席委员主张维持原案除法律案与条约案总统仍得提请国民大会复决外,行政院别无抗议的办法;如果复议时并无三分二以上出席委员主张维持原议,原案若不打销,便应修正,而且总统对于立法院修正的决议,仍得提出复议①。(二)关于法案的执行。立法院对于行政院执行法律事项,有对行政院或直接对各关系部会提出质询之权,行政院或其所属部会接受此项质询时,如认为质询无理由,应明白答复,如认为自己有过误,应立予纠正;立法院如不满意行政院或其所属部会之答复,并可斟酌情形,咨请司法院解释有否违宪部分或咨请监察院弹劾其违法部分②。

行政院与司法院的关系:(一)司法院对于行政院的命令,有解释其是否违法或违宪之权。如认为违法或违宪,那么行政院的命令便自始无效,本于该项命令所为之行政处分,应即撤销。(二)司法院对于行政院

---

① 第六一条、第六四条、第七〇条。
② 第六五条、第七九条、第八七条、第一四二条。

及其所属机关的行政处分,有受理诉愿与行政诉讼之权,如认为处分确系失当或违法,得撤销或变更原处分。(三)司法院对于行政院院长及其所属公务员的犯罪行为,得径行诉追[1]。

行政院与考试院的关系:(一)行政院任用公务人员,应经考试院依法考试,并铨定资格。(二)行政院所属公务员的考绩,应送经考试院核定登记以为升迁标准。(三)考试院有否认行政院不依法任用升降免调人员之权,并得咨请监察院核办[2]。

行政院与监察院的关系:(一)监察院对于行政院院长及其所属公务员的违法行为,有提出弹劾案并予以惩戒之权。(二)监察院对于行政院院长及其所属公务员的违法嫌疑,有提出质询之权。(三)行政院执行预算,应受监察院审计机关的审核及稽察;其决算应经监察院院会的审查[3]。

第五五条　行政院为中央政府行使行政权之最高机关。

本条是行政院的定义。本草案所谓中央政府,包括总统及五院,行政院乃五院之一,执掌五权中的行政权,是中央政府行使行政权的最高机关。所谓"行政权",指狭义的普通行政权而言,其他各院的行政如立法行政、司法行政、考试行政、监察行政,均不包括在内。所谓"最高机关",指行政院之上,更无任何行政机关而言。因为行政院是中央政府的最高行政机关,故非总统的隶属机关,总统对于行政院有实质上的监督权,与对于其他四院只有形式上的监督权者不同,然总统只是国家的元首,是实权制的元首,而非行政首领,行政院既有其独立的意思,自然与

---

[1] 第一四二条、第八七条、第七六条。
[2] 第八五条。
[3] 第八七条、第八八条。

总统的隶属机关不可同日而语的。

第五六条　行政院设院长、副院长各一人，政务委员若干人，由总统任免之。

前项政务委员不管部会者，其人数不得超过第五十八条第一项所定管部会者之半数。

本条是行政长官之任免的规定。总统对于行政院院长、副院长以及政务委员，均有自由任免之权，不但有形式上的监督权，并且有实质上的监督权，这是行政院与其他各院所显著不同的地方。

行政院院长为何不由总统自任，而另由总统任命他人为之呢？立法理由有三：（一）关于行政既由总统对国民大会负责，而行政措施，往往容易引起责任问题，另设院长，有时仅将院长免职，即可适应情势的需要，可免元首地位的动摇；（二）行政院与其他各院同，职权上有时不免发生争议，行政院另设院长，则总统地位较为超然，可依第四五条规定，召集会商，以资解决；（三）行政院事务繁剧，如不另设院长，总统实在忙不过来，难免百务丛脞，处理不易①。

行政院院长是元首以外的行政首领，虽对总统负责，但非总统的属员。代表行政院副署总统发布有关命令、对行政院主管各事、策划整个行政、调剂各部会的政务、担任行政会议的主席、居各部会领导的地位、对外有代表全院表示意思之权，这是行政院院长的法律地位。

本条于行政院采政务委员制，政务委员有管部与不管部之分，虽与英国国务院制很类似，但英国不入阁的国务员，不得出席内阁会议，本草案政务委员均可出席行政会议，实际上又不同。关于本草案采政务委

---

① 《中华民国宪法草案说明书》第四三页。

员制的理由有三：(一)不管部委员与各部会无利害关系，能以超然态度，主张公道，使行政政策不致互相冲突；(二)可罗致政治经验丰富的人才，调剂各党派的利害；(三)国家行政，必期一致，不管部委员参加行政会议，足以融和各部会意见，而为决策之助。

至于政务委员的人数，本条作弹性的规定，将来稍有伸缩的余地，但亦有一定限制，即不能超过管部会者之半数，因为不管部者太多，有失政务委员制的精神，且足成为党争目标的缘故。

第五七条　行政院设各部各委员会，分掌行政职权。

本条是行政院内部组织的规定。本草案对于行政院的组织，所以不采列举制，而采概括规定者，因为行政各部，贵乎因时制宜，如在宪法上规定的太呆板，将来很多不便，况且变更政府组织，必由立法院议定法律案，行政院或总统也不致擅为更张的。

行政院之下，除各部外，性质上如有必要，更得设立各种委员会，与各部处于同等地位。但所谓各部会"分掌行政职务"，是指分掌行政院全部政务而言，行政院既为行使行政权的最高机关，故除行政院所属各部会以外，自不应再有其他任何机关分掌行政权，故如过去直属国府的参谋本部和训练总监部等机关，将来亦应隶属于行政院之内，可不待言。

第五八条　行政院各部部长，各委员会委员长，由总统于政务委员中任命之。

行政院院长、副院长，得兼任前项部长或委员长。

本条是行政院各部会长官产生方法的规定。第一项既规定行政院各部会长官，由总统于政务委员中选任之，那么总统必先选任政务委员，然后再在政务委员中遴选各部会长官,故政务委员是先于各部会长官而产生,并非各部会长官当然为政务委员,那是不消多说的。总统对于各部会长官,既有自由选任之权,亦有自由罢免之权,不但可能免某一部会长官,另由现任各政务委员中选充继任,而且可在政务委员以外遴选妥当人员,先任为政务委员,再任为某一部会长官。

本条第二项规定行政院院长副院长,得由总统任命兼任各部会长官,似为第一项的例外规定。因为行政院院长、副院长,并非政务委员,总统如命其兼管一部或一会,是以院长或副院长资格兼任的,不必再以政务委员名义取得各部会主管长官资格,论者有以为总统似仍得先任院长或副院长兼任政务委员,再派某部会长官,我们认为似可不必有此一举了①。

第五九条 行政院院长、副院长、政务委员、各部部长、各委员会委员长,各对总统负其责任。

本条是行政院及其所属长官责任之归属的规定。所谓"责任",指"政治责任"而言,即施政之臧否而言。故"政治责任"亦即"失职责任",政治上"合则留,不合则去"的意思。行政院及其所属长官,固然各别对总统负"政治责任",至其"违法责任",则应由司法院及监察院分别课处,总统对于行政院及其所属长官的违法行为,为移送惩戒而免职,自是另一问题。

行政院及其所属长官,系各别对总统负"政治责任",此与内阁制国家,各国务员须与国务总理连带负"政治责任"不同,那是"合则俱留,不合则引以俱去"的办法,这是谁失职,谁负责的意思。

---

① 金鸣盛:《宪法草案释义》第一二一页。

行政院及其所属长官，各对总统负其责任，虽是总统实权制应有的规定，但非指行政院向总统负责而言。立法、司法、考试、监察四院各对国民大会负责，本草案固已明文规定，行政院的责任，解释上由总统担当，由总统向国民大会负责，因为总统对行政院既有实质上的监督权，行政会议为总统直接、间接参加意思的机关，行政院整个意思的决定，都得由总统指导策划，故行政院自然不是向总统负责的机关。

所谓"各对总统负其责任"，其责任的内容又各不相同：（一）行政院院长所负的责任，为传达并联络各部会与总统间的意思，以及综合并整理各部会意思而为共同意思的责任。居于总统与各部会之间，而为最高行政机关的领袖，其责任的内容，自与各部长官之责任有别。（二）行政院副院长如不代理行政院院长或兼任各部会长官，便无本身责任可言，但副院长不得出席行政会议，有参加决策之责，故亦与不管部政务委员相同。（三）各部会长官，负一部或一委员会的全责，不过各部部长有自由决定其意思之全权，其责任由部长自身直接负担，各委员会委员长须受委员会议的拘束，不能自由决定其内部的意思，故其责任亦只能代表委员会全体负担。（四）政务委员，不管部的政务委员不负各部会执行臧否的责任，亦不负院长联络与综合意思的责任，但有出席行政会议的责任，故对于能否忠实参加于行政院的决策，应负责任。

第六○条　行政院设行政会议，由行政院院长、副院长及政务委员组织之，以行政院院长为主席。

本条是行政会议之组织的规定。行政会议的出席人，包括行政院院长、副院长、各部部长、各委员会委员长（部长委员长均系政务委员）以及不管部的政务委员，而以行政院院长为主席。但此种行政会议，性质上与内阁制国家的内阁会议以及总统制国家的国务会议均不同：内阁制国家的内阁会议,因为内阁向国会负责,不向总统负责,故总统即使列席会议,总统的意见,只供会议的参考;行政会议则总统除列席外,并有自由考量其决议案应否采用之权。总统制国家的国务会议,总统有出席权,对其决议亦有采用与否的自由,不过总统制的内阁,仅备总统参考或咨询而设的辅佐机关;行政会议则为行政院意思的决定机关,虽不能拘束总统的行动,但总统如于行政方面有何意思,仍非以行政院名义行之不可的。

第六一条 下列事项,应经行政会议议决:

一、提出于立法院之法律案、预算案;

二、提出于立法院之戒严案、大赦案;

三、提出于立法院之宣战案、媾和案、条约案及其他关于重要国际事项之议案;

四、各部各委员会间共同关系之事项;

五、总统或行政院院长交议之事项;

六、行政院副院长、各政务委员、各部、各委员会提议之事项。

本条是行政会议的权限。行政院是独立的治权机关,行政院的决策,必须经行政会议决议。总统对于行政院虽有实质上的监督权,仍不能单独代表行政院而有所措施,亦要提经行政会议决议后,才能作为行政院的意见,当然行政会议的结果,大体上是未必违反总统的原意的。又总统对于行政会议的决议,为实施其实质上的监督权,有提交重议,或竟不采纳的权限,但总统对于行政会议的决议,如不提交重议,同时又不采纳时,只有斟酌决议案的性质予以搁置而已。以下就应经行政会议议决的事项逐一释论：

（一）提出于立法院的法律案。依第六九条规定，行政院提出于立法院的法律案，以关系于行政院主管的事项为限，关系于行政院及其他院的事项，行政会议议决后应经各关系院的同意，会同向立法院提出之，或由各关系院拟经行政会议议决后向立法院提出之。

（二）提出于立法院的预算案。行政院提出于立法院的预算案，包括中央政府全部收入及支出的总预算，即各省分预算除外的中央总预算而言。关于其他各院预算的编制及其与行政院间相互商决的方法等，当有预算法或预算编制法规定之；省预算如何合并，亦有待于将来的规定，过渡时期的各省分预算，即"分省总预算"，亦仍应由行政院核转立法院，当不待言。

（三）提出于立法院的戒严案。戒严的原因，及宣告戒严的程序，均应依照《戒严法》的规定，如发生戒严的原因需要宣告戒严时，应由行政会议议决后送经立法院议决转呈总统公布之。

（四）提出于立法院的大赦案。国家宣布大赦，应先经行政会议议决，送经立法院议决制定大赦法后，呈请总统公布之。但立法院为限制行政院议决大赦，似不妨先制定法规规定标准，以便有所本据。

（五）提出于立法院的宣战案、媾和案、条约案及其他关于重要国际事项的议案。"宣战""媾和""缔约"的意义，均详第三九条解释，所谓"其他国际事项"，例如对外发表重要宣言、缔结国际协定、加入国际团体……均是。究竟是否"重要"，将来立法院无妨制定单行法规、借为适用时之本据，如无单行法规，行政院与立法院发生争执时，自可咨请司法院解释。此等宣战案、媾和案、条约案及其他重要国际事项议案，均系涉外事件的议案，决议后送请立法院议决，再请总统宣告之。

（六）各部各委员会间共同关系的事项。所谓共同关系，指关系一部会以上的事项,其涉及各部会间权限上的争议事件,亦为共同关系事项之一。总之,无论积极争议或消极争议,统统包括在内。

(七)总统或行政院院长交议的事项。总统的交议权,是本于总统实权制而来。总统或行政院院长的交议事项,自然是指本条第一款至第四款以外之事项而言。

(八)行政院副院长、各政务委员、各部各委员会提议之事项。各部各委员会提议的事项,当以各该部或各该委员会职权范围内之事项为限。行政院副院长和各不兼管部政务委员,既为行政会议的出席人,自应有其提议权,参加行政院的决策,凡行政院职权范围内之事项,均有提议权,那是不待烦言的。

第六二条 行政院之组织,以法律定之。

本条是关于行政院组织的概括规定。所谓"法律",系指行政院组织法而言。

第三节 立法院

本节总释 立法院为五权宪法下职司立法的治权机关,性质上与一般国家的国会不同:(一)各国国会,多采两院制,而立法院则为一院,至于国民大会乃政权机关,不能相提并论;(二)各国国会有弹劾权,五权宪法下的弹劾权则归监察院,而不在立法院,立法院仅为治权机关之一;(三)各国国会,往往对于国家大政有最后决定权,在国会内阁制国家,更有操纵政府进退之全权,而立法院自身须受制于国民大会,对他院虽有较大的牵掣权,但无绝对的最后决定权;(四)各国国会纯为民意机关,不能终年集会,仅决定要策,不及法律内容之详订,而立法院则终年集会,且须详订法律内容。

立法院与国民大会的关系:(一)国民大会选举并罢免立法院院长与立法委员;(二)立法院议决法律案,应遵照国民大会决定的原则(如制有原则的话),立法院对于国民大会创制法律案如有意见,只能提供国民大会参考;(三)国民大会对于立法院议决的法律案,有复决之权;(四)关于变更领土的条约,立法院议决后,总统应送请国民大会复决,方得批准[1]。

立法院与其他各院之关系,除与行政院的关系已见第二节总释外,立法院与司法院的关系:(一)立法院对于司法院主管事项的法律案的提案有决议权,对于法律之执行及适用有质询权[2]。(二)司法院对于立法院关于司法事项法律案的决议,认为不满时,或径请重议,或不予执行,或于公布时由司法院院长拒绝副署,请总统提交复议,或于复议维持原案后提付国民大会讨论[3]。(三)立法院议决的法律,经总统依法公布后,如有违宪情事,司法院得本于监察院的请求,宣告其为无效而拒绝适用[4]。(四)立法委员犯罪固须受司法机关审判,但其在院内的言论及表决,在法定范围内,不受司法权的干涉[5]。

立法院与考试院的关系:(一)立法院对于考试院主管事项法律案

---

[1] 见前国民大会章。
[2] 第六四条、第六五条。
[3] 见前第一节总释。
[4] 第一四〇条。
[5] 第七二条、第七三条。

的提案,有决议权,对于法律之执行及适用,有质询权①。(二)考试院对于立法院关于考试事项法律案的决议认为不满时,或径请重议,或于公布时由考试院院长拒绝副署,请总统提交复议,或于复议维持原案后提付国民大会讨论②。(三)立法委员的资格,应经考试院考试并铨定③,立法院内部职员之资格、考绩及任用与降免的限制,应受考试院的统制④。

立法院与监察院的关系:(一)立法院对于监察院主管事项法律案的提案,有决议权,对于法律之执行及适用,有质询权⑤。(二)监察院对于立法院关于监察事项法律案的决议,认为不满时,或径请重议,或于公布时由监察院院长拒绝副署,请总统提交复议,或于复议维持原案后提付国民大会讨论⑥。(三)监察院对于立法院议决而违宪的法律案,有提请司法院解释权⑦。(四)监察院对于立法委员违法时,有弹劾并惩戒权,对于立法院院长违法时,有提请国民大会罢免之权⑧。(五)监察院为行使弹劾权,得向立法院提出质询⑨。(六)立法院经费的支出,应受监察院审计机关的监制⑩。

第六三条 立法院为中央政府行使立法权之最高机关,对国民大会负其责任。

---

① 第六四条、第六五条。
② 见前第一节总释。
③ 第八五条。
④ 第八五条。
⑤ 第六四条、第六五条。
⑥ 见前第一节总释。
⑦ 第一四〇条。
⑧ 第九三条。
⑨ 第八八条。
⑩ 第八七条。

本条是立法院的定义及其责任的规定。立法院性质上是中央行使立法权的最高机关，自然是治权机关。所谓"立法权"，其"立法"的范围，广义言之，一切立法院的决议案，均得谓为"法律案"，但本草案于立法权的内容，仍有法律案与其他案件之分，第六四条将"法律案"与其他"预算案"等并列，已可概知了。所谓"最高机关"，包括两点意义：（一）系指"治权"的最高，而与国民大会代行的政权无关；立法院议决的法律案，或业经公布的法律，虽受国民大会复决权的节制，仍不失为立法权最高机关的性质。（二）系指立法院之上更无其他治权机关予以牵制，总统对于立法院的提交复议权，是元首权的行使，且立法院仍可坚持原议的。

立法院对国民大会负责，包括两层意义：（一）立法院是合议机关，其责任应由全院负之，由此以言，立法院全院对国民大会负责，国民大会可于立法院有解散改组之权，即罢免全体立法委员暨立法院院长之权。（二）立法院院长和立法委员个人，仍各别对国民大会负责，国民大会对于各立法委员或立法院院长，仍有各别的罢免权。当然，这所谓责任，依然是指政治责任而言，至于立法院院长及立法委员的民事赔偿责任和刑事犯罪责任，也和一般公务员一样，不在本条规定范围之内。立法院院长如有行政上的违法行为，除国民大会自行罢免外，监察院亦得向国民大会提出弹劾，由国民大会罢免之。

第六四条　立法院有议决法律案、预算案、戒严案、大赦案、宣战案、媾和案、条约案及其他关于重要国际事项之权。

本条是立法院的职权，亦即立法权的内容。应经立法院议决各案的执行，除关系于各院的法律案外，大抵均为行政院的职权[①]，立法院不过

---

① 第六一条。

就行政院于行政会议决议而提出者,予以承认或否认而已。

立法院议决的预算案、条约案、大赦案,有具体的规定,且与法律同有执行及拘束人民的效力,因而可谓为广义的"法律案"。此种广义的"法律案",虽与狭义的"法律案"未必尽同,然如戒严案、宣战案及媾和案等,经决定后固亦足以与人民发生直接或间接的影响,然究与一般规范的规定之法律不同,立法院不过决其可否而已。

法律案的议定,其程序分为提议、讨论、表决、公布等。法律案的提议,除立法委员若干人以上当然有此提议权,将来《立法院组织法》当有规定外,本草案明定有提案权者有二:(一)国民大会本于创制权得向立法院提出法律草案或立法原则。立法院对于国民大会的提案否决或修改者,固应再送国民大会核议,立法院完全可决通过时,即可送请总统公布,将来当另有普通法规定之。(二)行政、司法、考试、监察四院,关于主管事项向立法院提出的法律案,立法院如修改或否决,总统尚得提交复议,或于复议后更请国民大会复决,各院亦得请求总统提出复议或复决①。此外各省参议会对于各该省立法事宜,解释上亦得向立法院提出议案。

预算案的提议权操诸行政院,前节已言之,立法院对于预算案的议决权,是牵制行政院及其他各院重要的工具,但应限制其修正的范围,即不得增税或增加岁出,以免立法委员徇情滥放。

其他戒严案、大赦案、宣战案等议决权,除决定可否以外,很少需要修正,不过大赦案有时或须于赦免的范围,稍加修改;媾和亦为决定可否的问题,无须修正,但媾和条约,亦为条约案之一,条约案内容,立法院自有修改之权,但如变更领土的条约,立法院决议后,仍应提请国民大会核

---

① 第六五条。

定,才能生效①,至于重要国际事项,亦依其性质而定。

第六五条　关于立法事项,立法院得向各院各部各委员会,提出质询。

本条是立法院的质询权。在一般立法例,议会对于政府,往往有两种质询权:一为"询问"(Question),一为"质问"(Interpellation)。询问是发问的议员与被问的国务员间之事,以问答相终始;质问必附有辩论,辩论终结,国会对于内阁全体(这自然指内阁制国家)或某某国务员,往往可有信任与不信任的表示。立法院既非一般国会可比,且立法院对于各院各部各委员会并无不信任权和违法行为的纠弹权,故所谓"责询",系指探询性质的询问,并非带有责难性质的质问。况且,立法院是合议机关,其意思须经讨论决定,才是全院的意思,故质询的提出,须以立法院的名义为之,不能由立法委员个人或若干人共同行使之。

所谓"立法事项",指立法的手续及法律的执行和适用而言。立法院对于各院提请立法的手续,或对于各院部会法律的执行和适用,如有违法或疑义,得向各院部会行使质询权,因为这些皆是关于"立法事项"的问题。

第六六条　立法院设院长、副院长各一人,任期三年,连选得连任。

本条是立法院院长、副院长之任期的规定。立法院是治权机关之一,并非纯粹的民意机关,院长的产生,在将来真正宪政时期,尚且应由国民大会直接选任,较为隆重而得体,此刻过渡时期,立法委员之半数,

---

① 第四条第二项。

规定由立法院院长提请总统任命[1]更应由国民大会选任，较可避免弊窦了[2]。

立法院非执行机关，院长为立法院的代表，立法院对外行文，由院长名义行之，总统公布法律，由院长副署[3]，立法院开会时，院长任主席，会议时如可否同数，院长有表决权，过渡时期，院长有半数立法委员的提请任命权[4]。从这些职权看来，国民大会如认为可被重选，那么三年的任期自然不够发挥其才能，连选得连任，那是应有的规定。至于副院长于院长出缺时继任院长职务，院长因故不能视事时，由副院长代理院长职务，可不待言。

第六七条　立法委员，由各省、蒙古、西藏及侨居国外国民所选出之国民代表，举行预选，依下列名额，各提出候选人名单于国民大会选举之，其人选不以国民代表为限：

一、各省人口未满五百万者，每省四人；五百万以上，未满一千万者，每省六人；一千万以上，未满一千五百万者，每省八人；一千五百万以上，未满二千万者，每省十人；二千万以上，未满二千五百万者，每省十二人；二千五百万以上，未满三千万者，每省十四人；三千万以上者，每省十六人。

二、蒙古、西藏各八人。

三、侨居国外国民八人。

---

[1] 第一四三条。
[2] 《宪草初稿》第九三条，规定院长由立法委员互选，采取委员互选制。
[3] 第三八条。
[4] 立法院院长的职权，《立法院组织法》应有详细规定。

本条是国民大会选举立法委员的方法。立法委员的产生,依照本条的规定,采取两种选举制:(一)地域制——原则上并且是以人口为比例的地域制;(二)预选制——并且是以地域为单位的预选制。

先说地域制:国民大会选举立法委员,以地域而定其名额,对于各省区,并且以人口为比例而定其名额的多寡。这便是原则上以人口为比例的地域制。为什么要采取地域制呢?因为立法院是立法的机关,法律是一切施政的张本,立法的良窳,又以是否适切于民众的需要为断,最能熟悉于各地方的实际情况者,自然是各该地方的人士,故立法委员的选举,不能不以地域为单位。为什么各省区要以人口为比例呢?因为人口较多的省区,如果和人口较少的省区,所产生的立法委员一律相等,未免失之不公平,不能将最大多数民众的需要贯澈于立法上去,那么立法院所制定的法律,岂不是不能代表最大多数民众的要求了么?

次说预选制:国民大会选举立法委员,以各地域的国民代表自成一选举团,以分举各该地域的立法委员,预选后汇交国民大会,由大会对于各候选名单,予以形式上的通过,这便是以地域为单位的预选制,或称"各地域代表预选、国民大会核选制"。为什么要采以地域为单位的预选制呢?因为国民代表人数当在二千以上,各省情况彼此间均难熟悉,欲由大会自选,困难很多,甲省代表往往只知甲省人才,对于他省未必熟悉,如果责令甲省代表选举他省的立法委员,必不能得其确当,反有被人随意拉票的危险,所以不得不就各地域或各省区的国民代表,各组一选举团以选举各该地域或省区的立法委员。为什么各地域代表预选各该地域的立法委员后,国民大会对于预选代表并不采取圈选制呢?因为预选制本来既为避免大会自选的困难而设,如果仍须大会圈删,不特漫无标准,而且对于他省不熟悉的人员,更有无所可否之苦。再则各地域代表的意思,合起来就是大会的意思,此于国民大会对立法委员有选举权,仍无不可解释之处。

此外尚有应注意者二点：（一）立法委员虽由国民代表以地域为单位举行预选，但其人选不以国民代表为限。立法委员的候选资格，较国民代表的资格为高，如国民代表具有立法委员的候选资格，固可被选为立法委员，否则就应该选举国民代表以外的人才，那是不消多说的；（二）正常的立法院，立法委员固以全归国民大会自行选任为当，但在过渡时期，专门人才的遴选，却不可不特别注意，因此本草案第一四三条，有半数立法委员由立法院院长提请任命的规定，国民大会不过选举半数立法委员而已。

第六八条　立法委员，任期三年，连选得连任。

本条是立法委员任期的规定。立法委员的任期及连任，与院长同。每届立法委员任期届满时，无论是否中途补充，均一律改选，但立法委员与立法院院长的任期虽同为三年，却未必彼此一致，因为院长如中途出缺或被罢免而由国民大会另选新任时，那么新任院长的任期和原任立法委员自然就相参差了。

立法委员的任期，虽然规定三年，但国民大会对立法院全体委员如果行使罢免权，那就不管任期是否届满，自应解散重新改组了。关于多数立法委员出缺，致不足法定开议人数时，补救方法，或为事前预防制，于选举时选举候补委员，以资递补；或为事后补充制，举行临时国民大会，选举补充之，将来当有单行法规为之规定，不过补任委员的任期，以补足原任期为限，解释上固勿待言。

第六九条　行政、司法、考试、监察各院，关于其主管事项，得向立法院提出议案。

本条是各院对于立法院的提案权,自然也是各院与立法院间衡制作用之一。各院对立法院提出议案,其范围以行政院为最广,立法院有权议决的各案,除法律案外,均为行政院的执掌,并且又都是由行政院行政会议议决后提出的[①];其他司法、考试、监察三院所提的议案,只限于各该院主管事项的法律案;又如提案牵涉到二院以上时,应由关系各院会同提出,比如司法、考试、监察三院关于财政问题的提案,就得和行政院会同提出了。至于各院提案的程序,行政院应先经行政会议议决,前已说明,司法考试两院既为独任制,法案的提出可由院长单独为之,监察院是合议制,或由监察院院会议决后提出,或由院长直接提出,都是一样。最后,我们要注意的就是总统对于行政会议虽有交议权,但对于立法院如有提案,仍应先提经行政会议议决后再由行政院向立法院提出议案,故总统对于立法院,不能以元首而享有单独提案权的。

第七〇条　总统对于立法院之议决案,得于公布或执行前,提交复议。

立法院对于前项提交复议之案,经出席委员三分二以上之决议,维持原案时,总统应即公布或执行之。但对于法律案、条约案,得提请国民大会复决之。

本条是总统对于立法院议决案的"抗议权",立法院对于总统抗议的"复议权",以及总统对于立法院复议案的"提请复决权"。

先说总统对于立法院议决案的"抗议权":各国立法例,行政机关对于立法机关的决议案,除瑞士绝对无拒绝权外,现制已无"绝对拒绝权"

---

① 对照第六一条、第六四条。

即"否认权"之法例，但为使行政机关与立法机关相互牵制计，仍有"相对拒绝权"，即行政机关认为议决案不当时，得延缓其公布或执行，并要求国会加以复议。这种"相对的拒绝权"，就是所谓"抗议权"。不过我国总统对于立法院议决案的"抗议权"，是本于元首权而有的职权，并不像美国总统一样，是本于行政元首而有的职权。固然，总统对于行政院有实质上的监督权，立法院对于行政事项的议决案，总统得直接根据行政院的意思即其自身的意思，而直接提出抗议；但总统对于司法考试监察各院，只有形式上的监督权，立法院对于各该院主管事项的议决案，如各该主管院认为不满，应由各该院要求总统提出抗议，并由各该院院长副署行之。总统对行政事项行使抗议权时，为行政院对立法院的衡制，总统代司法考试监察院行使抗议权时，为各该院对立法院衡制。所以总统此种抗议权，绝非行政院的事权，乃是总统的元首大权。我们在说明"抗议权"的性质以后，关于"抗议权"的行使，还得稍加阐释。立法院的议决案，依其性质的不同，如法律案、预算案、条约案、大赦案等，都有具体的规定，应经总统公布后才发生效力；而其他如戒严案、宣战案、媾和案等，却只须总统径交执行，不必再经公布。总统对于立法院议决案的抗议，自然得依法律的性质，或在公布以前，或在执行以前，提交立法院去复议。

次说立法院对于总统抗议的"复议权"。本来，各国现行制度总统或行政机关对于立法院议决案的抗议，有美国制与法国制两种：美国是总统制国家，总统对于国会的议决案，提出抗议时，国会之复议，须有参众两院三分之二以上的议员，才能维持其原议，换一句话说，须有参众两院三分之二以上议员的维持原案，该项法案即为有效成立[1]。总统如有

---

[1] 王世杰、钱端升：《比较宪法》第四二〇页；《美宪》第一条第七项。

三分之一议员即议会少数党的撑腰，即可行使其抗议权而使该案归于无效。法国是内阁制国家，总统对于议会的议决案，提出抗议时，议会的复议，只须比较多数（过半数）的议员即可坚持原议而使该案有效成立①。本草案关于总统的抗议权，采取美国制，故立法院对于总统的抗议而提交复议之案，经出席委员三分之二以上之决议维持原案时，该案即为有效成立，总统应即公布或执行之。但所谓"出席委员三分之二以上"，与"立法委员三分之二以上"不同，学者对于此点，不无认为欠妥者②，因如立法院法定出席人数为全体委员之过半数，那么出席委员三分二以上，其最低数即为立法委员三分一以上，在出席委员虽为大多数，在全院委员仍为少数，必将使抗议失却抗议的意义，因而主张将本条"出席"委员改为"立法"委员者，其言固不无相当理由；其实，关于立法院的开议人数，将来在立法院组织法上固不妨规定最高额的多数，以资补救；况且，抗议的意义，无非是促使立法院复议一次，复议时能有三分二以上出席委员的维持原案，也就足够慎重了。至于过渡时期，半数立法委员是由立法院院长提请总统任命的，总统任命之前，当必予以同意，或者换一句话说，半数立法委员，当必与总统同其政见，总统对于立法院的议决案，如有行使"抗议权"的必要，也不至于发生什么问题，总统是可以畅行其所愿、贯澈其主张的。

再次说总统对于立法院复议案的"抗议权"。立法院对于总统提交复议的议决案，经出席委员三分二以上的决议维持原案时，总统应即公布或执行之，如别无救济的办法，其结果恐将使行政院独受立法院的控制，而司法、考试、监察三院，对于立法上的纠纷，又必无法解决，此于五

---

① 王世杰、钱端升：《比较宪法》第四二〇页；《美宪》第一条第七项。
② 金鸣盛：《宪草释义》第一六六页。

权平衡制度,殊有违背。所以本条第二项但书,又设救济的规定,即总统对于立法院复议关于法律案与条约案,虽经出席委员三分二以上之决议维持原案,仍得不予公布,暂予搁置,提请国民大会复决之。此种提请复决权,自然也是总统的元首权之一,但如国民大会复决后仍旧维持原案时,那就足征该项法律案或条约案,是出于国民公意,总统自然不必一意孤行了。总统提请复决权,只以法律案与条约案经立法院复议后维持原案者为限,其他如戒严案、预算案、大赦案、宣战案、媾和案,在总统行使抗议权后,立法院如经复议维持原案,总统便不能再提请国民大会去复决,学者于此,亦有加以批评[1]应予修正者,国民大会通过宪法时,这也确实是值得审议和重行考虑的地方。

第七一条 立法院送请公布之议决案,总统应于该案到达后三十日内公布之。

本条是法律案的公布程序。公布程序,本属立法程序之一,各国通例,法案未经公布,不能发生执行的效力,因为法律的公布,是命令国家官吏执行的意思,一切法律,无论立法院议定的也好,或是国民大会核定的普通法案也好,在未经公布前,官吏无执行的权限,人民也无服从的义务。

立法院议决案的应该公布者,不以狭义的法律案为限,其他如条约案(外国法例多认为国内法之一部)、预算案(外国宪法有明定应经公布者),亦应经公布程序才生效力。本条只说立法院送请公布的"议决案",不说"法律案",便是这个理由。至于何种议决案应送请公布,当由立法院去决定,所谓"立法院送请",便是这个意思。又国民大会票决核

---

[1] 金著前揭书第一五八页。

定的普通法律案,应由国民大会直接送请公布,或由立法院送请公布,不无疑问,就理论上说,国民大会是代行政权的机关,而法律的公布则是治权机关的事情,似应责由统管立法的立法院办理,比较合理些。

公布法律的程序,一是总统的"签署",二是命令的"刊布"。所谓"签署",即总统签名于法律案之上,证明该法律案曾依法定手续而成立,并且证明该法律案与立法院所决议的或国民大会所核定的原文,完全相同。所谓"刊布",是将业经总统签署的法律案,以命令公布,并刊登于公报。此种由总统签署并刊布的法律案,才算得完成立法程序,而正式称之为"法律"。但是法律的"公布"与"施行"不同:"公布"不过"晓示"的意思;"施行"才是法律的"实行"。公布与施行同其日期者,例如"本法自公布日施行",该法律自公布日发生效力,自然是公布日即可实行;公布与施行不在同一时日,那么该法律公布后仍不发生效力,须俟施行之日才能发生效力。关于施行日期,有在公布的法律内专条规定者,有在施行法内规定者,又有规定另以命令定施行日期者,依法律的性质而不同。

最后,本条所谓"三十日内公布之",是总统对于法律案的公布犹豫期间。因为总统对于立法院的议决案,具有"相对的拒绝权",即"抗议权",当然应该酌留相当犹豫期间,使总统有考量法案内容及与各关系院商酌的余地。但如经过立法院复议维持原案,而又为总统无权提请国民大会票决的议决案即法律案条约案以外的其他议决案时,自然应依第七〇条第二项的规定,"即行"公布,不得再经三十日而后公布了。又如总统有权提请国民大会复决的法律案与条约案,经国民大会复决维持原案,或其他立法院本于国民大会核定而送请公布的法案,总统亦应"即行"公布,同样的没有犹豫的余地,解释上可不待言。

第七二条 立法委员于院内之言论及表决，对外不负责任。

本条是立法委员关于发言自由及表决自由的特权，亦即本草案给予立法委员发言自由及表决自由的保障。因为立法院虽非纯粹的民意机关，但仍有若干民意机关的性质，如无此种特权，难免要受行政当局的钳制，其意义正和第三三条国民代表的此种特权完全相同。本条规定"院内"之言论及表决，亦即"会议时"的意思，因为"表决"固须"会议"时为之，而"言论"尤其"院内"的"言论"，自然也同样要在"会议时"为之的①。

第七三条 立法委员除现行犯外，非经立法院许可，不得逮捕或拘禁。

本条是立法委员关于身体自由的特权。但此种立法委员的保障，与国民代表的保障稍有不同：立法院是常期集会的机关，立法委员的身体保障，自然没有会期中与会期外的区别，凡在三年的任期以内，立法委员犯罪，除非是现行犯②或经立法院许可者外，司法机关或有司法警察官或司法警察职权的行政机关，一律不得逮捕或拘禁。这和国民代表犯罪，仅仅在国民大会会期中，而非国民代表任期内，不受逮捕或拘禁者不同。至于身体保障的意义，和国民代表的身体保障，自然是完全一样的。又因为立法委员的任期有三年之久，犯罪如非现行犯，而立法院又不许可法院诉追时，其诉追时效是不停止③，本草案则无明文，有待其他单行法规为之补充，可不待言。

---

① 各国宪法如英国民权法、美国、爱司托尼亚、土耳其等及德国《韦玛宪法》对于议员言论表决自由之保障均有类似规定。
② 《刑事诉讼法》第八八条。
③ 参照《刑法》第八〇条。

第七四条　立法委员,不得兼任其他公职,或执行业务。

本条是立法委员兼职的限制。立法委员虽有公务员的性质,与各国国会议员不同,但立法事业为政府施政所本,如果立法委员得以自由兼任行政或其他官职,自然难免不以利禄之故,而失去严正的态度,致毁立法权的独立性。况且,立法职责繁重异常,各委员自亦无有余暇再能另兼其他职务的。至于所谓"公职",指一切国家机关或地方机关的职务而言,包括选任的公职与任命的公职,以及有给的公职与无给的公职。至由国民代表当选为立法委员者,其原任之国民代表职务,是否应即辞职,法无明文,解释上似应仍得兼任。因为国民大会会期只有一个月,即经延长,亦不过两个月,似与立法委员职务,并无何项影响,况且国民代表如果当选立法委员以后,便应辞去原职,如果代表当选立法委员的人数过多,那么国民代表的递补,似亦不无困难,究竟如何,应待将来单行法规的规定或司法院的解释。其他短期差使,如典试委员或襄试委员等,是否可得临时兼任,同样的不无疑问,将来亦有待于司法院的解释。又本条所谓"业务",包括一切公私业务而言,例如律师、会计师、医药师、新闻记者、工程师等自由职业,一切商业机关的职员,以及国营□业的董事、监察人、国家工程的管理或承揽等,均包括在内[①]。

第七五条　立法委员之选举及立法院之组织,以法律定之。

国民大会怎样选举立法委员,立法委员应否设置候补名额等,将来当另于国民大会四权行使法等另行规定,至于立法院内部的组织,以及一切立法程序,如提案人数、出席人数、可决人数、读会和核议预算的限制等,均应于立法院组织法内规定之。

---

① 各国宪法对于议员亦多有类似规定。

第四节　司法院

本节总释　五权宪法下所谓"司法独立",除掉法院的审判独立以及最高司法机关且有宪法解释权以外,并包括司法行政的独立,故司法院不仅是最高审判机关,并且是司法行政的综理机关,和那三权分立国家,一切司法事宜仍由行政机关处理,仅仅是法院审判独立与最高法院有解释宪法权者不同。

司法院于行政机关外独立设置,并且综理司法行政,换一句话说,司法行政离开行政机关而独立,其理由有三:(一)司法之实务虽为审判,但欲行使审判的实务,就不能不有行政,这种司法的行政和立法的行政、考试的行政、监察的行政一样,与一般行政分离独立,并无割离行政事权之嫌;(二)新进各国政制,均有司法权脱离行政权羁绊的倾向,自应适应此种新的趋势;(三)审判权独立,尚不能包括司法权独立,故如仅仅审判权完全独立,而司法行政仍由行政院之下设一独立行使职权的机关,由行政院统筹其行政者,不能达以权制权的目的,反足以妨害审判的独立。

司法院与国民大会的关系:(一)国民大会对于司法院院长有罢免权[①];(二)国民代表犯罪,须受司法院的审判,但在法定范围内,受有宪法的保障,不受司法权的干涉[②];(三)国民大会所创制的法律,是否与宪

---

① 第三二条。
② 第三三条、第三四条。

法相抵触,亦受司法院的管制①,但如果真违宪时,国民大会如欲贯澈目的,可修改宪法,那是另一问题。

　　司法院与各院之间的关系,除掉司法院与行政院以及司法院与立法院的关系,已见第二节与第三节总释外,司法院与考试院的关系:(一)司法院任用所属法官或其他公务人员,均应经考试院依法考试,并铨定其资格②;(二)司法院所属公务员的考绩,应送经铨叙部核定登记,以为升迁的标准;(三)考试院对于司法院用人不照法定资格,或对合法任用的人员不依法定程序而擅予降调或免职时,考试院有否认之权③;(四)司法院对于考试院违法或违宪的命令,有解释之权④;(五)司法院对于考试院及其所属职员的违法行为,有受理审判之权,并得撤销或变更其违法的处分;(六)司法院对于考试院院长及其所属公务员的犯罪行为,得径行诉追。

　　司法院与监察院的关系:(一)司法院对于监察院的命令是否违法或违宪,有解释之权,司法院所认为违法或违宪的命令,自始即是无效自当撤销其处分⑤;(二)司法院对于监察委员及监察院所属职员的犯罪行为,有受理审判权,但监察委员的身体自由言论自由,在法定范围内,受宪法的保障,不受司法权的干涉⑥;(三)监察院对于司法院所属公务员的违法失职行为,有提出弹劾并惩戒权,对于司法院院长的违法行为,有向国民大会提出弹劾并请求罢免之权⑦;(四)监察院为行使监察权,得

---

① 第一四〇条。
② 第八三条。
③ 第八三条。
④ 第一四〇条、第一四二条。
⑤ 第一四〇条、第一四二条。
⑥ 第九四条、第九五条。
⑦ 第九二条、第九三条。

向司法院或其所属机关提出质询①，司法院经费的支出，并受审计机关的监制②；(五)法律与宪法有无抵触，由监察院提请司法院解释③。

第七六条 司法院为中央政府行使司法权之最高机关，掌理民事、刑事、行政诉讼之审判及司法行政。

本条是司法院的定义及其职权。司法院是中央政府行使司法权的最高机关，自然也是治权机关之一，所谓"司法权"，指广义的司法权而言，不以法院的职权为限，法院的职权只及于民刑事审判和行政诉讼的审判，而此所谓"司法权"，更包括司法的行政权而言。所谓"最高机关"，指司法院之上，更无任何机关，执掌司法职权，此与行政院为中央政府行使行政权的最高机关，以及立法院为中央政府行使立法权的最高机关一样。至于司法院的职权，亦即司法权的内容，详析言之，本条分为(一)司法审判、(二)行政审判及(三)司法行政三种，此外本草案又规定(一)特种赦免权、(二)法令解释权及(三)宪法解释权三种，也是法院的职权。

先说司法审判权：司法审判权系指司法诉讼的审理裁判权而言。司法院所执掌的司法审判权，仅指最高级即终级民刑事诉讼的审判权而言，至于初级及中级的审判权，则分属于各级法院，司法院不过对之有监督权，监督权仍属于司法行政权的范围。关于司法院掌理最高级司法审判权的方式，不外乎两种：(一)于司法院内设置最高法院，和现制一样；(二)不另设最高法院，即以司法院自身执掌之。二制相差，不过是最高

---

① 第八八条。
② 第八七条。
③ 第一四〇条。

法院的存废以及最高法院院长之有无而已。第一次草案曾采第二制,主张不另设最高法院[①],本草案遵中央原则,只规定职权,不规定组织,将来最高法院是否独立设置,应依《司法院组织法》定之。

次说行政审判权:行政审判权是指行政诉讼的审理裁判权而言。各国立法例,对于行政诉讼的处理,有大陆制与英美制之别:大陆制特设行政审判机关或行政法院,以专掌之;英美制则并无普通诉讼程序以外的行政诉讼,换一句话说,凡有官吏违法侵害人民权利时,仍由普通法院依照通常程序受理之。我国现制采的是大陆制。两制利弊得失,聚讼纷纭,本草案第二六条虽然规定国家赔偿的原则,但亦未必就能解释为将来关于行政诉讼,仍采大陆制。固然,英美制公务员违法行为对于人民的侵害,完全由公务员个人负责,被害人只能向公务员提起诉讼,与对普通人提起诉讼同,其赔偿亦由公务员个人负担,被害人不能向国家提起诉讼,更不能要求国家赔偿任何损害,但是我国将来行政诉讼制度,仍旧不妨兼采大陆制与英美制之长而独创一新制,可不待言[②]。

最后说司法行政权:司法行政权,系指审判以外司法方面的行政而言。司法行政权应该归属于司法院之内,我们在本节总释里已稍有交代。立法院起草时认为司法行政所以属于司法院掌理而不属于行政院者,其理由有四:(一)国父手订《建国大纲》内列举行政院各部并无司法部或司法行政部之名称,绝非遗漏,证以在粤设立最高法院,司法行政即由该院掌理,可见司法行政应归属司法院,乃国父之本意。(二)国父曾云"五院皆对国民大会负责",司法院对国民大会所负,应为司法行政之责而非审判之责,因法官依法律独立审判,只对法律及良心负责,如司

---

① 吴经熊、黄公觉:《中国制宪史》第五三五页至第五三九页。
② 王世杰、钱端升:《比较宪法》第四七二页。

行政不归司法院掌理,则司法院将无责可负。(三)司法审判贵能独立,而司法人员之任免,与审判独立有密切关系,如司法行政属行政院,则难免受其影响。(四)外国审判权独立,由来已久,而其司法行政权仍多由行政部门兼掌,乃相沿未改之陈迹,近来趋势已有转变,《墨西哥宪法》即其一例①。至于司法院为处理司法行政,自应和现制一样,设一司法行政部专负其责,执掌司法改进方针的决定,下级法院的监督,司法官之任免等事权,其详应由司法院组织法规定之。

第七七条　司法院设院长、副院长各一人,任期三年,由总统任命之。

司法院院长,对国民大会负其责任。

本条是司法院院长的产生、任期及其责任的规定。司法院院长的产生,不采取选举制而采取任命制,换一句话说,不由国民大会选举而由总统任命,这是什么道理呢? 因为:(一)司法院院长虽非一般司法官可比,亦不能无应付机变的才干,但司法性质与行政立法等治权稍有不同,不必需要政党的拥护,以验其抱负,故不一定需要选举制;(二)司法院有解释宪法之权,司法院院长必须立于超然的地位,才能纯正地执行其职务,而不堕入政争漩涡,故不能采取选举制,致出于政党活动而来。基于此二理由,自以由总统任命较为妥善。但总统此种任命权亦为元首权之一,不过是代替国民大会选择适当人选罢了。

司法院院长的由总统"任命",与行政院院长的由总统"任命"不同,因为总统对于司法院仅有形式上的监督权,对于行政院却有实质上的监督权,故行政院院长无任期的规定,总统随时可以自由免职,而司法院院

---

① 《中华民国宪法草案说明书》第五三页。

长则有一定的任期,总统且无免职之权。又司法院系对国民大会负责的机关,国民大会对于司法院院长虽非亲自选任,仍有罢免之权[①],故司法院院长不对总统负政治责任,系对国民大会负政治责任。至于司法院院长的违法责任,其民事赔偿责任,与一般人民相同,其刑事犯罪责任亦径由司法机关诉追,对其行政上的违法行为,国民大会既得自行罢免,监察院亦得向国民大会提出弹劾案,由国民大会核定其罢免[②],此与立法院院长相同,可以不消多说。

司法院院长任期届满时,由总统另行任命,如无不称职或失职之处,自以连续继任为较当。又在司法院院长任期之内,如因故出缺或停职,由副院长继任或代理之,亦与立法院相同。

第七八条 关于特赦、减刑、复权事项,由司法院院长依法律提请总统行之。

本条是司法院院长的特种赦免权。赦免权本来是元首权之一,前已详及,除大赦应经行政会议议决后,由行政院提经立法院决议行之外,其余如特赦、减刑、复权,依本条规定,应由司法院院长提请总统行之,所以严格言之,总统的赦免权不过是形式上的职权罢了。

特赦、减刑和复权,都是对于已受确定判决的罪犯免除其刑罚之执行而言。本来,国家既然对于罪犯的科刑判决已经确定,理论上讲来自然不应该又复赦免,使原判决归于无效,以堕失司法权的威信;但是以有限的法律条文,往往不能适应复杂的社会情事。有时候法律的本身,不能尽善尽美而行之却当;有时候对于某一案件,不能衡情度势,认为妥

---

① 参照第三二条。
② 参照第九三条。

适；有时候审判程序的进行，又不能保证其万无一失。所以不得不另设赦免的规定，予以司法上的救济。至于何谓"特赦"？何谓"减刑"？何谓"复权"？可参阅第四一条释文。

特赦、减刑和复权，本来是司法救济的规定，故非万不得已不能随便为之，且因此等赦免权的行使，足以紊乱国家的司法体系，自然应由负司法全责的司法院院长提请颁行，才是妥当办法。所谓司法院院长"依法律"提请总统行之，自然不能凭司法院院长的意思任意行之，要依据法律所规定的赦免条件，司法院院长才能提请颁行，可不待言。

第七九条　司法院有统一解释法律、命令之权。

本条是司法院的普通法令解释权。法律或命令的内容，如有疑义，不能由各个执行法令或适用法令的机关去任意解释，因为彼此意见，难期一致，同一事件，如果各机关解释不同而发生相异的处置，那么直接间接往往会影响于人民的权利与义务。所以法令的解释权，需要统一。司法院是行使司法权的最高机关，司法权又是解决法律争议的事权，且解释法令的结果，有时不免牵涉到是否违宪的问题，再说最高级司法人员对于法律之学识与经验，较为丰富，易得适当之解释，所以解释法令之权，自以统一于有解释宪法权的司法院为然了。

所谓法令解释，除解决法令条文上的疑义外，更要解决各个法令相互间的冲突问题。关于法令的相互冲突，可分两点来说：（一）法律与命令冲突时，因为法律的效力大于命令，司法机关对于抵触法律的命令，可拒绝适用，抵触法律部分，应归无效，本草案第一四一条已有规定；（二）地方法规与中央法规冲突时，因为中央法律之效力，大于地方法规，如县市单行规章与省规章或中央法律抵触，或省规章与中央法律抵触，自应归于无效，无效的规章，虽然依法定程序由法定机关公布，亦不发生效力。至于省规章或县市单行规章与省令相抵触时，则何者适法、何者有效，仍应依法律的规定以解决之。

第八〇条　法官依法律独立审判。

本条是审判独立的规定，也是法官的独立审判权。所谓"审判独立"，系指法官行使审判职务时，除掉必须根据法律规定以外，有完全的意思自由，不受任何外力干涉的意思。故不但不受行政机关的干涉，即在同一的上级法院，苟非依据法定的程序，亦不能变更判决。至于最高法院的判例，依照一般通例，亦与法令之解释相同，具补充法令的作用，有拘束下级法院判案的效力，那于"审判独立"仍无何项影响。又"审判独立"，与审判行政上事权的监督指挥不同，后者如职务的分配、办案的考绩等，自须受主管长官或上级司法机关的监督指挥，那是毫无疑义的。

第八一条　法官非受刑罚或惩戒处分或禁治产之宣告，不得免职；非依法律，不得停职、转任或减俸。

本条是法官的保障规定。审判独立，是司法独立的骨干，而审判独立，又以保障司法官的地位为前提。因为司法官职位如果随时有动摇之虞，那么其判案将不免为外力所左右，而失却独立的精神了。所以司法官的保障，是一般国家的通例。本草案对于司法官的保障，可分免职、停职、转任及减俸四种：

（一）免职的保障。本条规定法官免职的事由有三：（甲）受刑罚——指刑罚的执行而言，如在判决尚未确定以前，只能为停职的事由，而不能为免职的事由。（乙）受免职的惩戒处分——法官违法失职，经主管长官移付惩戒，或经监察院提出弹劾案时，如有应予免职的事由，而惩戒机关为免职处分时,自然是法官免职事由之一,但如仅有惩戒处分而非免职的惩戒处分,亦非法官免职的事由。(丙)受禁治产的宣告——民法上对于心神丧失或精神耗弱者,为限制其行为能力,有宣告禁治产的规定①,法官如经宣告禁治产后,其本人尚且不能为独立有效的法律行为,而须由他人代理,自然更不能令其担任法官了。除此三种事由以外,其他任何原因均不能为法官免职的理由。至于法官因年老不堪任事而退休,亦须依法律的规定,但退休与免职不同,退休的年龄和退休后的待遇,都有一定限制的。

(二)停职的保障。法官的停职,指法官的任期中断而言,并非解除职务,故与免职不同。停职的原因,依照普通法律的规定,例如重大违法行为或犯罪嫌疑是。但停职虽然是一种处分,仍系中间的处分而非终结的处分,所以停职的法官在停职原因消灭以后,即可复职。至于停职后有免职事由者,那自然不能再许其复职了。

(三)转任的保障。法官的转任,指法官的升级、降级及同级调任等命令或处分而言。降级是一种惩戒处分,应经惩戒程序,方得为之;升级及同级的调任,虽与惩戒处分不同,有时也足以影响法官的独立。故无论任何转任,均须依照法定事由与法定程序,不得由司法院任意为之。现行《法院组织法》第四〇条第二项,对于检察官(自然也是广义的法官之一)的转调,可不由法定原因与法定程序,将来本草案正式成为宪法后,似应不背宪法的精神予以适当的修正。

(四)减俸的保障。法官的俸给,只能增加不得减低,如有减俸情事,必依照法律的规定,因为"减俸"是惩戒处分之一,如未依法惩戒,自不能任意减低的。

---

① 关于禁治产可参照《民法》第十四条、第十五条。

第八二条 司法院之组织及各级法院之组织，以法律定之。

司法院的组织，将来当有《司法院组织法》规定之，各级法院的组织，将来当有《法院组织法》或《行政法院组织法》规定之，本草案不过示其要纲而已。

第五节 考试院

本节总释 五权宪法下考试权与监察权的独立，是五权宪法与三权宪法最明显不同的特征。考试权的独立，不仅为国家选择治才，并且更足以救济选举制度之穷，前者固可不必多说，后者因为现代代议制度国家，议员既为人民的代表，即不得不有选举，有选举又不能不有候选人的指名，但欧美各国都以政党操纵候选人的指名权，因此由资产阶级垄断治权，自然是一般的趋势了。我们将考试权独立，以考试为选取候选人的方法，那么既无损于民治制度本身，岂不又可免除资产阶级垄断的弊端了吗？话说回来，此种候选人的考试制，并非以考试代替选举，乃是以考试来补助选举，却不可不辨。

考试权的独立，不仅在于考试的本身，考试的目的，无非是任用，如欲完成考试院事前统制官吏的目的，自然更要有独立的铨叙权。因为考试院只是考试，没有铨叙的权柄，便有两种弊端：(一)考试院不明白考取之人才是否合用，将来的考试方针便很难确定；(二)考取人员与考试院脱离关系，即因惩戒而受免职处分的人，第二次必仍能混入考试，再上仕途。故考试院一方面有甄录权，一方面更应有铨叙权。

考试院与国民大会的关系:(一)国民代表候选人资格,应经考试院考试铨定[1];(二)考试院院长对国民大会负责,受国民大会罢免权的制裁[2]。

考试院与各院间的关系,除与行政院、立法院、司法院的关系,已详第二、第三、第四各节总释外,考试院与监察院的关系:(一)考试院对于监察院所任用的公务员有考试并铨定其资格之权;换一句话说,监察院任用所属公务员,应经考试院依法考试,并铨定资格[3]。(二)监察院所属公务员的考绩,应送请考试院铨叙部核定登记。(三)各院用人如不依法定资格,或免职降调不依法定程序,考试院得咨请监察院核办。(四)考试院院长违法时,监察院得向国民大会提出弹劾,声请罢免,考试院职员违法时,监察院得直接提出弹劾,予以惩戒[4]。(五)监察院为行使监察权,得向考试院或其所属机关提出质询[5]。(六)考试院经费的支出,应受监察院审计机关的监制。

第八三条 考试院为中央政府行使考试权之最高机关,掌理考选铨叙。

本条是考试院的定义和职权。考试院是中央政府行使考试权的最高机关,是治权机关之一,不过考试院与监察院这种治权机关,完全为政府本身而服务,考试院选取治才,可说是积极的治官机关,监察院纠弹官邪,可说是消极的治官机关,总之,这都是"治官"机关,和那行政院立法

---

[1] 第八五条。
[2] 第八四条、第三二条。
[3] 第八三条。
[4] 第九三条、第九二条。
[5] 第八八条。

院司法院完全为"治事"的机关，性质上自属不同。所谓"最高机关"，即指考试院之上，更没有其他高级机关执掌考试权而言。

考试院的职权，分考选与铨叙两种：（一）考选即以考试的方法选取治才的意思。考试院举行考试，必须组织典试机关，执掌命题、阅卷以及考取与否的决定等事，将来是否也和现行制度一样，组织考选委员会专司其事，那有待于考试院组织法的规定。（二）铨叙指考取人员的分发、公务员资格的审查、公务员任免调任的审查、服务成绩的审查以及关于俸给、年金、奖恤的审查等事。铨叙与考选，互相关联，如有考选而无铨叙，那么考试院即不能与他院发生衡制作用，仍将失却考试权独立的意义了。

第八四条 考试院设院长、副院长各一人，任期三年，由总统任命之。

考试院院长，对国民大会负其责任。

本条是考试院院长的产生、任期及其责任的规定。考试院院长的产生，采任命制而不采选举制，换一句话说，考试院院长由总统任命而不由国民大会选举者，其理由正与司法院院长的产生采任命制而不采选举制相同。因为考试权具有独立不挠的精神与超政党的态度，考试权如果参杂党见，分赃制度仍必难免，那就失却考试权独立的意义了。所以考试院院长不采选举制，而授总统以元首权代国民大会抉择其人选之权。

考试院院长的任期三年，届满后仍得连任，自应另由总统任命之。考试院院长如因故出缺或停职，则由副院长继任或代理之。

考试院院长虽由总统任命，但总统对之并无免职权，这也是由于总统对考试院只有形式的监督权而无实质的监督权之故。因为考试院院长，对国民大会负政治责任，自然只有国民大会，才对之有罢免权。至于考试院院长的违法责任,其民事赔偿责任,与一般人民同,其刑事犯罪责任,亦径由司法机关诉追,对其行政上的违法行为,国民大会既得自行罢免,监察院亦得向国民大会提出弹劾案,由国民大会核定其罢免①,此与立法院院长、司法院院长相同,可以不消多说。

第八五条　下列资格,应经考试院依法考选铨定之:

一、公务人员任用资格;

二、公职候选人资格;

三、专门职业及技术人员执业资格。

本条是考试权适用的范围。"考选"和"铨定"虽然是两种不同的程序,但二者缺一不可,应兼备而不能仅备其一。凡本条所列举的三种资格,非经"考选"程序,即考试院考取,其资格当并不存在;非经"铨定"程序,即考试院铨叙合格,虽有考取资格,仍不能合法充任。至所谓"依法"考选铨定者,指列举各项资格的考选或铨定,均依照法律规定办理。例如第一款和第二款的资格,固由考试院考选并经考试院所属的铨叙部铨定,但第三款资格,除应经考试院考选外,各该专门职业人员(例如律师医师)及技术人员(例如汽车司机),既非公务员,自然就无所谓铨叙,此等人员的不经铨定,也是"依法"办理的。

先说公务人员的任用资格:公务人员指从事于公务的人员而言,依其性质,可分"任命"的公务人员与"选任"的公务人员两种,本条第一款所谓公务人员任用资格,系指"任命"的公务人员之资格而言。又所谓"任命"的公务人员,包括政务官以外的一切"简任""荐任"和"委任"人员,因为"特任"职的公务人员,或经选任,或经任命,均系政务官;此等

---

① 第九三条。

政务官由于选举而产生者(例如立法、监察两院院长),可参照第二款的解释,由于任命而产生者(例如行政院院长),依现制不必经铨叙的。至于政务官与事务官的分别,一般的说起来,凡得参与国家行政方针的决定者为政务官,依既定的方针而负执行之责者为事务官,现制,政务官并不以"特任"职为限[1]。

次说公职候选人的资格:公职候选人,即非任命的候选人员,凡是应以选举产生的公务员,均须具备公职候选人的资格。例如国民代表候选人,总统、副总统,立法、监察两院院长、副院长及委员的候选人,省市参议员候选人,县市参议员候选人,县市长候选人,都是公职候选人。但是否一切公职候选人,例如总统和立法、监察两院院长、副院长之类,均须经过考选,不无问题。因为本条既系规定此等资格须"依法"考选铨定之,将来的"法律"到底怎样?我们此刻无从悬测,从理论上言,似可分别情形,而定应经考选铨定与否。总统、副总统以及立法、监察两院院长、副院长,似可不必经考选铨定。公职候选人应经考选铨定者,候选人经考试及格后,仍应经铨叙机关的审核准许,才得列入候选人名单,可不待言。

再次说专门职业及技术人员的执业资格:所谓专门职业人员,指律师、会计师、工程师、农业技师、矿业技师、医师、药师、兽医、助产士等,所谓专门技术人员,指公营事业技术人员、航空技术人员、汽车司机等。此等人员与多数人的利害和安全有莫大关系,虽非政府的官吏,仍应经考试院考试录取,发给许可证书,方得执业。至于证书的颁给,则为主管部的事权,而非铨叙部的事权,例如律师证书应由司法行政部核给,会计师证书应由经济部核给是。

---

[1] 范扬:《行政法》总论第一三四页。

第八六条 考试院之组织,以法律定之。

考试院的组织,将来当有考试院组织法规定之。至于附属机关如铨叙部及各种典试委员会的组织,自应另以单行法规定之。

第六节 监察院

本节总释 监察院与考试院虽然同为五权宪法下的"治官"机关,两者在性质上迥不相同:考试院是积极的"治官"机关,监察院则是消极的"治官"机关,因为考试院是在官吏任用以前积极的选拔真才,监察院是在官吏任用以后消极的纠弹官邪,所以考试院是事前的"治官"机关,监察院是事后的"治官"机关。又考试院的作用,在提高公务员的才能,监察院的作用在提高公务员的德行,自必二者兼备,然后才能运用至善。五权宪法下一面将考试权独立,一面又将监察权独立,而成立考试院与监察院者,其理由盖基于此。

监察院的监察权独立制,是在法治范围内,以纠弹官邪为责任,采取各国国会弹劾制的精神,而以历史上御史弹劾制的方法辅助之,既与御史弹劾制不同,亦与国会弹劾制有别,而且监察院的事权,尤其和司法权有严确的界限,分别言之:

(一)监察院监察权独立制与国会弹劾制的不同:(甲)监察院得为弹劾的对象,不以中央大员为限,而应广及于一般公务员,此与国会弹劾制之仅为最高级或高级行政长官不同;(乙)监察院有时虽采合议组织,但其弹劾案,得由监察委员个人单独提出,即对中央人员的弹劾案,亦不必经该院大多数同意,此与国会弹劾制之应经国会合议且须国会三分二以上的同意不同;(丙)监察院运用弹劾权,不能涉及政治责任问题,凡总统、副总统及五院长官的政治责任,仍由人民代表机关,即国民大会以课之,此与国会弹劾制之仅为纠问政治责任方法不同。

(二)监察院监察权独立制与御史弹劾制的不同:(甲)监察院系纠弹官吏违法责任,而行使弹劾权,此与御史弹劾制之得超越于法律范围以外而行使笼统的弹劾权不同;(乙)监察院运用弹劾权,不能仅据风闻或及于私德问题,此与御史弹劾制之不必有真凭实据即可提出弹劾,且得及于私德问题不同;(丙)监察院弹劾案件的处理,其受理机关无论如何不能置之不问,必须依法定程序而有合法的结果,此与御史弹劾制之悉凭君主自由处理不同。

(三)监察院的监察权与司法院的司法权的界限不同:(甲)司法院的司法权除民事部分外,仅指犯罪的惩治而言,此与监察院对于犯罪行为以外的违法行为亦得提出弹劾者不同;(乙)本于司法权的作用,普通法院对于任何人犯罪均得惩治,此与监察院弹劾罪犯,不但仅以官吏犯罪为限,且须与职务有关的犯罪为限不同;(丙)司法机关对于官吏行政上的违法行为并无惩治之权,亦无举发之权,对于官吏的犯罪行为,有时亦不能直接举发[①],此与监察院对于官吏犯罪有摘发并惩治之权不同。

监察院与国民大会的关系,在于监察院对国民大会负政治责任,监察院院长、副院长与委员由国民大会选举并罢免之[②];至监察院与行政立法司法各院的关系,可参照第二节、第三节、第四节总释。

---

① 例如总统犯内乱外患罪以外之罪,司法机关于罢免或解职前,不得举发,而监察院则得对之提请国民大会罢免之。
② 第二二条。

第八七条　监察院为中央政府行使监察权之最高机关,掌理弹劾、惩戒、审计,对国民大会负其责任。

本条是监察院的定义、职权与责任的规定。监察院是中央政府行使监察权的最高机关,自然也是治权机关之一。所谓"最高机关",是指监察院之上,便没有更高级的机关执掌监察权而言。所谓"监察权",除本条所定弹劾权、惩戒权及审计权外,第一四〇条第二项另又规定对于违宪法律的提请司法院解释权。所谓"弹劾",即公务员违法行为的举发;所谓"惩戒",即对于被弹劾的公务员违法行为之制裁;所谓"审计",即财政收支上的审核和稽察。关于弹劾权,容于第九二条、第九三条再为阐释外,兹将监察院的惩戒权和审计权,说明于次:

先说监察院的惩戒权。本来公务员违法行为的惩戒权,现制归属于司法院,这是因为惩戒实即指弹劾案件所审判而言,其性质与民刑诉讼案件的审判相类似的缘故。本草案将公务员的惩戒权,移属于监察院,是顺从监察院的意见、监察院的理由①,是因为弹劾的目的在于惩戒;弹劾与惩戒如分属监察司法两院,那么弹劾的目的便有不能贯澈之弊了,况且弹劾和惩戒,如同属于监察院,正与法院之审判与检察两权的分行相同,又并无弹劾人自行审判弹劾案的危险。公务员惩戒权移属于监察院,是说惩戒机关附丽于监察院之下,非谓惩戒权由执掌弹劾的监察委员自操之,其理因极显然,不必多论。至于将来的惩戒权移属于监察院,依照本草案第九二条、第九三条的规定,以总统、副总统,立法、司法、考试、监察各院院长,副院长以外各公务员的惩戒为限,对于总统、副总统,立法、司法、考试、监察各院院长、副院长,惩戒权操之于国民大会,监察院只有弹劾权而已。再惩戒权的行使与惩戒处分的执行不同:监察院是

---

① 《宪法草案初稿意见书摘要汇编》,载《监察院对宪草初稿意见书》第五点。

行使公务员惩戒权的机关,而惩戒处分的执行,则不便由惩戒机关行之,应依惩戒处分的性质以及被惩戒的公务员,分别情形,各由主管长官或总统执行之。

次说监察院的审计权。国家对于财务行政上的监督,有所谓事前监督、事中监督与事后监督之别:事前监督,即预算之议定,其权操之于立法院①;事后监督即决算之承认,应属于监察院;至于事中监督,即所谓审计,指在预算执行的过程中,随时监察收支而言。监察院的审计权,应由特设的审计机关以行使之,审计的目的,在于防制财政机关预算以外的不法支出,以及摘发财政上的不法行为。审计权本身,又有"事前审计""事后审计"及"稽察"三种:核定收入命令及支付命令为"事前审计",审核决算及逐月的计算为"事后审计",查究财政上的不法或不忠于职务的行为为"稽察"。这些审计权移属于监察院,第一可以充实审计权行使的效能,第二可以得到纠劾贪污及审查预算的便利,审计机关发现财政上的违法行为,应即送由监察院弹劾之,那自然是最妥便不过的。

监察院的政治责任,与立法院相同:监察院院长或监察委员,除各别对国民大会负责,国民大会可对之各别行使罢免权外,并须共同对国民大会负责,国民大会对整个监察院有解散改组之权,这便是监察院对国民大会负责的意思。至于政治责任以外的违法责任、民事赔偿责任与一般人民相同,刑事犯罪责任,除应注意第九四条、第九五条的规定外,亦由司法机关课处之,又行政上的违法责任,则监察院院长应由监察院本身举发由国民大会罢免之,监察委员则由监察院本身举发由监察院所属

---

① 第六四条。

惩戒机关课处之①。

第八八条　监察院为行使监察权,得依法向各院、各部、各委员会提出质询。

　　本条是监察院对于各院部会的质询权。质询本来有询问(question)和质问(interpelation)两种,第六五条所谓立法院的质询权,仅指"询问"而言,已见前述,本条所谓质询,则含有"质问"的性质,不过监察院的质询,其内容只能涉及法律问题,不能涉及政治问题,其作用不过是弹劾的初步,和各内阁制国家国会的质问权自然不同。

　　监察院向各院部会提出质询,应以监察院的名义行之,此与立法院的质询相同,但立法院提出质询,须经全院会议的决定,而监察院提出质询,不必经全院会议的决定,即监察委员个人亦得行使之。故所谓以院之名义行之,是指必须送由院长提出而已。至于监察院的质询,一则可以使事实真相易于明了,以为弹劾与否之决定,一则可因此唤醒被质询者之注意,足以纠正于未然,而免事后补救的困难,自不待言。

　　监察院质询权的行使,应该在监察委员提出弹劾案之前呢?还是在监察委员提出弹劾案之后呢?还是提议案经审查确定以后呢?此有待于将来的监察院组织法或弹劾法等规定。解释上似应在提出弹劾案之后与提案审查确定以前,可不待言。

第八九条　监察院设院长、副院长各一人,任期三年,连选得连任。

　　本条是监察院院长、副院长任期的规定。监察院虽然采取委员制,

---

①　第九二条、第九三条。

但非纯粹的会议机关①，院长的产生，自无必须采取委员互选制的理由；监察院是行使监察权的机关，职权之行使，足以影响于中央或地方任何公务员，即总统亦在可得弹劾之列，院长的产生，自又不适用任命制；监察院行使监察权，本亦不能掺杂政党作用，才能刚正不阿，达到纠治官邪的目的，采取国民大会选任制，固非万全之道，但是除由国民大会选任外，别无其他更妥善的产生方法，此与立法院院长有些仿佛的。至于连选得连任，足为监察权之行使作一保障，也和立法院院长一样的情形。

监察院院长的职权，对外代表监察院，对内综持全院行政。故监察院对外行文，由院长署名行之；总统公布法律发布命令之关系于监察事项者，由监察院院长副署②；监察院全院开会时，以院长为主席，但其自身的弹劾权，却与各委员相同。此外，过渡时期的监察院院长，另有半数监察委员的提请任命权，容后再详③。

监察院院长出缺或停职时，由副院长继任或代理，但国民大会对于副院长的继任院长职务，如或另有意见，自得另行选举，自不待言。

第九〇条　监察委员，由各省、蒙古、西藏及侨居国外国民所选出之国民代表，各预选二人，提请国民大会选举之，其人选不以国民代表为限。

本条是国民大会选举监察委员的方法。监察委员的产生，采取地域制和预选制，其采取以地域为单位的预选制这一点，固与立法委员的产生相同，但又不采取以人口为比例的地域制，而是规定每省预选二人，此

---

① 第九二条规定监察院使弹劾案不必经全院会议决定。
② 第三八条。
③ 第一四三条。

与立法委员的产生则不同①。为什么国民大会选举监察委员,以地域为单位而不以人口为比例呢?这是因为监察院是人民常任的耳目机关,其职权即使与民意的表示不同,其作用仍不外乎代民监政,这是采取地域制的理由;监察权的行使,贵能各个独立,与任何政治问题无关,不必如立法机关那样因欲制定与人民直接有关的法律案,故不得不以人口为比例而产生立法委员,这是不兼采以人口为比例的理由。至于国民代表以地域为单位的预选制,则和立法委员的产生完全一样,不过监察委员的名额,每一地域规定二人,与立法委员在名额上有多少而已。各地域的国民代表预选各该地域的监察委员二人以后,国民大会自然只就预选所定的名单而为选举,亦无所谓圈选,不过是形式上予以承认的大会核选,表示选举权仍在大会本身而已。监察委员的选举,不以国民代表为限,故各地域的国民代表选举各该地域应出之监察委员二人时,除得选任各该地域当选之国民代表具有监察委员候选资格者为监察委员外,其他国民代表以外之人,只须在该地域具有监察委员候选资格,仍得被选举为监察委员。又监察委员的名额,既然每一地域规定二名,那么依照第四条所列举的二十八行省,连同蒙古、西藏及华侨,共计三十一单位,应为六十二名,那是不消多说的。

第九一条　监察委员,任期三年,连选得连任。

本条是监察委员任期的规定。监察委员和监察院院长一样,不宜受政潮的影响而常有更调,故于任期届满后,连选得连任。至于国民大会的罢免监察委员,以及监察委员的缺额补充问题,也与立法委员的情形相同,但监察委员执行职务,贵乎独立,监察院的全院会议,不过是讨论

---

① 第六七条解释。

监察行政和审查决算报告，与立法院的职在议事，必经会议者不同，因此有人主张监察委员缺任后，竟可不必补充，但以弹劾总统及行政、立法、司法、考试、监察各院院长、副院长，须有监察委员十人之提议①，故至缺额过多，以致全体监察委员不足十人以上时，再行补选②。此种极端事例事实上很少见，但为使监察院畅行弹劾职权起见，稍有缺额，固可不必为之召开临时国民大会举行补选，如缺额至半数时，似应即为补选。因为对于总统、副总统及五院正、副院长的弹劾案，本草案第九二条规定须有全体监察委员二分之一以上之审查决定，才能向国民大会提请罢免，此所谓二分之一，虽指提议当时之实在人数，不必实指三十一人（全体监察委员法定名额六十二名）③，但是立法原旨，所以规定监察委员十人以上之提议与夫半数以上之审查者，无非慎重将事，严密监政而已，如果全体监委仅剩十人，那么对于总统、副总统及五院正、副院长的弹劾，岂不是提议者有十人而审查决定者反只有五人？而且原提案人不得担任审查④，弹劾法当不无明定呢？

第九二条　监察院对于中央及地方公务员违法或失职时，经监察委员一人以上之提议，五人以上之审查决定，提出弹劾案；但对于总统、副总统及行政、立法、司法、考试、监察各院院长、副院长之弹劾案，须有监察委员十人以上之提议，全体监察委员二分一以上之审查决定，始得提出。

本条是监察院的弹劾权。关于弹劾权，我们依照本条规定，分：

---

① 第九二条。
② 金鸣盛：《宪法草案释义》第二二一页。
③ 第九〇条释文。
④ 《弹劾法》第五条第一项。

（一）弹劾的主体，即得以弹劾的公务员；（二）弹劾的原因，即应行弹劾的行为；（三）弹劾的程序，即弹劾案成立的程序。解释于次：

（一）弹劾的主体。得以弹劾的人员，本条规定为"中央及地方公务员"，实则一切公务员均当包括在内。所谓中央公务员，指服务中央政府的公务员而言，包括总统、副总统、五院正、副院长，各部会长官，以及总统府与各院部会职员官吏。所谓地方公务员，指服务省以下政府与自治机关的公务员而言，包括省政府、市政府、县政府及自治机关长官和职员。凡中央或地方政府雇用的人员及职工，固然不在公务员范围之内，军人之惩戒，当另有陆海空军惩罚条例的规定，亦不适用普通的弹劾程序，可无疑义。但是民选代表即国民代表、省市参议员、县市参议员等，出席议事，均不负任何责任[①]，其个人在职务上的行为，并无违法之可言，如果议决事项违法，固系另一问题，而非此处所谓"违法"，如果代表违反议事规则，亦仅为会议秩序问题，如果代表假公济私，招摇撞骗，那更是私人的违法行为，与职务上毫无关系，由此看来，民选代表既然无职务上违法行为之可言，事实上便不会应受弹劾的情形了。至于代表因不称职而被罢免，那是另一问题。况且，因不称职而罢免，其法律上的意义与因被弹劾惩戒而免职，决然不能相提并论的。

（二）弹劾的原因。应行弹劾之行为，本条规定为"违法"或"失职"，分别释明：

（甲）何谓"违法"？怎样才是违法呢？我们得分三点来说明：

（Ⅰ）"法"的解释。本条所谓"法"，应以本草案第一三九条所规定者为限，即指宪法及其他经立法院通过，总统公布之法律。因为此外各院部会或各省颁订的规章，其作用虽有拘束一般公务员的效力，但此等

---

① 第三三条。

规章,既非法律,那么违反规章,不过是违反命令而已,似不能与违反法律,相提并论的。

（Ⅱ）违法系指职务上的违法。监察院应行弹劾的违法行为,必与公务员的身份有连带关系,所谓与公务员之身份有连带关系的行为,亦即职务上的违法行为,因为通常的违法行为,自当与一般人民同受法律的制裁,而由司法机关自行掌管之,与监察院是不相关涉的。公务员职务上的违法行为,因为所违犯的法律不同,情形亦各异。关于刑事上的违法行为,是否与职务有关,《刑法》大概是有明文规定的;民事上的违法行为,《民法》条文上并无明白的界限,当依事实以决定之;至于宪法或其他行政法规的违法行为,那就涉及公务员职责者较多了。

（Ⅲ）违法的责任。公务员因为职务上违法行为而生的责任问题,由于其违法行为的种类而不同。因刑事上的违法行为即犯罪行为而生的刑事责任是刑罚;因民事上的违法行为即侵权行为而生的民事责任是赔偿;因行政上的违法行为即普通违法行为而生的行政责任是惩戒。监察院所弹劾者,多为刑事责任和行政责任,民事责任不过是附带提及作为惩戒的参考罢了。

（乙）何谓"失职"？怎样才是失职呢？失职的涵义,非常广漠,现行《公务员惩戒法》亦将"违法"与"失职"并举,于该法第二条第二款称"废弛职务,或其他失职行为",将"废弛职务",作为"失职"的例示,又如现行《监察委员保障法》第四条称:"监察委员受公务员之馈赠供应有据者,以失职论。"足见"失职"云云,凡违反行政规章（因为我们所谓"违法",仅指违反宪法及立法院议决经总统公布的法律而言,违反规章即违反"命令"之行为,自然不包括在内）及其他一切广义的法律（例如经立法院议决而性质上不经总统公布的法案）之行为,都是"失职"的行为。至于政务官政策失当之行为,则完全除外,不在失职范围之内的。

（三）弹劾的程序。弹劾案提出的程序，依本条的规定，分为"提议"及"审查"两种手续，不过"提议"和"审查"的人数，因为公务员的地位而不同：

（甲）对于一般公务员。监察院对于一般公务员的弹劾，应由监察委员一人以上之"提议"，五人以上之"审查"并决定。所谓一人以上，指一人亦可提议而言，因为弹劾权贵能独立行使，故以一人提议为原则；所谓五人以上，指最少须有五人而言，此种提议后的审查，不过期其慎重，并非弹劾权的限制，又如五人担任审查，其中三人认为原提议应予可决时，弹劾案应即成立，这是假定审查会的表决采取"过半数制"的办法。不过，还得声明一句，就是现行办法，提议的委员是不能担任审查的①。

（乙）对于总统、副总统及五院院长、副院长。监察院对于总统、副总统及行政、立法、司法、考试、监察各院院长、副院长的弹劾，应由监察委员十人以上之"提议"，全体监察委员二分之一以上之"审查"并决定。所谓十人以上，指最少须有十人而言，所谓全体监察委员二分之一以上，指依提议当时监察委员实在人数的二分之一以上而言，换一句话说，此所谓全体监察委员二分之一以上，并非依指法定总额六十二人之半数即三十一人以上，乃指除去缺额以外监察委员实在人数的二分之一以上，故如一无缺额，则审查人数当为三十二人，如果审查会的表决采用"过半数制"，那么审查人中有十七人赞同原提案，弹劾案应即成立。因为原提案人不能担任审查，故如监察委员无缺额时，对于总统、副总统及五院院长、副院长的弹劾，只须有监察委员二十七人之同意，便可举行弹劾了。如果监察委员稍有缺额时，尚可不必此数呢！

关于提议和审查，我们还得声明两点：（Ⅰ）弹劾案经审查而不能通

---

① 《弹劾法》第五条第一项。

过时，该提案即不能成立；但如原提议人表示反对，不服审查会的决定，那么依现制，则将弹劾案另行移付其他监察委员重为审查，以作最后的决定①，如果第二次审查仍不能通过，那就是足见原提议缺乏充分理由，该案即使提出，也会遭惩戒机关的否决，自应不予提出了。（Ⅱ）监察院院长、副院长及监察委员，自身亦为中央公务员之一，如有违法失职行为，自然亦在应被弹劾之列。监察委员被弹劾时，自不应参加于弹劾案的审查②，监察院院长被弹劾时，似应暂行退避，另由副院长代行其职务，解释上固应如此的。

弹劾案经审查通过，即为成立，已成立的弹劾案，应以监察院的名义提送之，监察院以院长为对外之代表，故应由院长具名行之，院长负有提送义务并无搁置权。至于提送的处所，如为对于一般公务员的弹劾案，应送交本院惩戒机关，如为对于总统、副总统及五院院长、副院长的弹劾案，应依第九三条规定送交国民大会。

第九三条 对于总统、副总统、立法、司法、考试、监察各院院长、副院长之弹劾案，依前条规定成立后，应向国民大会提出之；在国民大会闭会期间，应请国民代表依法召集临时国民大会，为罢免与否之决议。

本条是对于总统、副总统及立法、司法、考试、监察各院院长、副院长弹劾时的受理机关及其处分的规定。其受理机关系国民大会，而其处分则为罢免。兹就本条两个问题，分别释明之：

先从受理机关这方面说：（一）对于总统、副总统及立法、司法、考

---

① 《弹劾法》第六条。
② 《弹劾法》第七条。

试、监察各院院长、副院长的弹劾案,为什么以国民大会为受理机关呢?因为此等中央大员,不容另予记过、降级等惩戒处分,且各大员均直接对国民大会负责,由国民大会选任,亦唯有国民大会始能令其退任,故其即使有违法失职行为,监察院亦只有向国民大会请求罢免而已。(二)对于行政院院长、副院长的弹劾案,为什么本条不规定为以国民大会为受理机关呢?因为行政院院长系对总统负责,由总统任免,国民大会对之无直接罢免权,其违法责任,直接对总统负之,故对于行政院院长、副院长的弹劾案,仍照普通政务官规定办理,惩戒后可由总统径为免职之处分。(三)对于副总统或立法、司法、考试、监察各院副院长提出弹劾,并非对于各该人员本身职务上的违法失职行为的纠问,乃指各该人员代理总统或院长时职务上违法失职行为的弹劾而言,因为副总统或副院长本身既无职权可言,自亦并无职务上的违法行为,必其以副总统、副院长的身份代理总统或院长职务时,才有所谓职务上的违法失职行为之可言呢!至于副总统或副院长继任总统或院长职务而有违法失职行为时,应包括在总统的违法失职行为涵义之内,可不待言。

次从受理机关对于弹劾案的处分来说:(一)监察院向国民大会提出弹劾案后,在国民大会开会期间,国民大会固应即为罢免与否之决议,如果在国民大会闭会期间,应请国民代表依法召集临时国民大会为罢免与否之决议。但依第三十一条第二项的规定,国民大会经五分之二以上代表之同意,才得自行召集临时国民大会,如果并无五分之二以上代表同意召开临时国民大会,那不是要待至国民大会常会时再为罢免与否之决议了吗?如果被弹劾的并不是总统,而是副总统或立法、司法、考试、监察各院院长、副院长的话,监察院固得依同条第一项,请总统召开临时国民大会,如果被弹劾者为总统而国民代表又无五分之二以上代表的同意,将轰动全国的大案,竟不得不搁置起来,殊背监察本旨,将来在国民大会组织法上似应有救济办法；不然，能在本条或第三十一条对此有更明确的规定，亦属必要。（二）国民大会对于监察院的弹劾案，如为罢免之决议，那么对于被罢免而缺位的总统、副总统或立法、司法、考试、监察各院院长、副院长，便应另行补选；如果认为弹劾案无理由而为否决的决议，被弹劾的总统、副总统或立法、司法、考试、监察各院院长、副院长，仍得照常供职，固不待言。（三）国民大会的本于弹劾而为罢免，虽有处分的性质，但与免职处分不同，故因弹劾而为罢免，当与纠问政治责任而为罢免者不同。一个是行政责任，一个是政治责任，行政责任是违法或失职与否的问题，政治责任是失策与否的问题，结果虽同，性质则各异的。关于总统、副总统的责任[①]：（Ⅰ）政治责任，由国民大会自行发动而为罢免；（Ⅱ）行政责任，由监察院提出弹劾，由国民大会核定罢免之；（Ⅲ）刑事责任，以内乱罪或外患罪为限，由司法院径自诉追之。至于立法、司法、考试、监察四院院长、副院长的责任，则除刑事责任并无此种保障外，其余政治责任与行政责任均与总统相同。

第九四条　监察委员于院内之言论及表决，对外不负责任。

本条是监察委员关于言论自由及表决自由的特权。其用意所在，也和立法委员与国民代表的此种特权，完全相同[②]。不过监察委员的此种特权，与立法委员国民代表均稍异：因为国民代表的特权，仅以会议时为限，而监察委员则仅限于院内，又立法委员的表决自由，适用于一般会议，而监察委员的表决自由，除掉全院会议时以外，仅系审查会有其适用，故不若立法委员与国民代表的重要。

[①] 第三二条、第五四条。
[②] 第三三条、第七二条释文。

第九五条 监察委员除现行犯外,非经监察院许可,不得逮捕或拘禁。

本条是监察委员关于身体自由的特权。其用意所在,也和立法委员及国民代表的此种保障相同①。但监察委员任期三年,故保障期限,亦当以任期为限,而国民代表则仅以会期中为限,故与立法委员完全相同,而与国民代表则稍异。监察委员职在摘发奸邪,最易遭忌,此种保障,较立法委员与国民代表,其重要均是有过之而无不及的。

第九六条 监察委员不得兼任其他公职或执行业务。

本条是监察委员的兼职限制。其作用在避免应弹劾而不予弹劾的弊端,而立法委员的兼职限制,只是防制不当法案的议订,两者在作用上是各不同的。至于何谓"公职"？何谓"业务"？可参照第七四条立法委员兼职限制的释文。又国民代表既可被选为监察委员②,那么在当选为监察委员以后,其他法律如无反对的规定,解释上其原任之国民代表职务,亦可不必辞去,应与立法委员由国民代表当选者完全相同。

第九七条 监察委员之选举及监察院之组织,以法律定之。

国民大会怎样选举监察委员,监察委员应否设置候补名额等,将来当另于国民大会四权行使法等另行规定;至于监察院内部的组织以及行使弹劾程序的详细规定,均应以监察院组织法及弹劾法规定之。又监察院所属机关如审计机关、惩戒机关的组织,自当另有其他组织法规规定之。

---

① 第三四条、第七三条释文。
② 第九〇条。

第五章　地方制度

本章总释　本章所谓"地方",包括"县""市"而言。"省"虽是中央设官分治为行政区域,性质上属于中央而不属于地方。"县""市"是人民设官自治的地方自治团体,而非中央设官分治的地方行政区域。

地方的庶政繁杂,决不能由中央政府直接去处理,自然必须分设地方政府以管理之,不过地方政府的设置,如为"地方行政区域"制,其责任当向中央政府负之,如为"地方自治团体"制,其责任当向该地方的人民负之。所以本草案所规定的"县政府"或"市政府"是向各县市人民负责的"地方自治团体"。

本草案关于地方制度,为什么不采取"地方行政区域制",而采取"地方自治团体制"呢?这是根据国父遗教而设的,因为《建国大纲》上说"县为自治之单位"[1],国民党对内政策上也说"确定县为自治单位"[2],所以"县"(市亦同)应该是地方自治团体,而不能把它当作地方行政区域。

本来,关于地方制度,我国自秦以来,历代虽多分级,均为君主设官分治,无所谓地方自治;民元迄今,有地方自治之名,而无地方自治之实,民国八、九年间,中央威权失堕,各省当局盛唱联省自治之论,实亦别有

---

[1]　《建国大纲》第六条。
[2]　《国民党政纲》对内政策第三条。

用意,与真正之自治无关,本草案此种规定,的确可以为地方自治前途,埋下一颗深厚的础石的。

本章各条规定:省县市的性质(第九八条、第一〇三条至第一〇五条、第一一一条)、组织(第九九条、第一〇八条至第一〇九条、第一一三条至第一一四条)及民意或代表机关(第一〇〇条、第一〇六条、第一一二条)。

第一节　省

本节总释　省的名称,元朝才见诸政府组织,那时分天下为十二,于中枢设一"中书省",于各地设立十一个"行中书省",管制各级地方行政,当时所谓"行中书省"即中书省的地方分驻机关的意思,和专制时代所谓"行宫"及近年所谓"行营"的意义相类似;有明以后,沿用"行省"为地方区域的名称,区域虽有变更,而其为中央监督下级地方官所划设的行政区域则一。但专制时代的以地方官掌握大权的"疆吏自主制",与本草案的省政制度,却不可同日而语的。

制宪之初,关于省应否规定省自治制,各方颇有争执①,吴稿即系采取省自治制的,本草案却为什么以省为属于中央的行政区域呢?其理由有三:

(一)依据国父遗教言:国父主张以县为自治单位,县既然是自治团体的单位,省就不能谓为高级自治团体,才不失为自治单位的意义;况且

---

①　吴经熊、黄公觉:《中国制宪史》第一七九页以下。

从反面说,国父既曾反对"联省自治"①之说,又以实行"分县自治",主张省制纵可不废,省长的职权亦不过处理省内的国家行政及监督各县的自治两项②,国父以省为行政区域而不以为地方自治团体,即此可见了。

(二)自各省民情风俗言:各省辖县少则数十,多至百余,省内民情风俗,相互悬殊,往往甲省之偏僻部分因与乙省相邻,民情风俗反与乙省相同而与甲省完全相异者,如果授予广漠的省区人民以自治权,往往适宜于东省者不适宜于西,有利于此者未必有利于彼,岂不难以贯澈以省为单位而实行自治的主张?况且从反面说,一国的经济建设,不宜互相割裂由各省自主,如果有关数省的经济建设,另于数省之上更设高级的自治团体,那么省以外岂不更要另有自治团体了吗?

(三)再从现行省制说:现行各省省制,固然仍然为中央统制下的疆吏自主制,而非省民自治制,但是各省政府由中央直接派设,尚且不免有省权庞大足以妨碍国家统一和下级地方自治之弊害,如再实行省自治,于国家统一及县自治前途,必受更大的障碍;况且从反面说,以县为单位,作为人民办理地方自治之区域,本来就很恰当,已可不必更有县以上另一自治团体的必要呢!

本草案既然认为"省"为属于中央的行政区域,进一步我们应该稍将省的法律地位,加以论列:省政府的职权,一方面是执行中央法令,一方面是监督地方自治③,本此可以分论省政府与中央的关系以及省政府与各县市的关系:

(一)省政府与中央的关系。省政府是执行中央法令的机关,因为执行中央法令本是行政院的事权,故省政府应为行政院的直辖机关,而

---

① 《第一次全国代表大会宣言》。
② 《中华民国建设之基础》,见《总理全集》第一集第一〇二七至一〇二九页。
③ 第九八条。

不属于他院，省政府的施政，应受行政院的监察而不受他院的监督。行政院职务，除本院外，由各主管部会分掌之①，故对各省政府的监督，除本院外，并在各主管部会。

（二）省政府与各县市的关系。省政府负监督地方自治的权责，故其所辖各县市自治事项的设施，统受省政府的监督，中央对各县市有所指示，亦由省政府任转行。

此外，关于省与县市之间，应否另设中间联络机关，如同民国初年的"道"以及近今的"行政督察区"一样，似属值得注意之一问题，本草案于此并无规定，或者要看将来缩小省区之议是否见诸实现，再作定计。因为如果将现行省区缩小以后，那么一省的辖区，或与现在一或二行政督察区相同，那自然可无另设中间联络机关的必要；否则，一因吾国各省辖境宽广、交通阻塞，二因省内风习互殊、不易齐一政令，设置中间联络机关，不能说毫无必要吧？

第九八条 省设省政府，执行中央法令及监督地方自治。

本条是省行政机关即省政府的职权。省政府的职权：

（一）执行中央法令。所谓"执行中央法令"，系指行政院的事权而言，至于其余各院的事权，各省自应各有其执行事权的机关，不应由省政府一并执掌，故如司法院在各省的事权，应由各省高等法院去执掌，监察院在各省的事权，应由监察使署及省审计处去执掌……又行政院的事权，如已由各部会设有地方直辖机关者，亦不在省政府职权之内，例如邮电海关，即非省政府的职权。省政府事权的内容如何，执行的是那些中央法令，均有待于单行法规的规定。现制以行政院各部会与各省政府为

---

① 第五七条。

平等机关,又以省政府所属各厅为各部会的直属机关,将来省政府组织是否变更,亦有待于单行法的规定。

(二)监督地方自治。所谓监督地方自治,本来也是执行中央法令之一,因为怎样去监督地方自治,那得有中央法律的规定,但地方自治的监督,是省政府重要事权之一,此不过是提示的规定罢了。至于省政府对于各县市监督权及指挥权的内容怎样,有待于单行法规的规定。

第九九条　省政府设省长一人,任期三年,由中央政府任免之。

本条是省政府的组织原则以及省长产生的方法、任期与责任的归属。分别释明之:

(一)省政府的组织原则采取省长制。现制,省政府采取委员制,设主席一人,委员若干人,省政府分设民政财政建设教育各厅,厅长由委员兼任,实行十余年,流弊很多:(甲)因为责任不专,事权散漫,行政效率很低,近年试行省府合署办公制,稍收事权集中之效;(乙)各厅得单独对外行文,厅长又因同为省府委员之一,其权力往往非省府所能制,厅与厅间以及省政府与各厅间的纠纷,无法避免,有时竟无法解决;(丙)中央监制各省,或各县奉行省令,因为省府多头制度,有散漫杂乱现象。由于这些缘由,本草案才恢复省长制,集中事权,以专责任,自属较为允当。

(二)省长的产生,由中央政府任命。因为省政府是奉行中央政令的机关,省长应该向中央负责,由中央政府直接任免。省政府的事权,是行政院的事权,前条已有阐释。这样说来,省长的任命权,应由行政院执掌,经行政会议议决,呈请总统任命,解释上是应当如此的。

(三)省长的责任:(甲)政治责任——省长执行中央法令,应受行政院及其主管部会的直接指挥,自由决策的范围很小,故省长的政治责任亦很有限,在职有法定的三年任期,免职自应有法定的保障;但省长究非纯粹的事务官,仍不失为政务官之一,故其政治责任,应向行政院担负之,行政院对于各省长,有实际上的免职权,名义上呈由总统免职,那是另一问题。(乙)违法责任——省长的违法责任,与一般公务员相同,由监察委员一人以上的提议,五人以上的审查决定,弹劾案即成立,对于省长的惩戒,除免职外,自然亦适用降级减俸等处分。又对于省长的违法行为,监察机关如未发觉,省参议会应有告知监察院请其提出弹劾之权的。

第一〇〇条　省设省参议会,参议员名额,每县市一人,由各县市议会选举之,任期三年,连选得连任。

本条是关于省参议会组织的原则规定。省参议会在性质上是省的民意机关,但非代表省民的权力机关。为什么设省参议会,而不设代表省民权力的省民代表会呢?立法理由有二:(一)国父遗教系以县为自治单位,省为中央与县市的联络机关,如果省亦设有人民代表的权力机关,似乎与自治以县为单位的意义发生冲突[1];(二)人民代表机关在县(市)有县(市)民大会,在中央有国民大会,中间省政府立于中央与地方之间,一方面受中央的指挥,执行国家行政,一方面对于各县监督地方自治,既无省代表会的必要,那么有省参议会作为常设机关,也可以代表人民的意见,借供中央的咨询和立法的辅助[2]。

省参议会的组成分子是参议员,参议员名额,在该省所辖的县市中,每县市一名。此所谓市,自然是指直属于省政府的市而言,直属于行政院的市,不包括在内。因为省议会只是咨询的民意机关,或建议的民意

---

[1] 《宪草主稿人第九次会议速记录·吴委员经熊的意见》(见吴、黄《中国制宪史》第三〇九页)。
[2] 《宪草主稿人第九次会议速记录·孙委员长科的意见》(见吴、黄前揭书第三一〇页)。

机关。既是辅助的性质,参议员的产生自不必由人民直接选举,由各县市议会选举之,不失为妥当的规定。同时又因为省参议员既非省民的代表,故以县市为单位,每县市产生一人,采取地域单位制而不采取人口比例制,也并没有什么可供非议的地方。省参议员的任期,本条定为三年,因为县市参议员的任期是三年①,如此则每届省参议会的参议员,便能反映出选举机关的意思了。至于省参议员任期届满后,既无不应连任的理由,况且为熟悉省政,充分发挥其法定的职权计,反有连任的必要,故本条规定,参议员任期届满后,连选得连任之。

省参议会的职权,本草案并无规定,将来当于省参议会组织条例中详订之,但是我们就其性质论,其职权应该不以现行省临时参议会的职权为限。抗战期间,国民政府为集思广益,促进省政兴革起见,曾于各省设置省临时参议会,依照省市临时参议会组织条例的规定:省临时参议会的职权有四:(一)关于省政府重要施政方针的决议权(有例外);(二)省政兴革的建议权;(三)听取省政府施政报告权;(四)向省政府提出询问权②。将来的省参议会,除掉这些职权之外,尤其是立法建议权,提出于中央的省预算的决议权,依法律委任的单行规章的决议权、弹劾建议权等③,均为不可不有的职权,那是可无疑义的。

第一〇一条 省政府之组织、省参议会之组织、职权及省参议员之选举、罢免,以法律定之。

省政府的组织,应于省政府组织法规定之,故如省政府与中央各部

---

① 第一〇六条。
② 该条例第六条至第十条。关于省参议会可参照拙著《论省市临时参议会》一文(见《东方杂志》)。
③ 参照第一次草案第一一二条,该条于省参议会职权,曾有详细规定。

会的关系、省政府与所属厅处的关系、省长任命的方法及在任的保障、省政府监督地方自治之范围等,本草案均不必详为规定;省参议会的组织和职权,应于省参议会组织条例规定之,故如省参议会的常会开会次数及日期、临时会召集的方法、闭会期间驻会委员会的组织以及开议额数与决议额数的法定比例等,本草案均不必详为规定;省参议员的选举与罢免,应于省参议员选举法及省参议员罢免法或其他单行法规规定之,故如省参议员候选人是否以现任县议员为限、其罢免有何限制以及选举罢免的程序,本草案均不必详为规定。

第一〇二条　未经设省之区域,其政治制度,以法律定之。

本条所谓未经设省的区域,指蒙古及西藏地方而言。蒙古、西藏两地,社会、经济、文化、风俗、习惯等,均与内地各省不同,在未经开发并划设省治以前,自不适用一般的省制规定。现行蒙古盟部旗组织法关于蒙古地方的"盟""部""旗"等特种组织,固有详细的规定,但关于西藏的地方制,至今尚无规定。

第二节　县

本节总释　"县为地方自治的单位",本节即系循此原则而设的规定。关于本节总释,我们得说明五点。

先解释"县":县制是秦始皇时代即已确立的地方制度,数千年来,县的为下级地方行政区域,不因朝代的更换而有变更。因为县的面积,纵横不出百里（县令有"百里侯"之称，殆以此故），人民由各乡以赴县治，其路程至多不出一日，就县区而论，自然最宜于□办各种地方庶政而独为下级地方行政区域了。

次解释"自治"：何谓"自治"呢？总理说："治者管理也。"统而言之，所谓"自治"，就是"自己管理自己的事务"的意思。一个人或一家管理自己或一家的事务，便是个人或一家的自治，一乡一区一县管理一乡一区一县的事务，便是一乡一区一县的地方自治。本节所谓"自治"，系指"地方自治"而言，所谓地方自治，依照内政部所编的地方自治讲义是："自治云者，非国家之直接行政，乃于国家监督之下，由地方团体依其一己之独立意思，而处理其区内之事务之谓也。""自治"既然是地方团体自己管理自己的事务，和"官治"当然处于相反的地位。"官治"与"自治"的区别，在于政治活动之方式，由人民参加地方政治活动者是"民治"，非由人民参加地方政治活动者为"官治"，一直到现在，我国地方行政，还不曾脱去"官治"的窠臼。固然，"官治"之利，在于纪律严明、系统整齐以及由于官吏的职业化专门化，而本于做官经验易于治事；但是"官治"之弊，却不一而足：（一）足以造成与民众分离的官僚的特殊阶级，（二）足使国家行政重视形式忽略实质，（三）足使一切政务层层准驳，因以减低行政效率。所以近代各国的地方行政，多系"自治"而非"官治"。我国宪政实施后，改"官治"为"自治"者，亦即以此。

复次，说明"县自治"：县自治指以县区为自治单位的意思。以县为自治单位，创于总理，因为数千年来，以县为地方行政区域，县既为办理地方庶政最适宜的区域，那么以县为自治单位，自然是最恰当不过的了。总理于《中华民国建设之基础》一文内，认为民治建设的方略有四，即"分县自治""全民政治""五权分立"及"国民大会"，此四者虽同为实行民治必经之道，但其实行则以"分县自治"为先："若无分县自治，则人民无所凭借,所谓全民政治必无由实现;无全民政治,则虽有五权分立、国民大会,亦未由举主权在民之实也。"县自治的重要,即此已可概见了。

再次,说明地方自治团体的要素:地方自治团体在法律上是公法人,有独立的人格,为权利义务的主体[①],其要素有四:(一)必须有自身的目的与自营的事业;(二)必须有独立的财政,由团体自出经费以支持其自治事业;(三)必须有表示公意或代表公意的机关,由团体自己决定其意思;(四)必须有执行意思的机关,由团体自身执行其意思,其机关并须由团体自行产生。

最后,说到本草案怎样以县为地方自治团体:本草案规定县有各种自治事业[②],此与地方自治团体的第一个要素相吻合;县有独立的财政[③],此与地方自治团体第二个要素相吻合;县有县民大会以表示一县的公意,有县议会以代表一县的公意[④],此与地方自治团体第三个要素相吻合;县有县政府置民选县长[⑤],以执行人民的公意而处办各县自治事业,此与地方自治团体的四个要素相吻合。由此看来,本草案之以县为自治单位,县区为地方自治团体,谁也不能否认和置疑了。

第一〇三条　县为地方自治单位。

本条是县的定义。所谓"自治单位",即自治团体的最大范围,其用意在表示县以上的地方区域,不是自治团体,借符分县自治的原则。至于县以下的地方区域,则仍不妨另有小的单位。现有制,依照《县各级组

---

① 范扬:《行政法》总论第三五三页以下。
② 第一〇四条。
③ 第一次草案第一二〇条第二款至第四款,本草案虽已删去,但县财政必须独立,那是无疑义的。
④ 第一〇六条、第一〇八条。
⑤ 第一〇六条。

织纲要》的规定,有区及乡、镇两级,此种设置,仍于县为地方自治单位的规定,并无冲突。

本草案只规定"县""市"为自治单位,但于与县同等的设治局及特设的行政区如威海卫等,究竟是否亦为地方自治单位?或仅为行政区域?似应有明白规定,俾与第二七条第一项第一款的规定互相呼应,本草案并无此种补充规定,似嫌疏漏。

第一〇四条 凡事务有因地制宜之性质者,划为地方自治事项。地方自治事项,以法律定之。

本条是均权制度的原则规定。中央与地方间的关系,有所谓中央集权制与地方分权制之别:权之偏重于国家的统制者,是中央集权制;权之偏重于地方自治者,是地方分权制。两制均有利弊:如行中央集权制,则事权统一是其利,地方动受掣肘,民意处处束缚是其弊;如行地方分权制,则政自民出是其利,中央约束无力,尾大不掉是其弊。所以各国的政治组织,都依环境的需要与时代的进化而异制,集权分权,以时间空间之不同而各有所宜。国父于此,不偏于中央集权,亦不偏于地方分权,凡事务有全国一致之性质者,划归中央,有因地制宜之性质者,划归地方,这便是均权制度。本草案虽以现实环境的需要,未依《建国大纲》第十七条采取中央与省的均权制度,却以分县自治制,来贯澈均权的目的,可从三点来论证:(一)分县自治不采取硬性的分权方法,在宪法上规定何者为中央事权,何者为地方事权,可随社会之进步而妥定应付的办法;(二)分县自治的自治团体,在县而不在省,故地方虽然享有广大的自治权,仍然没有尾大不掉的弊端;(三)分县自治于宪法上确定县为自治单位,并规定中央与地方均权的原则,故县自治权绝对不是中央法律所得剥夺,也不是代表中央的省政府所可任意的加以限制的。

本条所谓"因地制宜",是指并无全国统一的性质,应依各地不同的环境而为特殊设施者而言。凡事务有因地制宜的性质者,划为地方自治事项,何种事务才有因地制宜的性质?换一句话说,何种才是地方自治事项?这些都得让将来的普通法为之规定,本草案不过在宪法上规定均权制的原则而已。因为事权的内容很难为明确的划分,均权的实质的分配,自然不妨由中央以法律随时为补充的规定,本草案于此,不采取列举方式者,盖基于此。

均权的实质,虽然不能为具体的明确规定,但是地方自治权的行使,却有一定的范围,自治权的运用,不外乎民意的表示与民意的执行。关于民意的表示,自治权的范围:(一)选举县长以下自治人员;(二)罢免县长以下自治人员;(三)创制县的单行规章;(四)复决县的单行规章[①];(五)四权的行使,应依中央法律规定的程序[②];(六)县长及自治人员的候选资格,应经中央铨定[③];(七)本于创制或复决而制定的县单行规章不得与中央的法律抵触。关于民意的执行,自治权的范围:(一)县议会虽有关于县自治事项单行规章的议决权,但其单行规章,不得与中央法律相抵触[④];(二)县长办理县自治,直接依据于县议会的决议,间接依据于县民的公意,只要不背乎法律,中央政府即不得干涉;(三)民刑事案件的调解,劳资的仲裁,各县得以就地解决,但不得妨害中央司法权的独立与统一;(四)此外对于县自治人员的考试、县自治人员的监察,是否在自治权的范围以内,也是值得注意的地方。

---

① 以上四点皆见第一〇五条。
② 第一〇五条、第一一〇条。
③ 第八五条、第一〇八条。
④ 第一〇七条。

第一〇五条 县民关于县自治事项，依法律行使创制、复决之权；对于县长及其他县自治人员，依法律行使选举、罢免之权。

本条是县民的直接民权，亦即政权形式的自治权。创制权与复决权行使的对象是县自治事项内的单行规章，选举权与罢免权行使的对象是县长、县议员及其他县自治人员。无论创制权、复决权、选举权或罢免权，其行使的程序，都得依照中央颁布的法律规定办理。但另以县单行规章补充之，那是未尝不可的。

直接民权的运用，除选举权外，其余创制复决罢免三权，可先经县公民依法联署提议或要求，再由全县公民依法举行总投票，以为决定，提议或要求时固不必有集合形式，总投票时应以县民大会行之。但对于县长的罢免，县议会在行使质问权后，应可提请县民大会罢免之（其提请应与法定公民的提议或要求有同一的效力），至于罢免县长的理由，应以关于县自治事项为限，与县长代办的中央行政无涉①，不消多说。

第一〇六条 县设县议会，议员由县民大会选举之，任期三年，连选得连任。

本条是县民代表机关——县议会的组织原则。县民大会虽是全县表示意思的最高机关，但以县民大会人数过多，无集合一地的可能，分区或分乡同时举行，只有用投票方法而无共同讨论的可能，故设县议会为县自治团体的意思机关，由县议员组织之。县议员的产生出于县民大会的选举，县议员的候选资格，也和国民代表省参议员一样，应由考试院铨定之。县议员的任期三年，连选得连任，此可不必多述。

关于县议会的职权，本草案无明文规定，依照第一次草案，有县预算

---

① 第一〇九条。

决议权、县决算承认权、地方课税权、县财产经营处分权、县财政审计权、单行规章制定权、县政建议权、县长交议事项审议权、质问权等[1]，本草案虽经删去，但其用意系让普通法为之规定，并非认为不当，且就其名义系"县议会"而非"县参议会"一点以言，性质上似应具有典型式的代议制规模。至其职权的范围，当以县自治事项为限，固不待言。又县议会除为县自治团体的意思机关外，同时并兼为省参议员的产生及监督机关，对于省参议员有选举并罢免权[2]，并为提及。

第一〇七条　县单行规章，与中央法律或省规章抵触者无效。

本条是县单行规章制定的两个限制。（一）县单行规章不得与中央法律抵触：县的单行规章是一县公民的具体表见，并为地方自治方面一切施政的张本，其范围广及于一般事项，但其内容却不能不受国家法律的限制，因为县自治权是不能与国家的统治权相违反的。（二）县单行规章不得与省单行规章抵触：因为省单行规章的性质，本是中央法律的延长，县单行规章与省单行规章如有抵触，岂不是与中央法律抵触一样吗？故县单行规章除不得抵触中央法律外，并不得抵触省单行规章。又所谓省单行规章，包括两种情形：一是省参议会本于法律委任而制定的单行规章，一是省政府或其他中央直辖机关本于法律委任而以命令颁行的规章。

县单行规章是否与中央法律和省单行规章相适合，省政府应有审核之权，不过省政府对于县单行规章的审核准驳，应完全依法律为标准，可不待言。至于省政府此种对于县单行规章的审核权，自然是本于其自治

---

[1] 第一次草案第一二〇条。
[2] 第一〇一条。

监督权而来的。

县单行规章是县民代表机关的公意表示,此种具体表示的执行,为县政府的职权,但县政府因执行县单行规章而为之命令,不得与此种规章相冲突,那是和国家行政命令不得违背国家法律一样的。

第一〇八条　县设县政府,置县长一人,由县民大会选举之,任期三年,连选得连任。

县长候选人,以经中央考试或铨定合格者为限。

本条是县自治团体执行机关的组织原则。关于自治团体执行机关的组织,各国有合议制、独任制与混合制的分别,本条于县政府的组织采取独任制,办事敏捷,责任专一,自较合议制与混合制为优;关于自治团体执行机关首长的产生方法,各国有议会选举制、议会选举中央委任制及直接民选制三种,本条于县长的产生,采取直接民选制,并限制其候选人的资格,自是最进步的体例。

县长的产生,由于县民大会的直接选举,县长的候选人,应经中央考试,依第八五条的规定,固无疑义;但本条第二项又规定"以经中央考试或铨定合格者为限",那就是说,虽未经考试及格,只须铨定合格,亦可为县长候选人了。立法意旨,殆因现在县长候选人考试尚未普遍,不得不就相当资格的人员,暂予补充。又县长的产生,既由直接民选,当不必回避本籍,解释上将来关于县长选举的单行法规,似无反对规定的必要。

县长的任期,定为三年,在任期内除非县民大会于其办理县自治事项行使罢免权而为罢免的决定,或监察院于其执行中央或省委办事项以及办理县自治事项而认为违法失职,经提出弹劾而为免职的惩戒,不然的话,县长是有法定保障的。至于连选得连任,自是对于良吏鼓励其上进与努力所职应有的规定。

第一〇九条 县长办理县自治，并受省长之指挥，执行中央及省委办事项。

本条是县长的职权。县长有两种身份：一是县自治团体执行机关的长官，一是国家的下级行政长官。县就地方言，是自治单位，就中央言，却又是国家的行政区域，故县长的职权，亦有两方面：一是自治团体本身的职权，一是中央政府所委办的职权，当然以地方固有的自治权为主，以中央委办的行政权为从，那是性质上应有的解释。兹就此二种职权，分别释明。

（一）自治团体本身的职权。县长关于自治团体本身的职权，也可以说是治权形式的自治权，即本条"办理自治"之职权。县长以县自治团体执行长官的资格而行使此种职权，应对县民负责，不对中央负责。故县民对于县长有直接罢免权①，以纠问政治责任。县长执行县自治事项，虽不对中央负责，亦不受省长的直接指挥，但省政府具有地方自治监督权②，县长既为县自治团体执行机关的首长，自应受省政府的监督，可不待言。又与县政府对立的县议会，为县自治团体的意思机关，县长与县议会的关系，本草案无明文，应让将来的普通法为之规定。

（二）中央政府委办的职权。县长关于中央委办事项的执行权，即本条所谓"执行中央及省委办事项"。县长以国家下级行政长官的资格而行使此种职权，应对中央负责而不对县民负责。因为所谓"省委办之事项"，系指省政府因执行中央法令而委办之事项，仍为中央行政之一，且省政府亦只为执行中央法令的机关，故县长不对省长负责。虽说县长执行中央及省委办之事项应"受省长之指挥"，但省长对各县县长并无

---

① 第一〇五条。
② 第一〇九条。（此处底本缺漏，系编者根据《五五宪草》内容补充。——编者注）

自由撤免之权。县长办理中央或省委办的行政，如有不力情形，除县长违法时得移请监察院弹劾外，省长所得对于县长而为之处分，似宜以一般轻微的惩戒处分如记过申诫为限，将来当有单行法另行规定之。

第一一〇条　县议会之组织、职权，县议员之选举、罢免，县政府之组织及县长之选举、罢免，以法律定之。

县议会的组织与职权，当以县议会组织条例规定之；县议员的选举与罢免，将来当另以单行法如县议员选举法、县议员罢免法规定之；县政府的组织，将来当以县自治法规定之；县长的选举与罢免，将来当以县长选举法、县长罢免法规定之。又关于县以下自治区域的划分，亦当为县自治法内规定的一部分，可不待言[①]。

第三节　市

本节总释　"市"与"县"一样，亦为地方自治的单位，本节规定，亦不背乎"市"是地方自治单位的原则。关于本节的总释，我们得分"市"的意义、现行市制和县市自治的比较三点。

先解释"市"：现代法律意义的所谓"市"，为与"省"或"县"对待的名称，在我国尚系近数十年来，才见诸法令的。民国十年，徐世昌总统任内，颁布《市自治制》，开始将市分为特别市与普通市两种，该法虽未普

[①] 现行新县制可参照《县各级组织纲要》。

遍实施,但"市"的分级已滥觞于此。十七年七月国民政府公布《特别市组织法》及《市组织法》,并明定若干市区为特别市,若干市区为普通市,十九年五月修正公布《市组织法》,废除特别市与普通市的名称,而以较大的都市直隶于行政院,与省的地位相埒,不受省地方政府的管辖,以较小之市或省府所在地的市则隶属于省政府,而与县的地位相埒。总之,所谓"市"都得具备政治经济交通重心,人口密集在二十万以上等条件的。

次说现行市制:现行市制,有行政院直辖市与省政府直辖市两级。(一)院辖市为下列三种情形:(甲)首都所在地;(乙)人口满百万以上地方;(丙)在政治经济文化上有特殊情形的地方。(二)省辖市为下列三种情形:(甲)省会所在地;(乙)人口在二十万以上的地方;(丙)在政治经济文化上地位重要,其人口在五万以上的地方[①]。此种市受省政府的管辖,其地位无论行政方面或自治方面均与县相同。最近院辖市凡七,即南京市、上海市、北平市、天津市、青岛市、西京市及重庆市。省辖市亦凡十七,即杭州市、济南市、长沙市、广州市、兰州市、昆明市、贵阳市、成都市、南昌市、武昌市、开封市、汕头市、汉口市、包头市、桂林市、衡阳市、自贡市。

最后,说市自治与县自治的比较:本来有人主张自治单位仅设"县"一种,而不另设"市"者,但以市的性质究竟与县不同,市是人口密集的地方,自成一天然的行政区域,市民与市民之间的关系,异常密切,已成为一不可分的市民集团,故不容不有与县各别的组织,以资适应。本草案仍采现行制,以市县并列,或市省并列,当然是有见于市自治的需要实较县自治的需要尤为迫切的缘故。市自治与县自治所显著不同之点有

---

① 《市组织法》第三条、第四条。

三：(一)院辖市的自治,不受省政府的监督,由行政院主管部直接监督之;省辖市的自治,仍与县自治同,须受省政府的监督;(二)院辖市执行中央直接委办事项其地位与省政府相抗衡;省辖市仍当执行省委办事项的;(三)市议会的议员,由市民大会每年改选一次,而县议会的议员,则由县民大会每三年改选一次①。至于市自治事项,仍与县自治事项一样,以有因地制宜之性质的事项为限,可不待言。

第一一一条　市之自治,除本节规定外,准用关于县之规定。

本条是市自治的总原则。市与县同为国家自治团体的单位,彼此又不相统属,关于县自治的规定,大体上自可准用于市自治,不必另行规定,所谓"准用",解释上与"适用"有别,本条所谓准用关于县的规定如下：

（一）市自治事项,以法律定之,凡事务有因地制宜的性质者,均划为市自治事项②。

（二）市民关于市自治事项,依法律行使创制、复决之权;对于市长及其他市自治人员,依法律行使选举、罢免之权③。

（三）市单行规章,与中央法律或省规章抵触者无效。但院辖市的单行规章,以与省不相统属,只在与中央法律抵触的情形下无效④。

第一一二条　市设市议会。议员由市民大会选举之,每年改选三分之一。

本条是市民代表机关即市议会组织的原则。除掉市议员改选程序,

---

① 第一〇六条、第一一二条。
② 第一〇四条。
③ 第一〇五条。
④ 第一〇七条。

与县议员稍有不同外,其余均与县议会相同①。本条所谓每年改选三分之一,是说市议员的任期,亦与县议员同为三年,不过市议会成立后第一第二两年内,有任期一年或二年的市议员罢了。假定市议员名额是三十名,那么第一年改选十名,第二年改选十名,第三年改选十名,换一句话说,其中有十个市议员任期一年,十个市议员任期二年,十个市议员任期三年。为什么对于市议员要设置改选的办法呢?因为都市生活变动很快,都市自治事业亦较各县繁杂,二年一选,既恐为时太久,不足以反映市民的意思,而每年全体选举,亦太烦琐,足使前后任隔膜太甚,况且,市与县的情形不同,都市人口集中,人才广众,交通又极便利,每年改选,均极易办的②。

第一一三条　市设市政府,置市长一人,由市民大会选举之,任期三年,连选得连任。

市长候选人,以经中央考试或铨定合格者为限。

本条是市自治团体执行机关,即市政府的组织原则。市自治团体的执行机关是市政府,市自治团体执行机关的长官是市长,关于市长的产生、任期以及责任的规定,与县长相类,可参照第一〇八条释文。

第一一四条　市长办理市自治,并受监督机关之指挥,执行中央或省委办之事项。

本条是市长的职权。市长和县长一样,亦兼有两重身份:一是市自

---

① 第一〇六条释文。
② 《立法院第三届第七十三次会议速记录》(见吴经熊、黄公觉:《中国制宪史》第五五八页)。

治团体的执行长官，一是国家的下级行政长官。故关于市长的职权，可参照第一〇九条关于县长职权的释文。至于本条用语与第一〇九条稍有不同者，因现制分市为中央直辖市（院辖市）与省辖市两级，将来如无变更，那么市长的执行委办事项，便不能不有分别了：院辖市的监督机关是行政院及其所属各部会，故所谓监督机关当指行政院及其所属各部会而言，且院辖市亦仅执行中央委办之事项，而无所谓省委办之事项。省辖市监督机关是省政府，故所谓省辖市的监督机关为省政府，市长应受省长之指挥；且省辖市执行委办之事项，与县相同，为中央及省委办的事项。总之，本条所谓"市长……受监督机关之指挥，执行中央或省委办之事项"，当可析释为"市长（院辖市）……受行政院及其所属各部会之指挥，执行中央委办之事项"，以及"市长（省辖市）……受省长之指挥，执行中央及省委办之事项"。

第一一五条　市议会之组织、职权，市议员之选举、罢免，市政府之组织及市长之选举、罢免，以法律定之。

市自治团体的组织，亦与县自治团体的组织相同，中央应以法律规定其概要，细目则不妨由各省市自定之，余可参照第一一〇条释文。

第六章　国民经济

本章总释　宪法是社会生活的反映,立宪精神,当随时代的演进,当因社会生活的变化而革新。十九世纪末叶以前,人民在专制压迫之下,故政治自由为解放人民的唯一良剂,也是制宪时最重要的一个原则;十九世纪末叶以后,人民又在资本主义压迫之下,故经济解放是现代人民的迫切要求,也是第一次欧战后各国新宪法的着眼点。因此,现代立宪的目的,不仅在谋政治权与自由权的保障,更且要谋经济权与社会权的保障;不仅在单纯保障人民的自由权,而且尤应注意人民经济生活的均足。本章国民经济各条,即系适合现代经济生活,指示将来经济发展路向所应有的规定。

各国宪法,从经济的立足点来说,不外乎三种形态:(一)绝对拥护私有财产权的形态。自十三世纪英国《大宪章》起,直至十九世纪末叶止,自由资本主义制度下所厘定的宪法,无一不以绝对拥护财产权为出发点,私有财产权有"神圣不可侵犯性",《美国联邦宪法》可为代表。(二)经济保育的形态。十九世纪以来,资本主义发达的结果,引起社会经济的畸形状态,由于社会主义者的社会改革运动,才演成十九世纪后半叶的各国社会保育政策,对于国家保障下的私有产权,科以限制的条文,对于贫苦民众特定保护之律,其立足点仍立于资本统治集团的立场,《德国新宪法》可为代表。(三)国家社会主义的形态。《苏联宪法》以国家社会的利益为出发点,虽非真正的共产主义宪法,但自国民生活的立场以言,远非《德国新宪法》所可望其项背了。

各国宪法,从其对于经济规定的方式来说,又有下列三种:(一)规定经济立法原则;(二)规定经济制度;(三)规定经济政策。宪法内容,仅将经济事项的立法原则作一抽象规定者,尚不能满足"经济宪法"的需要;如将所采取的经济制度,一并明定于宪法之上,那就可以明白指示经济发展的途向,自较仅仅规定经济立法原则为胜;如果将经济政策如土地政策劳动政策等都有具体的规定,才是经济宪法最完满的境地。《苏联宪法》于原则、制度、政策,都有明定,而《德国新宪法》则于此三者尚不能谓为完备。

本草案关于国民经济,以三民主义的民生主义为本据,无论其规定的形态与方式,都着重于我国的特殊环境,因为欧美经济状况,"不患寡,而患不均";我国社会,则有两种病态:"既患寡,又患不均。"故自规定的形态上看,以整个国家社会利益为前提,自规定的方式上看,无论立法原则、经济制度或政策,都兼顾于生产及分配两方面,与欧美社会偏重分配问题不同。民生主义的要旨,于生产方面是节制私人资本,发达国家资本;于分配方面是平均地权,避免劳资纠纷。其作用在促进产业革命的完成并预防其弊害,宜乎以国民生计的均足为着眼点了。

本章各条规定:经济制度的立法原则(第一一六条),土地政策(第一一七条至第一二〇条),节制私人资本(第一二一条),奖励私人企业(第一二二条),发达国家资本(第一二三条),劳动政策(第一二四条至第一二五条),农业政策(第一二六条),救恤政策(第一二七条、第一二八条),以及财政监督的原则(第一二九条、第一三〇条)。

第一一六条 中华民国之经济制度,应以民生主义为基础,以谋国民生计之均足。

本条是国民经济制度的立法原则。"均"是指分配的平均而言,"足"是指生产的充足而言。民生主义的目的在于造成均足社会,故以"平均地权"及"节制资本"为两大实施方案,而节制资本的内容,则为"节制私人资本"与"发达国家资本"。换一句话说,就是一面尽量发达生产,一面随时防制分配的不均。生产的要素,包括土地、劳力与资本,本章各条,对于此三者均有适当的规定。本章既以民生主义的实现为目的,而以均足制度的确立为手段,那么本草案关于国民经济,实可谓为均足的经济制度之规定。

第一一七条 中华民国领域内之土地,属于国民全体,其经人民依法律取得所有权者,其所有权受法律之保障及限制。

国家对于人民取得所有权之土地,得按照土地所有权人申报或政府估定之地价,依法律征税或征收之。

土地所有权人,对于其所有土地,负充分使用之义务。

本条第一项是土地制度的原则,第二项是平均地权办法的一部分,第三项是土地使用的义务。即依其规定,分释于次。

(一)土地制度的原则——土地所有权的社会化。本条第一项关于土地制度,确认土地公有的原则,但亦确认土地私有的存在,即以土地所有权的社会化,作为达到土地公有的"缓冲"办法。人类社会自从进化到农业社会的阶段,土地的分配,由于耕地的求过于供,便因土地有经济上的交换价值,而产生"地租"与"私有"等现象。数千年来,土地私有制度的弊害,固已不可胜言,尤其是典型的逗留在农业社会里的我国,历史上许多次的纷乱和战争,都是起因于农民土地分配不均而诱致的暴动。因此解决土地问题是解决民生问题的先决条件,是谁也不能否认的了。

民生主义关于土地制度的终极目标,当然是土地的公有。本条第一项"中华民国领域内的土地属于国民全体",便是这个意思。"领域"的意义,可参照第四条释文,所谓"土地"不以陆地的平面为限,包括水陆及天然富源的立体①,至于"属于国民全体",可参酌第三条主权"属于国民全体"的释文。

土地公有虽然是土地制度的终极目标,但是经济的进化,必须按步前进,不容操之过激,如果采取激进的方法,一下子就完成土地公有的目标,必然要归于失败的。民生主义以"平均地权"为渐进的达到土地公有目标的方法,"共将来而不共现在",故必先行承认土地私有的存在,其无害于公众者,则以法律保障之,其足为社会之害者,则以法律限制之,土地所有权的限制,即是土地所有权的社会化,换一句话说,一定要合于社会公益的条件,才容认土地所有权的存在,这是和那以土地所有权为绝对不可侵犯的权利者不同的。本条第一项"其经人民依法取得土地所有权者,其所有权受法律之限制",便是这个意思。所谓"依法"取得所有与受"法律"之限制,系指土地法及其他关于土地的法规而言。此等法规当然是依据本章关于土地政策各原则而规定的。

(二)平均地权的两个办法。平均地权是改革土地私有制度的渐进办法,关于平均地权的细目有三:(甲)照价征税;(乙)照价收买;(丙)涨价归公②。另外以"耕者有其田"与"农业科学化"为造成土地公有趋势的两大方略。本条第二项规定照价征税与照价收买两办法。关于土地

---

① 《土地法》第一条。
② 第一一九条。

的价格,总理主张由地主自报之[①],因为少报则恐国家收买,多报则恐地税难负,自报的地价,因政府得照价收买之故,必不致过低,同时因负担地税之故,亦不致太高。本条关于地价数额或由人民自报,或由政府估价,兼采政府估价者,自是斟酌实际情况而为之规定。因为如果仅凭人民自报,而无政府的估价定地价,流弊甚大,可参照第一一九条释文。

我国的土地税为田赋,流弊百出,且为极不公平的租税,平均地权的第一步即为改革田赋而代之以地价税,"按照土地所有权人申报或政府估定之地价依法律征税",即"照价征税"的办法,自是最公平不过的了。但是"照价征税"必与"照价收买"并行,才足以避免地主的低报地价,以巧避地税的负担。故本条第二项"得按照土地所有权人申报或政府估定之地价,依法律征收之",即"照价收买"的办法,此种"照价收买"的土地征收,与一般"公用征收"用意不同,那是指国家开发交通水利等公用事业时所实行的征收而言,目的仅在谋特种公用事业的便利,而此则除避免漏税外,尤在一面限制土地集中,一面完成耕者有其田的目的,其用意在于改进土地经济,不可不辨。至于"照价征税"或"照价收买",均须依法律为之,此所谓"法律"包括《土地法》及其他关于土地与税收的法律。

(三)土地使用的义务。土地所有权包括土地的使用、收益及处分之权利。本条既系土地社会化的规定,所以照价征税与涨价归公是限制土地的收益,照价收买是限制土地的处分,本条第三项"土地所有权人对于其所有土地,负充分使用之义务"。便是关于土地使用的限制。使用本来包括积极的使用与消极的不使用,如果不加限制,社会公众必蒙受损失,故地主必须依照国家划定的使用方法,使用其土地,且须充分使用,以达"地尽其利"的目的,其他限制土地使用的规定,土地法当详为

[①] 《建国大纲》第十条、《国民党政纲》对内政策第十四条及《第一次全国代表大会宣言》。

列举,本条第三项只是原则的规定罢了①。

第一一八条 附着于土地之矿,及经济上可供公众利用之天然力,属于国家所有,不因人民取得土地所有权而受影响。

本条是土地所有权范围的限制,规定矿及天然力不在私有的范围之内。因为蕴藏于地下的矿物以及可供公众利用的天然力如水力等,与土地本身的利用本为二件事,况且矿物及天然力的利用,其影响于公众利益又很大,故二者应与土地所有权相分离,认为国家的公有物。《民法》第七七三条关于土地所有权通例的规定,即所谓"及于土地之上下"者,于此种场合,便应排斥其适用了。至于"矿"的意义,依《矿业法》所定的种类为限②。

近代各国新宪法关于附着于土地之矿,多定为国有,《建国方略》实业计划第六计划中亦说:"中国矿业尚属幼稚,唯经营之权,素归国有……至于将来,一切矿业除既为政府经营外,应准租与私人立约办理。当期限届满并知为确有利益者,政府有收回办理之权,如此办法,一切有利益之矿,可以逐渐收回社会公有而通国人民亦可均沾其利益矣。"本条规定即本此旨。

第一一九条 土地价值,非因施以劳力资本而增加者,应以征收土地增值税方法,收归人民公共享受。

本条是平均地权中"涨价归公"原则的规定。地价涨高,尤其是都市地价的涨高,是由于社会改良和工商业的进步所致,故地主不劳而获之涨价,国父遗教主张收归公有:《建国大纲》第十条、《地方自治开始实

---

① 《土地法》第三编土地使用各章。
② 《土地法》第七条第二项。

行法》及《民生主义》第二讲,都有涨价全部归公的规定或说明。

凡因不劳而获的土地涨价,与地主本身的改良经营关系至小,其原因实由于工商事业的发达,土地的供求不能与人口的膨胀相适应,故应归功于社会公众的力量,而不能归功于地主个人的力量,此种涨价归公的原则,自是充分的规定;不过地价涨高,如果由于地主施以劳力或资本而来者,例如垦熟的农地较荒地地价涨高,筑有堤埂的低地,较未筑堤埂易遭水灾的低洼之地地价涨高,这些涨价如亦收归公有,那就不但不公允,而且反足以阻碍农业之改良与进步了。故对于因地主施以劳力或资本而涨高的地价,应为"涨价归公"的例外,不在归公之列。本条所谓"非因施以劳力资本而增加者",即系涨价归公的范围或限制。

因地主的劳力或资本而增加的地价,不在涨价归公之列,非因地主的劳力或资本而增加的地价,即应全部归公,上面固已说明;但是用什么方法使"涨价归公"呢?本条于此,明定为"征收土地增值税"的方法。土地增值税与地价税不同,地价税以地价之全部为课税的对象,且应按年征收之;土地增值税则以两时期间地价的差额为课税的对象,且以未必每年均有增益,因而其征收应于土地所有权移转时,或于申报后每满足十五年时征收之①。关于增值总额的计算标准,《土地法》第三〇五条有详细规定。因为土地增值的计算,不能专凭地价的申报,有时必赖乎政府的估计,防免土地买卖时地价的隐匿,故《土地法》第二五六条有地价应于每五年估定一次的原则规定。关于增值总额的原因很难为明显的划分,认为何者是由于环境或社会的改良,何者是由于自行增加劳力与资本而来,故又不得不另有一种假定,认为其限度内的涨价为基于人力而不予收归公有,某限度外的涨价,则为基于自然力而应全部没收。

---

① 《土地法》第二八四条、第六六条。

此种假定，即土地增值税的免税额及其累进税率。《土地法》第三〇八条规定："市地之增值总额，在其原地价数额百分之十五以内，乡地之增值总额在其原地价数额百分之二十以内，均免征增值税。"所谓原地价数额即指申报地价或前次移转土地所有权时的卖价或估定地价而言。如此说来，土地增值税的征课，其对象并非增值的总额，乃是增值总额中扣除免税部分的数额了。至于土地增值税的税率，依《土地法》第二〇九条的规定，分为五级，自百分之二十以至百分之一百，视土地增值之实数额超过其原价额的多寡，逐级累进的。

第一二〇条 国家对于土地之分配、整理，以扶植自耕农及自行使用土地人为原则。

本条是"耕者有其田"及"用者有其地"的原则。首先说"耕者有其田"：从私有土地到公有土地，其间必经一个过渡的阶段，总理于《耕者要有其田》一文里，便主张实现耕者有其田，为达到纯粹土地公有的桥梁。因为耕者有其田，在免除地主阶级不耕而获的剥削，使耕农得以自由使用其耕地而获得其耕作的结果，换言之，即将地主土地所有权，移转于自耕农的手里，先使每一个耕农都有其田，然后再使土地全部公有，自然容易措手了。平均地权的三个方法，其"照价征税"与"照价收买"固足使地主放弃其土地，其"涨价归公"更足使土地资本的私人积集为不可能，这样一来，公家便可以获得很大的收益以从事于私有土地的收买，而分配于自耕的农民，由此以言，平均地权的第一步效果，也是促成耕者有其田了。耕者有其田固指自耕农私有其耕地而言，但国家对于土地的分配、整理，不以自耕农的扶植为限，换一句话说，自耕农于土地的分配与整理后所得享之利益，不以土地所有权的取得为限，例如《土地法》第一九〇条关于公有荒地的承领，以自耕农为限，以及第一七三条地主欲出卖其土地时,原承租人有优先承买之权等规定,都是其例。至关于扶植自耕农的方法,除分配与整理的直接办法外,间接方法如:租额的规定①、自耕农地税的减轻②、国家的直接贷款等,亦有其必要。

其次说"用者有其地":对于农地,固应实施"耕者有其田"的办法,对于市地则应实施"用者有其地"的办法。都市的地权,如操于少数地主阶级之手,那么大多数市民都得听其剥削,且会发生住屋的恐慌。本条虽未能明定"住者有其屋"③,却已规定"用者有其地",故"国家对于土地之分配与整理,以扶植……自行使用土地人为原则"。《土地法》除规定自住地的免税及减税外④,对于市地使用的限制及房屋救济亦均有详细的规定。

第一二一条 国家对于私人之财富及私营事业,认为有妨害国民生计之均衡发展时,得依法律节制之。

本条是节制私人资本的原则,节制私人资本的方法,亦有激进与缓进二种,民生主义关于节制资本的规定,是属于缓进的方法,因为按照经济进化的程序,非至生产事业发展到最高阶段,不能"各尽所能,各取所需",如果生产尚不足以应各人之所求,自须一面强制各人的劳动,一面限制各人的消费,所谓"各尽所能,各取所值",在各取所值的原则下,一

---

① 《土地法》第一七七条,该条明定:"地租不得超过地正产物收获总额千分之三百七十五。"
② 《土地法》第二九七条,该条规定:"乡地所有权人之自耕地,于自耕期内,其地价税按纳税额八成征收之。"
③ 《德国宪法》第一五五条,曾有"住者有其屋"的规定。
④ 《土地法》第二九七条,该条规定:"市地所有权人之住地,于自住期内,其地价税应按纳额八成征收之。"

下子不能马上就行极端的国营制，私人经营的事业，只能在节制私人资本的方法下，防止私人资本的大量集中。至于国家对于私人的财富及私营事业在何种情形下认为有妨害国民生计之均衡发展，以及用什么方法节制私人资本，均有待于将来的法律为"因时制宜"的规定，初稿第二九条虽评定为五种方法，本草案则已删去了。

第一二二条　国家对于国民生产事业及对外贸易，应奖励、指导及保护之。

本条是保障私人企业的原则。我国目前经济的改进，以努力造产促成产业革命为最要，促成产业革命的方法，一面应提倡国营企业，以免发生私人资本集中的弊害，一面应奖励私人企业，俾与国营事业相随并进，而加速工业化的过程。此种私人企业的保障，与节制私人资本并无背谬，因为私人资本的节制，其目的在防制因私人资本集中而发生的弊害，而不在节制资本的本身，且大资本为近代生产事业所必需，私人资本的存在如无害于公众，自应予以奖进，以求各种生产事业的普遍的进步，以医我国"寡"的毛病。

所谓私人企业，包括一切私法人的企业在内，不以个人单独所经营的事业为限；本条所谓"国民"，亦兼指自然人以外的公司合作社等法人而言；对外贸易也是企业之一，将来的国际贸易，当由国家统制；所谓"奖励指导及保护"，其详细办法将来当有普通法律规定之。

第一二三条　公用事业及其他有独占性之企业，以国家公营为原则；但因必要，得特许国民私营之。

国家对于前项特许之私营事业，因国防上之紧急需要，得临时管理之，并得依法律收归公营，但应予以适当之补偿。

本条是发达国家资本的原则。发达国家资本的理由，一是节制私人资本，二是促成工业化的国家，三是抵抗外国投资，故本条于公用事业及其他有独占的企业，以国家公营为原则，而以特许私营为例外。所谓"国家公营"包括国家经营及自治团体经营两种情形，所谓"公用事业"，包括铁路、公路、邮航、电信等交通事业，以及都市内的自来水、电力等而言。所谓其他有独占性之企业，以矿业及钢铁业等重工业而言。此等事业，如果绝对限制私营，颇足以阻碍工业化的进展，故不妨在"特许"的情形下，以不妨害公众利益为条件，稍定例外。对于此等特许私人经营的事业，因国防上的紧急需要，在"国家至上""民族至上"的原则下，应受国家的临时管理，那是应该如此的，又国家特许私营的事业或企业，如欲收归公营，应以法律为之，并应予以适当的补偿，以示限制。

第一二四条　国家为改良劳工生活，增进其生产技能及救济劳工失业，应实施保护劳工政策。

妇女儿童从事劳动者，应按其年龄及身体状态，施以特别之保护。

本条是劳工保护政策的原则。我国的劳工问题，虽不及资本主义各国的严重，但是民生主义的经济组织，一方面在努力造产，促成产业革命的实现，一方面却又防免基于产业革命而起的各种弊害，故应于弊害未经发见之先，就得注意到劳动者的保护。因为劳工为生产要素的主要要素之一，劳工的保护，是有其深刻意义的。所谓为改良劳工生活而实施保护劳工政策，例如最低工资率的标准、工人福利的注意、工厂安全及卫生设备的规定、工人津贴及抚恤给与……都是；所谓为增进其生产技能而实施保护劳工政策,例如休息及休假的规定、工作时间的限制、补习教育的传受……都是;所谓为救济劳工失业而实施保护劳工政策,失业保险的举办、职业的介绍……都是。所谓女工童工的特别保护,例如年龄的限制、工作性质的限制、女工分娩的特假……都是。现行《工厂法》于此虽大都设有规定,但劳动保险法等则尚有待于另行制定。

第一二五条　劳资双方,应本协调互助原则,发展生产事业。

本条是劳资协调的原则。我国目前既以促成产业革命为国民经济的首要,那么劳资双方都以发展生产事业为前提,在这个前提之下,避免阶级斗争,协调各阶级的利益,民生主义的国民经济组织,这自然是应有的规定。不过,我们所谓协调,所谓互助,并非以劳力与资本单独的谋利益的协调与互助,此所谓协调,必须先令劳工们有一种共同的组织,此种组织即是职业工会或其他工人团体以劳工团体来与资本家相抗衡而共谋劳动条件的协调,力量自可比较雄厚了。我国现行法如《工会法》《团体协约法》及《劳资争议处理法》等,都承认工人的"团体组织权"及其与资本家间的"团体协约权",《工厂法》的"工厂会议"章,亦规定工厂会议由资方与劳方各派同数代表以组织之[①],此种工厂会议,也是图谋劳资协调的规定。

第一二六条　国家为谋农业之发展,及农民之福利,应充裕农村经济,改善农村生活;并以科学方法,提高农民耕作效能。

国家对于农产品之种类、数量及分配,得调节之。

本条是农业政策的原则。我国数千年来,以农立国,农民占全人

---

① 该法第四九条、第五〇条。

口的最大多数,况且工业的原料出自农业;要注意农民福利,固要重视农业政策,要发展工业,更应急谋农业的改进。谋农业之发展及农民之福利,这是农业政策的目的;充裕农村经济、改善农村生活以及农业的科学化、农业生产的统制,这都是达到此种目的应行实施的政策。

怎样充裕农村经济及改善农村生活?《宪草》初稿第三三条曾列举五端:(一)垦殖荒地,开发农田水利;(二)设立农业金融机关,奖励农村合作事业;(三)实施仓储制度,预防灾荒,充裕民食;(四)发展农业教育,改善农民生活;(五)改良农村住宅,兴筑农村道路。本草案认为充裕农村经济,改善农村生活,应随时为具体的设计,不仅以此五者为限,故已删去。现在既已增设农林部,专司农林行政,而农本局于农业金融的各项设施,以及合作事业管理局于农村各项合作,又且行之有相当成效,将来再本此原则而为必要的措施,因地因时而制其宜,自是较为妥适的办法。

怎样于改良农村环境以外,再谋农业本身的改进呢?本条于此,以"农业科学化"为鹄的,即所谓以科学方法。提高农民耕作效能。农业的科学化,一方面是农业生产技术的科学化,一方面是农业企业组织的科学化。例如农业机械的利用、化学肥料的施放、植物病虫害的防制、农产品的精制……都是农业生产技术的科学化;例如集体农场的经营,则为农业企业组织的科学化。

怎样统制农业生产呢?对于农产品如粮食、棉、麻、丝、茶等的生产种类、数量及分配,加以通盘的计划随时调节,不但可使国内得自由流通的便利,且可恢复与发展国外的市场,同时又得免国外农产品入超过巨,详细办法,将来当由主管行政机关随时为必要措置的。

第一二七条 人民因服兵役、工役或公务,而致残废或死亡者,国家应予以适当之救济或抚恤。

本条是救恤政策的原则。人民有服兵役、工役及公务的义务,已详本草案第二二条至第二三条。凡因服行兵役工役及公务义务,而致残废或死亡者,国家均予以适当的救济或抚恤。所谓"救济",是指对其本身及家属的救助而言,所谓"抚恤",是指对其遗族的救助而言。关于因服行兵役而致残废或死亡者,现行法有战时抚恤暂行条例等规定;关于因服行工役而致残废或死亡者,现行法有官吏恤金条例等规定,将来或则须加补充,或则应加修正。

第一二八条 老弱、残废、无力生活者,国家应予以适当之救济。

本条是救济行政的原则。《礼运》说:"人不独亲其亲,不独子其子,使老有所终,壮有所用,幼有所长,矜寡孤独废疾者,皆有所养。"的确,不幸而为老弱、残废,如有抚养义务人如亲属等为之抚养,或自身尚有力量维持生活,那自然可以不必由国家过问;但如此等人而无力生活的话,国家就得予以适当的救济。此所谓"国家",包括中央政府的直接救济,以及地方自治团体自身的救济;此所谓适当之救济,如养老院、残废院等的广为设置是。现行《社会救济法》关于老弱残废及无力生活者,已有救济的详细规定,可以参照。

第一二九条 下列各款事项在中央应经立法院之议决,其依法律得以省区或县、市单行规章为之者,应经各该法定机关之议决:

一、税赋、捐费、罚金、罚锾或其他有强制性收入之设定,及其征收率之变更;

二、募集公债、处分公有财产或缔结增加公库负担之契约;

三、公营、专卖、独占或其他有营利性事业之设定或取销;

四、专卖、独占或其他特权之授予或取销。

省区及县、市政府,非经法律特许,不得募集外债或直接利用外资。

本条是财政监督的原则。第一次草案本有财政及财政监督一章,本条及次条均列该章之内,嗣该章遵中常会决议删除,因本条与次条间接与国民经济的发展有关,故仍保留列入本章。本条是财政监督中关于行政机关行使课税权、募债权、财产处分权及公营事业的经营权或特许经营权的限制。分项释明:

(一)课税权的限制。"税"如关税、盐税、统税,"赋"如田赋,"捐"如房捐、卫生捐,"费"如手续费、钞录费,"罚金"是刑事上的处罚,"罚锾"是行政上的惩罚,"其他有强制性之收入"如代执行金、筑路摊款。此等"税""赋""捐""费""罚金""罚锾",都是"有强制性的收入",或为一般国民的义务,或为特定人的义务。依照近代国家的通例,国家课人民以负担,必须有法律上的根据,否则人民即不负纳税的义务。不但是一切赋税必经法律的明文规定,或经立法机关的议决,才能征收,而且其征收率必须依照法律或决议案的规定,不得自由变更。本条第一项第一款各种税收的征课,在中央应经立法院的议决,在地方应经各该法定机关的议决。不过地方行政机关或自治机关如需征课税收,应具备二个条件:(甲)须依法律得以省区或县市单行规章征课,换言之,即法律有明文规定,省区或县市得以单行规章征课税收的意思;(乙)须经各该法定机关的议决,所谓法定机关,在县市固系指县市议会而言,在省因系执行中央政务的机关,省参议会似无决议关于税收征课权的权限①,应仍由立法院议决,可不待言。

(二)募债权及财产处分权的限制。中央或地方,常岁用不足或有巨额支出时,如不及征税应用,往往募集公债,分年拨还;公有财产的处分,例如拍卖、出租、抵押等,无论国有或县市所有,均系人民的公物;增加公库负担之契约,例如债券抵押契约等,亦与公众的负担有关。总之,无论公债的募集也好,公有财产的处分也好,或是增加公库负担的契约也好,在中央或省,应经立法院的议决,在县市应依普通法律有发行处分或设定之权,并经县市议会议决。

外债的募集与外资的利用,与国家主权和国民经济有很大的关系,必须由中央统制,地方机关如县市政府虽得县市议会的许可,仍不应享有自由对外订立借约之权;但省区或县市,如经中央以法律特许募集外债或利用外资,那是例外。因为本条第二项若不如此规定,便不足以防免国内经济单位的分裂,和图谋国家对外事权的完整了。

(三)公营事业经营权的限制。公营指国家或地方团体公营而言。公营的专卖事业,例如烟草专卖、酒类专卖、火柴专卖、食盐专卖;公营的独占事业,例如铁路、邮电;其他营利事业,例如公营农场林场、公营工业;此等公营事业,或足以限制私人权利,或足以增加人民的负担,或足以影响公共的福利,故其设定或取销,在中央应经立法院的议决,在省如

---

① 省参议会是中央的咨询机关或省民的建议机关,并无议决省税或本条各款事项的权限,第一次草案第一一二条关于省参议会职权即无此种规定,可以参照。

本于法律有权设定或取销者,亦应经立法院的议决;在县市本于法律有权设定或取销者,应经县市议会的议决。

(四)特许经营权的限制。专卖、独占或其他特权的授予或取销,与人民的负担或公众的福利至有关系,故必设有相当限制,凡特权授予或取销的条件及期限,在中央应经立法院的议决,在省区本于法律如有权授予或取销者,应经立法院的议决,在县市本于法律如有权授予或取销者,应经县市议会的议决。

第一三〇条　中华民国领域内一切货物,应许自由流通,非依法律,不得禁阻。

关税为中央税收,应于货物出入国境时征收之,以一次为限。各级政府不得于国内征收货物通过税。

对于货物之一切税捐,其征收权属于中央政府,非依法律,不得为之。

本条是"货畅其流"的原则,因为要使"货畅其流",故一切货物,应许自由流通,关税由中央征收,一次为限,各级政府,不得另征货物通过税,对于货物的一切税收,其权均操之于中央。兹依本条规定,分项释明:

(一)国内货物之流通。在统一的国家之下,各地方的经济生活,休戚与共,绝不应有征收重复税或禁止流通的情形,本条第一项关于国内货物应能自由流通的原则,即系本此原因而设;但为调节盈虚因时制宜,如依法律禁阻自由流通,那是例外。此所谓法律[①]应经立法院议决,可不待言。

(二)关税单一原则。关税是货物通过税,一面所以充足国用而为国

---

① 第一三九条。

家收入之大宗,一面更所以调剂国际经济与国内经济的和谐,保护本国产业防止利权外溢的制度,故其运用,必须由中央统筹支配,以免重复冲突,步调不一。关税既由中央统筹,故于货物出入国境时征收一次以外,像裁厘以前的重复征收,如所谓子口税复进口税等,均在永远禁止之列了。

（三）国内货物通过税的禁止。国内货物通过各省,如各级政府(省县市)可得任意征收货物通过税,那不但足以阻遏国内货物的自由畅通,而且更将摧残整个国民经济的发展,故在禁止之列。

（四）货物税的征收权。对于货物的一切税捐,其征收权应属于中央政府,中央政府征收货物税,须依法律的规定,换言之,如无法律明定征收,便不得征收。对物税除通过税外,有出厂税、出产税、消费税之别,关于现行税制,可参照财政收支系统法。

第七章　教育

本章总释　在宪法上设有教育专章,也和经济专章一样,是第一次欧洲战后才见诸各国新宪法的(例如德、荷、葡、立、秘、芬均设有专章,土、苏、瑞、比等均设有专条)。因为近代国家的任务,在提高国民的智识水准,与增进社会的福利,自然应该以教育经济为中心,不仅着眼于军警、司法与财政。我国文化落后,人民的智识水准很低,将来要促进三民主义的实现,更当以教育为基础,无论民族方面的促起民族意识、民权方面的训练四权行使、民生方面的增进民生福利,皆非假手于教育不为功。总裁以教育为立国三宝之一[①],更足发人深省了。

近代各国教育,有所谓个人主义的教育与社会主义的教育之分:前者的教育方式采取有偿制度,以造就个人生存技术为目的,贫民很少有受教育的机会,自然是不平等的教育制度;后者的教育方式采取无偿制度,以增进社会大众福利为目的,国民都有受教育的机会,自然是平等的教育制度。我们以三民主义的实现为立国的方针,决不能采取个人主义的教育,本章各条,都是社会主义教育的规定。因为三民主义的目的在求民族地位的平等、政治地位的平等和经济地位的平等,一切平等的基础,要不建筑在教育平等的基础之上,便什么都是空话,三民主义的目

[①] 总裁前在长沙各界扩大纪念周训话谓立国之宝有三:(一)教育;(二)武力;(三)经济(见《总裁言论》)。

的,亦必永无完成之希望的。

各国对学校教育所采取的政策,有三种不同的主义:(一)教育国家专办主义——就是所有教育上的一切设施,完全集权于国家,私立学校虽亦容许其存在,但必须绝对依照国家法令办理,此项政策,为欧洲多数国家所采行;(二)相对的办学自由主义——就是国家一方面从事设置各级各类学校,同时并容许私人自由创办教育事业,国家对于私立学校,或予以经济的补助(如荷兰),或不予以经济的补助(如美国);(三)绝对的办学自由主义——就是关于学校之设置,教学之实施,完全听之于私人或私法人,国家绝不过问,现代吾国,已无采用此种主义者。本章于此,采取教育国家专办主义,参照一三三条便可晓然。

教育,自其等级言之,有初等教育、中等教育和高等教育之分;自其性质言之,有学校教育与社会教育之分;自其程度言之,有基本教育与继续教育之分;自其区域言之,又有所谓边疆教育与华侨教育。本草案于此,大都有适当的规定,唯边疆教育与华侨教育,尚缺专条,时人已多评议,认为应予补充了[①]。

本章各条规定:教育宗旨(第一三一条),教育平等的原则(第一三二条),国家的教育统制权(第一三三条),基本教育原则(第一三四条),补习教育原则(第一三五条),高等教育原则(第一三六条),教育经费原则(第一三七条),教育上各项奖励或补助的原则(第一三八条)。

第一三一条　中华民国之教育宗旨,在发扬民族精神,培养国民道德,训练自治能力,增进生活知能,以造成健全国民。

本条是教育宗旨的规定。教育宗旨是一国教育的旨趣或趋向,因为

---

① 罗廷光:《宪法中关于国民教育应具的要素》(见《宪法文选》第六六九页)。

教育是立国精神所寄托，以故看一国的教育宗旨，便知道立国精神之所在了。我国的新教育，开端于同治初年，而教育宗旨的颁定，则始于光绪三十二年，民国以来，迭有更改，国府奠都南京，以三民主义为教育宗旨，十八年国府依《第三次全国代表大会的决议》，明令公布："中华民国之教育，根据三民主义，以充实人民生活，扶植社会生存，发展国民生计，延续民族生命为目的；务期民族独立，民权普遍，民生发展，以促进世界大同。"本条与现行教育宗旨用语，虽有不同，但实质则完全一样，因为"发扬民族精神"，是指恢复固有智能，采取科学方法，以促醒民族意识，坚强民族团结而言；"培养国民道德"，是指恢复固有道德，保持民族光荣，争取国际地位的平等而言；这都是民族主义的涵义。"训练自治能力"，是指灌输政治的智识，训练四权的行使，阐发自由平等的精义，增进服务的责任心，是民权主义的涵义。"增进生活知能"，是指研究科学方法，改良生产技术，提高劳工地位，调和经济利益，以增进大众的福利而言，是民生主义的涵义。又"健全国民"，是指具有实行三民主义能力的国民而言。如此说来，本条教育宗旨的规定，岂不仍以三民主义为骨干吗？

第一三二条　中华民国人民，受教育之机会，一律平等。

本条是教育平等的原则。所谓教育平等，自然是指受教育的机会一律平等而言。平等的涵义有四：（一）政治地位的平等——由于政治地位平等而教育机会均等，是说不应有因政治地位不同而享有教育特权之人；（二）经济地位的平等——由于经济地位平等而教育机会均等，是说不应以贫富不同而异其在教育上之待遇；（三）男女的平等——由于男女的平等而教育机会均等，是说不应以男女性别而异其在教育上之待遇；（四）区域的平等——由于区域的平等而教育机会均等，是说全国各地的教育,应该同等注重,力求平衡发展而言。

第一三三条　全国公私立之教育机关,一律受国家之监督,并负推行国家所定教育政策之义务。

本条是国家对于全国教育的统制权,亦即本草案对于学校教育及其他教育机关所采取的政策。所谓"全国公私立之教育机关",指国家自设或地方自治团体所设,以及私人或私法人所设的全体教育机关而言。所谓"教育机关"包括学校、书院、图书馆、博物馆、美术馆以及一切私塾而言,所谓"国家的监督"系指主管机关的监督而言。全国公私立教育机关,一方面受国家的监督,一方面负了推行国家所定教育政策的义务,此是干涉主义的规定。因为一切教育事业,如果采取放任主义,国家不加干涉,流弊将不可胜言;但是如果采取严格的干涉主义,或认为一切教育事业,非由国家或地方团体公办不可,那也足以阻碍国家文化的推进;故本条虽然采取干涉主义,但于全国教育事业,仍以归国家或地方团体公办为原则,而以许可私人或私法人办理教育事业为例外,不过此等私人或私法人办理教育事业,须受国家的监督或限制罢了。现行《小学法》《中学法》《大学法》《职业学校法》《专科学校组织法》《大学组织法》《私立学校规程》等法规,均认许法人及团体设立各级学校,但须经教育部或主管的省市县教育行政机关核准立案,并须具备一定的设立条件。本条亦不过是原则的规定,至于国家认许私立教育机关的条件及监督之方法,自然有待于将来的普通法的。

第一三四条　六岁至十二岁之学龄儿童,一律受基本教育,免纳学费。

本条是基本教育的原则。基本教育亦即义务教育或强迫教育,也是国民教育的一部分,是指教育的始基及根本而言。细释之,可分三点来说:

(一)学龄的规定。学龄是享受基本教育的年龄。各国学龄,大都以六岁或七岁为学龄之始,十四岁为学龄之终,本条以六岁至十二岁为学龄,系根据民国十一年以来的学制,很见允当。故所谓学龄儿童是指六岁至十二岁应受基本教育的儿童而言。

(二)年期的规定。年期是应受基本教育的期限。基本教育的年期,与国家的经济力极有关系。各国基本教育的年期,差不多以七年或八年为最普遍;我国自创办新教育以来,均采四年制,现行制原则上亦无变更,但有所谓短期义务教育,而以一年至二年为年期者,那是特殊实施办法,也可以说是补习教育的规定。本条于基本教育的年龄,似未为明确的规定,如以学龄的起讫为标准,那自然应该是六年而无疑义了。

(三)免费的规定。国民基本教育的规定是国民享受教育的权利,也是国民应受教育的义务。既然是一般国民都应享受的基本教育,故各国于此,都采取无偿制,免纳一切费用。我国过去的基本教育,大体仍为无偿制,现行《小学法》第十六条虽经规定小学以免收学费为原则,但仍设"得视地方情形酌量征收学费"的例外,本条明定为"免纳学费",纵然尚不是免纳一切费用,但已免纳"学费",较诸现行制度,自然已更胜一筹了。

第一三五条 已逾学龄,未受基本教育之人民,一律受补习教育,免纳学费。

本条是补习教育的原则。补习教育,是指学龄时期失学,令其补受的教育而言。基本教育,一时既然不易普及,那么补习教育的重要,自然更较基本教育为重要了。依照本条立法意旨，似乎凡是学龄儿童，一律须受基本教育，在学龄以上的失学民众，一律须受补习教育。故凡十四岁以上的民众，无论已否成年，概须受补习教育。补习教育的年期，本条并无规定，现行制对于未成年人的短期义务教育，采取一年制，对于成年人的补习教育，采取至少三月制，将来似应于普通法上，为较长时期的补充规定。补习教育的采取无偿制，也是各国的通例，我国现行制关于成人教育或民众教育，不但免纳学费，而且免纳书籍用品费用，本条仅规定免纳学费，而未采取绝对的无偿制，似将来关于书籍用品，仍须收取费用，殊不足以贯澈扫除文盲的目的，似应改为"免纳费用"，或由将来的普通法上，为"书籍用品由国家供给"的补充规定。

第一三六条　国立大学及国立专科学校之设立，应注重地区之需要，以维持各地区人民享受高等教育之机会均等，而促进全国文化之平衡发展。

本条是高等教育的原则。规定高等教育各地方平均发展，也是教育机会平等的另一意义。现在公私立各大学或专科以上学校，多集中在沿海沿江各省市，河北、江苏两省和北平、上海两市，其所占专科以上学校，几乎是全国总数之半，此种畸形发展，绝非所以期全国文化均衡之道！抗战以来，沿海沿江相继沦陷，而各该地的公私立专科以上学校，大都一再内移，图书、仪器等，多因交通工具的困难而不及搬迁，酿成有教授学生而无参考书籍，有课程而无实验等学术上的贫瘠现象，深资警惕！要是早能注意到高等教育各地方平均发展的原则，在内地各省普遍设立专科以上学校，至少当不致学术贫瘠一至于此，我们是可以深信的。本条为促进全国文化的平衡发展，对于国立大学及国立专科以上学校的设立，注重于地区的需要，以维持各地区人民享受高等教育机会均等，那是极必要的规定。而且为贯澈此种立法旨趣,将来私立大学或私立专科以上学校的设立,教育部在核准开办时,也应该注意到地区的需要,这是我们本于此条应有的建议。

第一三七条　教育经费之最低限度,在中央为其预算总额百分之十五,在省区及县、市为其预算总额百分之三十。其依法律独立之教育基金,并予以保障。

贫瘠省区之教育经费,由国库补助之。

本条是教育经费的原则。经费是一切施政之所本,欲谋教育的推进,俾在预定年限以内,普及全国国民的基本教育,扫除全国文盲,并随时扩充中等以上的教育事业,自然以宽筹经费为第一,否则一切计划都是纸上谈兵而已!所以本条关于教育经费的规定,其意义是极为重大的。兹依本条规定,分四端言之:

(一)中央教育经费。中央教育经费,最低限度应为预算总额的百分之十五。换一句话说,中央教育经费,在国家岁出总数中,最低限度应占百分之十五。中央所支出的教育经费,除中央教育行政费外,指国立各院校的经费及其他国立文化机关或教育机关的经费而言。历年来,中央所支出的教育经费,仅占预算总额中的百分之二或百分之三,殊为不合理的支配,本条规定中央教育经费的最低成数,为预算总额百分之十五,如能切实奉行,救贫救愚,都可日见其具体化了。

(二)省区及县市教育经费。省区及县市教育经费,最低限度应为预算总额的百分之三十。省区的预算,指分省总预算而言,省区所支教育经费,至少应占各该省"分省总预算"总支出额的百分之三十;县市所支教育经费,至少应占各该县市总预算支出额的百分之三十。将来大抵高等教育多归中央主办，中等教育多由各省及各县市主办，初等教育应由各县市主办。县立自治团体，除经济建设事业外，当以教育事业最关重要，且基本教育及补习教育的推行，也都是自治事业之一重要部分，要推广县市教育事业，那么省办中等教育，更有积极推广的必要，所以省区及县市教育经费，比较中央教育经费，所占各该总预算的比例为较大。

（三）教育基金的保障。教育经费的来源，有的不是一般捐税而另有独立的基金，按时收取息金或租金以为应用者，例如各省县原有的学田学产以及私立学校募集的基金，均作为独立的教育基金，中央教育事业，间有以各国退还的庚子赔款之一部分息金提充高等教育经费者，此亦独立的教育基金。凡是独立的教育基金，是教育经费固定的来源，故本条第一项末段，明定为应予以保障。

（四）贫瘠省区教育经费的补助。本条第二项关于贫瘠省区教育经费的补助，是推进边疆教育的关键，因为高等教育固可由中央按地区需要广为设置，但高等教育的基础仍为中等教育和初等教育，故中央对于贫瘠省区兴办中等教育与初等教育，均应予以经费上的补助，尤其是边区各省，都是贫瘠的省区，如其教育经费因得到中央的补助，而得广为推进中等教育与初等教育，岂不是可以达到推进边疆教育的目的了吗？本条第二项所谓国库补助教育经费，兼指补助省区及县市教育经费可言，那是不消多说的。

第一三八条　国家对于下列事业及人民，予以奖励或补助：

一、国内私人经营之教育事业成绩优良者；

二、侨居国外国民之教育事业；

三、于学术、技术有发明者；

四、从事教育，成绩优良，久于其职者；

五、学生学行俱优，无力升学者。

本条是关于教育上各项奖励或补助的规定。关于教育事业，国家应该予以奖励或补助者，凡分五端：

（一）私营教育事业。私立教育机关的成绩优良者，对于国家教育的推行，很有助益，国家自应予以奖励与补助。所谓奖励，如命令褒扬，或颁给奖状等是；所谓补助，如拨助私立学校的经常经费是，补助经费的来源，或出自国库，或出自省库，或出自县市金库。

（二）侨民教育。我国旅外侨胞，遍布世界各地，各地侨民聚焦之处多设有学校以教育其子弟，各地华侨学校，均由侨民出资自办，其性质与内地的私立学校相同，故国家对于侨民教育，除应予以指导监督外，亦应与私立学校同受奖励或补助，不过此种补助费，应该是完全出自国库罢了。

（三）学术研究。学术的研究，是提高国家文化水准所必要，国家教育的目的，一方面是文化的推广，一方面是文化的推进，前者如基本教育补习教育的推行是，后者如高深学问的研讨和技术的改进是。故国家对于学问或技术上有发明者，自应予以奖励与补助。本条第三款谓："于学术技术有发明者"，用语上似有欠妥，因"学术"二字已可包括"学问"与"技术"，于学术之外，即不必再有"技术"二字了。

（四）优良的教育工作者。从事教育之人，包括教师和其他教育工作者而言。此等教育工作者，工作至为清苦，如果生活无保障，必影响国家的教育效能。如果久于其职而成绩优良者，国家对之应该予以奖励和补助，才是奖进教育工作人员之道。至于保障教员的涵义，亦包括在本条第四款范围之内，将来当本此规定，另有普通法律，切实的予从事教育事业者以保障的。

（五）清寒子弟。无偿的教育制度，一时因为限于经费，既然不易立即办到，那么对于学行俱优而又无力升学的清寒学生，自应予以公力的经济补助，以符教育平等的原则。本条第五款即系本此而设的，至于怎样补助清寒子弟，当有普通法律去详细规定。

第八章　宪法之施行及修正

本章总释　各国宪法的通例,对于宪法本身的事项以及实施宪法的过渡条款,大都另设一章以为全文之殿,本章之设,其意义亦正相同。

《五五宪草》于本章本有"第一届国民大会之职权,由制定宪法之国民大会行使之"一条(原第一四六条),以产生宪法的机关,兼为宪法所产生的机关,于理论上为不可通,故本草案已经删去,另于《国民大会组织法》第一条,明定本届国民大会的职权,为"制定宪法并决定宪法施行日期"。故宪法颁布后,自应依照宪法的规定举行全国大选举,另选国民代表,组织正式的国民大会,以执行宪法所规定的职权,这是最重要的修改。

本章各条规定:宪法的施行(第一三九条、第一四七条),宪法的保障(第一四〇条、第一四一条),宪法的解释(第一四二条),宪法的修正(第一四六条),以及过渡时期的实施条款(第一四三条至第一四五条)。

第一三九条　宪法所称之法律,谓经立法院通过、总统公布之法律。

本条是法律的界说,也可以说宪法的立法解释,因为宪法的实施,有待于法律的补充者很多;又可以说是宪法的施行问题之一,因为宪法的保障,有待于法律界说的确定及其尊严的保持,故又可以说是宪法的保障问题之一。总之,无论是宪法的解释、施行或保障,都是与宪法本身有关的问题。

本条关于法律的界说，谓法律应该具备两个要件：（一）须经立法院议决——立法院是中央政府最高的立法机关，故一切法律，必经立法院议决。凡各院或各行政机关自行公布的规章，或地方议会所自定的规章，其内容纵令与法律相同，有拘束一般人民的效力，但在宪法上看来，此种规章，既未经立法院议决的手续，自然不能称之为法律，只能称之为命令或单行规章。至于国民大会所创制或复决的法律案，亦仍应经立法院送请总统公布，作为立法院当然通过的议决案，立法院对于国民大会所创制或复决的法律，虽无再加考虑之余地，但因国民大会毕竟是政权机关，立法院才是行使立法权的治权机关，故形式上亦必经立法院送请公布。（二）须经总统公布——虽经立法院议决而未经总统公布者，仍不能为法律，其经国民大会创制或复决者亦同。

第一四〇条　法律与宪法抵触者无效。

法律与宪法有无抵触，由监察院于该法律施行后六个月内，提请司法院解释，其详以法律定之。

本条是宪法的保障规定。宪法是国家的根本大法，宪法上所规定的事项、实施程序，有待于普通法律的规定，若将宪法与普通法律相较，那么宪法是纲，普通法律是目，故依立宪国家的通例，宪法的效力，必应高于普通法律，因此各国的普通法律，必须依照宪法的规定而规定，不得与宪法相抵触，这是宪法的效力，也是宪法的保障。本条规定，自然也是基于这理由的。

法律要是与宪法抵触时，其效果如何？各国宪法，有四种立法例[1]：

---

[1]　王世杰、钱端升：《比较宪法》第四六一页以下。

（一）有效制。法国关于违宪的命令，得由法院予以否认，法院对于认为违宪的命令，得以拒绝适用，但对于经国会制定及总统公布的法律，则假定其为与宪法相适合，而不认违宪法律的存在。此种不承认违宪法律的制度，换一句话说，便是认为纵系违宪的法律，亦与不违宪同，一律有效。这种"有效制"，与宪法之效力高于一切法律的原则，不无违背，故不为本草案所采取。

（二）否认制。美国关于法院认为违宪的法律，得以拒绝适用，因执行此项违宪法律所为之处分，亦不能成立，但法院否认的结果，仅及于与之相关的讼案，使该项法律不能发生效力。至于被认为违宪法律的本身，仍然有效存在，不因为法院的否认而就归于消灭。此制，程序简单，固不易招致立法或行政机关的歧视而酿成政治上的纷争，但是违宪法律本身既仍继续存在，政府仍得不顾法院的判决，照例执行，故不可采取。

（三）撤销制。撤销制又有二种：

（甲）间接撤销制。此制，凡违宪的法律，法院不得拒绝适用，亦无实质上的审查权，违宪的法律，应由中央政府或各邦政府或最高法院请求宪法法院解释，宪法法院如果以判决认为违宪，并经中央政府或各邦政府公布后，该项违宪法律，即系废止而丧失其效力。这种制度，凡违宪法律在未经审定以前，可以适用，但得由最高法院或政府声请宪法法院予以撤销，撤销后即根本无效，故为撤销制。又因其撤销并非由法院为之，乃系由宪法法院为之，故为间接撤销制。归并于德国以前的奥国[①]，便是采此制度。

（乙）直接撤销制。此制，凡违宪的法律，大理院有直接以命令予以废止之权，在违宪法律未经撤销以前，因执行该项法律而为之处分，仍然

---

① 奥地利于1938年3月遭纳粹德国吞并。——编者注

有效，一经撤销，其法律便根本消灭，其效力不溯既往，故为撤销制，又因此制对于违宪法律，由大理院即司法机关直接撤销，故为直接撤销制。《委内瑞拉宪法》采取此制。

无论是间接撤销制或直接撤销制，对于违宪的法律，固得根本予以废止，但是撤销的效力，不能溯及既往，撤销前因执行该项法律而为之处分，仍然有效，况且法律的违宪与否，往往要牵涉到政治问题，也不能说绝无弊端。

（四）无效制。本条明定为"法律与宪法抵触者无效"，是各国宪法中的创制，违宪的法律既为无效，那么一经司法机关的解释确认，该项违宪法律即失其拘束力，行政机关即不得据以执行，且该项违宪法律，溯及于公布之日起，自始不发生效力，故本制是"无效制"，兼有"否认制"与"撤销制"之长而无其短，可以说是最进步的一种制度。

复次，法律要是与宪法抵触时，本条第二项规定由监察院于该法律施行后六个月内，提请司法院解释。分三点释明：

（一）违宪问题的提请解释机关。法律的抵触宪法与否，不便由人民自由提请司法机关解释；中央五院中立法院是造法机关，当然不致提出；行政院是执法的机关，如与立法院意见冲突，已另有解决的途径[①]；司法院执掌解决法律上的争点，"不告不理"，不容自己提出；考试院只以考铨为其职权，不及法的问题；监察院则本来是管制违法问题的机关，对于公务员违法行为既得加以纠弹，对于违反宪法的法律，自然更有纠制的必要，这是违宪问题的提请解释权由监察院执掌的立法理由。又监察院虽是执掌违宪问题的提请解释机关，但人民如认为某法律违宪时，无论是否受有损害，当可向监察院呈诉，不过监察院对于人民的陈诉，有自由采弃之权罢了。至

---

① 第七〇条释文。

于其他各院如认为某项法律违宪,自然亦得咨请监察院提请解释的。

（二）违宪问题的提请解释期限。法律不宜常在不确定的状态,故监察院对于违宪问题的提请解释权,不能不有时间的限制,以维法律生活的安全。本条第二项规定为"法律施行后六个月内",是说自施行之日起满六个月以后即不得提出,在六个月以内,随时皆得提出之意。但如法律在公布之后施行以前,监察院发见违宪问题,解释上仍得提出,因为"施行后六个月内",不过是"法定期间的起算点"而已,并不能作为"施行前不能提请"的解释。又在六个月以内,监察院提请司法院解释后,司法院如为"法律并不违宪"的判决,对于同一法律,只要六个月未满,监察院如发见另一抵触问题,仍无妨向司法院为第二次的提请解释。

（三）违宪问题的提请解释程序。监察院向司法院提请解释违宪问题,应由监察委员几人提议？提议后应否经过审查？如须审查,应由监察委员几人审查？抑由监察院院会审查？监察院审查违宪问题,是否可向立法院提出质询？法律成立后应否逐一送交监察院审阅？这些问题,本条第二项规定"其详以法律定之",自应于监察院组织法或其他关系法律中详细规定。

第一四一条 命令与宪法或法律抵触者,无效。

本条也是宪法的保障规定,同时也是法律的保障规定或命令的地位。宪法的效力高于一切法律和命令,法律的效力亦应高于一切命令,这是近代法治国家的通例,本条亦即据此通例而设。关于违反宪法与法律的命令,各国的制裁有（一）否认制、（二）撤销制（有直接撤销制与间接撤销制）、（三）无效制之别,其详略与前述关于违宪问题的法律相同[1]。本律

---

[1] 第一四〇条释文。

系采无效制，但命令的违法问题，是否可由法院依凭人民控诉而随时予以纠制，解释上不无疑义；又所谓无效，不但指以后不得施行而言，而且一经宣告无效，必将前此依该命令所为之一切公私行为，全行追夺其效力，似亦足以扰及社会的安全。所以关于违法（包括宪法及普通法律）命令制裁的机关与期限，将来均应有普通法为之补充规定。

本条虽然规定命令与宪法或法律抵触者无效，但对于总统的紧急命令①，却不能不认为唯一例外。总统的紧急命令，有代替法律或变更法律之效力，与法律有同等地位，纵与现行法律相抵触，亦不得谓为无效，此是当然应有的解释；又总统的紧急命令，其效力既与法律相同，依照第一四〇条的规定，自然绝对不能与宪法相抵触，可不待言。对于紧急命令的违宪问题，似亦应比照前条第二项规定，由监察院向司法院提请解释，此亦是应有的解释。

第一四二条　宪法之解释，由司法院为之。

本条是宪法解释权的规定。宪法有解释的必要，其理由有三：（一）确定条文的疑义——宪法是大纲的规定，以笼统的原则为较多，其条文难免有暧昧不明之处，而有待于解释；（二）适应新的环境——宪法的修改，其程序每较繁重，移势易，必求其能应付新的环境，如不经修改而欲改变其固有的意义，自亦有待于解释；（三）决定违宪问题——法律与命令是否与宪法相抵触，必待解释宪法法文的意义，才能确定。关于宪法解释权的归属，各国制度，凡分下列三种：

（一）立法机关解释制。法意比瑞诸国，以宪法的解释权属于国会，国会对于"法律有无违宪"，有实质上的解释权，在实质上即法律之内容

---

① 第四四条释文。

与宪法相抵触者,有确认其是否违宪之权。至于英国,本无系统的宪法法典,制宪与立法,同属于国会,纵有法律违反宪法的问题,亦可在立法范围以内,自谋救济之道,自然不发生解释问题的。

（二）司法机关解释制。美国以及中美洲诸国,以宪法的解释权属于法院。此等国家都采三权分立制的,行政机关不得发布违宪命令,立法机关亦不得擅定违宪的法律,宪法卓越性的保持,有赖于超然于政治活动以外的司法机关为之解释。不过美国最高法院的享有宪法解释权,并非根据宪法的规定,乃系依据事实的习惯,即肇自一八〇三年最高法院院长马沙尔(Marshall)对于马尔堡控告马迭孙一案(Case of Marbury V. Madison)[①],宣告一七八九年的《司法院组织法》违宪而拒绝执行,以后才成惯例的。

（三）特殊机关的解释制。德国的国务法院、西班牙的护宪法院,以及归并前奥地利的宪法裁判院与捷克的宪法法院,都以宪法的解释权属于另组的特殊机关,免致普通司法机关分心于政治问题而为政潮所左右,失其尊严独立的地位。

本条明定为宪法之解释权,由司法院为之,亦采取司法机关解释制,而将解释宪法之权,归属于中央最高司法机关——司法院。其理由有五:(一)我国国民向无法治的修养,欲以民众的力量,监护宪法而抵抗不当的立法,其事为不可能;(二)立法院不过治权机关之一,不应令其宰制其他治权;(三)我国宪法有待于普通法律的补充者很多,如无相当限制,不足以纠制立法机关的专横;(四)本草案关于人民权利的保障,采取法律保障主义,欲免立法院过分剥夺人民权利,亦应予司法院以解

---

① 即"马伯里诉麦迪逊案",该案中美国联邦最高法院大法官约翰·马歇尔的判决奠定了美国法院对国会立法的司法审查权。——编者注

释权以为衡制；(五)司法院解释违宪与否，应本于监察院之提请而后为之，亦不致侵及立法院的立法权。

至于国民大会所创制或复决的法律，监察院是否仍得对之认为违宪声请司法院解释，司法院是否仍有确认其是否违宪之权。解释上得有二说：(一)消极说——此说认为此等法律之制定，出于国民大会的意思，国民大会又是五院政府以外的制宪机关，如果监察院有提请解释权，司法院有确认其是否违宪之权，那就等于以治权机关来扼制政权机关了，故在理论上言，采取消极的论定。(二)积极说——此说认为国民大会制定的法律与立法院制定的法律，其制定机关纵有不同，而其不应违背宪法则二者相同，如果国民大会制定的法律，司法院无确认其是否违法之权，那么将怎样保持宪法的优越性呢？况且国民大会创制或复决普通法律，与宪法的修改程序有繁简之别，国民大会所制定的普通法，不能与宪法修正案相提并论，自不能以制定普通法而达到修改宪法的目的。故在法律上的立场，采取积极的论定。此二说，似以积极说为较妥，因为国民大会如认为司法院"确认其所制定之法律为违宪"而有失当，自可索性修改宪法，以维持其普通法上所表示的意思的①。

第一四三条 在全国完成地方自治之省区未达半数以上时，立法委员及监察委员，依下列规定，选举任命之：

一、立法委员由各省、蒙古、西藏及侨居国外国民所选出之国民代表，依照第六十七条所定名额，各预选半数，提请国民大会选举之；其余半数，由立法院院长提请总统任命之。

二、监察委员由各省、蒙古、西藏及侨居国外国民所选出

---

① 见金鸣盛：《宪法草案释义》第三九七页。

之国民代表,依照第九十条所定名额,各预选半数,提请国民大会选举之;其余半数,由监察院院长提请总统任命之。

本条至第一四五条是由非常宪政进入于正常宪政的过渡办法,称做"过渡条款",此种"过渡条款",是依各国通例,为新旧递嬗之际而规定的变通办法。本条是过渡时期立法委员与监察委员的产生方法。因为《建国大纲》第十六条规定:"凡一省全数之县皆达完全自治者,则为宪政开始时期。"第二十三条又规定:"全国有过半数省份达至宪政开始时期,即全省之地方自治完全成立时期,则开国民大会,决定宪法而颁布之。"故在"全国完成地方自治之省区未达半数以上时",虽有实施宪政的必要,亦只是非常宪政,而非正常宪政,必非常宪政之完成,才是正常宪政的开始呢。非常宪政时期应于何时开始? 依照现行《国民大会组织法》①的规定,应由国民大会去决定②,国民大会决定那一日为宪法施行日期,那一日便是非常宪政的开始时期。在非常宪政时期,各县自治多未完成,国民代表的选举,亦未必按照正轨的方法,故中央长官的产生,亦不必授国民大会以全权。况且立法委员与监察委员,应注重专门人才,一下子如果依照第六七条、第九〇条的规定,全数由国民大会选举,恐难达于圆满,本条规定半数由国民大会选举,半数由立法或监察院院长提请总统任命,正是这个意思。至于立法委员与监察委员之半数,所以不由总统直接任命,而由立法院院长与监察院院长提请总统任命者,那是因为总统对于立法院监察院,原只有形式上的监督权,而无实质上的监督权③,如果由总统直接任命,总统的实权未免太大了。况且,立法与监察两院院长均由国民大会所选任,半数委员归由两院院长提请任

---

① 《国民大会组织法》于二十六年四月三十日经立法院修正,现行法即修正法。
② 该《组织法》第一条。
③ 第四十二条释文。

命，无异由国民大会委托物色，其意义与径由总统任命半数立法监察委员也是不同的。总统对于两院院长提请任命的立法委员和监察委员，不过是形式上的任命权；而两院院长虽有半数委员的提请任命权，但仍与该半数委员的责任无关，各该被提请任命的两院委员，仍然对国民大会负责，并不向各该院院长或总统负责的。又此所谓两院半数委员，就两院言，因为各该院应有委员的半数，就产生的地域或省区言，亦为各该地域或省区的半数。例如关于侨居国民所应产生的立法委员，依第六七条规定，应由侨居国外国民所选出之国民代表，就侨居国外国民中选举半数（四人），再由立法院院长就侨居国外国民中提请任命半数（四人）。关于侨居国外国民所应产生的监察委员，依第九〇条规定，应由侨居国外国民所选出之国民代表，就侨居国外国民中选举半数（一人），再由监察院院长就侨居国外国民中提请任命半数（一人）。

第一四四条　在地方自治未完成之县，其县长由中央政府任免之。

　　前项规定，于自治未完成之市准用之。

　　本条是过渡时期县长与市长的产生方法。依照第一〇八条及第一一三条的规定，县长或市长，本应由县民大会或市民大会选举而产生的；但在全国完成地方自治的省区，未达半数以上时，尚是施行非常宪政的时期，在每一县市自治尚未完成以前，人民运用四权的训练尚未成熟，不能立即举行县民大会与市民大会，亦即不能依法选举县长及市长，故必准用训政时期的制度，暂采任命制，以为过渡的办法。

第一四五条　促成地方自治之程序，以法律定之。

　　本条也是过渡条款之一。从非常宪政时期到真正宪政时期，促成地方自治，是政府的唯一使命，凡是四权的由训练而进于试行，以至于成熟,县市民代表大会与县市议会的召集,与设置的条件及程序,县市自治事项的扶植而进行自决自办,均应另以法律为普通规定的。现行促成地方自治的重要法规,是县各级组织纲要。依照该纲要的规定,县设县参议会,作为过渡时期的民意机关,乡镇有乡镇民代表会,保有保甲大会,其详均有待于各项补充法规的规定。

第一四六条　宪法非由国民大会全体代表四分一以上之提议,四分三以上之出席,及出席代表三分二以上之决议,不得修改之。

　修改宪法之提议,应由提议人于国民大会开会前一年公告之。

　本条是宪法的修改程序。宪法虽然是百年大计的根本法,但亦不容一成不变,而有其修改的必要;从法律的立场说,宪法也和普通法律一样,无论在形式上或实质上,都不含有不可变性;从政治的立场说,社会的现状既随时代而不断地变更,规定社会组织的任何法律,自亦不能不随时代而变更。如果宪法为一成不变,积时既久,终必徒然成为具文,甚或因宪法无从修改的缘故而酿成剧烈的革命。本条的规定,即系基于此种理由。

　各国宪法,从其修改的难易来说,有所谓刚性宪法和柔性宪法之别:宪法的修改,与普通法律的修改一样,由同一机关依同一程序即可修改者,此种宪法,即为柔性宪法。英国、法国、意大利诸国宪法都是柔性宪法之例,修改宪法也和修改普通法律一样,由议会依同一程序为之(法国须由两院议员组织国民会议,稍有不同)。宪法的修改,与普通法律的修改不同,其机关或程序完全两样,此种宪法,即为刚性宪法。美国便是刚性宪法之例。本条规定,修改宪法的机关是国民大会,而非修改普通法律的立法院,修改宪法的程序,亦较修改普通法律为繁复,故亦为刚性宪法的一种①。

各国宪法,从其修改程序,自提议以至于决议,是否为同一机关来说,有所谓单一式与非单一式之别:宪法修改的程序,自讨论以至于决议,均属于单一机关者,为单一式的修改程序,法国、比利时即系此制。宪法修改的程序,其修正草案的议定为一机关,而修正草案的最后决定又为另一机关者,为非单一式的修改程序,如美国即系其例②。我国宪法的修改,依照本条的规定,自提议以至于决议,都是国民大会的职权,自然也是单一式的修改程序。

关于本条所定的宪法修改程序,我们分提案程序与议决程序来说:

(一)提案程序。本条第一项规定:"宪法非由国民大会全体代表四分一以上之提议,……不得修改之。"这是说:提议修改宪法,须由国民大会全体代表的四分之一同意,提议始成立。本条第二项规定:"修改宪法的提议,应由提议人于国民大会开会前一年公告之。"其用意在免除国民大会轻率提议修改宪法,以防假借修改宪法权而为政争的工具。此种"一年前公告"的限制,一面足以使宪法制度稳定,一面又足以给予国人以充分研究的机会,借舆论的力量,以操纵代表的票数,借收代行民权的实效。又全体国民代表四分之一以上的提议,不必于开会时为之,即在国民大会闭会期间,亦得以联署的方式行之,可不待言。至于提议案的公告,应系指宪法修正草案拟议案而言,也可不消多说。

(二)议决程序。本条第一项规定"宪法非由国民大会全体代

---

① 王世杰、钱端升:《比较宪法》第一编第一章。
② 王世杰、钱端升:《比较宪法》第五〇三页至第五二四页。汪馥炎:《宪法纲要》第二三页至第二七页。

表……四分三以上之出席,及出席代表三分二以上之决议,不得修改之"。这是说宪法修改的决议,应有国民大会全体代表四分三以上之出席,并有出席代表三分二以上的同意,才正式成立修正案。全体代表四分三之三分二$\left(\frac{3}{4}\times\frac{2}{3}=\frac{1}{2}\right)$仍然是全体代表的二分之一,故有国民大会全体代表的二分之一赞同修改宪法时,即可正式修改宪法了。

至于宪法修正案应否由立法院参加实际技术工作,解释上不无疑问。我们以为宪法修正案表决之前,不妨由立法院依原提议的意旨正式拟订修正案,比较上于宪法全部的精神,用语似可都注意到此点,由于制定宪法时全部《宪草》工作都系立法院担任而观之,亦可无疑义的。

第一四七条 宪法规定事项,有另定实施程序之必要者,以法律定之。

本条是关于宪法施行的规定。宪法是根本大法,必有待于许多技法的规定,才谈到实施问题。现行《国民大会组织法》虽然明定本届国民大会制定宪法并决定宪法施行日期①,但是宪法施行以前,有许多宪法上所规定的事项,有另定实施程序的必要,都得先由立法院制定法律,然后宪法的实施,才可以一无阻碍。本条所称"有另定实施程序之必要者",本章第一四三条至第一四五条各条所定,即所谓过渡条款,虽亦即此所谓另定实施程序之一,但是除去各该条的规定而外,此种事项,亦可分为三类:

(一)条文中明定"以法律定之"或"其详以法律定之"的事项。例如第二七条关于蒙古、西藏与侨居国外国民选出之国民代表名额,以及

---

① 参照该法第一条。

县市同等区域的区域名称；第三五条国民大会的组织，国民大会代表之选举罢免，及国民大会行使职权之程序；第四八条总统、副总统的选举；第六二条行政院的组织；第七五条立法委员的选举及立法院的组织；第八二条司法院的组织及各级法院的组织；第八六条考试院的组织；第九七条监察委员的选举及监察院的组织；第一〇一条省政府的组织、省参议会的组织职权及省参议员之选举罢免；第一〇二条未经设省区域的政治制度；第一〇四条的地方自治事项；第一一〇条县议会的组织职权、县议员的选举罢免、县政府的组织及县长的选举罢免；第一一五条市议会的组织职权、市议员的选举罢免、市政府的组织及市长的选举罢免；第一四〇条监察院关于违宪问题的提请解释程序；及第一四五条促进地方自治的程序等；均是。此等事项，如无法律的补充，当然无法实施的。

（二）条文中有"依法"或"依法律"字样等规定之事项。例如第九条第一项、第十一条至第二四条、第二六条关于人民各级权利义务；第二九条国民代表的选举权与被选举权；第三〇条国民代表的罢免；第三八条至第四三条总统的各项元首大权；第七八条司法院院长的提请行使赦免权；第八一条法官的保障；第一〇五条县民的行使四权；第一一七条的土地政策；第一二一条节制私人资本；第一二三条私营企业的收归公营；第一二九条的财政监督；第一三〇条的货物自由流通政策；都是。此类事项，既然均应"依法"或"依法律"办理，自非先有各该法律的规定，那是无法实施的。

（三）宪法条文中虽然无明白规定，但其实施显非宪法一经施行即能办到之事项。尤其是国民经济及教育两章，其中若干事项，即有待于子法的制定的。例如劳动保护政策的实施、老弱残废的救济、基本教育与补习教育的推进，在在都得有补充的普通法律的。

第三编 后论

第一章 《五五宪草》的特色

解释了全部《五五宪草》条文之后，首先，我们应该综合起来，探讨《五五宪草》的特色，若是我们拿它来和本国以前所颁布的各个根本法比较，或是拿它来和外国的宪法比较，那么我们一定可以看出若干特殊之点来。

从它讨论和起草的阅时数载，以及积集全国舆论的精粹而言，固已足够说明了它的两个特点；我们且抛开了这些形式上的特色，而就其内容上的特色，举其荦荦大者，分析以言，可得八端：

一、三民主义共和国的国体

根据革命历史与革命理论来确定中华民国是怎样一种国家，那是宪法中第一个根本问题。因此《五五宪草》第一条，开宗明义就先规定着"中华民国为三民主义共和国"。为什么要在宪法中以三民主义共和国冠于国体之上呢？

第一，标明主义为国体是顺应政治思潮。固然在第一次欧战前的列国宪法是没有将主义冠于国体之上的；迨第一次欧战后，《苏俄宪法》第二部第一条始有"苏联系社会主义苏维埃共和联邦"之规定，是为以主义冠于国体之嚆矢。其后《西班牙宪法》(《一九三一年共和宪法》)第一条亦规定"西班牙为劳动阶级民主共和国,依自由正义之制度组织之"。不啻将劳动主义冠于国体之上。原来宪法不过是社会制度的一个缩影,上次欧战前各国的社会制度,多半是建筑于资本主义或统治阶级的利益之上。其时宪法的目的,不过是一方面在于维持少数统治阶级的利益,一方面在于拥护资本主义,若是将不利于民众的主义列入宪法的阵营,岂不是自己揭橥革命的对象,而招致反抗,自促败亡呢?迨到上次欧战后,政治思潮,不外四种:(一)英美等国的民主主义,以维持资本主义为实,而以民主主义为名。(二)德、意、日等国的法西斯蒂主义,以霸道的方法,维持资本主义及统治阶级的利益。(三)苏俄的共产主义,谋达共产社会的目的。(四)我国的三民主义,以王道的方法,谋达天下为公之鹄的。我们既以建设三民主义的共和国为任务,以求理想的大同社会之实现,那么于宪法上堂而皇之的标明主义为国体,岂不是顺应近年的政治思潮而与《苏联宪法》并无二致吗?

第二,标明主义为国体是揭示建国目的。三民主义共和国的目的,犹如解释三民主义的目的一样:(一)要民族自主,不受任何国家与任何民族的压迫,完全成一民族独立的国家;(二)要国家主权操之于民,政府是人民公共机关,由人民产生出来,这政府应该是代表民意保障人民权利的;(三)要改良经济制度,实现民生主义,使全国人民的生活均得满足,大家都有生存的权利。三民主义既是我们建国的理想,建国的目的,我们拿这种理想与目的来决定国家根本的方针,来作为国家宪法的基础,这是可以毋庸疑虑的。

第三,标明主义为国体是适合民族特性。我国民族的特性,乃是中庸之道,即王道的特性。数千年来,我国的先贤,固以中庸及王道而立言,我国的民族,更以中庸及王道而求生存。……我们自然只要求一个中庸之道,以适合我国民族的需要。而三民主义,既为中庸之道……而主张以德服人的王道。故标明三民主义为国体,是适合我国民族特性的。

二、政权机关的国民大会

政权与治权之划分,为总理特创的学说,前已言之。总理以为欲谋人民之幸福,不可没有一个万能的政府。但若已经有了万能的政府,而人民的力量不足以管理它,使政府流于专横,那是最危险不过的事。故政权与治权当有严格的界限,而以治权归之于政府,以政权操之于人民。所谓治权即立法、行政、司法、考试、监察五权,所谓政权即选举、罢免、创制、复决四权。用人民的四个政权,来管理政府的五个治权,那才是一个完全的民权政治机关,有了这样的政治机关,人民和政府的力量,才可以彼此平衡。总理说:"人民是工程师,政府是机器,在一方面要政府的机器是万能,无论什么事都可以做,又在他一方面要人民的工程师也有大力量,可以管理万能的机器。"唯有分开"权"和"能",将政权与治权划分清楚,才能达到此种目的。

人民对于政权,最好是直接去行使,如县民大会的选举或罢免县长及其他县自治人员,便是最适当的规定。但人民对于一县之事,其政权虽可躬亲行之;对于一国之事,事实上却不便由人民去亲自行使,故必委托国民代表以代行之。集各地域的国民代表而为国民大会,作为代表人民行使政权的机关,这是政权机关的国民大会之由来。此种政权机关的国民大会,为本国历次宪法及其他各国宪法之所无,自然是《五五宪草》的一个特色。

为什么我们说国民大会是政权机关呢?因为政权是人民的选举权、罢免权、创制权和复决权。《五五宪草》第三十二条关于国民大会职权的规定,只是选举和罢免总统、副总统、立法院院长副院长、监察院院长、立法委员、监察委员,创制法律,复决法律,修改宪法以及宪法所赋予之其他职权。这些职权,都离不了政权的窠臼。和那代议政治国家的国会,是不可同日而语的。外国的国会,往往牵涉到治权的范围,而我们的国民大会,是绝对不能与治权相牵缠的。

此外,国民大会还有宪法会议的性质,有制定宪法和修改宪法之权。但是我们的国民大会,又和外国的宪法会议(Constituent Assembly)不同:因为外国的宪法会议,并不是定期常开会的,乃是开一次会就了事的,不像我们所定的国民大会,每三年就召开一次,而且国民代表还有一定的任期[①]。国民大会此种宪法会议的性质,仍是政权范围所包涵,与我们所谓政权机关的国民大会,并无矛盾或抵触的地方。

三、治权机关的五院政制

在"权"和"能"分立的国家,政权属于人民,治权属于政府。属于人民的政权机关,即国民大会,我们已经认为《五五宪草》的特色之一,论其概略;属于政府的治权机关,即五院政制,同样的也是《五五宪草》的特色之一。因为总理为了政府的五种治权,创五权宪法,而主张政府有立法权、司法权、行政权、考试权与监察权,以别于一般所谓三权宪法。那么,作为五权宪法的政治组织,即治权机关的五院政制,自然是《五五宪草》的特色。

自从孟德斯鸠(Montesquieu)观察英国的政治习惯,倡为三权分立之说以后,一役政治学者,差不多认为三权分立是保障民权的不二法门。

---

① 参照第三〇条、第三一条。

所以美国十三州独立的时候，一般政治家都一致采纳了三权分立的学说，而于宪法中明定立法、司法、行政三权的独立，彼此不得互相侵越。嗣后法国革命成功，又首先仿效美国，以三权分立为圭臬。于是各立宪国家，纷纷模仿。总理为什么不采三权分立之说而独创五权宪法呢？五权宪法的特点，就是在立法、司法、行政三者之外，加上考试、监察两权。所以三权与五权的区别，只是在考试、监察两者是否独立罢了。总理有见于现在各国的立法机关兼操监察权（即国会可操之弹劾权），行政机关兼掌考试权的结果，而考试、监察两层作用，不能得到美满的效果，所以主张将监察权由立法机关画出，将考试权由行政机关画出，各使为半列独立的治权。此五种治权，彼此平行，不相侵越，自非三权宪法之治所能望其项背的。

《五五宪草》于"中央政府"章内，分设行政、立法、司法、考试、监察五院，各掌行政、立法、司法、考试、监察五种治权。而五院彼此间，又各有相互衡制作用[1]；例如各院经费的预算，在提经立法院议决之前，应先经行政院的行政会议议决[2]；立法院对于各院经费的预算有决议权[3]；司法院对于各院公务员的犯罪行为，有审判权[4]；考试院对于各院公务员有考选、铨叙权[5]；监察院对于各院公务员有弹劾权[6]；这都是五院相互间衡制作用的例示，由于五院相互间的衡制作用，我们才更可看出五权分立的特性呢。

---

[1] 参照本论第四章各节总释。
[2] 参照第六一条第一款。
[3] 参照第六四条。
[4] 参照第七六条。
[5] 参照第八三条。
[6] 参照第八七条。

四、总统实权制的元首

如果将元首在《五五宪草》中的地位,和其他各国的宪法来相比较,那么,无疑的我们可以说:总统实权制的元首,也是《五五宪草》的一个特色。关于总统应否兼揽行政实权这个问题,各国本有总统实权制和总统虚权制之别:所谓总统实权制,便是一般政治学上所说的总统制,像美国的大总统一样,总统是操有行政实权的元首;所谓总统虚权制,便是一般政治学上所说的内阁制,像法国的总统一样,不负行政上的实际责任。我们本于下面三个理由,才采取总统实权制:

(一)在五权制度下,五院同为治权机关,向国民大会负责,与三权制度下的行政机关与立法机关形成对峙的现象者截然不同,故"内阁制"三字,根本上不能成立,总统虚权制自然不能采取。

(二)总理曾经说过:"五权宪法的行政首领,就是大总统。"又谓:"宪法制定之后,由各县人民投票选举总统,以组织行政院。"① 由此看来,总理是主张总统应有实权的,是主张行政院由总统组织的。

(三)世界政治的趋势,在集中行政权,以求行政效率之增加,尤其是我国在此内忧外患纷至沓来的时候,非予总统以行政实权,不足以资因应的。

《五五宪草》中的元首,采取总统实权制,关于行政院重要人员之进退,完全由总统任免,同时总统应对于国民大会负责,因此按照《五五宪草》第四章内的规定,总统有两种资格:第一种是元首资格;第二种是兼为行政首领的资格。其职权也有两种:第一种是元首的职权(第三十六

---

① 见《五权宪法讲演》。

条至第四十三条);第二种是行政首领的职权(第四十四条、第四十五条、第五十六条、第五十八条、第五十九条、第六〇条)。就表面上笼统看去,似乎是采用美国的总统制,但是我们如果细加考究,便知其殊不尽然:(一)美国总统制只向国民负责,而不向国会负责;我们《五五宪草》则规定总统向国民大会负责,而非空泛的向全国人民负责。(二)美国总统除因犯罪行为受众议院弹劾、参议院的审判可以免职外,在任期未满以前,即使总统措置乖方,也别无其他方法可资救济,只有俟其任满时不再推选罢了;我们《五五宪草》则规定罢免总统之权,操诸国民大会,而其罢免的方式有二:一为国民大会自动的罢免,二为国民大会受理监察院弹劾案之结果而罢免。弹劾总统之权,属于监察院,而其弹劾的事端亦有二:一为违法,一为失职。所以总统被罢免之方式,较美国制为多,而其受弹劾的范围,亦较美国制为广。概括起来说:我国《五五宪草》中所规定的总统产生的方法,罢免的途径、负责的对象,以及职权的行使,与世界各民主共和国的现行制度,大都异其旨趣,绝不能混而为一。因为各国所谓政府,多侧重行政方面,我国则中央政府系由五院构成,而五者同属治权机关,合之为整个的政府,分之则各自独立行使职权,不相侵越,果使总统得人,尽可于宪法所赋予的权限范围以内,发挥其手腕与能力,以求国家行政之积极推进,而无议会挟持掣肘之虞。然而假使总统凭借地位,违法侵权,则国民大会之罢免,监察院之弹劾,均可加以裁制,亦绝不能集五权于一身而致酿成专制独裁之弊害。

五、均权制度的中央与地方

中央与地方的均权制度,是总理所特创,也是奉总理遗教为圭臬的《五五宪草》的一个特色。如果说五权制度乃是从政府权力之横的分配而立论的，那么均权制度乃是从政府权力之纵的分配而立论。

关于中央与地方的关系，列国的政制，大抵分为中央集权制（统一制）和地方分权制（联邦制）两种：

（一）中央集权制（统一制）。中央集权制是宪法将政府的全权单独赋予中央政府，而地方政府的权力及其生存，完全归由中央颁赐。集权制的特色，在于宪法对于中央政府与附属的地方政府，并不规定分权。在集权制的国家，只有一个意志，政府权力只有共同的来源。地方区域之设立或改变，不是由宪法去决定，乃是由中央政府去决定。地方无论有什么权力或自治权力，都是中央政府委托给它们的。它们的权力，得由中央政府任意伸缩增减，它们所有的权力，不过是委托的权力，无所谓原来的或内在的权力。地方政府不过是中央政府所设立的中央机关之一部分，而是用作中央政府对于地方行政的代理机关的。地方政府既受中央政府的制御，而且无论地方政府所有的自治权或行政能力是怎样，这些权力都是中央所赐给的，不是因为宪法的保障而存在的。政府的权力，统一于中央政府，故又称为统一制。法国和英国便是中央集权制的国家。

（二）地方分权制（联邦制）。地方分权制是政府权力的全体，由宪法或国家根本法分配于中央或地方。地方分权制的特色，在于宪法对于中央政府与附属的地方政府，明白规定了分权，地方政府不是中央政府所设立；反之，在多数地方分权制即联邦制的国家，中央政府乃是地方所设立的，地方不是中央机关的部分。地方的自治权，不是由中央政府去决定，乃是由联邦宪法去决定。因此，地方政府的生存，不是由中央政府所颁赐，它们的权力，不为中央政府所限制。而且，中央政府与地方制度，都是在一个公共主权之下而共存的。中央与地方机关，在各自的一定范围之内，是各居于最高的地位的。美国便是极端地方分权制即联邦制的国家。

总之,中央集权制与地方分权制的根本区别:一方面是根据政府权力之集中或分配去决定;一方面是根据中央与地方彼此的关系而决定。无论中央集权制或地方分权制,在国父看来,均不适宜于中国,故特创立均权制度,不偏于中央集权,亦不偏于地方分权,故说:"夫所谓中央集权或地方分权,甚或联省自治者,不过内重外轻,内轻外重之常谈而已。权之分配,不当以中央或地方为对象,而当以权之性质为对象。权之宜属于中央者,属之中央可也,权之宜属于地方者,属之地方可也。……事之非举国一致不可者,以其权属于中央;事之应因地制宜者,以其权属于地方。易地域之分类而为科学的分类,斯为得之。"①根据此种理论,才发明了均权主义。即凡事务有全国一致的性质者,划归中央,有因地制宜之性质者,划归地方。《五五宪草》虽未将中央与地方的权限,作列举的规定,但于第一〇四条概括规定"凡事务有因地制宜之性质者,画为地方自治事项"。至于何者为地方自治事项,则让将来的普通法去规定。这种均权制度的中央与地方,是其他各国宪法所不曾有过的规定,自然是《五五宪草》的一个特色。

六、民生主义的经济制度

在《五五宪草》第四章总释里,我们就曾说明:本草案是采取民生主义的经济制度,因为于该章首条即第一一六条,便开宗明义规定了"中华民国之经济制度,应以民生主义为基础",自然我们说民生主义的经济制度,是有所据而云然的。民生主义是解决人民生活的主义,和资本主义

---

① 见《中华民国建设之基础》。

或共产主义均不同,故以民生主义为基础的经济制度,无疑的也是《五五宪草》的一个特色。

民生主义的经济制度,和资本主义的经济制度有什么不同呢?这里,我们得先比较民生主义与资本主义的不同。国父说:"民生主义和资本主义根本不同的地方,就是资本主义是以赚钱为目的,民生主义是以养民为目的。"[1]换一句话说,国家或社会并不负责保证各个人的生活,由各个人根据生存竞争优胜劣败的原则去求生存。但在民生主义的社会则不然:国家或社会对于各个人有保证生活的义务,各个人对于国家或社会有要求生存的权利。故以资本主义为基础的经济制度,宪法上若不是国家对于民生,完全采取一种放任政策,便是不澈底的,仅仅是保障各人所宜的或适于人类的生活。以民生主义为基础的经济制度,则宪法上国家或社会所保障的,是人民的既均且足的生活,《五五宪草》第一一六条后段所谓"以谋国民生计之均足",便是这个意思。其次又因为资本主义的分配和民生主义的分配,性质上亦不相同:资本主义社会分配的性质,在报酬劳动或财产的贡献,而民生主义社会分配的性质,则不在报酬各个人劳动或财产的贡献,而在维持各个人的生存、满足各个人的欲望。故以资本主义为基础的经济制度,唯有"劳动者""资本家"或"企业家",才有要求分配的权利,如果单纯以"人"的资格,就没有享受分配的权利。因此,凡是没有财产以及能劳动而无劳动机会的人,固无权利要求分配,就是不能劳动的人,如老弱残废者,除掉受社会的慈善的待遇或救济外,法律上是没有权利要求生存、没有权利要求分配的。而以民生主义为基础的经济制度,则不必因为自己是一个"劳动者""资本家"或"企业家"才有要求分配的权利,乃是因为自己是一个"人"才有此种

---

[1] 见《民生主义》。

权利。因此，不能劳动的人，如老、弱、残废等，在法律上都有要求分配的权利。《五五宪草》第一二七条及第一二八条，规定了救济和抚恤的原则，便是这个意思。

民生主义的经济制度，和共产主义的经济制度，又有什么不同呢？这里，我们也得先比较民生主义与共产主义之不同。总理说："共产主义是民生主义的理想，民生主义是共产主义的实行。"①民生主义和共产主义的理想虽相似，但是办法却不一样：共产主义的办法，是阶级斗争和无产阶级专政，其革命的方略，就是训练无产阶级斗争的方法，打倒资本阶级而升无产阶级于支配的地位，就利用其政治的权力，渐次夺取有产者的一切资本，集中生产手段于国家手中。民生主义的办法，则是渐进的、和平的，以节制资本的方法，去防止私人资本太发达来支配国民的生计，同时以平均地权的方法，来防止大地主的土地权，这样才能达到均足社会的目的。《五五宪草》第一一七条至第一二六条各规定，以"照价抽税""照价收买""涨价归公"的办法，来平均地权，防制大地主的弊害；以"节资私人资本""保护民族资本"来预防资本主义的弊害；以保护劳工、协调劳资来发展生产，避免斗争；以改进农业来调节农产；这都充满了民生主义经济制度的精神。

七、实施宪政的过渡条款

实施宪政，有一定的步骤或程序，如果国民的智识程度和政府的守法精神，尚未具备实施宪政所要求的条件，如果革命的基础尚未巩固、民权的训练尚未普遍，自然都不足以谈实施宪政，有之，亦不过像过去若干

---

① 见《民生主义》。

年来的宪法，只是一纸空文的往回而已。《五五宪草》一面遵照国父遗教，完成一部善良的五权宪法，一面又顾到实际情形，增设实施宪政的过渡条款，这自然是它的一个特色。

我们不厌求详，再对于《五五宪草》所以增设过渡条款的理由，稍加具体的说明：原来依照国父《建国大纲》中所规定的建国程序，先是实施军法的军政时期，次是实施约法的训政时期，最后才是实施宪法的宪政时期。从训政时期到宪政时期，得要全国有过半数的省份完成自治，所谓完成自治，更须具备下列几个条件：（一）人口调查清楚；（二）警卫办理妥善；（三）道路修筑成功；（四）人民曾受四权使用之训练；（五）人民完毕其国民的义务；（六）人民誓行革命的主义。现在训政的工作既未完全做到，而欲提前实施宪政，那么《五五宪草》自然便不能不顾虑到实行上的困难，而增设了过渡的条文，以为补救训政尚未完成的不足。

复次，关于过渡条款的内容，我们也得补说几句：《五五宪草》第一四三条至第一四五条规定了三点：（一）关于立法委员监察委员的产生方法。立法委员和监察委员在宪法本身是规定由国民大会选举的，现以地方自治尚未完成，不能全由民选，所以规定为："在全国完成地方自治省区未达半数以上时，立法委员及监察委员依下述办法选举任命之：（甲）立法委员由各省、蒙古、西藏及侨居国外国民所选出之国民代表，依照规定名额，各预选半数，提请国民大会选举之，其余半数，由立法院院长提请总统任命之。（乙）监察委员由各省、蒙古、西藏及侨居国外国民所选出之国民代表，依照规定名额，各预选半数，提请国民大会选举之，其余半数由监察院长提请总统任命之。"（二）关于县市长的产生方法。本来依照《五五宪草》的规定，将来县市长的产生，是要县民大会或市民大会选举的，现在自治尚未完成，骤由民选，一定不能达到民选的效果，故在地方自治未完成之县，其县长由中央政府任免之，在地方自治未完成之市，其市长亦由中央政府任命之。（三）关于促进地方自治的程序。现在所以暂不能实施宪政，便是由于地方自治的不曾完成，故欲提前实施宪政，自然应该加速地促成地方自治的完成，关于促成地方自治的程序，《五五宪草》仅仅规定其原则，至于详细办法，则让之于普通法律。凡此所述，在前面本已一再提及过了，我们因为要把它作为《五五宪草》的特色之一，这才重复地在这里加以说明。

八、刚性宪法的修改与解释

蒲莱士（Bryce）氏将宪法区别为刚性宪法与柔性宪法两种：不依普通立法程序而另由特别机关与特别手续始能修改的宪法，叫做刚性宪法；完全与普通法同一之程序即能修改的宪法，叫做柔性宪法。《五五宪草》关于宪法的修改，是由国民大会依照较为严格的手续始能为之，普通法的立法机关立法院，不能修改宪法，故我们的宪法是所谓刚性的宪法一种。《五五宪草》上关于宪法的修改与解释，和各国的宪法不同，自然是它的特色之一。

《五五宪草》中第一四七条所定的我们宪法的修改，非由国民大会全体代表四分一以上之提议，四分三以上之出席及出席代表三分二以上之决议，不得修改，而且修改宪法的提议，更应由提议人于国民大会开会前一年预为公告。国民大会虽有创制法律复决法律之权，可是其创制或复决普通法律时，当不必经此严格的手续，这是我们所可断言的。固然，柔性宪法修改甚易，可以适应社会之进化，可以消灭革命的危机，这是它的优点；但刚性宪法亦有其显著的优点：（一）人民权利的法律保障，不患其为野心家所侵削；（二）宪法修改另有一定的程序，不能轻易推翻。况且，我国人民尚无自治的习惯和参政的训练，如果采用柔性宪法，往往因为宪法变更太容易，致启少数野心家舞文弄墨的弊端的。

《五五宪草》第一四〇条、第一四二条关于宪法的解释，也是它的特色之一。因为宪法的解释权，属于何种机关，各国的立法例颇不一致，有属于国家元首的，例如《日本宪法》的解释权属于天皇；有属于议会的，例如法、意、比、瑞便是；有属于最高法院的，例如美国及中南美各国便是；有属于特殊法院的，例如被德归并前的奥地利便是。我们《五五宪草》关于宪法的解释，属于司法院，但须由监察院于一定的期限内提请解释，故与各国的立法例，均不相同。宪法的解释权既然属于司法院，为什么又要由监察院于一定的期限内提请解释呢？因为如果司法院解释宪法，如果没有较详明的规定，将来或致随便的行使解释权，那么司法院将变成一个最高的立法机关了，与五权制度便不免冲突。现在既有此种规定，假使监察院不提请解释，司法院便不能随便解释，这个办法，当然是规定人民或政府如果认为某一种法律与宪法有抵触时，都可以请求监察院提请司法院加以解释的。这种解释宪法的制度，也仿佛《美国宪法》解释的办法。不过美国可由人民或各级政府起诉于最高法院，最高法院即能行使其解释权。我们则须经监察院来提请，政府和人民不能直接提请，比较的略有限制。至于监察院提请解释的期限，《五五宪草》规定为六个月，即是被解释与宪法有无抵触的那个法律施行后六个月内。这种期限的限制，一方面又是给予有声请解释权的监察院以限制了。

本章参考资料：

一、吴经熊、黄公觉：《中国制宪史》第五九七至第六三四页。

二、孙院长：《中国宪法的几个问题》（二十三年双十节论文）。

三、孙院长：《宪法草案最后一次修正之经过情形》（二十五年五月十一日在中央报告）。

四、耿文田:《国民大会参考资料》。
五、章渊若:《现代宪政论》。
六、俞仲久:《宪法文选》。
七、金鸣盛:《五权宪政论集》。

第二章 《五五宪草》的批评

在不曾批评《五五宪草》以前，我们先援用总裁和主持宪草议订的孙院长哲生关于《五五宪草》的说话。

总裁在国民参政会第五次大会闭幕时说：

> 本人的意见，认为制宪一事，是要完全替国家百年利害来打算，要借鉴于过去苦痛的教训和经验，为将来施行宪法时打定良好基础，真正为国民造福利。所以我们不但要注意过去的历史和国情，注重现在的事实和环境，更要顾到颁宪行宪以后的将来。要知道中国当前的任务，是求得国家的独立自由和平等，而这个任务的贯澈，需要十年二十年的努力。尤其重要的，我认为五权制度的精神，切不可以违反，我们既然要造成中国为三民主义共和国，宪法的条文中间，就不能有违反五权宪法的条款。如果认为有一时不能做到，而应逐渐充实的和逐渐改进的，当然有暂时变通的权宜，但切不可以规定于宪法以内。我认为我们的宪草要有弹性，要求其条条可实行。[①]

孙院长在国民参政会第五次大会席上报告《五五宪草》议订经过及

[①] 二十九年四月十一日《中央日报》载《国民参政会蒋议长休会词》。

其内容的说明时,用下面一截话,作为他的结论:

> 《五五宪草》在精神上完全是遵奉总理的三民主义为建国之最高原则来起草的,其内容则参照五权宪法、《建国大纲》所规定;但为内应目前环境,及近年经验,故对《建国大纲》非墨守其条文,而系遵奉其精神,针对目前的环境及十余年的政治经验予以引用的。中央认为大体可采用,当然尚非完全无缺。世界上原无一成不变的宪法,亦绝无尽善尽美的宪法,大都是过渡性进步性的。近代各国宪法,多系易于修改,以适应政治之变迁。因为近代政治变迁甚快,或今日认为是者,不久即认为不适当,《五五宪草》亦不能例外。希望将来国民大会修改通过之后,根据建国的经验及政治的进步,这部宪法,亦一步一步的日臻于完善。[①]

因此,我们批评《五五宪草》的态度:(一)不把它当作"百年"不能变的根本大法看待;(二)不把它当作"天衣无缝"尽善尽美的宪法法典看待。我们批评《五五宪草》时所认定的前提:(一)要不违背国父遗教,尤其要不违背五权制度的精神;(二)要能适应目前即颁宪行宪时的环境。我们批评《五五宪草》对于它所抱的希望:(一)要富有弹性;(二)要条条可以实行。

本于这几点我们提出了下面六个比较重要的问题,批评《五五宪草》,同时对于批评《五五宪草》者加以客观的检讨和批判。自然,说我们这是《五五宪草》的批评也好,说我们这是《五五宪草》批评的批评,我们也并不反对。

---

① 二十九年四月十二日《中央日报》载《孙院长对宪政重要谈话》。

一、国民大会要不要常任机关

国民大会闭会期间，要不要常任机关？在《五五宪草》议订的过程中就曾发生过问题，因为在主稿人初步草案和宪草初稿以及宪草初稿审查修正案中都曾有常任机关的设置，在主稿人初步草案和初稿中叫做国民委员会，在初稿审查修正案中叫做国民大会委员会。尽管其名称或职权互有不同，而其为常设机关则一。现在国民参政会讨论《五五宪草》时，该会宪政期成会同人又主张设置国民大会议政会，且更提高其职权了。究竟国民大会要不要常任机关呢？

我们先研究一般人主张设置常任机关的理由。赞成此说者所持之理由，不外乎这几点：（一）国民大会的代表，多至二千以上，此种庞大的集会不但是不便当，而且很不经济，且国民大会又不能常开，须隔三年始能开会一次，故应设置一个代表机关，继续开会，否则政权的行使便有中断之虞。（二）各国宪法（如德国及归并前的捷克）也多规定议会于闭会或解散期内，可选定议员若干人组织议员委员会，以行使其监督政府的职权，而我们这个代表人民行使政权的国民大会，较之别国的议会，其地位更形重要，岂有反不设置常任机关之理？（三）国民大会得罢免总统、副总统及立法、司法、考试、监察四院院长、副院长。罢免权的行使乃偶然而非常态，国民大会的例会及临时会须总统召集。总统召集国民大会而罢免总统，那是不近情理之事；且罢免案须由监察院提出，监察院向国民大会提出罢免监察院院长亦为不近情理之事。国民大会自身虽得自行召集临时大会，以决议罢免案，但是须得先有五分之二代表的同意，事实上有相当的困难。如果不召集临时大会而必待三年一次的例会以举行罢免，那么立法、司法、考试、监察四院院长、副院长的任期本来只是三年，院长、副院长已到退职的时期，罢免权何从得而行使呢？况且，即使可得行使，又有什么实益呢？故不如设置常任机关，代行国民大会的职权或召集临时大会。

其实，我们如果过细一想，便知上开理由为不尽然了。（一）各国行议会政治的国家，都是有国会的，国会是代表民意的机关，当然行使政权的一部，但是各国国会开会，也有一定的期限，并不是天天开会的，那么在国会闭会期间，除少数设置议员委员会者外，大多都无常任机关，我们可以说是政权中断了吗？至于选举也何尝天天选举，难道天天选举，才不算政权中断吗？（二）国民大会既是中央的政权机关，那么治权范围内之事，就不能稍有侵越。政权限于选举、罢免、创制、复决，关于创制法律或复决法律，或可以投票的方式行之；关于选举和罢免，在常态的情形下，固可于大会开会时去行使，在特殊的情形下，自必先行使罢免然后才行使选举，此可召集临时大会以为之，也不必一定有待于常任机关去代行。况且（三）国民大会的召集，如认为五分之二以上代表的同意比较困难，总统对于弹劾自己未必肯召集大会，我们也未尝不可另筹补救的办法。即于《五五宪草》第九三条的规定，改为"对于总统……之弹劾案，……在国民大会闭会期间，应请'总统'召集临时国民大会，为罢免与否之决议"。这样，总统就非召集临时大会不可了。又国民大会罢免总统及立法、司法、考试、监察四院正副院长，似非必经监察院提出弹劾不可，应由监察院提出弹劾的，只是行政责任，即行政上违法责任的纠问，至于政治责任，系由国民大会自行发动而为罢免的。国民大会自行发动，如在闭会期间，可以投票的方式，先决定应否召集临时会，然后再行使罢免权。关于总统、副总统，立法、司法、考试、监察四院正副院长的罢免权，不宜轻于行使，时人也早已先我们而加以评论了。二十三年七月十五日《北平晨报》社论：非常时代之宪法观，认为国民大会委员会

(《宪草》初稿审查修正案中的国民大会常任机关)之设根本无此需要,说:

> 中国今日之环境,贫弱已极,危殆已极,欧战以前之各国法例,皆非我国今日所克适用。于兹非常之局,应有非常之法。国民大会于行政元首之推选,宜慎厥始,既经选定,不容轻议。故不问为内阁制抑总统制,只要其为行政上最高领袖,一经国民选任,即应信任不疑。俾当国家责任之冲者,有充分发挥其所抱政策之余裕。国民大会委员会之组织,为缩小之国民大会,为昔日之国会变相,为空言干涉之太上政府。地位崇隆,职权綦重。此等机关,不言则为虚设,多言则启纷争。国民大会既基于信任之念,推其人为行政元首,同时又设一委员会与之对峙,狐埋狐搰,殊难索解。其正负相销,必将使政府当局无一成就。其未能适合于非常时代之恳切要求,可断言也。

至于一部分人士主张将戒严案、大赦案、宣战案、媾和案、条约案的议决权及预算决算的复决权,也认为政权的一部分,而于国民大会设一国民大会议政会,代表国民大会行使此等职权及其他职权[①];那个已经误解政权的意义,遂使政权机关行使治权机关的职权,纵使可以美其名曰"人民有权",不至于如他们所讥评的《五五宪草》为"政府万能,人民无权"一样,但是他们(一)误解了政权的意义与范围,(二)违背了权能分立的精神,(三)他们心目中的太上政府,只足以使"人民(只能说一百五十至二百个议政员)有权""政府无能",牵掣有余,而成事不足的机关

---

① 国民参政会宪政期成会《中华民国宪法草案修正案》。

罢了。孙院长说:"论者以为国民大会闭会期间,应予国民代表行使政权的机会,且以复决预算及议决戒严、大赦、宣战、媾和、条约等,均属政权而非治权,应由国民大会议政会行使,殊不知此等职权,在欧美各国国会称为政权,而在五权宪法之中则为治权。且行使此等治权之立法院,乃由国民大会所产生,自为代表人民行使治权之机关,国民大会既已选出贤能之政府,何以更须设立重复之机关,以为牵掣?国民大会如不信任所选之政府,又安能信任闭会期间之议政会?因之,国民大会期间设议政会,不仅违反国父所创之五权制度,且为不必要之设施。"[1]这不但是《五五宪草》所以取销国民大会常任机关的理由,同时也是我们反对国民大会设置常任机关即一般人所谓国民大会议政会的理由。

二、五权制度应该怎样规定

五权宪法下的五权制度,即于各国所谓行政、立法、司法三权外,加上监察和考试二权,前已经屡讲不一讲。关于五权制度,我们自然绝对承认:(一)总理所谓五权分立,不必一定指的五院分立或五大官之分立;(二)总理所谓五权分立,绝无将国家行政分割为五部,使之互相牵掣,互相抵销,以致行政机构运用不灵,行政效率不能增高。但是,如果认为《五五宪草》关于中央政府各节规定,是与五权制度显有违背,我们却未完全赞同。兹就一般人对于中央政府一章的意见,择要加以批判:

(一)立法院是否应仅为立法的技术机关。一部分人的意见,误解了政权的意义,而将外国行使代议制度国家国会中所行使的政权,运用到五权宪法,而将戒严、大赦、宣战、媾和、条约案的议决权,归并到国民

---

[1] 二十九年四月十二日《中央日报》载《孙院长对宪政重要谈话》。

大会议政会的职权中去，自然，立法院所剩下的职权，只是法律案及预算决算案的议决权了。我们认为这些戒严、大赦、宣战、讲和、条约案的议决权，都属于政权的范畴，反对把这些职权从立法院分出，交给国民大会常任机关去，因此我们就不能承认立法院仅仅乎是技术机关。固然，立法院与行政首领间的衡制作用，如同《宪草》第七〇条那样规定，我们也认为有斟酌修改必要①，但如于一切案件经总统提交复议后而维持原案时，将应否维持或取销之决定权，归入国民大会议政会去，那更是使政府无能的办法，我们未敢苟同。

（二）司法行政权应否归行政院管辖。有人主张将五院中牵涉行政权之部分，均移归行政院②，而以司法行政权之脱离司法院归并行政院为其显著之一例，此乃蔽于三权分立的观念；殊不知司法行政权的独立，亦为五权宪法下司法独立的一个重要意义，详细理由，我们已在本书本论第四章第四节总释中举其要略，此处可不多赘。至将司法院与最高法院合并，仅系形式上的问题，我们原可不必深论。

（三）行政院院长的责任。《五五宪草》关于总统职权，采取总统实权制，和一般所谓总统制，似乎有些仿佛。因此，行政院院长由总统自由任免，政治责任由总统代向国民大会负之，国民大会对于行政院院长的政治责任不直接向行政院院长纠问，换一句话说，行政院院长是向总统负其责任的。现在一般人的意见，却又似乎主张采取内阁制的精神③，而将国民大会的常任机关即国民大会议政会当作国会，一方面规定行政院院长由总统任免，一方面又规定国民大会议政会得对之提不信任案，所谓不信任，当然是政治责任的纠问了。这样，行政院院长究竟向谁负

---

① 参照本书后论第三章。
② 国民参政会宪政期成会《中华民国宪法草案修正案》。
③ 国民参政会宪政期成会《中华民国宪法草案修正案》。

责,不无疑问。如果国民大会议政会并不对之不信任,总统即无自由任免之权,那么行政院院长自然不必对总统负责,总统对之也只有秉承国民大会议政会的意见以为处理,所贵乎"中央集权""政府有能"者何在呢?如果总统对之,仍有自由任免之权,那么行政院院长岂不一方面对国民大会议政会负责,一方面又要向总统负责?在双重牵掣之下,行政院院长纵有才略抱负,亦恐无所施其技吧?

(四)考试院的职权。《五五宪草》关于考试院的职权,规定掌理考试和铨叙,应受考铨的人员,不但以公务员为限,即公职候选人等亦包括在内。现有人主张考试院掌理考试而不及铨叙,考试的范围,且只以事务官为限[1]。考试权的意义是否如此,能不毫无疑问。固然,政务官和国民代表当不在应受考试之列,我们也可持同样的意见,《宪法草案》第八五条的规定,适用上颇滋疑义,已如前述(国民代表应接受三民主义的革命主义,固可不必多述);然而铨叙与考选相关联,如考试院有考试而无铨叙,便已失却考试权独立的本义了。

(五)总统的紧急命令权。总统的紧急命令权是元首大权之一,并非以行政首头之资格而取得,为使元首权能够灵活运用,应付非常,《五五宪草》才有第四四条的规定;可是有许多人认为总统将可以随便发布紧急命令以破坏宪法,蹂躏法律,因而主张取销[2];有许多人认为总统发布紧急命令后,应立即提交国民大会的常任机关即国民大会议政会追认[3]。对于前一部分人的意见,我们认为违背集中权力提高行政效率的原则;对于后一部分人的意见,我们认为既无有此太上政府即国民大会议政会的必要,自然主张仍维持原来的规定,不过其提交追认,是否应有

---

[1] 国民参政会宪政期成会《中华民国宪法草案修正案》。
[2] 沈钧儒等:《我们对于〈五五宪草〉之意见》第四十一页。
[3] 国民参政会宪政期成会《中华民国宪法草案修正案》。

三个月之久,那是值得我们斟酌的。

三、中央与地方究竟怎样均权

中央与地方究竟怎样均权?我们要解答这个问题,先须确定"地方"的意义,才能进一步决定中央与地方怎样均权。

(一)"地方"是甚么?我们尽管可以例举《建国大纲》第十七条及中国国民党政纲对内政策第一、第二两条的规定,把"省"认为"地方";然而国父的意见,认为宪法草案的议订,一方面固应遵照《建国大纲》之所定,一方面更应参照训政时期的实际政治经验(《建国大纲》第二十二条)。《五五宪草》本于实际政治经验而以省之性质,属于中央行政机关,并遵国父"分县自治"的遗教,将"县""市"认为地方,我们并不能指责其违背国父遗教,此在一部分人固以前述理由而持反对见解,一部分人则亦赞同此说,我们可以不必多说。

(二)中央与地方怎样均权?国父遗教属于中央与地方之关系,采取均权制度。《五五宪草》以"县""市"为地方,那么所谓均权,自然系指中央与县市均权而言。关于中央与地方的关系,宪法上应该怎样规定,不外概括和列举两种方式。立法院议订宪草时,于此亦曾有过很大的争论。故吴稿、主稿人初步草案以及宪草初稿,都采取列举式,将中央与地方的权限,予以列举的规定;其后才改采概括规定。为什么《五五宪草》不采列举方式而采概括方式呢?立法理由不外乎:(甲)均权之意义,是将中央与地方的事权为合理的分配,而所谓权力行使之对象,其分配之所宜,关系至为复杂,决非列举所可详尽;(乙)中央与地方事权之内容,欲为明确之划分,事实上不大可能;(丙)列举的方式,适用于联邦国家各邦与联邦的权限规定,我国为单一国家,可无采取列举式的必要。有人以为列举方式可免笼统含糊，权限不清，其言虽亦不无理由，但两种方式既无绝对的优劣，那么改采列举方式，只要经过审慎讨论，我们亦不必反对，否则，如若维持原有的规定，也没有什么不可以的。

有人虽然承认"地方"系指县市而言，但又认为中央与省之间，亦应有一明确的规定，庶足以"立于中央与县之间，以收联络之效"，其说颇有理由；但如认为以省为单位，应设立人民行使政权的机关，如省议会之类①，我们却不必赞同。因为省既是属于中央行政机关，为使"政府有能"计，似乎不必再有足以牵掣省政的民责机关，此在立法当时，也曾早就有过一番审慎取舍了。

四、妇女在宪法上应有的地位

妇女们的法律地位，《五五宪草》也和男子们一样看待，比如说"中华民国人民在法律上一律平等"，当然无男女、种族、宗教、阶级之区别；又比如第二章关于人民的各种权利义务，以及第一三二条的教育机会，所谓"人民"，当然兼指"男女"而言；国民代表的选举权与被选举权，妇女当然也包括在第二九条所谓"国民"之内；再说各级公务人员，上至总统、五院院长、各部会长官，下至县市长等，宪草各条，既并无限于男子字样，那么，依照第五条的当然解释，妇女也都有权为之、可能为之，这是毫无疑义的。至于《宪草》第一二五条第二项对于"妇女儿童从事劳动者，应……施以特别之保护"。也并非是男女之间的不平等待遇，那是基于妇女生理上的天然限制，才设此种规定的。

因此，我们所不甚了解的，就是若干妇女前进，主张于宪法上多设保

---

① 国民参政会宪政期成会《中华民国宪法草案修正案》。

障妇女的规定，好像《五五宪草》美中不足，对于女权还不够保障，因而才建议于宪法若干处，增设特别保障妇女的条文。如果我们仔细一想，我们就会明白《五五宪草》中妇女的地位，已与任何先进国家的法律相同，而为若干国家所不及了。我们妇女界现在所争取的，应该是事实问题，而不是法律问题。如果宪法上一定要增加特别保障妇女的规定，比如说国民代表应明定妇女名额，岂不是反而不平等了吗？因为如果规定女子代表应占百分之二十，那样男子的代表名额多于女子的代表名额，结果还不是不脱"不平等"的窠臼？所以我们认为妇女在宪法上应有的地位，是和男子一样（女工应特别保护，那是本于身体应有的例外并非不平等待遇），用不着自外于男子，而要求有特殊规定的！

五、经济与教育两章应否取销

宪法上规定国民经济与教育的条文，是第一次欧战后才见诸各国新宪法的，我们在各该章总释中已经交代过了。有一部分人以为宪法是规定人民权利义务，规定国家基本制度的大法。行政上施政方针，受时间性之限制，当随时代而变迁，实无列入国家基本大法中的必要。他们认为《宪草》中第六章国民经济及第七章教育中所列之各条文，都系行政方针，不必列入基本大法。他们并且举例来说，经济章中第一二二条"国家对于国民生产事业及对外贸易，应奖励指导及保护之"，此是经济行政的施政方针，是政府所应尽的职责，不必宪法为之规定；又例如同章第一二六条"国民为谋农业之发展及农民之福利，应充裕农村经济，改善农村生活，并以科学方法，提高农民耕作效能"，这也是经济行政的施政方针，而为政府所应有的职责，不必宪法为之规定；又例如教育章中第一三七条"国立大学及国立专科学校之设立，应注重地区之需要，以维持各地区人民享受高等教育之机会",此亦是教育行政的施政方针,而为政府应有的职责,不必宪法为之规定;又例如教育章第一三八条,规定国家应奖励补助私人教育之成绩优良者、学术技术之发明者,此亦是教育行政的施政方针而为政府所应尽的职责,不必宪法为之规定的①。

我们关于此点,并不认为"此非宪法之重要效用""此类条文华而不实,徒使宪法多有虚文陈设,徒使宪法条文冗长烦复"。我们对于国民经济和教育二章,认为有不能取销的必要。关于国民经济一章,因为经济政策为现时各国内政上所争执之点,总理民生主义对之持特别见解,自应依民生主义的规定,著之宪典,以免徒滋纷扰,而符"三民主义共和国宪法"之名实。关于教育,更是立国三宝之一,且与实施三民主义共和国的立国精神有莫大关系,教育政策如与立国精神背道而驰,便永远不能使中华民国走向三民主义共和国的道途上去,我们认为宪法上规定教育一章,自有其更重要的意义,决非"虚文陈设",更不是为"条文冗长烦复"之病的。

六、宪法的解释应否另设机关

解释宪法条文之疑义。保障宪法的效力,以决定违宪问题,均有待于宪法的解释。各国解释宪法的机关,不外乎四种:(一)立法机关,如瑞士的联邦国会;(二)制宪机关,如我国《民国十二年宪法》所规定的宪法会议;(三)普通法院,如美国的联邦最高法院;(四)专设法院,如德国的国务院庭。《五五宪草》规定由司法院掌理解释宪法之权,但须本于监察院的提请解释,立法当时,颇费审酌,才定取舍,且此制略同美国制

---

① 国民参政会宪政期成会《中华民国宪法草案修正案》。

而实际各异,已如前述。现有一部分人的意见[1],以为在五权宪法中采取此种制度,殊不适当。因为我国实行五权分立和直接民权,不仅有行使治权的机关,而且在治权机关上面还有行使政权的机关——国民大会,如果国民大会制定的宪法,而属于治权机关之一的司法院得独握解释权,则难免有治权侵犯政权的嫌疑。因此他们为了沟通和调剂政权与治权,而对宪法作适合立法本旨和实际需要的解释起见,主张由国民大会的常任机关即所谓国民大会议政会、司法院、监察院各推三人组织宪法解释委员会(并由委员互推委员长一人),掌理宪法的解释,解释时当可由人民直接声请,更不必如同《五五宪草》一样须由监察院声请。我们对于此种主张,认为并不能较由监察院提请司法院解释者为更妥善。因为:(一)我们并不赞同设置国民大会常任机关的办法,如必由国民大会指派代表参加,事实上颇有困难;(二)《五五宪草》规定宪法之解释由监察院声请司法院为之,监察院对于应行解释的宪法问题,既已经过第一步的审查,那岂不也和监察院派代表参加宪法解释委员会有同一的实益?(三)我国国民,缺少法治的素养,如果要以民众的力量作为宪法的监护,而抵抗不当的立法,事实上不大可能;(四)宪法的解释,本来是治权机关之事,如果解释不当,国民大会仍有复决权和创制权以相纠制。故在并无更妥善的办法以前,我们还是毋宁主张采用原草案所采的办法。

本章参考资料:

一、总裁:《国民参政会第五次会休会词》。

---

[1] 国民参政会宪政期成会《中华民国宪法草案修正案》。又沈钧儒等:《我们对于〈五五宪草〉之意见》第八○页。

二、孙院长:《对宪政重要谈话》。

三、孙院长:《立法院议订〈五五宪草〉经过及其内容之说明》。

四、沈钧儒等:《我们对于〈五五宪草〉之意见》。

五、国民参政会宪政期成会《中华民国宪法草案〈五五宪草〉修正草案》。

六、《罗文干等〈五五宪草〉修正案草案及其说明》。

第三章 《五五宪草》与抗战建国

在抗战结束后一年内，国民政府将召集国民大会，制定宪法，为实施宪政埋下了建国的础石，其意义之重大不待烦言。透视了《五五宪草》全文以后，我们应该进一步研讨：今后作为建国准绳的宪法，既将胚胎于《五五宪草》，那么将来的宪法，要怎样才能够反映出抗战所给予我们的教训？怎样才能够反映出人民在抗战时期的迫切要求？又怎样才能够反映出抗战以后的社会需要？这都是我们在讨论《五五宪草》时所不可忽视的问题。

因此，我们融合了抗战建国的事实和经验以及《抗战建国纲领》的规定，提出八个比较重要的问题，再将《五五宪草》与各该问题有关之处，试为析论。

一、主权与领土问题

中国这一次抗战，其目的在求民族国家的独立和生存。换一句话说，我们是为了求主权的独立和领土的完整而抗战的。我们要求独立自主，建立现代民族国家，日本帝国主义者却要我们作奴隶作次殖民地；我们要求领土完整，建立统一集权政府，日本帝国主义者却侵占我们的土地，漫无止境。若是我们不抗御日本帝国主义者的侵略战，什么"主权独立""领土完整"等等，皆是空话；我们要图谋"主权独立"和"领土完整"，才发动了这一次抗战，不达目的不止。这种意义，在今日已经是家喻户晓了。但是我们要谈到"主权"，就应该注意到主权的运用和主权的归属；谈到"领土"，就应该注意到领土的意义和领土的变更。要是不然的话，如果我们要深究主权独立和领土完整的意义，岂不依然是茫无头绪吗？

关于国家的主权，《五五宪草》第二条规定为属于国民全体，采取的是国民主权说，和《训政时期约法》第二条之规定相同。我们固可不必像许多学者一样，站在国家主权说的地位，认为国家是社会上的"团体"，是法律上的"人格者"，而国民总意纯属空谈，因此就抨击此种规定，主张采取国家主权说；可是，我们却能明白：无论国民主权说也好、国家主权说也好，主权的运用，决非任何野心家或少数人所得操纵或冒袭的。国家之名，既非任何人所能冒袭，国民全体之名，又何尝不是一样？既然如此，那又何必对于主权属于国民全体之说，恣意抨击呢？主权的范围，自然不以政权为限，政权的行使，要不过主权的行使方法而已，其义已详见本论第二条解释；张知本氏私拟宪法草案第三条，规定主权为政权与治权，依此推解，政权与治权的行使，都是国家主权的运用了，国民全体以行使政权与治权的方法，来行使国家的主权，初看似颇费解，其实国家的治权，虽然归属"政府"，然其治权之所本，仍为国民全体，国民全体以行使政权的方法而产生治权机关的。如此说来，主权的运用，当非政权机关或治权机关所可单独为之，可不待言。主权既然属于国民全体，而主权的行使，又必待于法定的政权机关与治权机关的共同行使，那么我们由此可以伸论：所有日本在中国领土内以武力造成之伪政治组织，不但其现形应予否认及取销，并且对于这些伪政治组织的一切对内对外之行为，亦当宣布无效，所有这些伪组织的行为，决不能发生法律上的效果，对于我们国家绝对无拘束力，这是当然应有的结论。所以，在抗战期内，尽管敌人在沦陷区域扶植了一个或数个伪政治组织，我们本于宪法上此种规定，也就是本于主权属于国民全体之说，尽可不怕汉奸败类倒行逆施的出卖国家民族利益，因为这些非法行为，在抗战结束后仍然是绝对无效的。

关于国家的领土，《五五宪草》第四条采取的是列举兼概括主义，和《训政时期约法》采取概括主义者不同。我们固可不必像许多学者一样，站在概括主义的立场，认为仅举"领陆"未举"领海"既不免有所挂漏，更不免有"不三不四""非驴非马"之讥，而因此就抨击此种规定，主张采取概括主义；可是，我们却能明白：概括规定和列举规定，初无轩轾之分，概括主义更不免失之笼统含糊，与其采取概括主义，还是采取列举主义较为妥当，其义已详见第四条解释。当然，我们也承认除掉"领陆"之外，连"领海"也包括在内，而且不但"领海"，就连"领空"也包括在内。依照第四条第二项的解释，领土并非绝对不能变更，经过国民大会议决后，仍然可以变更的。领土之所在，亦即主权之所在，因此有"领土主权"之称，有人认为变更领土，亦即减削或增加主权行使的范围，换一句话说，有权变更领土的机关，该就是有权行使主权的机关了。由此说来，作为政权机关的国民大会，既然有议决变更领土之权，那么粗看来，主权的行使岂非归属于政权机关而与刚才所说由政权机关与治权机关共同行使的话相矛盾吗？其实，仔细一想便可明白，因为领土变更的决意机关，虽为行使政权的国民大会，但是领土变更的提议或执行，仍由治权机关的政府为之，结果仍是由政权机关与治权机关行使"领土主权"，与我们刚才的理论仍相符合的。话说回来，领土的变更，只有经国民大会议决才得为之，像汪逆精卫那样，私与日本订立丧权辱国的条约，割让领土，自然是绝对无效，我们依照《抗战建国纲领》第七条的规定，"否认及取销日本在中国领土内以武力造成之一切伪政治组织及其对内对外之行为",就应有此结论,将来在宪法颁行后,更可不待烦言了。

主权和领土,都是构成国家的两大要素,抗战的目的,是求"主权的独立"和"领土的完整",作为建国准绳的宪法,也是保障"主权的独立"和"领土的完整"。《五五宪草》关于主权和领土的规定,是没有修改必要的。

二、人民权利义务问题

人民的权利义务,是宪法重要部分之一。国父说:"宪法是一个大机器,就是调和自由与统治的机器。"又说:"宪法者,政府之构成法,亦即人民权利之保障书也。"宪法上人民权利自由的规定,我们应该多所注意;同样的道理,与权利相对待的人民的义务,也一样地值得我们多加注意。关于人民的权利,宪法上不过只是就其主要者而为例示的记载(如《五五宪草》第八条至第二十三条),并非择其所应有的而为完全之列举。《五五宪草》第二十四条便是补救列举之不足而设。《五五宪草》保障人民权利的规定,采取两种方式:第九条至第二十四条,是对行政权及司法权而限制其不得侵害;第二十五条则是对立法权而限制其不得侵害。关于人民自由权利的限制,再从制宪的技术言之,更有法律限制与宪法限制之分,亦即法律间接保障主义与宪法直接保障主义两种,《五五宪草》大体是采取法律限制,亦即法律间接保障主义。我们固可不必像一般人一样,抨击此种规定,主张应采宪法限制,即宪法直接保障主义,其理由已详见本论第二章总释,此处可不赘述。我们由于抗战时期的经验,更觉得有采取法律间接保障主义即法律保障的必要。固然,在抗战时期需要统一意志、集中力量,不得不限制人民的权利和自由,将来的宪法，当不必像战时一样，束缚或限制人民的权利自由。然而在抗战结束以后，意志统一和力量集中的必要，未必比抗战时期有何不同，故宪法中纵然不必如《抗战建国纲领》第二十六条的限制或保障言论、出版、集会、结社自由一样（原文为"在抗战期间，于不违反三民主义最高原则及法令范围内，对于言论、出版、集会、结社，当与以合法之保障"），于法律的限制之不足，更加之以命令的限制，但由立法机关以法律限制人民的自由权利，而禁止行政机关恣意加以限制，已经很够满足我们的要求了。

人民的基本义务，《五五宪草》仅规定纳税、服兵役、工役、公务四种。关于服工役的义务，抗战以前尽管有很多人抨击与反对，但自抗战爆发，便再也不会有人认为服工役义务是不应有的规定了。因为在抗战期内，有钱出钱、有力出力，为争取民族生存和国家独立，应该动员全国的人力物力、财力、智力，服行非常工役以及受军事征用而服行军事劳役，谁都是争先恐后勇于应征，将来的宪法上认为这是人民对于国家的义务，我们有什么更大的理由提出反对呢？此外，中华民国律师协会常务委员会的意见，主张"人民有依法律受法院裁判之义务"，俾使现役军人，知法院之尊严，而知所以重法，固不无相当理由，但不知人民有受法院裁判之义务，此为普通法即《民事诉讼法》或《刑事诉讼法》范围内应有之规定，作为国家根本大法的宪法中，似可不必稍涉烦琐，将人民一切义务，详为列举；至于该律师协会常务委员会又主张"人民有反抗暴力侵害，拥护宪法之义务"，这和人民有反抗外力侵略，维护民族国家生存之义务"，同样的是当然之论，也同样的不必在宪法上加以规定。

二十世纪的法律，已经进化到社会本位的阶段，法律的中心观念，完全以社会利益为依归，换一句话说，在争取民族自由和国家自由的大前提下，不妨增加人民的基本义务，更不妨限制人民的权利自由，以后各国的新宪法，恐怕都得有此趋势，完全替私人利益打算而以宪法为人民权利自由的保障书者，已成过去宪政运动所留给人世间的一些遗迹了！今后的宪政运动，我们敢预料，必将以保护民族国家的自由为重，不再会断断于人民权利自由的法律间接保障不如宪法直接保障之争议了吧？

三、总统职权问题

批评中国政治路线或立国主义的人，决不能在法西斯主义、共产主义和资本帝国主义三条路线中间兜圈子；批评中国元首体制的人，也决不能在总统制、内阁制二者之间兜圈子。中国有中国的特殊环境，中国有中国的特殊文化，外国的主义或体制，只能适用在外国，硬要把它搬到中国来，若不是"逾淮之橘"，也必是"此路不通"。这是我们在研讨总统职权问题之先，所应该具有的态度。

《五五宪草》里的总统，采取的是总统实权制，但和一般的总统制又不尽相同。总统除为国家的元首具有元首大权外，并兼为行政首领，而具有行政首领的职权。总统对于五院，本于他的元首资格，具有形式上的监督权；对于行政院，本于他的行政首领的资格，具有实质上的监督权。故对于行政院院长及所属各部会长官，有自由任免之权，对于司法、考试两院院长，只有形式上的任命权而无免职权，对于立法、监察两院院长，且连形式上的任命权，而亦无之。因为行政院院长虽对总统负政治责任，而立法、司法、考试、监察四院院长却是对国民大会负政治责任的。除掉行政院外，其他各院均有其独特的职权，不受总统实质上的监督，比如监察院对于总统得提出弹劾，而行使其弹劾权；立法院对于总统提交复议的议案，如经法定人数即出席委员三分之二以上之决议维持原案时，除法律案与条约案外，总统就应该予以公布或执行，不得再有异议。故在五权宪法中的总统，和一般总统制国家如美国的总统不同，自然不能执美国的总统制来评议《五五宪草》中的总统。

在过渡时期的总统,其职权似乎比较将来真正宪政时期为大,因为:(一)在全国完成地方自治之省区未达半数以上时,立法委员、监察委员的半数,是由立法院院长或监察院院长提请总统任命的,在各该院长提请总统任命的时候,其名单应得总统的同意,解释上可无疑义。半数的立法委员既由总统同意任命,那么,像《五五宪草》第七〇条所定对于总统提交复议之案,立法院就不能以出席委员三分之二以上之决议维持原案,总统对于立法院的议案,如果提交复议,便可毫无疑义的打销原议案了。半数的监察委员既由总统同意任命,那么像《五五宪草》第九十二条所定对于总统的弹劾案,便永远不能成立,因为弹劾总统须经全体监察委员二分之一以上之审查决定,而此二分之一以外,又得有提议的监察委员十人,全体监察委员既有半数由总统任命,便再也不能凑足半数再加十口的数额了。这样,立法和监察两院所得监制行政机关的主要工具,即最后工具,岂不等于虚设了吗?(二)主持省政的省长,即在真正宪政时期,固亦由中央政府任免,而在地方自治未完成之县市,其县市长亦由中央政府任免,换一句话说,在过渡时期的省长和县市长,都是由中央行使行政权的最高机关即行政院任免的,行政院院长本于总统的任命而来,自亦不致违背总统的意旨。这样,总统对于全国的行政人员,都有实质上的监督权了。因此,有人本于过渡条款的规定,认为《五五宪草》,尤其是实行过渡条款时期的《五五宪草》,简直是一权宪法,与五权宪法的距离,相去尚远,因而攻击备至。我们对于此种意见,纵然并不认为绝无理由,可是我们得回顾一下制宪当时所决定的两个原则。在制宪之初,立法院方面决定了两个原则[①]:(一)它必须是合于我们的国情的;

---

① 孙院长:《我们需要何种宪法》(《东方杂志》第三十卷第七号)。

(二)它必须是合于我们的时代的需要的。时代尤其是抗战以后的时代,需要有一个集权的领袖,领导着全国人民,走向复兴和建国的大道上去,那么,过渡时期总统有较大的职权,毋宁是妥适而合理的规定吧。

四、五院政制问题

假如我们认为今后的宪法,应为国父所创的五权宪法而绝无置议余地的话,那么《五五宪草》的五院政制,我们在大体上是不容有何指责的。五权宪法是否应该采取五院形式,以及五院之间应否另设综合机关等问题,都已成为过去的论争了,不过照现行五院制度,以及抗战时期事实上的五院政制,除开行政院照常且或加重其工作外,立法院的重要职权似已由国防最高委员会去代行,其他司法、考试、监察三院,纵然不至成为"冷衙闲署"无事可做的程度,至少也已不能运用其法定应有的职权而发挥其现状下五院政制的精神。这种事实,我们是不能否认也不必否认的。

《抗战建国纲领》第十四条说:改善各级政治机构,使之简单化合理化,并增高行政效率,以适合战时需要。所谓各级政治机构,包括中央政府及地方政府。我们在战时,事事须求其简单敏捷,才不至贻误戎机。假使一件事须经过许多不必要的讨论和审议,不但不能适应战时的迫切需求,并且手续越烦杂,责任越分散,推诿迟缓,一定弊端百出,故政治机构需要简单化;但是复杂固可误事,过于简单也可以误事,唯有简单而又合理,才可以迅速推动政治的进行,也唯有简单而又合理,才是最完备的政治机构。又改善各级政治机构,不限定于每个机关的改善,而机关和机关的关系,也应当使其简单化合理化。换句话说,便是纵的改善和横的改善,是同等重要的。所以政治机构的改善,有二种意义:一是每个机关内部的改善；一是机关与机关间的关系之调整，务使每个政治机构，都能发挥其应有的机能。此是抗战时期改善政治机构的目标。

我们将《抗战建国纲领》第十四条的规定应用到中央机构方面，那么政治机构的简单化和合理化，应无平时与战时之分。换一句话说，战时我们固然需要有简单化、合理化的政治机构，在平时我们也一样需要有简单化、合理化的政治机构的。今后《宪法草案》中所规定的五院政制，是否能够适合这个原则，不无疑问。例如从宣战、媾和来说吧，第一步先应经由行政院院长、副院长及政务委员组织的行政会议议决，再第二步提付立法院大会议决，如果立法院不能通过，总统除依法发布紧急命令为必要之处置（只能适用于宣战案不能通过于立法院而言，媾和案即无适用余地）外，似乎便无适当的救济方法。此等紧急性质的案件，不容久悬不决，但依《五五宪草》的规定，行政院方面竟无决策的自由，必须依照立法院的意旨办理，自非五权宪法逻辑上之所宜。怎样设法补救，使五院政制更能简单化与合理化，是我们在目前所值得研究的。

五、加强省政问题

《五五宪草》中的"省"，是中央的一部分，是分散于各地方的中央直辖的行政区域。省制规定于地方制度这一章，我们固然不能说"省"不是"地方"，因而说它是"地方行政区域"，亦未尝不可；省制虽然规定于地方制度这一章，但是我们若就中央与地方均权这一点言，《五五宪草》固明定"县""市"为"地方"，因此说它是"中央行政区域"，亦未尝不可。搁开了这些不提，我们就实际上和精神上来说，"省"却不能不说是中央的一部分，是分散于各地方的中央直辖的行政区域。

"省"应否属于中央，确是一个很值得讨论的问题，赞成者与反对者双方都不难举出很多的理由。《建国大纲》第十七条虽然规定："在此时期（宪政开始时期），中央与省之权限采均权制度。凡事务有全国一致之性质者划归中央，有因地制宜之性质者划归地方，不偏于中央集权或地方分权。"但依《建国大纲》第二十二条的规定，《宪法草案》一方面固当"本于《建国大纲》"，一方面亦当本于"训政、宪政两时期之成绩"。所以《建国大纲》第十七条，对于《宪法草案》本身是并无绝对拘束力的。况且，《建国大纲》第十七条，明明仅是指"宪政开始时期"而言（所谓"宪政开始时期"介乎训政结束以后和宪法正式颁布以前二者之间的一个时期，这个时期在事实上我们还不曾有，而照《建国大纲》是应该有的），并非宪法本身而言呢。再就国内政治立论，或就国际趋势立论或就经济建设立论，我们都需要一个强有力的集权的中央政府，而抑制或降低省的地位。

有些人主张加强省政，于宪法中确定省地方机关，我们认为类似联邦的制度，绝对不能容许其再于将来的中国加以试验。孙院长哲生说："十年来实际政治经验，省自为政，或军人在地方上掌握政权军权，形成一种半独立状态，乃至妨害国家统一，所以在抗战之前，中央最费力者，在先求国家的统一，消灭一切足以使地方成为半独立状态形成割据局面的条件。经十余年的教训，中央同人认为国家应绝对统一，既要绝对统一，则不能让地方权力过分发展，重蹈覆辙。"[1]这是宪草制定时立法当局的苦心！况且，一般有识之士，竟主张将来依照合理的适于事实的新的标准，重行划分省区了。他们的理由是：（一）省区制度为元明以来行政上的一种临时措施，到现在随着政治的发展，已发现许多缺点；（二）特别是受着抗战的影响，省的本身，在事实上已发生了不少变化，

---

[1] 孙院长《〈五五宪草〉议订经过及其内容的说明》。

在抗战过程中,省政府的权力,固已不能达于全省,在抗战胜利后,由于各地方政治上、社会上乃至民族成分上的变化,恐完全恢复原来的省制,也无必要;(三)何况在《总理遗教》中,也未尝主张必须维持原来的省制呢[①]? 本来,缩小省区之议,早在若干年前便有人主张了,与其加强现状下的省政,毋宁缩小省区维持《五五宪草》上的省制为当。这虽然是《五五宪草》以外的话,但与《五五宪草》关于省政的规定,却也不无关系。

六、经济与教育问题

关于国民经济问题,《抗战建国纲领》的规定,有二点值得我们在审议宪法时加以注意:(一)经济建设的中心问题——《抗战建国纲领》第十七条说:"经济建设,以军事为中心,同时注意改善人民生活。本此目的,以实行计划经济,奖励海内外人民投资,扩大战时生产。"在战时,国民经济建设,固当以军事为中心,"一切经济建设,应以助长抗战力量,求取最后胜利为目标"。[②] 在将来抗战胜利之后,我们的经济建设,仍当以国防为中心。因为我们有见于第二次欧战爆发后若干欧洲小国,在强邻压境的时候,往往亡国于一二日之内,这是多么可惨可怕的事啊?!我国地大物博,人口众多,在土地和人口两点,尽管有争取时间制敌死命的可能,但是国防的建设,我们在抗战结束之后,绝对的要以全力注意及之。我们要"平时当作战时看",然后才能"战时当作平时看"。帝国主义的侵略国家,既恐未必于这一次世界大战以后销声匿迹,那么不合理的侵略者与被侵略者之间的战争,随时有爆发可能。我们要提防下次的抗

[①] 沈钧儒等:《我们对于〈五五宪草〉的意见》第四十八页。
[②] 《中国国民党临时全国代表大会宣言》。

战,再吃如同这一次抗战一样的大亏,自然在最大可能的时间限度内,应该在这次抗战结束,就准备下一次的战争。"前事之不忘,后事之师也。"我们这种想法,绝不是"痴人说梦",因此我们建议,在将来的宪法上,应该注意此种规定。其次,我们在审议《宪法草案》时应予注意的是:(二)实施统制对外贸易与物品平价制度——《抗战建国纲领》第二二条,规定"巩固法币,统制外汇,管理进出口货,以安定金融";第二四条,规定"严禁奸商垄断居奇,投机操纵,实施物品平价制度"。在现代交换经济的状况下,如只图生产的增加,而不设法统制贸易,仍恐因价格及供求的关系,不能完全获得生产增加的利益,所以在抗战时期,必须相当的抑制自由竞争主义的贸易,而施行严格的贸易统制。此在国内贸易,《纲领》仅规定物品平价制度,在国外贸易,便是统制对外贸易制度。前者为的是防免奸商们垄断居奇、投机操纵,致使大多数民众享受生活高昂的痛苦;后者为的是防免资金外流、国际收支平衡逆转,和入口货非战争所必需,以及出口货反而影响本国军需等不合理现象。这些统制贸易的办法,在战后我们为了国家和人民大众的利益着想,认为应该不因战时的结束而归于停止(假如政府在战时果真依照《抗战建国纲领》各该条而认真实施的话)。《五五宪草》第一二二条,虽有"国家对于……对外贸易,应奖励指导及保护之"的规定,然而,奖励指导及保护,尚不能算得统制,我们希望在将来的宪法上,应该有更积极的规定,直截了当用"统制对外贸易"字样,庶几在宪法颁行以后,能有合理的对外贸易。至于物品平价制度,我们倒可援用《五五宪草》第一二一条"国家对于……私营事业,认为有防害国计民生的均衡发展时,得依法律限制之"的规定,于将来的普通法上,实施物品平价制度。此外,更有人主张战士授田制度:出征军人归田,如无土地或所有土地太少,或其地籍丧失致无家可归者,国家须给以土地,此项土地的来源,为从汉奸贪污那里没收的土地荒地及国家原有的公产等。于宪法中明白规定[1]；此种战士授田的办法，《五五宪草》无适当明文可资援用，我们也赞同这种主张，认为有增加必要的。

关于教育问题，抗战结束以后，许多人认为建国的最基本工作，便是文盲的扫除和肃清。因为文盲如不肃清，宪法上的良好民权制度，结果仍是少数人专利的工具，对于一般人民大众不发生什么作用。要使良法美制达成它预期的任务，起码要使大多数国民都受过极基本的教育洗礼才行。因此有人主张自从宪法实行的时候起，第一个工作，就应该迅速扫除文盲，"为迅速扫除文盲起见，宪法上最好规定拿出一笔巨款来，限定期限全体总动员肃清文盲。如果照按部就班的经费规定来做这种工作，已有文盲刚扫除，新的又产生，是很难肃清的"。[2] 这种主张，我们也绝对赞同，不过应否将它列入宪法中去，却值得我们加以考虑。对于抗战军人子弟，现在纵有《抗战功勋子女就学免费条例》的规定，将来应否在宪法上规定应予以特殊的优待，俾可免费求学，亦不无考虑的价值。还有关于边疆教育，《五五宪草》和对于华侨教育一样，决少原则或具体的规定，这也是美中不足的地方。抗战以来，我们尤其感觉到边疆教育的重要，教育当局也努力推行边疆教育，为欲更使本《草案》第五条"中华民国各民族，均为中华国族之构成分子，一律平等"的规定，更具体、更有意义起见，我们似乎不能忽略了边疆教育在宪法教育一章所应占有的地位。至于华侨教育，自从抗战以来，若干地方华侨之努力于抗战事业者，或因所在地国家的对敌表示好感，对于我们的华侨教育，摧残备至！例如泰国的华侨教育，几有不绝如缕之势！教育当局剑及履及，已在设

---

[1] 沈钧儒等：《我们对于〈五五宪草〉之意见》第五十四页以下。
[2] 沈钧儒等：《我们对于〈五五宪草〉之意见》第七十六页以下。

法谋补救中。我们为了注意华侨教育,酬答并且继续希期华侨们对于祖国努力报效起见,在将来的宪法上,应有具体或至少是原则的规定。这样,才不至于被人们误解为我们不重视边疆教育和华侨教育吧。

本章参考资料:

一、《抗战建国纲领浅说》。

二、吴经熊、黄公觉:《中国制宪史》。

三、沈钧儒等:《我们对于〈五五宪草〉之意见》。

四、全民抗战社:《宪政运动论文选集》。

五、俞仲久:《宪法文选》。

《五五宪草释论》(中华文化服务社1946年第一版)

公证法要论

序　言

公证制度旨在证明私权，杜息争端，各国推行此制，早著成效。我国自二十四年七月三十日由司法院公布《公证暂行规则》，二十五年二月司法行政部又呈准司法院公布《公证暂行规则施行细则》及《公证费用规则》后，始于是年四月一日起，指定首都地方法院管辖区域为试办区域，嗣又分区施行，全国各地方法院相继试办，成效亦渐可观。爰本六七年来试办成绩，制定法律，《公证法》及《公证费用法》遂于三十二年三月三十一日及七月一日先后公布，司法行政部复依《公证法》之规定，于同年十二月二十五日公布《公证法施行细则》，自三十三年一月一日起施行。

当现行《公证法》及《公证费用法》完成立法程序之际，不佞适服务于立法院，深感《公证法》为保障人民私权、澄清诉讼根源之良法，民事诉讼原因，大多皆由于证据不确定而起，欲免无谓之讼争，以省人民之讼累，不可不积极推行公证，欲利公证之推行，以保人民之私权，尤不可不使《公证法》之知识，普及于民间。乃坊间关于《公证法》之书籍，未可多见，有之亦系依据前《公证暂行规则》以为阐释而已，于现行法多有未合；窃不自揣，爰就立法院关于《公证法》及《公证费用法》全部资料，编著此书。若能因本书之刊行而使国人晓然于现行《公证法》之内容，于每种法律行为或关于私权之事实发生之时，即向法院请求作成公证书或认证私证书，曲直分明，诉讼自必无由发生，此则区区之微愿也。

抑不佞谨按公证事项，不外公证书之制作与私证书之认证，二者均属非讼事件之范围，《公证法》为规定公证人执行职务及当事人请求作成公证书或认证私证书之准则，性质上属于广义的非讼事件法之范围。本书系就现行《公证法》《公证费用法》及《公证法施行细则》之规定，参照各国立法条例，就学理上剖析说明，并于立法得失，亦间有论列，虽自知管蠡之见，未必允当，而抛砖引玉，或资攻错之助也。唯本书于课务之暇，仓卒编成，自从初稿以迄付梓，公私多故，生活未安，中经搁笔者再，就中措词立意，虽曾加以相当斟酌，频经增削，仍恐错误之处，实所难免，尚祈海内弘达，不吝指正，则幸甚矣。

三十三年十月于渝郊小温泉

《公证法》要论目次

绪论
 第一章 《公证法》之意义
 第二章 《公证法》之目的
 第三章 《公证法》之性质
 第四章 《公证法》之沿革
 第五章 《公证法》之效力
总论
 第一章 公证之制度
  第一节 总说
  第二节 自由职业制
  第三节 专任职官制
  第四节 法院兼办制
  第五节 折衷制
 第二章 公证之组织
  第一节 公证机关
  第二节 公证职员
 第三章 公证之范围
  第一节 总说
  第二节 法律行为

第三节　关于私权之事实
　第四章　公证之类别
　　第一节　总说
　　第二节　公证书之制作
　　第三节　私证书之认证
　第五章　公证之效力
　　第一节　总说
　　第二节　公证书之效力
　　第三节　认证私证书之效力
　第六章　公证之程序
　　第一节　总说
　　第二节　公证之请求
　　第三节　公证之拒绝
　　第四节　公证之救济
各论
　第一章　公证书之作成
　　第一节　公证书之要件
　　第二节　公证书之制作
　　第三节　公证书之证明及见证
　　第四节　公证书之记载
　　第五节　公证书之登记
　　第六节　公证书之补作
　　第七节　公证书之阅览
　　第八节　公证书之交付
　　第九节　公证书之特例
　第二章　私证书之认证

第一节　认证私证书之请求
第二节　认证私证书之要件
第三节　认证私证书之方法
第四节　认证私证书之方式
第五节　认证私证书之证明及见证
第六节　认证私证书之登记
第七节　认证私证书之保存

附论

第一章　公证费用之种类
第二章　公证费用之计算
第一节　公证费之计算
第二节　钞录费之计算
第三节　翻译费之计算
第四节　阅览费之计算
第五节　旅费之计算
第六节　送达费之计算
第七节　其他费用之计算
第三章　公证费用之缴纳
第一节　公证费用之缴纳方法
第二节　公证费用之预纳或担保
第三节　公证费用之收据

附录[①]

一、《公证法》

二、《公证法施行细则》

三、《公证费用法》

[①] 受篇幅所限，本文集在收录《公证法要论》时，将附录部分省略。——编者注

绪　论

第一章　《公证法》之意义

"公证法"之意义若何？可分广义与狭义或实质与形式以言之：

一、"公证法"之广义的意义

"公证法"之广义的意义，亦即"公证法"之实质的意义，指关于公证之一切法规而言。请先释公证之意义，次及关于公证之法规。

公证之意义

公证(英语称 Public Register)者，依公力所为之证明也。详言之，即对于特定之法律行为或其他关于私权之事实，依国家权力或经国家认许之公力以为证明之谓。我国公证制度系采法院兼办制，公证事务由法院办理，法院乃国家之司法机关，办理公证系以国家权力以为证明，固不待言；即其他公证制度采取自由职业制之国家如英、美、法、比、瑞等国，公证事务系由以公证为业之公证人自行设立事务所，向嘱托办理公证之人收取定额的费用，办理公证事务者，不特公证人取得资格系由国家所赋予，且其办理公证事务须受司法机关之监督，其为经国家认许之公力以为证明，理由亦甚明显。故公证者，依公力所为之证明也，亦即对于特定之法律行为或其他关于私权之事实，依国家权力或经国家认许之公力所为之证明也。

关于公证之法规

就"公证法"之广义言之，不特国家命名为"公证法"之法典（即我国现行之《公证法》）为"公证法"，即其他关于公证所适用之法规，如《法院组织法》《民法》《票据法》《保险法》《海商法》《公证法施行细则》及《公证费用法》等，亦皆广义的所谓"公证法"也。

二、"公证法"之狭义的意义

"公证法"之狭义的意义，指国家命名为"公证法"之法典，即现行《公证法》而言，亦即《公证法》之形式的意义也。形式的意义之《公证法》，独立成为一法典，其他实质的"公证法"之规定不属之。

本书所论，虽以形式的《公证法》为主，但于其他实质的"公证法"之规定，亦有所论列。故总论、各论两部分，除现行《公证法》之规定外，凡《公证法施行细则》及《法院组织法》《民法》《票据法》《保险法》《海商法》等涉及公证之规定，无不详为说明。至附论部分，则就《公证费用法》详为析释，以窥实质的"公证法"之全貌。

第二章 《公证法》之目的

《公证法》以保护人民私权、澄清诉讼根源为目的,分述于次:

一、保护人民私权

私权之意义

私权所以别于公权而言,公权私权之意义,学说不一:有谓公权为关于公益之权利,私权则为关于私益之权利者;有谓公权为国家与人民间之权利,私权则为人民相互间之权利者;有谓公权为国民之权利,私权则不限于国民之权利者;有谓公权为公法上之权利,私权则为私法上之权利者,有谓公权以国家生活上之利益为内容,私权则以社会生活上之利益为内容者。诸说各有所偏,当以最后一说较为可取。

私权之分类

私权之中,可依各种不同之标准以为之分类,依私权之标的分为财产权与人身权,则为最普通之分类:

(一) 人身权者,与人格或身份不可分离之私权,而与财产无直接关系之私权也。其存于权利人自身上之权利为人格权、生命权、身体权、健康权、名誉权、自由权、姓名权、肖像权等皆属之。其存于有一定身份关系之人之身上之权利为身份权,亲属权继承权属之。

（二）财产权者，人身权以外之私权也。债权、物权、准物权（矿业权、渔业权、耕作权）及无体财产权（著作权、专用权、专制权、专利权）均属之。

私权之保护

私权之保护，可分公证、登记与诉讼言之。私权被侵害者，固可依民事诉讼以救济之，而其证明须有确实之证据方法，不然当事人无由证其直，曲者遂得起而争之，则私权时有被侵害之虞，凡为法律行为或关于私权之事实，须请求公证人作成公证书或认证私证书，方足使权利得以确定，故公证制度之目的，在保护人民之私权也。登记为确保私权真实，证明身份，取得法人资格，发展社会事业之制度，例如关于不动产物权依法律行为取得丧失及变更者，非登记不生效力（《民法》第七五八条）；财团或以公益为目的之社团而有独立财产之法人非经登记不得成立（《民法》第三〇条及《法人登记规则》）；以营利为目的之社团——公司，须依公司法登记（修正《公司法》施行前须依《公司登记规则》登记）；以宗教为目的之寺庙，其独立财产应依寺庙登记规则以为登记；慈善团体应依监督慈善团体法施行细则以为登记；人事登记，依《户籍法》及其《施行细则》之规定；商业登记依商业登记法之规定；著作权之登记依《著作权法》及其《施行细则》；专利权之登记依《专利法》之规定；凡此要皆保护私权所必要也。公证、登记与诉讼，虽同为保护私权之方法，然公证与登记则为非讼事件，以别于诉讼之为诉讼事件，不可不辨。

二、澄清诉讼根源

公证制度之又一目的，在于澄清诉讼根源。何以言之？盖诉讼原因，大多数皆由证据不确定而起，若能使人民于每种法律行为或关于私权之事实发生之时，即向法院请求作成公证书或认证私证书，则诉讼自无由发生也。司法院院长居正氏曩于民国二十四年提议试行公证制度原案有云："查民事诉讼，在当事人两造曲直必有所归，徒以直者无由证其直，曲者遂得而争之，如行公证制度，使人民就其所为法律行为或其他关于私权之事实，由此得一确实证明方法，人将不敢妄与之争，诉讼自必减少，即成诉讼，法院亦易判断其曲直，迅速结案，况公证书有时可为执行法上之债务名义，债权人得不提起诉讼，径行声请强制执行。日本近年统计，以公证书为债务名义而声请执行者，每年不下七万余件，其他因公证制度而无形减少或迅结之事件，在统计上无可考者，尚不知凡几，欧洲诸国，施行此制，先于日本，收效之宏，尤不待言，我国现行法律，如《民法》第一一八九条、第一一九一条及《票据法》第一〇三条等规定，以认公证制度为前提者，亦不乏其例，唯实际上斯制尚未施行，致此等规定几同具文，兹拟将此制度试予施行，以期杜息争端，减少讼累。"公证之足以澄清诉讼根源，观乎此，不待赘言。

抑吾人于此有须说明者，即按民间习惯，关于结婚、离婚、遗嘱、分家、再醮、收养、立嗣等件，多状请地方法院备案，殆为全国普遍现象，依照司法院二十七年十一月九日训字第八七二号令，既属不应许可，又毋庸征收费用，窃不能无异议。盖民间既有此普遍现象，而法律上似又已另辟救济之途径，遇此场合，大可径令依照《公证法》请求制作公证书或认证私证书也。况外县一般人民之不知法令，更较都市为甚，故备案之件尤夥，若悉予批驳，在声请人不免误会法院之不准，遂致不敢为，在其他关系人或因而借为要挟或索诈之机会，反于预防争讼之旨，背道而驰矣。

第三章 《公证法》之性质

《公证法》在固有法律的分类中之地位若何？即所谓《公证法》之性质若何？说明于次：

一、《公证法》为普通法

普通法对特别法而言，普通法特别法之区别，以地、人、事三者为标准：施行于特定之地域，或适用于特别身份之人，或特定事项之法，为特别法；施行于全国领域之内，适用于国民全体，及一般事项之法，为普通法。《公证法》规定当事人或其他关系人得请求公证人就法律行为及其他关于私权之事实，作成公证书或认证私证书，施行于全国领域之内，适用于国民全体，及一般公证事项，故《公证法》为普通法。

二、《公证法》为程序法

程序法对实体法而言，实体法规定权利义务之所在及其范围之法律，一称主法；程序法规定实行权利及使其履行义务之法律，一称助法。《公证法》系关于非讼事件之法律，其内容规定公证人执行职务及当事人请求之准则，若发生实体法上之关系，仍依实体法为之解决，故《公证法》为程序法。

三、《公证法》为继受法

继受法对固有法而言,固有法为于本国社会生活中自然发生成长之法律,继受法则为移植他国所发生成长之法律以为本国社会生活之法律。《公证法》非我国固有之法制,乃系立法的继受外国所已有之法律,立法体例虽与外国不尽相同,但其系继受而来,则无疑义,故《公证法》为继受法。

四、《公证法》为强行法

强行法对任意法而言,强行法为其法规所规定之法律关系之内容,不许当事人意思变更之法律,任意法为其法规所规定之法律关系之内容,不过为当事人意思之补充之法律。《公证法》所规定之法律关系之内容,不许当事人意思任意变更,故《公证法》为强行法。

五、《公证法》为成文法

成文法对不成文法言,成文法为以文书作成,经国家立法机关依一定之程序与形式而公布之法律,不成文法为不以文字记载,或虽以文字记载而不经立法程序,由国家认定后即生效力之法律。各国《公证法》均有成文法典,我国现行《公证法》亦有成文法典,系经立法院依立法程序议决而由国民政府公布施行,故《公证法》为成文法。

六、《公证法》为国内法

国内法对国际法而言，国内法为在一国主权下所施行之法律，国际法乃国际团体间之法律。《公证法》系规范非讼事件之法律，其效力仅及于国内，而不及于他国，故《公证法》为国内法。

七、《公证法》为公法

私法与公法之区别，聚讼纷纭，学者多主否定说，英之奥士丁（Tohu Austin）氏有言，公法私法之区别，法理上殊不正当，盖公私两法，不能对等而并立，强为区别，固未可也。而主肯定说者，其区别之标准，又有三说：有谓法律所保护之利益，有公与私，因之法律亦有公法私法之别（利益说）；有谓规定国家及其他公共团体相互间之关系，或国家及公共团体与私人间关系之法律为公法，规定私人相互间之法律为私法者（主体说）；有谓规定不平等者间之关系即权力服从关系之法律为公法，规定平等者间关系之法律为私法，亦有谓规定统治关系之法律为公法，规定非统治关系之法律为私法者（关系说）。《公证法》为非讼事件法之一种，规定公证人执行职务及当事人请求时之准则，系规定依国家之权力执行事务之法律关系，故《公证法》为公法。虽其目的，在实行实体法之私法，故为私法之助法，即属于程序法之一种，但其性质亦与民事诉讼法同，要当不失为公法也。

第四章 《公证法》之沿革

一、《公证法》之滥觞

《公证法》滥觞于古代埃及、希腊及希伯来诸国。其时各该国人民知识浅薄,法律思想极为简单,所谓公证,仅具有公证制度之雏形而已。其欲使公证书有公证之效力者,须由一定官署作成,并盖用官印;其欲使成立有效之契约者,须当事人双方及见证人一同到场,作成证书,并盖官印等方式。嗣后流传于罗马,颇加改善。迨日耳曼民族征服罗马帝国,于是罗马法令政制均为日耳曼人所吸收,但以屡经骚乱,公证事项之处理,渐落僧侣之手,凡订立契约,均须委托僧侣为之证明,始能发生效力。

二、《公证法》之发展

欧陆中世纪初年,继承公证制度,奉行最力者,当推法国,唯其时制作公证书之权,亦均属于裁判官,但得由书记代为之而已。至一二七〇年法王路易在巴黎设立公证机关六十所,乃改为由公证人掌理证书制作之职务,至于证书之方式,亦设有种种之规定,其所作证书,有公正效力,但在证书上须记载巴黎裁判长之姓名,并盖用裁判所之官印。一八〇三年二月二十五日正式颁布《公证人法》,一九〇二年、一九二六年、一九二八年及一九三三年相继修改,始确定公证制度,大陆法系各国之《公证法》,多以此为圭臬。如比利时(一九二二年及一九二七年修订)、义大利(一九一三年)、瑞士日内瓦州(一九一二年)、土耳其(一九一三年)、法属摩洛哥(一九二五年)、美国(一九二九年)及加拿大(一九〇九年),先后颁行《公证法》,均与法国《公证人法》大同小异。日本明治十九年颁布之《公证人规则》,多取法于法国,至明治四十一年虽参照普鲁士立法例,公布《公证人法》,然其原则仍不脱法国一八〇三年之《公证人法》也。

三、我国《公证法》之沿革

《公证暂行规则》之试行

我国《公证法》之法典化,首推民国十五年前北京政府之《公证人法草案》,嗣因政府瓦解,未能正式颁行;民国十九年司法院参事处曾就原稿签注意见,略加修正,迄未采用,后司法行政部复拟订《公证法草案》,大致取法于法、日等国立法例。司法院以为公证制度若采用自由职业制,由公证人自设事务所,向嘱托办理公证事务之人收取定额费用,办理公证事务,仅受法院之监督,则因我国国民智识程度尚浅,难免不发生流弊,乃以暂时不设公证人,概由法院推事办理公证事务为宜,拟具《公证制度原则草案》及《公证暂行规则草案》,提请中央政治会议议决,经交法制组审查结果,认为司法院所拟《公证暂行规则》,大体尚妥,仅将文字酌加修正,提会通过,《公证暂行规则》准予备案,定试办期间为二年,函达国民政府查照转饬司法院遵办,由司法院将《公证暂行规则》于二十四年七月三十日公布,训令司法行政部照办。复由司法行政部制定《公证暂行规则施行细则》及《公证费用规则》,于二十五年二月十四日公布,并指定首都地方法院管辖区域为施行区域,定是年四月一日起实行。至其他各地法院,如需试行公证制度者,并准呈明办理。嗣以各省法院陆续呈请开办公证,办理已有相当成效,原定之试办期间二年即将届满,曾于二十七年十月由司法行政部呈请司法院转送立法院依立法程序制定法律,是年十二月二十五日立法院四届一四七次会议议决,《公证暂行规则》暂时毋庸经立法程序制定法律,仍照中央准予试办之旨趣,径由司法院请准继续试办相当时间,以试办期内之成绩,为将来制定《公证法》时之参考。经由国防最高委员会决议准将试办期间,延展二年。二十九年十二月,司法行政部以延展之期间又将届满,复呈准再予延展二年。三十一年三月,司法行政部以抗战将及五载,社会经济变动频仍,为贯澈推行公证政策,以减少民间一切纠纷计,特将公证制度列入该部中心工作之一,通令各省高等法院遵照,凡该省尚未成立公证处之各地方法院,自是年七月一日起分批成立,每三个月成立一批,以两年为完成期间,届期全国各地方法院之公证处,必须一律成立。三十一年十一月,司法院据司法行政部呈以呈准延展之试办期间又将届满,一再展期,似有未宜,因再咨请立法院依立法程序制定法律,以坚人民之信仰。

《公证法》编订之经过

立法院将该案发交法制委员会指由委员赵琛、刘克俊、罗鼎、陈顾远、梅汝璈五氏初步审查,由赵琛氏为召集人,经于三十一年十一月二十六日、三十二年二月十七日召开初步审查会议,并由司法行政部派民事司长余觉列席说明,讨论结果,爰将《公证暂行规则》逐条加以修正补充,报经法制委员会于三十二年二月二十二日第四届第一一七次会议议决,照初步审查报告,将标题定为《公证法》,并将条文修正通过,提交立法院是年二月二十四日第四届第二四九次院会议决通过,呈奉国民政府于是年三月一日公布,三十三年一月一日施行,此现行《公证法》编订颁行之经过也。《公证法》公布后,司法行政部于是年十二月二十五日公布《公证法施行细则》,于三十三年一月一日施行;复以前《公证费用规则》与《公证法》互相关联,而其内容又与现行民事诉讼费用法不尽适合,因即呈由行政院转咨立法院一并依立法程序制定法律。立法院法制委员会仍指由委员赵琛、刘克俊、陈顾远、罗鼎、梅汝璈初步审查,由赵琛氏为召集人,将原草案修正通过,报经法制委员会于三十二年五月二十四日第四届第一二四次会议,照初步审查报告,将《公证费用法草案》修正通过,提交立法院是年五月二十九日第四届第二五三次院会议决通过,呈奉国民政府于是年七月一日公布,三十三年一月一日施行。

《公证法》施行之成效

抗战以来,司法行政部对公证制度积极推行,三十二年三月现行《公证法》公布后,各地方法院相继成立公证处,据最近三年来统计,三十一年度全国公证处数目为二百二十九处、三十二年度为二百七十处、三十三年度上半年度(七月止)已达二百七十五处。除具有特殊情形之法院外,已成立之公证处,占全国法院数百分之九十七以上。最近三年来,全国各公证处受理公证件数,三十一年度为六千零十二件、三十二年度一万零八百六十二件、三十三年上半年度为五千零三十八件。至于公证收入金额,三十一年度为七百七十一万零二百四十九元、三十二年度为二千九百九十四万二千九百六十三元、三十三年上半年度为三千七百一十九万七千零九十元,总计两年半中,共收入七千四百八十五万零三百零二元。是以公证制度之效用,已颇获民间之信任。唯公证机构虽已设置,人员尚属兼任,欲求公证效力之普及,有依《公证法》酌设专任人员,积极推行公证制度之必要。司法行政部拟于三十四年度就全国地方法院之半数,各设专任公证人佐理员录事各一员,俾便推行,成效之宏,不难预卜也。

四、现行《公证法》之特色

现行《公证法》与前《公证暂行规则》显著不同之处,约有二端:其一为确定公证人资格;其二为确定公证范围。

确定公证人资格

各国公证制度,有由以公证为业之公证人,自行设立事务所,向嘱托人收取定额费用,办理公证事务者,亦有公证机关并合于司法机关,即由法院兼办公证事务者。衡诸我国现时国情,若许公证人自行设所办理公证事务,恐滋流弊。前《公证暂行规则》规定由地方法院专设公证处或分处,办理公证事务,便于监督,固其优点;唯前《公证暂行规则》不设公证人,而由推事专办或兼办公证事务,似于理论不无可议。盖公证人专负作成公证书或认证私证书之责,而推事则有时负审判该项证书有效或无效之责,其职务判然不同也。故现行《公证法》第二条,规定公证处置公证人,并确定其任用资格,而由司法行政部就具有各该款资格之一者遴充,俾得专任其事,但为兼顾经费人才之困难,仍于同条第二项规定,前项公证人得由地方法院推事兼充,以应事实需要,然此项推事,在其办理公证事务之际,实已居于公证人之地位,故凡以推事兼充公证人者,本法其他各条关于公证人之规定,自亦均有其适用也。

确定公证范围

前《公证暂行规则》第四条,仅规定:"推事因当事人或其他关系人之请求,得就法律行为或其他关于私权之事实,作成公证书或认证私证书。"而何者为法律行为?何者为关于私权之事实?未有例示,此在具有法律知识者,固能明了其意义,然我国人民,法律常识尚未普及,前《公证暂行规则》此种抽象规定，恐非社会民众所能了解，故现行《公证法》第四条各款，就各种涉及私权之法律行为，增设例示之规定，第五条各款就各种有关私权之事实，亦增设例示之规定，庶使一般民众易于了解，周知请求公证之实益，以符推行尽利预防争讼之旨。

第五章 《公证法》之效力

一、关于时之效力

　　法令于实施时起,至废止时止,方有效力,不能溯及于实施以前,追行于废止以后,发生效力,此系罗马法以来法律适用之原则。然此原则,仅为法律适用之原则,而不能羁束立法者,为立法上之原则也。

　　现行《公证法》于三十二年三月三十一日公布,该法第五十二条规定:"本法施行日期及区域,以命令定之。"既经国府命令于三十三年一月一日施行,其为自施行之日起发生效力,自不待言。该法第五十一条规定:"本法施行细则,由司法行政部定之。"司法行政部经于三十二年十二月二十五日公布《公证法施行细则》,并定该施行细则自三十三年一月一日施行。依《公证法施行细则》第二十五条规定:"《公证法》施行前接受之公证事件尚未办理者,应依《公证法》之规定办理之,但其已进行之部分,不失其效力。"适用上自属当然。

二、关于地之效力

　　《公证法》为国内法,前已述及,国内法之效力,以施行于本国领域内为原则,故本国法院及当事人关于公证之行为,均依本国《公证法》定之。但《公证法》第五十二条规定："本法施行日期及区域，以命令定之。"准此以解，《公证法》施行区域，应以司法行政部之命令定之，盖推行公证制度，属于司法行政之范围，经费及人事，均待司法行政部通盘筹划，故《公证法》之施行区域，由司法行政部以命令定之也。

三、关于人之效力

《公证法》规定公证人执行事务及当事人请求公证之准则，为非讼事件法之一种，公证人既为法院专设之公务员，而非讼事件又系司法权范围内之事，故虽谓《公证法》为规定司法权行动之法规，亦无不可。然则凡受我国司法权之支配者，原则上关于公证事务，均应适用我国《公证法》。故我国《公证法》对于下列之人为有效力：

（一）本国人——不问其在国内或国外，均应服从本国法律。

（二）外国人——住居于中国之期间内，亦应服从中国法律。

（三）法人——外国法人、团体，如在我国已取得人格或经登记者，亦有当事人能力（参照《民法总则施行法》第十二条）。

（四）非法人之团体——亦有当事人能力（参照《民事诉讼法》第四〇条第三项）。

四、关于事之效力

《公证法》为规定公证人执行事务及当事人请求之公证之准则，故《公证法》仅关于公证事项始适用之。所谓公证事项，凡分法律行为及其他关于私权之事实二种：法律行为者，以欲发生私法上效力之意思表示为要素之法律事实也。依《公证法》第四条之例示,关于买卖、赠与、租赁、借贷、雇佣、承揽、委任、合伙或其他关于债权债务之契约行为,关于所有权、地上权、地役权、永佃权、抵押权、质权、典权或其他有关物权得丧变更之行为,关于婚姻、认领、收养或其他涉及亲属关系之行为,关于遗产处分之行为,关于票据之拒绝承兑、拒绝付款、船舶全部或一部之运送契约、保险契约或其他涉及商事之行为,关于其他涉及私权之法律行为,均为公证事项之范围。至所谓其他关于私权之事实,系指人之事实行为与人类行为以外之自然事实足以发生一定法律现象者而言。易言之,所谓其他关于私权之事实,即除法律行为以外,其他有关私权得丧变更之事实也。依《公证法》第五条之例示,关于时效之事实,关于不当得利、无因管理、侵权行为、债务履行或不履行之事实,关于不动产相邻关系、无主物之先占、遗失物之拾得、埋藏物之发见、漂流物或沉没品之拾得、财产共有或占有之事实,关于其他涉及私权之事实,均属公证事项之范围也。

总 论

第一章 公证之制度

第一节 总说

各国公证制度,约分四种:

(一)自由职业制,此制系由以公证为业之公证人自行设立事务所,向嘱托办理公证之人收取定额的费用,办理公证事务,英、美、法、比、瑞等国即系其例。

(二)专任职官制,此制系由国家任命之公务员即公证人办理公证事务,法属摩洛哥即系其例。

(三)法院兼办制,此制系将公证机关合并于司法机关,即由法院兼办公证事务,法国一七九一年以前之公证制度,我国前《公证暂行规则》及现行《公证法》即系其例。

(四)折衷制,此制原则上采自由职业制,而以法院兼办制为例外,土耳其、义大利、日本等国即系其例。

此四种制度,各有利弊,未可一概而论,要当依各国国情而互异,请详论之。

第二节　自由职业制

一、自由职业制之概念

自由职业制系由以公证为自由职业之公证人设立事务所,向嘱托办理公证事务之人收取定额的费用,办理公证事务。但其办理公证事务,须受法院之监督,且设有名额及资格之限制。学者以此制由自由职业之公证人独立办理公证事务,称为独立主义,以别于公证机关合并于司法机关之法院兼办制。英、美、法、比、瑞等国均采此制。

二、自由职业制之特色

自由职业制既由以公证为自由职业之公证人办理公证事务,则基于自由职业之性质,不得兼任公务员或兼营律师及商业,自不待言。兹就次列三项,研讨此制之特色:

(一) 关于公证费用

公证人以办理公证事务为自由职业,则其依嘱托而办理公证事务,自得向嘱托人依一定价额收取公证费用。凡能吸收顾主与招徕生意者,其公证费之收益亦丰,而于某管辖区域内,就人口及财富为比例以言,公证人之人数不足时,收入尤为可观。

（二）关于执行职务

公证人执行职务之区域，均有一定之范围，且恒与司法机关之管辖区域相同。例如法国《公证人法》第五条规定：

> 公证人行使职务之区域如下：（一）所在地为城市而设有控诉院者，则为该院之管辖区域；（二）所在地为城市而只设有第一审法院一所者，则为该第一审法院之管辖区域；（三）所在地为其他县份者，则为治安裁判所之管辖区域。但所在县设有数个治安裁判所者，各公证人共同在该县全境内行使职务。凡依照从前特别法令而取得在数州行使职务权利者，仍保存其现有区域。凡一州内只有公证人一人者，同一控诉院区之邻州公证人，均得在该州境内行使职务；但以关于遗嘱夫妻间赠与及析产名义之赠与等行为为限。该州之公证人依互惠原则，在各邻州境内享有同一之权利。

公证人执行职务，既有一定之区域，自不得在指定之区域以外执行职务。例如法国《公证人法》第六条规定："任何公证人均不得在所管辖区域外行使职务，违者停职三月，再犯者免职，如有损害并须赔偿。"

如所在地无公证人或虽有公证人而不能执行职务时，当事人得声请司法机关选定邻邑公证人，办理公证事务。例如比利时《公证人法》第八条规定：

> ……如因故障而致州内无一公证人，或仅有公证人一人能执行职务时，若遇前项列举以外之证书（指公证遗嘱或密封遗嘱自书遗嘱之寄存，撤销遗嘱，赠与，夫妻财产契约，及关于接受上述行为之

委任书)而急需制作者,当事人得特别请求治安裁判官,允其选定邻州之公证人一人制作之。治安裁判官之允许命令,应记载于请求书之末,一并黏附于公证书保存之。请求书及治安裁判官之命令,一律免除印花税及登记税。证明请求理由之证书及文件,得不黏贴印花及登记,向治安裁判官提出之。

(三) 关于监督惩戒

公证人须具备一定资格及经政府或司法行政主管机关正式任命或认可,其执行职务,须受司法机关之监督。例如法国及美国均须经司法部长推荐,由总统任命之;荷兰由国王任命之。其任用资格有积极资格与消极资格之分。公证人如有违背或废弛职务或行止不检等情形,司法机关得予以惩戒等处分。

三、自由职业制之利弊

自由职业制在法治先进各国,以其当事人得随时洽请公证人办理公证事务,公证人既以此为终身职业,与地方人士亦多有交往,对当事人颇多认识而公证人本身素质亦甚优良,证明私权,杜息争端,便民实甚,推行以来,颇著成效。唯此制若行于法治后进各国,则流弊之大,恐且不可究诘,既不易达成公证制度之目的,反有伪证扰民等现象。由是以观,在法治已上轨道各国,自由职业制固利多弊少,在法治未上轨道各国,自由职业制实弊多利少。

第三节　专任职官制

一、专任职官制之概念

专任职官制系以公证人为一种公务人员,此种人员,不但由国家给以报酬,且每人于定额之薪俸外,尚可于其所收之公证费内,提出若干成数,以为奖励,但公证费之大部分,则由公证人解缴国库。法属摩洛哥系采此制。

二、专任职官制之特色

专任职官制既由国家官吏办理公证事务,且与司法机关各别独立执行职务,此制特色有如次述:

（一）关于公证费用

公证人依规定征收,解缴国库,但于其所收之公证费内,抽出若干成数,作为其推行公证之额外收入。

（二）关于执行职务

公证人虽为公务员,但任公证人之职务者,不得兼任任何其他有俸给之司法及行政职务。（摩洛哥《公证法》第七条）公证人对于当事人应供给意见,告以就契约标的所知之事项,并使之明了其所作成或帮助作成证书之效力及结果。（第一条第一项）

(三) 关于监督惩戒

公证人既为专任职官,其由政府任命,及依一般公务员关于监督惩戒规定办理,可不待言。又公证人虽为公务员,性质上则系终身性的专职,不若其他公务员与推事之可彼此调动,此殆为各国公证人制度之所共同,但摩洛哥《公证法》于此则为例外,准许调换公证人之驻在地。

三、专任职官制之利弊

专任职官制可无自由职业制之流弊,且公证费用解缴国库,则公证事务之发达,于国库方面亦大有裨益,不若自由职业制之尽入公证人之私囊;公证人既为一种脱离法院而独立之职业,而司法事务与公证事务合并于法院办理之弊害亦可避免;况此制公证人得提公证费用收入之若干成数,又寓奖励公证人推行公证事务之旨。以是前宝道(Padoux)顾问于批评《公证暂行规则》所采公证制度文中,主张我国似可仿摩洛哥办法采行专任职官制,殊不无相当理由也。

第四节 法院兼办制

一、法院兼办制之概念

法院兼办制系由法院兼办公证事务,即公证事务与司法事务并合,故公证机关亦并合于司法机关,学者因称此制为并合主义,以别于自由职业制之独立主义。我国前《公证暂行规则》及现行《公证法》均采此制，但未必尽同。

二、法院兼办制之特色

法院兼办制既由司法机关兼办公证事务，其特色有如次述：

（一）关于公证费用

司法机关依《公证费用法》规定向嘱托办理公证事务之公证人征收公证费用，完全解缴国库。

（二）关于执行职务

公证事务由司法机关兼办，因为现行《公证法》与前《公证暂行规则》之所同，但现行《公证法》则以在司法机关设置公证人办理公证事务为原则，而前《公证暂行规则》则由法院之推事专办或兼办。立法理由，盖以公证人专负制作公证书或认证私证书之责，而推事则有时负审判该项证书有效或无效之责，其职务既判然不相同，且以曾任该项证书公证人之推事，固不能不对于该项证书确认其为有效；抑且同院另一推事审理该项诉讼时，若竟以其他有力证据而欲确认该项证书为无效，既有损于法院之威信，若竟因前一推事办理公证事务之轻率疏忽而将错就错，影响该项诉讼，亦非事理之所通。此所以现行《公证法》虽采法院兼办制而又与前《公证暂行规则》未必尽同也。至于公证机关公证职员等组织若何，容次章详论之。

（三）关于监督惩戒

公证事务由法院兼办，且依现行《公证法》，由法院设公证人办理公证事务，则公证人应受法院院长之监督，公证人之任用亦与一般司法人员同一程序，公证人之惩戒，应依一般司法官之惩戒法规办理，可不待言。至于公证人之资格等,容次章详论,兹不赘及。

三、法院兼办制之利弊

法院兼办制之弊,最显著者有三:(一)公证人有为当事人之利益指导当事人之义务,此项指导应由以公证为业之人为之,如由推事或法院之公证人为之,则与法官中立不倚之地位相悖;(二)公证人须认识请求人或经其所认识之人介绍,始得作成公证书,此种认识既属必要,而办理公证事务之推事或法院之公证人,多与管辖区域内之人不相识,且又绝不能于长久期间执行此种职务,况为推事或法官者,应极力避免地方上之关系,不宜结交其辖区内之人民;(三)办理公证事务之推事或公证人所作成之公证书,有被审判庭否认之虞,虽依自由心证主义,公证书无拘束推事之效力,然若审判庭否认同一法院公证处所作成之公证书为有效,理论上似不无可议。

至法院兼办制之利,则有六点:(一)法院办理公证事务,不致受外界恶环境之包围;(二)法院办理公证事务由具有法律学识之法官(包括推事及公证人)为之,实有驾轻就熟之便;(三)法院办理公证事务,虽无法律智识之民众亦不至受欺;(四)法官(包括推事及公证人)办理公证事务,法院易于监督;(五)法官(包括推事及公证人)办理公证事务,可免训练公证人才及考试之烦;(六)法官(包括推事及公证人)办理公证事务,易使人民生确信之心,便于公证制度之推行。

法院兼办制之利弊既如上述,返观我国国民知识浅薄,难与东西各国并驾齐驱,故以采行此制为宜。

第五节 折衷制

一、折衷制之概念

折衷制原则上采自由职业制,而以法院兼办制为例外,故学者又称例外的并合主义,盖以独立主义为原则,以并合主义为例外也。土耳其、义大利、日本等国均采此制。

二、折衷制之特色

折衷制国家,系在较小之管辖区域内,如公证事件过少以致不兼他职之公证人不能以其职务上之收入为生时,公证事务得由法院兼办。例如土耳其《公证人法》第十二条规定:"某地因收入之不敷,不能指派公证人者,得命地方上司法人员,于其本职务外,兼任公证人之职务。"义大利《公证人法》第六条规定:"在不置公证人之区域内,得以敕令将公证人之职务委托公证人之候选人,治安裁判所之书记官县长或县政府之秘书办理,但不得委托推事。"日本《公证人法》第八条规定:"区裁判所管辖区域内无公证人或公证人不能执行职务时,司法大臣得令区裁判所于其管辖区域内执行职务。"

至关于公证费用、执行职务及其监督惩戒等,则依其情形,各与前述自由职业制或法院兼办制相同。

三、折衷制之利弊

折衷制既以自由职业制为原则,法院兼办制为例外,则自由职业制与法院兼办制之优点,此制实兼而有之,不失为顾全事实之一优良制度也。

第二章　公证之组织

第一节　公证机关

一、公证机关之设立

"公证事务,于地方法院设公证处办理之,必要时得于其管辖区域内适当处所,设公证分处。"(《公证法》第一条)此即关于公证机关之规定也。所谓公证事务,系指基于当事人或其他关系人之请求,就法律行为或其他关于私权之事实,作成公证书或认证私证书及其他事务(例如交付公证书及其附属文书之缮本、准驳请求阅览公证书原本等)而言。所谓地方法院,以一县或兼市县行政区域为其管辖区域,其有县市行政区域辽阔者,得设地方法院分院(《法院组织法》第九条)。地方法院管辖区域之以一县行政区域为其管辖区域者,例如乐山地方法院以乐山县行政区域为其管辖区域是;地方法院管辖区域之以兼市县行政区域为其管辖区域,例如成都地方法院以成都市及成都县行政区域为其管辖区域。其有区域辽阔,衡诸人口经济交通等情形,有设公证分处之必要者,自应酌设分处,庶几法院与人民两感便利,故谓必要时得于地方法院管辖区域内适当处所,设公证分处。至所谓公证分处,系别于公证处而言,虽公证分处行政上隶属于公证处,但其办理公证事务,有独立行使之职权,则无疑义。

二、公证机关之名称

公证处为地方法院组织体中之一部分,其对外名义不得仅用某某地方法院或仅用公证处,应用"某某地方法院公证处",而公证分处亦应称"某某地方法院公证第几分处",解释上自属当然。

三、办理公证事务之处所

办理公证事务,原则上固应于公证处或公证分处为之,但依事件之性质,有不能于公证处或公证分处为之者,公证人自应斟酌情形,本于当事人之请求,前往该地方法院管辖区域内公证处或公证分处以外之其他乡镇,办理公证事务,是为例外(《公证法》第八条)。所谓"依事件之性质,不能于公证处为之"者,例如作成公证遗嘱,如遗嘱人病势沉重无从亲至公证处为之,则依法(《民法》第一一九一条)既又不能委托代理人为之,事实上只有在遗嘱人之住所居所为之。又如记取社团总会之决议以作成公证书,非公证人亲历其境,即难制作公证书是。至依事件之性质,凡可委托代理人至公证处为制作证书之请求者,纵令当事人或其他关系人有病或其他事由,不能亲自到公证处,公证人亦不得就当事人之所在地执行其职务,自不待言。

第二节 公证职员

在公证处办理公证事务之职员,皆公证职员,有公证人与佐理员二种:关于公证事务,公证人有处理之全权,而佐理员则辅佐公证人执行职务。但为顾全现时司法人才与经费之困难,公证人得由地方法院推事兼充之(《公证法》第二条第二项),佐理员得由地方法院书记官兼充之(《公证法》第三条第二项)。

一、公证职员之资格

公证职员一经任命,即可执行法定之职务,故未经任命前,应具有相当之资格,此项资格,学者称之曰"公证职员之绝对资格"。公证职员虽具有绝对资格,若遇特别公证事务发生时,仍须回避,不能执行职务,公证职员必无回避原因时始能执行其职务,此项资格,学者称之为"公证职员之相对资格"。

(一)公证职员之绝对资格

(甲)公证人之绝对资格。公证处置公证人,委任或荐任,办理公证事务,由司法行政部就具有下列各款资格之一者遴充之(《公证法》第二条第一项):

一、经公证人考试及格者;

二、曾任推事检察官或县司法处审判官者；

三、曾执行律师职务者；

四、曾任法院书记官三年以上成绩优良者；

五、在教育部认可之国内外专科以上学校修习法律学科得有毕业证书者。

前项公证人，得由地方法院推事兼充之(《公证法》第二条第二项)，依照《公证法》第二条之规定兼充公证人者，应由地方法院院长开具衔名，由高等法院呈请司法行政部派充之；且该兼任推事办理公证事务时，应以公证人名义行之(《公证法施行细则》第二条)。地方法院公证处或分处，有设置专任公证人之必要者，应声叙理由，呈由高等法院转呈司法行政部核准任用之(《公证法施行细则》第三条)。

公证人由地方法院推事兼充者，地方法院院长不得兼充公证人(《公证法施行细则》第四条)，盖依《公证法》第十四条及第十五条，公证人办理公证事务有不当者，请求人或利害关系人得提出抗议，由地方法院院长核办，或认抗议有理由，或则驳回其抗议，均由地方法院院长予以处分。若地方法院院长自兼公证人而办理公证事务有不当时，则不能再由地方法院院长对请求人或利害关系人之抗议为准驳之处分也。

至公证人之俸给，适用关于书记官俸给之规定，《公证法施行细则》第六条亦有明文规定。所谓适用关于书记官俸给之规定，即依公证人之为委任或荐任，适用委任或荐任书记官俸给之规定是也。

(乙) 佐理员之绝对资格。公证处得设佐理员，委任、辅助公证人办理公证事务(《公证法》第三条第一项)。至佐理员之资格，《公证法》虽无明文规定，但依同法第三条第二项："前项佐理员，得由地方法院书记官兼充之。"又依同法施行细则第六条："佐理员之俸给，适用关于书记官俸给之规定。"解释上应有与委任书记官相当之资格,似无疑义。依《法院组织法》第四八条第一项之规定:"委任书记官非经书记官考试及格或曾修习法律学科二年以上得有毕业证书者,不得任用。"则佐理员之任用,似亦应经佐理员或书记官考试及格,或曾修习法律学科二年以上得有毕业证书而后可。

(二)公证职员之相对资格

(甲)公证人之相对资格。关于公证人执行职务之回避,准用《民事诉讼法》第三十二条之规定(《公证法》第九条)。准此以解,则公证人有下列各款情形之一者,应自行回避,不得执行职务:

一、公证人,或其配偶、前配偶,或未婚配偶,为该公证事件当事人者;

二、公证人为该公证事件当事人七亲等内之血亲,或五亲等内之姻亲,或曾有此亲属关系者;

三、公证人,或其配偶、前配偶,或未婚配偶,就该公证事件与当事人有共同权利人、共同义务人、或偿还义务人之关系者;

四、公证人现为或曾为该公证事件当事人之法定代理人、或家长、家属者;

五、公证人于该公证事件现为或曾为当事人之诉讼代理人或辅佐人者;

六、公证人于该公证事件曾为证人或鉴定人者;

七、公证人曾参与该公证事件之裁判或公断者。

公证人有上述原因之一者,即不具备相对资格,依法应行回避。公证人遇有依法应行回避案件无人承办时,应由同院院长另派推事暂行兼代该公证人职务,俾资接办,司法行政部曾有训令饬知各地法院遵照办理。

（乙）佐理员之相对资格。佐理员如遇有与前述公证人应行回避相同之原因时,是否亦须回避?《公证法》无明文规定,解释上似不无疑问。盖《民事诉讼法》关于推事回避之规定,准用于书记官(同法第三十九条),则书记官辅助推事执行职务,应具备相对资格,如遇有与推事应行回避相同之原因时,即应自行回避,固无疑义;至佐理员不过辅助公证人办理公证事务,与书记官辅助推事执行职务之情形,不可同日而语,立法意旨,所以不设佐理员回避之规定者,或以佐理员于公证事务之处理,居于辅助地位,无足轻重,纵有与前述公证人应行回避相同之原因时,亦无损于公证之威信耳。

二、公证职员之职务

公证人办理公证事务,佐理员辅助公证人办理公证事务,此为《公证法》第二条第一项及第三条第一项所明定。然佐理员辅助公证人办理公证事务之程度若何?《公证法》无明文规定,依当然解释,公证事务须由公证人亲自为之者,即不得使佐理员辅助,若公证事务可由他人代为之者,则得由佐理员辅助。至其事务之性质,何者须由公证人亲自为之?何者得由佐理员辅助为之?须依各个事件定之。兹就《公证法》及《公证法施行细则》之规定,分述于次:

（一）须由公证人亲自处理之公证事务:
(1) 拒绝请求人之请求及拒绝理由书之给予(第十三条);
(2) 对抗议书附具意见书(第十四条);
(3) 审核证明书之真伪(第十九条);

(4) 命通译在场(第二〇条);

(5) 命见证人在场(第二一条);

(6) 审核授权书之真伪(第二二条);

(7) 审核允许同意之证明书(第二三条);

(8) 审核见证人及证人是否合法(第二五条);

(9) 公证书原本之制作(第二六条、第二七条、第二九条);

(10) 公证人之签名盖章(第三〇条、第三一条、第三三条、第三四条、第三九条、第四一条、第四三条、第四四条、第四七条);

(11) 应否准许阅览公证书原本之判断(第三五条);

(12) 审核请求阅览公证书原本之证明书(第三五条);

(13) 应否交付正本之判断(第三八条);

(14) 应否交付缮本之判断(第四二条);

(15) 私证书之认证(第四七条);

(16) 公证书一部或全部灭失时陈明地方法院院长征求公证书正本或缮本依式作成新正本(《公证法施行细则》第二二条)。

(二) 得由佐理员辅助处理之公证事务:

(1) 登记簿之记载(第三七条);

(2) 公证书正本之作成(第三九条);

(3) 公证书节录正本之作成(第四〇条);

(4) 公证书及其附属文书之缮本或节录缮本之作成(第四四条);

(5) 认证簿之编制(第四七条至第四九条);

(6) 以言词声请公证者其笔录之作成(《公证法施行细则》第七条第一项);

(7) 以言词声请阅览或交付公证书正本或缮本节本者其笔录之作成(《公证法施行细则》第七条第二项);

(8) 证明文件及其他文件之发还(《公证法施行细则》第十条)；

(9) 公证收件簿之登载(《公证法施行细则》第八条、第十五条)；

(10) 声请公证文件收据存根簿之登载(《公证法施行细则》第十五条)；

(11) 公证收费簿之登载(同上)；

(12) 公证收据存根簿之登载(同上)；

(13) 发还公证证件簿之登载(同上)；

(14) 公证书正本缮本节本交付簿之登载(同上)；

(15) 公证文件阅览簿之登载(同上)；

(16) 抗议事件簿之登载(同上)；

(17) 公证文件档案簿及索引簿之登载(同上)。

三、公证职员之义务

公证人及佐理员办理公证事务，应出以和蔼诚实之态度(《公证法施行细则》第五条)，以补法院兼办制公证人不易与当事人接近之缺点，且便推行公证制度。至公证职员执行公证事务所应守之义务，可分二端言之：

(一) 职务上应守秘密之义务

"公证处职员，于经办事件应守秘密。"(《公证法》第十一条)盖以公证处职员对于经办公证事件之中，或与请求人及其他利害关系人之名誉有关，或与请求人及其他利害关系人之信用有关，公证处职员因办理公证事务之故，知之必甚详，若不明定经办之人有严守秘密之义务，则社会一般人对于公证制度相率抱不信赖态度，其结果于推行公证之旨背道而驰矣。所谓公证处职员，如前所述，包括公证人与佐理员或兼办公证事务之推事与书记官而言。公证处雇用之录事,虽非公证处之职员,唯其关于公证人与佐理员或兼办公证事务之推事与书记官经办事件,莫不知之甚详,是否亦应准用《公证法》第十一条规定,负有保守秘密之义务,则有待于司法院解释例为之补充。

公证人与佐理员或兼办公证事务之推事与书记官,对于经办事件应守秘密,固矣;但于下列情形之一时,解释上则为例外:

(甲)法令别有规定。关于公证职员应守秘密之义务,现行《公证法》虽未如《公证暂行规则》第十二条之规定,以法令别有规定为例外,但解释上固当相同。例如《公证法》第十六条但书规定"经法院或其他有关机关调阅"者,既应准予调阅,自毋庸对调阅机关靳而不予严守秘密;又如《民事诉讼法》第三〇六条及《刑事诉讼法》第一六六条第一项以公证人或佐理员为证人而就其职务上应守秘密之事项讯问,已得地方法院院长之承诺或允许者,亦可毋庸严守秘密,自不得依《民事诉讼法》第三〇七条第一项第四款及《刑事诉讼法》第一六九条之规定而拒绝证言。

(乙)经请求人及其利害关系人同意。关于公证职员应守秘密之义务,《公证法》虽未如日本《公证人法》第四条但书规定,以得嘱托人同意为例外,但解释上固当相同。盖经请求人及其利害关系人既认为无严守秘密之必要,已得其同意者,自可毋庸责令公证处职员仍守此保守秘密之义务也。

公证处职员,如无上述例外情形,而于经办事件不能保守秘密者,除应受公务惩戒处分外,并依《刑法》第三一六条规定,应处一年以下有期徒刑拘役或五百元以下罚金。

(二)保存公证文书簿册于公证处之义务

"公证人作成之公证书原本与其附属文件,或已认证之私证书缮本,及依法令应编制之簿册,保存于公证处,不得携出。但经法院或其他有关机关调阅,或因避免事变携出者,不在此限。"(《公证法》第十六条)盖公证制度原为保护私权而设,关于公证人作成之公证书原本与其附属文件,或已认证之私证书缮本,及依法令应编制之簿册,一方有守秘密之义务,一方亦有保存于公证处不得随意携出之义务。若许公证职员自由携出,难免不发生弊端,且亦势必不能尽其保守秘密之义务也。

公证职员有保存公证文书簿册于公证处不得任意携出之义务,固矣;但于下列情形之一时,则为例外:

(甲)经法院或其他有关机关调阅者。法院办理诉讼,有发见真实之必要,调阅公证文书簿册,自应准予携出公证处以外,俾供办理诉讼之佐证。又其他有关机关,例如税务机关为查究逃避纳税人,而调阅公证文书簿册,自应准予携出公证处以外,以明真相而裕税源。

(乙)因避免事变者。火灾地震或空袭等意外事变时,为避免事变保全公证文书簿册时,亦应许可携出公证处以外安全地区之必要。又依《公证法施行细则》第二四条规定:"公证簿册及其附属文件有灭失之危险时,地方法院院长应速为必要之处置,并呈报高等法院。"

至所谓公证人作成之公证书原本,指《公证法》第二六条至第三〇条由公证人所作成之公证书而言。所谓附属文件,指《公证法》第三一条、第三二条所规定之附属文件而言。所谓认证之私证书缮本,指《公证法》第四六条由公证人认证之私证书缮本而言。所谓依法令应编制之簿册,则有公证书登记簿(第三六条)、认证簿(第四七条)及《公证法施行细则》第十五条所规定之公证收件簿、声请公证文件收据存根簿、公证收费簿、公证费收据存根簿、发还公证证件簿、公证书正本缮本节本交付簿、公证文件阅览簿、抗议事件簿、公证文件档案簿及索引簿。

关于公证文书簿册之保存年限,依《公证法施行细则》第十九条至

第二一条之规定,可分二种:

（甲）永远保存之文书簿册。公证书原本、已认证之私证书缮本、公证收件簿、公证书登记簿、认证簿、公证文件档案簿及索引簿,应永远保存(第十九条第一项)。

（乙）保存五年之簿册文件。第十九条第一项以外之簿册及其他文件,保存五年(第十九条第二项)。所谓第十九条第一项以外之簿册,指声请公证文件收件收据存根簿、公证收费簿、公证费收据存根簿、发还公证证件簿、公证书正本缮本节本交付簿、公证文件阅览簿、抗议事件簿而言。保存期限,自该年度之翌年起算(第二〇条)。公证簿册文件保存期限届满时,应呈明高等法院核准后销毁(第二一条)。

第三章 公证之范围

第一节 总说

公证之范围，系指出公证事项之范围而言。公证事项之范围若何？就其内容言，往昔公证制度，仅以制作关于法律行为之证书及认证关于法律行为之私证书为主，迨后人事纷繁，公证之范围予以扩大，除关于法律行为外，其他关于私权之事实，亦得请求作成公证书或认证私证书。盖关于私权之事实，或为法律行为前提之基础，或则构成法律行为重要之内容，或又为实行私权之必要条件，若欲图确保私权之成立及其实行，实有许当事人或其他关系人就此事实请求作成公证书或认证私证书之必要。现行《公证法》仿法、比、日、奥、德等国立法例，除法律行为外，其他关于私权之事实，亦得请求作成公证书或认证私证书（《公证法》第五条、第六条）。

关于公证之范围，就其规定之形式言，有概括规定与例示规定之不同：前者概括的规定当事人或其他关系人得请求就法律行为或其他关于私权之事实作成公证书或认证私证书。日本、法国、比利时诸国《公证人法》及德国《联邦非讼事件法》均采此例。后者于何种法律行为及何种关于私权之事实得请求作成公证书或认证私证书，更作例示的规定，现行《公证法》即采此例。盖前《公证暂行规则》第四条规定："推事因当事人或其他关系人之请求,得就法律行为或其他关于私权之事实,作成公证书或认证私证书。"何者为法律行为？何者为关于私权之事实？未有例示,此在具有法律智识者固能明了,然我国人民法律常识尚未普及,此种抽象规定,恐非社会民众所能了解,故现行《公证法》第四条、第五条,特就各种涉及私权之法律行为及各种有关私权之事实,分别增设例示的规定,庶使民众易于了解,周知请求公证实益,以符推行尽利预防争讼之旨。

第二节　法律行为

当事人或其他关系人得请求公证人就法律行为作成公证书或认证私书证。《公证法》第四条第一款至第六款并就各种法律行为设有例示的规定。兹先解释法律行为之一般概念,次将各种法律行为,依《公证法》例示的规定,分别阐释其义。

一、法律行为之意义

法律行为者,以欲发生私法上效力之意思表示为要素之法律事实也。析言之：

（一）法律行为为法律事实

法律事实者,乃发生一定法律现象之事件也。一称法律要件。法律事实有如下表,虽有种种,而法律行为实为各种法律事实中之最主要者。

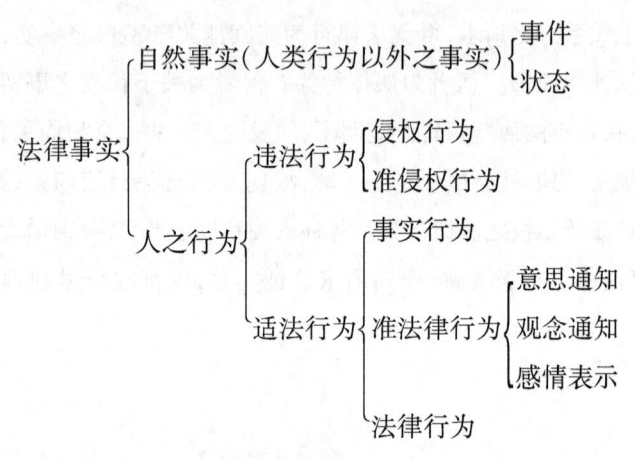

```
            ┌ 自然事实(人类行为以外之事实) ┌ 事件
            │                              └ 状态
            │          ┌ 违法行为 ┌ 侵权行为
法律事实 ┤          │         └ 准侵权行为
            │          │         ┌ 事实行为
            └ 人之行为 ┤         │         ┌ 意思通知
                       │ 适法行为 ┤ 准法律行为 ┤ 观念通知
                       │         │         └ 感情表示
                       │         └ 法律行为
```

(二) 法律行为以意思表示为要素

意思表示者,欲生私法上效力之意思的表示行为也。若不以意思表示为构成分子之法律事实,自非法律行为。故不独侵权行为及时效非法律行为,即所有权之抛弃,亦非法律行为。何则？盖前者无发生私法上效力之意思,后者虽有其意思究无表示之必要故也。

(三) 法律行为以发生私法上效力为目的

法律效力亦有公私之别,故一种行为纵发生法律上之效力,而非私法上之效力者,仍非所谓法律行为。

(四) 法律行为所发生之效力须为行为人"所欲"

法律行为与违法行为及其他适法行为之区别,在于法律上效力之发生,是否为行为人"所欲"之一点。例如违法行为如侵权行为(《民法》第一八四条至第一九八条)亦由法律赋予一定法律上效力,但实非行为人之所欲；又如法律行为以外之适法行为(债之让与之通知,债之履行之请求),亦由法律赋予一定法律上效力,但亦非与行为人之意思有关,均不能谓之为法律行为。

二、契约行为

关于买卖赠与租赁借贷雇佣承揽委任合伙或其他关于债权债务之契约行为,当事人或其他关系人得请求公证人作成公证书或认证私证书(《公证法》第四条第一款)。契约行为者,以有相对内容之数个意思表示之合致为其成立要件之法律行为也。兹依本款例示之契约行为阐释其义于次:

(一) 买卖契约行为

买卖契约行为者,当事人约定,一方(出卖人)移转财产权于他方,而他方(买受人)支付价金之契约也(《民法》第三四五条)。

(二) 赠与契约行为

赠与契约行为者,当事人一方(赠与人)表示以自己之财产无偿给与他方之意思,并经他方(受赠人)允受而成立之契约也(《民法》第四〇六条)。

(三) 租赁契约行为

租赁契约行为者,当事人约定,一方(出租人)以物租与他方(承租人)使用收益,而他方支付租金之契约也(《民法》第四二一条)。

(四) 借贷契约行为

借贷契约行为有使用借贷与消费借贷之别:使用借贷者,当事人约定,一方(贷与人)以物无偿贷与他方(借用人)使用,而他方于使用后返还其物之契约也(《民法》第四六四条)。消费借贷者,当事人约定,一方(贷与人)移转金钱或其他代替物之所有权于他方(借用人),而他方以种类品质数量相同之物返还之契约也(《民法》第四七四条)。

(五) 雇佣契约行为

雇佣契约行为者,当事人约定,一方(受雇人)于一定或不定之期限内,为他方(雇用人)服劳务,而他方给付报酬之契约也(《民法》第四八二条)。

(六) 承揽契约行为

承揽契约行为者,当事人约定,一方(承揽人)为他方(定作人)完成一定工作,而他方俟工作完成给付报酬之契约也(《民法》第四九〇条)。

(七) 委任契约行为

委任契约行为者,当事人一方(委任人)委托他方(受任人)处理事务,而他方则允为处理之契约也(《民法》第五二八条)。

(八) 合伙契约行为

合伙契约行为者,谓二人以上互约出资,以经营共同事业之契约也(《民法》第六六七条)。又所谓隐名合伙者,谓当事人约定,一方(隐名合伙人)对于他方(出名营业人)所经营之事业出资,而分受其营业所生之利益,及分担其所生损失之契约也(《民法》第七〇〇条)。

(九) 其他关于债权债务之契约行为

所谓其他关于债权债务之契约行为,包括其他关于债权债务之一切有名契约与无名契约而言。《民法》债编所定典型的有名契约,凡二十四类,除上述买卖赠与租赁借贷(包括使用借贷与消费借贷)雇佣承揽委任合伙(包括隐名合伙)等十类外,其他如互易、出版、经理人及代办商、居间、行纪、运送(包括承揽运送)、寄托、仓库、交互计算、指示证券、无记名证券、终身定期金、和解、保证十四类固均包括在内,又其他民事特别法——例如《票据法》《公司法》《海商法》《保险法》等法律所规定关于债权债务之一切有名契约以及无名契约,亦无不包括在内。

三、物权行为

关于所有权、地上权、地役权、永佃权、抵押权、质权、典权或其他有关物权得丧变更之行为,当事人或其他关系人得请求公证人作成公证书或认证私证书(《公证法》第四条第二款)。物权行为者,即以直接发生物权得丧变更之效果为目的之法律行为也。兹依本款例示之物权行为阐释其义于次:

(一) 关于所有权得丧变更之行为

所有权者,总括的支配其标的物之物权也。所有人于法令限制之范围内,得自由使用收益处分其所有物,并排除他人之干涉(《民法》第七六五条)。关于所有权得丧变更之行为,系指以所有权之取得丧失或变更为目的之法律行为而言。不动产所有权依法律行为而取得丧失及变更者,非经登记不生效力(《民法》第七五八条)。

(二) 关于地上权得丧变更之行为

地上权者,以在他人土地上有工作物或竹木为目的,而使用其土地之物权也(《民法》第八三二条)。关于地上权得丧变更之行为,系指以地上权之取得丧失或变更为目的之法律行为而言。地上权依法律行为而取得设定丧失及变更者,非经登记不生效力(《民法》第七五八条)。

(三) 关于地役权得丧变更之行为

地役权者,以他人土地供自己土地便宜之用之物权也(《民法》第八五一条)。关于地役权得丧变更之行为,系指以地役权之取得丧失或变更为目的之法律行为而言。地役权以法律行为而取得设定丧失及变更者,非经登记不生效力(《民法》第七五八条)。

(四) 关于永佃权得丧变更之行为

永佃权者,支付佃租永久在他人土地上为耕作或畜牧之物权也(《民法》第八四二条)。关于永佃权得丧变更之行为,系指以永佃权之取得丧失或变更为目的之法律行为而言。永佃权以法律行为而取得设定丧失及变更者,非经登记不生效力(《民法》第七五八条)。

(五) 关于抵押权得丧变更之行为

抵押权者,谓对于债务人或第三人不移转占有而供担保之不动产,得就其卖得价金受清偿之物权也(《民法》第八六〇条)。关于抵押权得丧变更之行为,系指以抵押权之取得丧失或变更为目的之法律行为而言。抵押权以法律行为而取得设定丧失及变更者,非经登记,不生效力(《民法》第七五八条)。

(六) 关于质权得丧变更之行为

质权有动产质权与权利质权二种:动产质权者,因担保债权,占有由债务人或第三人移交之动产,得就其卖得价全受清偿之物权也(《民法》第八八四条)。权利质权者,以可让与之债权及其他权利为质权标的之准物权也(《民法》第八八四条)。关于质权得丧变更之行为,系指以质权之取得丧失或变更为目的之法律行为而言。

(七) 关于典权得丧变更之行为

典权者,支付典价占有他人之不动产而为使用及收益之物权也(《民法》第九一一条)。关于典权得丧变更之行为,系指以典权之取得丧失或变更为目的之法律行为而言。典权以法律行为而取得设定丧失及变更者,非经登记,不生效力(《民法》第七五八条)。

(八) 关于其他有关物权得丧变更之行为

其他有关物权得丧变更之行为,例如留置权之得丧变更是。留置权者,占有他人动产之人,基于该动产上之法律关系,对于所有人取得债权时,于未受清偿前得留置其动产之物权也(《民法》第九二八条)。关于留置权得丧变更之行为,系指以留置权之取得丧失或变更为目的之法律行为而言。

四、亲属行为

关于婚姻认领收养或其他涉及亲属关系之行为,当事人或其他关系人得请求公证人作成公证书或认证私证书(《公证法》第四条第三款)。亲属行为者,以亲属关系之发生或消灭为内容之法律行为也。兹依本款例示之亲属行为,阐释其义于次:

(一) 关于婚姻行为

关于婚姻行为,系指以婚姻关系之预约发生或消灭为内容之法律行为而言。例如婚姻之预约(订婚)、婚姻之成立(结婚)、婚姻之消灭(离婚)及夫妻财产制契约是。

(二) 关于认领行为

关于认领行为,系指非婚生子女之认领行为而言。

(三) 关于收养行为

关于收养行为,系指关于养子女之收养或终止收养行为而言。

(四) 关于其他涉及亲属关系之行为

关于其他涉及亲属关系之行为,例如监护人之指定(《民法》第一○九三条)、选定(《民法》第一○九四条)、委托(《民法》第一○九二条)、监护关系之终止(《民法》第一一○六条)、家属关系之发生或消灭、亲属会议之决议等是。

五、遗产处分行为

关于遗产处分行为，当事人或其他关系人得请求公证人作成公证书或认证私证书（《公证法》第四条第四款）。关于遗产处分行为，即以处分遗产为内容之法律行为也。例如指定继承人之遗嘱行为（《民法》第一一四三条）、抛弃继承行为（《民法》第一一七四条）、关于限定继承之行为（《民法》第一一五四条以下）、遗产之管理分割及遗嘱之执行行为、各种遗嘱行为是。

六、商事行为

关于票据之拒绝承兑、拒绝付款、船舶全部或一部之运送契约、保险契约或其他涉及商事之行为，当事人或其他关系人得请求公证人作成公证书或认证私证书（《公证法》第四条第五款）。商事行为者，经营商业之行为也。详言之，商业主体（经营商业之人或法人）及商业辅助人（经理人、店员、学徒等）经营商业之行为也。兹依本款例示之商事行为，阐释其义于次：

（一）关于票据之拒绝承兑拒绝付款行为

关于票据之承兑行为，系指票据之付款人（汇票之承兑人或付款人本票之发票人、支票之付款人）拒绝承兑或拒绝付款之行为而言，依《票据法》第一〇三条、第一二〇条、第一三八条之规定，票据拒绝承兑或拒绝付款时，执票人应请求拒绝承兑地或拒绝付款地之公证人……作成拒绝证书。

（二）关于船舶全部或一部之运送契约

关于船舶全部或一部之运送契约，系指海商法所称以船舶之全部或一部供运送为目的之运送契约而言（同法第七十条以下）。

（三）关于保险契约

关于保险契约，系指保险法所称损害保险契约（火灾保险、责任保险）、人身保险契约（人寿保险、伤害保险）及海商法所称海上保险契约而言。

（四）关于其他涉及商事之行为

关于其他涉及商事之行为，例如公司法所规定各种公司之设立对内对外关系及解散清算等行为，商业登记法所规定各种商事行为是。

七、其他涉及私权之行为

关于其他涉及私权之法律行为，当事人或其他关系人得请求公证人作成公证书或认证私证书（《公证法》第四条第六款）。关于其他涉及私权之法律行为，系指前述各种法律行为（即《公证法》第四条第一款至第五款各种法律行为）以外之一切法律行为而言。盖法律行为者，以欲发生私法上效力之意思表示为要素之法律事实也。私权变动之基于法律行为者，不可胜计，恐前述所列举之例示，容有未尽，特再于例示之外，设此概括规定耳。

第三节　关于私权之事实

当事人或其他关系人得请求公证人就关于私权之事实作成公证书或认证私证书,《公证法》第五条第一款至第四款并就各种关于私权之事实设有例示的规定。兹先解释关于私权之事实的一般概念,次将各种关于私权之事实,依《公证法》例示的规定,分别阐释其义。

一、关于私权之事实的意义

关于私权之事实,包括人之事实行为与人类行为以外之自然事实足以发生一定法律现象者而言。所谓人之事实行为,则指无庸表现内心之意识内容即可发生法律上效果之行为而言;易言之,不问行为人之行为是否内心意识内容之表现,更不问其意识内容之如何,法律上即对于其行为之结果赋予一定之法律效果者也。例如无主物先占(《民法》第八〇二条)、遗失物之拾得(《民法》第八〇七条)、埋藏物之发见(《民法》第八〇八条)、附合(《民法》第八一一条)、加工(《民法》第八一四条)、无因管理(《民法》第一七二条)是。至所谓人类行为以外之自然事实,有不足以发生一定法律现象者,例如天体运行气候寒暑等是;有足以发生一定法律现象者,例如人之生死(《民法》第六条、第一一四七条),成年(《民法》第十二条、第十三条),心神状况(《民法》第十四条),失踪(《民法》第八条、第十条),物之破坏,天然孳息之分离(《民法》第七六六条)、混合(《民法》第八一三条)、混同(《民法》第一三八条以下)等均是。此所谓关于私权之事实,则指人之事实行为及人类行为以外之事实足以发生一定法律现象者而言。

二、关于时效之事实

关于时效之事实,当事人或其他关系人得请求公证人作成公证书或认证私证书(《公证法》第五条第一款)。时效者,一定之事实状态,经过一定之期间之后,即发生一定法律效果之制度也。易言之,时效乃以时之经过为必要之法律事实。时效有消灭时效与取得时效之别:前者为私权消灭之原因,后者为私权取得之原因。详言之,消灭时效者,因于一定期间继续不行使其请求权,其请求权遂因时效之完成而消灭者也。消灭时效期间,长期时效为十五年(《民法》第一二五条),短期时效为五年(《民法》第一二八条)及二年(《民法》第一二七条),但有特殊规定者,依其规定(《民法》第一二五条)。取得时效者,因占有人于一定期间以所有之意思和平且公然占有他人所有物之事实,法律即令其取得该物之所有权者也。取得时效期间,分五年(《民法》第七六八条)、十年(《民法》第七七〇条)及二十年(《民法》第七六九条)三种。

三、关于不当得利等事实

关于不当得利、无因管理、侵权行为、债务履行或不履行之事实,当事人或其他关系人得请求公证人作成公证书或认证私证书(《公证法》第五条第二款)。兹依本款例示阐释其义于次:

（一）关于不当得利

不当得利者，无法律上之原因而受利益，致他人受损害之事实也（《民法》第一七九条）。至其法律上之性质，则为人类行为以外之自然事实，基于此种事实，即能发生债之关系。

（二）关于无因管理

无因管理者，未受委任，并无义务而为他人管理事务之谓也（《民法》第一七二条）。无因管理乃人之事实行为，基于此种事实行为，亦能发生债之关系。

（三）关于侵权行为

侵权行为者，因故意或过失不法侵害他人权利之行为而为债之发生原因之违法行为也。侵权行为在法律上之性质，除动物加损害于人之侵权行为（《民法》第一九〇条）及因土地上工作物所生之侵权行为固系"事实"外，一般侵权行为既为人之行为中违法行为之一种，其非人之事实行为及人类行为以外之自然事实，观前表即可知。严格言之，所谓关于私权之事实，应不包括侵权行为在内。是则《公证法》第五条第二款"关于……侵权行为……之事实"，立法用语，似不无可供指摘。唯查公证事项之范围，仅以关于法律行为及关于私权之事实两种，而侵权行为既为债权债务发生之主要原因，其为"涉于私权"，可不待言，然既与法律行为性质迥异，则附列于本款，而亦认为广义的"事实行为"，或亦不得已而出此欤？

（四）关于债务履行或不履行之事实

关于债务之履行，为法律行为之一种，应包括于《公证法》第四条第六款之内，同法第五条第二款又列为关于私权之事实，似属赘举。关于债务不履行，法律上之性质，为人之行为中违法行为之一种，即所谓准侵权行为者是，盖债务不履行者，乃债务人因故意或过失违反债务以侵害债权人之债权也。债务不履行既系准侵权行为,其非人之事实行为及人之行为以外之自然事实,彰彰明甚。严格言之,所谓关于私权之事实,应不包括债务不履行在内。是则《公证法》第五条第二款"关于……债务……不履行之事实",立法用语,似亦不无可供指摘。其所以附列于本款,而认为广义的"事实行为",殆与前述侵权行为之不应附列本款而竟附列于本款,出于同一理由欤?

四、关于不动产相邻关系等事实

关于不动产相邻关系、无主物之先占、遗失物之拾得、埋藏物之发见、漂流物或沉没品之拾得、财产共有或占有之事实,当事人或其他关系人得请求公证人作成公证书或认证私证书(《公证法》第五条第三款)。兹依本款例示,阐释其义于次:

(一) 关于不动产相邻关系之事实

不动产疆界彼此相连,故其所有人行使所有权应注意防免邻地之损害,有时又须利用邻地以增进其不动产之效用,此即不动产相邻关系之所由生也。关于不动产相邻关系之事实,依《民法》第七七四条至第八○○条之规定,基于相邻关系之事实,不动产所有人与相邻人间发生相互权利义务之处,不一而足,其事实亦不胜枚举。

(二) 关于无主物之先占

先占者,以所有之意思占有无主动产之谓也(《民法》第八○二条)。如捕获海中之鱼及狩猎山中之兽是。至所谓无主物,系指现在不属何人所有之物,其曾属他人与否,非所问也。先占成立时,其先占人即时取得占有物之所有权(《民法》第八○二条)。至先占在法律上之性质,乃人之事实行为之一种。

(三) 关于遗失物之拾得

遗失物之拾得者,发见他人之遗失物而占有之之谓也。所谓遗失物,系指有主之动产,非由于自己之意思亦非被他人所夺而丧失其占有之谓也。拾得遗失物人须依法通知或为招领之揭示,若拾得后六个月内无人认领者,由拾得人取得其物之所有权(《民法》第八〇七条)。若有人认领者,拾得人得向所有人请求其物价值十分之三之报酬(《民法》第八〇五条)。发见遗失物而占有之,谓之拾得,拾得在法律上之性质亦为人之事实行为之一种。

(四) 关于埋藏物之发见

埋藏物之发见者,发见他人之埋藏物而占有之之谓也。所谓埋藏物,系指藏于他物之中,其所有权所属不明之动产也。发见埋藏物而占有之,取得其所有权,但埋藏物系在他人所有之动产或不动产中发见者,该动产或不动产之所有人与发见人,各取得埋藏物之半(《民法》第八〇八条)。发见埋藏物而占有之,在法律上之性质亦为人之事实行为之一种。

(五) 关于漂流物或沉没品之拾得

漂流物者,漂流于水面之动产也;沉没品者,沉没于水底之动产也。漂流物与沉没品,亦系遗失物,故关于拾得漂流物或沉没品者,适用关于拾得遗失物之规定(《民法》第八一〇条)。发见漂流物或沉没品而占有之,谓之拾得,拾得在法律上之性质亦为人之事实行为,与遗失物之拾得同。

(六) 关于财产共有之事实

共有者,数人对于一物共同享有一所有权之状态也。其情形有二种,即分别共有(《民法》称"共有")与公同共有是。分别共有者,数人对于一物分数的有其所有权之状态,申言之,即将一所有权分数的分割于数人，非将所有权客体之物分割而各有其一部分之谓也。公同共有者，依法律规定或依契约成一公同关系之数人，基于其共同关系而共有一物之谓也。无论分别共有或公同共有，性质上均为自然事实。

（七）关于占有之事实

占有者，对于物有事实上之管领力之谓也。占有虽为对于物有事实上管领力之状态，亦受法律之保护，事实上之占有，因受法律之保护，故为涉及私权之事实。

五、其他涉及私权之事实

关于其他涉及私权之事实，当事人或其他关系人得请求公证人作成公证书或认证私证书(《公证法》第五条第四款)。关于其他涉及私权之事实，系指前述各种关于私权之事实(即《公证法》第五条第一款至第三款各种事实)以外之一切涉及私权之事实而言。例如出生死亡(《民法》第六条)、继承开始(《民法》第一一四七条)、混同(《民法》第三四四条)、天然孳息之分离(《民法》第六九条、第七十条)、年龄(《民法》第十二条)、心神丧失(《民法》第十四条)、生死不明(《民法》第八条)、某事实之知或不知(《民法》第八六条、第八八条、第九一条、第九二条)、附合(《民法》第八一二条)、混合(《民法》第八一三条)、加工(《民法》第八一四条)、住所之设定或废止(《民法》第二〇条)、事务所或分事务所之设定或废止(《民法》第四八条、第六一条、第三一条)等均是。

第四章　公证之类别

第一节　总说

私权被侵害时，固可依民事诉讼以救济之，但当事人主张有利于己之事实者，就其事实有举证之责任（《民事诉讼法》第二七七条），则其证明须有确实之证据方法，否则使法院难分曲直，则私权之被侵害者不能保护，或时有被侵害之虞。欲图补救之法，唯有于诉讼未发生前，使其权利有保障之证明。此《公证法》所以许当事人或其他关系人之请求，得就法律行为或其他关于私权之事实，由公证人作成公证书或认证私证书，俾人民之私权得有确实保障，并减少讼争也。

现行《公证法》关于公证之类别，可分公证书之制作与私证书之认证二种：公证书者，公证人依一定形式，于其权限内所作成之证书也。其与私证书在实质上初无差异，不过因作成证书者是否公证人而为区别耳。至所谓认证私证书者，指公证人为确认私证书之成立，附记某事项于证书内而成立之谓也。关于公证书之制作与私证书之认证，其详容当于各论部分论之。本章所述，则就其类别立论，研讨公证书之制作与私证书之认证——其范围各若何耳。

第二节　公证书之制作

当事人或其他关系人,得请求公证人就法律行为或关于私权之事实,作成公证书。《公证法》第四条第一款至第六款并就各种法律行为设有例示的规定,同法第五条第一款至第四款并就各种关于私权之事实,设有例示的规定。分述于次:

一、法律行为

当事人或其他关系人,得请求公证人就下列各款法律行为,作成公证书(《公证法》第四条):

(一) 关于买卖、赠与、租赁、借贷、雇佣、承揽、委任、合伙或其他关于债权债务之契约行为;

(二) 关于所有权、地上权、地役权、永佃权、抵押权、质权、典权或其他有关物权得丧变更之行为;

(三) 关于婚姻、认领、收养或其他涉及亲属关系之行为;

(四) 关于遗产处分之行为;

(五) 关于票据之拒绝承兑、拒绝付款、船舶全部或一部之运送契约、保险契约或其他涉及商事之行为;

(六) 关于其他涉及私权之法律行为。

关于法律行为及各款例示的法律行为之意义,其详已见前章,兹不复赘。

二、关于私权之事实

当事人或其他关系人得请求公证人就下列各款关于私权之事实作成公证书(《公证法》第五条):

（一）关于时效之事实;
（二）关于不当得利、无因管理、侵权行为、债务履行或不履行之事实;
（三）关于不动产相邻关系、无主物之先占、遗失物之拾得、埋藏物之发见、漂流物或沉没品之拾得、财产共有或占有之事实;
（四）关于其他涉及私权之事实。

关于私权之事实及各款例示的私权事实之意义,其详已见前章,兹不复赘。

第三节　私证书之认证

当事人或其他关系人,得请求公证人就法律行为或关于私权之事实,认证私证书。《公证法》第四条第一款至第六款并就各种法律行为

设有例示的规定,同法第五条第一款至第四款并就各种关于私权之事实,设有例示的规定。分述于次:

一、法律行为

当事人或其他关系人,得请求公证人就下列各款法律行为,认证私证书(《公证法》第四条):

（一）关于买卖、赠与、租赁、借贷、雇佣、承揽、委任、合伙或其他关于债权债务之契约行为；
（二）关于所有权、地上权、地役权、永佃权、抵押权、质权、典权或其他有关物权得丧变更之行为；
（三）关于婚姻、认领、收养或其他涉及亲属关系之行为；
（四）关于遗产处分之行为；
（五）关于票据之拒绝承兑、拒绝付款、船舶全部或一部之运送契约、保险契约或其他涉及商事之行为；
（六）关于其他涉及私权之行为。

关于法律行为及各款例示的法律行为之意义,其详已见前章,兹不复赘。

二、关于私权之事实

当事人或其他关系人得请求公证人就下列各款关于私权之事实,认

证私证书(《公证法》第五条):

(一)关于时效之事实;
(二)关于不当得利、无因管理、侵权行为、债务履行或不履行之事实;
(三)关于不动产相邻关系、无主物之先占、遗失物之拾得、埋藏物之发见、漂流物或沉没品之拾得、财产共有或占有之事实;
(四)关于其他涉及私权之事实。

关于私权之事实及各款例示的私权事实之意义,其详已见前章,兹不复赘。

第五章 公证之效力

第一节 总说

公证人作成之公证书,及公证人认证之私证书,其效力若何?此为吾人所值得探讨之一问题。现行《公证法》于公证人作成之公证书,仅于第十条规定其消极要件,"公证人作成之文书,非具备本法及其他法令所定之要件,不生公证效力"。又于第十一条规定其执行力,"就以给付金钱或其他代替物或有价证券之一定数量为标的之请求所作成之公证书,载明应径受强制执行者,得依该证书执行之;但债务人提起异议之诉时,受诉法院得斟酌情形命停止执行"。至对于公证人认证之私证书,则无规定。

兹就公证书之效力及认证私证书之效力,分别依《公证法》之规定及学理之研究,分节述明于次。

第二节 公证书之效力

一、公证书生效要件

"公证人作成之文书,非具备本法及其他法令所定之要件,不生公证效力。"(《公证法》第十条)是为公证书之生效要件。准此以解,公证人于其职务上作成之公证书,有公证之效力,但须具备本法及其他法令之要件而作成,否则即不生公证之效力。盖以公证人于职务上所作成之文书,系对于私人相互间之权利行为,以国家一机关之资格,而介入其间,确保其成立及生效,故其作成文书,非具备本法及其他法令所定之要件不可也。至所谓非具备本法所定之要件云云,例如非具备本法第六条至第九条、第十七条至第二三条、第二五条至第二七条、第二九条至第三一条、第三九条、第四一条、第四六条、第四七条等规定之要件是。又所谓非具备其他法令所定之要件云云,例如非具备《公证法施行细则》第七条第一项、第十一条、第二二条、第二三条,《民法》第一一九一条、第一一九二条,《票据法》第一〇四条至第一〇八条规定之要件是。

二、公证书实质上之效力

公证书实质上之效力,即指公证书实质上之证据力与执行力而言。分别说明于次:

（一）公证书之证据力

公证书之证据力若何？各国立法例多认为若非出于伪造，即具有完全证据力，有拘束法院之效力，法院不得适用自由心证。例如法国《公证人法》第一条："凡当事人应使或欲使其证书及约据有公证之效力者，公证人应接受其委托。"从而法国大理院判例明示："公正证书无伪造之记入时，有证据力。"义大利《公证法》第一条："公证书为享有公正力之文书。"又义大利《民法》第一三一七条："公正证书，在伪造之声明以前，为各种约定及公证人所证明之事实证据。"土耳其《公证法》第六六条："公证书在任何法院，均享有公正力。"又土耳其《民事诉讼法》第二九五条："公证人依职权作成之公证书，在伪造之声明以前，为一种绝对之证据。"我国《公证法》虽无类似规定，但依《民事诉讼法》第二二二条第一项前段："法院为判决时，应斟酌全辩论意旨及调查证据之结果，依自由心证判断事实之真伪。"解释上虽认公证书有证据力，但法院得依自由心证判断之。盖公证书仅足证明当事人关于公证事项在公证人前所陈述之事为真实而已，至当事人所陈述之事实是否真实，自应由法院为裁判之推事依自由心证而认定之也。我国前大理院三年上字第一〇九八号判例："公正证书虽应推定有完全证据力，但仍得举出反证。"又三年上字第三六一号判例："公正证书应以无反证者为限，始得推定为真实。"堪资参照。

至关于公证书因程序上之瑕疵不能成为公证书时，法国《民法》第一三一八条规定："因公证人无管辖权，或无能力，或因程序上之瑕疵不能成为公正证书时，各该证书经当事人之签名，其效力与私文书同。"土耳其《公证法》第七三条规定："公证书之作成不合《公证法》之规定者，成为普通文书而不得视为公文书。"可供参考。

（二）公证书之执行力

公证书之执行力若何？《公证法》第十一条采取法国《公证人法》第十九条及第二五条之立法例，规定："就以给付金钱或其他代替物或有价证券之一定数量为标的之请求所作成之公证书，载明应径受强制执行者，得依该证书执行之；但债务人提起异议之诉时，受诉法院得斟酌情形命停止执行。"（《强制执行法》第四条第四款同一趣旨）立法理由，盖以公证制度旨在减少诉讼及使诉讼易于进行，若公证书之权利义务关系明确，无丝毫疑义者，债权人唯望其速得强制执行之名义而已，故得不依诉讼程序办理，径以简略之方法达其目的也。准此规定，可分二点以为说明：

（甲）依公证书径为强制执行之要件。依公证书径为强制执行者，应具备次列二要件：

（子）须系就以给付金钱或其他代替物或有价证券之一定数量为标的之请求所作成之公证书——所谓给付金钱，指应履行给付之标的物为金钱而言。所谓其他代替物，指以社会上之观念，凡能以同种类品质者互相代用之物，例如食米是。所谓有价证券，即关于某种权利作成证券，须占有始得行使其证券之权利，例如汇票、本票、支票、记名股票、公债票、仓单、船票是。

（丑）须公证书内载明应径受强制执行者——所谓径受强制执行，指毋庸经过诉讼程序即受强制执行者而言。至强制执行者，乃国家司法机关以其权力使已确定之请求权实现其内容也，由地方法院设民事执行处专司其事，其详依强制执行法之规定。

又依《公证费用法》第十九条规定："当事人声请就法律行为作成公证书，并载明应径受强制执行者，依作成公证书所应征费之规定，加倍征收费用。"准此以解，当事人声请作成公证书，载明径受强制执行者，只以就法律行为声请作成公证书者为限，如关于私权事实请求作成公证书，则不得请求于公证书内载明径受强制执行，此其一；又当事人声请就法律行为作成公证书并请载明应径受强制执行者，依作成公证书所应征费之规定，加倍征收费用，此其二。

（乙）依公证书径为强制执行之停止。公证书于具备前述一定要件时，固得请求径受强制执行，但债务人对之提起异议之诉时，虽法院本于债权人之声请已发强制执行命令，受诉法院亦得斟酌情形，命停止执行。所谓债务人异议之诉者，债务人要求排除执行名义之执行力，声明不服之方法也。债务人提起异议之诉，依《强制执行法》第十四条之规定，应具备下列二要件：

（子）须有消灭或妨碍债权人请求权之事由——所谓消灭债权人请求权之事由，为使债权人请求权之一部或全部消灭之事由，例如清偿、提存、抵销、免除、解除条件成就、消灭时效完成等是。所谓妨碍债权人行使请求权之事由，为阻止债权人行使请求权之事由，例如允许延期清偿及行使留置权是。

（丑）须于执行程序终结前提起——异议之诉原为排除强制执行之方法，若强制执行程序业已终结，即无提起异议之诉之实益，故不许债务人于终结后为之，此际债务人如受有损害，亦只能提起赔偿损害之诉，此系另一问题。

查《强制执行法》第四条规定：强制执行，依下列执行名义为之，其第四款为"依《公证法》作成之公证书，但以债权人请求系以给付金钱或其他代替物或有价证券之一定数量为标的，而于证书上载明应径受强制执行者为限"。准此以解，则债权人就以给付金钱或其他代替物或有价证券之一定数为标的之请求所作成之公证书，依强制执行法既有执行名义，则债务人依同法第十四条自得提起异议之诉，然则《公证法》第十一条但书又规定债务人提起异议之诉时,受诉法院得斟酌情形命停止执行者,盖恐公证书上之权利有瑕疵者(例如无权代理、伪造证据或冒充本人是),债务名义人有因执行受损害之虞,故复于《公证法》为重复的规定,以保护债务人也。又《强制执行法》第十六条规定:"债务人或第三人就强制执行事件提起异议之诉时,执行处得指示其另行起诉,或谕知债权人经其同意后即由执行法院撤销强制执行。"同法第十八条第一项规定:"有回复原状之声请或提起再审或异议之诉或对于第四条第五款之裁定提起抗告时,不停止强制执行,但法院因必要情形或命当事人提出相当确实担保而为停止强制执行之裁定者,不在此限。"准此以解,强制执行以不停止为原则,债务人虽提起异议之诉,强制执行并不因而停止,除非法院因必要情形,或命当事人提出相当确实之担保,始得以裁定停止执行耳。是则《公证法》第十一条但书之规定,盖又《强制执行法》第十八条之补充也。《公证法施行细则》第十二条:"依《公证法》第十一条为停止执行之裁定时,得命提供担保。"盖师《强制执行法》第十八条之意耳。至《公证法》第十一条虽仅规定债务人提起异议之诉时,受诉法院得命停止执行,而于对之有利害关系之第三人提起异议之诉时,无明文规定,仍可依《强制执行法》第十二条及第十八条以为解决,自不待言。

三、公证书形式上之效力

公证书形式上之效力,即指认公证书为真正之成立而言。依《民事诉讼法》第三五五条规定:"文书依其程式及意旨得认作公文书者,推定为真正。公文书之真伪有可疑者,法院得请求作成名义之公署或公务员陈述其真伪。"可知公证书在形式上推定为真正之效力;但他造当事人若能证明公证书为变造或伪造时,则不在此限。详言之,凡由公证人作成之公证书，在诉讼法上推定为真正之效力，当事人可毋庸举证，与私证书之举证者若不证明其证书为真正，原则上无何种证据力有别；又主张公证书为伪造或变造者，反有证明其伪造事实之责任，亦与私证书有别。

第三节　认证私证书之效力

认证私证书者，即公证人为确保私证书之成立，而采用参与内容之方法，使私证书具有形式上效力之谓也。所谓私证书，系由私人所作成之证书。认证私证书不因认证后而有公证书之性质，此因认证对于私证书仅为确保其成立之一方法，初非其私证书一经认证即可变为公证书也。认证之私证书所以能有公证之效力者，则在于认证私证书之认证文（指公证人所记载之认证文，详《公证法》第四三条、第四四条），唯其具有公证书之性质，故与认证之私证书分离，有独立之效力。认证文实质上之效力，有完全证据力，与公证书同；认证文形式上之效力，亦与公证书之效力无异，无论何人当然有认其为真正作成之效力。至认证之私证书的效力，亦可分实质上之效力与形式上之效力言之：

一、认证私证书实质上之效力

经认证之私证书，性质上固依然为私证书，与单纯的私证书无异，法院为裁判之法官得依自由心证判断其真实与否；唯认证之私证书与单纯之私证书所以不同者,即经公证人认证之私证书,无论何人不得主张其证书之作成系在认证日期以后,而单纯之私证书,则否。由此以观,私证书非因认证而有实质上之效力,其理甚明。

二、认证私证书形式上之效力

经认证之私证书,亦非因认证而有形式上之效力。不过因当事人于公证人面前签名盖章,或承认为其签名盖章而由公证人于证书内记明其事由,以有公证人记载之认证文,因而取得公证书之性质,完全有形式上之效力。此效力系因认证文之效力而影响于私证书,初非私证书原有之效力也。

第六章　公证之程序

第一节　总说

　　公证之程序者，即关于公证事务之程序也。当事人或其他关系人如何请求公证人就法律行为或关于私权之事实作成公证书？当事人或其他关系人如何请求公证人就法律行为或关于私权之事实认证私证书？其请求之方式如何？其请求所必履行之手续如何？公证人对于当事人或其他关系人之请求如予受理，如何制作公证书或认证私证书？如予拒绝，则其拒绝请求之程序如何？公证人办理公证事务有不当者，请求人或利害关系人如何提出抗议，声请救济？法院对此抗议如何处分？请求人或利害关系人对此处分，又如何声明不服，请求救济？凡此均为公证程序范围内之事。本书除将关于公证书之制作、私证书之认证以及公证费用之缴纳，于第三编另行分章详论外，拟就《公证法》第一章总则之规定，分公证之请求、公证之拒绝与公证之救济三节说明之。

第二节 公证之请求

一、公证请求之主体

当事人或其他利害关系人,得请求公证人就法律行为或关于私权之事实,作成公证书或认证私证书,此为《公证法》第四条与第五条所明定。然则公证请求之主体,自以当事人或其他利害关系人为限。所谓当事人,系指请求作成公证书或认证私证书上之债权人债务人或其他权利人义务人而言。所谓其他利害关系人,系指与公证书或私证书有利害关系之第三人而言。

二、公正请求之方式

当事人或其他利害关系人,请求公证人就法律行为或关于私权之事实,作成公证书或认证私证书,其方式如何?依《公证法》第六条规定,得以言词或书面为之,听请求人之便,无稍差异。所谓言词,指以口头向公证处请求而言。其由言词请求者,依《公证法施行细则》第七条第一项之规定,应由佐理员作成笔录,并签名盖章。所谓书面,指以请求之事项作成书状向公证处为之而言。依《公证法施行细则》第七条第一项规定:公证声请书应由请求人或其代理人签名盖章或按指印。

三、公证请求之费用

当事人或其他利害关系人，请求公证人就法律行为或关于私权之事实，作成公证书或认证私证书者，依《公证法》第七条规定："请求人应依《公证费用法》缴纳公证费。"盖公证制度原为保护私权而设，请求人既因公证受有利益，则设备公证之费用及因公证支出之费用，自应由请求人缴纳为当。至《公证费用法》所定请求人缴纳公证费之标准，容于本书附论部分详论之。

第三节　公证之拒绝

一、拒绝公证请求之要件

"公证人非有正当理由，不得拒绝请求人之请求。"（《公证法》第十三条第一项）当事人或其他关系人，得就法律行为或关于私权之事实，请求公证人作成公证书或认证私证书，公证人自收受请求后，除有正当理由外，不得拒绝请求人之请求，以确保人民之私权，而符推行公证之本旨。至所谓正当理由，例如认其请求为违反法令事项及无效之法律行为（参照《公证法》第十七条），或声请书内未由请求人或其代理人签名盖章或按指印（参照《公证法施行细则》第七条第一项），或公证人不认识请求人未经公证人所认识之证人二人证明或未提出相当之证明书（参照

《公证法》第十九条),或由代理人请求者未提出授权书(参照《公证法》第二二条),或须得第三人之允许或同意之法律行为,未提出允许或同意之证明书(参照《公证法》第二三条)。又如认证私证书,当事人未于公证人前当面于证书签名或盖章,或不为承认其签名或盖章(参照《公证法》第四六条)是。若有此等情形,即可认有拒绝公证请求之要件,公证人自得拒绝请求人之请求。

二、拒绝公证请求之方式

"公证人拒绝请求时,得以言词或书面为之;但请求人要求说明其理由者,应给予理由书。"(《公证法》第十三条第二项)准此以解,公证人拒绝公证请求之方式,或以言词为之,或以书面为之,均无不可,但请求人要求说明其理由者,应给予理由书。又公证人以言词拒绝请求时,依《公证法施行细则》第十三条规定,应于笔录或声请书内记明。请求人如认公证人之拒绝请求为不当者,得依《公证法》第十四条提出抗议。

第四节 公证之救济

一、关于公证之抗议

"公证人办理公证事务有不当者,请求人或利害关系人得提出抗议。"(《公证法》第十四条前段)盖公证制度原为保护私权而设,若公人办理公证事务有不当者,不得不有救济之法,故请求人或利害关系人对之得提出抗议,以保护人民私权,建立公证信用。至所谓抗议,系指表示反对之意思而言。所谓请求人,指请求就法律行为或关于私权之事实作成公证书或认证私证书之当事人或其他利害关系人而言。所谓利害关系人,指请求人以外与公证事务有利害关系之第三人而言。请求人或利害关系人提出抗议,依《公证法》第十四条后段以为解释,应以抗议书为之。

二、关于抗议后之处分

公证人办理公证事务有不当者,经请求人或利害关系人提出抗议后,"公证人应于三日内将其抗议书连同关系文件呈送地方法院院长核办,必要时并应附具意见书"(《公证法》第十四条后段)。地方法院院长接到抗议书后,应即为下列之处分(《公证法》第十五条第一项):

(一)抗议有理由者,命公证人为适当之处分。所谓适当之处分,系指本于请求制作公证书或认证私证书或不为制作与认证而言。

(二)抗议无理由者,为驳回抗议之处分。

三、关于不服处分之救济

请求人或利害关系人以公证人办理公证事务有不当而提出抗议后,地方法院院长对其抗议认有理由,命公证人为适当之处分时,公证人不得对之声明不服。盖公证人对请求人之抗议，本可附具意见书，以供地方法院院长核办，如已附具意见书，而地方法院院长仍认抗议为有理由，命公证人为适当之处分者，则公证人办理公证事务显有不当，可不待言；且公证人为地方法院职员之一，行政上自应受地方法院院长之监督，地方法院院长既已认抗议为有理由，而公证人又既已有申述意见之机会，则依理自不必再予公证人以不服地方法院院长所为处分而为适当之救济也。对于地方法院院长认抗议有理由所为之处分，公证人不得对之声明不服，固矣；若提出抗议者为利害关系人，则请求人自得对之声明不服；若提出抗议者为请求人，则利害关系人自得对之声明不服；若提抗议者为此利害关系人，则他利害关系人亦得对之声明不服，均无疑义。

复次，请求人或利害关系人以公证人办理公证事务有不当而提出抗议后，地方法院院长对其抗议认为无理由，而为驳回抗议之处分时，则原提抗议之人对此处分自得声明不服。

不服地方法院院长对于抗议所为之处分者，得自接到处分文件之翌日起五日内，向高等法院或其分院院长声明之(《公证法》第十五条第二项)。但高等法院或其分院院长对于前项声明后所为之处分，不得声明不服(《公证法》第十五条第三项)。故高等法院或其分院院长，无论认不服地方法院院长所为处分之声明为有理由或无理由，均不得对之再声明不服。

各 论

第一章　公证书之作成

第一节　公证书之要件

公证书之要件,即公证人制作公证书所必备之要件也。易言之,若有人就法律行为或关于私权之事实,请求公证人制作公证书,公证人于何种情形下即应为之作成公证书？于何种情形下即不得为之作成公证书？《公证法》有明文规定。若具备此要件,公证人不得无故拒绝请求,即应为之作成公证书;若不具备此要件,公证人即应拒绝请求,不得为之作成公证书。此要件为何？可分形式的要件与实质的要件以为说明。

一、作成公证书之形式要件

公证人作成公证书之形式要件,可分三端言之:

(一) 须请求人实系本人

公证人作成之公证书,具有公正的效力,公证人如认识请求人时固无问题,公证人若与请求人不相识,而请求人所主张之姓名是否真实,不能明知时,如犹不顾一切,为请求人作成公证书,难免不发生诈称他人之姓名而为请求,为使公证人判断其真伪起见。《公证法》第十九条规定:

"公证人作成公证书,如不认识请求人时,应有公证人所认识之证人二人,证明其实系本人,或令其提出相当之证明书。如请求人为外国人者,得由警察官署或该本国领事出具证明书。"准此以解,公证人如不认识请求人时,请求人证明其实系本人之方法有三:

(甲)应有公证人所认识之证人二人证明其实系本人。公证人如不认识请求人时,应有公证人所认识之证人二人以证明其实系本人,公证人始得本其请求,作成公证书。至公证人所认识之证人二人以如何方法以为证明,则无一定,解释上或由公证人所认识之证人二人亲至公证处以为证明,或由公证人所认识之证人二人出具亲笔书函以为证明,均无不可。唯有应注意者,即非有公证人所认识之证人二人以为证明不可,若仅有公证人所认识之证人一人以为证明,公证人仍不得本其请求作成公证书耳。

(乙)应由请求人提出相当之证明书证明其实系本人。公证人不认识请求人时,若无公证人所认识之证人二人以证明其实系本人,即应由请求人提出相当之证明书证明其实系本人。所谓相当之证明书,例如居民身份证是。盖身份证既载有姓名、年籍、居所、职业,又粘附盖有警察机关钢印之二寸半身照像,公证人只须核对照片,查验其声请书所载姓名、年籍、居所是否相符,即可判断其真伪故也。若在尚未发给身份证区域,可由该管区长乡镇长或工商业同业公会或警察机关为之出具证明书,即不然而由其服务之公教机关出具正式证明书,亦无不可。盖公证人既为法院职官之一,于所在地人民未必认识甚多,若请求人对于公证人所认识之人无一相识,即不可不就请求人所可能提出之证明,以为判断,借符推行公证之本旨也。

(丙)请求人为外国人者得由警察官署或该本国领事出具证明书证明其实系本人。请求人为外国人者,若有公证人所认识之证人二人为之证明，或有相当之证明书（例如护照或居民身份证）足以证明其实系本人，固无论矣；若该外国人不能请有公证人所认识之证人二人为之证明，又不能提供相当之证明书以为证明，若不设有变通方法，亦与推行公证之旨有背，故许其得由警察官署或该本国领事出具证明书，证明其实系本人。所谓警察官署，即指外国人居留地之警察局所而言。所谓该本国领事，即指居留地该外国人之本国驻华领事而言。

查日本《公证人法》第二八条除与我国《公证法》第十九条相类似之规定外，另有一项规定：“遇有急迫情形，公证人就非法律行为之事实作成证书时，前项程序（指证明其实系本人之程序）得于作成证书后三日内完成之。”我国《公证法》无此规定，殊使遇有急迫情形就关于私权之事实请求作成公证书者，无变通适用之办法，似不无疏漏。

（二）由代理人请求者且须提出授权书

就法律行为或关于私权之事实，请求公证人作成公证书，虽以本人请求为原则，但当事人或其他关系人若不亲至公证人前，而委任他人请求公证人作成公证书，亦无不可。但由代理人请求者，除须证明其实系本人（参照第十九条）外，且须提出授权书，以证明其确有代理本人请求公证人作成公证书之代理权（《公证法》第二二条）。唯此所谓提出授权书，仅指意定代理而言，至法定代理人代本人而为请求时，则无庸提出授权书，盖法定代理人之代理系基于法律所赋予之权限也。兹依授权书之性质说明于次：

（甲）公证人作成之授权书。所谓公证人作成之授权书，指当事人或其他关系人拟不亲自至公证人前自为请求，而委任他人请求公证人作成公证书时，曾先至公证处请求作成授权书，由公证人依其请求而作成之证书也。代理人提出此种授权书即具有公证书性质之授权书者，其代理权限之足资证明，自不待言。

（乙）公证人认证之授权书。私证书之效力，较公证书为薄弱，故授权书若非公证人作成之公证书，而为本人委任代理时所自作之私证书者，其效力与公证人作成之授权书，自不相同。但若其授权书经公证人认证者，即为认证之私证书，其形式上效力，与公证书同，前已详述。此项认证之授权书，既由公证人证明其成立，其代理权限之足资证明，亦毋待言。

（丙）未经公证人认证之授权书。私证书未经公证人认证者，概无形式上之证据力，则其署名者是否真正，公证人不得而知，则代理人若仅提出未经公证人认证之授权书，自不足证明其代理权限。故《公证法》第二二条第二项规定："前项授权书如为未经认证之私证书，应依第十九条之方法证明之。"准此以解，代理人若提出未经认证之授权书以证明其代理权限者，应有公证人所认识之证人二人证明其实系本人所为之授权书，或由代理人提出相当之证明书证明其授权书实系本人所作。若代理人为外国人者，得由警察官署或该本国领事出具证明书，证明其授权是实。

至由代理人代本人请求公证人作成公证书者，其请求之时，关于请求人之名义，应用本人之名义而不用代理人之名义，依《民法》第一〇三条以为解释，自属当然。

（三）第三人允许或同意之证明

当事人或其他关系人，就法律行为或关于私权之事实，请求公证人作成公证书者，在一般之法律行为及关于私权之事实而为请求，除证明其为本人外，别无提出其他文书之必要。唯依《公证法》第二四条第一项规定："就须得第三人允许或同意之法律行为请求作成公证书，应提出已得允许或同意之证明书。"准此以解，则就须得第三人允许或同意之法律行为，请求公证人作成公证书者，除须证明其为本人外，并应提出已得第三人允许或同意之证明书。所谓须得第三人允许之法律行为，例如《民法》第八四条规定："法定代理人允许限制行为能力人处分之财产，限制行为能力人就该财产有处分之能力。"又如同法第八五条第一项规定："法定代理人允许限制行为能力人独立营业者，限制行为能力人关于其营业有行为能力是。"所谓须得第三人同意之法律行为，例如《民法》第七九条、第一一八条、第一七〇条、第三〇一条、第九七四条、第九八一条、第一〇〇六条、第一〇二〇条、第一〇三三条、第一〇四九条、第一〇七六条等规定是。至所谓证明书，依其性质说明于次：

（甲）公证书。须得第三人允许或同意之法律行为，其允许或同意已请求公证人作成公证书者，则就须得允许或同意之法律行为请求作成公证书时，若提出前此公证人关于允许或同意所作成之公证书，其已足资证明已得允许或同意，自不待言。

（乙）经认证之私证书。须得第三人允许或同意之法律行为，其允许或同意由第三人作成私证书，但若已经公证人认证者，则已经认证之私证书，形式上具有公证书之效力，以此经认许之私证书提出，其为足资证明已得允许或同意，亦不待言。

（丙）未经认许之私证书。须得第三人允许或同意之法律行为，其允许或同意，仅由第三人作成私证书，且未经公证人认证者，则此项证书是否系本人作成，不得而知，故依《公证法》第二四条第二项规定准用第十九条之结果，请求人若提出未经认证之私证书以证明其已允许或同意者，应有公证人所认识之证人二人证明其实系第三人所为之允许或同意，或由请求人提出相当之证明书证明其实系第三人所为之允许或同意。若请求人为外国人者，得由警察官署或该本国领事出具证明书，证明其实系第三人所为之允许或同意。

二、作成公证书之实质要件

公证人作成公证书之实质的要件,即请求作成公证书之法律行为或关于私权之事实须非违反法令事项,如就法律行为请求作成公证书,更须其法律行为非无效之法律行为是也。《公证法》第十七条规定:"公证人不得就违反法令事项及无效之法律行为,作成公证书。"即关于公证书之实质要件之规定,亦即拒绝请求人请求之正当理由也。兹将违反法令事项及无效法律行为之意义,分述于次:

(一) 请求作成公证书之法律行为或关于私权之事实须非违反法令事项

公证制度虽为保护私权而设,但违反法令之事项则不在法律保护之列,故当事人或其他关系人,就违反法令事项之法律行为或关于私权之事实,不得请求公证人作成公证书;当事人或其他关系人,苟就违反法令事项之法律行为或关于私权之事实,请求公证人作成公证书,公证人亦不得本其请求,为之作成公证书。所谓违反法令事项,系指违反强行法而言,对于任意法之违反,则非此所谓违反法令事项。所谓强行法与任意法不同,直接与社会一般的利益有关,故不许个人之意思任意左右。强行法规之中,又有强制规定与禁止规定之别。强制规定为强制为一定之行为之法律规定,例如《民法》第一一三八条及第一一八九条之规定是。禁止规定为禁止为一定行为之法律规定,例如《民法》第九八三条及第七五七条之规定是。所谓法律行为之违反强行规定者,例如《民法》第一一三八条关于继承人顺序为强行规定,当事人或其他关系人订立变更继承人顺序之契约,请求公证人作成公证书者是。所谓关于私权之事实违反强行规定者,例如《民法》第十二条规定满二十岁为成年,为强行规定，当事人或其他关系人以未满二十岁之人请求公证人作成已成年之公证书是。

（二）请求作成公证书之法律行为须非无效之法律行为

凡已成立之法律行为发生效力所不可缺之要件，为法律行为之生效要件，而法律行为之生效要件，有一般生效要件与特别生效要件之别。前者为一般法律行为发生效力所不可缺之要件；后者则为各个法律行为发生效力所不可缺之特殊要件，例如结婚须举行公开仪式及二人以上之证人是。法律行为之一般生效要件，可分法律行为之标的、当事人及意思表示三项言之，即法律行为之标的须可能、确定、适法及非显失公平，为法律行为之当事人须有行为能力，意思表示须与真意一致，且其意思表示须无瑕疵是也。无论一般生效要件与特别生效要件，若有一不备，其法律行为即为无效。（但亦不无例外）无效之法律行为，法律上既不生效力，则当事人或其他关系人如就无效之法律行为请求公证人作成公证书，公证人自可拒绝其请求，不得为之作成公证书。

于此有一问题，即就得撤销之法律行为请求公证人作成公证书，公证人能否拒绝其请求是也。《公证法》第十七条，一如前《公证暂行规则》第十五条，并未采取日本《公证人法》第二六条之立法例，明定公证人不得就得撤销之法律行为作成公证书，但得撤销之法律行为一经撤销权人为撤销之表示，即"视为自始无效"（《民法》第一一四条第一项），则于法律为得撤销之法律行为所定之除斥期间尚未经过以前，若当事人或利害关系人，就此种得撤销之法律行为，请求公证人作成公证书，公证人自得拒绝其请求。盖《公证法》第十三条第一项，既称公证人非有正当理由不得拒绝请求人之请求，解释上公证人对于就得撤销之法律行为请求作成公证书者，固得认有拒绝请求之正当理由也。

第二节 公证书之制作

一、公证收件之登记

公证处办理公证,应按收件号数之次序为之(《公证法施行细则》第八条)。故公证收件簿实为办理先后之根据。为便稽考计,公证收件簿应于每年一月一日更新之(同法《施行细则》第十七条)。同一公证事件,请求人有二人以上时,得仅将请求人之首列人姓名记载于收件簿,其他请求人得仅载其人数(同法《施行细则》第十八条第一项)。

二、公证书所用之文字

《公证法》第十八条规定:"公证书应以中国文字作成之。"盖以任何国家对于一般记载,均以本国文字为原则,故我国《法院组织法》第七四条及第七六条规定:法院之用语及文字,应用中国语言及中国文字;公证人为法院公证处之职员,则其制作公证书,自应以中国文字为之,《公证法》第十八条与法院组织法各该条规定之趣旨实相符也。

公证书虽应以中国文字作成之,但有应注意者:请求人代理人通译及见证人于公证书上签名,纵以外国文字为之,亦无不可,盖此等人若为外国人时,必有不能以中国文字签名者也,此其一。又证书内若有附记外国文字之必要,亦非法律所不许,此依《法院组织法》第七六条类推解释，亦无疑义，此其二。

三、使用通译之事由

《公证法》第二〇条规定："请求人不通中国语言，或聋哑而不能用文字达意者，公证人作成公证书，应使通译在场。"盖以公证书之作成，应使其有公正之效力，故公证人作成公证书，应将请求人或其代理人之陈述及所见之状况，并其他实验之事实记载之，其实验之方法应一并记载（《公证法》第二六条），以资信征。请求人若不通中国语言，或聋哑而不能用文字达意者，则公证人作成公证书时，自应使通译在场，俾公证事务易于办理，而公证书之作成，亦得更为确实。至所谓请求人不通中国语言，不以外国人为限，中国人生长外国或外国人归化中国不通中国语言者，亦有其例也。所谓聋哑而不能用文字达意者，即请求人失去听能语能而不能以文字达意者是。所谓通译，指为不通语言或文字者，传译其意思之人也。唯此项通译，应由请求人选定之，且见证人得兼充通译（《公证法》第二四条），故与民事诉讼法及刑事诉讼法所规定之通译不同耳。

又由代理人请求公证人作成公证书者，代理人如不通中国语言，或聋哑而不能用文字达意者，则公证人作成公证书，亦应使通译在场（《公证法》第二二条第一项）。

四、使用见证人之事由

《公证法》第二一条规定："请求人为盲者或不识文字者，公证人作

成公证书,应使见证人在场。无此情形而经请求人请求者,亦同。"准此以解,公证人作成公证书应使见证人在场之情形有三:

(一) 请求人为盲者

请求人为盲者,即失去视能之人,对于公证人所作成之公证书,无从知其真实内容,难免将来不发生争议,故公证人作成公证书,应使见证人在场,非特足以监视公证人之执行职务,亦可使公证制度信用益著也。

(二) 请求人为不识字者

请求人为不识字者,虽非盲人,亦属文盲,于公证人作成公证书时,应使见证人在场,其理由与请求人为盲者应使见证人在场相同。

(三) 请求人虽非盲者与不识字者但经请求人请求者

请求人虽非盲者与不识字者,但请求人若请求见证人在场,则公证人作成公证书时,自应使见证人在场,以昭信实。

由代理人请求者,代理人若为盲者或不识文字者,或虽非盲者或不识文字者,但经代理人请求见证人在场,则公证人作成公证书时,亦应使见证人在场(《公证法》第二二条第一项)。

见证人应由请求人或其代理人选定之(《公证法》第二四条)。盖见证人之职务既在使公证人为请求人制作公证书益感便利,又系本于请求人请求而到场,自应由请求人或其代理人选定之。

五、公证书之写法

《公证法》第二八条第一项规定:"公证书应文句简明,字画清晰,其字行应相接续,如有空白,应以墨线填充。"同条第二项规定:"记载年月日号数及其他数目,应用大写数字。"盖以公证书之目的,为求其有公证之效力,若公证书之记载文句诘屈、字画糊涂,易启曲解误解之嫌,字行如不相连续，留有空白而不以墨线填充，难免日后有添改之虞，至记载年月日号数及其他数目若用小写数字，亦易于更改，故规定应文字简明，字画清晰，其字行应相连续，如有空白，应以墨线填充，记载年月日号数及其他数目，应用大写数字。

六、公证书之更正

《公证法》第二九条第一项规定：公证书不得挖补或涂改文字，如有增加或删除，应依下列方法行之：

（一）删除字句应留存字迹，俾得辨认；

（二）公证书末尾或栏外，应记明增删字数，由公证人及请求人或其代理人见证人盖章。

公证书之更正，如违反前述规定者，依同条第二项，其更正不生效力。

七、公证书之完成

关于公证书之完成，依《公证法》第三〇条之规定，析述于次：

（一）朗读或阅览

公证人应将作成之公证书，向在场人朗读，或使其阅览，经请求人或代理人承认无误后，记明其事由（第一项）。公证人将作成之公证书朗读或使在场人阅览，必经请求人或代理人承认无误者，盖为求公证书之真正起见，亦所以昭慎重也。所谓在场人，凡关系公证事务之在场者，如请求人代理人证人通译见证人等，均包括在内。公证人作成之公证书，向在场人朗读或使其阅览后，如请求人或代理人认为记载错误者，应将其记载更正,自不待言。

(二) 使通译译述

有通译在场时,应使通译将证书译述,并记明其事由(第二项)。请求人或代理人不通中国语言,或聋哑而不能用文字达意者,有通译在场时,公证人应将作成之公证书,使通译译述,其译述之方法,或用口头,或用文字,均无不可。至其因何事由而使通译译述,应记明于证书。

(三) 签名盖章

公证书作成经朗读,或使请求人或代理人阅览,或由通译译述,并经承认无误后,虽其证书之内容均已具备,但未经公证人及在场人签名盖章,仍不能发生公证之效力。故同条第三项规定:为前二项之记载时,公证人及在场人应各自签名,在场人不能签名者,公证人或见证人得代签名,使本人盖章或按指印,并记明其事由,由公证人及见证人盖章。至见证人不能签名时,解释上可由公证人代为签名,可无疑义。

(四) 证书之连续

证书有数页者,公证人请求人或其代理人及见证人,应于每页骑缝处盖章,或按指印。但证书各页能证明全部连续无误,虽缺一部分人盖章,其证书仍属有效(第四项)。所谓证书各页能证明全部连续无误,例如证书各页骑缝处,有公证人及请求人盖章,仅缺见证人盖章,已能证明全部显相接续者是。至请求人为若干人以上者,若全部不能尽盖骑缝印或按指印,而由其一部或一人代表为之者,其证书亦应解为有效。

八、公证书之附件

公证书内引用他文书为附件者,公证人请求人或其代理人见证人,应于公证书与该附件之骑缝处盖章或按指印(《公证法》第三一条第一项)。所谓公证书内引用他文书为附件者,即公证人作成公证书时,关于他种文书,足为证书内记载之资料者,可毋庸抄录,径将该文书为附件,以省手续,且保存其原有之证明力之谓也。公证书内引用他文书为附件,并经公证人请求人或其代理人见证人于公证书与该附件之骑缝处盖章或按指印后,依《公证法》第三二条之规定,"视为公证书之一部"。附件之效力,既与公证书同,但依同法第三一条第二项,不可不注意次列所述:

(一)附件应文句简明,字画清晰,其字行应相接续,如有空白,应以墨线填充。

记载年月日号数及其他数目,应用大写数字。

(二)附件不得挖补或涂改文字,如有增加或删除,应依下列方法行之:

(甲)删除字句,应留存字迹,俾得辨认;

(乙)附件末尾或栏外,应记明增删字数,由公证人及请求人或其代理人见证人盖章。

违反前项规定所为之更正,不生效力。

(三)公证人应将附件之文书,向在场人朗读,或使其阅览,经请求人或代理人承认无误后,记明其事由。

有通译在场时,应使通译将附件之文书译述,并记明其事由。

为前二项之记载时,公证人及在场人应各自签名,在场人不能签名者,公证人或见证人得代签名,使本人盖章或按指印,并记明其事由,由公证人及见证人盖章。

附件有数页者,公证人请求人或其代理人及见证人,应于每页骑缝处盖章或按指印。但附件各页能证明全部连续无误,虽缺一部分人盖章,其附件仍属有效。

九、公证书之连缀

公证人应将各种证明书及其他附属文件,连缀于公证书,加盖骑缝章,并使请求人或其代理人见证人盖章或按指印(《公证法》第三三条)。本条规定,所以使他日易于查考也。所谓各种证明文件,则包括证人二人之证明书,其他相当之证明书,领事之证明书,第三人允许之证明书,第三人同意之证明书及代理人之授权书等。

十、文件之发还

请求人所呈证明文件及其他应行发还之文件,应于加盖公证处印章,并分别记载公证书登记簿册数、页数、公证书号数,发还原请求人(《公证法施行细则》第十条)。

最后,关于公证书之制作,有一问题,为《公证法》所未予解决者,即公证书如何制作或以何种方法以为制作是也。法国《公证人法》(一九二六年二月二十一日修正)第十三条规定:

公证书(原本或节本)应由公证人负责,或以笔书、或以打字、印刷、石印或排印,均须用黑色不致磨灭之墨,而以官署文牍上认可之文字制作之,全文应成一体,文句联贯,字迹分明,不得有省笔空白缺隙及插行,并须记载各当事人,有证人时及各证人之姓名、资格及住址,凡款额及年月日之记载,均须用数字为之(即不得用阿拉伯数字之意)。订约人之委任状,须附订于原本,原本内并须有"证书已向当事人宣读"之记载,违反本条之规定时,处公证人以百佛郎罚金。

以打字作成之缮本,应为直接打出之底本,不得以复写纸夹印之本代替之。

法国《公证人法》系采自由职业制,故关于公证书制作之法,理宜严密而详备,我国《公证人法》于此无规定,殆以系采取法院兼办制之故,且不难由司法行政部以命令规定之也。

第三节 公证书之证明及见证

一、须有证人及见证人之情形

当事人或其他关系人,就法律行为或关于私权之事实,请求公证人作成公证书者,或则须由证人为之证明,或则须由见证人到场见证,以期作成之公证书,能发生公正之效力。本章第二节已予论及。兹为明了计,复综合说明于次:

（一）须有证人证明之情形

（甲）公证人不认识请求人时。公证人作成公证书,如不认识请求人时,应有公证人所认识之证人二人,证明其实系本人(《公证法》第十九条前段)。

（乙）公证人不认识代理人时。由代理人请求者,公证人作成公证书,如不认识代理人时,应有公证人所认识之证人二人,证明其实系本人

(《公证法》第二二条第一项前段)。

（丙）代理人提出之授权书为未经认证之私证书时。由代理人请求者,应提出授权书。其授权书如为未经认证之私证书,应有公证人所认识之证人二人,证明其授权书实系本人所作(《公证法》第二二条第二项)。

（丁）允许或同意之证明书为未经认证之私证书时。就须得第三人允许或同意之法律行为,请求作成公证书,应提出已得允许或同意之证明书。其允许或同意之证明书如为未经认证之私证书,应有公证人所认识之证人二人,证明其允许或同意之证明书实系第三人所作(《公证法》第二三条第二项)。

（二）须有见证人见证之情形

（甲）请求人为盲者。请求人为盲者,公证人作成公证书,应使见证人在场(《公证法》第二一条前段)。

（乙）请求人为不识字者。请求人为不识字者,公证人作成公证书,应使见证人在场(《公证法》第二一条前段)。

（丙）请求人请求者。请求人虽非盲者或不识字者,但经请求人请求者,公证人作成公证书,应使见证人在场(《公证法》第二一条后段)。

二、证人见证人之资格

《公证法》第二五条,规定证人见证人资格之限制,不得充见证人或证人者,有如次述:

（一）未成年人

未满二十岁为未成年,未成年人或为无行为能力人或为限制行为能力人,未满七岁者无行为能力,满七岁以上者有限制行为能力(参照《民法》第十二条、第十三条)。无行为能力人之意思表示无效,限制行为能力人为意思表示及受意思表示,应得法定代理人之允许,限制行为能力人未得法定代理人之允许所为之单独行为无效,限制行为能力人未得法定代理人之允许所订立之契约,须经法定代理人之承认,始生效力(参照《民法》第七五条、第七七条、第七八条、第七九条)。故未成年人不得充任证人或见证人。但未成年人已结婚者,有行为能力(《民法》第十三条第三项),既有行为能力,自可充任证人或见证人。

(二) **禁治产人**

对于心神丧失或精神耗弱致不能处理自己事务者,法院得因本人、配偶或最近亲属二人之声请,宣告禁治产(《民法》第十四条第一项)。禁治产人无行为能力(《民法》第十五条),无行为能力人之意思表示无效(《民法》第七五条前段),应由法定代理人代为意思表示或代受意思表示(《民法》第七六条),故禁治产人不得充证人或见证人。但禁治产之原因消灭时,应撤销其宣告(《民法》第十四条第二项),一经撤销,便为有行为能力人,其得为证人或见证人,自不待言。

(三) **于请求事件有利害关系者**

于请求作成公证书之事件有利害关系者,难免不有偏颇之虞,故不得充证人或见证人。所谓于请求事件有利害关系者,指关于请求事件有身份上或财产上权利义务之利害关系而言。

(四) **于请求事件为代理人或辅佐人或曾为代理人辅佐人者**

于请求作成公证书事件为代理人或辅佐人或曾为代理人辅佐人者,恐有失公平之虞,故不得充证人或见证人。至所谓代理人,包括法定代理人、《公证法》代理请求之代理人、诉讼代理人及其他委任代理人而言。法定代理人为依法律规定而为代理之代理人,诉讼代理人为诉讼上之代理人。所谓辅佐人,指辅助当事人或诉讼代理人为诉讼行为之第三人而言。所谓曾为代理人辅佐人者,指过去曾就请求公证事件为代理人辅佐人而言。

（五）为公证人请求人或其代理人之配偶、未婚配偶、家长、家属或法定代理人或五亲等内之血亲或三亲等内之姻亲者

本款所定不得充证人或见证人者，包括三种人之亲属家长家属或法定代理人，析言之：

（甲）公证人之配偶、未婚配偶、家长、家属或法定代理人或五亲等内之血亲或三亲等内之姻亲；

（乙）请求人之配偶、未婚配偶、家长、家属或法定代理人或五亲等内之血亲或三亲等内之姻亲；

（丙）代理人之配偶、未婚配偶、家长、家属或法定代理人或五亲等内之血亲或三亲等内之姻亲。

所谓公证人，指办理该项公证事务之公证人而言。所谓请求人，指当事人或其他关系人请求公证人作成公证书者而言。所谓代理人，指请求人之代理人而言。所谓配偶，指夫妻而言。所谓未婚配偶，指已订婚尚未结婚之未婚夫妻而言。所谓家长，指家属团体中之首长而言。所谓家属，指家长以外以永久共同生活为目的而同居一家之人而言，虽非亲属而以永久共同生活为目的同居一家者，视为家属（参照《民法》第一一二二条、第一一二三条）。所谓法定代理人，指未成年人之父母或其他监护人，禁治产人之监护人而言。所谓五亲等以内之血亲，指有血统关系之亲属而在五亲等以内者而言。血亲亲等之计算，直系血亲从己身上下数，以一世为一亲等；旁系血亲从己身数至同源之直系血亲，再由同源之直系血亲数至与之计算亲等之血亲，以其总世数为亲等之数。至直系血亲，谓己身所从出或从己身所出之血亲；旁系血亲，谓非直系血亲而与己身出于同源之血亲（参照《民法》第九六七条、第九六八条）。所谓五亲等以内之直系血亲，例如父母（一亲等）祖父母外祖父母（二亲等）子女

(一亲等)孙子女外孙子女(二亲等)是。所谓五亲等以内之旁系血亲,例如伯叔姨姑舅(三亲等)侄男女甥男女(三亲等)兄弟姊妹(二亲等)表兄弟姊妹堂兄弟姊妹(四亲等)是。所谓五亲等以内之姻亲,指五亲等以内之血亲之配偶、配偶之五亲等以内之血亲及配偶之五亲等以内之血亲之配偶而言(参照《民法》第九六九条、第九七〇条)。例如兄弟姊妹伯叔姑姨之配偶,配偶之父母祖父母兄弟姊妹侄男女甥男女及配偶之兄弟姊妹侄男女甥男女之配偶是。

(六)公证处之佐理员或雇员

公证处之佐理员,为辅助公证人办理公证事务之人;公证处之雇员,亦为辅助公证人及佐理员办理公证事务之人,但系为雇佣契约关系而受雇于公证处服公证职务上之劳务者。此等人对于公证人有命令服从之关系,故不得充证人或见证人。

公证人作成之公证书,如其请求人所选定之证人或见证人,为上述六款之人者,其公证书依《公证法》第十条,不生公证效力。若由上述六款之人充证人或见证人,为公证人所知者,公证人应拒绝其请求。故公证人应以职权调查请求人所选定之证人或见证人有无上述六款情形,自不待言。

第四节 公证书之记载

一、公证书记载之主旨

公证之目的,在于期待证书之公正,若其证书内之记载暧昧,或就违反法令事项及无效之法律行为作成，非唯其作成之证书无公证效力，且公证信用亦必为之扫地以尽。故《公证法》第二六条规定："公证人作成公证书，应将请求人或其代理人之陈述，及所见之状况，并其他实验之事实纪载之。其实验之方法，应一并记载。"所谓应将请求人或其代理人之陈述及所见之状况记载之，系指请求人或其代理人在公证人面前之陈述，为公证人所亲闻亲见者，应记载于公证书而言。至其陈述不以口头陈述为限，若以笔谈或书面以代陈述，亦无不可。又公证人所见之状况，不限于人之状况，即物之状况而与请求之事件有关者，亦得记载。所谓其他实验之事实实验之方法一并记载之，指公证人调查所得之事实及对于调查事实之方法（例如看见、测量或计算），应一并记载而言。

二、公证书记载之事项

公证书为证明法律行为或关于私权事实之证明书，须有一定方式，始能发生公证之效力。故公证书之方式，亦为作成公证书之必要条件，若证书记载欠缺，其证书自属无效。《公证法》第二七条，仿日、法、德、比等国立法例，规定公证书除记载其本旨外，并应记载下列各款事项：

（一）公证书之号数——公证书之号数，应依公证书之种类，例如公证书拒绝证书公证遗嘱证书而定之。

（二）请求人之姓名性别年龄职业住所或居所，为法人者其名称及事务所——所谓住所，指请求人以久住之意思永久居住于一定地域者而言；所谓居所，指以一定之目的暂时继续居住于一定地域者而言。一人不得有二以上之住所，但得有二以上之居所。所谓法人，包括公法人与私法人，前者如国家机关及地方自治团体是，后者为已经登记或许可之社团财团，在法律上取得人格之法人而言。所谓法人之事务所，指法人办理事务之处所。

（三）由代理人请求者，其事由及代理人之姓名性别年龄职业住所或居所，及其授权书之提出——所谓代理人，指代理请求之人而言，法定代理人不包括在内，盖法定代理人之代理请求，无所谓授权书之提出也（参照《公证法》第二二条）。

（四）与请求人或其代理人认识者，其事由；如系经提出证明书或公证人认识之证人证明为本人者，其事由，并该证人姓名性别年龄职业住所或居所——公证人与请求人或其代理人认识者，固不必他证明，但须于公证书记明其事由；公证人不认识请求人或其代理人者，须提出相当之证明书，或经公证人所认识之证人二人证明其实系本人（《公证法》第十九条），于记明事由外，于该证人姓名性别年龄职业住所或居所，自应并予记载。

（五）曾提出已得第三人允许或同意之证明书者，其事由，并该第三人之姓名性别年龄职业住所或居所；为法人者，其名称及事务所——就须得第三人允许或同意之法律行为，请求公证人作成公证书者，应提出已得允许或同意之证明书（参照《公证法》第二三条），故曾提出已得第三人允许或同意之证明书者，除记明事由外，并该第三人之姓名性别年龄职业住所或居所，自应并予记载。其第三人如系法人，则法人之名称及事务所，应予记载。

（六）有通译或见证人在场者，其事由及其姓名性别年龄职业住所或居所——请求人不通中国语言或聋哑而不能以文字达意者，公证人作成公证书，应使通译在场（参照《公证法》第二〇条）。若请求人为盲者或不识字者，公证人作成公证书，应使见证人在场，虽无此情形而经请求人请求者，亦同（参照《公证法》第二一条）。故有通译及见证人在场者，其事由及通译与见证人之姓名性别年龄职业住所或居所，均应记载。

（七）作成之年月日及处所——所谓作成之处所，系指公证处之名称而言。例如重庆地方法院公证处是。又公证书原本，应于其年月日上加盖公证处印章(《公证法施行细则》第十一条)，以昭慎重。

第五节　公证书之登记

一、公证书登记簿之编制

公证人因当事人或其他关系人之请求，就法律行为或关于私权之事实作成公证书，为数至多，若不编制簿册，登记要略，则他日有请求作成公证书正本缮本节录缮本，或请求阅览原本，或调阅之时，查考困难，故《公证法》第三六条规定："公证处应编制公证书登记簿，于未为记载前，送请地方法院院长于每页骑缝处盖印，其簿面里页亦应记明页数并盖印。"此所谓盖印，系指盖用院印而言，与盖章之指盖用私人图章者不同。此项公证书登记簿，应永远保存(《公证法施行细则》第十九条第一项)，如有灭失，公证处应补制与灭失同一之簿册，并将灭失之件数及事由并年月日，呈报高等法院转呈司法行政部备案(《公证法施行细则》第二三条)。

于此，有应附带说明者，即依《公证法施行细则》第十六条之规定，凡公证处所应备置之其他簿册，例如公证收件簿、声请公证文件收据存根簿、公证收费簿、公证费收据存根簿、发还公证证件簿、公证书正本缮本节本交付簿、公证文件阅览簿、抗议事件簿、公证文件档案簿及索引簿等，均须于未为登记前，送请地方法院院长于每页骑缝处盖印，其簿面里页，亦须记明页数并盖印。

二、公证书登记簿之记载

公证书登记簿，不过备查考公证事件之需而已，记载略有缺漏，与公证书之效力固无关系，但为方式统一计，不可不有明文规定，依《公证法》第三七条第一项，公证书登记簿应于每一公证书作成时，依次记载下列各款事项：

（一）公证书之号数及种类；

（二）请求人之姓名住所或居所，如系法人者、其名称及事务所；

（三）作成之年月日。

又依同条第二项准用第二八条、第二九条规定之结果，可分二点言之：

（一）公证书登记簿应文句简明，字画清晰，其字行应相接续，如有空白，应以墨线填充。记载年月日号数及其他数目，应用大写数字。

（二）公证书登记簿不得挖补或涂改文字，如有增加或删除，应依下列方法行之：

（甲）删除字句，应留存字迹，俾得辨认；

（乙）公证书登记簿末尾或栏外，应记明增删字数，由公证人及佐理员盖章。至请求人或其代理人见证人，对于公证书登记簿则无盖章之必要，盖公证书登记簿之记载，为公证处内部之事务，对于请求人或其代理人见证人并无关系故也。又公证人或佐理员违反上项规定所为之更正，无效，则为当然解释。

第六节　公证书之补作

一、公证书补作之意义

公证书之补作,非谓公证人作成公证书后又因请求人或其利害关系人之请求而为之补作公证书,盖请求人或其利害关系人可请求公证处交付公证书正本缮本或节录缮本(《公证法》第二八条、第四〇条、第四二条、第四三条),纵其原已受领之公证书正本缮本或节本灭失,亦无请求补作公证书之必要也。此所谓公证书之补作,乃指公证处所保存之公证书原本,倘因事变而灭失时,公证人应为补作替代原本之正本,永为保存之意。盖公证人作成之公证书原本,除事变或经法院或其他有关机关调阅外,不得携出(参照《公证法》第十六条),此项证书,应永远保存之(参照《公证法施行细则》第十九条),前已详述,若公证处保存之公证书原本有灭失时,即不可不有补救之方法,此所以有补作公证书正本以替代原本,俾便保存之必要也。

二、公证书补作之方法

《公证法》第三四条第一项规定:"公证书之原本灭失时,公证人应征求已交付之正本或缮本,经地方法院院长认可,再作成正本,替代原本保存之。"同条第二项规定:"前项情形及认可之年月日,应记明于正本

内,并签名盖章。"准此以解,可分三点言之:

(一) 陈明地方法院院长认可

公证书一部或全部灭失时,公证人应即将灭失证书之种类、灭失之事由及年月日,陈明地方法院院长,并请核定六个月以上之期限,征求公证书正本或缮本,依式作成新正本保存之(《公证法施行细则》第二二条第一项)。

(二) 征求已交付之正本或缮本

公证人作成公证书后,得依职权或依请求人或其继承人之请求,交付公证书之正本(参照《公证法》第三八条),请求人或其继承人或就公证书有法律上利害关系人,得请求交付公证书之缮本或节录缮本(参照《公证法》第四二条),故公证处保存之公证书原本如已灭失(无论一部或全部),自应征求前经交付于请求人或其继承人或就公证书有法律上利害关系人之公证书正本或缮本,再行补作公证书正本,替代原本保存之。征求期限,系经地方法院院长认可之六个月以内之期限,如六个月以内之期限届满,而公证书之正本或缮本尚未征求到处,解释上自不妨再陈明地方法院院长核定展限。

(三) 补作公证书之记载

补作之公证书新正本,除依原式作成外,并应记明原本灭失之事由及年月日,新正本作成之年月日,及征求已交付之正本或缮本经地方法院院长认可,再作成正本替代原本之情形,以及认可之年月日于新正本内,并由公证人签名盖章(参照《公证法施行细则》第二二条第二项)。

于此,有应补充说明者,即公证书原本正本缮本之意义。所谓公证书原本,为公证书本身,指公证人所亲笔作成之公证书,且只能保存于公证处者而言;所谓公证书正本,指完全依照公证书原本之内容制作之文书,对外与原本有同一效力者而言;所谓公证书缮本,指缮录公证书原本之内容而与之完全相同者而言。

第七节 公证书之阅览

一、阅览公证书请求权人

公证书之原本,由公证处永远保存之,除因事变或法院或其他有关机关调阅外,不得携出(参照《公证法》第十六条及其《施行细则》第十九条),若与公证书有法律上利害关系者,自得请求阅览公证书原本。其有阅览公证书原本之请求权人,依《公证法》第三五条第一项及第二项规定,有如下述:

(一)请求人

指请求作成公证书原本之人而言,请求人有二人以上者,虽由其中一人而为请求,亦无不可。

(二)请求人之继承人

此所谓请求人之继承人,系指包括继承人而言,亦即《民法》继承篇所谓遗产继承人,盖乃包括的继承请求人一切权利义务之人也。例如法定继承人指定继承人包括受遗赠人及公司合并而取得权利义务之法人是。请求人之一切权利义务,既由继承人继承,则继承人即为代请求人之法律地位之人,故得请求阅览公证书原本。唯此之所谓请求人之继承人,学者有采广义解释,谓为即请求人之权利继承人,无论包括继承人及特定继承人均包含在内者,例如前法国顾问宝道及司法行政部民事司对于前《公证暂行规则》第三二条、第三五条之意见是。至特定继承人，乃个别继承请求人之各个权利义务之人，例如因买卖或赠与之权利受移转人是。又有谓为既采广义解释，则权利继承人中之创设继承人亦应包含在内，且又不应限于权利继承人，即义务继承人亦应包含在内者，例如翁腾环氏就前《公证暂行规则》而编著之《公证法》释义及实务即持此见解。至所谓创设继承人，即不消灭请求人之权利，而基于其权利以取得与此相异之权利之人，例如由请求人于其所有物上设定之地上权人、永佃权人、抵押权人、质权人等是。余意独不然，认为此所谓请求人之继承人，仅指请求人之包括继承人而言，其理由有三：请求人之包括继承人以外之特定继承人、创设继承人等，依《公证法》第三五条第一项规定，可解为就公证书有法律上利害关系之人，既得请求阅览公证书原本，自无将请求人之继承人采取广义解释之必要，此其一；现行《公证法》第三五条、第四二条及前《公证暂行规则》第三二条、第三五条，固系仿日本《公证人法》第四四条、第四七条之立法例，但依日本《公证人法》各该条之规定，关于继承人之意义，亦似不必采广义解释，此其二；我国现行各种法律，关于继承人字样之规定，均采狭义解释，仅指包括继承人而言，何独于《公证法》应采广义解释，解为包括继承人以外之特定继承人等亦包含在内？此其三。

（三）就公证书有法律上利害关系之人

所谓就法律上有利害关系之人，系指直接间接有法律上利害关系之人而言。

（四）请求人或其继承人及就公证书有法律上利害关系之人之代理人

所谓请求人或其继承人及就公证书有法律上利害关系之人之代理人，指请求人之代理人，请求人之继承人之代理人，及就公证书有法律上利害关系之人之代理人而言。

请求阅览公证书原本者,应具声请书,由请求人或其代理人于声请书内签名盖章或按指印,其以言词请求者,应由佐理员作成笔录,并签名盖章(《公证法施行细则》第七条第二项)。

二、请求权人之证明

请求人或其继承人及就公证书有法律上利害关系之人,得请求阅览公证书原本,已如前述;公证人如不认识请求人或其继承人及就公证书有法律上利害关系之人时,应有公证人所认识之证人二人,证明其实系本人,或令提出相当之证明书。如此等请求权人为外国人者,得由警察官署或该本国领事出具证明书。此系依《公证法》第三五条第二项所谓"第十九条之规定,于依前项规定请求阅览时准用之",所当然之解释。

又请求人或其继承人及就公证书有法律上利害关系之人之代理人,亦得请求阅览公证书原本,已如前述;公证人如不认识代理人时,应有公证人所认识之证人二人,证明其实系本人,或令提出相当之证明书。代理人如为外国人者,得由警察官署或该本国领事出具证明书。不特此也,由代理人请求者,更应提出授权书。此项授权书,如为未经认证之私证书,应有公证人所认识之证人二人,证明其授权书实系本人所作,或令提出相当之证明书,证明其授权是实。代理人如为外国人者,得由警察官署或该本国领事出具证明书,证明其授权书实系本人所作。凡此均系依《公证法》第三五条第二项所谓"第二十二条之规定,于依前项规定请求阅览时准用之",所当然之解释。

唯于此有应注意者,即《公证法》第三五条第二项所谓"第二十三条之规定,于前项规定请求阅览时准用之",系属赘举!因而该项"第二十三条"五字应属衍文。何以言之？盖第二十三条规定："就须得第三人允许或同意之法律行为，请求作成公证书，应提出已得允许或同意之证明书。"此在请求作成公证书时固当如是，但于就须得第三人允许或同意之法律行为，请求阅览公证书原本时，实毋庸提出已得允许或同意之证明书。试举例以证之，例如未成年人结婚应得法定代理人之同意（参照《民法》第九八一条），设有甲与未成年之乙结婚，乙结婚时曾得其法定代理人丙之同意，甲乙因就结婚行为请求公证书人作成公证书，并提出乙已得丙同意之证明书，公证人如认识甲乙，因本于请求作成结婚行为之公证书。假定日后乙请求阅览公证书原本，即不必再提出已得允许或同意之证明书，至甲丙请求阅览公证书原本更不必提出已得允许或同意之证明书。此例或以乙既经结婚即有行为能力，结婚前须得第三人同意，结婚后则否。更举一例以明之，例如限制行为能力人未得法定代理人之允许所为之单独行为无效（参照《民法》第七八条），设有限制行为能力人甲为抛弃其地上权之行为，并得其法定代理人乙之允许，因而提出已得允许之证明书，请求公证人作成抛弃地上权之公证书。假定日后甲请求阅览公证书原本时尚未成年，其请求阅览亦不必再提出已得允许之证明书。至其法定代理人乙或因甲之抛弃而取得地上权之人丙及土地所有人丁请求阅览公证书原本，均不必提出允许或同意之证明书。况现行《公证法》第三五条第二项及前《公证暂行规则》第三二条第二项，均仿自日本《公证人法》第四四条第二项之规定，日本《公证人法》该项原文照录如次：

　　第二十八条第一项、第二项、第五项（按与我国《公证法》第十九条相似）第三十一条（按与我国《公证法》第二二条第一项前段相似）第三十二条第一项及第二项（按与我国《公证法》第二二条第一项后段及第二项相同)之规定,于依前项准许阅览证书原本时准用之。

日本《公证人法》第四四条第二项,既未将其第三十三条(按与我国《公证法》第二三条相同)之规定,亦规定"于依前项阅览证书原本时准用之",则前《公证暂行规则》及现行《公证法》于就须得第三人允许或同意之法律行为,请求阅览公证书原本时,仍须准用"须提出允许或同意之证明书"之规定,其为赘文,甚属显然!

又查民国十九年司法院草拟之《公证人法草案》第五三条第一项(与现行《公证法》第三五条第二项相同)既无准用同草案第四一条(按与《公证法》第二三条规定相同)之规定,而民国二十二年司法行政部草拟之《公证人法草案》第四一条第二项(按与现行《公证法》第三五条第二项相同)亦无准用同草案第三十条(按与现行《公证法》第二三条相同)之规定。

基上理由,从可知《公证法》第三五条第二项内"第二十三条"字样,系属愆文,前《公证暂行规则》第三二条第二项一误于前,而现行《公证法》第三五条第二项再误于后也。

三、请求权之证明

请求人有请求阅览公证书原本之权,无待再为证明。但请求人之继承人及就法律上有利害关系之人,或此等人之代理人,请求阅览公证书原本时,除须证明其实系本人外,究竟是否为请求人之继承人?或是否为法律上有利害关系之人?或其所代理之本人是否为请求人之继承人或就法律上有利害关系之人?易言之,究竟有无请求阅览公证书原本之权?不可不提出证明书。盖公证人经办公证事务有保守秘密之义务(参照《公证法》第十一条),自未便不加追究,即准许阅览也。故《公证法》第三五条第三项规定:"请求人之继承人及就公证书有法律上利害关系人请求阅览时,应使提出证明书。"同条第四项规定:"第二十二条第二项之规定,于前项证明书准用之。"准此以解,请求人之继承人及就法律上有利害关系人提出之证明书,如为未经认证之私证书,应有公证人所认识之证人二人,证明其证明书所载确系实情,或提出其他相当之证明书,以为证明。请求人之继承人及就法律上有利害关系人如系外国人者,得由警察官署或该本国领事出具证明书,以为证明。至请求人之继承人或就法律上有利害关系人之代理人,请求阅览公证书原本时,依类推解释,除须证明其本人,提出授权书外,亦须提出此项证明其所代理之本人请求权之证明书,则无疑义。

第八节 公证书之交付

一、公证书正本之交付

关于公证书正本之交付,可分三点言之:

(一)公证书正本之交付

公证人因当事人或其他关系人之请求,得就法律行为或关于私权之事实,作成公证书,其作成之公证书原本,除因避免事变或经法院或其他有关机关调阅外,不得携出,由公证处永远保存之(参照《公证法》第四条、第五条、第十六条,《公证法施行细则》第十九条),但对请求人或其他利害关系人,则交付公证书正本。所谓公证书正本,指完全依照公证书原本之内容制作之文书,对外与原本有同一效力者而言。关于公证书正本之交付,虽依《公证法》第三八条第一项规定:"公证人得依职权或依请求人或其继承人之请求,交付公证书之正本。"但《公证法施行细则》第十四条又规定:"公证书正本,除《公证法》别有规定或请求人有反对表示者外,应以职权交付之。"则公证书正本之交付,应由公证人依职权交付为原则,《公证法》别有规定或请求人有反对表示者,公证人始不必依职权交付正本。所谓《公证法》别有规定,指第四〇条、第四二条及第四五条是。所谓请求人有反对表示者,指请求人反对将公证书正本交付于其他利害关系人之表示是。公证人交付公证书正本,纵应不待请求径依职权为之,但若公证人不依职权交付正本,则请求人或其继承人自得请求交付,且请求人或其继承人之代理人亦得代理请求交付,自不待言。至所谓请求人,指当事人或其他关系人就法律行为或关于私权之事实,请求公证人作成公证书者而言;所谓请求人之继承人,指请求人之包括继承人而言;其详与本书第七节关于请求阅览公证书原本之请求人或其继承人相同,兹不复赘。至就公证书有法律上利害关系之人,虽得请求阅览公证书原本,但无请求交付公证书正本之权,盖就公证书有法律上利害关系之人,既许其阅览原本,又得依第四二条请求交付公证书缮本或节录缮本,自不必交付公证书正本也。公证人不待请求径以职权交付公证书正本者,其交付亦以请求人或其继承人或此等人之代理人为限,对于就公证书有法律上利害关系之人,不得交付公证书正本,解释上自属当然。

经请求人或其继承人或此等人之代理人请求交付公证书正本者,公证人若知此等人之姓名并与之相识者,自可准其所请,否则应有与公证人认识之证人二人证明其实系本人,或提出相当之证明书,证明其实系本人。此等人若为外国人者，得由警察官署或该本国领事出具证明书。又代理人请求交付正本者，并应提出请求人或其继承人之授权书，其授权书若系未经认证之私证书者，应有公证人所认识之证人二人证明其实系请求人或其继承人所作之授权书，或提出相当之证明书以证明之，代理人若为外国人者，得由警察官署或该本国领事出具证明书。请求人之继承人请求交付公证书正本时，应使提出证明书，其证明书若系未经认证之私证书者，应有公证人所认识之证人二人证明之。凡此均系依《公证法》第三八条第二项，"第十九条、第二十二条、第二十三条、第三十五条之规定，于依前项为请求时准用之"，所当然应有之解释。唯有应注意者，即第三八条第二项内"第二十三条"字样，应为赘文是也。盖就须得第三人允许或同意之法律行为，请求作成公证书时，固应提出已得允许或同意之证明书，但于公证人作成公证书后，请求人既已提出已得允许或同意之证明书于前，则于请求交付公证书正本时，即不必再提出允许或同意之证明书，况《公证法》第三八条第二项及前《公证暂行规则》第三五条第二项，均仿自日本《公证人法》第四七条第二项之规定，日本《公证人法》该项原文如次：

> 第二十八条第一项、第二项、第五项（按与我国《公证法》第十九条相似）第三十一条（按与我国《公证法》第二二条第一项前段相似）第三十二条第一项、第二项（按与我国《公证法》第二二条第一项后段及第二项相同）第四十四条第三项及第四项（按与我国《公证法》第三五条第三项、第四项相同）之规定，公证人于依前项规定制作证书时准用之。

日本《公证人法》第四七条第二项，既未将其第三十三条（按与我国

《公证法》第二三条相同)之规定,亦规定"于依前项规定制作证书时准用之",则前《公证暂行规则》及现行《公证法》于就得第三人允许或同意之法律行为,请求交付公证书正本时,仍须准用"须提出允许或同意之证明书"之规定,其为赘文,甚属显然。又查民国十九年司法院草拟之公证人法草案第五八条(与现行《公证法》第三五条相同)既无准用同草案第四一条(按与《公证法》第二三条规定相同)之规定,而民国二十二年司法行政部草拟之《公证人法草案》第四四条第二项(按与现行《公证法》第三八条第二项相同),亦无准用同草案第三十条(按与现行《公证法》第二三条相同)之规定。基上理由,从可知《公证法》第三八条第二项内"第二三条"字样,系属衍文,前《公证暂行规则》第三五条第二项一误于前,现行《公证法》第三八条第二项再误于后也。

请求交付公证书正本者,应具声请书,由请求人或其代理人于声请书内签名盖章或按指印,其以言词请求者,应由佐理员作成笔录,并签名盖章(《公证法施行细则》第七条第二项)。

(二) 公证书正本之方式

公证书正本之方式,亦为作成证书之必要条件,若其方式有欠缺,则其证书无效,自不能保有公证书正本之效力,故作成公证书正本时,必须注意记载方式,不可缺漏。依《公证法》第三九条规定,公证书应记载下列各款事项,由公证人签名盖章:

(甲)证书之全文。指公证人依请求人或其代理人之陈述及所见之状况并其他实验之事项,实验之方法而为之记载,暨下列事项:(1)公证书之号数;(2)请求人之姓名性别年龄职业住所或居所,为法人者其名称及事务所;(3)由代理人请求者,其事由及代理人之姓名性别年龄职业住所或居所及其授权书之提出;(4)与请求人或其代理人认识者,其事由,如系经提出证明书或公证人认识之证人证明为本人者,其事由并该证人姓名性别年龄职业住所或居所；(5)曾提出已得第三人允许或同意之证明书者，其事由并该第三人之姓名性别年龄职业住所或居所，为法人者其名称及事务所；(6)有通译或见证人在场者，其事由及其姓名性别年龄职业住所或居所；(7)作成之年月日及处所等是。易言之，即须依公证书原本全文抄录是。至公证书原本之附件内容，亦应一并记载。

（乙）记明为正本字样。记明为正本字样，俾易与原本节录正本缮本节录缮本区别，故若公证书正本已印成空白，已标明公证书正本者，则正本字样即可毋庸再记。

（丙）受交付人之姓名。受交付人之姓名，指请求人或其继承人之姓名而言，倘由代理人代为请求者，并应记载代理人之姓名。

（丁）作成之年月日及处所。指公证书正本作成之年月日及处所而言，与证书全文内所载之作成年月日及处所系指公证书原本作成之年月日及处所者不同。

公证书正本，除应记载上列各款并由公证人签名盖章外，并应于其年月日上加盖公证处印章（《公证法施行细则》第十一条）。违反前述规定者其作成之证书无正本之效力（《公证法》第三九条第二项）。至公证书正本，解释上不妨由佐理员代作，由公证人签名盖章。

(三) 公证书正本交付之手续

公证人应以职权交付公证书正本于请求人或其继承人或此等人之代理人，请求人或其继承人或此等人之代理人亦得请求公证人交付公证书正本，已详前述，"公证人交付公证书正本时，应于该正本末行之后，记明交付正本之事由及年月日，并签名盖章"（《公证法》第四一条）。借以证明其记载为真实。又公证书正本应于其年月日上加盖公证处印章（参照《公证法施行细则》第十一条），以昭慎重。

二、公证书节本之交付

公证书节本,严格言之,本有公证书节录正本与公证书节录缮本之别。以关于公证书节录缮本之规定,与关于公证书缮本之规定并无不同,而关于公证书节录正本之规定,则与关于公证书正本之规定有别,故本书于公证书节录缮本之说明,与公证书缮本合并为之,而本段所谓公证书节本之交付,则专指公证书节录正本而言。

《公证法》第四〇条第一项规定:"一公证书记载数事件,或数人共一公证书时,得请求公证处节录与自己有关系部分,作成公证书正本。"同条第二项规定:"前项正本,应说明系节录正本字样。"盖以一公证书记载数事件,或数人共一公证书时,其他部分未必与己有关,若依普通正本抄录原本全文,在与自己有关部分,固为极必要之记载,如与自己无关部分,仍照录之,不特于时间为不经济,且与请求人毫无利益可言,故于有此情形,得请求公证处节录与自己有关系部分,作成公证书正本。然则公证书节录正本之交付,其要件有二:

(一) 须一公证书记载数事件,或数人共一公证书;

(二) 须基于请求权人之请求。至何人为交付公证书节录正本之请求权人,此依《公证法》第三八条对照解释,自以请求人或其继承人或此等人之代理人为限。

公证书节录正本之方式,参照《公证法》第三九条,解释上应记载下列事项,由公证人签名盖章。所谓应记载事项:

(一) 与请求作成节录正本有关之部分;

(二) 记明为节录正本字样;

(三) 请求交付人之姓名;

（四）作成之年月日及处所。

公证人交付公证书节录正本时，应于该正本末行之后，记明交付正本之事由及年月日并签名盖章（《公证法》第四一条）。公证书节本，应于其年月日上加盖公证处印章，以昭慎重（《公证法施行细则》第十一条）。

三、公证书缮本之交付

公证书缮本者，即缮录公证书原本及其附属文书之内容而与之完全相同者也。关于公证书缮本之交付，分述于次：

（一）公证书缮本之请求

公证书之原本及其附属文书，除因法院或其他有关机关调阅或因避免事变外，不得携出，由公证处保存之（参照《公证法》第十六条、《公证法施行细则》第十九条），若与公证书及其附属文书有法律上利害关系者，除得请求阅览公证书原本外（参照《公证法》第三五条），不得请求交付公证书正本，故应畀以请求交付公证书缮本或节录缮本之权。而请求人或其继承人，除得请求阅览公证书原本（参照《公证法》第三五条）交付公证书正本（参照《公证法》第三八条）或节录正本（参照《公证法》第四〇条）外，自更得请求交付公证书缮本。《公证法》第四二条第一项规定："请求人或其继承人或就公证书有法律上利害关系人，得请求交付公证书及其附属文书之缮本或节录缮本。"即系此意。准此规定，得为请求交付公证书缮本者，有如下述：

（甲）请求人，指请求作成公证书原本之人而言，请求人有数人时虽由其中一人请求，亦无不可。

（乙）请求人之继承人，指请求人之包括继承人而言，其详已见本书本章第七节。

（丙）就公证书有法律上利害关系之人，指直接间接对于公证书有法律上利害关系之人而言。

（丁）请求人或其继承人或就公证书有法律上利害关系人之代理人，指请求人之代理人，请求人之继承人之代理人，就公证书有法律上利害关系人之代理人而言。

所谓节录缮本者，其一证书记载数事件或数人共一公证书时，请求公证处节录与自己有关系部分之缮本也，请求人、请求人之继承人、就公证书有法律上利害关系之人，或此等人之代理人，均得请求交付公证书节录缮本。

请求人或其继承人或就公证书有法律上利害关系之人，或此等人之代理人，请求交付公证书缮本或节录缮本者，公证人若知其姓名并与之相识者，自可准如所请。否则应有公证人所认识之证人二人证明其实系本人。或提出相当之证明书以为证明，如系外国人者，得提出警察官署或该本国领事出具证明书。由代理人请求者，除依上述方法证明其本人外，应提出授权书，此项授权书如为未经认证之私证书，应有公证人所认识之证人二人证明其授权书实系本人所作，或提出相当之证明书以为证明，代理人如系外国人者，得由警察官署或该本国领事出具证明书。请求人之继承人及就公证书有法律上利害关系人，请求交付公证书缮本时，应提出证明书。其证明书如为未经认证之私证书者，《公证法》第四二条第二项未明定准用《公证法》第三五条第四项之规定，显系立法上之遗漏！余独怪《公证法》此种遗漏，与前《公证暂行规则》第三九条第二项未明定准用同规则第三二条第四项完全相同，法顾问宝道氏于批评前《公证暂行规则》该条条文时已有论及，不谓《公证法》中竟又未予补正也！凡此均为依《公证法》第四二条第二项之规定，"第十九条、第二二条、第二三条、第三五条第三项之规定，于依前项为请求时准用之"，解释上自属当然。唯于此有应注意者,即第三八条第二项内"第二三条"字样,应为赘文是也。盖就须得第三人允许或同意之法律行为,请求作成公证书时,固应提出已得允许或同意之证明书,但于公证人作成公证书后,请求人既已提出已得允许或同意之证明书于前,则于请求交付公证书缮本时,即不必再提出允许或同意之证明书,请求人之继承人,或就公证书有法律上利害关系人请求交付公证书缮本,则更无提出允许或同意之证明书之必要,况《公证法》第四二条第二项及前《公证暂行规则》第三九条第二项,均仿自日本《公证人法》第五一条第二项之规定,日本《公证人法》该项原文如次:

第二十八条第一项、第二项、第五项(按与我国《公证法》第十九条相似)第三十一条(按与我国《公证法》第二二条第一项前段相似)第三十二条第一项、第二项(按与我国《公证法》第二二条第一项后段及第二项相同)第四十四条第三项及第四项(按与我国《公证法》第三五条第三项、第四项相同)之规定,公证人于依前项规定制作证书缮本时准用之。

日本《公证人法》第五一条第二项,既未将其第三十三条(按与我国《公证法》第二三条相同)之规定,亦规定"于依前项规定制作证书缮本时准用之",则前《公证暂行规则》及现行《公证法》于就得第三人允许或同意之法律行为,请求交付公证书缮本时,仍须准用"须提出允许或同意之证明书"之规定,其为赘文,已属显然。又查民国十九年司法院草拟之《公证人法草案》第六二条第二项(按与现行《公证法》第四二条第二项相同)既无准用同草案第四一条(按与现行《公证法》第二三条相同)之规定,而民国二十二年司法行政部草拟之《公证人法草案》第四八条第二项(按:与现行《公证法》第四二条相同),亦无准用同草案第三十条(按:与现行《公证法》第二三条相同)之规定。基上理由,从可知《公证法》第四二条第二项内"第二三条"字样,系属愆文,前《公证暂行规则》第三九条第二项一误于前,现行《公证法》第四二条第二项再误于后也。

请求交付公证书缮本或节录缮本者,应具声请书,由请求人或其代理人于声请书内签名盖章或按指印,其以言词请求者,应由佐理员作成笔录,并签名盖章(《公证法施行细则》第七条第二项)。

(二) 公证书缮本之方式

公证书及其附属文书之缮本,或节录缮本,应记载下列各款事项,由公证人签名盖章(《公证法》第四三条)。

(甲) 公证书及其附属文书之全文或一部分。所谓公证书及其附属文书之全文,指应记载第二六条、第二七条规定之公证书全文及附属文书之全文是也。所谓公证书及其附属文书之一部分,指就公证书记载数事件或数人共一公证书时,节录公证书及其附属文书与自己有关系之一部分是也。

(乙) 记明为缮本或节录缮本字样。记明为缮本或节录缮本字样,无非易与公证书正本节录正本原本等以为区别,故公证书之缮本及节录缮本已印成空白并经标明者,此等字样即可毋庸再记。

(丙) 作成之年月日及处所。此所谓作成之年月日及处所,系指公证书之缮本或节录缮本作成之年月日及处所,与证书全文内所载之年月日及处所系指公证书原本作成之年月日及处所者不同。又公证书缮本或节录缮本,应于其年月日上加盖公证处印章(《公证法施行细则》第十一条),以昭慎重。

公证书及其附属文书之书本或节录书本,虽以公证人作成为原则,但由佐理员或雇员作成之,亦无不可,但公证人须亲自签名盖章耳。如欠缺《公证法》第四三条规定各款之记载，解释上应认为无缮本之效力。

（三）公证书缮本之写法

公证书之缮本节录缮本或其附属文书有数页时，公证人应于骑缝处盖章，以防证书之改订或散失（参照《公证法》第四四条第一项）。

公证书缮本或节录缮本应文句简明，字画清晰，其字行应相接续，如有空白，应以墨线填充。记载年月日号数及其他数目，应用大写数字。此为《公证法》第四四条第二项所谓准用第二八条之应有解释。

公证书缮本或节录缮本不得挖补或涂改文字，如有增加或删除，应依下列方法行之（《公证法》第四四条第二项规定准用第二九条）：

一、删除字句应留存字迹，俾得辨认；

二、公证书缮本或节录缮本末尾或栏外，应记明增删字数，由公证人签名盖章。

违反前项规定所为之更正，不生效力。

第九节 公证书之特例

一、公证遗嘱之特例

《公证法》第四五条第一项规定："第三十五条第一项、第三十八条第一项及第四十二条第一项之规定，于公证遗嘱不适用之。"是为公证书关于公证遗嘱之特例。兹分别公证遗嘱作成之特例及公证遗嘱作成后

之特例二点言之:

(一) 公证遗嘱作成之特例

遗嘱者,以使法律行为于死后发生效力为目的,所为之要式的单独行为也。我《民法》规定遗嘱年龄,除无行为能力人及未满十六岁人不得为遗嘱外,其他限制行为能力(满十六岁之未成年人)无须经法定代理人之允许,得为遗嘱(参照《民法》第一一八六条)。关于遗嘱之方式,《民法》规定为五种,一任遗嘱人之自由选择:即(1)自书遗嘱,(2)公证遗嘱,(3)密封遗嘱,(4)代笔遗嘱(以上四种为正式遗嘱),(5)口授遗嘱(为略式遗嘱)。(参照《民法》第一一八九条)其中如自书遗嘱、代笔遗嘱及口授遗嘱三种不属于公证人职务范围,姑予从略,兹将公证遗嘱与密封遗嘱之一般概念,略述于次:

公证遗嘱者,遗嘱人于见证人前口述遗嘱意旨,由公证人笔记之遗嘱也。依《民法》第一一九一条规定,应具备一定方式,即(1)指定二人以上之见证人,(2)在公证人前口述遗嘱意旨,(3)由公证人笔记宣读讲解,(4)经遗嘱人认可后,记明年月日,由公证人见证人及遗嘱人同行签名,如遗嘱人不能签名者,由公证人将其事由记明,使按指印代之。公证遗嘱关于公证人之职务,如在下列地点,得由下列人员行之:(1)无公证人或兼办公证事务推事之地,由法院书记官行之;(2)侨民在中华民国领事驻在地为遗嘱时,由领事行之。

密封遗嘱者,由遗嘱人将自己签名之遗嘱,加密封后,再于见证人前提经公证人证明之遗嘱也。依《民法》第一一九二条规定,应具备一定方式,即(1)须于遗嘱上签名,遗嘱之本文,或自书之,或令他人代书虽无不可,而签名必须遗嘱人自为之;(2)须将其密封,于密缝处签名;(3)须指定二人以上之见证人,向公证人提出,陈述其为自己之遗嘱,如非本人自写,并陈述缮写人之姓名住所;(4)由公证人于封面记明该遗嘱提出之年月日及遗嘱人所为之陈述，与遗嘱人及见证人同行签名。密封遗嘱关于公证人之职务，在无公证人或兼办公证事务推事之地，由法院书记官行之；侨民在中华民国领事驻在地为遗嘱时，得由领事行之，与公证遗嘱同。

密封遗嘱证书，有公证书之效力。唯密封遗嘱上由公证人记载之部分，固有公证书之性质，但其密封遗嘱之内容，由遗嘱人所作成，仅有私证书之性质，与普通私证书同其效力。至公证遗嘱证书有公证书之性质，与其他公证书同。密封遗嘱由公证人作成之密封遗嘱证书，固与其他公证书原本同，由公证处永远保存之，其遗嘱则仍应发还本人保管；而公证遗嘱证书，则与其他公证书原本同。由公证处永远保存之。故关于密封遗嘱证书，固可与其他公证书适用同一之规定，而公证遗嘱证书，则为使遗嘱人有绝对秘密之保障计，《公证法》特规定若干特例。

（二）公证遗嘱作成后之特例

公证遗嘱作成后之特例，可分三点言之：

（甲）阅览公证遗嘱证书原本之禁止。对于一般公证书，请求人或其继承人及就公证书有法律上利害关系之人，得请求阅览公证书原本；但对于公证遗嘱证书，请求人或其继承人及就公证书有法律上利害关系之人，均不得请求阅览公证遗嘱证书原本。此依《公证法》第四五条第一项所谓："第三十五条第一项于公证遗嘱不适用之"，解释上固无疑义。此种规定，似欠妥善！盖为保障遗嘱秘密计，对于请求人之继承人或就公证遗嘱证书有法律上利害关系之人，固不得请求阅览公证遗嘱证书原本，而请求人本人如岁淹月久，已忘其遗嘱之内容，或有撤销其遗嘱之一部者，或有另为遗嘱而不知其与前一遗嘱是否抵触者，遗嘱人手头既无公证遗嘱证书之正本可考（《公证法》第三八条第一项于公证遗嘱亦不适用），又无公证遗嘱证书之缮本可查（《公证法》第四二条第一项于公证遗嘱亦不适用），殊不能绝无阅览公证遗嘱原本之必要也。

（乙）交付公证遗嘱证书正本之禁止。对于一般公证书，公证人得依职权或依请求人或其继承人之请求，交付公证书之正本；但对于公证遗嘱证书，请求人或其继承人均不得请求交付公证遗嘱证书正本，而公证人亦不得依职权交付公证遗嘱证书正本。此依《公证法》第四五条第一项所谓："第三十八条第一项于公证遗嘱不适用之"，解释上固无疑义。唯请求人（即遗嘱人）是否有请求交付公证遗嘱证书正本之必要，似尚值得研究耳。

（丙）交付公证遗嘱证书缮本之禁止。对于一般公证书，请求人或其继承人或就公证书有法律上利害关系人，得请求交付公证书及其附属文书之缮本或节录缮本；但对于公证遗嘱证书，请求人或其继承人或就公证遗嘱证书有法律上之利害关系人，均不得请求交付公证遗嘱证书之缮本或节录缮本。此依《公证法》第四五条第一项所谓："第四十二条第一项之规定，于公证遗嘱不适用之"，解释上亦无疑义。唯请求人（即遗嘱人）是否有请求交付公证遗嘱证书缮本之必要，似尚值得研究耳。

综前所述以观之，《公证法》关于公证遗嘱不适用之规定，似欠允洽，不若义大利《公证法》第六七条之规定为妥便："公证人于遗嘱人生前不得准许任何人知悉或阅览遗嘱，亦不得发给该遗嘱之节录或证明书；但对于遗嘱人本人或具有一种公正式之特别授权书者，不在此限。"

此外，《公证法》第十一条径受强制执行之规定，第二二条代理人请求之规定，及第二三条须得第三人允许或同意之规定，性质上于公证遗嘱证书既不适用，纵《公证法》第四五条第一项并未以明文为之详列，解释上亦属当然，可不具论。

二、拒绝证书之特例

《公证法》第四五条第二项规定："第十六条第一项、第十九条至第二十三条及第二十七条之规定，于作成拒绝证书不适用之。"是为公证书关于拒绝证书之特例。兹分拒绝证书之概念及拒绝证书作成之特例二点言之：

（一）拒绝证书之概念

拒绝证书为证明《票据法》上权利行使或保全之前提条件，亦证明事实存在之公证证书也。有此证书，则执票人可免举证之烦，票据债务人亦不致受欺，故为多数国家关于票据证明之方法。依《票据法》第一〇三条规定，拒绝证书由执票人请求拒绝承兑地或拒绝付款地之公证人或法院商会银行公会为之。其由法院商会或银行公会作成者，既非公证书可言，姑予从略，至其由公证人作成者，性质上既为公证书，自与其他公证书同有完全证据力。

拒绝证书得分为六类：（1）拒绝承兑证书，汇票本票支票不获承兑或无从为承兑提示时，执票人应请求作成拒绝证书证明之（参照《票据法》第八三条、第一二〇条、第一三八条）。（2）拒绝付款证书，汇票本票支票不获付款时，执票人应请求作成拒绝证书证明之（参照《票据法》第八三条、第一二〇条、第一三八条）。（3）拒绝复本交还证书，为提示承兑送出复本之一者，应于其他各分上载明接收人之姓名或商号及其住址，汇票上有前项记载者，执票人得请求接收人交还其所接收之复本，若接收人拒绝交还时，执票人非以拒绝证书证明下列各款事项，不得行使追索权：(A)曾向接收人请求交还此项复本而未经其交还；(B)以他复本为承兑或付款之提示而不获承兑或付款（参照《票据法》第一一四条)。(4)拒绝原本交还证书,为提示承兑送出原本者,应于誊本上载明原本接收人之姓名或商号及其住址,汇票上有上述记载者,执票人得请求接收人交还原本。接收人拒绝交还时,执票人非将曾向接收人请求交还原本而未经其交还之事由以拒绝证书证明,不得行使追索权(参照《票据法》第一一六条)。(5)未获承兑部分之拒绝证书;付款人承兑时,经执票人之同意,得就汇票金额之一部分为之;但执票人于获一部分承兑后,对于未获承兑之一部分,应作成拒绝证书证明之(参照《票据法》第四四条)。(6)参加承兑人或预备付款人不于付款提示时为清偿者之拒绝证书,付款人或担当付款人不于《票据法》第六六条及第六七条所定期限内付款者,有参加承兑人时,执票人应向参加承兑人为付款之提示,无参加承兑人而有预备付款人时,应向预备付款人为付款之提示,参加承兑人或预备付款人不于付款提示时为清偿者,执票人应请作成拒绝付款证书之机关,于拒绝证书上载明之。执票人违反上列规定时,对于被参加人与指定预备付款人之人及其后手,丧失追索权(参照《票据法》第七六条)。

(二) 拒绝证书作成之特例

拒绝证书作成之特例,可自期限方式及作成之方法三点言之:

(甲)关于拒绝证书作成期限之特例。一般公证书,作成时期任请求人之意以定,法律上往往无一定期限之规定,而拒绝证书则不然。拒绝承兑证书于提示承兑期内作成之;拒绝付款证书应于拒绝付款日或其后二日内作成之,但执票人允许延期付款时,应于延期之末日或其后二日作成之。此为汇票上之规定,至其拒绝付款证书作成之期限,于本票亦准用之(参照《票据法》第八四条、第一二〇条)。支票之执票人,应于下列期限内为付款之提示:(1)在发票地付款者,发票日后十日内;(2)不在发票地付款者,发票日后一个月内;(3)发票地在国外付款地在国内者,发票日后三个月内。执票人于上列所定提示期限内为付款之提示而被拒绝时,对于前手得行追索权;但应于拒绝付款日或其后二日内请求作成拒绝证书(参照《票据法》第一二六条、第一二七条)。

（乙）关于拒绝证书作成方式之特例。拒绝证书应记载下列各款,由作成人签名并盖作成机关印章(参照《票据法》第一〇四条):(1)拒绝者及被拒绝者之姓名或商号;(2)对于拒绝者虽为请求未得允许之意旨,或不能会晤拒绝者之事由,或其营业所住所或居所不明之情形;(3)为前款请求或不能为前款请求之地及其年月日;(4)于法定处所外作成拒绝证书时当事人之合意;(5)有参加承兑时或参加付款时,参加之种类及参加人并被参加人之姓名或商号;(6)拒绝证书之处所及年月日。

（丙）关于拒绝证书作成方法之特例。拒绝证书作成方法之特例,可依《票据法》及《公证法》之规定,分别说明之:

（子）《票据法》上之规定。依《票据法》之规定,关于拒绝证书之作成方法,有如次述:

(1) 付款拒绝证书,应在汇票本票支票或其粘单上作成之,若汇票本票有复本或誊本者,于提示时仅须在复本之一份或原本或其粘单上作成之,但可能时应在其他复本之各份或誊本上记载已作成拒绝证书之事由(第一〇五条、第一二〇条、第一三八条)。

(2) 付款拒绝证书以外之拒绝证书,应照汇票本票或其誊本作成抄本,在该抄本或其粘单上作成之(第一〇六条、第一二〇条)。

(3) 执票人以汇票本票之原本请求承兑或付款而被拒绝,并未经返还原本时,其拒绝证书应在誊本或其粘单上作成之(第一〇七条、第一二〇条)。

(4) 拒绝证书应接续汇票上复本上誊本上,或本票上誊本上,或支票上之原有之最后记载作成之。在粘单上作成者,并应于骑缝处盖章(第一〇八条、第一二〇条、第一三八条)。

(5) 对数人行使追索权时,只须作成拒绝证书一份(第一〇九条、第一二〇条、第一三八条)。

(6) 拒绝证书作成人,应将证书原本交付执票人,并就证书全文另作抄本存于事务所,以备原本灭失时之用,抄本与原本有同一效力(第一一〇条、第一二〇条、第一三八条)。

(丑)《公证法》上之规定。拒绝证书,虽不限于公证人作成,得由法院商会银行公会作成之,但由公证人作成时,除依前述规定外,应与作成其他公证书相同。唯依《公证法》第四五条第二项规定,关于一般公证书之作成,其不适用于拒绝证书者,有如次述:

(1) 关于公证书原本存于公证处不得携出之特例。公证人作成之公证书原本,与其附属文件,保存于公证处不得携出,但经法院或其他有关机关调阅或因事变携出者,不在此限(《公证法》第十六条)。此于拒绝证书之作成,不适用之。盖以拒绝证书之原本,应交付于请求人(参照《票据法》第一一〇条),公证处所保存者,乃拒绝证书之抄本故也。至《公证法》第十六条并无第一项,同法第四五条第二项所谓"第十六条第一项……于作成拒绝证书不适用之"。其第一项三字应属愆文,自不待言。

(2) 关于证明本人之特例。公证人作成公证书,如不认识请求人时,应有公证人所认识之证人二人证明其实系本人,或令其提出相当之证明书。如请求人为外国人者,得由警察官署或该本国领事,出具证明书(《公证法》第十九条)。此于拒绝证书之作成,不适用之。盖以票据为不要因证券,证券上权利人之主张权利,毋庸证明所以成立之原因,苟具法定之要件,即为权利之成立,故关于本人之证明毋庸为之也。

（3）关于通译在场之特例。请求人不通中国语言或聋哑而不能用文字达意者，公证人作成公证书，应使通译在场(《公证法》第二〇条)。此于拒绝证书之作成，不适用之。盖以票据为不要因证券，苟具法定之要件，其权利即为成立，故请求人纵不通中国语言或聋哑而不能用文字达意，亦不必使通译在场也。

（4）关于见证人在场之特例。请求人为盲者或不识文字者，公证人作成公证书，应使见证人在场，无此情形而经请求人请求者亦同(《公证法》第二一条)。此于拒绝证书之作成，不适用之。盖以票据为不要因证券，苟具法定之要件，其权利即为成立，故请求人虽为盲者或不识文字者，亦不必使见证人在场，请求人如非盲者或不识字者，则更无请求使见证人在场之必要也。

（5）关于代理人及代理权证明之特例。由代理人请求者，除须证明其本人或有通译见证人在场外，应提出授权书，其授权书如为未经认证之私证书，应有公证人所认识之证人二人，证明其实系本人授权，或提出相当之证明以证明其授权书实系本人所为。代理人为外国人者，得提出警察官署或该本国领事之证明书，以证明之(《公证法》第二二条)。此于拒绝证书之作成，不适用之。盖以票据为不要因证券，苟具法定之要件，其权利即为成立，故代理人代为请求作成拒绝证书，自不必证明其实系本人或有通译见证人在场，其授权书纵为未经认证之私证书，亦不必有公证人所认识之证人或其他证明方法以为证明也。

（6）关于同意或允许之证明之特例。就须得第三人允许或同意之法律行为，请求作成公证书，应提出已得允许或同意之证明书。其证明书如为未经认证之私证书，应有公证人所认识之证人二人证明其实系已得第三人允许或同意，或提出相当之证明书以证明之。请求人如为外国人者，得由警察官署或该本国领事出具证明书以证明之(《公证法》第二三条)。此于拒绝证书之作成,不适用之。盖以票据为不要因证券,苟具法定之要件,其权利即为成立,故就须得第三人允许或同意之法律行为,请求作成拒绝证书时,亦不必提出已得允许或同意之证明书,其证明书如为未经认证之私证书,更不必再为之证明也。

(7) 关于公证书记载方式之特例。公证书除记载其本旨外,并应依《公证法》第二七条之规定,以为记载。此于拒绝证书之作成,不适用之。盖以拒绝证书之记载方式,《票据法》第一〇四条已有明文规定,自不必再依一般公证书之作成方式以为记载也。

第二章 私证书之认证

第一节 认证私证书之请求

一、请求认证私证书之意义

当事人或其他关系人得就法律行为或关于私权之事实，请求公证人认证私证书，已详前述。所谓请求认证私证书者，即当事人或其他关系人欲确保私证书之成立，请求公证人参与证书内容之方法也。盖私证书与公证书有别，必经公证人认证后，始有形式上之效力。故所谓认证，即公证人赋予私证书以形式上之效力，而于证书内加以附记之意也。

二、请求认证私证书之方式

请求人声请认证私证书者，应由请求人或其代理人签名盖章或按指印，其以言词请求者，应由佐理员作成笔录，并签名盖章（《公证法施行细则》第七条第一项）。此与请求人声请作成公证书相同。但请求人声请认证私证书时，应附具私证书缮本，由公证处将认证情形记载之（《公证法施行细则》第九条）。至所谓请求人，系指当事人或其他关系人而言。

第二节　认证私证书之要件

公证人因当事人或其他关系人之请求,得就法律行为或关于私权之事实,认证私证书。但公证人制作认证书,应具备一定之要件。若不具备此要件,公证人即应拒绝请求,不得为之作成认证书。此项要件,可分形式的要件与实质的要件,以为说明。

一、认证私证书之形式要件

公证人认证私证书之形式要件,可分三端言之:

(一) 须请求人实系本人

"公证人作成认证书,如不认识请求人时,应有公证人所认识之证人二人,证明其实系本人,或令其提出相当之证明书。如请求人为外国人者,得由警察官署或该本国领事出具证明书。"(《公证法》第四七条第四项准用第十九条之规定)准此以解,公证人如不认识请求人时,请求人证明其实系本人之方法有三:

(甲) 应有公证人所认识之证人二人证明其实系本人;

(乙) 应由请求人提出相当之证明书证明其实系本人;

(丙) 请求人为外国人者,得由警察官署或该本国领事出具证明书,证明其实系本人。

（二）由代理人请求者且须提出授权书

由代理人请求认证私证书者，除须证明其实系本人外，且须提出授权书，以证明其确有代理本人请求公证人作成认证书之代理权（《公证法》第四七条第四项准用第二二条之规定）。其授权书如为公证人作成之公证书或经公证人认证之私证书，均无问题，如为未经公证人认证之私证书，则应有公证人所认识之证人二人证明其实系本人所为之授权书，或由代理人提出相当之证明书证明其授权书实系本人所作。若代理人为外国人者，得由警察官署或该本国领事出具证明书，证明其授权是实。至此所谓代理人，仅指意定代理人而言，亦可毋待赘述。

（三）第三人允许或同意之证明

当事人或其他关系人，就须得第三人允许或同意之法律行为请求认证私证书，应提出已得允许或同意之证明书（《公证法》第四七条第四项准用第二四条第一项之规定）。其已得允许或同意之证明书，若系公证人作成之公证书或经公证人认证之私证书，固无问题，若系未经公证人认证之私证书，须有公证人所认识之证人二人证明其实系第三人所为之允许或同意，或由请求人提出相当之证明书证明其实系第三人所为之允许或同意，若请求人为外国人者，得由警察官署或该本国领事出具证明书，证明其实系第三人所为之允许或同意（《公证法》第四七条第四项准用第二四条第二项之规定）。

二、认证私证书之实质要件

公证人认证私证书之实质的要件，即请求认证私证书之法律行为或关于私权之事实，须非违反法令事项，如就法律行为请求认证私证书，更须其法律行为非无效之法律行为是。易言之，公证人不得就违反法令事项及无效之法律行为,认证私证书(《公证法》第四七条第四项准用第十七条之规定)。

至前述关于认证私证书之要件,详细说明,与公证书之要件同,可参阅不赘。

第三节 认证私证书之方法

认证私证书,即公证人为赋予私证书以形式上之效力,而以公证方法于其证书内加以某种附记,故公证人认证私证书时,须于私证书内记载认证文。兹依《公证法》第四六条规定,说明公证人认证私证书之方法于次:

一、当事人签名或盖章之认证文

请求认证之私证书,当事人应亲自至公证人面前于私证书内签名或盖章,使得知证书之真实。倘该私证书内早已签名或盖章,则可毋庸于公证人前重复为之,唯应使当事人于公证人面前承认之。无论亲至公证人面前于私证书内签名或盖章,或于公证人面前承认其前已为之签名或盖章,公证人于私证书内均应记明其事由。故《公证法》第四六条第一项规定:"公证人认证私证书,应使当事人当面于证书签名或盖章,或承认为其签名或盖章,并于证书内记明其事由。"至其由代理人请求认证者,虽当事人本人未到公证人面前于私证书内签名或盖章,若其先行于私证书内签名或盖章,使代理人携至公证人面前代为承认其签名或盖章,解释上亦无不可,唯公证人亦应记明其事由耳。

二、认证私证书缮本之认证文

《公证法》第四六条第二项规定:"认证私证书之缮本,应与原文对照相符,并于缮本内记明其事由。"又请求人声请认证私证书时,应附具私证书缮本,该私证书缮本,由公证处记载认证情形永远保存之(参照《公证法施行细则》第九条、第十九条)。故认证私证书之缮本,应与原文对照相符,并于缮本内记明其事由。所谓原文,指请求认证之私证书原文而言。至其认证私证书之缮本与原本对照相符之手续,解释上自应由公证人为之。

三、关于私证书之增删涂改

《公证法》第四六条第三项规定:"私证书有增删涂改损坏或形式上显有可疑之点者,应记明于认证书内。"盖私证书经认证者,即有公证书形式上之效力,故私证书有增删涂改损坏或形式上显有可疑之点者,应记明于证文内,以防私证书之变造。所谓增删,指私证书内之文字有增加或删除而言。所谓涂改,指私证书内之文字有涂去原文改为其他文字之情形而言。所谓损坏,指私证书有破损或毁损而言。所谓形式上显有可疑之点,例如自表面上观之,显然可疑私证书内之文字,有用褪色水洗去再行写成之情形是。私证书有增删涂改损坏或形式上显有可疑之点者,公证人一方面应将此项情形,记明于认证书内,一方面更应记明于私证书之缮本上,以资查考,解释上自无疑义。

此外,认证私证书之请求人不通中国语言或聋哑而不能用文字达意者,公证人认证私证书,应使通译在场(《公证法》第四七条第四项准用第二十条之规定)。

第四节　认证私证书之方式

一、认证书之记载及签章

认证书应依一定方式作成,如有欠缺,证书即为无效。兹依《公证法》第四七条之规定,分述于次:

(一) 认证簿之登簿号数

"认证书应记载认证簿之登簿号数"(第四七条第一项前段),认证簿之登簿号数,即认证簿所载之号数,盖为使认证之事件易于查考故也。

(二) 认证之年月日及处所

"认证书应记载……认证之年月日及处所"(第四七条第一项),盖若不将认证之年月日及处所记载于认证书上,则必无以知其认证之日期及处所也。

(三) 公证人及在场人签名盖章

"认证书应记载认证簿之登簿号数、认证之年月日及处所,由公证人及在场人签名盖章。"(第四七条第一项)所谓在场人,包括当事人代理人见证人通译等在场者而言。所谓签名盖章,指签名之外,加盖自用印章而言。至在场人不能签名者，公证人或见证人得代签名，使本人盖章或按指印，并记明其事由，由公证人及见证人盖章。此依《公证法》第四七条第三项所谓："第三十条第三项后段之规定，于第一项在场人不能签名者准用之。"解释上自属当然。又认证书已认证之私证书缮本及其文件，应于其年月日上加盖公证处印章（《公证法施行细则》第十一条），以昭慎重。

（四）认证书与认证簿须折合盖骑缝章

"……该证书与认证簿并应折合盖骑缝章。"（第四七条第一项后段），此系杜防伪造变造之流弊也。

（五）认证书与私证书之连缀

关于本章第二节所述当事人签名或盖章之认证文，认证私证书缮本之认证文，以及私证书有增删涂改损坏或形式上显有可疑点之记明，如私证书之篇幅不敷登载时，得依次填入认证书内，并将认证书连缀于私证书，由公证人及在场人加盖骑缝章（第四七条第二项）。所谓在场人，包括当事人代理人见证人通译等在场者而言。

二、认书之写法

认证书应文句简明，字画清晰，其字行应相接续，如有空白，应以墨线填充。记载年月日号数及其他数目，应用大写数字。此依《公证法》第四七条第四项所谓："第二十八条之规定，于认证私证书准用之"，解释上自属当然，其详可参阅本书各论第一章第二节公证书之写法。至认证书应用中国文字作成之（《公证法》第四七条第四项准用第十八条之规定），亦毋待论。

三、认证书之更正

认证书不得挖补或涂改文字,如有增加或删除,应依下列方法行之:

(一)删除字句,应留存字迹,俾得辨认。

(二)公证书末尾或栏外,应记明增删字数,由公证人及请求人或其代理人见证人盖章。

违反前项规定所为之更正,不生效力。

此依《公证法》第四七条第四项所谓"第二十九条之规定,于认证私证书准用之",解释上自属当然,其详可参阅本书各论第一章第二节公证书之更正。

四、认证书之连缀

认证书有数页者,公证人请求人或其代理人及见证人,应于每页骑缝处盖章或按指印,但认证书各页能证明全部连续无误,虽缺一部分人盖章,其证书仍属有效。此依《公证法》第四七条第四项所谓"第三十条第四项之规定,于认证私证书准用之",解释上自属当然,其详可参阅本书各论第一章第二节公证书之连缀。

第五节　认证私证书之证明及见证

一、须有证人及见证人之情形

当事人或其他关系人,就法律行为或关于私权之事实,请求公证人认证私证书者,或则须由证人为之证明,或则须由见证人到场见证,兹依《公证法》第四七条第四项所谓"第十七条至第二十五条之规定,于认证私证书准用之",析述于次:

(一)须有证人证明之情形

(甲)公证人不认识请求人时。公证人作成认证书,如不认识请求人时,应有公证人所认识之证人二人,证明其实系本人(《公证法》第四七条第四项准用第十九条前段之规定)。

(乙)公证人不认识代理人时。由代理人请求者,公证人认证私证书,如不认识代理人时,应有公证人所认识之证人二人,证明其实系本人(《公证法》第四七条第四项准用第二二条第一项前段之规定)。

(丙)代理人提出之授权书为未经认证之私证书时。由代理人请求者,应提出授权书。其授权书如为未经认证之私证书,应有公证人所认识之证人二人,证明其授权书系本人所作(《公证法》第四七条第四项准用第二二条第二项之规定)。

(丁)允许或同意之证明书为未经认证之私证书时。就须得第三人允许或同意之法律行为,请求认证私证书,应提出已得允许或同意之证明书。其允许或同意之证明书,如为未经认证之私证书,应有公证人所认识之证人二人,证明其允许或同意之证明书,实系第三人所作(《公证法》第四七条第四项准用第二三条第二项规定)。

(二)须有见证人见证之情形

(甲)请求人为盲者。请求人为盲者,公证人作成认证书,应使见证人在场(《公证法》第四七条第四项准用第二一条前段规定)。

(乙)请求人为不识字者。请求人为不识字者,公证人作成认证书,应使见证人在场(《公证法》第四七条第四项准用第二一条前段规定)。

(丙)请求人请求者。请求人虽非盲者或不识字者,但经请求人请求者,公证人认证私证书,应使见证人在场(《公证法》第四七条第四项准用第二一条后段规定)。

三、证人见证人之资格

下列各款之人,不得充见证人或证人(《公证法》第四七条第四项准用第二五条之规定):

(一)未成年人;

(二)禁治产人;

(三)于请求事件有利害关系者;

(四)于请求事件为代理人或辅佐人或曾为代理人辅佐人者;

(五)为公证人请求人或其代理人之配偶未婚配偶家长家属或法定代理人或五亲等内之血亲三亲等内之姻亲者;

(六)公证处之佐理员或雇员。

第六节　认证私证书之登记

一、认证簿之编制

公证处办理认证私证书之事件,为数甚多,若不编制簿册,登载认证之纲要,倘有调阅或其他情事发生时,势必查考困难,故《公证法》第四八条第一项规定:"公证处应编制认证簿。"又同条第二项明示:"第三十六条之规定,于前项认证准用之。"即认证簿于未为记载前,应送请地方法院院长于每页骑缝处盖印,其簿面里页亦应记明页数并盖印,借防改订之弊也。

二、认证簿之记载

认证簿应于每次认证时,依次记载下列各款事项(《公证法》第四九条第一项):
(一) 登簿号数
指认证簿依次登载之号数而言。
(二) 请求人之姓名住所或居所为法人者其名称及事务所
所谓请求人之姓名,系指请求认证私证书之人之姓名住所或居所而言。所谓住所,系指以久住之意思住于一定地域而言。所谓居所,系指以一定目的暂时继续居住于一定处所而言。所谓法人,系指已经登记或许可之社团财团,在法律上取得人格之团体。所谓其名称及事务所,系指法人之名称及办理事务之处所而言。

(三) 私证书之种类及签名或盖章人

私证书之种类,例如买卖婚姻等证书是,若私证书无标题时,应依该证书之内容摘要记载。至所谓签名或盖章人,即私证书上签名或盖章之人。

(四) 认证之方法

所谓认证之方法,系指该私证书由当事人于公证人面前当面为签名或盖章,或承认为其签名或盖章而言。

(五) 见证人之姓名及其住所或居所

须有见证人在场之情形,已见本章第五节,兹不赘。如有见证人者,则见证人之姓名及其住所或居所,应予记载。

(六) 认证之年月日

认证簿之记载,应文句简明,字画清晰,其字行应相接续,如有空白,应以墨线填充。记载年月日号数及其他数目,应用大写数字。此依《公证法》第四九条第二项所谓:"第二十八条之规定,于前项情形准用之",解释上自属当然。

认证簿不得挖补或涂改文字,如有增加或删除,应依下列方法行之(《公证法》第四九条第二项准用第二九条之规定):

(一) 删除字句,应留存字迹,俾得辨认;
(二) 认证书末尾或栏外,应记明增删字数,由公证人盖章。
违反前项规定所为之更正,不生效力。

第七节　认证私证书之保存

一、认证私证书之发还

请求人所呈证明文件及其他应行发还之文件,应于加盖公证处印章并分别记载认证簿册数页数号数收件年月日收件号数后,发还原请求人(《公证法施行细则》第十条)。所谓请求人所呈证明文件,例如证明其本人之相当证明书,或公证人所认识之证人二人之证明书,警察官署或该本国领事之证明书;证明代理人之相当的证明书,或公证人所认识之证人二人之证明书,警察官署或该本国领事之证明书;证明代理权之授权书,或证明授权书之相当的证明书,或公证人所认识之证人二人之证明书,或警察官署或该本国领事对于授权书所为之证明书;第三人允许或同意之证明书,或证明第三人允许或同意之相当的证明书,或公证人所认识之证人二人之证明书,或警察官署或该本国领事对于允许或同意之证明书所为之证明书等是。所谓其他应行发还之文件,例如私证书原本是。此等证明书及其他应行发还之文件,应于加盖公证处印章并分别记载认证簿册数页数号数收件年月日收件号数后,发还原请求人。

二、认证私证书之保存

已认证之私证书缮本、认证簿、公证文件档案簿及索引簿,应永远保存(《公证法施行细则》第十九条第一项)。所谓已认证之私证书缮本,指与经认证之私证书原本内容相同之证书,请求人声请认证私证书时,应附具私证书缮本,由公证处将认证情形记载之(《公证法施行细则》第九条),故私证书缮本,系请求人附呈公证处者,不过由公证人加具认证文,永远保存于公证处而已。其他认证簿及公证文件档案簿及索引簿等,则均由公证处备置。已经公证人认证之私证书原本,应发还于请求人,故公证处仅保存已认证之私证书缮本,至认证簿及公证文件档案簿及索引簿之保存,目的亦在便利稽考也。

公证簿册灭失时,公证处应补制与灭失同一之簿册,并将灭失簿册之种类、件数、灭失之事由并年月日,呈报高等法院转呈司法行政部备案(《公证法施行细则》第二三条)。公证簿册及其附属文件有灭失之危险时,地方法院院长应速为必要之处置,并呈报高等法院(《公证法施行细则》第二四条)。凡此均可与认证私证书之保存互为参照。

附　论

第一章　公证费用之种类

《公证法》第四章附则第五〇条规定:"《公证费用法》另定之。"兹依《公证费用法》之规定,将公证费用分类述举于次:

一、公证费

公证费者,对于请求人请求公证人办理公证事务所征收之费用也。易言之,当事人或其他关系人得就法律行为或关于私权之事实,请求公证人作成公证书或认证私证书,其于请求公证人作成公证书或认证私证书时所应缴纳之费用,谓之公证费。

二、钞录费

钞录费者,对于当事人或其他利害关系人交付公证书或其附属文书之正本缮本或节本所征收之费用也。详言之,公证人得依职权或依请求人或其继承人之请求,交付公证书之正本(《公证法》第三八条第一项);一公证书记载数事件或数人共一公证书时,得请求公证处节录与自己有关系部分,作成公证书正本(同法第四〇条第一项);请求人或其继承人或就公证书有法律上利害关系人,得请求交付公证书及其附属文书之缮本或节录缮本(同法第四二条第一项);凡此请求公证人交付公证书正本节录正本缮本或节录缮本时所应缴纳之费用,谓之钞录费。

三、翻译费

翻译费者,对于当事人或其他利害关系人声请翻译公证书原本或其附属文件时所征收之费用也。公证书应以中国文字作成之(《公证法》第十八条),则当事人或其他利害关系人如系外国人而不谙中国文字者,自得声请公证处翻译成外国文。又当事人或其他利害关系人如系满、蒙、回、藏及其他特种民族之同胞,不谙汉文者,亦得声请公证处翻译成特种文字,庶不负公证之本旨也。

四、阅览费

阅览费者,对于当事人或其他利害关系人声请阅览公证书原本或其文件所征收之费用也。详言之,请求人或其继承人及就公证书有法律上利害关系之人,得请求阅览公证书原本(《公证法》第三五条第一项),其于请求阅览公证书原本时所应缴纳之费用,谓之阅览费。

五、旅费

旅费者,对于请求人请求出外执行公证职务所征收之费用也。易言之,办理公证事务,虽应于公证处为之,但依事件之性质不能于公证处为之者,不在此限(《公证法》第八条)。公证人及佐理员如依事件之性质,不得不出至公证处以外处所执行公证职务者,则请求人为公证人及佐理员出外执行职务所缴纳之费用,谓之旅费。

六、送达费

送达费者,对于请求人请求送达文件所征收之费用也。易言之,公证处依当事人之请求送达文件者,其由请求人为送达而缴纳之食宿舟车费,谓之送达费。

第二章　公证费用之计算

第一节　公证费之计算

一、作成公证书时之计算

作成公证书时公证费之计算,依其请求事项为法律行为或关于私权之事实而不同:

(一) 就法律行为请求作成公证书时公证费之计算

就法律行为请求作成公证书时公证费之计算,虽依一般情形或请求载明径受强制执行而不同,但孳息损害赔偿及费用系法律行为之附带标的者,不并算其价额(《公证费用法》第十条)。

(甲) 一般情形。当事人或其他关系人就法律行为请求作成公证书者,其公证费之计算,依《公证费用法》之规定,可分二类:

(子) 依规定之数额计算。指依法定之固定数额征收公证费而言,当事人就下列事项作成公证书者,征收公证费一百元(《公证费用法》第十二条、第十七条、第十八条):

(1) 承认允许及同意(《公证费用法》第十二条第一款)。承认者,因意思表示之有瑕疵,撤销权人抛弃其撤销权,不撤销其行为,俾使有瑕疵而得撤销之法律行为可以确定的有效之意思表示也(参照《民法》第一一六条)。承认既为撤销权之抛弃,故承认权人必为撤销权人。所谓撤销权人,包括本人(因暴利行为之撤销权人为急迫轻率或无经验之行为人本人)及利害关系人(参照《民法》第七四条第一项),因错误诈欺协迫而为意思表示之撤销权人为表意人本人(参照《民法》第八八条、第八九条、第九二条)、代理人、撤销权人之继承人及撤销权人之债权人(参照《民法》第二四二条)而言。又限制行为能力人未得法定代理人之允许所订立之契约,须经法定代理人之承认始生效力(参照《民法》第七九条);限制行为能力人于限制原因消灭后承认其所订立之契约者,其承认与法定代理人之承认有同一效力(参照《民法》第八一条第一项)。对于限制行为能力人所订立契约之承认,亦包括在此所谓承认之内。

允许者,事先之同意也。承认则为事后之同意。限制行为能力人为意思表示及受意思表示,应得法定代理人之允许(参照《民法》第七七条)。

同意之属于事先者为允许,属于事后者为承认。但《民法》对于未成年人订婚结婚与离婚,规定为应得法定代理人同意(参照《民法》第九七四条、第九八一条、第一〇四九条),又夫妻财产制契约之订立变更或废止,当事人如为未成年人或为禁治产人时,应得法定代理人之同意(参照《民法》第一〇〇六条)。有同意权者为法定代理人。

(2)契约之解除(《公证费用法》第十二条第二款)。契约之解除者,契约当事人之一方,据契约或法律规定,使于当事人相互间,消灭契约效力之单独行为也。

(3)遗嘱全部或一部之撤销(《公证费用法》第十二条第三款)。遗嘱之撤销者,成立之遗嘱,因遗嘱人之意思表示而不发生效力之谓也。其因遗嘱人之意思表示而使成立之遗嘱全部不发生效力者,为遗嘱全部之撤销。其因遗嘱人之意思表示而使成立之遗嘱一部不发生效力者,为遗嘱一部之撤销。

(4)曾于同一公证处作成公证书之法律行为之补充或更正(《公证费用法》第十二条第四款)。当事人曾就法律行为声请作成公证书后,如其法律行为须加补充或更正,因于同一公证处声请为补充或更正者,则征收公证费二元。若就法律行为声请作成公证书后,虽其法律行为须加补充或更正,但系于另一公证处声请为补充或更正者,则不适用征收公证费二元之规定。

(5)当事人声请就密封遗嘱为法定方式之记载者(《公证费用法》第十七条)。密封遗嘱者,由遗嘱人将自己签名之遗嘱,加密封后,再于见证人前,提经公证人证明之遗嘱也。应具备下列方式:(1)须于遗嘱上签名。遗嘱之本文,或自书之,或令他人代书,虽无不可,但签名则必须遗嘱人自为之。(2)须将其密封,于封缝处签名。(3)须指定二人以上之见证人,向公证人提出,陈述其为自己之遗嘱,如非本人自写,并陈述缮写人之姓名住所。(4)由公证人于封面记明该遗嘱提出之年月日及遗嘱人所为之陈述,与遗嘱人及见证人同行签名(参照《民法》第一一九二条)。当事人声请公证人就密封遗嘱为法定方式之记载者,征收公证费一百元。

(6)当事人声请作成授权书催告书受领证书或拒绝证书者(《公证费用法》第十八条)。授权书云者,代理权之授予证书也。代理有法定代理与意定代理之别,而代理权之授予系指意定代理而言。催告书云者,要求他人为一定行为之意思通知也。例如与限制行为能力人订立契约之相对人对于法定代理人所为之催告,或对于限制原因消灭后之本人所为之催告(参照《民法》第八〇条、第八一条第二项);又如要求债务履行之催告(参照《民法》第二二九条、第二五四条)是。受领证书云者,即债权人于受领清偿时所作受领清偿之书据也（参照《民法》第三二四条）。拒绝证书者,证明《票据法》上权利行使或保全之前提条件,亦即证明事实存在之公证证书也。拒绝证书有拒绝承兑证书、拒绝付款证书（参照《票据法》第八三条、第一二〇条、第一三八条）、拒绝复本交还证书（参照《票据法》第一一四条）、拒绝原本交还证书（参照《票据法》第一一六条）、未获承兑部分之拒绝证书（参照《票据法》第四四条）、参加承兑人或预备付款人不于付款提示时为清偿者之拒绝证书（参照《票据法》第七六条）等各种,其详已见本书各论第一章第九节,不赘述。当事人声请作成授权书、催告书、受领证书或拒绝证书者,征收公证费一百元。

（丑）依规定之标准计算。指依法定之标准征收公证费用者而言。所谓规定之标准,可分三类：

（1）依法律行为标的之价额为标准。当事人声请就法律行为作成公证书者,除《公证费用法》有特别规定外,依其标的之价额,按下列规定征收费用（《公证费用法》第二条）：

（A）五百元未满者——五十元；

（B）五百元以上一千元未满者——一百元；

（C）一千元以上二千元未满者——二百元；

（D）三千元以上六千元未满者——二百元；

（E）六千元以上一万元以下者——三百元；

（F）逾一万元者,每千元加收十元,不满一千元者,亦按一千元计算。

法律行为标的之价额,以公证人开始制作公证书时之价额为准（《公证费用法》第三条）。法律行为标的之价额不能算定者,其标的价额视为一万元；但其最低价额显逾一万元或其最高价额显未满一万元者,以其最低价额或最高价额为法律行为标的之价额(《公证费用法》第十一条)。又关于法律行为标的价额之计算,孳息损害赔偿及费用系法律行为之附带标的者,不并算其价额(《公证费用法》第十条)。

(2) 依证书之作成所需时间为标准。当事人声请就股东大会或其他集会之决议作成公证书者,依其证书之作成所需时间,按一小时征收公证费一元,不满一小时者,亦按一小时计算(《公证费用法》第十四条)。盖以股东大会或其他集会之决议,作成公证书,势非由公证人亲赴集会场所不可,此类关于决议所作之公证书,既无其他更妥适之计算标准,自以依所需时间为标准而为计算,较为合理也。

(3) 依其他标准以为计算。

(A) 关于债权之担保额——债权之担保额,以所担保之债权额为准,如担保额少于债权额时,以担保额为准(《公证费用法》第四条)。所谓债权之担保额,系指担保物权之价额而言。质言之,即指抵押权所担保之价额,质权所担保之价额及留置权所担保之价额而言。

(B) 关于地役权之价额——地役权之价额,以需役地所增之价额为准;但供役地所减之价额多于需役地之所增者,以所减之价额为准(《公证费用法》第五条)。地役权者,谓以他人之土地供自己土地便宜之用之物权也(参照《民法》第八五一条以下)。其受便宜之土地为需役地,而供便宜之土地则为供役地。所谓需役地所增之价额,即以他人土地供自己土地便宜之用后所增之价额也。所谓供役地所减之价额,即以他人土地供自己土地便宜之用后该他人土地所减之价额也。

(C) 关于地上权、永佃权之价额——地上权、永佃权之价额,以一年租金之十五倍为准;但其地价少于一年租金之十五倍者,以其地价为准(《公证费用法》第六条)。地上权者,谓在他人土地上有建筑物或其他工作物或竹木为目的,而使用其土地之物权也(参照《民法》第八三二条以下)。永佃权者,谓支付佃租永久在他人土地上为耕作或畜牧之物权也(参照《民法》第八四二条以下)。地上权、永佃权均以支付租金为使用他人土地之代价,故关于地上权、永佃权之价额,得以一年租金之十五倍为准以为计算;但若地价少于一年租金之十五倍者,自应以其地价为准。

(D)关于典权之价额——典权之价额,以其典价为准;但其产价少于典价者,以其产价为准(《公证费用法》第七条)。典权者,谓以支付典价占有他人之不动产而为使用及收益之物权也(参照《民法》第九一一条以下)。典权之价额,以典价为准,自甚合理,但其产价如少于典价,自应以其产价为准。

(E)关于租赁权之价额——租赁权之价额,以其权利存续期间内之租金总额为准;期间超过十五年者,依十五年计算,其未定有权利存续期间者,以两期租金之总额为准。租赁权者,依租赁契约所生承租人对出租人一切权利之总称也(参照《民法》第四二一条以下)。关于租赁权之价额,依其租赁是否为定期租赁而异:如系定期租赁,又依其租赁期间是否超过十五年而异:定期租赁期间在十五年以内者,则租赁权之价额依其租赁权存续期内之租金总额为准;定期租赁期间在十五年以上者,则租赁权之价额依十五年之租金总额计算。如系不定期租赁,则租赁权之价额依两期租金之总额为准。

(F)关于定期给付或定期收益之价额——定期给付或定期收益之价额,以其权利存续期间内之收入总额为准;期间未确定时,应推定其权利存续期间。前项期间超过十五年者,均依十五年计算(《公证费用法》第九条)。准此以解,定期给付或定期收益之价额,依其期间曾否确定而异:其期间如已确定,又依其期间是否超过十五年而不同;其期间如已确定,且在十五年以内者,则定期给付或定期收益之价额,依其权利存续期间之收入总额为准;其期间如已确定,且在十五年以上者,则定期给付或定期收益之价额，依十五年之收入总额为准；其期间如未确定，应推定其权利存续期间，即依推定之权利存续期间内之收入总额为准，唯有应注意者，既系推定其权利存续期间，自得举反证以推翻之耳。

（乙）请求载明径受强制执行。当事人声请就法律行为作成公证书，并请载明应径受强制执行者，依作成公证书所应征费之规定，加倍征收费用(《公证费用法》第十九条)。所谓当事人声请就法律行为作成公证书，并请载明应径受强制执行者，系指依《公证法》第十一条所为之请求而言，其详已见本书总论第五章第二节公证之效力，兹不赘述。所谓依作成公证书所应征费之规定加倍征收费用，系指前述依作成公证书一般情形所定计算数额，加倍征费而言。盖以当事人声请就法律行为作成公证书，并请载明应径受强制执行者，得依该证书执行之，颇可因之而省略诉讼程序，虽加倍征收费用亦有其宜也。

（二）就关于私权之事实作成公证书时公证费之计算

就关于私权之事实请求作成公证书时，其公证费之计算，分述于次：

（甲）公证费之计算标准。当事人声请就关于私权之事实作成公证书者，除本法有特别规定外，依其事实之实验及证书之作成所需时间，按一小时征收公证费一百元，不满一小时者亦按一小时计算(《公证费用法》第十三条)。至所谓本法有特别规定，系指同法第十五条及第十六条而言。

（乙）就数宗不相关联之事实作成公证书时公证费之计算。当事人声请就数宗不相关联之事实作成公证书者，依其事实各别计算，征收费用(《公证费用法》第十六条)。

（丙）就法律行为及与其关联之事实作成公证书时公证费之计算。当事人声请就法律行为及与其关联之事实作成公证书者，比较法律行为与事实所应征费之规定，从其费额多者征收之(《公证费用法》

第十五条）。准此以解，当事人声请就法律行为及与其关联之事实作成公证书者，应先就该法律行为计算其公证费，次就该关于私权之事实计算其公证费，然后比较二者之公证费额孰多，即依其费额较多者征收公证费。

二、认证私证书时之计算

认证私证书时公证费之计算，依《公证费用法》第二十条之规定："当事人声请就私证书为认证者，依作成公证书所应征费之规定，减半征收费用。"准此以解，认证私证书时公证费之计算，应依其为法律行为或关于私权之事实作成公证书所应征收之半数，作为认证私证书时所应征收之公证费用。

第二节　钞录费之计算

对于当事人或其他利害关系人交付公证书或其附属文书之正本缮本或节本者，每百字征收钞录费二十元，不满一百字者亦按百字计算（《公证费用法》第二一条第一项）。准此以解，可分钞录费之征收与计算，析述于次：

一、钞录费之征收

钞录费之征收,以对于当事人或其他利害关系人交付公证书或其附属文书之正本缮本节本时为限。所谓公证书及其附属文书之正本,指完全依照公证书原本或其附属文书之内容制作之文书,对外本有同一效力者而言。所谓公证书或其附属文书之缮本,系指缮录公证书原本或其附属文书之内容,且与之完全相同者而言。所谓公证书或其附属文书之节本,系指公证书或其附属文书之节录正本或节录缮本而言(参照《公证法》第三八条、第四〇条、第四二条)。

二、钞录费之计算

钞录费之计算,每百字征收钞录费二角至五角,不满百字者,亦按百字计算。

第三节 翻译费之计算

翻译费每百字征收三十元至五十元,由法院酌定,未满一百字者,亦按百字计算。(《公证费用法》第二一条第二项)对于当事人或其他利害关系人交付公证书或其附属文书之正本缮本或节本,声请翻译外国语文或特种文字如满、蒙、回、藏文字者,自应征收翻译费。至其征收翻译费之标准，法律仅规定每百字征收三十元至五十元，由法院酌定者，盖斟酌所翻译之文字有难易之不同也。

第四节　阅览费之计算

当事人或其他利害关系人声请阅览公证书原本或其他文件者，每次征收阅览费四角（《公证费用法》第二二条）。准此以解：

一、阅览费之征收

阅览费之征收，以对于当事人或其他利害关系人声请阅览公证书原本或其他附属文件者为限。所谓公证书原本，系指公证人所亲笔作成之公证书，且只能保存于公证处者而言（参照《公证法》第三五条）。所谓其他附属文件，系指连缀于公证书原本之附属文件视为公证书之一部者而言（参照《公证费用法》第三一条、第三二条、第三三条）。

二、阅览费之计算

阅览费之计算，每次征收阅览费四角。至每次阅览，以声请阅览原本之人阅览完毕为限，所需时间几何，则非所计。

第五节　旅费之计算

公证人及佐理员出外执行公证职务之旅费,准用《民事诉讼费用法》关于推事书记官旅费之规定(《公证费用法》第二四条)。按查《民事诉讼费用法》(民国三十年四月八日公布同日施行)第二四条规定:推事书记官出外调查证据及执达员送达传票文书之食宿舟车费,由各省高等法院按照各该地方交通及生活情形,分别等差,拟定规则,呈请司法行政部核准施行。准此以解,则关于公证人出外执行公证职务之旅费,自可查照当地推事出外调查证据应收之食宿舟车费,征收之;关于佐理员出外执行公证职务之旅费,自可查照当地书记官出外调查证据应收之食宿舟车费,征收之。

第六节　送达费之计算

公证处依当事人之请求送达文件者,其食宿舟车费准用民事诉讼费用法关于执达员送达传票文书收费之规定(《公证费用法》第二五条)。按查《公证费用法》第二四条规定:推事书记官出外调查证据,及执达员送达传票文书之食宿舟车费,由各省高等法院按照各该地方交通及生活情形，分别等差，拟定规则，呈请司法行政部核准施行。准此以解，则关于公证处送达文件之食宿舟车费，自可查照当地执达员送达传票文书之食宿舟车费，征收之。

第七节　其他费用之计算

本法未定公证费用之事项，依其最相类似之事项，征收费用（《公证费用法》第二三条）。《公证费用法》所未规定之公证费用事项，例如证人通译之旅费、到场费、滞留费、翻译费等，固可参照《民事诉讼费用法》之规定以征收之，如竟《民事诉讼费用法》亦无相当规定，自应依其最相类似之事项，征收费用。

第三章 公证费用之缴纳

第一节 公证费用之缴纳方法

公证费用应依本法购贴司法印纸缴纳之(《公证费用法》第一条)。准此以解,公证费用以购贴司法印纸为缴纳之方法。所谓司法印纸,系指由司法行政部制造,并由司法机关发售之印纸而言。其详可查照司法印纸规则。

第二节 公证费用之预纳或担保

公证处得命当事人预纳公证费用或提供担保。当事人不预纳前项费用亦不提供担保者,公证处得拒绝其请求(《公证费用法》第二六条)。当事人或其他关系人声请公证人作成公证书或认证私证书者,公证处得命当事人或其他关系人预纳公证费用或命其提供担保。所谓预纳公证费用,指依《公证费用法》规定以为计算之费额预为缴纳者而言。所谓提供担保,指以确实之担保提供于公证处,以担保公证费用之缴纳而言。当事人或其他关系人如不遵命预纳公证费用,又不提供适当之担保,则公证费用将何所出,殊无把握,公证处自得拒绝其请求。

第三节 公证费用之收据

公证处征收各费,应发给定式收据。违背前项规定者,当事人得拒绝缴纳(《公证费用法》第二七条)。盖公证处既依《公证费用法》之规定,向声请制作公证书或认证私证书之当事人或其他关系人征收公证费用,自应发给定式收据,以资信征。如公证处征收各项费用而不发给收据,或其收据并非规定格式,则当事人或其他关系人自得拒绝缴纳,亦无待言。

《公证法要论》(大东书局1947年初版)

宪法要义

弁　言

一、本书系就现行《宪法》（民国三十六年一月一日公布同年十二月二十五日施行）为根据，说明宪法学上之原理，以供国内有志研究宪法者之参考。

二、本书虽以现行《宪法》为根据，但其章节次序与《宪法》不尽相同，为谋简洁说明起见，将《宪法》十四章并列六章论之：例如《宪法》第一章，本书于第一章"宪法之概念"仅设一节；《宪法》第四章至第九章，本书于第四章"中央政府"合并说明；《宪法》第十章、第十一章，本书于第五章"地方制度"说明之；《宪法》第十二章，本书并入第二章"人民之权利义务"；《宪法》第十四章，本书则分别于第一章"宪法之概念"及第三章"国民大会"论之。

三、本书着笔于依《宪法》产生之国民大会开幕之时，脱稿于依《宪法》产生之总统、副总统就职之日，故行宪后发生之有关问题及《动员戡乱时期临时条款》，均有论列。

四、现行《宪法》系依据《五五宪草》修正案议订，故本书于《五五宪草》亦比较研究，间附己意，妄事评骘，然以篇幅所限，于《训政时期约法》，则未予论及。

五、本书原系昌明法政函授学校法律本科宪法讲议，为便初学起见，附列参考书籍于后。

（一）关于一般者：(1)王世杰、钱端升合著《比较宪法》(商务印书馆出版)；(2)郭卫、林纪东合编《中华民国宪法史料》(大东书局出版)；(3)青年文库《各国宪法汇编》(中国文化服务社出版)。

（二）关于现行《宪法》者：(1)张君劢著《中华民国民主宪法十讲》(商务印书馆出版)；(2)何永佶著《宪法平议》(大公报丛书之三)；(3)储玉坤编著《中国宪法大纲》(中华书局出版)；(4)罗志渊著《中国宪法释论》(昌明书屋出版)。

（三）关于《五五宪草》者：(1)立法院中华民国宪法草案宣传委员会编《中华民国宪法草案说明书》(正中书局出版)；(2)拙著《五五宪草释论》(中国文化服务社出版)。

（四）关于《训政时期约法》者：萨孟武著《宪法提要》(大东书局出版)。

陈盛清志于上海

宪法要义目录

第一章　宪法之概念
　　一、宪法之意义
　　二、宪法之种类
　　三、宪法之发展
　　四、宪法之制定
　　五、宪法之施行
　　六、宪法之总纲
第二章　人民之权利义务
　　一、人民之权利
　　二、人民之义务
第三章　国民大会
　　一、国民大会之地位
　　二、国民大会之组织
　　三、国民大会之职权
　　四、国民大会之集会
第四章　中央政府
　　一、总统
　　二、行政

三、立法

四、司法

五、考试

六、监察

第五章　地方制度

一、中央与地方之权限

二、省

三、县

第六章　基本国策

一、国防

二、外交

三、国民经济

四、社会安全

五、教育文化

六、边疆地区

第一章　宪法之概念

一、宪法之意义

欲明宪法之意义，须先明国家何以需要宪法；欲明国家需要宪法之理由，则又须先明国家之任务何在。夫国家乃人类集合之团体，而须有一定之人民、土地、主权及组织；易言之，即一定之人民，居住于一定的土地之内，于唯一的主权之下所结合之团体，谓之国家。国家所欲达到之目的为何？虽因时代而不同，然由今日言之，国家所欲达到之目的，与夫人民所以需要国家达到之目的，不外三端：其一为维持人民之生存与保障人民之安全；其二为保障人民之权利自由，俾就个人致力于智德体诸育之发展；其三为造成一种法律秩序，一方面使私人与私人间之权利自由各有分际，一方面使国家与人民之关系及国家中各机关相互之关系各有明显之界限。宪法即为达到国家之目的而制定，乃所以规定国家的公共权力（Public Powers）如何分配于立法、行政、司法等各机关，以达到保护人民安全与人民自由之目的者也。

依一般宪法学者之意见，宪法之意义，可自三方面言之：

（一）就实质的意义言，宪法乃规定国家之根本组织如国体、政体、领土、国家机关之组织与权限，人民之权利与义务等。在此实质的意义下，一切国家均有宪法，但因各国之政情互异，各国人士又均有其特殊的政治观念，因而各国宪法所规定之事项又未必一致。例如人民权利义务，一般国家之宪法均不厌求详，为列举兼概括之规定，而法国《第三共和宪法》则付阙如；又如责任内阁制虽不失为若干国家之根本组织，然而加拿大虽系采用斯制，而宪法上竟未经内阁对议会负责之规定。反之，无关于国家根本组织，只因欲借宪法之形式防其滥自修改而规定于宪法者，亦复不少：如瑞士现行宪法二五条规定肉店宰杀牲畜，须先行麻醉；秘鲁一九二〇年宪法五二条禁止赌博，即其适例也。

（二）就形式的意义言，宪法之特征有二：其一宪法须为成文法典，虽自成文法典制定之后，或不无附以习惯法之例，但其宪法本身之为成文法，则无疑义。其二宪法须有公证力与固定性。易言之，宪法具有最强之效力，高出于普通法律之上，凡与宪法抵触之法律，均不能视为有效；宪法不宜轻于修改，从事于修改宪法之机关及程序，亦与普通法律迥然不同。然若按之实际，英国宪法并非一部成文法典，只是散见于各种法规与习惯之中，而其修改手续又与普通立法相同；义大利《一八四八年宪法》虽系一部成文法典，而其修改手续，宪法则未明定，议会每用普通立法手续以修改之。则自形式意义言，虽谓为英、义无宪法，亦无不可也。

（三）就理想的意义言，宪法之内容须合于民主主义之理想。近代民主政治乃建筑于个人主义之基础上，以为国家之目的在于保护人民之权利。故近代国家，第一须为法治政治，而实现法治政治之方法则为权力分立，即将国家权力分属于立法、行政、司法三个机关，由各种权力的衡制，以确保人民之权利预防专制独裁政治。第二须为民意政治，因欲充分保障人民权利，必须人民自己有直接或间接参政之权，故现代国家或设间接民主的代议制度，或采直接民主的公民投票制，使国民有直接或间接参政之机会,俾使政治能合于民意。第三项为责任政治,即一方面议会有弹劾权及不信任投票权,以监督政府之违反法律或民意之行为;一方面议会及总统又有一定任期,俾人民自己于选举议员或总统之际,得表示有无信任而决定选举之方针。总之,现代宪法乃以民主主义为根据,以保护人权为目的,要求法治政治、民意政治与责任政治。

二、宪法之种类

(一) 成文宪法与不成文宪法

宪法之有独立编制之法典者,为成文宪法。所谓独立编制之法典,有为一种法典者,如美国现行宪法系由一七八七年颁布之一种文书而成;有为数种法典者,如法国第三共和宪法乃合一八七五年二月至七月所公布之三种法律而成。反之,宪法无独立编制之法典,仅散见于各种单行法规及事实上之习惯者,为不成文宪法。如英国宪法是。然英宪之所谓不成文者,非绝无条文记载之谓,按英宪构成之元素,约有四部分:一为国家颁布之重要文件,如一二一五年之《大宪章》(Magna Carta),一六二八年之《权利请愿书》(Petition of Rights),一六八八年之《权利宣言》(Bill of Rights)等属之。二为议会制定之法律,如一六七九年之《出庭状法》(Writ of Habeas Corpus),一七〇一年之《皇位继承法》(Act of Settlement),一八三二年、一八六七年、一八八四年三次之《选举改革法》(Reform Acts),一八八八年之《地方政府法》(Local Government Act),一八九一年之《议会法》(Parliament Act)，一九一八年及一九二八年之《国民代表法》(Rekresentation of the Peokle Act)等属之。三为普通法(Common Law)，即法院依据习惯以判决案件，久之援引既广，遂有通行全国之效力。四为宪法惯例(Constitution Conventions)，如国皇对于议会通过之法案久不行使其否认权，内阁不为下院所信任，非解散之即自行辞职，国会每年至少须开会一次等是。不成文宪法既亦有成文之成分，而成文宪法，亦不无附以习惯之例，如美国宪法虽未禁止大总统连任三次，但自华盛顿宣言一人不宜充任总统三次之后，一人不能充任三次总统之宪法习惯，直至罗斯福始破除之。由此可知不成文宪法与成文宪法，不过程度之差，并无性质之别也。成文宪法若与不成文宪法相较，则处此社会机构严密复杂之时代，自非有精密之法典，不足为运用之准绳，所谓明晰确定，不易为人所曲解，是其所长；唯条文之规定有限，事实之变化无穷，欲以寥寥百数十条之宪法而包括政治社会之千万形态，终必有所不尽，是其所短也。虽然，成文宪法由于人为之制定，不妨互相仿摹；而不成文宪法出于历史的成长，最易适合社会之需要，自非国民有法治素养不为功也。

（二）钦定宪法、协定宪法与民定宪法

宪法之由君主制定者为钦定宪法，由君民共同制定者为协定宪法，由国民制定者为民定宪法。盖宪法乃规定统治者行使统治权之范围，而统治者行使统治权之范围又由社会势力关系而决定。故君主国宪法未必皆为钦定宪法，更未必为协定宪法，例如战前日本宪法固系明治十二年由天皇委任臣僚起草，由天皇决定颁布，为钦定宪法之一种，然日本现行宪法即一九四六年宪法则系民定宪法，由议会两院制定并经国民投票

赞同。比利时虽为君主国，其现行一八三〇年宪法亦系民定宪法，由议会制定。由君民协定之宪法，如英国之《大宪章》乃系贵族军以兵力胁英皇约翰(John)之画诺，一六八八年之《权利宣言》乃由于革命先请威廉(William)宣誓遵守始即皇位，又法国一八三〇年宪法实系依据一八一四年宪法修改而成，当时议会曾与路易菲立浦(Louis Philip)相约必须承认此修正宪法为条件，方可迎立国王，均其例也。由国民制定之民定宪法可分三种：一由普通议会制定，如战前法国宪法即第三共和宪法即系其例；二由人民所选出之特别制宪团体制定，如我国现行宪法，美国、苏联现行宪法均系其例；三由公民直接投票表决，如法国现行宪法虽由国民大会但最后经由公民直接投票决定，即系其例。唯有应注意者，所谓民定宪法，非指宪法得全民同意，盖人民每因地位身份职业环境之不同，分作若干集团，每个集团各有其自己特殊之利害，各有其自己特殊之意见，在一定时期社会之下，欲得全民同意，殊不可能也。

（三）刚性宪法与柔性宪法

此为蒲莱士(Bryce)之分类。凡宪法之不依普通立法程序而另由特别机关依特别手续始能修改之者，为刚性宪法。凡宪法之可适用与普通立法程序同一之程序以修改之者，为柔性宪法。不成文宪法均系柔性宪法，例如英国既无成文宪法，则宪法与法律之界限即无存在，立法者制定新法律，纵与国家根本制度抵触，亦可发生效力，而使国家根本制度为之变更。但成文宪法未必皆系刚性宪法，如义大利一八四八年宪法虽为成文宪法，然未规定宪法修改程序，依其惯例，议会得以普通立法程序加以修改，即其适例。一般成文宪法国家，宪法修改程序明定于宪法均较普通立法为难者，均属刚性宪法，我国《宪法》亦然。至就刚性宪法与柔性宪法之优劣言:柔性宪法可以适应社会之进化消灭革命之危机,是其优点,但以缺乏固定性,可使国家根本组织频致变更,是其劣点。刚性宪法之优点:一为条文明晰完备不致发生歧义;二为政府各机关皆有一定权限不容互相侵犯;三为人民自由权利得合法保障,不虞为野心家所侵削;四为宪法修改之另有一定程序,不能轻易推翻。然刚性宪法修改非易,往往阻止应有变革,妨碍国家进展,且易促致革命危机引起内乱纷争,此其劣点也。

（四）三权宪法与五权宪法

凡宪法规定政府之职务分别赋予立法、司法与行政三个机关互相制衡者为三权宪法。凡宪法规定政府之职务分别赋予立法、司法、行政、考试与监察五个机关分工合作者为五权宪法。三权宪法导源于孟德斯鸠（Montesquieu）之三权分立论,迨美国独立后首倡三权宪法,嗣后欧美各国宪法大多在形式上亦采用三权宪法。五权宪法系国父所发明,于立法、司法、行政三权之外,再加上考试与监察两权,然五权宪法与三权宪法之区别,主要者有三:(1)就指导原则言,三权宪法为民权运动初期根据个人自由主义而产生,以消极限制君主的行政权(如英国)或人民的立法权(如美国),解放人民,俾能获得个人自由为目的,故以牵制均衡为各个权力机关相互关系之指导原则。五权宪法则为民权极盛时代根据三民主义而设计,以积极造成万能政府,实行三民主义,为人民谋幸福为能事,故不当牵制均衡,而以人民与政府及政府各权力机关间职务上的分工合作为其指导原则。(2)就政制设计言,三权宪法以立法、行政、司法三种权力独立平等处理国事为原则,在其职权范围之内,三个机关均系国家权力机关,可以独立行使其权力。除行政机关与司法机关外,其最主要者,尤为人民代表所组织的立法机关——议会。议会一方为代表人民的民意机关,一方为政府造法的立法机关,盖因人民只能选举议员间接代替其行使民权,故三权宪法的主要政制为代议政治,无论由议会管制政府行政(如英国、法国)或由行政机关分割议会权力(如美国),其为人民代表的议会系全国政制之中心则一。五权宪法则不然,五权宪法不以间接民权的代议政治为满足,须实行直接民权的全民政治,不过国家的权力虽应归诸人民,但国家的事务,尤其在此二十世纪科学时代,则非由专家实行计划政治不可。因此五权宪法主张权能划分,人民有政权,政府有治权,以人民之政权管制政府之治权,以政府之治权处理国事。人民之政权为选举权、罢免权、创制权与复决权,政府之治权为立法权、行政权、考试权与监察权[①],其政制设计与三权宪法自属不同。
(3)就制度中心言,三权宪法以保障民权限制政府权力为中心思想,故其政治制度之重心即在于由立法机关议订法律以限制行政权,而以独立的司法机关审判人民间之讼争。简言之,三权宪法系实行严格的法律统治或法治。五权宪法以造成万能政府为民服务为主旨,故其政治制度的重心不仅在于行严格的法律统治,而在于一方借法律以实行计划政治,一方在于以科学的人事管理制度即人治以贯澈专家政治之目的。易言之,三权宪法制度,其注意力仅及于法治,而五权宪法则人治与法治并重。就法治言,五权宪法制度有立法、行政、司法三个权力机关推行设计执行考核,即立法、行政、司法的法治三联制。就人治言,五权宪法制度则有考试、行政、监察三个权力机关主持设计执行考核的人事三联制。五权宪法之在立法、行政、司法三权之外增加考试、监察两权,其主旨在此,而考试、监察两权之重要性,并不亚于立法与司法,其故亦在此。我

---

① 原文如此,实缺"司法权",应补。——编者注

国现行《宪法》虽有五权宪法之形式,实系三权宪法之变相,盖权能划分之理论,既未为现行《宪法》所采纳,立法院与监察院均为行使政权之机关,有众议院与参议院之意味,且国民大会实际上只是选举、罢免总统、副总统与修改宪法之机构,亦不能代行其他政权也。

三、宪法之发展

(一) 实质意义之宪法

实质意义之宪法,几与国家同时产生。希腊亚理士多德(Aristotle)将国家法律分为二类,一为规定国家机关之组织及其权限,二为根据前项法律而规定各机关施行前项法律之手续,其前一种法律系宪法之概念,而后一种法律则为普通法律也。但希腊宪法既无成文法典,且其效力又与普通法律相等,故宪法之最早形态,为实质意义之宪法。

(二) 形式意义之宪法

中世封建社会为成文宪法萌芽时代,其起源共有三种:(甲)为君主与贵族之契约。中世纪时,君主常受封建贵族之压迫,其相互间之权利义务关系常以文书形式规定于契约,此种契约,事实上包含国家根本组织法,可视为成文宪法之起源,如英国之《大宪章》即系其例也。(乙)为君主的特许状。中世纪时,君主为承认都市及殖民地之特权,常给与以特许状（Patent）作为都市与殖民地之根本法，虽属君主之单独行为，亦为成文宪法之起源。（丙）为国家契约。在中世纪末期，学者常以社会契约说，说明国家发生之原因，当时一般革命分子受此影响，每欲利用契约以建设国家。一六二〇年英国清教徒起草之 New-Plymouth[①] 殖民地契约，一六三九年清教徒起草之 Connecticut[②] 殖民地契约，均为近代成文宪法之先验。一六四七年克伦威尔（Oliver Cromwell）军队亦起草《人民公约》（The Agreement of the Peokle）且任何人不能有所侵犯，其公约之效力在于普通法律之上，此公约虽未正式成立，然形式意义之宪法，已为当时人士所认识矣。

（三）理想意义之宪法

十八世纪时，北美十三州于一七七六年脱离英国而各自宣告独立，一方面各州自行制定宪法，一方面于一七八七年制定联邦宪法，依三权分立制度，以确保人民权利，而理想意义之宪法于以成立。一七八九年法国大革命发布之《人权宣言》，有云"国家若不保障人民权利并用权力分立之制度，可视为无宪法"，其一七九三年第一共和宪法即据此观念制定。嗣是以后，美国宪法之思想遂传播于欧陆各国。在大战以前，除英国及匈牙利外，各国均为成文宪法合于上述理想。

---

① 今译普利茅斯，1620 年 102 名英国清教徒殖民者在此签订《五月花号公约》，被认为系美国历史上第一份政治契约。——编者注
② 今译康涅狄格。——编者注

（四）现代宪法之内容

现代各国成文宪法所规定之内容，不外下列数种：

（甲）弁言。冠于宪法之首者为弁言或序文。各国宪法之有弁言或序文者，如美国(一七八九)、法国(一九四六)、日本(一九四六)等国现行宪法是。考其弁言内容不外二部分：其一为制定宪法之机关与手续；其二为宪法之根本主义或最高原理。我国现行《宪法》之弁言为：

> 中华民国国民大会，受全体国民之付托，依据孙中山先生创立中华民国之遗教，为巩固国权，保障民权，奠定社会安宁，增进人民福利，制定本宪法。颁行全国，永矢咸遵！

由此可知宪法制定之机关为国民大会，而其根本主义则为国父之遗教。

（乙）国家最高机关及权限。宪法规定国家公共权力之分配，则规定国家最高机关之组织及权限，自属应有之义。至国家最高机关为何种机关：一因共和国与君主国而异；二因民主制与独裁制而异；三因联邦国与单一国而异。征之各国宪法，举如国家元首、国民代议机关，行使各种治权之最高机关，以及中央与地方权限之分配，均有入宪之必要。我国《宪法》第三章"国民大会"、第四章"总统"、第五章"行政"、第六章"立法"、第七章"司法"、第八章"考试"、第九章"监察"、第十章"中央与地方之权限"、第十一章"地方制度"，即属于此类规定也。

（丙）人民权利与义务。人民之权利与义务，自美国宪法入宪以后，各国宪法多有规定，然亦非无不予规定之例，如法国第三共和宪法

（即此次战前之宪法）及一八七一年德国宪法是。法国一七八九年制定之宪法原将大革命宣布之《人权宣言》列入，但结果《人权宣言》不但不足以保障人权，反引起杰可宾（Jocabins）之恐怖政治，与继之而起之拿破仑专制政治，人民受此教训，故其第三共和宪法特予删除。德国一八七一年宪法不规定人民权利义务，亦以个人权利当有一定限度，宪法规定之权利必待普通法律更为具体之规定，故宪法上如有规定亦不过抽象之约言，未必能得切实之保障也。法国第三共和宪法虽未规定人民权利义务，而法国之民权初不被政府蹂躏，德国一九一八年宪法规定国民基本权利最为详尽，然国社党一旦登台，一切成为空文。观此事实，思过半矣。此次战后，各国新宪法，均规定人民权利义务，法国现行第四共和宪法（一九四六年）亦将其《新人权宣言》列入，我国《宪法》第二章规定人民之权利与义务、第十二章规定选举、罢免、创制、复决，均甚详尽，其理由有三：（1）可为立法者行政者及司法者设立行为之准则；（2）可为人民权利谋有效之保障，即普通法律对于人民自由权利如有限制，不能违反宪法之规定；（3）可发生政治教育作用，借此改造人民之政治心理。

（丁）宪法之修改与解释。宪法为国家之根本法，国家根本法不许轻易变更，故成文宪法之修改手续恒较普通立法手续为艰难，而规定宪法之中，受宪法之保障。但宪法不规定修改手续者亦非无其例，如德国一九一九年宪法及义大利一八四八年宪法是。宪法之效力高于普通法律，普通法律与宪法抵触者多属无效，此解释宪法之机关，各国宪法亦间有规定者。我国《宪法》第十四章"宪法之施行及修改"即系关于宪法修改及解释等规定。

此外，我国《宪法》第十三章"基本国策"，规定国家之基本国策，实开各国之先例，尤为我国《宪法》之一大特色。

四、宪法之制定

我国《宪法》,系由民国三十五年十一月十五日在首都召开之制宪国民大会所制定。国民大会代表之来源:(一)为依民国廿五年五月五日之公布施行之《国民大会代表选举法》与《国民大会组织法》产生之区域代表六六五名、职业代表三八〇名、特种选举代表一五五名,合计一千二百名;(二)为台湾、东北新增各该区域及其职业代表共一五〇名;(三)为党派及社会贤达代表七百名,而党派及社会贤达代表,计国民党二二〇名、共产党一九〇名、青年党一〇〇名、民主同盟八〇名、民社党四〇名、社会贤达七〇名。以上总计二千零五十名。除中共与民盟代表未出席外[①],开会期间报到出席代表在过半数以上。此次制宪国民大会预备会及正式大会历时一月有余,于十二月二十五日将现行《宪法》通过三读程序,全文共一七五条,计分十四章。并经决定民国卅六年十二月廿五日为宪法施行日期。民国卅六年元旦,蒋主席与五院院长签署颁布宪法命令,定于同年十二月二十五日施行。按国民大会之制宪,以《中华民国宪法草案修正案》为蓝本,无重大修改,而《中华民国宪法草案修正案》一称《五五宪草修正案》,系依政治协商会议所决定之宪草修改原则而制定,而《五五宪草》则系国民政府于民国二十五年五月五日公布。(二十六年五月十八日曾将立法院议决删去原公布《草案》第一四六条条

---

① 该"国大"系国民党政府在挑起全面内战、不顾政协决议的背景下单方面召集,故遭到中国共产党与民主同盟的抵制。——编者注

文,修正公布。)兹将《五五宪草》及《宪草修正案》议订经过,叙其简略。

(一)《五五宪草》

《五五宪草》原系民国二十五年五月五日公布之《中华民国宪法草案》之简称,以系五月五日公布,故名。《五五宪草》之拟订,肇源于民国二十一年十二月中国国民党四届三中全会关于"集中国力挽救危亡"一案之决议,其中对于宪政准备部分,依据《建国大纲》之规定,决定由立法院从速起草宪法草案,以备国人之研讨。立法院前后穷数年之力,一方面遵照国父遗教及中央之指示,一方面参照训政时期之经验及全国人士所发表之意见,旁征博采,七易稿而始成。(1)吴稿(吴经熊氏草拟)条文二一四条,民国二十二年六月八日发表,此乃根据起草原则二十五点起草。(2)主稿七委员初步草案,条文一六六条,未经发表,此系根据吴稿酌加修正,不分章节。(3)初稿,条文一六〇条,民国二十三年二月二十八日宪委会通过,同年三月一日发表,此系根据初步草案审议修正。(4)初稿审查修正案,条文一八八条,民国二十三年七月九日发表,此系根据初稿及各方意见审查修正。(5)草案,条文一七八条,民国二十三年十月十六日立法院会议三读通过,此系根据初稿审查修正案讨论修正。(6)草案修正案,条文一五〇条,民国二十四年十月二十五日立法院会议三读通过,此系依据中央决定原则五点修正。(7)草案二次修正案,即《五五宪草》,条文一四八条,民国二十五年五月一日立法院会议三读通过,同月五日国民政府明令宣布,此系根据审议意见二十三点,讨论修正。最后于民国二十六年五月一日立法院依中常会决议删去原草案第一四六条,同月八日国民政府公布。《五五宪草》之特色,举其要者:(1)标明三民主义共和国之国体。(2)"权""能"分立,以国民大会为中央代行政权机关,其职权为:选举与罢免总统、副总统,立法院院长、副院长,监察院院长、副院长,立法委员,监察委员,及罢免司法院、考试院院长、副院长;创制法律;复决法律;修改宪法及宪法赋予之其他职权。(3)治权机关的五院政制,即以行政院、立法院、司法院、考试院、监察院分掌五种治权,而行政院则系对总统负责。(4)总统实权制的元首,总统负实际政治责任,对国民大会负责,行政院重要人员之进退,完全由总统任免,总统有紧急命令权。(5)中央与地方之关系,采均权制度,县为地方自治之单位,省长由中央政府任免,执行中央法令及监督地方自治。(6)民生主义的经济制度。(7)规定实施宪政过渡条款。(8)刚性宪法的修改及解释。(9)人民权利义务采法律间接保障主义。

(二) 政协宪草修改原则

民国三十四年八月十日敌人投降消息宣布后,国共军队为缴敌军军械、改编伪军部队,意见纷歧,于是毛泽东氏应□飞渝与蒋主席会见,并由国共双方发表"双十会谈",国民政府遂于三十五年一月间召开各党各派政治协商会议,代表名额三十八人,计国民党八人、共产党七人、青年党五人、民主同盟九人(内国社党四人、人民救国会二人、职业教育社乡村自治派及第三党各一人)、无党无派社会贤达九人。分组开会,其中宪法草案组为孙科、邵力子、吴玉章、周恩来、陈启天、常乃德、罗隆基、章伯钧、傅斯年、郭沫若,召集人傅斯年、陈启天。旋经提出大会,决定《宪草修改原则》十二点:

(一)国民大会。(1)全国选民行使四权,名之曰国民大会。(2)在未实行总统普选制以前,总统由县级省级及中央议会合组机关选举之。(3)总统之罢免,以选举总统之同样方法行使之。(4)创制、复决两权之行使另以法律定之。(附注:第一次国民大会召集之方法,由政治协商会议协议之。)

(二)立法院为国家最高立法机关,由选民直接选举之,其职权相当于各民主国家之议会。

(三)监察院为国家最高监察机关,由各省级议会及各民族自治区议会选举之,其职权为行使同意弹劾及监察权。

(四)司法院即为国家最高法院,不兼管司法行政,由大法官若干人组织之,大法官由总统提名经监察院同意任命之,各级法官须超出于党派以外。

(五)考试院用委员制,其委员由总统提名经监察院同意任命之,其职权着重于公务人员及专业人员之考试,考试院委员超出于党派以外。

(六)行政院。(1)行政院为国家最高行政机关,行政院长由总统提名经立法院同意任命之,行政院对立法院负责。(2)如立法院对行政院全体不信任时,行政院长或辞职,或提请总统解散立法院,但同一行政院长不得再提请解散立法院。

(七)总统。(1)总统经行政院决议,得依法发布紧急命令,但须于一个月内,报告立法院。(2)总统召集各院院长会议,不必明文规定。

(八)地方制度。(1)确定省为地方自治之最高单位。(2)省与中央权限之划分,依照均权主义规定。(3)省长民选。(4)省得制定省宪,但不得与国宪抵触。

(九)人民之权利义务。(1)凡民主国家人民应享之自由及权利,均应受宪法之保障,不受非法之侵犯。(2)关于人民自由如用法律规定须出之于保障自由之精神,非以限制为目的。(3)工役应规定于自治法内,不在宪法内规定。(4)聚居于一定地方之少数民族,应保障其自治权。

(十)选举应列专章,被选年龄定为二十三岁。

(十一)《宪草》上规定基本国策章,应包括国防外交、国民经济、文化教育各项目。(1)国防之目的,在保卫国家安全,拥护世界和平,全国海陆空军须忠于国家,爱护人民,超出于个人地方及党派关系以外。(2)外交原则,本独立自主精神,敦睦邦交,履行条约义务,遵守联合国宪章,促进国际合作,确保世界和平。(3)国民经济以民生主义为基本原则,国家应保障耕者有其田,劳动者有职业,企业者有发展之机会,以谋国计民生之均足。(4)文化教育应以发展国民之民族精神、民主精神与科学智能为基本原则,普及并提高一般人民之文化水准,实行教育机会均等,保障学术自由,致力科学发展。(注:以上四项之规定,不宜过于烦琐。)

(十二)宪法修改权,属于立法监察两院联席会议,修改后之条文,应交选举总统之机关复决之。

政治协商会议议决组织宪草审议委员会,委员名额二十五人,由协商会议五方面每方面推五人,另外公推会外专家十人,根据前述修改原则,并参酌国民参政会宪政期成会修正案及宪政实施协进会研讨结果及各方面所提出之意见,汇综整理,制成《五五宪草》修正案,提供国民大会采纳。嗣于三月中旬,对于宪草修正原则又成立三项协议:(一)国民大会为有形组织,行使四权;(二)取消政协宪草修改原则之第六项;(三)取消"省宪"改为"省得制定省自治法"。后因国共和战未定,以致宪法审议工作陷于停顿,直至十一月初,始依照政协原则制定全部草案。

及至国民大会于十一月十五日开幕之后,此项修正案,先经国防最高委员会通过,再由国民政府送交立法院审议,以完成立法程序,但因时间匆促,立法院无法加以详细研究,主席乃将修正案径付国民大会讨论,因此全体立委一致主张,对该修正案不必讨论或修改,并将该案送呈国府,转送国民大会,即作完成立法手续。

五、宪法之施行

(一) 宪法施行之准备程序

"本宪法施行之准备程序,由制定宪法之国民大会议订之。"(《宪》一七五2)盖各国宪法多有"过渡条款"之条文,以规定由现政府以步入宪政时期之准备事项。但宪法为国家百年大法,实不宜赘以适应一时性的条文,故特规定由制宪之国民大会另行制定宪法实施之准备程序。国民大会议订之"宪法实施之准备程序":

(一) 自宪法公布之日起现行法令之与宪法相抵触者,国民大会应迅速分别予以修改或废止,并应于依照本宪法所产生之国民大会集会以前,完成此项工作。

(二) 宪法公布后,国民政府应依照宪法之规定,于三个月内制定并公布下列法律:(1)关于国民大会之组织,国民大会代表之选举罢免;(2)关于总统、副总统之选举罢免;(3)关于立法委员之选举罢免;(4)关于监察委员之选举罢免;(5)关于五院之组织。

(三)依照宪法应由各省市议会选出之首届监察委员,在各省市议会未正式成立以前,得由各省市现有之参议会选举之。其任期以各省市正式议会选出监察委员之日为止。

(四)依照本宪法产生之国民大会代表,首届立法委员与监察委员之选举,应于各有关选举法公布后六个月内完成之。

(五)依宪法产生之国民大会,由国民政府主席召集之。

(六)依宪法产生之首届立法院,于国民大会闭幕后之第七日自行集会。

(七)依宪法产生之首届监察院,于国民大会闭幕后由总统召集之。

(八)依宪法产生之国民大会代表,立法委员及监察委员,在第四条规定期限届满,已选出各达总额三分之二时,得为合法之集会及召集。

(九)制定宪法之国民大会代表,有促成宪法施行之责,其任期至依照宪法选出之国民大会代表集会之日为止。

(十)宪法通过后,由制定宪法之国民大会代表组织宪政实施促进委员会,其办法由国民政府定之。

(二) 宪法之实施程序

"本宪法规定事项,有另定实施程序之必要者,以法律定之。"(《宪》一七五1)盖宪法为根本法,即"主法",自应有"助法"以辅之。在宪法施行后,有若干事项,须另订实施程序。所谓有另定实施程序之必要者,即凡条文中明定"以法律定之"或"其详以法律定之"及"依法律"等字样者,均应另订法律,以为实施之补助是。如第八条"依法定程序逮捕、拘禁、审问、处罚";第十九条"人民依法律纳税";第二十条"依法律服兵役";第二四条"公务员违法侵害人民自由权利,依法律受惩戒,被害人依法律请求赔偿";第二六条"县市同等区域以法律定之,西藏、边区、侨民、职业团体、妇女团体等代表名额以法律定之";第三四条"国民大会之组织、代表之选举罢免及国大行使职权之程序,以法律定之";第三七条"总统依法公布法律命令";第三九条"总统依法宣布戒严";第四〇条"总统依法行使大赦、特赦、减刑及复权";第四一条"总统依法任免文武官员";第四二条"总统依法授与荣典";第四三条"总统依紧急命令法";第四六条"总统、副总统之选举依法律定之";第六一条"行政院之组织以法律定之";第六四条"立法委员名额之分配,妇女立法委员名额,以法律定之";第七六条"立法院之组织以法律定之";第八一条"法官非依法律不得停职转任或减俸";第八二条"司法院及各级法院之组织以法律定之";第八八条"考试委员依据法律独立行使职权";第八九条"考试院之组织依法律定之";第一〇六条"监察院之组织以法律定之";第一一二条"省民代表大会之组织及选举以法律定之";第一一八条"直辖市之自治以法律定之";第一一九条"蒙古各盟旗地方自治制度以法律定之";第一二三条"县民依法律行使选举、罢免及创制、复决之权";第一三〇条"人民有依法选举及被选举之权";第一三四条"各种选举妇女当选名额以法律定之";第一三五条"内地国民代表名额及选举以法律定之";第一三六条"创制、复决两权之行使以法律定之";第一三七条"国防之组织以法律定之";第一四三条"依法取得之土地所有权,应受法律之保障与限制";第一四四条"公用事业及其他有独占性企业经法律许可者得由国民经营";第一四五条"私人财富及私营事业之以法律限制之";第一四九条"金融机构应依法受国家之管理";第一五三条"应制定保护劳工及农民之法律";第一五四条"劳资纠纷之调解与仲裁以法律定之";第一六二条"公私立文教机关依法律受国家之监督";均是。"本宪法所称之法律,谓经立法院通过总统公布之法律。"(《宪》一七〇)此即关于法律之界说也。

（三）宪法施行后之效力

"法律与宪法抵触者无效。法律与宪法有无抵触发生疑义时,由司法院解释之。"(《宪》一七一)"命令与宪法或法律抵触者无效。"(《宪》一七二)准此以解：

（甲）法律与宪法抵触时。宪法为国家根本大法,其效力应高于一切法律,法律所定事项,自不得违反宪法。如法律与宪法抵触时,其效果如何？各国宪法,有四种立法例：（A）有效制,法院对于违宪法律得加以否认,而拒绝适用,但仍假定其与宪法相适合,而不认违宪法律之存在。（B）否认制,法院对于违宪之法律,得加以否认,以及于与之相关之讼案为限,第该项法律对此讼案不生效力,至于被认为违宪法律之本身,则仍然有效存在,不因法院之否认而归于消灭也。（C）撤销制,凡违宪法律在未经审定以前可以适用,经撤销后,即归于无效。（D）无效制,即违宪法律系属无效,所谓无效,即于公布之日起不生效力也。我国《宪法》,采无效制,法律与宪法抵触者无效。

（乙）命令与宪法或法律抵触时。依法治国通例,宪法之效力高于法律,法律之效力高于命令,法律抵触宪法时既归于无效,则命令抵触宪法或法律,亦应归于无效。关于命令抵触宪法或法律,各国立法例,亦有"否认制""撤销制"及"无效制"三种,本宪法采无效制,所以保障宪法及法律之效力,而树立法治之楷模也。至于总统为应付紧急事变所发之紧急命令,有代替法律或变更法律之效力,与法律有同等之地位,纵与现行法律相抵触，亦不得认为无效，自属例外，虽然，总统之紧急命令既等于法律，即其效力与法律相同，其为不得与宪法抵触，依本宪法第一七一条规定，解释上尤属当然。

至于法律与宪法有无抵触发生疑义时，应由司法院大法官会议解释之，命令与宪法或法律有无抵触发生疑义时，亦由司法院大法官会议解释之。其详俟本书第四章第四节述之。

（四）《动员戡乱时期临时条款》

依宪法产生之首届国民大会于民国三十七年三月二十九日在首都举行，除选举总统、副总统外，曾依照宪法第一七四条第一款程序，制定《动员戡乱时期临时条款》如下：

> 总统在动员戡乱时期，为避免国家或人民遭遇紧急危难或应付财政经济上重大变故，经行政院会议之决议为紧急处分，不受宪法第三十九条、第四十三条所规定程序之限制。
> 前项紧急处分，立法院得依宪法第五十七条第二款规定之程序变更或废止之。
> 动员戡乱时期之终止，由总统宣告或由立法院咨请总统宣告之。
> 第一届国民大会应由总统至迟于民国三十九年十二月二十五日以前召集临时会，讨论有关修改宪法各案，如届时动员戡乱时期尚未依后项规定宣告终止，国民大会临时会应决定临时条文应否延长或废止。

所谓第一七四条第一款程序，即国民大会修改宪法之程序，由国民大会代表总额五分之一之提议，三分之二之出席，及出席代表四分之三之决议是。临时条款之性质，除召集国大临时会外，依王世杰氏解释，为修改宪法案，彼以为补充即为修改，以其有效期间有限，其时效不必经过修改宪法程序即可自然归于消灭，为附期限之修改宪法案，故名之为临时条款。究其实质，诚如孙科氏解释，除限期召集国民大会临时会部分外，乃授权法案之一种，然授权停止宪法某项规定之效力，应属民意机关之立法院之职权，如一九一九年德国韦玛宪法之最后一章及英美议会于此次大战期间所为之授权法案是，国民大会为修宪机关，固无授权停止宪法某项规定之职权也。临时条款包括两部分：（一）为停止立法院一部分极重大职权，即立法院在动员戡乱时期对于总统宣布紧急命令及宣告戒严，除非经出席委员三分之二之决议始得变更或废止，否则即无权过问也。其详可参阅本书第四章关于总统及立法院之职权。（二）为限期召集国民大会临时会，即至迟应在民国三十九年十二月二十五日以前，由总统召集之。此项限期召集国大临时会，决非修改《宪法》，应属援用宪法第三〇条第一项第四款由国民大会代表五分二以上自动请求召集，唯其请求召集，系预先行之，且其期限授权总统定之而已。临时会之召集，系讨论临时条款应否延长或废止，及有关宪法修改各案，则届时修改宪法或为应有之义也。

六、宪法之总纲

现代各国宪法多设总纲一章，凡宪法上重要原则，如国体主权领土等，均于总纲章内有所规定，我国《宪法》亦采此例，于第一章设总纲之规定：

（一）国体

"中华民国基于三民主义，为民有民治民享之民主共和国。"(《宪》一)此系关于国体之规定。国体(Forms of State)与政体(Forms of Government)有别，通说以主权所在为国体分类之标准，以主权行使有无限制为政体分类之标准。申言之，主权在君主一人者为君主国体，主权在少数人者为贵族国体，主权在多数人民者为民主国体。主权之行使不受任何法律之拘束者为专制政体，主权之行使须受宪法之限制者为立宪政体。唯近今学者有认为国家与政府虽有分别，但否认国体与政体两存之说，主张舍国体之称而只用政体一名词者，其说可供研究。本书姑依通说，认系宪法第一条为关于国体之规定。按三民主义之目的在求民有民治民享，而民主共和国之涵义，即指民有民治民享之国家，则于三民主义之下，民主共和国之上，再加上民有民治民享，似不无冗赘之嫌。至于国体之上，应否冠以主义？此在《五五宪草》即有争议。《五五宪草》第一条规定"中华民国为三民主义共和国"，当然持反对论者所持理由：(1)主义有时间性，国体则不容更易，不应以有时间性之主义冠诸国体之上；(2)国民应有信仰之自由，不能以一党主义强全国国民以必从；(3)三民主义解释纷歧，以三民主义限制国体，未免有随时发生违宪问题之可能；(4)主义与国体乃显不相同之二物，宪法条文尽可将三民主义之精神贯澈于其间，不必以之限制国体；(5)三民主义为富有温和性之主义，与苏联布尔希维克主义性质相异，不必效法苏联宪法以主义冠于国体之上。孙科氏曾于民国二十三年双十节论文，辞以辨之。大意谓中华民国为三民主义的产物，应以三民主义为立国精神之所在，主义如有改变，即系革命改宪问题，且信仰自由应了解吾国建国之真谛，不能醉心个人自由主义之陈说，盖欲以三民主义为全国国民共同之信仰以达长治久安之目的也。宪法之定国体为"基于三民主义，为民有民治民享之民主共和国"者，盖以国父倡导国民革命之目的，端在建设民有民治民享之共和国家，而此民有民治民享之共和国家，必以三民主义为核心。三民主义之基本原则，对内实现民族平等，对外促进世界大同，此民族主义之国家而非帝国主义之国家也；国民有直接选举并罢免官员之权，有直接创制并复决法律之权，此民权主义之国家而非纯粹代议政治之国家也；平均地权，以期耕者之有其田，节制资本，以谋国计民生之均足，此民生主义之国家，而非资本主义或共产主义之国家也。合民族民权民生而为基于三民主义之民有民治民享之民主共和国家，此即宪法规定国体之理由。实则吾人检讨全部宪法内容，与此国体之所谓基于三民主义者是否符合？似有问题（例如权能划分之旨即未为宪法所采纳，又何得谓为与民权主义相合，其一例）。与其徒有其名，不若不将主义冠于国体为是也。

（二）主权

"中华民国之主权，属于国民全体。"（《宪》二）此系关于主权归属之规定。主权（Sovereignty，直译为"萨威棱帖"）为国家之重心，国家之重心只有一个，是为"主权一元性"说（Monistic），国家之重心不能分裂为二个，是为"主权不能分裂"说（Indivisible），主权之上不能另有太上主权，是谓"主权至高无上"说（Supreme），既是至高无上，则主权自不能转让，是谓"主权不能割让"说（Inalienable）。主权之说，创自法国，首先创用主权一词者，为白马诺（Beaumanoir）氏所谓"国王是立于一切之上的主权者"，十六世纪时鲍丹（John Bodin）为王权张目，为主权下最高不受限制之意义，此则"主权"之由来也。宪法上主权问题有二个意义，一为关于主权所属问题，一为关于主权行使问题。关于主权之归属，就主权论之发展言，系由君主主权说逐渐演进为国民主权说与国家主权说，其说有三：

（A）君主主权说，创于鲍丹。盖法国当中世纪时，上承"神圣罗马帝国"之权力，复受"罗马教皇"之节制，其与国王并立者，又有国内之封建诸侯及自由市府，几于每一爵士即自为一主权者，迨至十六世纪，法国势力膨胀，外脱罗马帝国之羁绊，内削封建诸侯之领土，鲍丹生于此际，极欲为王权张目，因于其所著《共和六论》一书中，详论主权为国家要素，系独立、至高、无上、虽法律亦不能限制之绝对权力，而国王则不可不有此权力，即主权应属于国王，故君主主权说原在外求独立、内求统一，以造成一个民族的集权国家，而集权所在，则在君主一身也。十七世纪时英人霍布斯（Hobbes）认为人类在自然社会中，各以腕力竞胜，互相残杀，人人处此战争状态，痛苦难堪，于是国民依社会契约组织国家，推戴国王，从此彼此放弃权利，让与国王，服从国王权力，但国王非契约当事人，不受契约拘束，故主权虽渊源于国民，而国民既已以主权委托于国王，自不能更有所主张，仍不啻为主权在君说而张目。嗣后洛克（John Locke）氏亦主社会契约说，但认为人类在缔约以成立国家前，本极自由平等，唯在无国家无法律之社会中，人人均须自己保护自己之财产，殊感不便，于是彼此相约，将各人一部分权利委托于统治者以成立国家，统治者亦为契约关系人，应受契约约束，统治者不受约束时，则人民得将委托的权利收回，是即为君权有限说，且暗示人民有革命之权利。

（B）国民主权说，创自法人卢梭（Rousseau）氏为社会契约说之代表者，认为人类在原始社会中，生活快乐而自由，且人民生而自由，不受任何人为的法律限制，后因人口激增，社会情况大变，原始的自由生活，无法维持，于是乃相约而组织国家。唯彼认为契约当事人为全体国民，契约条款为人民各将其所有权利，一切归之于国民总体，听国民"公意"（General Will）支配，国民公意即为国家之主权，因人人立于平等地位参与缔约，人人自均乐于服从"公意"，至于国民"公意"之表现，乃由于国民投票之结果，得票之多数者，即为"公意"之所在，但政府非缔约当事人，乃国民之雇佣机关应听命于国民"公意"，为国民服务。彼既认为主权绝不属于君主，而属于国民"公意"，是即为"主权在民"说之由来。法国革命时，此种国民"公意"主权说演化为"选民主权说"，人权宣言所谓"主权仅属于人民"，"每个法兰西人，到了成年即为公民，每个公民即为有投票权者，有投票权者即为主权者。"

（C）国家主权说，创自蒲伦琪（Blunchli）。盖依选民主权说，一国有若干公民即有若干主权者，宁不使国家陷于支离破碎之局？故卢梭理论及法国人权宣言，渐为近代学者所不满，于是蒲伦琪创国家主权说，认为国家为由国民总体所构成的法律上之人格者，此法律上人格者之国家，即为主权者，唯国家虽为人格者与主权者，其主权之行使，必有赖于机关或自然人。然则代表国家行使主权之机关究将谁属？学说有二：（1）制宪机关说，为美人柏哲士（Burgess）所主张，盖以宪法为支配国家之基本法，故掌握制宪权之机关即为主权之所在。（2）立法机关说，为美人韦罗贝（W. Willoughby）所主张，氏以为制宪机关有即为通常立法机关者，如英国是，至于普通立法机关外另行特设制宪机关者，往往非常设机关，仅于制宪或修宪时有之，故主权不能属于此种间歇性机关，主权之所在，应为立法机关。英国戴雪（Dicey）氏谓英国之主权属于国会与君主之集合体（The King in Parliament），即此意也。制宪机关主权说与立法机关主权说均有混主权所属与主权行使为一义之弊，故若承认主权存在（狄骥[L. Digue]氏创主权否认论）则主权自当属于国民全体，制宪机关与立法机关均系代行国民全体之主权，即为执行主权之机关也。我国《宪法》关于主权归属，亦采国民主权说，规定中华民国之主权属于国民全体，故主权为全体国民所有，而非政府机关所有，政府机关之权力，系出国民全体之赋予也。

（三）国民

"具有中华民国国籍者，为中华民国国民。"（《宪》三）此为关于国民之规定。国民为构成国家的要素之一，且为构成国家之主要要素。宪法既规定主权属于国民全体，则具如何之资格始为中华民国之国民，不可不有明确之规定。至如何方为具有中华民国国籍，与夫国籍之取得丧失回复问题，应由《国籍法》加以规定。各国立法例虽亦将《国籍法》上之事项规定于宪法之中者，如墨西哥、巴西、委内瑞拉等国是，唯国籍之规定，内容颇涉烦琐，且时有变更，此例殆不足取。我国《国籍法》，关于国籍之规定，以血统主义为主，属地主义为辅。我国侨胞之世居国外者，虽以所在国法律取得该国国籍，但我国仍视为国民，与居住国内之国民无异。

（四）领土

"中华民国领土，依其固有之疆域，非经国民大会之决议，不得变更之。"（《宪》四）此系关于领土范围及领土变更之规定。各国宪法，对于领土事宜有不入宪者,如美国日本是,唯大多数国家则将领土之范围及领土之变更规定于宪法,我国《宪法》亦然。

（甲）领土之范围。各国宪法关于领土之规定,有列举主义与概括主义两种:《五五宪草》采列举兼概括方式,而现行《宪法》则采概括方式,仅规定"中华民国领土,依其固有之疆域",所谓固有之疆域,当以历史事实以为判断之根据。至于"领土"二字,当然包括"领空""领海",而"领空""领海"之限界,系属国际法上之问题,宪法中毋庸规定,均不待言。关于领土范围,列举主义与概括主义互有得失:(1)将各地区逐一明定于宪法之中,使国民了然于领土之范围,知何者为本国之领土,何者非本国之领土。(2)领土为国家组成要素之一,将其明定于宪法之中,内可唤起国民之爱护,外可引起国际之尊重。(3)如领土变更,所有变更前之领土与变更后之领土之疆域位置、方向及大小等,均可比照参观,了如指掌。此固列举主义之得亦即概括主义之失也。然宪法之所以改取概括主义者,无非依宪政实施协进会对《五五宪草》意见整理及研讨结果"宪法上对于领土之规定,依抗战胜利后之情势,以采概括式为宜",盖如台湾之光复、新疆之可不必改为"突厥斯坦",均可采概括主义以得一妥善解决,既免有所挂漏,亦所以消弭无谓之纠纷也。且领土之范围如采列举主义,则领土如有变更,势非修改宪法不可,亦与宪法不宜时当修改之旨有背,不若概括主义之不必修宪即可为领土之变更也。

（乙）领土之变更。领土之变更,其情形有二:一为自然的变更,例如沧海桑田增扩领土或国土陆沉化归公海是;二为人为的变更,即国际的关系增减国土是。自然的变更,可依国际法规定;人为的变更,其情形有四:一为割让,二为取得,三为交换,四为合并。割让领土系因战争或外交之失败,而将本国领土让与他国,是为领土的丧失。领土的取得乃以战胜或购买而取得他国之领土,是为领土之增加。领土的交换,乃两国本于善意平等互换国土,亦不无变更领土的质量。领土合并乃因本国加入联邦,在原有国为领土的消灭在联邦国为领土的扩增。人为的领土之变更,既有领土增减现象,则领土变更之方法,宪法上自不能不有规定。各国宪法对于领土之变更,不外二种主义:(1)宪法限制主义,乃谓领土变更,唯修宪机关依修宪程序乃得为之,非行政机关或立法机关所得为之。但所谓依修宪程序者,乃谓变更领土之议案,应依照修宪时法定出席人数及法定表决人数通过,并依照修宪案公布之方式而公布之,乃得成立,非谓将宪法本身加以修正,然后变更领土也。(2)法律限制主义,乃谓变更领土非行政机关之所可得为,唯立法机关依照立法程序以通过变更领土案乃得为之,唯非谓另有领土变更法之存在,不可不辨。近今各国宪法多采宪法限制主义,我国亦然。领土非经国民大会之议决不得变更。至国民大会为变更领土之决议,解释上应采用与修改宪法同一之程序,亦无待论。

(五) 民族平等

"中华民国各民族一律平等。"(《宪》五)我国为复式民族国家,由汉、满、蒙、回、藏及其他少数民族构成,分之为各民族,无论在法律上、政治上、经济上、文化上、社会上以及生活习惯上一律处于平等地位毫无差异而言,所以彰民族团结平等之精神也。所谓各民族一律平等,与本宪法第七条规定"中华民国人民,无分男女宗教种族阶级党派,在法律上一律平等",其涵义固不同也。民族主义之目的,对外在求国家之平等,对内在使国内各民族一律平等,宪法关于民族平等之旨,著为专条,盖即在此。

（六）国旗

"中华民国国旗，定为红地左上角青天白日。"(《宪》六)国旗为一国尊荣之代表，国际间极所重视，故各国宪法关于国旗之方式，多有规定。我国在海禁未开前原无一定国旗，及至清末，海关为征收关税之便利计，乃以黄龙旗为国旗，辛亥革命起义时，各省所有旗帜不一致，武汉用十八角星旗，云南用九星旗，黔、粤等省用青天白日旗，江苏用五色旗，亦有用井字旗者。国父在同盟会时代，即主张沿用兴中会之青天白日旗，嗣复主张增加红色于上。潮惠、钦廉、镇南关、河口、广州诸役，则皆用青天白日满地红三色。辛亥革命，国父在伦敦旅次，即手定青天白日满地红为我国国旗，唯临时政府仓卒间已采用五色旗，直至国民政府成立，始恢复国父所定之旗色。可知我国国旗，实有久远之历史根据。其所以用此三色者，盖以符自由、平等、博爱之义，亦即为三民主义之象征。至国旗尺度，则应让诸国旗法之规定。

第二章　人民之权利义务

人权之观念，首先发现于公文书者，实始于一七七四年九月美国Virginia州之《权利宣言》[1]、一七七六年七月美国《独立宣言》，及一七八九年七月法国《人权宣言》。老英国清教徒不堪国王之压迫，相率离去祖国而赴新大陆也，彼等有一共同感觉，以为若以"英人"之资格而独立，则"独立"无疑"叛逆"之别名，但如以"人"之资格而独立，不特不能谓为离叛，且独立实为完成人之所以为人之最大使命也。盖彼等纵不能为一"英国人"，岂并"世界的人"之地位亦取消之哉？人权观念所以与美国各州《权利宣言》及《独立宣言》结不解之缘者以此。美国一七八七年宪法所以将各州权利宣言纳入宪法，法国一七八九年宪法所以将《人权宣言》纳入宪法者以此。而各国宪法所以以保障人民之自由权利为其重要任务之一者亦均以此。我国革命虽同受法国革命与美国独立之影响，但人权观念则为三民主义的政治思想所不容，盖以国父受欧洲历史学派及边沁学派驳斥天赋人权之影响，主张革命民权。实则所谓人权，即所以保障全国人民之权利，凡生而为人，即应有同等权利，似不能谓参加革命便享有人权，不参加革命便不能享有人权，盖革命工作无非在确立人权而非限制人权也。上次世界大战后，俄国共产革命成功，成立

---

[1] 似指1774年9月召开的第一届大陆会议通过的《权利宣言和怨由陈情书》(Declaration of Right)。——编者注

无产阶级独裁政府,凡非共党及无产者即无人身、言论、集会、结社自由,乃至财产权利亦被剥夺;而德义诸国盛行法西斯主义,只有义大利之法西斯党及德国国社党徒始能享有人身言论集会结社自由。直至此次世界大战开始,罗斯福与邱吉尔在《大西洋宪章》中宣言四种自由:一为言论自由,二为信仰宗教自由,三为免于匮乏之自由,四为免于恐惧之自由,则为新人权运动之开始,世人始恍悟民主不能离乎人权。联合国会议开会后,制定《联合国宪章》,序文中有云:"我联合国人民同兹决心,欲免后世再遭今代人类两度身历祸惨不堪言之战,重申基本人权,人格尊严与价值,以及男女与大小各国平等权利之信念。"其《宪章》第六八条更规定须设立经济及社会事项委员会并促进人权委员会,拟以国际条约对各国人权予以保障,人权保障之重要,当更可概见。

人民在国家生活之下,有四种不同的地位:(一)消极的地位,即人民处在不受国家统治权干涉之地位,由此地位,发生人民的自由权,亦即所谓人权。(二)积极的地位,即人民可以要求国家行使其统治权而领受一定利益,由此地位,发生人民的受益权。(三)主动的地位,即人民可以参加国家统治权的行使,由此地位,发生人民的参政权。(四)被动的地位,即人民处在领受国家统治权支配之地位,由此地位,发生人民的义务。时至今日,权利已非一部分人所特有,而为大众所共同享有;义务亦非一部分人所特有,而为大众所共同负担。人民在权利与义务两方面,一律平等,此种自由平等观念乃系近代民主主义的精神所在,因此又有所谓"平等权"之观念。各国宪法所规定之权利义务,大致略同,唯关于权利自由之规定,有宪法直接保障主义(即宪法限制主义)与法律间接保障主义(即法律限制主义)之别:宪法直接保障主义为由宪法规定各种权利自由之范围,宪法一经公布施行,人民便即享受其各种权利。

法律间接保障主义为由普通法律规定各种权利自由之范围，易言之，宪法上虽承认人民有各种自由，但又委任其他法律以干涉之权，虽行政之干涉不为宪法所许，立法的干涉则许之，此种限制人民权利自由之方法，对于人民权利自由之保障，仍觉薄弱，且必待各种有关法律颁布之后，人民始能享受宪法上所规定之权利自由，人民之权利自由，必待立法机关制定法律以后始得到保障。现行《宪法》采宪法直接保障主义，即以保障权利自由之实效，远非法律间接保障主义所及也。然《五五宪草》关于人民权利自由之规定，均有"非依法律不得限制"之句，系采法律间接保障主义，其立法理由，不外三端：（一）依照"社会联立主义"学说，认自由为发展个性以致力于社会之工具，国父亦有"只有国家自由更无个人自由"之说，故不能予人民以绝对的自由，而应予以合理的多方限制。（二）法律与命令不同，行政机关决不能以命令蹂躏人民自由，如谓法律将"左手与之，右手取之"，而等宪章于具文亦属过虑。因宪法颁行以后，法律由民意机关所决定，受人民创制权与复决权之限制，司法机关并将运用其解释权为宪法作保障，自无恶性侵及人民自由之可能。（三）直接保障之具体规定，挂一漏万，有时且竟为不可能，盖因社会复杂万状，故宪法所应规定者，为自由保障之原则，其余则均待普通法为之补充，要非宪法条文所能列举无遗也。

一、人民之权利

（一）平等权

平等权系指一切人民在法律上均受同等待遇，享受同等之权利而负担同等之义务者而言。法律所赋予之权利，任何人不得独享法律所规定之义务，任何人均不能避免，即一切人民绝对无独享权利与避免义务之特权，所谓法律之前人人平等者是。宪法规定："中华民国人民无分男女、宗教、种族、阶级、党派，在法律上一律平等。"（《宪》七）则所谓平等，可分男女平等、宗教平等、种族平等、阶级平等与党派平等言之：

（甲）男女平等。男尊女卑之习惯，由来已久，法语称人为 Homme，称男子亦为 Homme，英语称人为 man，称男子亦为 man，我国亦以"妇孺"同视，要皆以妇女在经济上不能独立，一切依赖男子所致。但自产业革命以来，一因机器发达，引起精细分工，昔日男子独营之产业，今则妇女亦有能力参加；二因生活提高，破坏家庭经济，使平民大众不得不强迫其妻女至工厂作工；三因义务教育施行，提高妇女智识，由于妇女本身自觉，纷纷要求平等。故男女平等遂为各国共通所承认，法、日一九四六年新宪法均一反过去规定，保障男女平等，亦即以此。我国《宪法》除规定无分男女在法律上一律平等外，关于女子参政权，更于第一三四条规定"各种选举，应规定妇女当选名额，其办法以法律定之"。所谓各种选举，指国民大会代表选举、立法委员选举、监察委员选举、省民代表大会代表选举、省议员选举、县民代表大会代表选举县议员选举均属之。而第二六条七款关于国民大会代表又规定"妇女团体选出代表其名额以法律定之",第六四条二项关于立法委员又规定"妇女在第一项各款选出立法委员名额以法律定之",虽不无重复,然其保障男女平等当更可概见。

(乙)宗教平等。宗教平等,指无论何种宗教及信仰何种宗教,在法律上一律平等。若干国家,关于宗教信仰有采国教制者,例如信奉回教诸国,对于异教徒即不承认其与回教徒均享法律上同等之权利。又有采优胜宗教制者,例如波兰一九二一年宪法规定罗马旧教为多数国民之宗教,在享受同一待遇之宗教中特居优胜之地位。则其他宗教不能与罗马旧教享受同等待遇可知。我国《宪法》既规定中华民国人民无分宗教,在法律上一律平等,又于第一三五条规定"内地生活习惯特殊之国民代表名额及选举,其办法以法律定之"。所谓内地生活习惯特殊之国民,指信奉回教与佛教之国民而言。则任何宗教如耶稣教、天主教、回教、佛教、道教均享受同一待遇,自不待言。

(丙)种族平等。种族间之歧视与仇恨,为今日国际纠纷之主要因素,而现代国家多非单一民族组成,其内部往往有其他民族,对于国内少数民族是否予以同等待遇,为若干国家国内严重问题。苏联宪法以"国际无产阶级联合起来"为口号,否认国界与民族之区别,其种族平等之规定,最为澈底。我国《宪法》除规定中华民国人民无分种族,在法律上一律平等外,又规定:"国家对于边疆地区各民族之地位,应予以合法之保障,并于其地方自治事业特别予以保障。"(《宪》一六八)"国家对于边疆地区各民族之教育、文化、交通、水利、卫生及其他经济社会事业,应积极举办,并扶助其发展;对于土地使用,应依其气候土壤性质及人民卫生习惯之所宜,予以保障及发展。"(《宪》一六九)至于国民大会代表及立法委员之选举，均规定"各民族在边疆地区选出者，其名额以法律定之"（《宪》二六、六四）。对于国内少数民族不但无歧视，且更特别重视也。

（丁）阶级平等。阶级平等，指人民不因所属阶级之不同而受不平等待遇者而言。古代奴隶社会有奴主与奴隶两大阶级之对立，中世纪封建社会有领主与农奴两大阶级之对立，现代资本主义社会则有资本家与劳动者两大阶级之对立。唯奴隶与农奴均不能与奴主与领主立于平等地位享受法律上平等之权利，与今日劳动者与资本家在法律上平等不受不平等待遇者不同。但政治上之真平等，建筑于经济上真平等之基础上，故资本主义国家所谓劳动者与资本家法律上平等，乃形式的平等非真正的平等也。苏联无产阶级兵农劳工专政，剥夺资产阶级之参政权，以无产阶级压迫资产阶级，亦违阶级平等之真谛。君主国家尚有贵族爵位，不仅为荣誉的表现，且有各种特权，如英国贵族可列席上议院（但在下议院无选举权与被选举权），有叛逆行为或重大犯罪，不由法院审判而由上议院审判，又无出席法院充任陪审员之义务（日本新宪法已不承认华族及其他贵族制度）。而在共和国家，则绝对禁止颁给爵位（如美国宪法第一条第九项第八目），且连爵位以外之名位勋章亦当禁止授予，其且不许本国人民领受外国政府任何爵位与勋章或须于议会同意后始得领受（如美国宪法第一条第九项第八目）。我国《宪法》除规定中华民国人民无分阶级在法律上一律平等外，又规定："国家为改良农民及劳工生活增进其生产技能，应制定保护劳工及农民之法律，实施保护劳工及农民之政策。妇女儿童从事劳动者，应按其年龄及身体状态，予以特别之保护。"（《宪》一五三）"劳资双方应本协调合作原则，发展生产事业，劳资纠纷之调解与仲裁，以法律定之。"（《宪》一五四）

（戊）党派平等。民主政治为政党政治，政党者，乃一群人士以若干互相同意之原则为出发点，共同努力以促进国家之利益之谓也。政党与民主政治之关系：(一)施行政治教育；将有关国家之大问题，或以报纸或以演说向群众宣传，凡遇办理选举之际，各政党均以自己之政纲拥护自己攻击他党，一般民众对于各党在政治上争执之点，自易了然。(二)团结一部分群众，解决投票困难；民主政治不能离乎选举，选举之胜败决之于投票，倘民众漫无目标，则选举时赞否之票数分散各方，投票不易集中，既有政党则二党或三党推定候选人二三人，民众投票对象不外此二人或三人，胜败易见分晓。(三)参加立法与行政机关负起责任。不论英国国会与美国国会，两国中政府与国会之机构均假定两党之存在。美国国会中除主席秘书长外，其主持议场事件者为多数党领袖与少数党领袖二人。至于英国国会，政府党与在野党对面而坐，政府方面起立拥护政府政策，反对党起立批评政府政策，故论英国议会者，尝谓"英国议会以两党之存在为前提"。基上三端，可知现代政治不能一日离开政党。然如一党专政，所谓"党外无党、党内无派"，不容政见相反之他党享有同等地位，显与民主政治背反，故《宪法》特规定中华民国人民无分党派，在法律上一律平等。

（二）自由权

自由权为人民由其消极的地位不受国家统治权干涉之权利。国家保护个人自由，其形式不外二种：其一为对行政而保护个人自由，所谓非依法律不得限制之法律间接保障主义，即系此种方式，易言之，即政府非依法律不得任意干涉人民自由，人民自由权可由人民代表组织之立法机关制定法律以干涉之，自由权固非绝对不受干涉也。其二为对立法权保护个人自由，所谓宪法直接保障主义，即系此种方式，易言之，即政府既不得任意干涉人民自由，且人民代表组织之立法机关亦不能制定法律以干涉之。我国《宪法》对于各种自由之保障,原则上采宪法直接保障主义,但特殊例外则采法律间接保障主义(《宪》二三)规定:"以上各条列举之自由权利(指《宪法》第八条至第十八条、第二二条之自由权利),除为防止妨碍他人自由、避免紧急危难、维持社会秩序或增进公共利益所必要者外,不得以法律限制之。"准此以解,则为防止妨碍他人自由、避免紧急危难、维持社会秩序或增进公共利益所必要者,立法机关自仍得以法律限制之也。所谓防止妨碍他人自由,如刑法妨害自由罪章皆为防止妨害他人自由而设之限制,盖人之行使自由权,以不侵害他人自由为限度,倘有妨害他人自由之行为,则其行为不唯不受法律保障,抑且须受法律之制裁也。所谓避免紧急危难,如戒严法于戒严区域停止各种自由,行政执行法对于疯狂泥醉意图自杀暴行或斗殴等紧急危难中之人,行政官署得加以管束者是。所谓维持社会秩序如《防空法》第八条关于人民自由权利之限制以及《违警罚法》第三一条关于携带武器在屋外之禁止是。所谓增进公共利益如《土地法》关于土地之征收,及《建筑法》第二七条以下关于建筑之管理是。

(壹) 宪法上直接保障之各种自由权

(甲)身体自由。身体自由,亦称人身不可侵犯权,为一切自由权利之前提。宪法关于身体自由之保障,可分二端言之:

(1)身体自由之概括的保障。"人民身体之自由,应予保障。除现行犯之逮捕由法律另定外,非经司法或警察机关依法定程序,不得逮捕拘禁;非由法院依法定程序,不得审问处罚;非依法定程序之逮捕拘禁审问处罚,得拒绝之。"(《宪》八1)准此以解,人民之逮捕拘禁审问处罚:

(A)须有"法定的行为"。人民之被逮捕拘禁审问处罚,虽不以犯罪行为或犯罪嫌疑为限,例如警察之拘捕违警犯,海关之检查疾疫,民刑事诉讼之拘提与传讯证人,以及行政上之秩序罚等虽并无可以认为犯罪之情形，但均必须有法律上规定"应行"或"可得"逮捕拘禁或审问处罚之"行为"或"事实"。至关于犯罪，则《刑法》更有"行为之处罚以行为时之法律有明文规定者为限"之规定。此依《宪法》第八条第一项所谓"人民身体之自由应予保障"，解释上自属当然。

（B）须由"法定的机关"。所谓法定的机关：关于逮捕拘禁限于司法机关（法定及检察机关）或警察机关；关于审问处罚则限于法院。警察机关之拘禁，时间上不得超过二十四小时。（《宪》八2）唯关于现行犯之逮捕则由法律另行规定。所谓由法律另定，系指依《刑事诉讼法》之规定，"现行犯不问何人得径行逮捕之"（该法八八1）。而犯罪在实施中或实施后即时发觉者为现行犯。有下列情形之一者，以现行犯论：(a) 被追呼为犯罪人者；(b) 因持有凶器赃物或其他物件，或于身体衣服等处露有犯罪痕迹显可疑为犯罪人者。（该法八八2）现行犯虽不问何人均得逮捕之，但无侦查犯罪权限之人逮捕现行犯者，应即送交检察官、"司法警察官或司法警察。司法警察官或司法警察接受现行犯者，应即解送检察官"（该法九二）。可知任何人虽得逮捕现行犯，但不得拘禁现行犯，警察机关虽得拘禁犯人，然至迟于二十四小时内应移送该管法院。

（C）须依"法定的程序"。司法或警察机关对于有"法定的行为"之人须依"法定的程序"逮捕拘禁，法院对于有"法定的行为"之人须依"法定的程序"审问处罚。所谓"法定的程序"，指《刑事诉讼法》等法律所定之程序而言。例如执行逮捕除现行犯外必须持有拘票，执行拘禁须用押票，审问须公开为之，处罚须依《刑法》及《刑事特别法》之规定。

除现行犯得由任何人逮捕外，非由法定机关依法定程序之逮捕拘禁审问处罚，人民得拒绝之。拒绝非法逮捕、拘禁、审问、处罚之权利，乃基于宪法保障身体自由之规定而生，性质上拒绝权乃附随于自由权之权利。

(2) 身体自由之具体的保障。"人民因犯罪嫌疑被逮捕拘禁时,其逮捕拘禁机关应将逮捕拘禁原因,以书面告知本人及其本人指定之亲友,并至迟于二十四小时内移送该管法院审问;本人或他人亦得声请该管法院,于二十四小时内向逮捕之机关提审。"(《宪》八2)"法院对于前项声请不得拒绝,并不得先令逮捕拘禁之机关查复。逮捕拘禁之机关对于法院之提审,不得拒绝或迟延。"(《宪》八3)"人民遭受任何机关非法逮捕拘禁时,其本人或他人得向法院声请追究,法院不得拒绝,并应于二十四小时内向逮捕拘禁之机关追究,依法处理。"(《宪》八4)此种提审制度,与英美宪法之出庭状制(Writ of Habeas Corpus)相似。依修正《提审法》规定,声请提审之法院为被逮捕拘禁地之地方法院或其所隶属之高等法院。执行逮捕拘禁之公务人员于逮捕拘禁时如不于二十四小时内将逮捕拘禁之原因以书面告知本人及其本人指定之亲友,处二年以下有期徒刑拘役或一千元以下罚金。又执行逮捕拘禁之公务人员于接到法院之提审票后,不于二十四小时内将被逮捕拘禁人解交法院者,其处罚亦同。(该法九)

此外,身体自由之又一具体保障,即"人民除现役军人外,不受军事审判"(《宪》九)。易言之,即人民犯罪应受普通法院裁判,现役军人犯军法之罪始受军事审判,如犯普通刑法之罪仍应受普通法院审判。(《刑诉法》一2)人民犯罪如受军法裁判,其不利之处甚多:(A)现行《刑事诉讼法》采三级三审制,当事人对于法院判决得为上诉,而陆海空军军法审判原则上为一审终结,以普通人民而受军事审判,不啻剥夺其上诉权。(B)《刑事诉讼法》采辩护制度,军事裁判仅由被告自行防御,以普通人民而受军事裁判,无谙法律者为之辩护,难免冤抑。(C)军事裁判,审判官系由高级长官派充,其判决难免不受长官所左右,非如普通法院法官可以独立审判,不受任何干涉。(D)军事审判原则上不采公开审判制,而普通法院审判案件,系采公开审判制,得许社会人士旁听,众目睽睽之下,是非得有公评,判决必较妥适。故宪法保障人民享受普通法院裁判之权利。

（乙）居住自由及迁徙自由。"人民有居住及迁徙之自由。"（《宪》十）所谓居住自由,即人民居住之处所不受侵犯之意,无论何人非经同意不得侵入,公务人员非依法律如《刑事诉讼法》《强制执行法》及《行政执行法》等,亦不得侵入搜索或封锢。居住自由,我国向极重视,现行《刑法》亦有妨害居住自由罪之规定。所谓迁徙自由,谓居住处所迁移之自由。各国法律除对于罪犯施以居住之限制外,原则上对于一般人民之迁徙自由,殆不设有限制。我国人民迁徙向极自由,如以法律限制之,亦须依本《宪法》二三条之规定。

（丙）意见自由。"人民有言论讲学著作及出版之自由。"（《宪》十一）人民言论讲学著作及出版之自由即学者所谓意见自由,或思想自由。人类之思想或意见应有发表之自由,有此自由方能交换思想与知识,以促进文化之发展。大体言之,凡思想或意见之以语言表示者,为"言论自由";以口头发表其学术上之思想或意见及传授学徒者,为"讲学自由";以文字图画发表其思想或意见者,为"著作自由";以印刷发表其思想或意见者,为"出版自由"。此等自由均应予以保障。法律对之如有限制,依宪法第二三条应以为防止妨碍他人自由、避免紧急危难、维持社会秩序或增进公共利益所必要者为限。例如不得为叛国之宣传,泄漏军事外交上之秘密,散布有害公安之谣言,损坏他人之名誉信用,揭发他人之阴私等。如《刑法著作权法》《出版法》等所规定者是。出版自由为意见自由中之主要自由,各国法律对于出版自由恒加限制。有采"事前预防主义"者,有采"事后干涉主义"者,有兼采"事前预防与事后监督之折衷主义"者。事前预防即出版物须先经政府检查,并得允准,始能出版,又称

"检查制"或"警治制度",以由警察机关监督于事前也。事后干涉即出版物不必先经检查即可自由出版,但如发见有违法之处,仍得禁止其出售或散布,又称"追惩制"或"法治制度",以于违法出版后始受法律之制裁也。所谓"折衷主义",则出版物虽不必先经检查然后出版,但于事前仍须由出版人履行一定手续,事后更须受一定之制裁。所谓一定手续,或则须经政府特许,谓之"特许制",或则须缴纳一定保证金,谓之"保证金制",或则仅须于出版时向警察机关报告,谓之"报告制"。英美采"追惩制",而欧洲大陆国家多采"检查制"。我国出版法尚待修正,当以采追惩制为宜也。至于讲学自由或称"讲坛自由",包括设校讲学自由、研究内容自由及研究结果发表之自由。盖学术研究在于追求真理,造福人群也。

(丁)秘密通信自由。"人民有秘密通讯之自由。"(《宪》十二)所谓通讯为人民相互间用书信、电报、电话等传达意思之行为,秘密通讯自由为人民通讯不受政府或任何人之侵犯,自由而为之意也。所谓不受政府或任何人侵犯,包括两种意义:一则人民通讯不得故被扣押或隐匿;二则通讯之内容不得无故拆阅。在邮务或电报机关执行职务之公务员开拆或隐匿投寄之邮件或电报者,构成渎职罪,《刑法》第一三三条有处罚明文。无故开拆或隐匿他人之封缄信函或其他封缄文书者,构成妨害秘密罪,《刑法》第三一五条有处罚明文。然如父母对于未成年子女运用监护权而拆阅书信,法院检察官为侦查犯罪而拆阅书信,监狱官吏之检查人犯书信,戒严地域内最高司令官检查邮电,《破产法》关于检查破产者之书信,邮局之拆阅小件包裹及无法投递邮件,此等《民法》《刑事诉讼法》《羁押法》《监狱行刑法》《戒严法》及邮政规则之以法律限制通讯秘密自由,当不外依宪法二三条所谓防止妨碍他人自由、避免紧急危难、维持社会秩序及增进公共利益所必要也。

(戊)信教自由。"人民有信仰宗教之自由。"(《宪》十三)所谓信仰宗教自由，其涵义有：一为信仰自由，即人民信仰任何宗教与不信仰任何宗教之自由，所谓信仰，指对于宗教之信条而言。二为礼拜自由，即一方面任何人有履行其所信仰之宗教仪节之自由，一方面国家不得强迫任何人民履行任何宗教仪节之自由。苏联宪法一二四条规定人民有反宗教宣传之自由，我国《刑法》规定对于坛庙、寺院、教堂、坟墓或公众纪念处所公然侮辱者，或妨害丧葬、祭礼、说教、礼拜者，均构成亵渎祀典罪（《刑》二四六），其为不许人民有反宗教宣传之自由，已属显而易见。按各国宪法对于信教自由有两种不同制度：一为国教制，强迫人民信奉其教仪履行其仪节，不信奉国教者，不得享受法律上同等权利，是为"绝对国教制"（如回教国家），如对于人民之信奉他教者，亦任其自由，是为"相对国教制"（如英国之以新教为国教者是）。二为非国教制，于宪法上不立国教者，是为"不立国教制"（如法、比等国），一任人民信仰不信仰或反对宗教者，是为"绝对信仰自由制"。

（己）集会自由与结社自由。"人民有集会及结社之自由。"（《宪》十四）集会结社均属现代文明国家人民团体生活之方式，团体生活与个人生活有同等价值，故各国宪法均明定人民有集会结社自由。集会为一种暂时的集会，结社则为一种永久的团体，集会为特定人或不特定人之集合，结社则为特定人之集合，结社为有机关有规律的组织，而集会则不然。兹分述之：

（1）集会自由。所谓集会自由指人民集合一地以演讲形式表示其思想或知识，或以辩论形式互换其思想与知识之自由。集会由于性质之不同，有"政治集会"与"非政治集会"，由于地点之不同，有"屋外集会"与"屋内集会"。各国关于集会自由之限制有"追惩制"与"预防制"；集会前不必报告政府得自由集会，集会时如有违法行动，则集会后须受法律制裁者，是为"追惩制"；集会前必须报告警察机关或得其许可者，是为"预防制"。"预防制"中，其仅须报告警察机关者，是为"报告制"，其于报告后更须得警察机关之许可者，是为"许可制"。英美一切集会，采"追惩制"，大陆国家大概于"屋外集会"采"许可制"，"屋内政治集会"采"报告制"，其他"屋内集会"采"追惩制"。我国法律除《戒严法》外，依《违警罚法》第五五条规定，未经官署许可，聚众开会或游行，不遵令解散者，即在处罚之列，解释上于人民集会系采"许可制"。

(2) 结社自由。所谓结社自由，指人民为达特定目的而组织团体之自由。结社有"营利结社"与"非营利结社"之别，"非营利结社"又有"政治结社"与"非政治结社"两种。关于结社自由之限制，各国有"追惩制"与"预防制"之别，与前述集会自由之限制同。我国法律，于"营利结社"依民法公司法只须办理登记手续，对于"非营利结社"，除《戒严法》外，平时结社，《刑法》禁止以犯罪为目的之结社（该法一五四），《戡乱时期危害国家紧急治罪条例》禁止以危害国家为目的之结社（该法三），而依《非常时期人民团体组织法》则人民团体之组织，须经社会行政主管官署之许可，系采"许可制"。行宪后此种非常时期人民团体组织法如仍继续有效，当不外依本《宪法》二三条之规定也。

（贰）自由权之限制

在战争叛乱或非常时变发生之际，行政机关可发布戒严令宣告戒严。戒严之时，人民自由权须受限制，故各国戒严制度乃随其保障人民自由之程度而异，大别之，有德国制、法国制、英国制与美国制四种：在战前之德国，凡国内公共安宁与秩序若已发生重大危险或将发生重大危险，总统得发布紧急命令，限制人民身体、居住、通信、言论、集会、结社等各种自由，但须立即报告国会，国会要求取消，一切措置失其效力。在法国，议会于平时预先制定《戒严法》，规定戒严原因与种类，宣告戒严之机关以及戒严之结果。凡战争地点或军事要塞遽受攻击或包围之时，当地司令官得宣告戒严,至于该地尚未被攻击或包围,只为警备起见而须戒严,则由议会宣告,万一议会闭会,则于内阁会议议决后得径由总统宣告戒严。戒严后民政机关一切职权均归军政机关掌管,而军政机关在戒严法范围内,又得限制人民自由。在英国,政府不得擅自发布命令变更平时法律秩序,凡遇紧急事变发生之际,政府只能临时召集议会,请求议会通过新法律,授予政府以较大权力,新法律制定后,政府即可根据新法律之规定,限制人民自由。至于紧急事变发生仓卒,不能坐待议会通过新法律,则政府一面虽可采取法外手段,以维持社会治安,但同时仍为一种违法行为,事后仍当有议会通过一种"赦免法"(Act of Indemnity)解除责任。万一议会未能通过,则从前一切措置自始失效,当局视为违法,应负刑事上之责任。在美国,人民若干自由权,受宪法之保障,不特政府不能限制,且议会亦不得加以限制,故当战乱之时,人民自由除宪法明定议会得加以限制外,议会亦无变更或停止人民自由之权。总之,在德国,宣告戒严权属于政府,政府宣告戒严之后,得随意限制人民自由;在法国,宣告戒严权原则上属于议会,议会宣告戒严之后,政府须遵循《戒严法》规定,限制人民自由;在英国,政府固然不能径以命令限制人民自由,而议会则可制定法律随意限制之;在美国,人民之若干自由权,纵使议会亦无变更或停止之权。我国《宪法》及《戒严法》系兼采法国制与德国制戒严法案,由行政院会议议决后移送立法院议决由总统宣布之,或总统依法宣布戒严,但须经立法院之追认,立法院认为必要时,得决议移请总统解严。(《宪》三九、六三)总统于情势紧急时,得经行政院之呈请,依《戒严法》宣告戒严,或使宣告之,但应于一个月内提交立法院追认,在立法院休会期间,应于复会时提交追认。(《戒严法》一)战争或叛乱发生之际,某一地域猝受敌匪之攻围,或应付非常事变时,该地陆海空军最高司令官得依《戒严法》宣告临时戒严,如该地无最高司令官,得由陆海空军分驻团长以上之部队长依《戒严法》宣告戒严，但应迅速按级呈请，提交立法院追认。(同法三)至在动员戡乱时期临时条款施行期间，总统在动员戡乱时期经行政院之决议宣告戒严，纵使不交立法院追认，或立法院纵使决议移请总统解严，总统亦可不予置理，但立法院以出席委员三分之二议决，得移请总统废止之。依《戒严法》规定，戒严地域内最高司令官得停止人民各种自由权。(同法十一)《戒严法》之规定，盖亦依据《宪法》二三条所谓为避免紧急危难、维持社会秩序所必要也。

(三) 受益权

受益权一称要求权，即人民由其积极的地位要求国家行使统治权，由此以享受一切利益之权利。依宪法规定，凡有次列五种：

(甲) 请愿权。"人民有请愿之权。"(《宪》十六) 所谓请愿权，指人民对于政治或其他一定之事项陈述其一定愿望之权利。人民请愿，不拘一定方式，口头或书面均可，更不论个人请愿或联合多数人集体请愿，被请愿之机关，亦可不受请愿之拘束。各国通例，请愿权常系向立法或行政机关行使，对于法院，则不受人民请愿之表示而左右其判决，故请愿权对于法院实不能行使。国家机关纵有受理请愿之义务，但无必须服从请愿之义务，故人民不但不能强迫国家机关服从，且请愿之际如带有强迫性质即系违法行为。

(乙) 诉愿权。"人民有诉愿之权。"(《宪》十六) 所谓诉愿权，为人民因国家机关之违法处分或不当处分致损害其权利时，请求原处分机关之上级机关撤销或变更原处分之权。不服上级机关之决定向再上级机关请求者，为再诉愿。依《诉愿法》规定，人民对于违法或不当处分，原则上得提起诉愿及再诉愿两次，对于不当处分，经再诉愿决定后即为最后决定，对于违法处分，经再诉愿决定后，更得提起行政诉讼。诉愿及行政诉讼均为行政救济，而诉愿则系以行政程序作行政救济以确保人民权益，故诉愿为行政诉讼之"先行程序"，而行政诉讼则以行政法院之"审判程序"作行政救济。其详于诉愿法定之。诉愿权为大陆法制下由诉讼权演变而来，盖在英美法系下各国人民根本无所谓诉愿权，人民法益无论被官署或其他人民非法侵害，唯有向法院诉讼以求得保障，无所谓诉愿方式也。至于诉愿与请愿之区别：(1)请愿之范围广，凡国家机关已实行或未实行之行为，均得请愿，诉愿必须对于国家行政机关之违法或不当处分方得提起之。(2)请愿之原因不以关系个人之事实为限，诉愿之原因，必须诉愿人受有权利或利益之损害。(3)请愿无一定之方式，诉愿则必须备具诉愿书。(4)请愿为一人或多数人对于国家机关请求为一定行为或不为一定行为之行为，而诉愿则为受害人对于行政机关请求撤销或变更原处分之行为。(5)请愿之结果，接受请愿之机关有采纳与否之自由，而诉愿之结果，则接受诉愿机关必须予以决定。(6)请愿无次数之限制，诉愿则有进一步向上级机关再诉愿或行政法院提起行政诉讼之权。

（丙）诉讼权。"人民有诉讼之权。"(《宪》十六)所谓诉讼权，有民事诉讼权、刑事诉讼权与行政诉讼权三种：人民之私权受侵害时得请求国家机关除去其侵害，人民之私权有受侵害之虞时，得请求国家机关除去其危险，易言之。凡请求国家保护私权之权，为民事诉讼权。民事诉讼依《民事诉讼法》之规定，向法院为之。国家处罚犯罪之程序为刑事诉讼，犯罪之结果有侵害个人法益、社会法益与国家法益之不同，但直接间接，个人利益往往因之受损，国家处罚犯罪，一方面固在保障公共安宁与大众利益，一方面间接亦足予受害人以精神上之安慰，因此得到保护私权之效果。刑事诉讼依《刑事诉讼法》之规定，向法院为之。行政诉讼为行政上违法处分之一种救济，凡人民因国家机关之违法处分致损害其权利，经提起再诉愿而不服其决定时，向行政法院声请救济者，称为"行政诉讼"，行政诉讼依《行政诉讼法》之规定。

（丁）教育权。"人民有受国民教育之权利……"（《宪》二一）各国教育制度，大多将人生教育过程分为高等教育、中等教育及初等教育三个阶段，我国将初等教育定为国民教育，其在文化程度较高之国家，亦有连中等教育视为国民教育者。所谓国民教育，亦即每一国民应受之起码教育。所谓人民有受国民教育之权利，即谓凡属国民教育机会均等，人人均有受国民教育之权。国民教育即《宪法》第一六三条所谓基本教育（初等教育）与补习教育。六岁至十二岁之学龄儿童一律受基本教育，免纳学费。其贫苦者，由政府供给学费。已逾学龄未受基本教育之国民，一律受补习教育，免纳学费，其书籍亦由政府供给。

（戊）经济权。在私有财产制度之下，个人的经济生活完全由个人解决，危险丛生，现代国家因鉴于各种社会问题之发生，遂于相当程度之内，设法统制个人经济生活，此种人民在经济生活方面所得享受之权利，为经济权，亦即奥国学者孟哲（Andon Menger）所称"社会权"。我国《宪法》第十五条所称"人民之生存权、工作权、财产权、应予保障"。即关于经济权或社会权之规定。

（1）生存权。所谓生存权，系人民为保障自己生存得向国家领取最低生活费之权利。此种权利与救助权不同，救助权乃国家为怜悯贫人而给与一定生活费，生活费之给与与否完全由国家决定，国家无必须给与之义务，被救助者亦无要求给与之权利；反之，生存权则不然，国家有给与生活费之义务，人民亦有要求给与生活费之权利。故凡处于经济上弱者地位者，均有要求国家维持其生存之权利。所谓经济上弱者，系指劳动群众而言。盖今日机器生产时代，为生产工具之机器已成为资本家所专有,资本家掌握生产工具,劳动者不能与资本家抗衡,形成经济上弱者也。至《宪法》一五五条规定"国家为谋社会福利,应实施社会保险制度;人民之老弱残废无力生活及受非常灾害者,国家应予以适当扶助救济"。此乃关于救助权之规定,非此所谓生存权也。

(2) 工作权。工作权一称劳动权,其涵义有二:

(A)为人民得向国家要求给予工作机会之权。《宪法》一五二条规定"人民具有工作能力者,国家应予以适当工作机会",即系保障人民之工作权而设。国家保障工作权之方法,可分为四种:(a)在未得工作以前,人民可基于生存权与工作权,要求国家给与工作,国家不能给与工作,亦须给与一定生活费。在此要求之下,不但资本家不能任意解雇劳动者,抑且国家须设立职业介绍所,代劳动者寻求职业。(b)在既得工作之时,人民可要求国家保护其工作能力,即劳动者恐资本家使之担任过劳之工作,而致害及其工作能力,遂要求国家设法保护。在此要求之下,产生八小时劳工制、夜工禁止制及工厂卫生制等。(c)在既做工作之后,人民得要求国家保护其能取得相当之报酬,如工资多少由劳资双方自由决定,必致劳动者不能维持其最低限之生活,因此得要求国家制定最低工资法,资本家所给工资不得在最低工资之下。(d)在失去工作能力之时,人民得要求国家保障自己生活,国家应制定劳工保险制度,以保障劳动者生活之安定,如疾病保险、残废保险、失业保险、养老保险是。

(B)为人民有选择工作种类之权,各人应有就其性情体力能力的适应性,以选择适当的工作,国家不能强迫人民必须担任某种工作,此与所谓"职业自由"之意义相似。但选择工作之权,虽受保障,但不能无限制,对于违反善良风俗之职业,即在限制之列。

(3) 财产权。在私有财产制未废除以前,国家对于人民之财产权,自应予以保障。今日财产权神圣不可侵犯之旧观念,早已随时代而被废弃,保障财产权之理论,乃系根据社会职务说(Social Function)而然。所谓财产权乃是随所有权而发生的社会职务,因私产之存在在现时状况下尚为"社会利益"所要求,法律所以承认私产,只因社会财产之增加,与社会需要之满足,现时尚不能不利用私产制度为工具。为适应"社会利益"计,在财产所有者之一方,应视财产权为社会职务,而在社会之一方,则应尊重财产权。易言之,财产所有人既负有此种社会职务,则其于履行此职务时,即应受法律之保护,因而财产所有人便有处分其财产之相当自由。故财产权应受三种限制:(A)财产权人有运用其财产之义务,即应充分使用其财产。(B)财产之使用应同时有助于公益,不能有损人而又不利己之行为。(C)国家为公共利益之必要,得以有偿强制征收私有财产,尤以土地征收为常。

此外,经济权或社会权尚有"劳动全收权",此种劳动全收权,非在共产制度已经成立之社会,不克实现,而各国亦无以此权利规定于宪法者,我国《宪法》亦然。

(四)参政权

参政权系人民由其主动的地位参加国家统治权之行使之权利。可大别为二类,一为国民依其国民资格在法律上当然享有之参政权,如选举权、罢免权、创制权、复决权等是。二为国民依特别选任行为有充任公职之权。在第一种参政权,凡有一定资格之人民,均得依据法律积极的主张自己有选举权罢免权创制权复决权,以参加国家统治权之行使。在第二种参政权,人民不能因自己有充任公职之权而要求国家必须选任自己充任公职,唯于国家选任之后,始能充任公职而参加国家统治权之行使。兹分述之:

（甲）选举权、罢免权、创制权、复决权。"人民有选举、罢免、创制及复决之权。"(《宪》十七）所谓选举权，为人民用投票方法选举代表与国家官员之权，及被选举为代表与国家官员之权。罢免权为人民利用投票方法罢免其所选出之代表与官员之权。创制权为一定人数之人民提出法案要求代议机关议决为法律之权。复决权为代议机关通过之法律，人民以公意决定其应否改革或废止，或对于法律案以公意决定其应否成立之权。选举罢免为人民积极的及消极的控制代表及政府官员之权，属于治人权。创制、复决为人民积极的及消极的控制政府法制之权，属于治法权。人民有此四种政权，积极方面可以利用选举权选出人民自己所欢迎之代表与官员，可以利用罢免权，罢免人民所厌弃之代表与官员，可以利用创制权，制定人民所需要之法律，可以利用复决权，废除人民自己所反对之法律。消极方面，可由选举权之作用，使代表与官员畏惧下届落选，而即施行人民所要求之政策，可由创制权之作用，使立法者畏惧人民强迫而即制定人民所需要之法律，可由复决权之作用，使立法者畏惧人民反抗，不敢制定人民所反对之法律。至于四权行使之方法，《宪法》第十二章另有规定：

（1）选举权。"本宪法所规定之各种选举，除本宪法别有规定外，以普通平等直接及无记名投票之方法行之。"(《宪》一二九）所谓本宪法所规定之各种选举，如国民大会代表、立法院委员、监察院委员、总统、副总统、省民代表大会代表、省议会议员、县市民代表大会代表、县市议会议员、县民代表大会代表、县议会议员、县长之选举是。所谓本宪法别有规定者，如第四六条总统、副总统之选举以法律定之是也。所谓"普通选举"，指选举权无财产男女教育等区别之限制而言；反之则为"限制选举"。所谓"平等选举"，指选举权一律平等，即每一有选举权之国民应各有一投票权，亦仅有一投票权而言；反之则为"不平等选举"或"复数选举"。所谓"直接选举"，指被选举人直接由国民选出，无须经过复选手续者而言；反之，由选举人先选举代表人，再由代表代行选举权选出被选举人者，则为"间接选举"。所谓"无记名投票"即"秘密选举"，指选举票上不记载选举人之姓名而言；反之，选举票上记载被选举人姓名与选举人姓名者，即为"公开选举"或"记名投票"。主张无记名投票之理由有三：(A)公开选举往往为人所协迫，失却选举人之自由意思；(B)选举人可无所顾忌，抛弃选举权者必少；(C)贿赂选举等手段可不奏效。至于主张普通选举，平等选举直接选举者，盖以限制选举、不平等选举及间接选举与现代平等自由之潮流相反也。"中华民国国民年满三十岁者，有依法选举之权；除本宪法及法律别有规定者外，年满二十三岁者有依法被选举之权。"(《宪》一三〇)选举固不应有财产性别等之限制，而选举必须具有识别能力，被选举人必须具有较高之智识经验，故不可不规定选举权人与被选举权人之年龄。所谓二十岁与二十三岁，均须于选举被选举当时有实足之年龄，以户籍册上之出生登记为标准，依民法规定计算之。所谓"本宪法及法律别有规定"，如《宪法》第四五条"年满四十岁者得被选为总统、副总统"，《监察院监察委员选举罢免法》第六条"依法有选举权年满三十五岁者得被选为监察委员"等，及将来省县自治法内省长及县长之选举均应另定年龄是也。"本宪法所规定各种选举之候选人，一律公开竞选。"(《宪》一三一)所谓竞选，即争取选民而言，争取选民应采公开方式，所谓公开方式，例如公开演说散布小册及以传单或借报纸发表文字等是。"选举应严禁威胁利诱，选举诉讼由法院审判之。"选举为人民行使政权，应以最公正极严肃之态度出之，唯实际上候选人为欲达成其政治目的计，恒有不择手段者，所谓"威胁"，即利用武力或暴力或其他非法权力使选举权人为违反其纯洁的本意之选举也。所谓"利诱"，即以金钱或财物等为工具，引诱选举人使之对本人或他人为选举也。威胁利诱而为选举,即为选举舞弊,如因此而发生选举诉讼,由法院审判之。所谓由法院审判,例如国民大会代表及立法院立法委员之选举诉讼归高等法院管辖,无高等法院者,由首都高等法院就书面审理之。(《国民大会代表选举罢免法》四〇、《立法院立法委员选举罢免法》三九)省议员市参议员县议员选举诉讼归属地方法院管辖是。(参照省《参议员选举条例》二八、《市参议员选举条例》四五、《县参议员选举条例》三六)

(2)罢免权。"被选举人得由原选举区依法罢免之。"(《宪》一三三)被选举人当选后如有不称职或违法失职等情事,得由原选举区依法罢免之。所谓依法罢免,例如国民大会代表之罢免,由原选举区依国民大会代表选举罢免法为之,立法院立法委员之罢免,由原选举区依立法院立法委员选举罢免法为之,监察院监察委员之罢免,由原选举区依监察院监察委员选举罢免法为之是。

(3)创制权复决权。"创制复决两权之行使,以法律定之。"(《宪》一三六)所谓创制复决两权,指县民之直接创制权、复决权而言。县民行使直接创制权与复决权,以法律定之。至于国民大会之间接创制权与复决权,本《宪法》第二七条已另有规定,"创制复决两权,俟全国有半数之县市,曾经行使创制、复决两项政权时,由国民大会制定办法并行使之",自当另作别论。

(乙)应考权及服公职权。"人民有应考试权及服公职权。"(《宪》十八)人民有选举权,亦有被选举权,所谓被选举权即被选举担任人民代表及官员如国民大会代表、省民代表大会代表、县民代表大会代表、立法院立法委员、监察院监察委员、省议会议员、县议会议员、总统、副总统、省长、县长,此等被选举当选之官员或代表,均系公职,人民有服公职权,故人民有被选举当选此等官员或代表权。所谓服公职,除上述被选举产生之官员或代表外，凡属公务员，均属公职，人民均有权为之。然一般公务员之任用须具备一定资格，欲取得公务员资格，及专门职业及技术人员执业资格，依《宪法》第八六条规定，须经考试院依法考选、铨定，既须依法考试及格始能取得公务员资格及专门职业与技术人员执业资格，则人民均应有应考试权，自属当然。所谓应考试权，指参加考试权而言。

（五）权利自由之保障

（甲）其他自由权利之概括的保障。"凡人民之其他自由及权利，不妨害社会秩序公共利益者，均受宪法之保障。"（《宪》二二）前述各种人民权利，即平等权、自由权、受益权、参政权，《宪法》均有列举规定，直接予以保障，其为列举以外之自由权利，苟不妨害社会秩序公共利益者，即不应以《宪法》未经列举，即不予保障，故《宪法》特设概括的保障之规定。按各国宪法关于人民之自由及权利，有采单纯之列举方式者，有采列举与概括之混合方式者，混合方式既可避免列举之遗漏，并能适应时代之需要，盖自由及权利之性质，常因时代而变迁，其应保障与否亦因之而有异，故宪法关于人民之自由及权利，采取混合方式，于列举规定外，复设概括规定。所谓其他自由及权利，例如婚姻自由、演剧自由等，范围甚广，虽未有法律之限制，但其行使妨害社会秩序公共利益时，仍不受宪法之保障。

（乙）对于立法机关滥用立法权侵害人民自由权利之防止。"以上各条列举之自由权利，除为防止妨碍他人自由、避免紧急危难、维持社会秩序或增进公共利益所必要者外，不得以法律限制之。"（《宪》二三）人民各种自由权利，立法机关不得以法律限制之，此系宪法直接保障主义所应有之义，然如绝对贯彻斯旨，则人民太自由，反足以妨害其他人之自由权利，亦与宪法保障自由权利之本旨有背，然如立法机关得随时以法律限制人民自由权利，则"宪法予之而法律取之"，所谓宪法之保障，徒托空言而已。故为防止立法机关滥用立法权以侵害人民之自由权利计，规定以法律限制人民之自由权利，须为防止妨碍他人自由、避免紧急危难、维持社会秩序或增进公共利益所必要者为限。

（丙）公务员侵害人民自由权利之责任。"凡公务员违法侵害人民之自由或权利者，除依法律惩戒外，应负刑事及民事责任。被害人民就其所受损害，并得依法律向国家请求赔偿。"（《宪》二四）此系关于公务员侵害人民自由权利之责任，亦即保障人民自由权利之又一规定。所谓公务员违法侵害人民之自由或权利之行为，系指公务员因执行职务或假借职务上之权力机会或方法而为之违法行为。此项违法行为，除依法应受行政上之惩戒处分外，若触犯刑法而构成渎职罪，或其他法律特别规定之罪（如惩治贪污条例之贪污罪）时，则应负刑事上之责任。若构成民事上之侵权行为时，则并应负民事上之责任。依《民法》第一八六条规定：公务员因故意违背对于第三人应执行之职务，致第三人之权利受损害者，负赔偿责任。其因过失者，以被害人不能依他项方法受赔偿时为限，负其责任。故人民所受损害，应向公务员请求赔偿，如公务员无资力时，则依法律向国家请求赔偿，如法律规定由国家赔偿者，得径向国家请求赔偿。所谓法律规定由国家赔偿，如《土地法》第六八条规定："因登记错误遗漏或虚伪致受损害者，由该地政机关负损害赔偿责任，但该地政机关证明其原因应归责于受害人时，不在此限。"

二、人民之义务

人民若在被动的地位，须受国家统治权之支配，则人民不但须服从国家之命令，且须积极的用自己之劳力与财力，援助国家统治权之行使，于是发生人民之义务。我国《宪法》规定人民之义务有三：

（一）纳税之义务

"人民有依法律纳税之义务。"（《宪》十九）纳税为人民应尽之义务，各国宪法多有规定。人民共同组织国家，享受国家之利益，对于国家需要之一切费用，自应共同负担。故人民无论其居住于国内或国外，财产之在国内或国外，凡在本国权力之所能及者，皆有纳税之义务。在昔专制时代，赋税全由君主独断，近代国家征税，须依据法律，关于税源之选择，税率之高低，纳税人之范围等，皆于税法上详为规定，人民仅有依据法律纳税之义务。但有应注意者，即人民之纳税义务，应依各人经济能力比例负担，始为人民平均负担国家经费，否则若使各人分担同一税额，即非平等主义也。又人民之纳税义务，系因人民既于国家享有各种权利所应出之代价，故英国议会政治有"不出代议士不纳租税"之格言，妇孺皆知也。

（二）服兵役之义务

"人民有依法律服兵役之义务。"(《宪》二○)人民有捍卫国家之责任,故有服兵役之义务。我国古时寓兵于农,宋朝以后始行募兵。现代战争已为国民全体之战争,非使一般国民负有服兵役之义务不可。兵役制度,可分为三种:一为募兵制;二为民兵制;三为征兵制,现今各国多采征兵制。我国《兵役法》分兵役为国民兵役与常备兵役两种,凡人民皆有依法服兵役之义务,合乎三平原则:一曰平等,即不分阶级不论贵贱,凡届兵役年龄之男子,均须服兵役义务;二曰平均,按征兵一定数目,依国内各处人口壮丁之多寡而支配一定之比例,平均征集;三曰平允,即办理兵役,公平允当,设有缓征缓召之规定。

（三）受国民教育之义务

"人民有受国民教育之权利与义务。"(《宪》二一)受国民教育一方面为人民之权利,一方面亦为人民之义务。盖欲使国民知德体三育并进,得到一均衡发展,则非人民人人受相当之教育不可。故人民有受国民教育之义务。则所谓国民教育即义务教育,为人民人人应受之教育也。又所谓国民教育,指基本教育与补充教育而言,已详前述,不赘。

此外,《五五宪草》规定人民有服工役之义务,其他各国宪法不无规定劳动义务(例如苏联宪法十八条"不劳动者不得食")及使用财产之义务(例如德国韦玛宪法一五三条)者,均为现行《宪法》所不采。

第三章　国民大会

　　国民大会为五权宪法机构中重要之部分，欲明国民大会之性质，首应认识权与能之划分。国父于《民权主义》第六讲中曾云："我们现在分开权与能，说人民是工程师，政府是机器。在一方面要政府的机器是万能，无论甚么事都可以做，又在他一方面要人民的工程师也有大力量，可以管理万能的机器。那么在人民和政府的两方面，彼此要有一些甚么的大权，才可以彼此平衡呢？在人民一方面的大权，是要有四个权，这四个权是选举权、罢免权、创制权、复决权。在政府一方面的是要有五个权，这五个权是行政权、立法权、司法权、考试权、监察权。用人民的四种政权来管理政府的五种治权，那才算是一个完全的民权政治机关，有了这样的机关，人民与政府的力量，才可以彼此平衡。……有了这九个权彼此保持平衡，民权问题才算是真解决，政治才算是有轨道。"又《建国大纲》第九条规定："一完全自治之县，其国民有直接选举官员之权，有直接罢免官员之权，有创制法律之权，有复决法律之权。"是国民在县系直接行使其政权。至在中央，则以我国疆域广大，人口众多，欲国民直接行使其政权，在势有所不能，故国父在《中华民国建设之基础》一文中有云："国民大会由每县国民举一代表组织之。"又《建国大纲》第十四条规定："每县地方自治政府成立之后，得选举国民代表一员以组织代表会，参预中央政事。"第二四条规定："国民大会对于中央官员有选举权，有罢免权，对于中央法律有创制权，有复决权。"是国民在中央系由国民大会行使其政权。易言之，国民大会乃人民在中央代行政权之机关也。

张君劢氏则认为政权治权之分，可以作为中山先生政治哲学的见解，万不可与制宪问题混为一谈。彼意所谓政权与治权是否划分得开，乃是政治哲学上一大问题。譬如国民大会行使创制法律、复决法律权，是为政权，立法院通过法律案是为治权，从立法权之性质言之，二者实与代议政治之立法权，初无二致，"现在一定要名甲为政权，名乙为治权，或者在哲学上可以成为问题，在实际政治上不应以此种微妙的区别，便认为可实行而不生流弊的一种标准学说。我们大家知道，各国宪法中仅有国家主权属于国民全体一语，此项主权或表现于代议政治的立法，或表现于选举，或表现于创制复决，要不外乎同为公民对于政府所行使的监督权而已"。职是之故，《宪法》不特打破权能划分之说，抑且以立法院监察院为行使政权之两院制议会，国民大会虽仍保留，且名之为代表全国国民行使政权之机关，唯其所谓政权，仅在选举或罢免总统、副总统及修改宪法而已。

一、国民大会之地位

"国民大会依本宪法之规定，代表全国国民行使政权。"(《宪》二五)析言之，可得二端：

（一）国民大会为代表全国国民行使政权之机关

政权之行使，本应由全国国民直接行使之，但以全国幅员辽阔，人口众多，直接行使政权，在势有所不能，故不得不选举国民代表组织国民大会代为行使之。国民大会既是代行政权机关，自非最高政权机关，盖国民大会代表由人民选举以来，自得由原选举区选民罢免之（《宪》一三三），国民大会代表既可由原选举区选民罢免，则政权之最后归宿，仍操在选民手中也。又国民大会只是行使政权的机关，而非主权机关，盖"中华民国之主权属于国民全体"（《宪》二），非属于国民大会也。

（二）国民大会为依《宪法》之规定代表全国国民行使政权之机关

《宪法》第二七条规定国民大会所得行使之政权，为选举总统、副总统，罢免总统、副总统，修改宪法，复决立法院所提宪法之修正案。至于一般创制权与复决权则暂停行使，须俟全国有半数之县市曾经行使创制、复决两权时，始由国民大会制定办法并行使之。国民大会既是选举总统、副总统及修改宪法之机关，则所谓国民大会实等于美国之总统选举团（Electoral College）加上各邦的宪法会议（Constitiutional Convention）而已。

就国民大会与总统之关系言：（1）国民大会有选举总统、副总统及罢免总统、副总统权；（2）国民大会常会由总统召集，国民大会因复决立法院提出之宪法修正案及国民大会代表有五分二以上请求召集临时会时，由总统召集。

就国民大会与立法院之关系言：（1）国民大会复决立法院所提之宪法修正案；（2）国民大会因总统、副总统均缺位时应召开临时会以补选总统、副总统，及因监察院对总统、副总统提出弹劾案应召集临时会以表决之，均由立法院院长通告集会。

就国民大会与监察院之关系言，监察院对于总统、副总统提出弹劾案时，由国民大会为罢免与否之决议。

至国民大会与司法院考试院则无任何关系可言。

二、国民大会之组织

国民大会以国民代表组织之。宪法仅就国民大会代表之选举任期及保障等作原则的规定，至国民大会之组织，国民大会代表之选举罢免及国民大会行使职权之程序，以法律定之。（《宪》三四）所谓法律，指《国民大会组织法》《国民大会代表选举罢免法》等法律而言。

（一）国民大会代表之选举

国民大会以下列代表组织之（《宪》二六）：（1）每县市及其同等区域各选出代表一人，但其人口逾五十万人者，每增加五十万人，增选代表一人。县市同等区域，以法律定之。（2）蒙古选出代表每盟四人，每特别旗一人。（3）西藏选出代表，其名额以法律定之。（4）各民族在边疆地区选出代表,其名额以法律定之。(5)侨居国外之国民选出代表,其名额以法律定之。(6)职业团体选出代表,其名额以法律定之。(7)妇女团体选出代表,其名额以法律定之。

国民大会代表全国国民行使政权,则其代表之产生必有全国性与普遍性。上述国民大会代表之产生,采取地域代表制、民族代表制、侨民代表制、职业代表制及妇女代表制。地域代表以人口为比例,所谓县市同等区域,指设治局而言。民族代表指国内少数民族之代表,所谓各民族在边疆地区选出代表,指云南、贵州、西康、四川、广西、湖南等省之少数民族之代表而言。所谓侨居国外之国民选出代表,指海外华侨代表而言。所谓职业团体选出代表,指农业团体(农会)、渔业团体(渔会)、工人团体(工会)、工商业团体(商业输出业同业公会、工矿业同业公会)、教育团体(教育会及各大学暨独立学院教员团体)、自由职业团体(新闻记者公会、律师公会、技师公会、会计师公会及医药团体即中医师公会与医师公会)而言。所谓妇女团体指妇女会等团体而言。国民大会代表之妇女代表,除由妇女团体产生外,其他地域代表、民族代表、侨民代表、职业代表中亦均以法律规定名额。《宪法》第一三四条规定:"各种选举,应规定妇女当选名额,其办法以法律定之。"故《国民大会代表选举罢免法》于各项国民大会代表名额之分配表,均规定应有妇女代表一人或几人。又《宪法》第一三五条,规定内地生活习惯特殊之国民代表名额及选举,其办法以法律定之。故《国民大会代表选举罢免法》除上述五种代表(地域代表、民族代表、侨民代表、职业代表、妇女代表)外,另行规定内地生活习惯特殊之国民代表若干名。所谓内地生活习惯特殊之国民,指回教徒、佛教徒生活习惯与一般人不同者而言。

（二）国民大会代表之任期

"国民大会代表每六年改选一次；每届国民大会之任期，至次届国民大会开会之日为止。"（《宪》二八三2）此即关于国民大会代表任期之规定。国大代表任期定为六年，盖以国民大会之主要任务为选举总统、副总统，而总统、副总统之任期，系定为六年,（《宪》四七）每一届国民大会选任总统、副总统一次，最为恰当。且国民大会代表人数众多，办理选举甚为繁重，不宜常有改选。至每届国民大会之任期，至次届国民大会开会之日为止，则所以期其衔接，且使国民大会之职权，时间上不中断也。国民大会代表于每六年改选一次，但现任官吏不得于任所所在地之选举区当为国民大会代表。（《宪》二八 3）以防现任官吏于其任所所在地利用职权上之机会与方法操纵选举，使真正民意代表无法产生。现任官吏虽不得于任所所在地之选举区当选为国民大会代表，似于任所所在地以外之选举区当选为国民大会代表，则无不可。盖国民大会不常开会，既为代表人民行使政权之机关，即无剥夺现任官吏之被选为国民大会代表之理由也。

（三）国民大会代表之保障

国民大会代表为民选代表，代表全国国民行使选举总统、副总统，罢免总统、副总统及修改宪法等职权，《宪法》仿民主国家特别保障议员之通例，对于国大代表设有二种保障：

（甲）言论自由与表决自由之保障。"国民大会代表在会议时所为之言论及表决,对外不负责任。"(《宪》三二)盖国民大会代表在会议时所为之言论及表决,如须对外负责,则国大代表顾虑多端,不克自由表示其意见,于行使职权甚有妨碍也。唯有应注意者三:(1)国民大会代表唯于会议时始能行使其职权,则代表之言论及表决以在"会议时"所为者为限,如在会议外所为之言论及表决则为代表个人之行为,自应由其个人负责;(2)国民大会代表在会议时所为之言论表决,必须在职权范围内者始受保障,倘越出范围,与议案无关,即不在保障之列;(3)所谓对外不负责任,系指对外不负刑事责任与民事责任而言。如代表为行使其罢免总统之职权,在会议时为检讨总统之罪状,虽有妨害名誉情事,亦不负民事上侵权行为之损害赔偿责任与刑事上妨害名誉之犯罪责任。

(乙)身体自由之保障。"国民大会代表,除现行犯外,在会期中非经国民大会许可,不得逮捕或拘禁。"(《宪》三三)盖国民大会代表之身体自由如无特别保障,得以任意逮捕或拘禁,恐其因受威胁而不能行使其职权,甚或影响国民大会开会及决议人数也。国民大会代表身体自由之特别保障有二例外:(1)现行犯,现行犯不问何人均得逮捕之,(《刑事诉讼法》八八)国民大会代表如为现行犯,自得逮捕拘禁;(2)经国民大会许可者,得逮捕拘禁。至国民大会代表身体自由之特别保障,以"在会期中"为限,如在会期前或会期后,则无特予保障之理由。

三、国民大会之职权

国民大会之职权,依《宪法》第二七条规定,凡分三种:

（一）选举总统、副总统

总统、副总统之产生，本有直接民选与间接民选二制。

（A）主张直接选举制者，其理由有五：(1)总统直接民选，足以引起人民之政治兴趣，予以人民以实际的政治训练；(2)宪法如不采总统虚权制（即虚位元首制），即应以民选为宜；(3)北京政府时代国会选举总统，一系受制于袁世凯之威迫，一系曹锟贿选，如由人民直接选举，可免此种恶例；(4)宪法为百年根本大法，不能牵就事实；(5)事实上国民代表既可选，总统亦何尝不能？

（B）主张间接选举制即民选国民代表选举者，其理由亦有五：(1)自治尚未完成，民选必多困难；(2)国民代表如确系本于民意而产生，则总统由国民代表选举，民意之表现较切实际；(3)民智未普及，国内又无两大政党对峙，总统民选，难得全国一致且极适当之人选；(4)人民对于国民代表有罢免权，如有操纵把持威逼贿卖情事，亦有救济；(5)将来教育普，人民智识提高后，如感觉总统应由人民直接选举，亦可修改宪法。二制均有相当理由，依国父遗教及《建国大纲》，似两种制度，均有根据，《五五宪草》及现行《宪法》将总统之选举定为国民大会之职权，其理由则不外三端：(1)《建国大纲》为国父最后手订，其中并无总统须由人民直接选举之明文，而第二四条明定"国民大会对于中央政府官员有选举权"，总统自亦包括在内；(2)国父遗教虽亦曾有总统由人民直接选举之语，但以吾国幅员广大，人口众多，而国民对于政权之行使，尚未有充分之经验，如总统由国民直接选举，困难必多，不易得适当之人选；(3)国民大会，因国民有罢免代表之权，与国会不同，且国民代表人数，亦远较国会议员为多，威胁利诱实非易易，使负总统选举之责，当不致蹈以前国会之覆辙。

（二）罢免总统、副总统

总统、副总统由国民大会产生，即应对国民大会负责，故罢免权亦唯有由国民大会行使，最为恰当。总统、副总统之罢免，不外二种情形：(A)依《总统、副总统选举罢免法》第九条之规定，由国民大会代表总额六分之一以上之代表，签名盖章，叙述理由，提出罢免声请书。国民大会秘书处于收到声请书后连同签署人姓名应即公告之，自公告之日起三十日内如无人否认签署之事实，或虽有否认而签署人仍足六分之一时，应将声请书咨送立法院院长，立法院院长接到罢免声请书后，应即将副本一份咨送总统（指声请罢免者为总统而言）或副总统（指声请罢免者为副总统而言）并召集国民大会于一个月内举行临时会，总统或副总统得于收到上述副本后，向国民大会提出答辩书，国民大会秘书处应即公告之。罢免案之表决，用无记名投票法，以代表总额过半数之赞成票通过之。但有应注意者，即国民大会代表对就任未满十二个月之总统，不得声请罢免是也。（同法八）(B)依《宪法》第一〇〇条规定，由监察院对于总统、副总统提出弹劾案，监察院对于总统、副总统之弹劾案，须有全体监察委员四分之一以上之决议，全体监察委员过半数之审查及决议，向国民大会提出之。监察院对于总统、副总统提出弹劾案时，亦由立法院院长通告召集国民大会临时会，国民大会对于监察院弹劾案所为罢免与否之决议，以出席国民大会代表三分之二之同意行之。（同《选举罢免法》十）

（三）修改宪法及复决立法院所提之宪法修正案

宪法虽为国家根本大法，然因情势常有变迁，亦不容一成不变，故各国宪法对于宪法之修改，大多有明文规定，唯修改程序之繁简，则互有不同：宪法之修改，与普通法律之修改同，由同一机关依同一程序即可修改者，为柔性宪法，如英国是；宪法之修改，与普通法律之修改不同，由不同一机关与不同一程序以修改者，为刚性宪法，如美国是。我国《宪法》规定由国民大会修改宪法，行使立法权之立法院则无修改宪法权，仅有宪法修正案之提案权，且修改宪法程序较修改普通法律之程序为繁重，立法院提出宪法修正案，其程序亦较普通法律之修改程序繁重，故我国《宪法》，应属于刚性宪法之一种。

宪法之修改，应依下列程序之一为之：（1）由国民大会代表总额五分之一之提议，三分之二之出席，及出席代表四分之三之决议，得修改之；（2）由立法院委员四分之一之提议，四分之三之出席，及出席委员四分之三之决议，得拟定宪法修正案，提请国民大会复决。此项宪法修正案，应于国民大会开会前半年公告之。（《宪》一七四）准此以解，我国《宪法》修改手续，可分提案与议决二阶段：

（甲）修改宪法之提案。修改宪法之提案权，分属于国民大会代表及立法院。其由国民大会代表提案者，须由国民大会代表总额五分之一之提议。其由立法院提案者，须由立法委员四分之一之提议，四分之三之出席，及出席委员四分之三决议，始得拟定宪法修正案，提请国民大会复决，较之立法院组织法所定普通法律案须有立法委员总数五分之一出席，出席委员过半数之同意决议者，其程序之繁简固有不同也。立法院依法定顺序拟定宪法修正案，须经国民大会复决，究其实际，则立法院拟定之宪法修正案,与修改宪法之提案同其意义。《宪法》第一七四条称之为"复决"者,盖以国民大会虽为修改宪法之机关,然其修改宪法之提案既非由国民大会动议,乃完全依立法院所拟定者予以决定也。立法院依法定程序拟定之宪法修正案,应于国民大会开会前半年公告之,其理由有三:(1)修改宪法之提议,是否合于情势之需要,应予人民以公开研讨之机会;(2)视全国民意之趋向而为宪法修正案之改订,以期实现真正民意之宪法;(3)免除轻率提议修改宪法,以防假借修改宪法权而为政争之工具。

(乙)修改宪法之议决。由国民大会代表总额五分之一提议者,其修改宪法之议决程序,须有国民大会代表三分之二之出席,及出席代表四分之三之决议,得修改之。易言之,国民大会行使修改宪法权,须有国民大会代表总额二分之一之赞同$\left(\frac{2}{3}\times\frac{3}{4}=\frac{6}{12}=\frac{1}{2}\right)$,即可达到修改之目的。至于立法院依法定程序拟定宪法修正案,而提交国民大会复决者,国民大会所为修改宪法与否之决议,解释上亦应以同样程序即须有国民大会代表三分之二之出席,及出席代表四分之三之决议,始得复决修改之。

关于国民大会创制、复决两权之行使,除上述修改宪法(创制权)及复决立法院所提宪法修正案(复决权)规定外,俟全国有半数之县市曾经行使创制、复决两项政权时,由国民大会制定办法并行使之。(《宪》二七2)宪法所以规定普通法律案之创制复决权之暂停行使者,据张君劢氏所称反对国民大会行使创制、复决两权之理由:(1)国民大会创制法律,分割立法院之立法权;如国民大会创制立法原则后交立法院议决,或以为能代表真正民意,殊不知国民大会代表与立法院委员同为人民所选出,国民大会创制原则后交立法院讨论,徒然增加许多提案,未必见得立法院委员资历不及国大代表，连国大代表所创制之立法原则亦见不到也。（2）复决云云乃不信任代议结果，如不信任代议，自应将代议结果交人民复决，但如其国大代表亦系间接选出，何以复决权又由第二个间接选出之机关再加一次复决？如其立法委员识见资格均达水准，则第二个机关之复决，又是徒滋纷扰而非必要也。据上理由，普通法律之创制、复决两权，与其由现在间接选出之国民大会行使，不若待将来人民知识提高后由人民直接行使为直截了当也。

国民大会依《宪法》规定所得代表全国国民行使之政权，如前所述，无非选举总统、副总统及修改宪法而已。（行宪之初，罢免总统、副总统为非常之举，当未必见诸行使。）就选举总统、副总统权而言，与美国之总统选举团（Electoral College）相似，国民大会代表不啻美国由直接选出之总统选举人（Presidential Elector）也。但美国之总统选举团不能罢免总统、副总统，而国民大会则有罢免总统、副总统之权耳。就复决立法院所提之宪法修正案言，国民大会又与美国各邦之宪法会议（Constitutional Convention）相似，唯美国宪法修正案虽由国会提出由各邦宪法会议复决，亦不无交由各邦宪法会议复决批准之例也。《五五宪草》关于国民大会之职权，有选举及罢免中央官员、创制法律、复决法律及修改宪法等权，行使四种政权，张君劢氏名之曰"间接方式的直接民权"，以其为代议方式，与国民自身直接行使政权不同，且使立法院为间接又间接之代议机关，使国民大会成为"太上国会"，反足以为真正代议政治之妨碍，故为现行《宪法》所不采。

《五五宪草》之国民大会，行使选举、罢免、创制、复决四种政权，学者名之为"有形国大"，政协宪草修改原则规定"全国选民行使四权，名之曰国民大会"，学者名之为"无形国大"，现行《宪法》之国民大会，选举权及罢免权之行使，以总统、副总统为限，创制权及复决权之行使，以修改宪法为限,虽为"有形国大",其实与"无形国大"相去实无几也。国民大会之职权如此,则一般人主张国民大会闭会期间设置驻会委员会等常设机构,实乃不智之举与非分之想,殊不值识者一笑。

最后,关于国民大会之职权有须一为提及者,即《宪法》第四条规定,中华民国之领土,非经国民大会议决不得变更,亦为《宪法》所赋予国民大会之职权也。

四、国民大会之集会

"国民大会之开会地点,在中央政府所在地。"(《宪》三一)盖各国通例,国会开会地点,必须在中央政府所在地,我国国民大会为对中央政府代表国民行使政权之机关,故必在中央政府所在地开会。至于国民大会之集会,有常会与临时会之分:

(一)常会

国民大会于每届总统任满前九十日集会,由总统召集之。(宪二九)盖国民大会之职权,以选举总统、副总统为主,除首届行宪国民大会由国民政府依宪政实施之准备程序召集外,在正常情形下,不届总统选举之年,实不必集会也。总统任期六年,国民大会既于每届总统任满前九十日集会,可知国民大会正常的集会为六年一次。至《宪法》规定国民大会于每届总统任满前九十日集会者,盖以总统应于任满之日解职,如届期次任总统尚未选出或选出后总统、副总统均未就职时，由行政院院长代行总统职权，而行政院院长代行总统职权时，其期限又不得逾三个月,(《宪》五〇、五一)苟于总统任满前九十日集会，当不主有代理情事也。

（二）临时会

国民大会遇有下列情形之一时，召集临时会(《宪》三〇)：

（甲）依本《宪法》第四九条规定，应补选总统、副总统时。所谓《宪法》第四九条规定，系指总统、副总统均缺位时，由行政院院长代行其职权，并由立法院院长召集国民大会临时会，补选总统、副总统，其任期以补足前任总统未满之任期为止者而言。

（乙）依监察院之决议，对于总统、副总统提出弹劾案时。所谓依监察院之决议，既于总统、副总统提出弹劾案，系指监察院全体监察委员四分之一以上之提议，全体监察委员半数之审查及决议，对于总统、副总统向国民大会提出之弹劾案而言。(《宪》一〇〇)监察院依宪法规定对于总统、副总统提出弹劾案时，由立法院院长通告，召集国民大会临时会。

（丙）依立法院之决议，提出宪法修正案时。所谓依立法院之决议，提出宪法修正案，系指依《宪法》第一七四条规定，由立法委员四分之一之提议，四分之三之出席，及出席委员四分之三之决议，拟定宪法修正案提请国民大会复决者而言。立法院依宪法规定提出宪法修正案，由总统召集国民大会临时会。

（丁）国民大会代表五分之二以上请求召集时。盖国民大会常会，六年举行一次，国民大会代表任期六年，即无异每届国民大会仅举行常会一次，国民大会之职权，为选举及罢免总统、副总统，与修改宪法，如立法院未提出宪法修正案而国民大会代表认为有修改宪法之必要时，即得请求召集国民大会临时会，如监察院未提出总统、副总统弹劾案，而国民大会代表认为应罢免总统、副总统，且又以集会商讨为必要时，（即不依《总统、副总统选举罢免法》第九条规定，由国大代表总额六分之一以上代表签名盖章提出罢免声请书者是）即得请求召集国民大会临时会。又领土之变更，应由国民大会议决之，如有变更领土之必要，自得请求召集国民大会临时会。故国民大会代表五分之二以上请求召集临时会时，应由总统召集之。首届行宪国大通过《动员戡乱时期临时条款》第三项规定"第一届国民大会应由总统至迟于民国三十九年十二月廿五日以前召集临时会，讨论有关修改宪法各案，如届时动员戡乱时期尚未依前项规定宣告终止（即由总统宣告或由立法院咨请总统宣告终止），国民大会临时会应决定临时条文应否延长或废止"。此项授权总统于民国三十九年十二月廿五日以前召集国民大会临时会之规定，虽属临时条款之一部，然其性质，要不外由国民大会代表请求召集临时会同其意义也。

第四章　中央政府

五权宪法有两大特点：一为政权治权之划分，政权在中央由国民大会行使，在地方由人民直接行使，治权则由中央政府行使之。二为中央政府所行使之治权，又为五权之分立，另设总统总揽治权，所谓五权，即行政权、立法权、司法权、考试权及监察权是。《五五宪草》遵奉国父遗教，参照训政时期成立五院、试行五权之治的成绩，于国家基本组织，以国民大会为中央代行政权机关，以五院分掌五种治权，以总统为国家元首，故于中央政府之组织，系采五院政制与总统实权制。现行《宪法》则不然：关于中央政府之组织，虽采五院政制之外廓，而立法院已由治权机关变为政权机关，略同于两院制代议机关之众议院或下院，监察院亦由治权机关变为政权机关，略同于两院制代议机关之参议院或上院。至于国家元首之总统，则系介于总统实权制与总统虚权制之间之折衷制。但自《动员戡乱时期临时条款》增加后，则在动员戡乱期间，似又恢复总统实权制，此又另当别论。

一、总统

（一）总统之地位

"总统为国家元首"（《宪》三五），乃民主共和国之通例。至总统或元首是否负实际政治责任？向有总统制（总统实权制）与责任内阁制（总统虚权制）之分：前者以美国为代表，后者以英国、法国为代表。《五五宪草》采总统制，总统负实际政治责任，其理由有六：（1）国父遗教有"五权宪法的行政首领就是大总统""总统组织行政院"之说，初无设置虚权元首之论；（2）元首兼行政首领，适合当时各国行政集权之趋势；（3）虚权元首统而不治，无重大意义；（4）总统如无实权，第一流大才不肯当选；（5）总统有实权，始足应付国难当前之特殊环境；（6）元首与行政首领并合，如另有五院相互监制的规定，可勿使五权地位失其平衡。然据张君劢氏之研究，《五五宪草》中总统之权力，远在美国总统制总统之上，盖美国采用三权分立制，总统之用人权，受参议院之牵制，财政权受众议院之牵制，而《五五宪草》中之总统，则所谓对国民大会负责，因国民大会不常开会，会期又极短促，且无通过法律议决预算之权，实际上无质问总统之权；况《五五宪草》中之立法院，一非人民代表机关，二将立法权视为中央政府之一种职掌，三以行政院长及各部部长向总统负责，立法院不能对之质问责任，四则立法院对国民大会负其责任，立法委员不能自居于人民代表对政府充分发言，不过如一法制局而已！《五五宪草》将国民监督权分在国民大会与立法院，变成两个不发生效用之机关，反将总统权力极端扩大（以上均张君劢氏意见），此所以何永佶氏言之过甚，有"一王（总统）一法（宪法）一教（三民主义）"之论也（一王一法一教［Un roi un loi une foi］，十六世纪时法国统一之一句口号）。现行《宪法》唯恐造成总统大权独揽之局面，认为美国式总统制（以三权分立为基础，1. 总统专管行政，但任命阁员与签订条约须得参议院同意，2. 预算上出入多少由国会两院决定，3. 所谓内阁乃僚属式内阁，以总统一人之好恶为取去）不适宜于中国，但英国或法国式的责任内阁制——（1）总统或英王不负实际责任，政府一切行为由内阁负责，而内阁负责之根源，即在政府所发命令须经内阁总理或有关部副署，副署之人即为负责之人，议会对政府不满时即举行不信任投票，通过时则有关部或全体内阁因此辞职，或提请解散议会。（2）行政与立法密切联系，凡内阁阁员必同时为国会议员，但英国为两党对立，故内阁总理或阁员必出于议会中之多数党，内阁阁员政见必大致相同，且内阁阁员均负连带责任，至于法国政党林立，组阁者虽为议会中之多数党，但阁员则未必出于同一党，他党阁员间意见如有不同，其内阁势必坍台——亦不免引起阁潮，使政府不能放手办事。故《宪法》于总统制（总统实权制）及责任内阁制（总统虚权制）之外，另觅第三条路，即所谓介于总统制与责任内阁制之间之折衷制。张君劢氏名之曰"责任政府制"。虽以行政院负实际政治责任，但总统有紧急命令权（《宪》四三），有与各院院长会商院与院间争执之权（《宪》四四），对于行政院移请立法院复议之案件有"核可"之权，凡此均非虚位元首之总统所可比拟也。

（二）总统之职权

总统之职权，依其性质，可分四方面言之：

（甲）立法方面之职权。总统在立法方面之职权有三：

（1）公布法律权。法律案经立法院通过后，尚须公布，昭示全国，方为成立，此项公布法律权，在多数国家皆属于元首。《宪法》亦然，规定"总统依法公布法律，须经行政院院长之副署，或行政院院长及有关部会首长之副署"（《宪》三七）。所谓依法公布法律，即谓依《宪法》第六三条、第七二条及法律如《总统府组织法》之规定。通常情形，法律由立法院制定移送总统于十日内公布之，但行政院如移请立法院复议时则为例外。我国中央政制，系采责任政府制，由行政院代总统对立法院负责，故总统公布法律，须经行政院院长之副署，或行政院院长及有关部会首长之副署，始生效力，盖副署（Counter - Sign）为负责之本，不经副署则总统所发布的政务文书，行政院无从得知也。至总统对于立法院通过之法律案，既无绝对的拒绝权即所谓不裁可权，亦无相对的拒绝权，即提交复议权，仅有对于行政院移请立法院复议之核可权而已。

（2）发布命令权。总统依法律发布命令，须经行政院院长之副署，或行政院院长及有关部会首长之副署。（《宪》三七）所谓发布命令，系指发布法规命令而言，至行政命令既不出行政权范围之外，则各机关当然可以自由制定而发布之。又此所谓法规命令，不外执行命令与委任命令二种：前者系指厘定法律上之施行细目所发布之命令，其目的在于补充法律规定之未详尽，一称补充命令。后者系指本应以法律规定之事项，而以法律明文委任于行政机关使以命令定之者，此项命令，基于法律之委任，故以法律所委任之范围为界限。英美制仅许行政机关发布委任命令,不许行政机关发布执行命令,实与大陆制互有利弊。无论执行命令委任命令,总统依宪法及法律规定发布之,且须经行政院长或行政院长及有关部会首长之副署,其理由与上述公布法律之副署同。

(3)紧急命令权。紧急命令为国家元首值国家有重大危难时,发布与法律同等效力之命令。此项命令,既与法律同等效力,往往变更法律或代替法律,德国学者称之为"假法律"。《宪法》第四三条所定总统紧急命令权,可分实质上条件与程序上条件两方面言之:(A)实质上条件有四:(a)事件之限制,须国家遇有天然灾害疠疫或国家财政经济上有重大变故。所谓天然灾害,指严重的水灾旱灾急需大量救济或紧急避难者而言。所谓疠疫系指严重而蔓延的急性流行病须为紧急处置者而言。所谓国家财政经济上有重大变故,指资金外流货币动摇或金融上发生重大风潮足以动摇人心有伤国本者而言。(b)程度之限制,须远于须为急速处分之程度,盖紧急命令所以通权达变,苟不必为急速处分自无颁布紧急命令之必要。(c)时期之限制,总统于立法院休会时,始能颁布紧急命令。立法院会期,每年两次,第一次自二月至五月底,第二次自九月至十二月底,必要时得延长之。(《宪》六八)故所谓立法院休会期间,系指每年一月份及六七八月份而言。(d)内容之限制,须不与宪法抵触,盖总统颁布紧急命令,程序上须经立法院追认,而修改宪法之权属诸国民大会,紧急命令既以立法院追认为条件,如果变更宪法,决非立法院所能追认也。(B)程序上条件有三:(a)须经行政院会议之决议,盖行政负实际政治责任,提出于立法院之议案均须经行政院会议之议决,紧急命令更须慎重也。(b)须依紧急命令法之规定发布紧急命令。(c)须于发布命令后一个月内提交立法院追认,如立法院不同意时,该紧急命令立即失效。以上关于总统紧急命令权之限制,依《动员戡乱时期临时条款》之规定,于动员戡乱时期不适用之。故总统在动员戡乱时期,为避免国家或人民遭遇紧急危难,或应付财政经济上重大变故,经行政院会议之决议,为紧急处分,不受上项《宪法》第四三条所定种种限制。但依同条款第二项规定,前项紧急处分,立法院得依《宪法》第五七条规定之程序,即经出席立法委员三分之二之决议,变更或废止之。

(乙)行政方面之职权。总统在行政方面之职权有三:

(1)关于外交方面。(A)代表国家权,外交为国与国之关系,故对外行动,当以国家之名义行之,但国家之意思与行为,若无自然人为之代表,固无从为之表现,故元首代表国家,乃国际关系上之常规,《宪法》规定总统为国家元首,对外代表中华民国,(《宪》三五)自属当然。(B)缔约权、宣战权及媾和权:"总统依本宪法之规定,行使缔结条约及宣战、媾和之权。"(《宪》三八)盖缔结条约及宣战媾和,均为国与国之行为,须以国家之名义行之,总统既对外代表国家,此等职权,自应属之总统。但因事涉国家之安危得失,关系重大,不应即由总统独断行之,故依《宪法》第五八条及第六三条规定,须先经行政院院长及各部会首长提经行政院会议议决之,再由行政院提经立法院议决之。易言之,缔约宣战媾和之创议权在行政院,决议权在立法院,而执行权又在行政院,但应以总统之名义行使之。

(2)关于军事方面。(A)军事权,军事权有军令权与军政权之分,军令权者,指挥陆海空军之行动而为统帅之权限也。军政权者,指军队编制与额数以及军费预算等之属于政务范围内之权限也。总统之军事权,指军令权而言,故《宪法》第三六条规定总统统率全国陆海空军,盖以陆海空军为国家武力,其统率权应归统一,而总统复为国家元首,以之属于元首,乃世界各国之通例也。唯《宪法》上明定总统有统率权,无非保持军令权之统一,非必总统置身行伍,指挥动作,遇有战争,不妨另任一人为主将也。至于军政权,应属行政院职掌,非属总统之职权。

(B)戒严权及解严权。所谓戒严,为国家遭遇非常危难或特别事变尚在继续状态中,为维持治安,保护人民生命财产,对于全国或某一地方所发紧急措施之国家行为也。所谓解严,指解除戒严令回复原状而言。戒严对于人民之自由权利,多所限制,故戒严及解严之宣布,应由总统为之。故《宪法》第三九条规定:总统依法宣布戒严,但须经立法院之通过或追认。立法院认为必要时,得决议移请总统解严。所谓依法宣布戒严,指依《宪法》第五八条、第六三条及《戒严法》之规定宣布戒严,并包括宣布解严之意。依《宪法》第五八条、第六三条规定,戒严应经行政院行政会议及立法院之议决始得宣布之,如总统于情势紧急时,已经行政院之呈请,宣布戒严于前,依修正《戒严法》第一条第二项之规定,应于一个月内提交立法院追认,在立法院休会期间,应于复会时提交追认。至于解严,因为恢复正常状态,其宣布可无须受此限制,如立法院认为必要时,亦得先行决议移请总统解严。(参照《戒严法》第十二条),唯有应注意者,依《动员戡乱时期临时条款》第一项规定:总统在动员戡乱时期,为避免国家或人民遭遇紧急危难或应付财政经济上重大变故,经行政院会议之议决,为紧急处分,不受《宪法》第三九条所规定程序之限制。易言之,动员戡乱时期,总统经行政院会议之议决,得径行宣布戒严,不必经立法院议决或追认。但依同条款第二项规定:前项紧急处分,立法院得依《宪法》第五七条第二款规定之程序变更或废止之。易言之,总统于动员戡乱时期未经立法院议决或追认,经由行政院会议之议决径行宣布之戒严,立法院经出席立法委员三分之二之决议,移请总统宣布解严。

(3)关于内政方面。(A)任免官员权:"总统依法任免文武官员。"(《宪》四一)文武官员非由人民或其代表选举罢免者,与非为低级官员而由主管长官径行任免者,均由总统依法任免之。所谓依法任免,指依宪法及法律之规定。其情形不一:(a)总统仅有提名权须经立法院行使同意权后始得任命者,如行政院院长之任命是(《宪》五五);(b)总统仅有提名权须经监察院行使同意权后始得任命者,如司法院院长、副院长及大法官,考试院院长、副院长及考试委员是(《宪》七九、八四);(c)总统仅有形式的任免权而无实质的任免权者,如行政院副院长、各部会首长及不管部之政务委员,由行政院院长提请任命是(《宪》五六),其他一般的文武官员之任免,均由各院呈请总统为之者亦同;(d)总统任免一般文武官员,其任用资格,须考试院考选铨定,如法律对于官员有保障之规定者,其免职须具备法定原因,例如法官之任免是(《宪》八一)。(B)颁给荣典权,"总统依法授与荣典"(《宪》四二)。荣典之授与,所以表彰励劳,激劝德行,有时颁赠友邦官民,亦足敦睦邦交,此权应属国家元首,以昭隆重。至于荣典种类及授予之程序,均应依法律之规定。又此所谓荣典,应不包含爵位在内,此为民主国之通例,可不待言。

(丙)司法方面之职权。"总统依法行使大赦、特赦、减刑及复权之权。"(《宪》四〇)总统司法方面之职权,系指此种赦免权而言。所谓赦免权,包括大赦权、特赦权、减刑权及复权权而言。大赦为对某时期某种类之刑事罪犯,不为刑之执行及诉追,使犯罪归于消灭。特赦为对某特定刑事罪犯,免除其刑之执行。减刑为对于已受刑之宣告之特定罪犯,减轻其刑罚。复权为对被褫夺公权之犯人,恢复其公权。此种赦免权之作用,足以济法律之穷并予犯人以自新之机会,故各国宪法多有规定。但总统之行使赦免权,须依宪法及法律为之,例如《宪法》第五八条、第六三条规定,大赦应经行政院行政会议及立法院之议决是。

(丁)其他方面之职权:

(1)院际争执解决权。总统对于院与院间之争执,除宪法有规定者外,得召集有关系院院长会商解决之。(《宪》四四)此即总统对于院与院间争执之解决权,简称院际争执解决权。院与院间之争执,《宪法》已有规定解决者,如(A)涉及宪法者,则发生宪法解释问题,宪法之解释由司法院为之(《宪》一七三);(B)涉及省自治法者,则由司法院召集有关方面陈述意见后,由五院院长组织委员会,以司法院院长为主席,提出方案解决之(《宪》一一五);(C)行政院与立法院有重大争执事件发生时,则依《宪法》第五七条规定以解决。至于司法院、考试院、监察院间可无争执,尤其司法院为最高司法机关,具有超然地位,更无与他院发生争执之可言。则所谓总统对于院与院间争执事项之解决权,其行使机会必不常见也。

(2)国民大会召集权。国民大会之正常集会,六年一次,于每届总统任满前九十日集会,由总统召集之。(《宪》二九)国民大会之临时会,如因立法院提出宪法修正案应召开临时会以复决之,或因国民大会代表五分二以上请求召集临时会时,均由总统召集之。(《宪》三〇 34)

(三)总统之产生

总统、副总统由国民大会选举之,已详前述,总统、副总统之选举,以法律定之,(《宪》四六)所谓法律,指《总统、副总统选举罢免法》而言。依该法规定,应先选举总统,再选举副总统。国民大会代表一百人以上,得于大会决定之期限内,连署提出总统、副总统候选人,但每一代表关于总统或副总统仅得提名或连署一次。总统、副总统候选人之名单,应以连署提出之代表人数多寡为先后,开列各候选人之姓名,并应于选举前三日公告之。国民大会代表应就选举票所列各候选人中,以无记名投票法,圈选一名为总统或副总统,以得代表总额过半数之票数者为当选。如无人得代表总额过半数票时,就得票比较多数之首三名重行投票,圈选一名,如无人当选时,举行第三次投票圈选一名,如仍无人当选时,就第三次得票比较多数之首二名圈选一名,以得较多票数者为当选,票数相同时,重行圈选一名,以得较多票数者为当选。至于总统、副总统之资格,《宪法》仅于国籍及年龄设有限制,规定中华民国国民年满四十岁者,得被选为总统、副总统。(《宪》四五)因总统为国家元首,副总统原为备代理或继任总统而设,自应具有中华民国国籍者始得被选,且必须有丰富经验之年高德劭者方足以胜大任,故其被选年龄须在四十岁以上。

(四) 总统之就职

当选之总统、副总统,于现任总统、副总统任满之日就任。首届总统、副总统于当选后二十日内就任。(《总统、副总统选举罢免法》第七条)总统于就职时宣誓,誓词如下:"余谨以至诚,向全国人民宣誓;余必遵守宪法,尽忠职务,增进人民福利,保卫国家,无负国民付托;如违誓言,愿受国家严厉之制裁。谨誓!"因宣誓可以表示决心为国为民含有心理建设之作用。国父极重视宣誓,当就职临时大总统时即率先行之。而各国宪法对于总统就职,亦多有宣誓之规定,所以申明遵守宪法之信心而表现尽忠国家之诚意也。

(五) 总统之任期

总统、副总统之任期为六年,连选得连任一次。(《宪》四七)总统任期不宜过长,亦不宜过短,过长则有尾大不掉之弊,过短则有五日京兆之心。各国宪法,关于总统任期,有长至七年者,如葡萄牙是;有六年者,如阿根廷、智利、墨西哥是；有五年者，如希腊、秘鲁是；有四年者，如美、土耳其、巴西是；《宪法》定为六年，系斟酌我国国情，使总统得有充分之时间以发展其抱负，且于国民代表任期相同，亦有便利之处。至于总统、副总统连任之规定，各国亦多不同，法、土等国总统得连任，希腊、巴西、智利、墨西哥、秘鲁等国不得连任，连任可收驾轻就熟之效，但如无限制，亦滋专擅武断之弊，如墨西哥宪法初无连任次数之限制，戴依思总统遂得一连五任执政二十年，以致发生革命，使墨西哥遭遇十余年内乱，即其适例。故宪法规定连选得连任一次。至总统任期届满卸职后若干年又当选总统者，则为再任，再任总统，宪法则无限制。

（六）总统之继任与代理

总统缺职时之补救方法，其情形有二：（甲）总统之缺位，缺位者，即总统于任期中因死亡或被国民大会罢免或自行辞职，致发生总统之缺位问题是也。（乙）总统之停职，停职者，即总统于任期中因故不能视事，例如因疾病出国或其他事故而发生之暂时离职问题是也。

各国宪法对于总统"出缺"与"停职"时之补救，不外设副员制与不设副员制：（甲）设副员制国家，往往兼采"代位制"与"代理制"，所谓"代位制"即总统出缺时由副员继任至其任期终了是；"代位制"又有"短期代位"与"正式代位"之别。所谓"代理制"，即总统因故停职时，由副员代行其职权是。至总统与副员同时缺职时，往往采"代理制"而不采"代位制"。（乙）不设副员制国家，则多采"代理制"而不采"代位制"。设置副员固足弥补选举总统之困难，而为选举手续比较繁重各国所采用，但副员既为总统之副贰，难免不发生政治上僭位之阴谋。

我国《宪法》第四九条规定："总统缺位时，由副总统继任，至副总统任期届满时为止。总统、副总统均缺位时,由行政院院长代行其职权,并依本《宪法》第三〇条之规定,召集国民大会临时会,补选总统、副总统,其任期以补足原任总统未满之任期为止。总统因故不能视事时,由副总统代行其职权。总统、副总统均不能视事时,由行政院院长代行其职权。"准此以解,关于总统出缺与停职之补救,采取"副员制",并兼采"代位制"与"代理制"。总统缺位时,由副总统"代位",但以代位至总统任期届满时为止,故为"短期代位"之副员制。总统停职时,由副总统"代理"。总统与副总统均缺位时,则由行政院院长"代理",总统、副总统均不能视事时,亦由行政院院长"代理",唯行政院院长固为总统所信托之人,但非特设之副员,其代理期间,自不宜过长,故行政院院长代理总统职权时,其期限不得逾三个月。(《宪》五一)如总统、副总统均缺位时,行政院院长固当召集国民大会临时会补选总统、副总统,其任期以补足原任总统未满之任期为止,此于行政院院长代理总统职权时起三个月内,补选工作定能胜任愉快,固无问题。然如总统、副总统均因故不能视事时,行政院院长三个月之代理期间,已告届满,而总统、副总统如尚不能复职,则应如何解决,将成问题也。

又总统于任满之日解职,如届期次任总统尚未选出或选出后总统、副总统均未就职时,由行政院院长代行总统职权。(《宪》五〇)盖总统与副总统任期同时届满,总统于任满之日即须解职,而副总统任期既已同时届满,自不能代理总统职权,故前任总统解职后,后任总统尚未选出或选出后尚未就职,不得不暂由行政院院长代行总统之职权。行政院院长于此新旧任不衔接时之代理总统职权,其期限决不至逾三个月,则无待言。

（七）总统之责任

总统之责任，可分法律责任与政治责任言之：（甲）法律责任，有民事责任与刑事责任之分：（1）民事责任，总统与人民间因个人行为及职务行为所发生之民事责任，与一般人民同受民事诉讼法之支配，不能有所歧视。（2）刑事责任，总统除犯内乱或外患罪外，非经罢免或解职，不受刑事上之诉究。（《宪》五二）总统为国家元首，地位尊严，为使政局奠于安定及行使职权之自由计，在其任期以内，纵有犯罪，亦不受刑事诉追，即不受司法侦查与审讯之手续，并不被逮捕拘禁，法院亦不得以任何方法剥夺其自由，如经罢免或解职以后，仍须对于在任期内之犯罪，受刑事上之诉追。如总统犯内乱罪或外患罪，虽未经罢免或解职，仍应受刑事上之诉追，因其危害国家，自不在保障之列也。（乙）政治责任，总统公布法律发布命令，均由行政院院长副署或行政院院长及有关部会首长副署，则政治上负责之人为行政院院长及有关部会首长，总统自身本无政治责任可言。然国民大会有罢免总统、副总统之职权，（《宪》二七）监察院对于总统、副总统得行使其弹劾权，（《宪》一〇〇）则所谓罢免，自系课问总统之政治责任也。

二、行政

宪法于行政体制，虽取五权宪法之外形，而系议会政治之实质，虽谓为系冶五权宪法与议会政治于一炉,亦未为不可。执五权宪法以论现行宪法体制,固多訾议,执议会政治之理论以论现行宪法体制,亦不无异言。张君劢氏名之为责任政府制,而举其特点有四:(1)宪法未采用英法式内阁制,各部长同时须为国会议员,故行政院各部会首长不必同时为立法院立法委员。(2)宪法未采用英法式内阁制,内阁总理与阁员须负连带责任,故行政院院长与各部会首长不必负连带责任。(3)宪法放弃国会立即倒阁之不信任投票制度,与内阁提请解散国会之制度,以免阁潮迭起使政府不能办事。(4)立法院对于行政院重要政策不赞同时,得以决议移请行政院变更之,行政院对于立法院之决议,得经总统之核可,移请立法院复议,复议时如经出席立法委员三分之二维持原决议,行政院院长应即接受该决议或辞职。行政院对于立法院决议之法律案(包括预算案、条约案),得经总统核可,移请立法院复议,复议时如经出席立法委员三分之二维持原案,行政院院长应即接受该决议或辞职。所谓移请政府变更政策之决议或立法院通过之法律案,总统核可复议之际,如不能得出席立法委员三分之二之通过,则变更政府之决议案或法律案,并不引起倒阁风潮。

何以言执五权宪法以论现行宪法体制,不无訾议? 依五权宪法,中央政府设五院分别行使治权,则治权机关应向政权机关负责,不能以此一治权机关向彼一治权机关负责,而宪法规定行政院向立法院负责,一也;行政院院长总统应有自由任命之权,不必得其他院之同意,而宪法规定由总统提名经立法院同意任命之,二也。何以言执议会政治以论现行宪法体制,亦不无异言? 依议会政治多采两院制,有众议院与参议院之分,宪法以立法院为众议院,以监察院为参议院,与行政机关之行政院及司法机关之司法院、考试机关之考试院,处于同等地位,一也;议会政治为责任政治,议会对责任内阁之不信任投票制及内阁对议会之提请解散议会权，均属责任政治之两翼，而立法院不能对行政院投不信任票，行政院又无提请解散议会权，二也。

（一）行政院之地位

行政院为国家最高行政机关。(《宪》五三)所谓国家最高行政机关，系指中央政府行使行政权之最高机关而言。所谓行政指狭义的行政权而言，其他各院行政如立法行政、司法行政、考试行政、监察行政，均不在内。所谓最高机关，指行政院之上，更无其他任何行政机关而言。现行《宪法》之行政院与《五五宪草》之行政院，地位不同，诚如张君劢所云"行政院就是政府"，行政院为决策与执行机关，亦即为负责机关，行政院会议决策后，不复因行政院以上或行政院以外之机关而修改（立法院行使移请复议权为唯一例外），故行政院为一层楼政府，非两层楼政府也。

《宪法》采责任政府制，以行政院为负责任之政府或内阁，故行政院与立法院之关系，与责任内阁对议会之关系相似：(1)行政院对立法院负责，行政院院长之任命，由总统提名经立法院之同意(《宪》五七、五五)；(2)总统公布法律或发布命令，须经行政院院长或行政院院长及有关部会首长之副署，始生效力(《宪》三七)；(3)立法委员在开会时，有向行政院院长及行政院各部会首长质询之权，对于行政院重要政策不赞同时，得以决议移请行政院变更之，行政院虽可移请复议，但经三分二以上立法委员决议维持原案，行政院院长如不接受应即辞职(《宪》五七 12)；(4)行政院对于立法院有提出法律案、预算案、戒严案、大赦案、宣战案、媾和案、条约案之权，立法院对此等提案有议决权，立法院开会时，行政院院长及有关部会首长并得列席陈述意见(《宪》五八、五九、六三、七一)。至行政院与监察院之关系,略与责任内阁与参议院之关系相似,行政院应提出决算案于监察院(《宪》六〇)。监察院对于行政院及其所属人员有纠举权,有弹劾权,有审计权,且有调阅文件提出纠正之权(《宪》九六、九七、九八及一〇五),而行政院对于监察院则系处于被监察地位。

《宪法》采五院政制之外形,故行政院与司法院之关系:(1)司法院执掌司法权中之审判权、惩戒权与解释权,而司法行政权则仍在行政院(《宪》七七);(2)行政院得提出大赦案,以行政救济司法之穷(《宪》五八);(3)司法院有行政诉讼审判权,得撤销行政上的违法处分;(4)司法院有公务员惩戒权,对于行政院所属违法失职之公务员有惩戒权;(5)司法院有法律命令之统一解释权,对于行政院负责颁布之命令认有违宪违法者,得宣布其无效(《宪》七八)。又行政院与考试院之关系,则考试院对于行政院所属各机关公务员之任用有考试权、铨叙权,且对于现任公务员有考绩权、保障权、褒奖权、抚恤权等(《宪》八三)。

(二) 行政院院长

行政院组织之体制采首长制,设院长一人(《宪》五四)以综理院务,并负担政治责任。行政院院长由总统提名经立法院同意任命之。(《宪》五五1)在内阁制国家,元首于议会多数党党魁中任命阁魁,《宪法》本此精神,行政院院长由总统提名经立法院同意任命之,立法院之行使同意权,必出于会议的多数决定(《宪》九四),能得立法院会议多数决议者,必系立法院多数党之领袖,盖能得立法院多数支持者,始能负担行政院之责任也。行政院院长辞职或出缺时,除由行政院副院长代理其职务外,如在立法院开会期间,固可由总统提名经立法院同意任命新院长,如在立法院休会期间,则总统无从征得同意,故《宪法》规定总统须于四十日内咨请立法院召集会议,提出行政院院长人选,征求同意。行政院院长职务,在总统所提出之行政院院长人选未经立法院同意前,由行政院副院长暂行代理(《宪》五五2)。

(三) 行政院之组织

行政院设院长、副院长各一人,各部会首长若干人,及不管部会之政务委员若干人。(《宪》五四)行政院之组织,以法律定之(《宪》法六一),所谓法律,指《行政院组织法》及各部会组织法而言。故各部会首长为几人?不管部会之政务委会究为几人,均另以行政院组织法定之。依《行政组织法》第三条规定:行政院设(1)内政部,(2)外交部,(3)国防部,(4)财政部,(5)教育部,(6)司法行政部,(7)农林部,(8)工商部,(9)交通部,(10)社会部,(11)水利部,(12)地政部,(13)卫生部,(14)粮食部,(15)资源委员会,(16)蒙藏委员会,(17)侨务委员会,(18)主计部。则所谓各部会首长共为十八人,其中部长十五人,委员长三人。同法第四条规定,行政院各部会首长均为政务委员,行政院置不管部会之政务委员五人至七人,则行政院政务委员应为二十三人至二十五人。至于不管部会政务委员制度,系沿袭英国不管部大臣(Minister of without Portfolio)制度而来,其设置理由有三:(1)不管部会政务委员与各部会无利害关系,能以超然地位,纯正态度,主张公道,使行政政策协调融和,而无冲突及争执之现象。(2)可罗致政治人才参加国家行政事务,并调剂各党派间之利害与政潮。(3)国家行政事务异常繁剧,行政院会议增加政务委员多席,可协助行政事务之进展,并融和各部会间之意见。

行政院副院长、各部会首长及不管部会之政务委员,由行政院院长提请总统任命之。(《宪》五六)行政院副院长、各部会首长及不管部会政务委员，均为行政院办理国家行政事务，归行政院院长直接指挥监督，其提请任命权应由行政院为之。盖行政院副院长并无特有职权，仅备代理院务，自无征求立法院同意之必要，至于各部会首长及不管部会政务委员，虽或责有专司，或不管部会，但部会首长及不管部会政务委员人数二十以上，倘必一一皆须征求同意，不唯立法院不胜其烦，且有分行政院院长之责任心，更易引起行政立法两院间之困难。民国元年《临时约法》规定各部总长之任用均须得国会同意，即以陆征祥组阁时六个国务员之同意权问题，引起当日北京政海中澎湃波涛，足为殷鉴。故《宪法》此种规定，实可减少行政立法两院之暗潮，亦可加强行政院院长之责任。至于行政院院长对于副院长、各部会首长及不管部会政务委员之提请总统任命，总统并无实质上的监督权，只有形式上的监督权，此乃责任内阁制国家之通例，应不待言。否则行政院院长用人，如受总统之干涉，将无以由其对立法院负责矣。

（四）行政院之责任

行政院依下列规定，对立法院负责。(《宪》五七)故行政院对立法院负责之方法有三：

（甲）行政院有向立法院提出施政方针及施政报告之责，立法委员在开会时有向行政院院长、各部会首长质询之权。

（乙）立法院对于行政院之重要政策不赞同时，得以决议移请行政院变更之。行政院对于立法院之决议，得经总统之核可，移请立法院复议。复议时，如经出席立法委员三分之二维持原决议，行政院院长应即接受该决议或辞职。

（丙）行政院对于立法院决议之法律案、预算案、条约案，如认有窒碍难行时，得经总统之核可，于该决议案送达行政院十日内，移请立法院复议。复议时如经出席立法委员三分之二维持原案，行政院院长应即接受该决议案或辞职。

张君劢氏对于此种责任政府制，认为决非英法式之内阁制而为一种修正式之内阁制，易言之："我们采取美国总统制下行政部稳固的长处，而不忘掉民主国中应有之责任政府之精神。"实系折衷美国式总统制与英法式内阁制之间。行政院对于立法院之决议，得经总统核可后，移请立法院复议，如采内阁制精神，则总统之核可，仅具形式而已，行政院苟有所请，总统应即核可之；如采总统制精神，则总统既有核可权，行政院苟有所请，除非总统授意，如总统不予同意，仍可不予核可，准此以解，所谓移请复议，又不啻美国宪法之要求复议权（Veto Power）也。论者谓立法院复议时须有出席委员三分之二维持原议，始能迫使行政院院长接受该项决议或辞职，然则行政院院长如能得立法委员三分之一之支持，即可否决立法院之议案，易言之行政院能得三分之一支持，即可安如泰山，此种以少数立法委员即可支持行政院院长之精神，亦与内阁制以多数党党魁组阁之义不符也。

（五）行政院会议

（甲）行政院会议之组织。行政院设行政院会议，由行政院院长、副院长、各部会首长及不管部会之政务委员组织之。以院长为主席。(《宪》五八1)此项行政院会议与英法内阁制之内阁会议相似，盖行政方针及重要行政事项，均应统筹兼顾，共同决定，以求政策之贯澈，意志之齐一也。

（乙）行政院会议之职权。行政院院长及各部会首长，须将应行提出立法院之法律案、预算案、戒严案、大赦案、宣战案、媾和案、条约案及其他重要事项或涉及各部会共同关系之事项，提出于行政院会议议决之。(《宪》五八2)准此以解。行政院会议之职权依其性质可分为二种：

（1）提出于立法院之法律案、预算案、戒严案、大赦案、宣战案、媾和案、条约案及其他重要事项。所谓法律案系就行政院主管事项拟定之法律原则。所谓预算案包括中央政府全部岁入及岁出之总预算案及其编制格式，依预算法办理。行政院于会计年度开始三个月前，应将下年度预算案提出于立法院。(《宪》五九)所谓会计年度开始三个月前，即于十月一日前即九月份提出之，盖会计年度系采历年制，每年开始之日（即一月一日）亦即会计年度开始之时也。所谓戒严案即发生戒严原因需要宣告戒严时提出之戒严案，依戒严法办理。所谓大赦案即对于刑事罪犯免予诉追或减免刑罚之意。所谓宣战案、媾和案及条约案，均涉及国外事项而为国家对外之国际行为。所谓其他重要事项，指法律案、预算案、戒严案、大赦案、宣战案、媾和案、条约案以外之其他提出于立法院之重要事项而言。

（2）涉及各部会共同关系之事项。指行政院所属各部各委员会共同关系之事项，非某一部会所能解决，故应提经行政院会议议决之。

此外，行政院于会计年度结束后四个月内，应提出决算案于监察院。(《宪》六〇)会计年度自每年一月一日开始，十二月三十一日结束，故决算案提出之时间，应在次年四月底以前，送交监察院审核，并由监察院审计长提出报告于立法院。(《宪》一〇五)

三、立法

代议政治国家，所谓立法、行政、司法三权，分属三个不同机关，其地位绝非平等而有强弱高下，世称"三权分立"或"三权鼎立"，实有舛误！立法机关实凌驾行政机关与司法机关而上之。盖立法机关制定法律，司法机关所援用或解释及行政机关所执行之各种法律，均出自立法机关，苟非立法机关预为制定法律，司法机关即无可解释或援用，行政机关亦无所根据以执行也。又立法机关通过预算，以监督行政与司法。故所谓"三权分立"者似是而实非也。学者谓英、美、法等民主国家主权之行使在于国会，实非无因，此由于美、法两国宪法，以立法机关安排于第一章，亦可以见之。

《五五宪草》依据国父权能分立之遗教，将国民监督政府之权力，分属于两个机关，即国民大会与立法院，国民大会为政权机关，每三年开会一个月，除选举及罢免政府人员外，初无其他民主国家国会所行使之权力。而立法院为治权机关，属于中央政府之一部，虽有议决法律案、预算案、大赦案、宣战案、媾和案之权，不若其他民主国家国会之居于监督地位，与其他民主国家之以国会为代表人民行使主权之机关者不同。《五五宪草》之立法院，实不过中央政府之一部，等于中央政府之附属机关而已。政府纵可造成"万能"，以言民主，则有未足。以是现行《宪法》提高立法院之权限，非复五权宪法下立法院之本来面目矣。

(一) 立法院之地位

立法院为国家最高立法机关,由人民选举之立法委员组织之,代表人民行使立法权。(《宪》六二)所谓最高机关,指立法院之上更无其他行使立法权之立法机关而言。但立法院既系代表人民行使立法权,则如人民自行创制法律,复决立法院制定之法律,或将来国民大会创制法律或复决立法院制定之法律,仍无害于立法院之为国家最高立法机关之意。纵不以五权宪法理论,解为立法院乃行使治权之最高立法机关,与人民直接行使政权及代行政权之国民大会不同,即依现行《宪法》,立法院乃有政权机关性质言之,立法院既系代表人民行使立法权,则如人民自行创制法律或复决立法院制定之法律,或将来国民大会创制法律或复决立法院制定之法律,与立法院之为国家最高立法机关并无冲突也。至于行政院经总统核可移请复议经立法院复议议决后,行政院仍无拒绝接受之权,其非对于立法权之箝制,更不待言。何以言现行《宪法》立法院具有政权机关性质?盖立法院由人民选举之立法委员组织之,且其职权又为代表人民行使立法权,足证立法权非复中央政府治权之一,而为代行立法权之政权机关也。

立法院虽属代行立法权之政权机关,然与代行一般政权之国民大会则有不同:国民大会代行选举总统、副总统,罢免总统、副总统,修改宪法,复决立法院所提宪法修正案及一般创制复决权。而立法院则仅代行立法权而已。且国民大会非常设机关,而立法院则系常设机关,运用上当不致重复与冲突也。至立法院与国民大会之关系:(1)国民大会有复决立法院所提之宪法修正案之权;(2)因总统、副总统缺位或因总统、副总统经监察院提出弹劾案后,由立法院院长召集国民大会临时会。

立法院与总统之关系：(1)总统公布之法律须经立法院议决；(2)总统行使缔结条约及宣战、媾和之权，须先经立法院议决；(3)总统依法宣布戒严，须经立法院之通过或追认，动员戡乱时期，总统不经立法院通过或追认径行宣布戒严，立法院得依出席委员三分之二以上之议决变更或废止之；(4)总统行使大赦权，须先经立法院议决；(5)总统任命行政院院长，须得立法院同意；(6)总统发布紧急命令，须于发布后一个月内提交立法院追认，如立法院不同意时，该紧急命令立即失效，在动员戡乱时期，虽不必提交立法院追认，但立法院得以出席委员三分之二以上之议决变更或废止之；(7)行政院对于立法院之决议，经总统之核可，移请立法院复议；(8)总统得咨请立法院召开临时会。(《宪》六九)

立法院与司法院之关系：(1)司法院及各级法院须依据立法院通过之法律以为审判；(2)立法院通过大赦案，足以济司法之穷；(3)立法院议决之法律，司法院有解释权；(4)司法院院长得列席立法院会议，陈述意见。

立法院与监察院之关系：(1)监察院审计长之任命，时总统提名须经立法院之同意；(2)监察院审核决算须提出报告于立法院；(3)监察院提出弹劾总统、副总统时，须由立法院院长召集国民大会临时会以决定之；(4)监察院院长及所属审计部部长得列席立法院会议，陈述意见。

立法院与考试院之关系：(1)考试院对于立法院职员之任用有考试权、铨叙权，且有考绩权、保障权、应奖权、抚恤权等；(2)考试院院长及所属部会首长得列席立法院会议，陈述意见。

（二）立法院之组织

（甲）立法委员。立法院由人民选举之立法委员组织之。(《宪》六二)立法院立法委员依下列规定选出之(《宪》六四):(1)各省或直辖市选出者,其人口在三百万以下者五人,其人口超过三百万者,每满一百万人增选一人;(2)蒙古各盟旗选出者;(3)西藏选出者;(4)各民族在边疆地区选出者;(5)侨居国外之国民选出者;(6)职业团体选出者。立法委员之选举及前项第二款至第六款立法委员名额之分配以法律定之。妇女在第一项各款之名额,以法律定之。所谓依法律定之,系指《依立法院立法委员选举罢免法》之规定。立法委员名额之分配,一如国民大会代表,采用地域代表制、民族代表制、职业代表制及侨民代表制。但有应注意者二:(1)国民大会中,妇女除参与地域等选举可产生者外,另有妇女团体特别产生之妇女代表,而立法院则仅于各种代表。如地域代表、民族代表、职业代表及侨民代表中规定妇女代表名额,以保障妇女当选而已。(2)立法院立法委员以人口为比例之地域代表,较诸国民大会代表以人口为比例之地域代表,其数量为少,后者由县或省辖市产生,每县市至少一人,人口逾五十万者,每增加五十万人,增选代表一人,而前者由省或直辖市产生,人口在三百万以下者五人,其人口超过三百万者,每满一百万人增选一人。至立法委员之被选资格,依立法院立法委员选举罢免法第五条规定,年满二十三岁有选举权之国民,即得被选为立法委员。此依《宪法》一〇三条规定,应属当然。

立法委员之任期为三年,连选得连任,其选举于每届任满前三个月内完成之。(《宪》六五)各国国会议员之任期,长短不一,《宪法》规定立法委员任期三年,颇为适当。或有以为三年任期过短,不足以发挥立法委员之智能,亦不足以陶冶立法委员之经验者,殊不知立法委员任期虽短,而连任之制足以补救之,凡具有才智德孚众望者,可得连任之机会,其连任复无限制,则于无限制的连任中,不无发展才能之机会。立法委员之选举,自应于《立法院立法委员选举罢免法》规定之,《宪法》仅明定应于每届任满前三个月内完成之，以期新选出之立法委员得于现任立法委员任期届满之日就职。

近世议会政治，在责任内阁制国家，类许国会议员兼任国务员，在总统制国家则反是，前者可以英法为例，后者可以美国为例。我国《宪法》规定："立法委员不得兼任官吏。"（《宪》七五）系采美国体例。盖立法委员为人民代表，欲使其充分发挥其独立行使立法权之精神，自不许其兼任官吏也。所谓官吏，兼指政务官与事务官而言，即此立法委员不能兼任行政院政务委员一端，可知宪法于中央政制系采修正内阁制，而非英法之责任内阁制。即此立法委员不能兼任官吏一端，可知立法委员系属人民代表，非若《五五宪草》所定为政府官员即公务员之身份也。

立法委员代表人民行使立法权，《宪法》对之设有两种特别保障：（1）言论自由及表决自由之保障："立法委员在院内所为之言论及表决，对院外不负责任。"（《宪》七三）其意义与《宪法》第三二条保障国民大会代表之规定相同，盖所以防止行政当局之箝制也。所谓"院内"之言论及表决，亦即"会议时"之意，盖"表决"固须会议时为之，而"言论"尤其"院内"之"言论"，亦多在"会议时"为之也。各国宪法如英国民权法、美国土耳其及德国韦玛宪法均有类似规定。（2）身体自由之保障："立法委员除现行犯外，非经立法院许可，不得逮捕或拘禁。"（《宪》七四）其意义与《宪法》第三三条保障国民大会代表之规定相同，唯性质稍有差异，立法委员身体保障，无会期中与会期外之区别，凡在三年之任期以内，立法委员之犯罪，除现行犯或经立法院许可者外，司法机关及司法警察官或有司法警察职权之行政机关，一律不得逮捕或拘禁；而国民大会代表犯罪，除现行犯外，仅在国民大会期中，不受逮捕或拘禁，在国民大会会期外，不论现行犯与否，均得依法逮捕或拘禁。盖立法院为经常集会机关，立法委员不断行使职权，故无会期中之限制也。

（乙）立法院院长、副院长。立法院设院长、副院长各一人，由立法委员互选之。(《宪》六六)立法院既为人民选举代表以代表人民行使立法权之机关，则立法院院长、副院长自非任何机关所可任命，应由立法委员互选之，且立法院为一合议制的机关，立法院院长、副院长自亦应由参与合议的委员互选为宜也。立法院院长之职权：(1)临时会之召开(《宪》六九)；(2)立法院会议时为主席(《立法院组织法》十一)；(3)综理立法院院务(《立法院组织法》十八1)；(4)应总统之召与各院院长会商院与院间不能解决之问题(《宪》四四)；(5)与其他各院院长组织委员会解决省自治法中之争议事项(《宪》一一五)；(6)依《宪法》第三〇条第一项第一、第二两款召集国民大会。至于立法院副院长则并无特殊职权，但于立法院院长因事故不能视事时，由副院长代理其职务(《立法院组织法》十八2)。

（丙）各种委员会。立法院得设各种委员会，各种委员会得邀请政府人员及社会上有关系人员列席备询。(《宪》六七)立法院为审查议案，必须分设各种委员会专司其事，各种委员会为广征各方意见，得邀请政府人员及社会上有关系人员列席备询，以期代表人民行使立法权。至立法院应设若干委员会，应以《立法院组织法》定之。依《立法院组织法》第三条规定，立法院设下列委员会：(1)内政及地方自治委员会，(2)外交委员会，(3)国防委员会，(4)经济及资源委员会，(5)财政金融委员会，(6)预算委员会，(7)教育文化委员会，(8)农林及水利委员会，(9)交通委员会，(10)社会委员会，(11)劳工委员会，(12)地政委员会，(13)卫生委员会，(14)边政委员会，(15)侨务委员会，(16)民法委员会，(17)刑法委员会，(18)商事法委员会，(19)法制委员会。必要时并得增设其他委员会或特种委员会。

立法院之组织，以法律定之。(《宪》七六)所谓法律，系指立法院组织法而言。盖宪法关于立法院之地位、职权、会期、集会及立法委员之分配及保障等，宪法仅定其原则，其详自应让诸普通法为之规定。

（三）立法院之职权

立法院为代表人民行使立法权之机关，其职权限于行使立法权，然依《宪法》之规定，除得由立法院委员四分之一之提议四分之三出席及出席委员四分之三之决议，拟定宪法修正案，提请国民大会复决（《宪》一七四，已详本书第三章）外，所谓立法权，可分三方面言之：

（甲）立法权。立法权有广狭二义，广义之立法权，指立法院所有之职权而言。狭义之立法权，则指立法院财政监督权以外之职权而言。"立法院有议决法律案、预算案、戒严案、大赦案、宣战案、媾和案、条约案及国家其他重要事项之权。"（《宪》六三）其中除预算案及国家其他重要事项之权性质上属于财政权监督权者外，均此所谓立法权。法律案、预算案、戒严案、大赦案、宣战案、媾和案、条约案及国家其他重要事项，行政院经行政院会议议决后提出之，但法律案之提出，则立法委员三十人以上之连署亦得提出之（《立法院组织法》十五），司法院、考试院、监察院就其职权范围内事项亦得提出之。立法院法律案通过后，移送总统及行政院，总统应于收到后十日内公布之。但总统得依照本《宪法》第五十七条之规定办理。（《宪》七二）所谓得依照本《宪法》第五七条规定办理，即行政院经总统核可移请立法院复议之意，至法律案完成立法程序后移送总统及行政院，无非便于行政院院长或院长及有关部会首长之副署或为是否移请复议之决定也。

（乙）财政权。立法机关行使财政权之范围，可大别之为事前议决与事后承诺两类：前者如预算案租税法案以及募集公债或与国库有增加负担的契约等之议决属之;后者如预备费支出之追认,财政紧急处分之承诺,以及决算案之审查等属之。《宪法》关于决算之审查,明定为属于监察院之职权。(《宪》一〇五)所谓预算指关于政府一会计年度间之收支的标准,须预经立法机关议定之计算书。"立法院对于行政院所提预算案,不得为增加支出之提议。"(《宪》七〇)盖因立法院所以有议决行政院所提预算案之权者,原为牵制行政院而设,如许立法院对于行政院所提之预算案得为任意之增加,不特无以收牵制之效果,抑且反使国家预算膨胀,殊违"代议士"之本旨也。

(丙)监督权。《宪法》规定立法院之监督权,可分三端:(1)同意权。"行政院院长由总统提名,经立法院同意任命之"(《宪》五五1),"监察院设审计长,由总统提名,经立法院同意任命之"(《宪》一〇四),是立法院对于行政院院长及监察院审计长之任命,有同意权。(2)质询权。"立法委员在开会时,有向行政院院长及行政院各部会首长质询之权。"(《宪》五七1)所谓质询权,包括质问(Interpellation)与询问(Question)两种:前者为责难性质的质问,不仅询问事实,且含有非难政府性质之意味在内;后者为探询性质的询问,不过探明事实真相提出质问,不必经立法院之讨论。(3)建议权。立法院为代表人民行使立法权之机关,关于法律及其他特定事项,对于政府表示一种希望之意见,谓之建议,立法院之应有建议权,应无疑义,唯政府对于建议采纳与否,不受拘束耳。

(四)立法院之会议

立法院会议,可分常会与临时会二种:就前者言,立法院会期,每年两次,自行集会,第一次自二月至五月底,第二次自九月至十二月底,必要时得延长之。(《宪》六八)就后者言,立法院遇有下列情事之一时,得开临时会:(1)总统之咨请,(2)立法委员四分之一以上之请求。盖立法院休会期间长至四月之久,即六月至八月底及一月是,在休会期间,难免临时发生重大事项,或由总统咨请召集,或由全体立法委员四分之一以上请求,均应举行临时会。唯立法院之常会为自行集会,临时会则由立法院院长召集耳。

立法院开会时,关系院长及各部会首长,得列席陈述意见。(《宪》七一)盖立法工作,非常艰巨,苟有缺略遗漏疏忽疵谬,影响国权民生及社会者至大,故应准许关系院院长及各部会首长列席陈述意见,以利立法工作。所谓列席陈述意见,自有发言权,但无表决权。所谓关系院院长及各部会首长,指与所讨论之议案有关系之院长及各部会首长,例如讨论大赦案时,则司法院院长及司法行政部部长均得列席陈述意见。

依《立法院组织法》规定:立法院会议,非有立法院委员总数五分之一出席,不得开议(同法十);立法院会议之决议,除宪法别有规定外,以出席委员过半数之同意行之,可否同数时取决于主席(同法十二)。所谓宪法别有规定,指对于行政院经总统核可移请复议,应经出席立法委员三分之二维持原案,及《动员戡乱时期临时条款》所谓变更或废止总统之紧急命令或戒严之宣告,亦应经出席立法委员三分之二之决议是。立法院会议公开之,但经主席或出席委员十分之一以上之提议或经行政院院长之请求,得开秘密会议。(同法十六)至立法院议事规则,由立法院定之。(同法二五)

四、司法

司法权是否为独立一权，学者间颇多争论，如洛克（Locke）与卢梭（Rousseau）均以司法与行政同属于执行权（Executive Power），即其适例。然近世民主国家，司法无不以独立为原则，不受行政与立法机关之干涉。国父五权宪法，认司法权与行政权、立法权、考试权、监察权同属政府五种治权之一，现行《宪法》采五院政制之外形，由司法院执掌司法权，其为明定司法独立，亦与一般民主国家相同。

（一）司法院之地位

司法院为国家最高司法机关，掌理民事刑事行政诉讼之审判，及公务员之惩戒。（《宪》七七）所谓最高司法机关，指司法院之上更无其他任何行使司法权之司法机关而言。

总统为国家元首，与司法院之关系：(1)对于司法院院长、副院长及大法官之产生，有提名权(《宪》七九)；(2)司法院院长、副院长、大法官及其所属官员，均由总统依法任免(《宪》四一)；(3)总统依法行使大赦特赦减刑复权之权(《宪》四〇)，此种赦免权之作用，足以济法律之穷，唯大赦含有政治救济性质，故应经行政院会议及立法院之议决(《宪》五八、六三)，而特赦减刑复权则均涉及变更裁判之效力，含有司法救济之性质，理论上应由司法院院长提请总统方得行之，庶不致妨害司法权之独立,而司法院院长之提请,亦应依照法律之规定,以免漫无标准,致损裁判之尊严。《五五宪草》第七八条曾有明文规定,《宪法》及《司法院组织法》虽无同样规定,然解释上固当如是。(4)总统对于院与院间之争执除《宪法》有规定者(如一七三、一一五、五七)外,虽得召集有关系院院长会商解决之,(《宪》四四)因司法院为最高司法机关,具有超然地位,与其他院无连带责任,似无参加此项会商之必要。

司法院与考试院之关系:(1)司法院所属公务员之考试、任用、铨叙、考绩、级俸、升迁、保障、褒奖、抚恤、退休、养老等事项,由考试院掌理之(《宪》八三);(2)司法院对于考试院颁布之法规命令有解释权(《宪》七八);(3)司法院对于考试院所属公务员有依法惩戒权(《宪》七七)。

司法院与监察院之关系:(1)监察院对于总统任命司法院院长、副院长及大法官有同意权(《宪》七九);(2)监察院对于司法院所属违法失职公务员有纠举权及弹劾权(《宪》九〇);(3)监察院对于司法院经费有审计权(《宪》九〇);(4)监察院行使监察权,得向司法院调阅其所发布之命令及各种有关文件(《宪》九九);(5)监察院行使其弹劾权所提起之弹劾案,由司法院行使惩戒权(《宪》七七);(6)司法院对于监察院所颁命令有解释权(《宪》七七)。

(二) 司法院之职权

《五五宪草》规定司法院之职权有五:一为民事刑事审判;二为行政诉讼审判;三为司法行政;四为特赦减刑复权之提请;五为统一解释法令及宪法之解释权。现行《宪法》关于司法行政无明白直接的规定,《行政院组织法》已划归行政院执掌,特赦减刑复权是否由总统直接独立行使,抑仍由司法院提请总统为之?《宪法》及《司法院组织法》均无明文规定。是则司法院所得行使之职权,仅为民刑事审判、行政诉讼审判、统一解释法令、宪法之解释及公务员之惩戒而已。(《宪》七七、七八、一七一及一七三)易言之,司法院之职权,可归纳三类:

(甲)审判权。审判权指审理裁判之职权而言,复分司法审判权与行政审判权:(A)司法审判权,指民事诉讼之审判权与刑事诉讼之审判权而言。所谓民事诉讼以确定私权关系存否为目的,所谓刑事诉讼,以确定国家有无刑罚权为目的。现行司法审判,系采三级三审制,司法院所掌之司法审判权,实指最高级即终级民刑事诉讼之审判权,概不涉及初级及中级之审判权,以其分属各级法院故也。司法院之司法审判权,由最高法院执掌之。(B)行政审判权,指行政诉讼之审理裁判权而言,行政诉讼,以行政救济为目的,我国行政诉讼,系采大陆制,由最高司法机关另设行政法院执掌之,与英美制行政诉讼仍由普通法院依照通常程序受理者不同。

(乙)惩戒权。惩戒权指对于被弹劾公务员之制裁权而言。《五五宪草》关于公务员之弹劾权与惩戒权,均属于监察院执掌,盖以弹劾与惩戒相需为用,有如法院之检察与审判关系,故惩戒权亦归监察院执掌也。现行《宪法》则认公务员之惩戒权亦为司法权之作用,以监察院掌弹劾权,司法院掌惩戒权。司法院之公务员惩戒权,由公务员惩戒委员会执掌之。

(丙)解释权。解释权指解释宪法及统一解释法律及命令之职权而言。可分宪法解释权及法令解释权言之:(A)宪法解释权,指解释宪法内容之职权而言。宪法解释权之归属,向有三种制度:(a)立法机关解释制,将宪法解释权属于国会,如法、比、瑞诸国是;(b)司法机关解释制,将宪法解释权属于法院,如美国及中美诸国是;(c)特殊机关解释制,将宪法解释权属于特组之宪法法院,如德国的国务法院与捷克的宪法法院是。我国《宪法》第一七三条规定"宪法之解释，由司法院为之"，亦采司法机关解释制。《宪法》由司法院解释，其理由有四：司法官具有法学智识与经验，易探得宪法之精义，一也；司法独立，不受政治之影响，二也；外国立法例以采用司法机关解释制者为多，三也；解释事例不常发生，专设解释机关固无必要，甚或易起纠纷，即其机关之性质及人选亦难于确定，四也。司法院之解释宪法权，由大法官会议执掌之。（B）法令解释权，指解释法律及命令之职权而言。法律命令之内容，有时发生疑义，法律命令是否抵触宪法，命令是否抵触法律，必须加以解释，法令统一解释之权，所以属于司法院者，一则可免纷歧，二则最高级司法人员对于法律之学识经验较为丰富，易得适当之解释也。司法院之法令解释权，亦由大法官会议执掌之。法律与宪法抵触者无效，法律与宪法有无抵触发生疑义时，由司法院解释之。（《宪》一七一）命令与宪法或法律抵触者无效（《宪》一七二），省法规与国家法律抵触者无效（《宪》一一六），省法规与国家法律有无抵触发生疑义时，由司法院解释之（《宪》一一七），省自治法制订后，即须送司法院，司法院如认为有违宪之处，应将违宪条文宣布无效（《宪》一一四），县单行规章与国家法律或省法规抵触者无效（《宪》一二五），凡此均属司法院法令解释权之规定也。此外，基于法令解释权之附随作用，《宪法》第一一五条规定，解决省自治法障碍之权，"省自治法施行中，如因其中某条发生重大障碍，经司法院召集有关方面陈述意见后，由行政院院长、立法院院长、司法院院长、考试院院长与监察院院长之组织委员会，以司法院院长为主席，提出方案解决之"。

（三）司法院之组织

司法院及各级法院之组织，以法律定之。（《宪》八二）所谓依法律定之,指司法院组织法及法院组织法而言。《宪法》仅规定司法院院长、副院长及大法官之产生。

（甲）司法院院长、副院长。司法院设院长、副院长各一人,由总统提名,经监察院同意任命之。(《宪》七九1)监察院为最高监察权之所在,具有一般议会之参议院之性质,故监察院对于司法院院长、副院长之提名,有同意权,此点略与美制相似。监察院行使同意权时,以出席委员过半数之议决行之(《宪》九四),如同意与否人数相等时,解释上以院长之意取决之。司法院院长之职权有三：(1)综理院务及监督所属机关(《司法院组织法》六);(2)大法官会议,以司法院院长为主席(同法三2);(3)省自治法施行中,召集解决施行障碍会议权(《宪》一一五)。司法院院长因事故不能视事时,由副院长代理其职务。(同法六)司法院院长、副院长之任期为六年,解释上与总统之任期同。

（乙）大法官会议。司法院设大法官若干人,掌理本《宪法》第七十八条规定事项,由总统提名,经监察院同意任命之。(《宪》七九2)所谓《宪法》第七十八条规定事项,指解释宪法及统一解释法律及命令而言。大法官之由总统提名经监察院同意任命,其理由与司法院院长、副院长之任命同。依《司法院组织法》规定,司法院设大法官会议,以大法官十七人组织之,行使解释宪法及统一解释法律命令之职权。(同法三)大法官应具有下列资格之一：(1)曾任最高法院推事十年以上者；(2)曾任立法委员九年以上者；(3)曾任大学法律学主要科目教授十年以上者；(4)曾任国际法庭法官或有公法学或比较法学之权威著作者；(5)研究法学,富有政治经验,声誉卓著者。具有前项任何一款资格之大法官,其人数不得超过总名额三分之一,以期多方面产生大法官。(同法四)至于大法官之任期为九年,(同法四3)以示与一般法官之为终身职者不同,任期届满后,其得依法继续任命,可不待言。

（四）司法独立之保障

司法独立为近代民主立宪国家之基本条件。韩密顿（Hamilton）尝谓"司法权本身无危险，唯与行政权或立法权合并时则可以发生专恣不公之事"。盖立法者倘兼操司法之权，得随其好恶而变更法律，欲入某人于罪，即可立一法而适用之，事过境迁，再将该法律废止，倘行政机关兼操司法之权，则发号施令之人，即判断是非之人，其号令之公正与否，无人得而辩正矣！是以司法之应独立，乃所以反面禁绝行政或立法之兼辖司法也。司法独立，应包含下列三义：

（甲）司法机关之组织与系统，不得与其他机关之组织与系统相混。《宪法》将司法院与立法院、行政院、考试院、监察院独立设置，即本此旨。唯于此有一问题，即司法行政权乃司法权之一部门，《五五宪草》以之隶属于司法院，政协宪草修改原则以之隶属于行政院，《宪法》未明定司法行政应属何院掌管，然依《宪法》制定之行政院组织法则以之隶属于行政院。考《五五宪草》所以以司法行政权由司法院掌理之理由：(1)国父手订《建国大纲》内列举行政院各部，并无司法部或司法行政部之名称，绝非遗漏，证以在粤设立最高法院，司法行政即由该院掌理，可见司法行政应归属司法院，乃国父之本意。(2)国父曾云"五院皆对国民大会负责"，司法院对国民大会所负者，应为司法行政之责，而非审判之责，因法官依法律独立审判，只对法律及良心负责，如司法行政不归司法院掌理，则司法院将无责可负矣。(3)司法审判贵能独立，而司法人员之任免，与审判之独立有密切之关系，司法行政属行政院，难免受其影响。(4)外国审判权之独立由来已久，然其司法行政权仍多由行政部兼掌，实为相沿未改之史迹，近来趋势已有转变，如墨西哥宪法第九七条规定关于下级法官之任命调派,下级法院之巡视监督等权,均归属于最高法院,即其例也。(5)如仅司法审判权独立而司法行政由行政机关下设立独立行使职权之机关,即由行政院掌管司法行政,既不能达"以权制权"之目的,反足以妨害审判之独立。(6)司法之实务虽为审判,但欲行使审判之实务,势非有行政不为功,此种司法行政与立法行政、考试行政、监察行政与一般行政分离独立,并无割裂行政事权之嫌,尤符合政治之体系也。《宪法》虽未尽采五权宪法之理论,然司法权之独立完整与统一,则不可否认,上举理由,殊不无考虑之价值也。

(乙)司法官所为之裁判,绝对不受任何人之干涉,即其直辖上级机关亦不得过问。《宪法》本此趣旨,规定"法官须超出党派以外,依据法律独立审判,不受任何干涉"(《宪》八○)。所谓法官须超出党派以外,即法官不得加入任何党派,唯无党籍派系之人,始能充任法官。盖民主政治,政党合法存在,公开活动,以谋夺取政权实施其政纲政策,但一方面应厉行法治精神,司法审判须超然独立,不受任何政党势力之支配也。所谓依据法律独立审判,指司法官审判民刑事诉讼案件或行政诉讼案件,唯对法律及良心负责,依客观的法律及主观的自由心证独立审判,不受任何势力之干涉或影响,即如社会团体之呼吁,报章杂志之舆论,亦概可置之不理也。

(丙)司法官之地位与执行职务时依法受有一定之保障与尊重。《宪法》本此趣旨,规定"法官为终身职,非受刑事或惩戒处分或禁治产之宣告,不得免职;非依法律不得停职转任或减俸"(《宪》八一)。准此以解,法官之免职,其原因有三:(1)须受刑事处分,所谓刑事处分,即为刑罚之执行;(2)须受惩戒处分,所谓惩戒处分,指违法失职经监察院弹劾后司法院公务员惩戒委员会为免职之惩戒处分而言;(3)须受禁治产之宣告,谓心神丧失或精神耗弱致不能处理其自己事务,经法院因本人配偶或最近亲属二人之声请宣告禁治产者而言。除此三项原因以外,法官不得免职。又法官之停职转任或减俸,均依法律之规定。所谓停职,为停止法官之职权;所谓转任,为法官之升级降级及同级调任;所谓减俸,为减低法官之俸给。停职转任或减俸,苟非依法律为之,则法官不能安心服务,遑论发挥独立审判之精神?故《宪法》明定法官为终身职,以保障司法之独立。

五、考试

考试权之独立行使,为五权宪法特征之一,宪法既取五权宪法之外形,故中央政府设考试院以独立行使考试权。然据何永佶氏之研究,我国古来之科举,考试取士在其次,而其主要作用有二:其一为代议制度之变相,盖考试取士,及第者苟非为官,即在乡间为绅士,为乡党领袖,民间有何意见,即由此等"代议士"传达于政府。其二为化各地方之离心力为向心力,盖一国之大,其政权非一批人或一地人所能包办,势必使全国各地均对于中央政权亦存"我有一份"之感,专制时代全国各省县秀才、举人、进士均有定额,不因文风之强弱而增减其名额,此即团结全国地方之政治作用也。今日中国有近代交通及通讯工具,"团结""代议"均不必再借考试制度,考试之制,仅为取士之法而已。以考试取士,其弊有三:(1)考试取士,易至格式化八股化。(2)考试之内容不复若古昔之不出儒家学说范围,儒家学说犹能自成一套理论,不至互相矛盾,今则东西杂凑,不能达古昔人人模子化士大夫化之目的。(3)官吏应先经考试合格而后任用,免随美国以前之"胜利品主义"及我国官场"一人成佛,鸡犬升天"之讥，此固考试之利，然一机关欲用某一种人，必有确切之需求，此需求只有此机关始深切明了，但考试院未必亦然，往往考试录取之士，未必符合机关之需要，所考非所欲用。据上推论，主张考试权纵应独立，可不必设考试院，其说似不无相当理由。唯宪政国家，政务官随政党竞选之成败而进退，事务官则必须采用文官制度始能避免分赃制（Spoils System）之发生，所谓分赃制者，即政府职位均被政党所攫取，所谓"职禄属于胜利党"，实为最卑劣的政治。故实行宪政国家，必与文官制度相配合，始能使宪政得健全发展，而实行文官制之第一要着，即政府任用公务员须采用考试制度。则国父之所以强调考试权独立，又非无故也。

（一）考试院之地位

考试院为国家最高考试机关，掌理考试、任用、铨叙、考绩、级俸、升迁、保障、褒奖、抚恤、退休、养老等事项。（《宪》八三）所谓国家最高考试机关，指考试院之上更无其他任何行使考试权之机关而言。

考试院与总统之关系：（1）总统对于考试院院长、副院长及考试委员，有提名权（《宪》八四）；（2）总统对于考试院院长、副院长、考试委员及其所属官员，有依法任免权（《宪》四一）；（3）总统对于考试院与其他各院间之争执，得召集有关系各院院长会商解决之（《宪》四四）。

考试院与监察院之关系：（1）监察院对于总统任命考试院院长、副院长及考试委员有同意权（《宪》八四）；（2）监察院对于考试院所属违法失职公务员有纠举权、弹劾权（《宪》九〇）；（3）监察院对于考试院经费有审计权（《宪》九〇）；（4）监察院行使监察权，得向考试院调阅其所发布之命令及各种有关文件（《宪》九九）；（5）监察院所属公务员之考试任用铨叙、考绩、级俸、升迁、保障、褒奖、抚恤、退休、养老等事项，均为考试院执掌（《宪》八三）。

（二）考试院之职权

考试院掌理考试任用铨叙、考绩、级俸、升迁、保障、褒奖、抚恤、退休、养老等事项。(《宪》八三)分述于次：

（甲）考试。考试为考试权主要内容，目的在于考选贤能，登庸人才，储为国用。其详依《考试法》之规定，依《考试院组织法》之规定，设考选部掌理之。《宪法》仅规定"公务人员之选拔，应实行公开竞争之考试制度，并应按省区分别规定名额，分区举行考试，非经考试及格者，不得任用"（《宪》八五）。"下列资格，应经考试院依法考选、铨定之：(1)公务人员任用资格,(2)专门职业及技术人员执业资格。"(《宪》八六)所谓专门职业人员，如律师、会计师、工程师、农业技师、矿业技师、医师、药师、兽医、助产士均是。所谓专门技术人员，如公营事业技术人员，航空技术人员等是。《五五宪草》依国父遗教，关于公职候选人资格亦列为应经考试，但为《宪法》所未采。

（乙）任用、铨叙、考绩、级俸、升迁、保障、褒奖、抚恤、退休、养老。任用谓对于考试及格人员派定工作，其详依公务员任用法之规定。铨叙谓对于被任用人员资格加以铨定及职位加以确定，其详依《铨叙法》之规定。考绩谓对于公务员工作成绩加以考核，以为评定优劣之标准，其详依《公务员考绩法》之规定。级俸谓对于任用人员官级之高低及俸给之多寡分别予以核定，其详依官等官俸表之规定。升迁谓对于成绩优良人员予以提升或予以迁调，其详依法律定之。保障谓对于公务人员予以保障，其详依《公务员服务法》之规定。褒奖谓对于国家有功勋劳绩或特别贡献人员予以奖赏褒扬，其详依法律定之。抚恤谓公务员因公致残废死亡由政府发给恤金,其详依《公务员抚恤法》之规定。退休养老谓公务员年老力衰由政府发给退休金,其详依《公务员退休法》之规定。依《考试院组织法》之规定,上述任用、铨叙、考绩、级俸、升迁、保障、褒奖、抚恤、退休、养老等事项,均由铨叙部掌理之。

此外,"考试院关于所掌事项,得向立法院提出法律案"(《宪》八七)。解释上自属当然,本可毋庸规定。

(三) 考试院之组织

考试院之组织,以法律定之。(《宪》八九)所谓依法律定之,指依《考试院组织法》《考选部组织法》《铨叙部组织法》定之。《宪法》仅规定考试院院长、副院长及考试委员两项:

(甲) 考试院院长、副院长。考试院设院长、副院长各一人,由总统提名,经监察院同意任命之。(《宪》八四)其立法理由与司法院长之由总统提名经监察院同意相同。盖监察院为人民代表机关,略同两院制议会政治之参议院,考试院院长提经监察院同意,所以取决民意也。考试院院长之职权:(1)综理院务并监督所属机关(《考试院组织法》九);(2)考试院会议,由院长、副院长及考试委员组织之,统筹有关考试事项,以院长为主席(同法四);(3)省自治法施行中,如因其中某条发生重大障碍,经司法院召集有关方面陈述意见后,由行政院院长、立法院院长、司法院院长、考试院院长与监察院院长组织委员会,以司法院院长为主席,提出方案解决之(《宪》一一五)。至副院长除出席考试院会议外,于院长因事故不能视事时,由副院长代理其职务。(同法九2)考试院院长、副院长之任期为六年(同法十),与总统之任期同。

(乙) 考试委员。考试院设考试委员若干人,由总统提名经监察院同意任命之。(《宪》八四)依《考试院组织法》规定,考试院置考试委员十九人,任期为六年。(同法三)考试委员须超出法律以外,依据法律独立行使职权。(《宪》八八)盖考试委员直接负考试之责任,对于应考人员有决定去取之权,万一主考及典试人员有党派关系,难保不有成见,发生左右考试、垄断考试之弊端,故应超然于党派之外。所谓依据法律独立行使职权,指考试委员之命题阅卷评定分数不受任何干涉之意,虽考试院院长、副院长亦不能对之有何指示。

六、监察

国父五权宪法学说,主张国会不应行使弹劾权,坚主师法我国往昔御史制度,另设监察机关独立行使弹劾权。《五五宪草》即本此旨,以监察院掌理弹劾、惩戒、审计。现行《宪法》则越出五权宪法范围,规定监察院除行使弹劾、纠举及审计权外,犹有较弹劾权更重要之同意权,竟与美国参议院之体制相似。故《宪法》所规定之监察院,俨然政权机关之一矣。然《宪法》关于监察院虽与美国参议院相似,但两者究有不同:(一)监察院同意权之范围,只限于司法院考试院院长、副院长及大法官考试委员,而美国参议院之同意权,除司法官及高级行政官外,兼及外交人员及其他下级人员,且参议院除任用同意权外,又有外交同意权,以为控制总统之最重要武器。(二)监察院行使弹劾权,而美国之弹劾权则由众议院行使,参议院不行使弹劾权,但为弹劾案之审判机关,而我国对被弹劾的公务员之惩戒权则在司法院之公务员惩戒委员会,对被弹劾的总统为罢免与否之决议权则在国民大会。

（一）监察院之地位

监察院为国家最高监察机关,行使同意弹劾、纠举及审计权。(《宪》九〇)所谓最高监察机关,指监察院之上更无其他任何行使监察权之机关而言。监察院具有两院制议会参议院之性质,非复治权机关之性质,已见前述,不赘。

监察院与总统之关系:(1)总统任命司法院院长、副院长考试院院长、副院长、大法官及考试委员均须经监察院之同意;(2)总统对于监察院与其他各院间之争执,得召集监察院院长与关系院院长会商解决之(《宪》四四);(3)监察院对于总统、副总统得经全体监察委员四分之一以上之提议,全体监察委员半数之审查及决议,向国民大会提出弹劾案(《宪》一〇〇)。至监察院与其他各院之关系,均详前述,不赘。

（二）监察院之组织

监察院之组织,以法律定之。(《宪》一〇六)所谓法律,指《监察院组织法》《审计部组织法》及监察院各种委员会组织法是。《宪法》仅规定次列四种：

（甲）监察委员。监察院设监察委员,由各省市议会、蒙古西藏地方议会及华侨团体选举之。其名额分配,依下列之规定(《宪》九一):(1)每省五人;(2)每直辖市二人;(3)蒙古各盟旗共八人;(4)西藏八人;(5)侨居国外之国民八人。监察院既有参议院之性质,按各国上议院之组织,联邦国与单一国所设立之旨趣不同,联邦国如美国参议院,多由各邦选出二人组织之,以地方为单位,每邦之权益相等;单一国中,上议院有由贵族组成,代表贵族利益者,如英国是,有由人民选举代表组成者,如法国是。我国监察院监察委员由各省市议会蒙古、西藏地方议会及华侨团体选举之,且各有定额,即每省五人,每直辖市二人,蒙古、西藏及国外侨民各八人,与一九一三年以前美制相同。

监察委员之选举,其详依《监察院监察委员选举罢免法》定之,因《宪法》第一三四条,应规定妇女当选名额,故《监察院监察委员选举罢免法》第三条规定,每省监察委员名额中妇女当选名额定为一名。同法第六条规定,依法有选举权年满三十五岁,得被选为监察委员,但侨居国外国民监察委员候选人并应居住该区内合计三年以上者。

监察委员之任期为六年,连选得连任。(《宪》九三)监察委员之任期与总统之任期及国民大会代表之任期同为六年,论者谓监察院既已带有两院制中第二院之意味,自亦脱不了政党政治意味,既有政党政治意味,则监察委员亦当如立法委员同为任期三年,俾能真正代表民意,否则亦应仿美国参议员任期六年每二年改选三分之一办法,俾使新进分子得以代表新的民意,其说不无理由。

监察委员不得兼任其他公职或执行业务。(《宪》一○三)所谓公职,指一切国家或地方之公务而言;所谓业务,指一切公私业务而言,如国营企业之经理、执行律师业务或会计师业务是。监察委员职司纠举弹劾,苟与公职或业务有牵连,势难贯澈职权上之任务,故监察委员兼职之限制,较立法委员尤严。

宪法对于监察委员亦设有两种特别保障:(1)言论自由及表决自由之保障,"监察委员在院内所为之言论及表决,对院外不负责任"(《宪》一○一);(2)身体自由之保障,"监察委员,除现行犯外,非经监察院许可,不得逮捕或拘禁"(《宪》一〇二)。其意义与立法委员之特别保障同。

（乙）监察院院长、副院长。监察院设院长、副院长各一人,由监察委员互选之。(《宪》九二)监察委员既已人民间接选举,则监察院院长、副院长自亦不能由其他机关任命,而由监察委员互选之监察院院长之职权:(1)监察院会议时由院长、副院长及监察委员组织之,以院长为主席(《监察院组织法》七);(2)综理监察院院务并监督所属机关(同法六1);(3)应总统之召与各院院长会商院与院间不能解决之问题(《宪》四四);(4)与其他各院院长组织委员会解决省自治法中之争议事项(《宪》一一五);(5)立法院开会讨论监察事项法律案时得列席陈述意见(《宪》七一)。至于副院长除出席监察院会议外,须监察院院长因事故不能视事时,由副院长代理其职务。(同法六2)

（丙）各种委员会。监察院得按行政院及其各部会之工作,分设若干委员会,调查一切设施,注意其是否违法或失职。(《宪》九六)所谓违法,指职务上之违法行为而言。所谓失职,指废弛职务或其他失职行为而言。按《监察院组织法》第三条,仅规定监察院得分设委员会,其组织另以法律定之。则监察院究将设置若干委员会,尚待法律另行规定。

（丁）审计长。监察院设审计长,由总统提名,经立法院同意任命之。(《宪》一〇四)监察院有审计权,自应设置审计长以主管其事。至审计长所以由总统提名经立法院同意任命者,盖以立法院有议决预算权,而审计长掌决算之审核,职权上实有连带关系,且各国审计长均对国会下院负责也。审计长之任命既经立法院同意,自应对立法院负责。依《监察院组织法》第四条及第五条规定,监察院设审计部,审计长综理审计部事务。

（三）监察院之职权

监察院行使同意弹劾、纠举及审计权（《宪》九〇），析言之：

（甲）同意权。同意权者，即对于司法院院长、副院长、大法官及考试院院长、副院长、考试委员之任命之同意权也。（《宪》七九、八四）监察院依本宪法行使同意权时，由出席委员过半数之议决行之。（《宪》九四）如同意与否数目相等时，则以院长之意取决之。解释上应无疑义。

（乙）弹劾权。弹劾权者，即总统、副总统请求国民大会罢免之权及对于中央及地方公务人员失职或违法请求移付惩戒之权也。可分二种情形言之：（A）对于总统、副总统之弹劾，"监察院对于总统、副总统之弹劾案，须有全体监察委员四分之一以上之提议，全体监察委员半数之审查及决议，向国民大会提出之"（《宪》一〇〇）。总统之选举与罢免均属国民大会之职权，故对总统、副总统之弹劾案成立后，应由国民大会为罢免与否之决议，如在国民大会闭会期间，应即请由立法院院长召集临时国民大会。（《宪》三〇）至于监察院提出总统、副总统弹劾案时，须有全体监察委员四分之一以上之提议，全体监察委员过半数之审查及决议，始得成立，所以表示尊重公意也。（B）对于中央及地方公务员之弹劾，"监察院对于中央及地方公务员，认为有失职或违法情事，得提出弹劾案，如涉及刑事，应移送法院办理"（《宪》九七2）。"监察院对于中央及地方公务人员之弹劾案，须经监察委员一人以上之提议，九人以上之审查及决定，始得提出。"（《宪》九八）所以规定一人以上之提议（虽一人提议亦可），九人以上之审查及决议者，盖监察委员行使弹劾权贵乎灵活，不受牵制，故发动弹劾案之人数以少为宜，但必须经过相当人数之审查，则弹劾案之提出不致涉于轻率也。监察院为行使监察权，得向行政院及其各部会，调阅其所发布之命令及各种有关文件(《宪》九五)，此项调阅命令及文件权，对于司法院及考试人员失职或违法之弹劾亦同(《宪》九八)。

（丙）纠举权。纠举权者，即对于中央及地方公务人员违法或失职时之纠正举发权也。监察院对于中央及地方公务员，认为有失职或违法情事，得提出纠举案，如涉及刑事，应移送法院办理。(《宪》九七 2)监察委员为行使监察权，得向行政院及其各部会调阅其所发布之命令及各种有关文件。(《宪》九五)又监察院经各该委员会之审查及决议，得提出纠正案，移送行政院及有关部会促其改善。(《宪》九七 1)纠正案较纠举案弹劾案为轻，尚不至违法失职之程度，且纠正案系对事而言。

（丁）审计权。审计权者，对于财政收支之监察决算之审核之权也。其目的在于防制政府机关预算以外之不法支出，及摘发财政上之不法行为。审计长应于行政院提出决算后三个月内，依法完成其审核，并提出审核报告于立法院。(《宪》一○五)盖立法院为国家决策机关，而决算书关系国家财政，足供次年度议决预算之参考，且审计长对立法院负责，故应向立法院提出审核报告也。行政院应于会计年度结束后四个月内提出决算于监察院，(《宪》六〇)易言之，行政院应于四月份提出决算书于监察院，则审计长应至迟于六月份即七月底以前提出审核报告于立法院。盖行政院应于会计年度开始前三个月即至迟于九月份将下年度预算案提出于立法院，则立法院审核决算工作，应于八月间完成也。

第五章　地方制度

有中央不能不有地方,有地方然后始有中央。由于中央与地方关系之不同,有单一国与联邦国之分。在单一国,关于地方制度必由中央制定,俾使全国一致;在联邦国,关于地方制度,大率由各邦即地方自行决定,谓之"组织自主权"(Oight of Selborganisation)。由于中央与地方权限之划分,有中央集权制与地方分权制之分。前者国家之权力集中于中央,后者则中央与地方各有其权限,互不相犯。中央集权虽多行于单一国,然单一国亦非无地方分权之例外,如英国是。地方分权虽多行于联邦国,然联邦国亦非无中央集权之例外,如战前德国。由于地方政府与人民之关系,有地方行政制与地方自治制之分。前者地方政府向中央负其责任,后者地方政府向人民负其责任。我国为单一国,关于中央与地方权限之划分,《宪法》上采均权主义,既非中央集权,亦非地方分权,关于地方制度,系采地方自治制,而所谓地方,则赅括省市县而言,以省为地方自治之最高单位。

一、中央与地方之权限

（一）概说

中央与地方之权限，可自三方面言之：

（甲）关于权限之归属。中央与地方之权限，向有中央集权制与地方分权制之争：中央集权制系将国家权力集中于中央政府，中央与地方之权限，宪法并无分权之规定，地方区域之设立或变更，由中央政府决定，地方无所谓原来的或内在的权力，地方之权力，均系出诸中央政府之委托，地方政府不过是中央政府对于地方行政之代理机关而已。地方分权制系将国家权力由宪法分配于中央或地方，地方有地方固有的权力，非出于中央之颁赐，亦非中央所得而限制。

中央集权制与地方分权制互为消长，互有利弊。就中央集权言，其利有四：(1)全国保持一种整齐划一之行政制度，足以提高并增进国家之统一性；(2)地方行政由中央主持，一律待遇，不至有畸重畸轻之弊；(3)政令出于中央，谋议既定，以同一方法，施行于全国，省事迅速；(4)在行政上可以减少各地方相互间之纠纷，使国家政策，推行顺利。其弊亦有四：(1)各地方有其特殊情形，风俗习惯道德礼教固无论已，即人民之智识程度，地方之历史环境以及经济状况，亦有互殊，如以同一之法令规章施之于各地，事实上既不可能，且亦难收实效；(2)一地方人民有其共同之目的及其共同之需要，唯有由其在该地方感觉切身利害之人民决定之,然后应兴应革诸端,始克生效,中央距离较远,既难周知博闻,处理之际,尤难免有失当;(3)国家一切权力完全集中于中央,必须任用大批官吏,推行法令,此辈人员既由中央任命而来,只知奉承上级长官意旨,不能察及地方民情隐微,结果必产生于民无益有损之官僚政治;(4)训练人民参与国家政治,乃近代民主政治主要任务之一,中央集权漠视地方自治,将使人民参与国家政治之机会减少,殊非促进人民行使民权之道。

就地方分权言,其利有三:(1)可以适应当地人民之特别需要,在政治上作切实有效之设施;(2)以本地人民办理本地事务,人民深知其关系密切,责任重大,自能奉公守法,谨慎从事;(3)地方人民自治,必能养成人民政治兴趣,而群德的培养,民治的促进,均可奠立基础。其弊亦有三:(1)国家法令规章政治设施混乱不一,大则足以肇割据或独立之端绪,小则足以阻碍民族国家之团结与统一;(2)最易养成地方人民或地方官吏之偏狭的地方观念,国家应兴应革之事,难得全国一致之赞同与拥护,影响全国政治、经济、文物、制度之进步,实非浅鲜;(3)地方权力大则为少数豪强势力或党派所操纵把持,不仅人民利益置之不顾,且反增加其压迫大多数人民之力量。

国父有鉴及此,创立中央与地方均权制,不偏于中央集权,亦不偏于地方分权,国家权力之分配,不以中央或地方为对象,而当以权之性质为对象,权之宜属于中央者,属之中央,权之宜属于地方者,属之地方,易言之,凡事务有全国一致之性质者划归中央,凡事务有因地制宜之性质者,划归地方。《宪法》关于中央与地方权限之划分,系采均权制(《宪》一一一参照),盖即以此。唯有应注意者,法国本采中央集权制,近将中央的权限移于由中央派遣到各地方之行政官吏手中,地方行政官吏代表中央,权力甚大,并由中央任免,论其实质,有由集权而趋向分权之势,学者称之为分治性的地方制度,简称地方分治制(Dsconcentration)。此虽足以证明各国地方政制,有倾向地方分权之趋势,但与均权制固有不同也。

(乙)关于权限之划分。中央与地方权限之划分,有实质的权限划分与形式的权限划分二种:实质的权限划分为"事务"之划分,而形式的权限划分则为"权力"的划分,在形式的权限划分之中,又有三种:(1)关于某种事务之立法权与执行权均属于中央者,谓之中央直接行政;(2)关于某种事务之立法权属于中央而其执行权属于地方者,谓之中央间接行政;(3)关于某种事务之立法权与执行权均属于地方者,谓之地方自治行政。我国《宪法》第一〇七条所定为中央直接行政,第一〇八条所定为中央直接行政或中央间接行政,第一〇九条及第一一〇条所定为地方自治行政。故《宪法》关于权限之划分,系采形式的权限划分。

(丙)关于划分之方式。中央与地方权限划分之方式有四:(1)美国制,对于中央事权取列举规定,其未列举者属于各邦,称之为中央事权列举、地方事权概括方式,瑞士苏联亦采此制。美国之中央事权,又有中央专有权(Exclusive Power)及中央与地方共有权(Concurrent Power)二种,前者唯中央始能行使,后者在中央未经行使以前各邦亦得行使,但经中央行使此权后,如各邦法律与中央法律冲突,各邦法律即归无效。(2)南非联邦制,对于各邦事权取列举规定,其未列举者属于中央,称之为地方事权列举中央事权概括方式。(3)加拿大制,对于中央与各邦事权均取列举规定,其未经规定者,属于中央,称之为中央事权与地方事权列举方式。(4)西班牙制,对于中央事权采列举规定,地方事权于宪法采概括方式,复在地方根本组织法上又取列举规定,其未经列举者属于中央,但中央仍得以法律委任于地方,称之为中央事权宪法列举、地方事权法律列举方式。我国《宪法》采加拿大制,对于中央与地方事权,分别列举,且以我国地方分省县二级,故于省县事权亦分别列举,但未及列举之残余事权，则按均权制分属于中央或地方，与加拿大制之以残余事权归属于中央者又不同耳。

（二）中央专有权

下列事项，由中央立法并执行之（《宪》一〇七）：

（甲）外交。外交为国际人格者间之交涉行为，以国家与国家为交涉之对象，故外交政策由中央立法并执行之。

（乙）国防与国防军事。国防与国防军事与国家之生存有关，且军队国家化，全国陆海空军须超出地域关系以外（《宪》一三八），故国防与国防军事由中央立法并执行之。

（丙）《国籍法》及民事、刑事、商事之法律。《国籍法》规定国籍之取得与丧失，《民法》规定人民私生活，《刑法》规定国家刑罚权，商事法律如《公司法》《票据法》《海商法》《保险法》及《商标法》《商业登记法》等规定商事行为，均以全国领域为其适用范围，故由中央立法并执行之。

（丁）司法制度。司法制度为国家行使其司法权所采行之制度，司法权属于中央治权范围，故司法制度由中央立法并执行之。

（戊）航空、国道、国有铁路、航政、邮政及电政。航空以国家领空为航行范围，国道为经营数省市之汽车公路，国有铁路系由国家经营属于国家所有之铁路，航政关系水上交通，邮政关系邮件传递，电政关系电信交通，皆有全国性，故由中央立法并执行之。

（己）中央财政与国税。中央财政系关于中央政府之收支，国税系国家税收，故应由中央立法并执行之。

（庚）国税与省税县税之划分。国税为中央税，省税县税为地方税，其界限之划分，由中央制定财政收支系统法及各种税法并执行之。

（辛）国营经济事业。国营经济事业即谓公用事业及其他有独占性之企业，依宪法第一四四条应由国家投资经营之经济事业。此类经济事业既由国家经营，自应由中央立法并执行之。

（壬）币制及国家银行。币制为关于货币之制度，国家银行即一般所谓国营金融机构，如中央银行、中国银行、交通银行、中国农民银行、中央信托局、邮政储金汇业局、中央合作金库是。币制有统一性，国家银行为国家经营，故应由中央立法并执行之。

（癸）度量衡。度为长短之单位，如毫厘分寸尺丈引里是；量为容量之单位，如勺合升斗斛石是；衡为轻重之单位，如毫厘分钱两斤担是。均应全国划一，由国家制定统一标准，全国适用（现制以万国公制为标准制，以市用制为辅制）。故应由中央制定度量衡法并执行之。

（子）国际贸易政策。国际贸易政策为关于进出口贸易所采取之政策，何者应奖励出口或进口，何者应禁止出口或进口，均应由中央统盘筹划，故由中央立法并执行之。

（丑）涉外之财政经济事项。所谓涉外之财政经济事项，如国际技术合作，及联合国银行（国际银行）之关于国际财政经济事项，均以会员国为参加资格，故由中央立法并执行之。

（寅）其他本宪法所定关于中央之事项。如基本国策章规定国民经济之发展，社会安全之确保，教育文化之推进，及边疆地区之开发以及本宪法所称"以法律定之"等，均应由中央立法并执行之。此系概括规定，所以期补列举规定之不足也。

以上各项事权，均有全国一致性质，故属于中央专有权。

（三）得交由地方执行之中央专有权

下列事项，由中央立法并执行之，或交由省县执行之。（《宪》一〇八1）

（甲）省县自治通则。省得召集省民代表大会，依据省县自治通则，制定省自治法（《宪》一一二），县得召集县民代表大会，依据省县自治通则，制定县自治法（《宪》一二二）。故省县自治通则为省自治法及县自治法之蓝本，应由中央制定并执行之。但学者有谓省县自治通则为不必要者，何则？盖省自治法不得抵触宪法，亦不得与法律相抵触，若于宪法与法律之外，犹须不与省县自治通则相抵触，则省县自治通则未免为省自治之障碍，县自治法不得抵触宪法，亦不得与法律及省自治法抵触，若于此三者之外，犹须不与省县自治通则相抵触，则省县自治通则未免为县自治之障碍也。

（乙）行政区划。地方行政单位为省市县，其名称疆域区划均有一定，不容紊乱，管辖应归统一，毋许纷歧，其因政治、经济、文化、军事等关系重行改划分别调整，虽亦事所恒有，但各省不得单独执行，须由中央立法交由地方执行之。

（丙）森林工矿及商业。森林工矿及商业，与国民经济有关，应由中央制定森林法、工业法、矿业法及商业法并执行之，或交由省县执行之。

（丁）教育制度。教育自其等级言之，有初等教育、中等教育与高等教育之分；自其性质言之，有学校教育与社会教育之分；自其程度言之，有基本教育与继续教育之分；自国民教育之种类言之，有基本教育与补习教育之分。应由中央制定小学法、中学法、大学法、职业学校法、师范学校法等法律并执行之，或交由省县执行之。

（戊）银行及交易所制度。银行为金融机关与国家经济之活动及流通，息息相关，交易所为于一定时间买卖有价证券及一定货物之处所，与物资之流动及市场之活跃有重大关系，故应由中央制定银行法及交易所法执行之，或交由省县执行之。

（己）航业及海洋渔业。航业及海洋渔业，均非仅关系一省县问题，应由中央制定航业法及渔业法并执行之，或交由省县执行之。

（庚）公用事业。公用事业指水陆交通、电力、电话、自来水、煤气及其他公用性质之事业而言，此等事业均与公共享受有关，应由国家立法并执行之，或交由省县执行之。

（辛）合作事业。合作事业为免除中间剥削、合力协作、共用共享为目的而结合其资本及劳力以为经济活动之事业，如信用合作社、消费合作社、运销合作社、生产合作社及公用合作社等，应由中央制定合作社法并执行之，或交由省县执行之。

（壬）二省以上之水陆交通运输。以非一省所能办理，应由中央立法交省县执行之。

（癸）二省以上之水利河道及农牧事业。亦非一省所能举办，应由中央立法交由省县执行之。

（子）中央及地方官吏之铨叙、任用、纠察及保障。中央官吏之铨叙、任用、纠察及保障，由中央立法及执行，地方官吏之铨叙、任用、纠察及保障，由中央立法并分别性质由中央及地方执行之。

（丑）土地法。土地法系关于土地政策之法律，包括土地登记、土地征收、地价税等，含有全国一致性质，应由中央制定并执行或交由省县执行之。

（寅）劳动法及其他社会立法。劳动法为关于劳资关系之法律，如工厂法、劳资争议处理法及团体协约法等是。社会立法为关于社会事业之立法如社会救济法、社会保险法等是。应由中央制定法律并执行之，或交由省县执行之。

（卯）公用征收。公用征收谓国家或地方因公用目的而征收人民私有土地。关于土地之公用征收，属于土地法范围，应不必另立专款，至关于动产或土地以外不动产之征用，则又非公用征收，不可不辨。

（辰）全国户口调查及统计。既有全国性，自应由中央立法并执行或交由省县执行之。

（巳）移民及垦殖。移民计划及垦殖方略均须通盘筹划，应由中央立法并执行之，或交由省县执行之。

（午）警察制度。警察为维持社会治安而设，有全国一致性质，故由中央制定警察法并执行之，或交由省县执行之。

（未）公共卫生。公共卫生非一省县之事，应由中央立法并执行或交由省县执行之。

（申）赈济抚恤及失业救济。赈济为对于灾民之救济，抚恤为对于伤亡之抚慰与矜恤，失业救济为对于无业或失业者之救济，均与整个社会秩序国家治安有关，故由中央立法并执行或交由省县执行之。

（酉）有关文化之古籍古物及古迹之保存。国家应保护有关历史文化之古迹古物，为《宪法》所列基本国策，(《宪》一六六) 故有关文化之古籍古物及古迹之保存，应由中央制定《古物保存法》等法律并执行或交由省县执行之。

以上各项，立法权均属于中央，但省于不抵触中央法律原则下，得制定单行法规，(《宪》一〇八 2) 盖中央既得交由省县执行，则为执行之便利，自得于不抵触法律之原则下制定单行法规也。

（四）地方专有权

我国地方制度分省县二级，故地方专有权亦有省专有权与县专有权之分：

（甲）省专有权。下列事项，由省立法并执行之，或交由县执行之（《宪》一〇九）：(1)省教育、卫生、实业及交通；(2)省财产之经营及处分；(3)省市政；(4)省公营事业；(5)省合作事业；(6)省农林、水利、渔牧工程；(7)省财政及省税；(8)省债；(9)省银行；(10)省警政之实施；(11)省慈善及公益事项；(12)其他依国家法律赋予之事项。上述各款事项有涉及二省以上者，除法律另有规定（即依《宪》一〇八条而由中央立法并执行或交由省执行者）外，得由有关各省共同办理。各省办理上述各款事务，其经费不足时，经立法院之议决，由国库补助之。盖上述各款省专有权，即各省自治事项，地方自治之涵义有三，即(1)地方自治法律由地方民意机关制订；(2)地方政府人员由地方人民选举；(3)地方自治经费由地方人民自行筹措，此乃原则，但中央为谋省与省间之经济平衡发展，对于贫瘠之省应酌予补助（《宪》一四七1），故自治经费如有不足，中央始应酌予补助也。

（乙）县专有权。下列事项，由县立法并执行之：(1)县教育、卫生、实业及交通；(2)县财产之经营及处分；(3)县公营事业；(4)县合作事业；(5)县农林、水利、渔牧及工程；(6)县财政及县税；(7)县债；(8)县银行；(9)县警卫之实施；(10)县慈善及公益事项；(11)其他依国家法律及省自治法赋予之事项。上述各款有涉及二县以上者，除法律别有规定外，得由有关各县共同办理。

以上各项事权，均有因地制宜之性质，故属于地方自治事项，为地方专有权。

（五）未经列举之残余事权

除第一〇七条（中央专有权），第一〇八条（得交由地方执行之中央专有权），第一〇九条（省专有权），及第一一〇条（县专有权）列举事项外，如有未列举事项发生时，其事务有全国一致之性质者，属于中央；有全省一致之性质者，属于省；有一县之性质者，属于县。遇有争议时，由立法院解决之。（《宪》一一一）《宪法》关于中央与地方权限之划分，虽采列举方式，然其列举规定之内容则仍采均权制，故如有未经列举之残余事权，仍应按均权制为之解决，即有全国一致性质者属于中央，有全省一致性质者属于省，有一县之性质者属于县。与美国制之以未列举事权归属于地方，与加拿大制之以未列举事权归属于中央，均不相同。至于未列举残余事权争议之解决，虽由中央治权机关立法院为之解决，然立法院有来自各省之立法委员，亦不致完全抹煞地方权益也。

二、省

省之名称，始于元朝，当时分天下为十二，于中枢设"中书省"，于各地设置"行中书省"，有明迄今，沿用省制，而将地方分为省县两级制。省之地位，《五五宪草》认系中央行政区域及地方自治之监督机关，而现行《宪法》则认系地方自治之高级单位，性质上属于地方自治团体。考

《五五宪草》之不采取省自治制,其理由不外三端:(1)国父手订《建国大纲》,规定"县为自治之单位,省立于中央与县之间,以收联络之效",且于《中国国民党第一次全国代表大会宣言》反对联省自治,于《中华民国建设之基础》一文,亦谓"此时省制即存,而为省长者当一方受中央政府之委任,以处理省内国家行政事务,一方则为各县自治之监督者,乃得为之"。(2)各省辖县少则数十多至百余,民情风俗相互悬殊,如授以广漠的自治权,往往适宜于东省者未必适宜于西省,有利于此者未必有利于彼,姑无论虽以贯澈省自治主张,况一国经济建设不宜互相割裂由各省自主,如果有关二省以上之经济建设。另于省之上设置高级自治团体,岂非省以上更有自治高级单位?(3)现行省制各省政府官吏由中央直接委派,尚且难免有省权庞大足以妨碍国家统一与下级地方自治之弊害,苟实行省自治,势必于国家统一及县自治前途有更大之障碍。至现行《宪法》之以省为自治高级单位,其理由亦不外三端:(1)国父遗教,以县为自治单位,以省为自治区域,故遗训谆谆于民选省长(《中国国民党政纲》对内政策);(2)省制为元朝南征北伐时之"行中书省",主要为一军事区域,而非行政区域,行政区域可大可小,而军事区域则非大至足以于壮丁及财用上维持一支独立军旅不可,故以往据中国一省者即可以反抗中央,省制之不良,反足以影响统一,若使省民自治,则"地方在中央有份,在地方有权",对中央之向心力大;(3)现代国家已成"地缘国家",常有强邻压境,其内部团结较易,诚如何永佶氏所云"关紧则须抓紧,放开才能放松",省长民选,地方官吏之权力得之于下而非得之于上,则中央与地方之均权始能遵守。

（一）省级政权机关

国民大会为全国性的政权机关，代表全国人民行使对中央的政权，各省省民代表大会为全省性的政权机关，代表全省人民对省级行使政权，而全县县民代表大会则为全县性的政权机关，代表全县人民对县级行使政权。兹就省级政权机关言之：

（甲）省民代表大会之组织。"省得召集省民代表大会""省民代表大会之组织及选举，以法律定之"（《宪》一一二）。省民代表大会为省级"无形"政权机关，仅于开会时有此机构之存在，闭会时即无此机构，故称"省得召集省民代表大会"。省民代表大会应于若干年召集一次？省民代表大会之召集方法若何？省民代表大会之集会期间几日？均应以省民代表大会组织法定之。又省民代表大会代表如何选举？应依省民代表大会代表选举法定之。现省民代表大会组织法及省民代表大会代表选举法尚待制定，姑不赘及。

（乙）省民代表大会之职权。省民代表大会依据省县自治通则，制定省自治法，但不得与宪法抵触。（《宪》一一二1）准此以解，省民代表大会之职权，在乎制定省自治法，但省自治法既不得与《宪法》抵触，又须依据省县自治通则为之。盖省民代表大会制定省自治法，虽在一省之内为最高法，但省系在国家领土主权及统治权的范围之内，省乃国家之一部分，应受国家权力的支配，自不得抵触《宪法》。故"省自治法制订后，即须送司法院，司法院如认为有违宪之处，应将违宪条文宣布无效"（《宪》一一四）。至省自治法所以又须依据省县自治通则制定，无非系中央控制省县自治之又一方法，论者已认为不必要。省自治法既又须依中央制定之省县自治通则以制定，可见省自治权应受中央立法权的限制,可见省在《宪法》中虽为高级自治单位,其自治权决无所谓高度自治之可言。《宪法》所以称省自治法而不依《中国国民党政纲》第二项前半称为"省宪",盖所以示国人我国非联邦国家,只有一部宪法,省虽有自治权,但其最高法固不必称为"省宪"也。省自治法之内容,应包含下列各款(《宪》一一三 1):(1)省设省议会,省议会议员由省民选举之;(2)省设省政府,置省长一人,省长由省民选举之;(3)省与县之关系。省民代表大会之职权既在制定省自治法,则省自治法之修改权,自亦属诸省民代表大会。省长及省参议员之选举,既由省民直接行使,是省级政权机关之省民代表大会,不但"无形",与国民大会之"有形"不同,抑且其行使政权,只限于制订省自治法,亦与国民大会之于制宪修宪权外,尚有选举罢免总统、副总统之权不同也。省自治法施行中,如因其中某条发生重大障碍,经司法院召集有关方面陈述意见后,由行政院院长、立法院院长、考试院院长与监察院院长组织委员会,以司法院院长为主席,提出方案解决之。(《宪》一一五)

(二)省级治权机关

省级自治的政治体制,采立法行政两权分立主义。观于《宪法》第一一三条所定自治法之内容而自明。故省级治权机关可分为二:

(甲)省级立法机关——省议会。"省设省议会,省议会议员由省民选举之"。"属于省之立法权,由省议会行之。"(《宪》一一三 2)省议会行使省立法权所议订之法规,称曰"省法规"。凡《宪法》第一〇八条所定由中央立法并执行或由中央立法交由省执行各款事项,省议会于不抵触国家法律内,得制定单行法规。凡《宪法》第一〇九条所定由省立法并执行或交由县执行各款事项,均由省议会制定法规。但省为国家领土内一部分，国家之法律施行于全国领域之内，故国家的法律对于省法规自有优越性，"省法规与国家法律抵触者无效"（《宪》一一六）。所谓无效，即溯及省法规施行之日起不发生效力之意。至"省法规与国家法律有无抵触发生疑义时，由司法院解释之"（《宪》一一七）。盖省自治的政治体制，采立法行政两权分立主义，则司法、考试、监察三权为中央专有权，而司法院有统一解释法律及命令之权，省法规是否抵触国家法律，其解释权自应操诸司法院。

（乙）省级行政机关——省政府。省设省政府，置省长一人，省长由省民选举之。（《宪》一一三1）省政府虽为省级自治单位之行政机关，然关于《宪法》第十条所定各款事项，由中央立法交由省县执行，则省政府对中央言，实有其执行中央法令之职权。又省与县之关系，为省自治法内容之一部分，故省政府对于县级地方自治，依自治法应有监督权。至省长之任期及省政府组织，应由省政府组织法定之。

此外，与省级同等地位之直辖市及西藏、蒙古之自治，《宪法》定有特例：（一）直辖市之自治，以法律定之。（《宪》一一八）所谓直辖市，指行政院直辖之市而言，性质上与各省不同，故直辖市自治，应由国家以法律定之，不适用省县自治通则。（二）蒙古各盟旗地方自治制度，以法律定之。（《宪》一一九）蒙古之盟旗与内地各省之省县不同，以蒙古各盟旗地方制度，施行已久，故蒙古盟旗之自治制度，另以法律定之，不适用省县自治通则。（三）西藏地方自治制度，应予以保障。（《宪》一二〇）西藏为一特别区域，其社会情形、经济状况、风俗习惯，与各省多有不同，自不必强之施行省县制度，故《宪法》特明定保障西藏地方自治制度。

三、县

县制滥觞于秦始皇,历代因之,数千年来,县之区域虽有变更,数量虽有增减,然县之为行政基层组织,则依然如故。在昔君主专制政体之下,只有官治而无民治,在县之上虽有高级行政区域之划分,高级行政官员之设置,然其职责皆重在监督县政之施行。国父主张分县自治,以县为地方自治之单位,乃根据我国情形,针对我国需要而为决定。宪法据此规定"县实行县自治"(《宪》一二一)故县为自治团体。所谓自治团体实具有四要素:(一)有自身的目的及自营的事业;(二)有独立的经费以供自治的开销,亦即有独立的财政;(三)团体的意志由其自身决定,故有代表公意的机关;(四)团体的意志由其自身表现,故有执行意志的机关。

(一) 县民直接民权之行使

现代民主政治以行使直接民权为原则,国父民权主义尤强调直接民权,但我国面积广大,人口众多,不唯对于中央政治难行直接民权,即对全省政治欲行直接民权,亦非易事,其最可能行直接民权者为县,故《宪法》规定县实行县自治(《宪》一二一),县民关于县自治事项,依法律行使创制、复决之权,对于县长及其他县自治人员,依法律行使选举、罢免之权(《宪》一二三)。所谓县自治事项,指《宪法》第一一〇条所定各款事项而言。所谓依法律行使创制、复决之权,指依《宪法》第一三六条所定之法律而言。所谓其他县自治人员,指县议员及区乡镇长等而言。至于直接民权行使之方式,均依法律之规定,可先经县公民依法联署提议或要求,再由全县公民依法举行总投票以决之,固不必有集合形式,更不必有县民大会之必要也。

（二）县级政权机关

县民虽于原则上行使直接民权,然关于县自治法之议订,似不能不出之于集合的形式,苟欲集合全县公民而议订县自治法,事实上又不可能,故仍不能不有县级"无形"的政权机关,即县民代表大会,代表全县人民议订县自治法权,此项县自治法之议订,为县民代表大会唯一代行之政权。故《宪法》明定"县得召集县民代表大会,依据省县自治通则,制定县自治法,但不得与宪法及省自治法抵触"（《宪》一二二）。准此以解,县民代表大会制定县自治法,受有三层限制：（甲）县自治法不得与《宪法》抵触；（乙）县自治法须依据省县自治通则,不得与省县自治通则相抵触；（丙）县自治法不得与省自治法相抵触。盖县为全国领域之一部分,为全省自治之一单位,其不能与《宪法》及省自治法相抵触,自属应有之义。至省县自治通则乃省县自治法之蓝本,论者有谓足以箝制地方自治,应属不必要者,已详前述,不赘。

（三）县级治权机关

县自治团体的政治体制,亦采立法、行政两权分立主义,县级治权机关可分为二：

（甲）县级立法机关——县议会。"县设县议会，县议会议员由县民选举之。属于县之立法权，由县议会行之。"（《宪》一二四）所谓属于县之立法权，指《宪法》第一一〇条各款所定事项而言。盖地方自治团体必须有决定团体意志的机关，县议会之职权既在行使一县的立法权，其为决定县自治团体意志的机关，可不待言。县议会由县民行使直接民权选举议员组织之，采合议制，县议会行使县立法权所制定之法规，称曰："县规章"。"县单行规章与国家法律或省法规抵触者，无效。"（《宪》一二五）盖县为一省的地方自治单位，且为国家领土之一部，故县单行规章不得与国家法律或省法规抵触，如有抵触，自县单行规章施行之日起溯及的不发生效力。

（乙）县级行政机关——县政府。"县设县政府，置县长一人，县长由县民选举之。"（《宪》一二六）县政府为县地方自治团体执行意志的机关，关于地方自治执行机关之组织，各国制度不同，有采合议制者，如英国是，有采首长制者，如法国是。然行政贵敏捷，责任宜专一，故《宪法》采首长制，置县长一人，由县民直接选举之。县民对县长亦得直接行使罢免权。（《宪》一二三）至县长之任期及候选人之资格等，则由县自治法定之。"县长办理县自治，并执行中央及省委办事项。"（《宪》一二七）准此以解，县长之职权有三：(1)办理县自治事项，即执行县议会所制定之单行规章是，此乃自治团体本身之职权，应对县民负责，故县民对于县长有直接罢免之权。(2)执行中央委办事项，即办理县内国家事务，盖《宪法》第一〇八条各款所定事项，由中央立法得交由省县执行之，此项国家事务直接委由各县办理者，则县长以国家下级行政长官之资格而行使此职权，自应对中央负责，而不对县民负责。(3)执行省长委办事项，即《宪法》第一〇九条各款所定事项，由省立法得交由县执行之，此项省自治事务委由各县执行者,则县长以省长下级行政长官之资格而行使此职权,自应对省长负责,而不对县民负责。至于省县关系,为省自治法所明定,前已详述,不赘。

此外,与县级同等地位之市,即省辖市之自治,准用关于县自治之规定,故《宪法》第一二八条明定"市准用县之规定"。

第六章　基本国策

基本国策之入宪，实为我国《宪法》之特色。《五五宪草》仅将国民经济与教育分为两章；而政协宪草修改原则认为宪草上规定基本国策章，应包括国防、外交、国民经济、文化教育各项目。现行《宪法》第十三章"基本国策"，凡分国防、外交、国民经济、社会安全、教育文化及边疆地区六节。除国防、外交、边疆地区三节规定较简外，关于国民经济、社会安全及教育文化三节规定详备，举凡经济社会教育之根本精神及规模体制，莫不严密规定。此非"华而不实""徒使宪法多有虚文陈设，徒使宪法条文冗长烦复"。盖以国策永久不变，与政策之得以随时代需要而改变者不同，行宪以后，无论任何政党执政，均应遵守《宪法》推行基本国策，执政政党因时制宜，只能在政策上善自运用，如此始不至因政策不同而破坏《宪法》也，如此始不至因执政政党之不同而动摇基本国策也。

一、国防

（一）国防之目的

国防者，为达到国家强盛民族生存之目的所实施之必要的设备与防卫也。中华民国之国防，以保卫国家安全维护世界和平为目的。(《宪》一七三)准此以解，国防之目的，可自二方面言之：自对内言，在保卫国家之安全，自对外言，在维护世界之和平。盖今日"天下一家"国际和平安全，息息相关，苟无世界之和平，亦必无国家之安全，苟无国家之安全，亦即无世界之和平。故民主国家之武力莫不以对内保卫国家安全、对外维护世界和平为目的，与彼侵略国家之武力以对内保卫国家安全，对外扩张势力，期能统治世界者不同也。此项规定，与国父民族主义之趣旨相合。至于国防之组织，以法律定之。(《宪》一三七后段)

（二）军队国家化

军队国家化，为民主国家之通例。宪法据此原则，规定两点：(甲)全国陆海空军须超出个人地域及党派关系以外，效忠国家，爱护人民(《宪》一三八)，所谓超出个人地域及党派关系以外，即全国陆海空军不属于任何个人所有，不属于任何地域所有，亦不属于任何党派所有，乃属于国家所有之意。易言之，任何陆海空军统帅或将领一旦解职退役或调迁，即与原所统领之陆海空军立于无关系之地位。任何地域之陆海空军或驻扎于任何地域之陆海空军，均与该地域无关，无论调防至任何地域或由其他任何地域之将领统率，均无不可。任何党派不得自有其陆海空军，而全国陆海空军均须超然无党派关系。必如此而后始可谓军队国家化，始真能效忠国家，爱护人民也。（乙）任何党派及个人不得以武装力量为政争之工具。（《宪》一三九）各党派政见不同，此乃政党政治之普遍现象，但政争应根据政治法律以求合理之解决，要不得利用武装力量为政争之工具，盖陆海空军武力对内为防卫国家之安全，决非任何党派及个人政争之工具也。

（三）军政分治

军政分治，亦为民主国家之通例。宪法据此原则，规定现役军人不得兼任文官。（《宪》一四〇）所谓现役军人，系指有陆海空军军人身份而现在服役中者而言。所谓文官系指国防机构以外中央及地方之公务员而言。现役军人置身军役，如可兼任文官，是乃军人干政，难免不利用其武力为政争之工具，且陆海空军军人应有超然地位，而民主政治则为政党政治，文官之中除法官及考试委员须超出于党派外，莫不与政党有关系，倘许现役军人兼任文官，亦显与《宪法》第一三八条规定相冲突也。不宁唯是，我国政治迄未走上正轨，即缘民国数十年来军人干政所致，军人不懂政治，偏欲兼干政治，行宪后军政分治，庶几国家可臻法治之域也。但有应注意者，现役军人不得兼任文官，非谓军人退役后不得从事政治，苟解除其陆海空军军人职务而出任文官，则于《宪法》并无不合也。

二、外交

外交乃国家对外之交际交涉,亦即国家与国家相互之关系也。国家之安宁与和平,既有不可分性,故现代宪法亦有所谓国际法的倾向,即将适应国际和平秩序所需要的外交原则规定在宪法之中,法国新颁第四共和国宪法及日本新宪法,其适例也。我国《宪法》亦于第一四一条规定:"中华民国之外交,应本独立自主之精神,平等互惠之原则,敦睦邦交,尊重条约及联合国宪章,以保护侨民权益,促进国际合作,提倡国际正义,确保世界和平。"兹分外交之精神、原则、方针及目标论之:

(一)外交之精神——独立自主

对外交际交涉应有独立精神与自主精神。所谓独立,即不为任何国家所支配;所谓自主,即不为任何国家所左右而居于被动地位。本于我国独立意思,自作主张,此即独立自主精神也。

(二)外交之原则——平等互惠

对外交际交涉须本于平等互惠之原则。所谓平等,指我国与他国立于对等地位;所谓互惠,指我国与他国之交际交涉签订条约,须双方互受利益不得有所偏畸,利他而不利我或利我而不利他也。

（三）外交之方针——敦睦邦交、尊重条约及《联合国宪章》

所谓敦睦邦交,乃使国与国间敦笃和睦,一无嫌隙。所谓尊重条约及《联合国宪章》,系指对于缔约国尊重条约上之权利义务,对于联合国尊重《联合国宪章》所规定之一切权利义务也。然敦睦邦交尊重条约及《联合国宪章》,应本于独立自主精神与平等互惠原则,苟有背于独立自立与平等互惠,即无敦睦邦交尊重条约及《联合国宪章》之可言也。

（四）外交之目标——保护侨民权益、促进国际合作、提倡国际正义、确保世界和平

所谓保护侨民权益,系指保护我国居留外国侨民及外国居留我国侨民之权利与利益而言。何种权益应受保护,则依条约及国际惯例,而生命权、财产权、居住权、营业权等则当然在保护之列也。所谓促进国际合作,乃以国际合作为世界和平之前提,故悬促进国际合作为外交之目标也。关于国际间含有国际性之事业,固应由联合国举办或各国联合办理,关于国际间之公约条约使节交涉待遇等,均应充分表现合作之精神。所谓提倡国际正义,乃谓国与国相处及国际纠纷之解决,应积极提倡正义,毋使强凌弱,众暴寡是也。所谓确保世界和平,乃谓世界和平之维持在于集体的安全,必能维持集体的安全,始能确保世界之和平,联合国之组织及《联合国宪章》之制定,无不以此为鹄的也。

三、国民经济

国民经济问题之载列宪法,自一九一九年之德国韦玛宪法始,而一九三六年之苏联新宪法第一章,即明定社会经济之基础。盖人类生活,常随环境而有变更,法律为人类社会生活之行为规范,社会生活既有变更,法律自应随之转变,以期适应,而在形成各种社会制度之法则中,以支配经济生活之法则占最重要之地位,故应在宪法上确立合理之经济制度也。《五五宪草》曾设国民经济一章,《宪法》虽未设专章,但于基本国策章内,亦设有国民经济一节。综观全节,实缘我国社会"既患寡,又患不均",国民经济,兼顾生产与分配两方面,与欧美社会"不患寡而患不均",经济问题偏重于分配方面者不同。关于国民经济之基本国策,与国父民生主义之遗教,完全符合。兹分述于次:

(一)经济制度之总原则

国民经济应以民生主义为基本原则,实施平均地权,节制资本,以谋国计民生之均足。(《宪》一四二)所谓"均"系指分配的平均而言,所谓"足"系指生产的充足而言。民生主义之目的,即在造成"均""足"社会,而以平均地权与节制资本为实施方法。平均地权即实施土地政策使愿耕者有其田之目的;节制资本即节制私人资本与发展国家资本。一面促致产业革命的完成尽量发展生产,一面随时防止分配的不均,澈底改革经济组织，以期社会"均""足"，达到全民共享之目的。

（二）平均地权

土地为生产要素之一，故土地在经济上所占之地位，极为重要。《宪法》第一四三条第一项前段所谓"中华民国领域内之土地，属于国民全体"，盖即规定土地公有之原则。而欲实施此原则，以达到土地公有之目的，在方法上有激烈与和缓之分，激烈方法系由政府以强力将全国土地收为公有，和缓方法则由政府施行调节之制按步迈进，使其归向于公有之途径。盖土地私有制已有数千年之历史，变革过骤，易起纷扰，可渐进而不可急进，"平均地权"即为改革土地私有制以期达到土地公有之方法也。平均地权既系缓和的改革土地私有制以期达到土地公有之方法，则"人民依法取得之土地所有权，应受法律之保障与限制"（《宪法》同条项中段）。所谓应受法律之保障，指应受民法土地法之保障而言。例如有人侵害土地所有权时，得请求防止或除去其侵害是。所谓应受法律之限制，指应受《土地法》关于照价征税、照价收买、涨价归公、耕者有其田及用者有其地各规定之限制是。

《宪法》对于土地所有权之存在，虽加以承认及保障，但附着于土地之矿及经济上可供公众利用之天然力，则明定为属于国家所有，不因人民取得土地所有权而受影响。（同条第二项）盖近代各国新宪法关于附着于土地之矿及经济上可供公众使用之天然力多规定为国家公有（如墨西哥宪法二七4、葡萄牙宪法四九、厄瓜多尔宪法一五一、德国韦玛宪法一五五），实缘蕴藏于地下之矿产及可供公众利用之天然力，与土地本身之利用本为两事，判然有别，且矿产及天然力之利用，影响于公众利益颇大，故二者应与土地所有权相分离，不认为私有土地之一部分，而为国家之公有物也。

《宪法》关于平均地权方法,凡分四端:(1)照价征税;(2)照价收买;(3)涨价归公;(4)耕者有其田与用者有其地。第一四三条第一项后段规定"私有土地应照价纳税,政府并得照价收买",即指照价征税与照价收买二项办法而言。关于地价之申报,地价额之完纳及土地之征收,均依土地法之规定。所谓照价纳税,系按照土地所有权人申报或政府估定之地价纳税,所谓照价收买,系按照申报或估定之地价征收。"照价征税"与"照价收买"二法并行,始足以避免地主低估地价巧避地税之负担也。自地价申报之后,如果土地价值增加,其原因当不外三端:一为劳力之施用,二为资本之投入,三为社会环境之改良与人口之增加。其由于增加劳力及资本之涨价,绝非不劳而获之物,故应承认其所获之利益,至由社会环境改良之涨价,即应归功于社会,自应收归人民公共享受,故《宪法》第一四三条第二项规定:"土地价值非因施以劳力资本而增加者,应由国家征收土地增值税,归人民共享之。"此即"涨价归公"之原则也。关于土地增值税之征收,依《土地法》之规定。"耕者有其田"与"用者有其地"为自土地私有达到土地公有之桥梁,盖耕者有其田,在免除地主阶级不耕而获的剥削,使耕农得以自由使用其耕地而获得其耕作的结果,用者有其地,亦在免除都市地权操于少数地主阶级之手,任令大多数市民听其剥削。故《宪法》第一四三条第三项规定:"国家对于土地之分配与整理,应以扶植自耕农及自行使用土地人为原则,并规定其适当经营之面积。"至如何分配整理,如何定其适当面积,俟诸《土地法》之规定。

(三)节制资本

节制资本,可自节制私人资本与发展国家资本两方面言之:自节制私人资本言,"国家对于私人财富及私营事业认为有妨害国计民生之平衡发展者,应以法律限制之"(《宪》一四五1)。所谓私人财富,即私人资本,所谓私营事业,即以私人资本所经营之企业,为防私人资本过于集中,免蹈资本主义之覆辙,国家认为有妨害国计民生之平衡发展者,自应以法律限制之。合作事业有助于人民经济生活之发展,应受国家之奖励及保护。(同条2)至于"国民生产事业及对外贸易,应受国家之奖励指导及保护"(同条3),盖节制私人资本,其目的在防止因私人资本集中而发生之弊害,而非节制资本之本身。奖励国民生产事业,其目的则在吸引资本参加生产过程。缘我国国民忽视生产,每多注意商业上之投机渔利,以致产业落后,国民经济无由发展也。对外贸易与农业工业之生产,关系至为密切,除奖励国民生产事业外,则必须连带奖励并指导对外贸易,方得完成经济建设之使命。

自发展国家资本言之:"公用事业及其他有独占性之企业,以公营为原则,其经法律许可者,得由国民经营之。"(《宪》一四四)此即关于国营企业之原则,国营企业即所以发展国家资本也。所谓公用事业,包括铁路、公路、邮航、电信等交通事业以及都市内之自来水、电灯、电话、煤气等而言。所谓其他有独占性之企业,如矿业及钢铁等重工业而言。此等事业须有巨量之资本,应由国家出资经营,且国家经营之利益不一而足:近世各国经济建设,多按一定之计划进行,我国之经济建设如各种重工业、交通事业、公用企业,皆在创办之中,先后缓急,唯有由国家通盘筹划详订方案,逐步实施,始有成效,此其一。一切公用事业及具如独占性之企业,统归国家经营,如此则可以预防私人资本之集中,而使经济之利益归于国家,即人民得共享其利益,正所以发展国家资本而非与民争利也,此其二。发展国家资本,虽足以节制私人资本促成国家工业化及抵抗外国资本,然如对于公用事业及其他有独占性之企业,绝对限制人民私营,亦足以阻碍工业化之进展，故不妨在法律许可之情形下，得由国民经营之。

（四）谋国计民生之均足

国家为谋国计民生之均足，除前所述平均地权节制资本外，《宪法》规定五端：（1）促成农业之工业化——国家应运用科学技术，以兴修水利，增进地力，改善农业环境，规划土地利用，开发农业资源，促成农业之工业化。（《宪》一四六）我国以农立国促成农业工业化，始为增加生产，充足国计民生之道，国父于民生主义第三讲，指示改良农业问题，一为机器问题，二为肥料问题，三为换种问题，四为除害问题，五为制造问题，六为输送问题，七为防灾问题，均与促成农业工业化有关。（2）扶植侨民经济事业——国家对于侨居国外之国民，应扶助并保护其经济事业之发展。（《宪》一五一）（3）货畅其流——中华民国领域内，一切货物，应许自由流通。（《宪》一四八）（4）中央对于省及省对于县之补助——中央为谋省与省间经济之平衡发展，对于贫瘠之省，应酌予补助。省为谋县与县间经济之平衡发展，对于贫瘠之县，应酌予补助。（《宪》一四七）（5）管理及活泼金融——金融机构应依法受国家之管理（《宪》一四九），此乃规定金融机关之管理权，盖银行、信托公司、钱庄业等金融机关，无论为国家所有或为公营或为私营，皆与社会经济有直接连带关系，自应依法受国家之管理也。又国家应普设平民金融机构，以救济失业。（《宪》一五〇）盖平民金融机构，如能普遍设立，一则金融易于流通，而呈活泼形态，二则办理小本贷款、籽种贷款及农具贷款等，皆与发展农民经济极有关系也。

四、社会安全

社会主义宪法所以异于自由主义宪法者,厥在自由主义宪法极力限制政府职权,使人民获得极大自由,放任各个人去谋独立自由的发展,而社会主义宪法则不特规定人民有各种基本自由,抑且设法确保此种基本自由能有实质的内容。民生主义为社会主义之一种,故我国《宪法》规定社会安全制度。

(一)工作权之"兑现"

人民具有工作能力者,国家应予以适当之工作机会。(《宪》一五二)盖人民之工作权应予保障(《宪》一五),此乃消极的规定,理想的社会,应能"人尽其才",凡有工作能力者,国家更应积极的予以工作机会,而人民亦有权要求国家予以工作机会,易言之,社会安全之基本国策,应以工作权之"兑现"为必要,否则,失业者群即无工作权之可言也。

(二)工农之保护

"国家为改良农民及劳工生活,增进其生产技能,应制定保护劳工及农民之法律,实施保护劳工及农民之政策。"(《宪》一五三1)所谓保护劳工政策,应以改良劳工生活、增进劳工生产技能为鹄的,例如劳工时间、劳工条件、劳工福利、工厂安全卫生及设备、劳工教育、劳工保险及失业保障等，均应以法律详为规定。而"妇女儿童从事劳动者，应按其年龄及身体状态，予以特别之保护。"（同条2）关于女工及童工之特别保护，如年龄之限制，工作性质之限制及女工分娩之请假等均属之。所谓保护农民政策，应以改良农民生活、增进农民生产技能为鹄的，例如农贷之扩充，税捐之减免，二五减租之实行，佃业仲裁机关之设立等，均应以法律详为规定。

（三）劳资之协调

劳资双方应本协调合作原则，发展生产事业。劳资纠纷之调解与仲裁，以法律定之。（《宪》一五四）劳资利害相反，有利于劳方，必无利于资方，有利于资方，必无利于劳方，故劳资纠纷与冲突，应求其协调合作，以谋生产事业之发展。至其劳资纠纷之调解与仲裁，应以法律（如《劳资争议处理法》）定之。

（四）社会保险与社会救济

"国家为谋社会福利，应实施社会保险制度，人民之老弱残废无力生活及受非常灾害者，国家应予以适当之扶助与救济。"（《宪》一五五）所谓社会保险，分伤害保险、健康保险、残废保险、养老保险及失业保险，以危险分担为原则，由被保险人平时提供一部分保险费，其余一部分则由企业之资方或政府拨付，以为保险基本金，一旦遇有意外发生，如疾病、伤害、死亡、失业或年老力衰不能从事工作，即可以保险费充作此不时之需，不致有无力医治丧葬或维持生活之虞，社会安宁，亦赖以维持矣。所谓社会救济，系对于人民之老弱残废无力生活及受非常灾害如天灾兵燹者，国家应予以适当之扶助与救济，使老有所终，壮有所用，幼有所长，矜寡孤独废疾者皆有所养，然后民生主义之社会始克实现也。

（五）妇女儿童福利政策之实施

"国家为奠定民族生存发展之基础，应保护母性，并实施妇女儿童福利政策。"（《宪》一五六）盖儿童为国家将来之主人翁，妇女为民族的母性，均应加以保护并实施福利政策，以奠定民族生存发展之基础。所谓妇女儿童福利政策，如关于怀胎妇女及儿童之营养，多产妇女的健康与儿童生活之维持，职业妇女托儿所之设置，产妇分娩之免费助产等均属之。

（六）卫生保健事业及公医制度之推行

"国家为增进民族健康，应普遍推行卫生保健事业及公医制度。"（《宪》一五七）一个民族之发展及其对于人类之贡献，不在其人口之数量，而在其人口之品质。所谓人口之品质，涵有智、德、体三义，而身体的健全尤为一切优良品质的前提，故民族健康实与民族生存及民族发展有莫大关系。我国人民素有"东亚病夫"之称，欲洗刷此种耻辱，增进民族健康，自应普遍推行卫生保健事业及公医制度。所谓卫生保健事业系从积极方面谋人民身体的健全发展；所谓公医制度即由国家公立医院免费供给卫生医疗药品，系从消极方面医治人民之疾病，祛除人民健康的障碍。二者须普遍推行,民族健康之增进,庶几有豸。

五、教育文化

各国宪法对于教育事项,或设专章(如荷兰、芬兰、葡萄牙、秘鲁,尤以德国韦玛宪法规定最为详细),或设专条(如瑞士、比利时、丹麦、希腊、土耳其、苏联、智利、墨西哥),盖以推广教育启迪民智乃民主宪政之始基也。我国文盲,据全国第二次教育会议报告,约占全国总人口百分之八十,国父尝谓教养有道为治国之大本,并以设学校为地方自治开始实行之要项,其故即在此。《宪法》于基本国策章设有教育文化专节,将教育宗旨、人民受教育机会之均等、教育经费之保障、基本及补习教育之免费、奖学金之设置及发明与创造之奖励等重要原则,分别予以规定,其故亦即在此也。

(一) 教育文化宗旨

"教育文化,应发展国民之民族精神、自治精神、国民道德、健全体格与科学及生活智能。"(《宪》一五八)所谓民族精神,指整个民族所表现之一贯精神而言,如革命精神,大无畏精神,民族自尊民族自保心理,民族团结意识是。教育文化应以发扬此种民族精神为宗旨,此其一。所谓自治精神,指自己管理自己之事的精神而言,教育文化,应以发展此种自治精神为宗旨,使人人均有自动自律之精神,民主政治之基础,始可得而确立,此其二。所谓国民道德,指一般国民之道德水准而言,如智仁勇三达德、礼义廉耻四维及忠孝仁爱信义和平八德是。教育文化应以发展此种国民道德为宗旨,提高国民道德水准,此其三。所谓健全体格,为建立强固国防之前提,健全的精神寓于健全的身体,强身即所以强国也。教育宗旨应以发展国民健全体格为宗旨,此其四。所谓科学与生活智能,兼指科学智能与生活智能而言,处今之世,二者实有其连带关系。二十世纪为科学世纪,个人生活,与团体生活,无不应受科学洗礼。科学智识与个人生存及民族生命实有密切关系。吾人不能不求取科学智能,其理甚明。至于生活智能,则为吾人谋生安生乐生之条件,英儒斯宾塞(Spencer)谓尝吾人应具备五种生活智能:一为有关个人直接生存的日常生活智能,二为间接影响个人生存的职业智能,三为有关民族生命存续的家庭生活智能,四为有关国家政治盛衰的公民生活智能,五为充实人生内容的休闲生活智能。教育文化应以发展国民之科学及生活智能为宗旨,此其五。

(二) 教育机会平等

"国民受教育之机会一律平等。"(《宪》一五九)所谓教育机会平等,系指国民受教育机会,无论智愚、贫富、性别、职业、种族及城乡,一律平等而言。古代受教为贵族特权,工业革命后教育机会仅为资产阶级开放,但知识非少数人或某一阶级所能独占,民族文化水准,尤贵普遍提高。民主时代,国民入学校受教育之机会,全国国民均应平等享受,为使国民教育机会之平等具体实现计,《宪法》复规定基本教育、补习教育免费及普设清寒奖学金:

(甲)关于基本教育。"六岁至十二岁之学龄儿童,一律受基本教育，免纳学费。其贫苦者，由政府供给书籍。"（《宪》一六〇前段）欲期教育普及，应使学龄儿童一律受基本教育。所谓基本教育，与一般所称义务教育强迫教育或基础教育相当，而属于国民教育之一部分。各国宪法，关于强迫教育，有以明文规定者，如苏联、德国韦玛宪法、土耳其、智利、希腊、埃及、秘鲁等国是。关于学岁之起讫，各国互有不同：英国定为五岁至十四岁，土耳其为七岁至十六岁，德国、瑞士为六岁至十四岁，智利为七岁至十五岁，丹麦、瑞典、挪威为七岁至十四岁，法国为六岁至十三岁，葡萄牙、匈牙利、希腊为六岁至十二岁。盖儿童学龄之起点，应视儿童发育之迟早而定，学龄之终结，则以强迫教育年限之长短而定。我国《宪法》以六岁至十二岁为学龄起讫期间，系依据我国情形而为规定也。国民基本教育，为全国国民应尽之义务，亦为全国国民应享之权利，唯其为义务，故为规定学龄及年期，强迫入学，唯其为权利，故基本教育之实施为国家应尽之责任，自不应收取学费，其贫苦者，并应由政府供给书籍。国父曾云"凡在自治区域之少年男女，皆有受教育之权利，书籍及学童之衣食，皆由公家供给"。宪法取渐进主义，仅规定免纳学费，而未规定供给衣食，恐难期基本教育之普及也。

（乙）关于补习教育。"已逾学龄未受基本教育之国民，一律受补习教育，免纳学费，其书籍亦由政府供给。"（《宪》一六〇后段）所谓已逾学龄未受基本教育之人民，包括已逾十二岁之未成年人及已成年人在内。盖欲普及教育扫除文盲，对于学龄儿童固可强迫教育，对于已逾学龄之失学国民，不可不令受补习教育，俾能获得受教育之机会。故补习教育，亦所谓国民教育之一部分，除免纳学费外，其书籍亦由政府供给。至于补习教育时间之长短及课程之种类等，均另订办法实施之。

（丙）关于清寒奖学金。"各级政府应广设奖学金名额，以扶助学行俱优无力升学之学生。"（《宪》一六二）欲使国民教育机会真正平等，欲使各地人才辈出毫无遗弃,则仅普及国民教育尚不能满足此种要求,各级政府必须于大学专科学校及中等学校中,广设奖学金名额,以扶助学行俱优无力升学之学生,俾其获得完成学业或继续深造之机会。但有应注意者,即奖学金之设置,应以学行俱优之清寒学生为对象,非若目前各国立院校之公费制度也。

(三) 教育之均衡发展

"国家应注重各地区教育之均衡发展,并推行社会教育,以提高一般国民之文化水准。边远及贫瘠地区之教育文化经费,由国库补助,其重要之教育文化事业,得由中央办理或补助之。"(《宪》一六三)我国地域广袤,社会经济及文化教育状况,相差悬殊,欲求民族文化教育水准普遍提高,当使各地区教育事业均衡发展,酌盈济虚,计划推进。职是之故,关于边疆及贫瘠地区之教育文化经费,应由国库补助之。盖其重要之教育文化事业,如边区大学之设立,图书馆博物馆及科学馆之创办,研究所之设置,均得由中央办理或补助之。

至于社会教育,即民众教育或通俗教育,如民众教育馆、图书馆、博物馆、电影场、戏院、广播电台等,乃无形的社会大学,对于一般国民,足以增进其智识而陶冶其品性,故必努力推行,以提高一般国民之文化水准。

(四) 教育文化经费

"教育科学文化之经费,在中央不得少于其预算总额百分之十五,在省不得少于其预算总额百分之二十五,在市县不得少于其预算总额百分之三十五;其依法设置之教育文化基金及产业,应予以保障。"(《宪》一六五)经费为事业之母,欲期教育之切实推行,首须宽筹教育经费,并确定其保障。过去教育之未能充分发展,经费不足,实为主因。故《宪法》以明文保障教育经费:(甲)中央教育经费不得少于其预算总额百分之十五。所谓中央教育经费,指国立各院校之经费及其他国立文化教育机关而言。所谓预算,系指平时之预算而言。所谓不得少于其预算总额百分之十五,指预算总额百分之十五为中央教育经费之最低限度而言。此百分比率以视我国现时教育经费所占数额,固觉稍高,但与各国相较,如美国一九二八为一九,荷兰一九二九为二一·三,瑞士一九三〇为一五·九,日本一九二七为一七,尚属瞠乎其后也。(乙)省教育经费不得少于其预算总额百分之二十五。所谓省教育经费,指省教育经费、省立各院校之经费及其他省立教育机关或文化机关之经费而言。(丙)市县教育经费,不得少于其预算总额百分之三十五。所谓市县教育经费,指市县教育行政经费、市县立各校之经费及其他市县教育机关或文化机关之经费而言,基本教育及补习教育经费均包含在内。(丁)教育基金及产业之保障,教育经费之来源,除从政府之岁收拨充外,有由政府指定专款公产,或由私人募款捐产,创设教育基金,以其孳息供举办教育之用者。此项依法设置之教育文化基金及产业,(如学田是)自应予以保障,以免移用,而妨碍教育之发展。

(五)教育文化事业之监督

"全国公私立之教育文化机关,依法律受国家之监督。"教育文化之良否,关系国家民族之前途至大,故现代各国对教育文化事业,莫不行使最高之监督权,如德国韦玛宪法及希腊、智利等国宪法,均有明文规定。我国教育文化急须推进,而办理是否良善,不可无所考古迹摩挲古物时,引发思古幽情,追怀民族远祖之丰功伟绩,尤足加深民族思想与国家观念,故应保存维护之。

六、边疆地区

边疆地区,大半地瘠民贫,文化落后,经济不振,国家为开发富源扩展生产,并增加边区同胞之向心力,自应积极扶植边区教育文化、交通、水利、经济、社会、卫生及自治事业并保障边区各民族之地位,《宪法》于基本国策章,特设专节明定之:

(一) 边区民族之保障及自治事业之扶植

"国家对于边疆地区各民族之地位,应予以合法之保障,并于其地方自治事业,特别予以扶植。"(《宪》一六八)对内各民族一律平等,为民族主义之要旨,边疆少数民族地位特殊,故宪法明定予以合法之保障。关于边区自治事业,更应特别予以扶植,以期如期完成,实质上与国内其他民族处于平等地位。

（二）边政之推进及发展

"国家对于边疆地区各民族之教育、文化、交通、水利、卫生及其他经济社会事业,应积极举办,并扶助其发展。对于土地使用,应依其气候土壤性质及人民生活习惯之所宜,予以保障及发展。"(《宪》一六九)边区政教风俗习惯与内地不同,关于教育文化之发展,交通之开发,水利之兴修,卫生之设施以及其他经济社会事业之举办,均应积极为之,如非边区力量之所能胜任,并应扶助其发展。至于边区土地之使用,应依其气候土壤性质及人民生活习惯之所宜,予以保障及发展,国家不必强求同一也。

《宪法要义》(上海昌明书屋1948年一版)

论文

一个《农村债务调解法》的建议

复兴农村,在这年头是不可不做的急务,同时也是极时髦的名称。有许多机关为了它在设立着,有许多杂志为了它牺牲了不少宝贵的篇幅,有许多专家为了它在继续不断地绞脑汁,有许多热诚可佩的志士们,"不问收获"地在"到农村去"的旗帜下,埋头苦干……然而他们似乎很少有人(至少是作者没有见到)提出这么一个重要的先决问题来,就是复兴农村,应先清理农村债务。

这是不可否认的事实。根据中央农业实验所的报告(二十三年四月的《农情报告》第二年第四期《各省农民借贷调查》及二十三年十一月的《农情报告》第二年第十一期《各省农村金融调查》):

第一,全国二十二省八五〇县里,半数以上的农家都负有债务,借现金的农家,平均占农家总数百分之五十六,借粮食的农家平均占农家总数百分之四十八,几乎占总数之半。

第二,各省农民负债的程度,相去并不甚远,例如江浙虽是江南富庶之区,但农民的负债,却竟与西北不相上下。

第三,这些农民借款的来源,银行占2.4%,合作社占2.6%,典当占8.8%,钱庄占5.5%,商店占13.1%,地主占24.2%,富农占18.4%,商人占25%。银行和合作社在百分比中固然小得可怜,而典当、钱庄、商店三者合计,亦仅占借款来源总额27.4%,还远在私人——地主、富农和商人

(三者合计占 67.6%)之下呢！

第四，借款的利率，金钱借款，则年利一分至二分的平均占 9.4%，二分至三分的 36.2%，三分至四分的 30.2%，四分至五分的 11.2%，五分以上的 12.9%；粮食借款更重，到平均月利七分一厘！

这也是摆在面前的事实：

第一，半官性质的各省农民银行拼命地在经营着农村放款和调剂农村金融的工作。

第二，雨后春笋似的九九四八个合作社（据中央统计处所发表的），也在竭力发挥它的性能——解脱高利贷作用，努力为农民放款。

第三，患了脑充血症的银行界，一方面受了《储蓄银行法》（第八条第七项）应将存款总额五分之一经营农村放款的限制（违则处罚——同法第十六条），一方面也感觉到公债交易地皮生意的苦燥单调，也来赶热闹，大都移转目光于农村放款，单独进行之不足，并且还组织了所谓"中华农业贷款团"。

第四，以复兴农村为任务的农村复兴委员会，最近的过去，为救济农村金融，曾有组织中央农民银行，来大规模地举办农村放款的酝酿。

倘使我们把这两件事实合起来看，无疑地我们这样说：不论各种农村金融救济者的放款条件如何松，更不论放款的利率如何轻，那许多呻吟在高利贷下的——全国百分之五十的——农民，非但不会得到什么利益，并且反而受到莫大的损失，而受其利的却反是出乎农村金融救济者意料之外的那农村债权人百分之六七·六的地主、富农和商人。我们这里倒不是说，所有的放款，仍须经这些人的手，然后由他们从中渔利；我们是说，纵然不经这些人之手，而中小农民可以直接借到金融救济者的贷款，仍不得不把其中一部（纵使不是全部的话）作为偿还高利贷的旧债之用。因为农村金融枯竭，苟无外来的救济，反正大家都是死，债务关系陷于停顿的状态，债务人对于高利贷债权人的债务，只剩得一个名义而已，实际上多半是无法清偿；现在有了许多穿了慈善家外衣的财神，做润泽农村的工作，那么占债权人67.6%的人们，眼巴巴地看见他的债务人有钱到手，还肯错过索偿的机会吗？这种借轻利还高利的一转手间，请问于挣扎在债的深渊里的农民，有何益处？或者我们乐观一些说：67.6%的农村债权人，决不忍敲骨吸髓再从他们手里掠取可怜的金钱，然而等到他们把这些借款用作生产资本换得农产物的时候，那可不能不旧债重提了吧？请问在目前这种谷贱伤农的情况下，他们把农产品变做金钱以后，除掉牺牲自己的生活必需品，自甘在饥饿线上和死神奋斗以外，怎能复有余力清偿旧债？作者自己便是农家子，对于乡农的习性，有相当认识，他们大都是老实人，平时迷信的观念——与其说是道德观念，还不如说是迷信观念来得确当——甚深，对于所欠的债务，都以为"今生不归还，来世变猪狗也得还"，所以要不是自甘堕落（他们所认为的堕落），对于自己一无希望的人，他们是宁可自己有吃有穿，甚至于不吃不穿，尽管息上生息（复利），债务可不能不还，"来生债"是要不得的。因此我们敢说，在这种"现状"下，多作金融救济，适足以多使可怜的农民受累而已！何况放款的条件、放款的利率，以及是否不经地主、富农和商人的居间，事实上还不能如我们之所料呢！

日本为复兴农村经济、充裕各个人的生活而增强农村全体的经济力，进而谋恢复国民经济、打开经济界的衰况计，曾于一九三三年（三月二十九日法律第二十一号）颁行《农村负债整理合作社法》，由债权人、债务人以及乡村公正人士组织一个负债整理合作社，来谋债务的整理；在这种法律颁行以前，一九三二年九月七日曾颁布《金钱债务临时调停法》，自同年十月一日起施行，预定于施行日起三年内有效，凡一九三二年七月三十一日以前发生的私法上金钱债务（自从《农村负债整理合作社法》施行以后,又扩展至一九三三年八月一日以后成立之私法上金钱债务,亦可请求调停),且未超过金额一千元者,当事人得声请区裁判所或调停委员会为之调停(可以适用《借地借家调停法》以及《小作调停法》者,当然适用各该法)。调停事件在调停委员会未调停妥协时,裁判所认为适当者,得接受调停委员会之意见,公平考虑当事人双方之利益,斟酌其资力、业务性质、债务人已付之利息、手续费及预偿之一部分现款等之金额,及其他一切情形,行使变更利息、期限及其他债务关系之裁判,以代调停。此项裁判,除对于银行或其他受官署监督而办理金融的机关为债权人时,如果认为有害其业务机构之处不得为之以外,与法律上的一般裁判有同一效力。换一句话说,除掉银行等为债权人以外,法院对于金钱债务之争执,有权变更利息、延长期间或者甚至于减少数额。此次洪文澜先生从日本考察司法归来后,说起该国民事局长(即法部民事司长)曾谓自从《金钱债务临时调停法》施行以来,东北部的农民已经大食其惠,复兴农村,实深利赖。

我们以为要解除农民高利贷的压迫、扫除复兴农村的一个障碍,鉴于日本因法律救济而大收效果的实际情形,对于《金钱债务临时调停法》,实有斟酌国内情形、变通仿行的必要,所以我们提出《农村债务调解法》的建议,更不辞谫陋,举其原则于次:

一、凡农民所有一切私法上的债务,除直接对于合作社或农民银行所负者以外,均得依《民事调解法》声请调解。

二、得申请调解之债务,以其金额未超过五百元者为限;但该项金额或折算之金额中,不得算入所附带的利息、违约金或费用、手续费等。

三、凡实际利率超过法定最高利率即年息百分之二十以上者,为保护债务人计，得追溯至前五年就其超过之部分，视为不当得利扣算之。

四、调解无效时，法院得依调解庭之意见，公平考虑当事人双方之利益，斟酌其资力、业务性质、债务人已付之利息、手续费及预偿之一部分现款等之金额及其他一切情形，为变更利息、期限及其他债务关系之裁判，以代调解。此项裁判，除不利于债务人者以外，有确定裁判之效力，债权人不得上诉。

五、至前述裁判，对于农民与银行之债务关系，不得为之。

六、凡依本法声请调解者，免纳一切诉讼费用，《司法状纸规则》及《司法印纸规则》亦不适用之。

七、《民事诉讼法》及《民事调解法》或《修正民诉法》施行后之《民事诉讼法》，与本法抵触之部分，不适用之。

八、凡依本法声请调解者，得以言词为之。

九、本法施行期间，以命令定之。

这样一来，挣扎在债的深渊里的农民们，对于高利贷的债权人，尤其是占百分之六七·六的地主、富农和商人，便取得了一个合法的武器。他们可以不必购用部颁民事状纸、不必缴纳诉讼费用，要求法院减轻他们债的负担——延长清偿期限、变更利息利率、减少原本或者甚至于免除债务。与地主、富农和商人固然未必有利，但于百分之五十的农民，却不能不说是"清理旧债"的一点良剂吧？

有人说：假如这种所谓《农村债务调解法》施行以后，农村的地主、富农和商人，必将收拾起他们"放款"的旗子，有使农村金融更陷于枯竭的危险。因为倘使照现状维持下去的话，只要老实的农民，自甘于饮鸩止渴，他们仍可以做金融救济的工作，给农民一个目前的恩惠；现在眼见过去的放款,既有不利,他们对于此后的放款,自必裹足不为,而农民债权人中至少去了 67.6% 了!专仗其他 32.4% 的债权人,不将使农民由贫血症而干瘪以死吗?其实,我们也看得很清楚,"前债未清,免开尊口",这本是地主、富农和商人的信条,事至今日,那占农民总数百分之五十的农村债务人,因已到了无力偿债的地步,即使照现状维持下去,恐怕那许多地主富农和商人在前一次放款没有讨回来以前,也未必轻易再去和农民们订立消费借贷契约了吧?现在农村金融的救济,唯一的希望是在农村信用合作社、农民银行以及其他银行的农村贷款,我们在《农村债务调解法》施行以后,当然希望这些新的农村债权人去尽力发展他们在农村的势力,这个《农村债务调解法》,不过是替它们廓清横在前面的障碍罢了。

有人说:假如这所谓《农村债务调解法》施行以后,法院里平白地将增加了不少的民事案件,在现行司法状况下,多半还是一个理想而已。其实,我们也曾想到,这案件的终结,和一般民事诉讼不同,只须双方当事人对质清楚,或者债务关系明确以后,便可以简易方式下判决,结案既速,便未必一定会使法院积案如山;况且于此法施行后,自可以司法行政部的命令,限定每月办结此种案件的最高数,或者限令第一审法院民事庭于每月中那几天专审结此种案件。我们只要看日本在《金钱债务临时调停法》施行以后,只看见法院办结关于金钱债务案件的成绩,并没有见到日本添设法院、增置法庭,便可以知道这也是一种过虑了。

原载于《政治评论》第 149 号(1935 年)

法律是恋爱的藩篱

一、抗战时期可谈恋爱吗？

抗战的炮声，一面震醒了许多男女青年桃色的迷梦，一方面又创造了许多男女青年生活的资料，多少男女青年，抛弃了过去风花雪月的生活，武装起来，走向日军的前方与后方，这是有目共睹的事实；多少男女青年，在此流离颠沛的生活中，危难相共，由相识而相爱，由相爱而结为终身伴侣，这也是不可抹煞的事业。固然，"有国然后有家"，国难如此，再也不容我们眷恋着欢乐的生活，对于跑上前线负起卫护国家民族责任的男女青年，我们万分崇敬；然而，"结婚抗战，成家建国"，哪一天的报纸不曾带给我们以订婚和结婚的消息？这些抗战期内订婚结婚的男女青年，他们都是逃避了对于国家民族应负的责任而优游享乐吗？不，我想决不。

我们纵然不像弗洛依特（Freud）一样，说性的问题支配人世间一切的生活，我们却承认"食色性也"（《孟子》），"欲食男女，人之大欲存焉"（《礼记》）。① 正和求食是维持生存、御侮是保卫生存一样，求偶也是延

---

① 原文为："饮食男女，人之大欲存焉。"——编者注

续生存所必要的方法。由于人类求生存的欲望,这才要维持生存、延续生存和保卫生存。遇到国家民族大难临头,"抗战第一,胜利第一""民族至上,国家至上",我们固然要全国上下,共起御侮,保卫生存,可是我们也不能忽略了维持生存和延续生存,如果保卫生存的时候,不能使我们国家民族的"个体"维持其生存、国家民族的"群体"延续其生存,岂不一样不能达到我们生存的目的?况且,哥德(Goethe)说:"谁个青年不钟情?谁个少女不怀春?这就是我们人生中的至圣至神。"孟子说:"人少则慕父母,知好色则慕少艾。"青年对于恋爱问题感觉到兴趣,是生理与心理上的自然要求,是必然的事实。谁能说抗战期内男女恋爱是无视民族国家利益的落伍举动呢?

二、法律是恋爱的藩篱

在抗战期内谈恋爱,我们既然不认为不应有的落伍举动,那么,在抗战期内讨论恋爱问题,自然也就不能谓为背时的"不识时务"之论。我们认为法律是国家的社会生活之规范,它具有强制性,强制人们遵守,和其他社会规范如道德、宗教、礼仪、习俗不同。恋爱虽是婚姻的前奏,但是青年们入世未深,如果不曾遵守法律的规范就开始其恋爱生活,往往"一失足成千古恨",很容易因不知法律或误解法律而陷身囹圄,或贻终身之恨。说"法律是恋爱的敌人"的加本特(Edward Carpenter),他虽然承认法律是婚姻的恶魔,但仍不能不说国家的干涉男女生活,似乎可以使人感到几分社会的权威。法律毕竟是我们这时代维持社会秩序的规范,为着种族的健康、人类将来的幸福,以及社会生活的安宁起见,恋爱的基础,应该建筑在法律的阶层上面,那是毫无疑义的。

因此,在男女青年谈恋爱之先,除掉应该审查双方的容貌、性情、品格、体质、学问、兴趣……以外,首先还得注意到法律对于恋爱的限制,然后法律的规范在消极方面,才不但不会给予相当恶果,而且在积极方面,才又不会加以留难和干涉。我们就法律规范给予恋爱的限制,析述于次,以供男女青年为完成延续生存的使命而进行恋爱生活之一个参考。

三、亲属的限制

恋爱和结婚本来是两件事,结婚不经过恋爱的阶段以及恋爱而不结婚的,事实上还是很多,不过我们既然承认结婚必须建筑在恋爱的基础上,那么我们就应该认定恋爱是结婚的准备。为了节省我们物质的精神的种种损失起见,一对不能结婚的男女青年,自然应该避免谈恋爱。法律为了血统关系、人伦观念,以及种族健康,有亲属限制结婚的规定。与下列男女亲属,禁止结婚,对于有这些亲属关系的男女,自然也就不应该谈恋爱。依照《民法》的规定,亲属有血亲和姻亲之分,无论血亲、姻亲,又均有直系、旁系之不同,恋爱在亲属方面的限制(《民法》第九八三条),分直系亲属与旁系亲属,阐释如次:

（一）直系亲属

与直系血亲和直系姻亲，禁止结婚，当然不能谈恋爱。

（A）直系血亲

血亲是有血统关系的亲属，所谓直系血亲，包括两种情形（《民法》第九六七条第一项）：

（a）"己身所从出"的血亲——从父系方面说，是父母、祖父母以及祖父母以上的祖父母；从母系方面说，是外祖父母以及外祖父母以上的祖父母。

（b）"从己身所出"的血亲——从己身所出的血亲，是子女、孙子女、外孙子女。

（B）直系姻亲

姻亲包括三种情形，（《民法》第九六七条）所谓直系姻亲，也因此三种情形而各异：

（a）直系血亲的配偶——后母（母亲死后父亲的续弦妻）、后父（父亲死后母亲的再醮夫）、媳妇、女婿。

（b）配偶的直系血亲——岳母（妻的母亲）、夫父（夫的父亲）、夫祖（夫的祖父）。

（c）配偶的直系血亲的配偶——岳父的续弦妻、夫母的后夫（夫父死后，夫母之后夫）。

（二）旁系亲属

旁系亲属禁止结婚的限制，由于旁系血亲和旁系姻亲而不同，因此禁谈恋爱的范围也因旁系血亲与旁系姻亲而异其限制。

(A) 旁系血亲

旁系血亲是除掉直系血亲之外而出于同源的血亲。在八亲等以内的旁系血亲,除表兄弟姊妹以外,无论辈分是否相同,一律禁止结婚,当然也就不必恋爱。所谓亲等,是计算亲属关系远近亲疏的标准,要说明八亲等以内的旁系血亲,先得说明血亲亲等的计算。原来血亲亲等的计算,依照《民法》第九六八条的规定:直系血亲是从己身上下数,以一世为一亲等(例如父母与子女是一亲等的直系血亲,祖父母与孙子女是二亲等的直系血亲);旁系血亲是从己身数至同源的直系血亲,再由同源的直系血亲,数至与其计算亲等的血亲,以其总世数为亲等之数(例如兄弟姊妹是二亲等的旁系血亲,因为兄弟姊妹同源的直系血亲是父母,各数至其父母为一世,总世数为二世,故为二亲等;又如姑母、伯叔父、舅父、姨母都是三亲等的旁系血亲)。为便于说明计,我们将八亲等以内禁止结婚的旁系血亲,列述于次:

(a) 二亲等的旁系血亲——兄弟姊妹。

(b) 三亲等的旁系血亲——伯父、叔父、姑母、舅父、姨母、侄男女、甥男女。

(c) 四亲等的旁系血亲——辈分相同的是堂兄弟、堂姊妹(指伯叔父之子女);辈分不相同的是侄孙男女、伯祖、叔祖、祖姑(指祖父的兄弟姊妹)以及外祖父母的兄弟姊妹(表兄弟姊妹虽属四亲等的旁系血亲,但仍可以由恋爱而结婚)。

(d) 五亲等的旁系血亲——堂侄男女(堂兄弟姊妹的子女)、表侄甥男女(表兄弟姊妹的子女)。

(e) 六亲等的旁系血亲——同曾祖父母的再堂兄弟姊妹、族伯叔祖姑(曾祖的兄弟姊妹)。

(f) 七亲等的旁系血亲——再堂兄弟姊妹的子女、母亲的再堂兄弟姊妹(与母亲同曾祖父)。

(g) 八亲等的旁系血亲——同高祖父母的堂兄弟姊妹。

前述八亲等旁系血亲以外的血亲,无论辈分是否相同,都不在限制结婚之列。换言之,不但同姓可以结婚,而且同姓而有同一血统关系的血亲,只要在八亲等以外,尽管辈分不相同,也一样可以结婚,自然也一样可以互相恋爱。

(B) 旁系姻亲

旁系姻亲包括旁系血亲的配偶、配偶之旁系血亲、配偶之旁系血亲之配偶三类。此等旁系姻亲,如果辈分相同,只要无其他的法律窒碍,并不禁止结婚,自然也不是不能谈恋爱;但是旁系姻亲,如果在五亲等以内而又辈分不相同者,法律为人伦和习惯等原因,便禁止结婚了。旁系姻亲亲等的计算,依其姻亲亲等种类的不同而互异(《民法》第九七〇条):旁系血亲之配偶(例如嫂或弟媳),从其与旁系血亲之亲等(叔嫂间或夫与兄弟媳间是二亲等的旁系姻亲,因为兄弟是二亲等的旁系血亲);配偶之旁系血亲(例如妻的兄弟姊妹),从其与配偶之亲等(夫与妻的兄弟姊妹是二亲等的姻亲,因为妻的兄弟姊妹与妻为二亲等的旁系血亲);配偶之旁系血亲之配偶(例如妻之嫂、妻之弟媳或妻之姊妹夫),从其与配偶之亲等(夫与妻嫂妻弟媳或妻之姊妹夫间,是二亲等的旁系姻亲,因为妻与其嫂弟媳或姊妹夫是二亲等的旁系姻亲)。说明了旁系姻亲亲等的计算方法以后,进一步,我们将五亲等以内的旁系姻亲而又辈分不相同者,列述于次,俾可晓然于法规的禁律,避免彼此间互谈恋爱:

(a) 三亲等的旁系姻亲。

(1) 旁系血亲的配偶——伯母、婶母、姑夫、舅母、姨夫、侄媳、侄女婿、甥男女。

（2）配偶的旁系血亲——妻的姑母、妻的姨母、妻的侄女、妻的甥女（妻之姊妹之女）、夫之伯叔、夫之侄（夫之兄弟之子）、甥男（夫之姊妹之子）、夫之舅。

（3）配偶的旁系血亲的配偶——妻的伯叔母、妻的舅母、妻的侄媳、妻的甥媳（即妻的姊妹之媳）、夫的姑丈、夫之姨丈。

(b) 五亲等的旁系姻亲。

（1）旁系血亲的配偶——堂伯母、堂叔母、堂姑丈、母之堂兄弟之妻、母之堂姊妹之夫、堂侄媳、堂侄女婿、表侄媳（姨母或母舅之孙媳）。

（2）配偶的旁系血亲——妻的堂姑母、妻的堂侄女、妻的表侄女（包括妻之姑母之孙女、妻之舅父或姨母之孙女）、妻的堂姨母、夫的堂伯父与堂叔父、夫的堂侄与堂表侄（包括夫之姑母之孙、夫之舅父或姨母之孙）、夫的堂舅父。

（3）配偶的旁系血亲的配偶——妻的堂伯母与堂婶母、妻的堂侄媳、妻的表侄媳（包括妻的姑母之孙媳，妻的舅父或姨母之孙媳）、妻的堂舅母、夫的堂姑夫、夫的堂姨夫、夫的堂侄婿、夫的表侄婿（包括夫之姑母之孙女婿、夫之舅父或姨母之孙女婿）、夫的堂舅父。

此外，以无辈分不相同的一亲等和二亲等的旁系姻亲，辈分不相同的四亲等的旁系姻亲，事实上虽有之，但又年龄相差过远（例如伯叔、祖母），事实上绝鲜有或会引起恋爱和结婚的可能，故均不多列述。

四、国籍的限制

恋爱自由和婚姻自由,原则上无国籍的限制,中华民国的青年男女,可以和任何其他国家的青年男女恋爱或结婚,现行《民法》也和其他各国民法一样。但因民族国家的利益,高于一切,在"民族至上""国家至上"这个原则下面,一切个人的利益,应该以民族国家的利益为前提,为了民族国家,牺牲我们的生命身体尚且不惜,何况牺牲我们自由的一部分呢?因而为了民族国家的利益,对于陆海空军现役军人和特种公务员——例如外交官吏——禁止和其他国籍的青年男女结婚。我们体念到国家的立法意旨,自然也绝对希望现在或将来的青年军人和这些特种公务员,最好与异国的青年男女免谈恋爱。

"无间谍即无战争",这个年头,侵略主义的国家,处心积虑,无时不对其侵略的对象——弱小民族——用尽心计,以达到听其宰割的目的。于是乎不惜奖励大批女性,派遣许多特务工作人员,用色情来换取机密。国民政府有见于此,为防患未然计,特由行政院颁布《限制陆海空军及外交人员与外籍妇女结婚办法》:对于陆海空军及外交人员,禁止其与外籍妇女结婚,其已与外籍妇女结婚者,不得任为陆海空军及外交人员。现任陆海空军及外交人员,已娶外籍妇女为妻者,以不究既往为原则,但仍应依照下列规定办法:

(A)举办登记;

(B)外交官、领事官以回避其妻之原属国国家任职为原则(例如现任

外交人员已娶德国籍女性为妻,那他便不能任驻德使领馆的外交人员);

（C）陆海空军人员之任机密要职者,遇必要时改调其他职务。

我们听说日本明治维新时代曾有这样一段故事:当时日本某元老重臣,有一次在东京女子高等师范演讲,最使我们警惕的一句话,是当着受高等教育的许多女性面前,大声捷呼地喊着:"日本的优秀女性,应该嫁给支那留学生!"时至今日,我们纵然不能再存着"非我族类,其心必贰"的排外观念,但从抗战发生后,许多留日败类甘为汉奸者,往往有日本妻子在那儿"牵马拉皮",便是值得我们猛省的"一个例子"。

有为的青年们,民族国家的重担,无疑地要落在我们的仔肩上,事实告诉我们,要如我们将来抱负远大,立志复兴民族国家,参加陆海空军外交等任务,那么在我们进行恋爱的时候,便不容许我们不有民族的偏见,至少要认清友敌,绝不与现在或将来的敌国异性,有恋爱或结婚的行为。

五、年龄的限制

不错,我们也极端承认,人们一到青春期开始,由于生理上的特殊变化,心理状态也随着有显明的改变,对着一个异性,常常去注意他或她身体的各部分,许多关于异性的事情,往往引起他或她的胡思乱想。社会对于青年,与其加以禁锢和压抑,毋宁听其自然,给予必要的注意和正确的指导。

不过,国家在另一方面,为了社会秩序和种族健康起见,不但规定适婚年龄(男未满十八岁,女未满十六岁者,不得结婚)。限制早婚,并且对于发育尚未成熟、思想尚未健全的男女青年,关于畅遂的纯洁的恋爱行为,还有年龄上的限制。因为《民法》上规定未满二十岁的男女,原则上须受其父母或其他监护人的监护。如果与未满二十岁即未成年的男女青年,相互恋爱,因为约看电影、跳舞或游山玩水等举动(当然是得彼方本人同意的),而有使之"脱离家庭或其他有监督权人"(家庭父母或其他有监督权人并不同意)之事实,不论时间久暂,那位未成年男女青年的父母或其他有监督权人,便得依据《刑法》第二四〇条第一项的规定,控告与其未成年男女恋爱的另一位青年以妨害家庭罪了。事实上,一般青年们因为不知法律上这种规定,从而误蹈法网的,正不知其几多呢!

基于立法意旨,如果我们要和未满二十岁的男女青年相互进行恋爱,最好在他或她本人以外,再得其父母或其他监督权人的同意,而且,一般的情形,只要你具备彼方心目中的条件,开明的父母或其他监督权人,事实上也很少不同意的。如果其父母或其他监督权人不能同意,那么这位未成年的男女青年,尽管本于自由意志,对你有纯洁的爱情,为避免误蹈法网计,你最好等一等,等他或她到满二十岁,即成年以后,再畅遂地去恋爱甚至订婚或结婚吧!

这里,为避免读者误会计,我得声明两点:其一,我们并不否认,男女青年在开始恋爱时,应双方审择其所预定的标准是否相合,在所谓恋爱的条件中,本于男女生理的理由,我们更极端主张男子年龄应较长于女子五岁以上;其二,男女青年本于自然的要求,在未成年以前,尽管可以和认为满意的异性,双方恋爱,不过,如果对方的父母或其他有监督权人不表同意时,双方行动,务须时时注意,不能给予对方不同意的父母或其他有监督权人以认为"和诱"的资料而已。

何谓有监督权人?我应在此补为说明。法律上所谓有监督权人,除掉父母之外,事实上最常见的,是父母委托其监督之人,例如未成年子女在外求学，父母往往委托其在学校所在地之亲友或学校当局代任监督之责，不过其监督权有一定的范围罢了。此外，如果未成年男女的父母已死亡，或虽未死亡而事实上不能行使监督权时，未成年人的祖父母、外祖父母、家长或伯父、叔父等，往往便是监护人。（参阅《民法》第一○九四条）

六、程度的限制

我们决不相信"结婚是爱情的坟墓"，我们也决不承认恋爱一定要结婚，但是为便于说明计，我们不妨认为男女青年在结婚以后和结婚以前是两个不同的时期。如果说结婚以前的恋爱是源泉，那么结婚以后的生活便是河流，"源"是"流"的准备，"流"是"源"的归宿，结婚自然是恋爱的结束期（结婚以后的爱情与结婚以前不同）。因为结婚是"终身大事"，它能够使人上青天，也能够使人入地狱。一般人都认为"人心之不同，如其面焉"，一对男女青年，由相识而相知，再由相知而相羡相爱，走入恋爱的道途中，最好不是"速战速决"，而是经过相当较长时间的观察，换一句话说，就是恋爱的时期不要很快结束，结婚的时期不要迅速到来。

但是，性本能到了青春期一定要发动起来，性生活是每个发育成熟的男女所应该过的一种正当生活，如果恋爱达到了最高度的时候，在狂热的恋爱生活中，男女双方完全是感情在那里作主，理智自然不容易抬头，事实所趋，意志薄弱的人，很容易灵肉一致，由于性欲的冲动而演出某种行为来。厨川白村说："恋爱是以性欲为根源而发生的特殊爱情。"

柏拉图所倡导的精神恋爱，恐怕仅止于少数人说说而已。时下青年所谓造成既成事实，"先行交易，择吉开张"者，往往因为不得不早婚而难得美满的结果！至于始乱终弃，因之而自甘堕落的青年，恐亦不在少数。而且，犹有甚于此者，如果对方是一位未满十四岁之男女，尽管他或她自愿与你为猥亵行为（除掉性交之外，其他足以发泄性欲的举动，谓之猥亵行为），也不能逃于妨害风化，依照《刑法》第二二四条第二项，有被处七年以下有期徒刑的可能；如果对方是十四岁以上未满十六岁的男女，尽管他或她自愿与你为猥亵行为，依照《刑法》第二二七条第二项，也得被处五年以下有期徒刑；如果对方是未满十四岁的女子，你和她有性交（奸淫）行为时，尽管出于她本人自愿，也要以强奸论罪，处五年以上有期徒刑（《刑法》第二二一条第二项）；如果对方是十四岁以上未满十六岁的女子，你和她有性交（奸淫）行为时，尽管出于她本人自愿，也得被处一年以上七年以下有期徒刑（《刑法》第二二七条第一项）。由此说来，法律加于恋爱程度上的限制，是对未满十六岁的女子，绝不容许有猥亵或性交（奸淫）的行为，因为足以影响她的发育或健康的缘故，这是每一个青年男女所应该记取的。

七、道义的限制

我们倒不是说已经结婚的男女青年，便绝对不能有异性的朋友，但是我们认为既已结婚的男女，在其婚姻关系存续中，最好不再与其他异性谈恋爱；从反方面说，对于已经结婚现有配偶的异性，最好勿谈恋爱，因为对方既已与人结婚，我们就得假定与其配偶有过一番爱情，不夺人之所爱，自然是我们道义上应有的事情。

法律为维持这种道义，并维持对方的家庭幸福起见，如果你竟不顾一切，偏偏要和有配偶（夫或妻）的异性恋爱，那么稍一不慎，它将板起严正的面孔，给予相当的制裁：比方说，假如你和他或她有脱离家庭的事业，无论时间久暂，更无论动机如何（出于他或她的同意，那当然不消说），如果对方的丈夫或妻子，向法院控告你（《刑事诉讼法》第二一三条第二项），那你依照《刑法》第三四〇条第二项，就有被处三年以下有期徒刑的可能；如果并不使之脱离家庭，你和他或她有性交的行为，那么与有配偶之人相奸者，依照《刑法》第二三九条，如经对方的丈夫或妻子控告（《刑事诉讼法》第二一三条第三项），你也得被处一年以下的有期徒刑。

因此，我们站在社会秩序的观点，劝请一般男女青年，和已经结婚而现有丈夫或妻子的人，避免谈恋爱。如果自己已有配偶的男女青年，那更应体念一夫一妻制度的立法意旨，和自己的丈夫或妻子维系爱情于不衰，不再与其他异性恋爱。至于和已经离婚或丧偶的异性恋爱，以及已经离婚或丧偶的男女，再和其他异性恋爱，现行法律不但不加抑阻，而且毋宁是奖励为之的。

脱稿于昆明

原载于《学生杂志》第 19 卷第 12 号（1937 年）

抗战期内的司法

七七事变揭开了神圣抗战的序幕以后,九阅月于兹,凡与抗战有关的问题,举如:外交的推动、战略的研究、战术的改善、军备的补充、兵役的征募、民众的动员、金融的稳定、交通的开发、农村经济的发展、行政机构的调整、教育制度的改订、战时教程的推行,以及难民之振恤、伤兵之救护、失业失学之救济等,都已吸收了全国人士的注意,殚精竭虑:止于至善,走向"抗战必胜建国必成"的大道上迈步前进;唯有"司法"这样一个部门,寂寞寥落,横自摆在无人注意的一角,虽然颇有些热心的志士们不声不响地埋头苦干,但是一般的看来,总好像被人忘怀,甚至于被人目为与抗战建国漠不相关一样,在此白热化的抗战情绪下,引不起人们的兴趣来。怎不令人为之抱屈?

诚然,"抗战高于一切",在目前,司法似乎是不急之务,并且它好像一个生来就不甚美好的女子一样,除掉二十四年冬天举行过一次轰动一时、空前的全国司法会议以外,一向就不曾被人深切地注意过,在此时更够不上来干热闹;然而它毕竟是政治组织的一个部门,在战时也曾经并正在尽它应尽的任务,直接、间接自然足以影响到抗战前途的。

比方说:敌人在攻占某地之后,首先便放走一般罪刑重大的监犯,因为他们作奸犯科,多半寡廉鲜耻,放走以后,若不为虎作伥,去做敌人的走狗,此一举动,也至少可以掀起社会秩序的波涛,替"皇军"散播下一些"恩惠"的种子。由此以观,这个属于司法部门之一的监犯处置问题,不是也占着战时若干问题之一吗?再说,"公道人心"在比较后方的省区,最关重要。一部《水浒》,几乎都是用官衙判断的歪曲、社会是非的不明,来给梁山泊上一百〇八位好汉反抗政府做陪衬的。我们要能使得全国贵胄子弟没有一个不满于政府,没有一个甘自去充当汉奸或顺民,更没有一个不在敌人的后方做破坏游击的工作,那就正如敌首相近卫在前次议会席上报告"中日战争的前途,中国人心的归趋值得深切注意"一样,必然地把握着最后胜利的枢纽了。然而为后方公道人心奠定深厚基础的,司法裁判的迅速妥当和公平,正是最重要的一着。更何况"吾人不能望于和平中谋建设,唯当使抗战与建国同时并行,是则救亡的责任与建国的责任,实同时落于吾人之肩上!"(见《中国国民党临时全国代表大会宣言》)我们要在抗敌的过程中,同时达成建国的任务,那么,政治组织之一部门——司法,自然是不应该为我们所忽视的。

本于这些理由,我们不敢尽投人之所好,揭开一般人所不甚注意的一面,将战时司法的几个重要问题,以及司法当局苦心孤诣在那儿暗自努力的数端荦荦大者,加以客观的析述,抛砖引玉,其在于斯。

一、审判在战时

本来,在抗战时期,由于(一)治乱世用重典,(二)特别法优于普通法,甚至于特别法中更须优先适用特法之特别法这两个缘因,必然地司法审判的领域缩小到一个极限,让军法审判的领域尽量地扩充,扩充到

一个不能扩充的限度,其司法审判与军法审判范畴的大小,实因前方后方或戒严与否而不同:

(一) 前方

前方作战区域以及所谓前方的后方,后方的前方,宣告戒严后,应于时机必要时区划戒严地域为警戒地域与接战地域,布告周知。所谓警戒地域指战争时受战事影响应该警戒的地域而言;接战地域指作战时攻守的地域而言。(《戒严法》第二条)便因其为警戒地域或接战地域的不同,在前方,司法审判的范畴也互异。

(甲)警戒地域。戒严时期,在警戒地域内,司法官处理有关军事的事务,应受该地最高司令官的指挥。(《戒严法》第七条)换一句话说,在警戒地域以内,军事最高司令官对于地方司法官关于有关军事事务的管理,取得了指挥监督权,一般的司法审判仍由地方司法官自行处理,自不待言。

(乙)接战地域。戒严时期接战地域内司法事务,移归该地最高司令官掌管,司法官应受该地最高司令官的指挥。(《戒严法》第八条)换一句话说,在接战地域内一切司法事务,统归最高司令官掌管,最高司令官对于司法官取得了指挥监督权。并且依照《戒严法》的规定:

(Ⅰ)接战地域内关于《刑法》上下列各罪,军事机关得自行审判,或自己无暇审判者得交法院审判(《戒严法》第九条):

(1) 内乱罪。(《刑法》第一〇〇条至第一〇二条)

(2) 外患罪。(《刑法》第一〇三条至第一一五条)

(3) 妨害秩序罪。(《刑法》第一四九条至第一六〇条)

(4) 公共危险罪。(《刑法》第一七三条至第一九四条)

（5）伪造货币有价证券及文书印文各罪。(《刑法》第一九五条至第二〇五条、第二一〇条至第二二〇条）

（6）杀人罪。(《刑法》第二七一条至第二七六条）

（7）妨害自由罪。(《刑法》第二九六条至第三〇八条）

（8）抢夺、强盗及海盗罪。(《刑法》第三二五条至第三三四条）

（9）恐吓及掳人勒赎罪。(《刑法》第三四六条至第三四八条）

（10）毁弃损坏罪。(《刑法》第三五二条至第三五七条）

上述列举各罪，除掉内乱、外患、妨害秩序、抢夺、强盗、恐吓、掳勒等罪原应无分戒严地域与否适用各该特别法如《战时军律》《危害民国紧急治罪法》《惩治汉奸条例》《军机防护法》《食粮资敌治罪暂行条例》《惩治盗匪暂行办法》等，由军法机关审判外，大则足以影响到国家民族的生命，小则足以妨害社会和治安，均有碍于战事，不能再经一般司法程序那样迂缓迟延，所以特许由军事机关审判。军事机关认为不必或不暇审判，方才交由普通法院去审判。

（Ⅱ）接战地域内如果没有法院或虽有法院而与其有管辖权的法院断绝时，其刑事及民事案件，均得由该地军事机关审判。(《戒严法》第十条）析言之：

（1）在这种情形下，一切刑事案件，该地军事机关均有权审判；

（2）在这种情形下，不但刑事案件，并连民事案件都可由该地军事机关受理审判。

因为在接战地域，要维持社会秩序，赏罚尤须严明，虽属轻微刑事案件，如无法院审判或有法院而经迁出不能审判，而又不让军事机关有权审判，殊不足以维社会之公平，间接也足以影响战事。至于民事案件，若与刑事案件有关，或竟为刑事犯罪与否的前提，或则非即为解决不可，亦自应授权给当地的军事机关有权去裁断。

（二）后方

比较后方各省区，司法审判方面，除掉内乱、外患、盗匪等罪，依特别法如《战时军律》《危害民国紧急治罪法》《军机防护法》《惩治汉奸条例》《食粮资敌治罪暂行条例》《惩治盗匪暂行办法》等应由军法机关审判外，其他民刑事案件的审判，本来仍和平时一样，审判的效率，在求"迅速"和"妥当"，于"妥""速"两字之下，求得事理的公平。（司法行政部于此曾迭有令告，例如去年九月三十日第五八四七号训令："办理案件务求敏捷，制作书类务求简单，以节时间。"便其一例。）不过，俗谚有云："气死莫告状""堂上一点朱，阶下千滴血"。诉讼这件事，不扰民也是扰民的，诉讼当事人在法律范围内所受的痛苦，所谓合法的讼累，早已有人引事举例，在那儿大声疾呼了！在战时，我们更应抛弃一切私人利益和集团利益，为了国家民族利益，人人同仇，个个敌忾，争取民族国家的自由。一切力量，我们总企望集中在抗战上面，不使其因受磨擦而消耗，更不使其汇集了无数小的磨擦而无形间减小我们对外抗战之力的总和。所以我们觉得一般轻微刑事案件和民事案件，都有息讼止争的必要。要减少力的分化，增强力的总和，便应充分利用"调解"的方法，使"大事化小事、小事化无事"。关于民事调解，《民事诉讼法》的规定似嫌累赘，而效果又不大；关于刑事案件，除掉乡镇调解委员会在法定范围内可以设法调处外，更无授权法院、检察官或司法警察官出任调解的明文。我们希望司法当局应速建议颁订战时民刑事调解法规，在维持衡平的原则下，尽量保留我们仅有的民间人力、心力、物力、财力。

关于审判，因为战事的演变，司法当局为适应环境、应付不得已的事实上的困难，颁订了《最高法院分庭组织暂行条例》（二十年一月二十二

日国府公布,同日施行),述其要点于次:

(一)最高法院为便于处理诉讼事件,得就适当区域(例如上海特区)设立分庭。

(二)最高法院分庭之设置及其管辖区域,以司法院令定之。

(三)最高法院分庭,得设于各该区域之高等法院或分院,并得借用各该区域内高等法院或分院印信。

(四)最高法院分庭管理各该区域内第三审民刑事件。

(五)最高法院分庭设推事五人至七人,以资深一人充庭长,处理该分庭一切事务,并兼民刑事庭审判长,其余推事分掌民刑审判事件。

(六)最高法院分庭书记官,得就各该区域之高等法院或分院内调用若干人,办理记录及其他一切事务。

此外最高法院自二十六年十月十八日起,颁行了《非常时期处理刑事案件暂行办法》,无非避免积压,力求妥速而已,其要点有如下述:

(一)刑事案件除原判宣告刑为死刑、无期徒刑者外,一律适用法律审;

(二)自诉人为被告不利益而上诉之案件,适用法律审;

(三)法律审事件,各庭一律办理;

(四)刑事案件应力求发回更审案件之减少;

(五)凡未决人犯在押者应尽先办结;

(六)本院处务规程第十九条第二款、在非常时期暂行停止适用。

二、监所在战时

战时监所人犯的处置,至关重要,依据《非常时期监所人犯临时处置办法》(二十六年十二月十日军事委员会颁行,以下简称《处置办法》)以及《战时监犯调服军役办法》(二十六年八月十六日军事委员会颁行,以下简称《调服军役办法》)的规定,战时监所人犯的处置,除犯外患罪或与外患罪性质相同之罪,收容于监所者,必要时应移送后方监所(《处置办法》第八条)外,因监狱人犯与看守所羁押人犯而不同:

(一)监犯

在监狱执行自由刑的人犯,战时处置之法有五:

(甲)调服军役。除掉(Ⅰ)案情直接或间接涉及通敌或利敌者,(Ⅱ)犯吸食烟毒罪者,(Ⅲ)年在五十岁以上者,(Ⅳ)确有疾病不堪劳役者,(Ⅴ)妇女——这五种监犯以外,凡在监狱执行之人犯,在作战期内,各监狱长官应报请军政部调服军役,各监犯亦得自行呈请调服军役,(《调服军役办法》一、二、三、四)既为国用,又免徒事供养,消耗国帑。

(乙)保释。凡战时监犯有下列情形之一者,应予保释。

(Ⅰ)依法得假释(《处置办法》第二条第一项)。所谓依法得假释,即依《刑法》第七七条:系受徒刑之执行而有悛悔实据者,无期徒刑逾十年、有期徒刑逾二分之一且逾一年是。

（Ⅱ）依法得保外服役(《处置办法》第二条第一项)。所谓依法得保外服役,即依《修正监犯保外服役暂行办法》(二十五年十二月十九日司法行政部颁行)第一第二条规定:受三年以下有期徒刑,执行已逾三月,而具备下列各条件者是:

(1) 在执行中遵守纪律者,

(2) 保外后确有可服之役者,

(3) 有一定住所者,

(4) 有亲属或其他适当之人作保者,

(5) 须非犯:(A)危害民国之罪,(B)公务员渎职或公务上之侵占罪,及(C)累犯。

（Ⅲ）下列各监犯于该地已宣告戒严时(《处置办法》第三条):

(1) 处五年以下有期徒刑或拘役者;

(2) 残余刑期不满三年者;

(3) 年逾六十岁或确有疾病者;

(4) 妇女。

(丙) 开释。前述应以保释方法处置的监犯,其不能取具保证,而该地已宣告戒严时,得不命具保,径予开释。(《处置办法》第二条第二项第三条)

(丁) 移送收容。处无期徒刑或有期徒刑逾十年者,应于后方监狱预留相当地位,于必要时移送收容。(《处置办法》第四条第一项第二款)因为这些监犯恶性深大,不应保释开释遗害社会。

(戊) 暂时解放。有下列情形之一者,监狱当局不得不暂时解放:

（Ⅰ）处十年以下有期徒刑者,如该地已为接战区域,而监内无法戒护时。(《处置办法》第四条第一项)

（Ⅱ）处无期徒刑或有期徒刑逾十年,而该地已为接战区域,不及移

送后方监狱收容时。(《处置办法》第四条第二项第一款但书)

被解放者,应于该地宣告解严后十日以内至监狱或警察署投到,逾限者以脱逃论。(《处置办法》第四条第二项)

(二) 看守所羁押人犯

看守所内羁押人犯,战时处置之法有四:

(甲) 保释(《处置办法》第五条第一项)。依《刑事诉讼法》规定得停止羁押者,应予保释。

(乙) 开释(《处置办法》第五条第一项)。依法得保释而不能取具保证,且该地已宣告戒严时,得不命具保,径行开释。

(丙) 移送收容(《处置办法》第五条第二项)。犯罪最重本刑为死刑或无期徒刑者,应于后方看守所预留相当地位,于必要时移送收容。

(丁) 暂时解放。

(Ⅰ) 看守所人犯,情节重大应予羁押者,如该地已为接战区域,而所内无法戒护时,得暂时解放。(《处置办法》第五条第二项前段)

(Ⅱ) 犯罪最重本刑为死刑或无期徒刑者,如该地已为接战区域,不及移送后方看守所时,得暂时解放。(《处置办法》第五条第二项后段)

被解放者应于该地宣告解严后十日以内至看守所或警察署投到,逾限者以脱逃论。(《处置办法》第五条第二项)

于此,应申述者,即前述监犯(Ⅰ)(Ⅱ)两种保释以及看守所羁押犯之停止羁押,仍照通常程序办理外,其余处置监所人犯各方法,无论保释开释或暂时解放,须经当地戒严司令官之许可,并造具名册呈报司法行政部备案。其由行政机关寄禁寄押的人犯,应分报原机关或其上级机关。(《处置办法》第六条)

此外，各省处置司法人犯，不乏另订补充办法者，例如湖北省有《湖北省在监人犯非常时期处置办法》和《湖北省在监司法人犯非常时期服役办法》（均二十六年九月七日呈准施行）等，限于篇幅，略而不赘。

三、储才在战时

"中国现正从事于四千余年历史上未曾有的民族抗战，此抗战之目的在于抗御日本帝国主义之侵略，以救国家民族于危亡。同时于抗战之中，加紧工作，以完成建国之任务。"中国国民党临时全国代表大会已将时代的使命以及全国上下的共同责任昭示于我们之前了。要使"抗战必胜，建国必成"，实有赖于各方面各部门的协力改进，司法自亦未能例外。它一方面既须适应战时环境，尽它抗战过程中应尽的任务；一方面更须替建国前途埋下一根新中国的柱石——法治，至少也得替它自己的将来树立一个良好的基础。因之，我们才谈到司法储才问题。

（一）登记战区司法人员

凡战区司法机关职员（包括推事、检察官、书记官、审判官、承审员、执达员、监狱官、管狱员等）不能执行职务而离任，尚未经派发新的职务者，以及战区以外各司法机关，遵行司法行政部二十六年九月十六日五七七五号训令，因经费紧缩而被疏散的职员，依照司法行政部本年二月一日制定的《战区司法人员登记办法》，得在二月二十八日（将来如果必要，我相信当可再行定期举办）以前办理登记，听候核派工作。这是救济战区或被疏散司法人员的初步，也是司法储才所应有的一种方法。

（二）改善边省司法

战区来的以及被疏散的司法人员，经向司法行政部登记后，司法当局无妨通盘筹划，给予边区和内地司法一个澈底整顿或改善的机会，选择那些学识经验丰富的司法人员派充边区和内地司法界服务：

（Ⅰ）扩充设置县法院或地方法院；

（Ⅱ）增设新式监所；

（Ⅲ）抽调原任司法人员加以训练，而以战区司法人员代其职务。

这样一来，给边省司法界换上一些新生的细胞，发荣滋长，自是一番新气象！

（三）续办并扩充法官训练所

法官训练所是司法储才的唯一机关，本来原不应该中止它的任务，目前应即继续举办并且乘此良机，大可增设班次，例如法官班、审判员班、承审员班、书记官班、监狱官班，大量训练各种司法人才，以备将来抗战胜利后之用。其应受训练的分子，除掉战区司法人员尚无适当工作以及前述抽调而来的边省司法人员以外，我们以为还要吸收两种新的分子：

（Ⅰ）战区律师。战区不能执行职务，不甘做"顺民"而流亡来后方的律师，颇多精研法学之士，倘不予以一个受训和将来服务司法界的机会,让他们(当然是一部分)株守难民收容所内,恐怕不是办法!眼见得傀儡政府里的汉奸们,颇多过去执行律师职务者,司法最高当局应可知所警惕吧?

(Ⅱ)战区法科毕业生。上年度毕业的法科学生,以及过去法学院法律系毕业的青年,尚未跨入司法界,另在战区其他机关服务者,此次流亡失业,亦复不少,其中很不乏优秀分子。将来的司法界如欲尽量吸收中上人才,岂不是一个大好机会?

(四)尽量派分军法职务

抗战爆发后,必然地需要大量军法人员。各级军法官以及掌管军法行政之处长、科长、科员等,司法行政部尽可在已登记之战区司法人员中,大批介绍,(Ⅰ)可以安顿失业,(Ⅱ)可以使这些原在普通司法界服务的人员,从服务军法的结果,辨晓军法和普通司法,何者易于"迅速""妥当"?何者于民称便?为什么普通司法的职权,在战时临头要让一部分给军法?将来他们收拾起戎装,重行回到司法界来,一定可以带来些改革司法的资料,至少也可以使他们自己养成了更能"妥""速"的习惯。

四、改制在战时——结语

"中国本位之文化",数年前就有人在喊得震天价响了!我们要不是健忘的话,"中国本位之司法",自然在此建国程序中应该确立一个基础。基于现行《法院组织法》和《民刑诉讼法》而产生的司法制度,是否可说得上"中国本位",不能令人毫无疑问。固然,中国因为欲图取销领事裁判权的缘故,不得不迁就外国,暂维现状,并在现制下求改进;然而试验自试验,只要真正可说得是"中国本位之司法",并且能保障人民自由、维持社会公平,未必就一定引起外人的口舌吧?以此,我们敢提出"司法新制之试验",来作本文的结语。至于怎样才是应予试验的新制,限于篇幅,容后有机另文论之。

最后,作者草斯文方竟,得读《时事类编》特刊第十二期谢部长(冠生)《非常时期之司法行政》一文,内容固不无雷同处,然本文纯以客观立言,且有彼文所略而为本文所详者,草野之言,不甘藏拙,爰述数语,以赘吾篇。

四月二十一日于武昌

原载于《东方杂志》第 35 卷第 8 号(1938 年)

抗战建国与惩治贪污

"非抗战不能建国,非建国不能抗战",是今日全国上下人人共守的国策;"抗战必胜,建国必成",也是今日全国上下人人共有的信念。我们在抗战建国的过程中,要争取"抗战必胜,建国必成"的最后圆满收获,惩治贪官污吏是一件迫切而不可再缓的重大工作。

首先,我们从抗战来说,非惩治贪污不能保障"抗战必胜"。因为在平时,贪官污吏不过是国家人民的蠹虫,侵蚀了人民的权益,辜负了国家的使命,还有时间、空间让我们从容不迫地徐图整饬,其有害于国家人民也较浅;一临到了抗战时期,如果再让一般丧心病狂的无耻败类,"混水里摸鱼",抱着"发国难财""敌人愈深入于我愈有利"的歪念头,大则足以影响整个的抗战前途,小亦足以影响一部分的军心民心。比如采备军火的贪官污吏以一倍或数倍于货价的金钱购得不堪一用的劣货,岂不要影响到整个的抗战前途?办理救国捐振的贪官污吏,成千成百的金钱充塞到自己的腰包里去,岂不要浇冷了人们慷慨捐输的热度么?前线疆场上的贪官污吏克扣军饷借端勒索,岂不要灰颓了军民英勇抗战的爱国热忱么?古人说"官邪足以亡国",尤其是抗战时期的严重教训!所以我们要保障抗战必胜,就得严惩贪官污吏,才是"正本清源"的根本办法。

复次,我们从建国来说,也非惩治贪污不能保障"建国必成"。因为三民主义国家是我们建国的最高理想,我们单从民权主义来说,要建立一个真正民权主义的国家,在此刻训政时期正是养成人民政治能力、培植人民政治兴趣的时候,若令贪官污吏担任训政工作的人,鱼肉人民、横征暴敛,人民憎恶政治,将必认为政治一辈子是不道德的东西,洁身自好者谁还来提高自己的政治兴趣呢?更何况建国时候以有限之人力、财力,要做无限的建设事业,如果再由贪官污吏多方渔利,结果亦必适得其反,一无所成,徒然浪费时间和财力而已!我们遍读古今中外的建国历史,绝没有贪污横行而可以兴国立国者。所以我们要保障"建国必成",就得严惩贪官污吏才是"釜底抽薪"的治本之道。

由前所述,我们要达成"抗战必胜,建国必成"的任务,既非严惩贪官污吏不可,所以《抗战建国纲领》第十六条规定"严惩贪官污吏,并没收其财产"。在现行各种特别刑事法令中,举如《违反兵役法治罪暂行条例》《军事征用法》《防空法》《禁烟治罪暂行条例》《禁毒治罪暂行条例》等虽均有依其性质而严惩贪污的明文,然而在一般性质的现行《刑法》上,我们从渎职罪、侵占罪、赌博罪等各罪的规定看来,关于惩治贪污的刑罚还不够严峻,且无没收财产的规定,不能满足《抗战建国纲领》"严惩贪污"的要求,这才特地颁布了《惩治贪污暂行条例》(二十七年六月二十八日公布,同日施行)。因而我们可以说:《惩治贪污暂行条例》的颁行是政府实行《抗战建国纲领》的表示,也是政府要达成"抗战必胜,建国必成"的最大决心。岳武穆说:"文官不爱钱、武官不怕死,则天下自太平矣。"[1]对于怕死的武官,我们有《战时军律》执法以绳了,由于李服膺和韩复榘的先后伏法[2],我们对于军事方面的进步,已可得一佐证;对于爱钱的文官——不但文官,就连武官也一样,这部《惩治贪污暂

---

[1] 原文为:"文臣不爱钱,武臣不惜死,天下方平矣。"出自《宋史·岳飞传》。——编者注
[2] 李服膺(1890—1937)与韩复榘(1891—1938)皆为国民党军将领,分别于抗战初期以不战而退、擅自撤兵的罪名遭军法处决。——编者注

行条例》,就是一剂对症的良药。我们相信,高居要津的爱钱文官,不乏如怕死武官李服膺、韩复榘者流,只要我们有执法如山的精神,凭着《惩治贪污暂行条例》的规定,尽可以使我们在政治方面的进步,也多得几个例证吧!

这里,我们将惩治贪污的详细规定,分四点来作一个剖视:

一、贪污的解释

什么叫做贪污?我们本于《惩治贪污暂行条例》,先来解释一下。凡是军人、公务员或办理公益事务的人员,有了下面所述甲种或乙种贪污行为(便于说明计)各规定之一者,叫做贪污,不论其贪污行为既遂、未遂、预备或阴谋。

(甲)甲种贪污行为(《惩治贪污暂行条例》第二条):

1. 克扣军饷;
2. 建筑军工或购办军用品从中舞弊;
3. 盗卖军用品;
4. 借势或借端勒索勒征强占或强募财物;
5. 以军用舟车、航空机、马匹、驮兽,装运违禁或漏税物品;
6. 意在图利,扰乱金融,或违背法令收募税捐公债,及擅提或截留公款。

(乙)乙种贪污行为(《惩治贪污暂行条例》第三条):

1. 除了军饷以外,克扣职务上应行发给之物;

2. 除了建筑军工或购办军用品以外，对于主管或监督之事务，直接或间接图利；

3. 盗卖、侵占或窃取公有财物，或社会公益团体的财物；

4. 收募捐项、征用土地、民伕、财物，从中舞弊。

此外我们在这里要特别声明的，就是关于公务员要求贿赂、期约贿赂或收受贿赂，虽然也是十足的贪污行为，可是《惩治贪污暂行条例》并无加重处罚的明文，当然仍照《刑法》渎职罪相当条文办理。

二、贪污的处罚

文武官吏以及办理公益事务的人员，如果有了前述《惩治贪污暂行条例》所定各种贪污行为的任何一种时，依其贪污行为之为既遂、未遂、预备或阴谋，而处罚稍有不同。现在分主刑和从刑来说：

（甲）主刑

主刑的轻重，因为甲种贪污行为与乙种贪污行为而互异，在这两种贪污行为中，更因其为既遂、未遂、预备或阴谋等犯罪状态而不同：

1. 甲种贪污行为。犯甲种贪污行为而既遂者，处死刑、无期徒刑或十年以上有期徒刑。(《惩治贪污暂行条例》第二条) 如仅未遂状态，依其未遂之为障碍未遂、中止未遂或不能犯而处罚稍有出入：障碍未遂，和既遂犯的处罚一样或得减轻处罚；中止未遂和不能犯，当然应该减轻或免除其刑。(《惩治贪污暂行条例》第四条、《刑法》第二十六条、二十七条) 预备或阴谋犯处二年以上七年以下有期徒刑。(《惩治贪污暂行条

例》第五条前段）

2. 乙种贪污行为。犯乙种贪污行为而既遂者，处无期徒刑或五年以上有期徒刑。（《惩治贪污暂行条例》第三条）如仅未遂状态，依其未遂之为障碍未遂、中止未遂或不能犯而处罚亦不同：阻碍未遂和既遂犯的处罚一样，也得减轻处罚；中止未遂和不能犯，当然应该减轻或免除其刑。（《惩治贪污暂行条例》第四条《刑法》第二十六条、第二十七条）预备或阴谋犯处一年以上五年以下有期徒刑。（《惩治贪污暂行条例》第五条后段）

（乙）从刑

犯贪污罪者，无论甲种贪污行为或乙种贪污行为，其所得之赃款赃物，除属于公有者应追缴外，应依其情形分别予以没收或发还受害人。赃款赃物之全部或一部无法追缴或不能没收时，追征其价额；经追征而无力缴纳，没收其财产抵偿；但其财产价值不及应追征之价额时，应酌留其家属必需之生活费。（《惩治贪污暂行条例》第六条）至于褫夺公权，当然应该依照《刑法》第三十七条分别为之。

三、贪污的审判

依照《惩治贪污暂行条例》的规定，贪污案件，一律归军法审判。军法审判比较普通司法审判，程序上可以迅速结案，不像普通司法那样迂缓迟延，三审上诉之外还有再审等，一案牵延往往经年累月，自然易奏惩治的功效。现在分三端言之：

（甲）审判

犯有《惩治贪污暂行条例》各罪者，由有军法职权之机关审判。（第八条前段）所谓有军法职权的机关，除了军法机关以外，其他非正式军法机关只须有军法职权者，例如县长兼理军法案件的县政府，也包括在内。

（乙）呈核

贪污案件，经有军法职权的机关判决后呈经中央最高军事机关——军事委员会军法执行总监部核准后执行之。在作战区域因交通阻梗或时机急迫时，得送由就近有军法权的高级军事机关，依照规定代核，事后再补报备案。（第八条后段）

（丙）执行

执行的方式，死刑以枪毙行之，凡属军法审判案件，均须遵照军事委员会颁发的命令及各种关系法规执行之。

此外，对于贪污案件的管辖，如有疑义或争执时，呈由中央最高军事机关——军事委员会军法执行总监部指定之。（第九条）

四、贪污的检举

抗战期内，关于贪污的检举，国民政府和监察院方面本来颁行了《非常时期监察权行使暂行办法》（二十六年十二月七日公布同日施行）。同办法《施行细则》及《非常时期监察委员分赴各省市工作准则》等法规，监察委员和监察使对于贪官污吏可以有权宜的处置，不必再循平时的旧轨；自从《惩治贪污暂行条例》颁行以后，为达成惩治贪污的任务计,听说监察院方面又将颁订《监察办法》,与《惩治贪污暂行条例》相辅而行。同时,军事委员会军法总行总监部以及各战区军法执行监,巡回督察的督察官,也都奉了军事最高当局的命令,"随时认真考查,遇有贪官污吏,即行检举,以凭究办"。

此外,关于贪污的检举,如有诬陷或诬告他人犯《惩治贪污治罪暂行条例》各条贪污罪者,只依《刑法》之规定从重处断。(同《条例》第七条)此种规定与《禁烟治罪暂行条例》《禁毒治罪暂行条例》的类似场合不同。如果栽赃诬陷或伪造证据诬告他人犯《禁烟治罪暂行条例》或《禁毒治罪暂行条例》各条之罪者,各该条例都明定为依其所诬告之罪处罚之;比如说贩卖毒品者处死刑,如有栽赃诬陷或诬告他人贩卖毒品者也一样处死刑。在惩治贪污的诬告便不同了,甲种贪污行为虽然要处死刑、无期徒刑或十年以上有期徒刑,可是如果诬告或诬陷他人犯甲种贪污行为者并不要处死刑、无期徒刑或十年以上有期徒刑,只要依照刑法上的诬告罪从重处断,换一句话说,依照《刑法》一六九条之规定,对于诬告他人犯甲种贪污行为者,至多不过处有期徒刑七年而已。照此看来,法律的目的,纵然不希望诬陷或诬告贪污,然而奖励人民尽量检举贪污,那是毫无疑义的。

要达成"抗战必胜,建国必成"的任务,我们不但要惩治贪污,而且要根绝贪污,澈底地肃清贪污毒害,才能真正地"澄清吏治,修明内政"。关于根绝贪污,我们以为消极方面起码要做到两点,积极方面更应注意四点:

一、消极方面

（甲）执法如山

孟子说："徒法不能以自行，徒善不足以为政。"虽然有了惩治贪污的良法美典，如果我们不能"破除情面""执法如山"，流弊所趋，等于一部具文而已。过去在北政府时代，也曾三令五申，颁行了《官吏犯赃治罪条例》（十年三月二十九日教令第十一号公布），可是缺乏了"执法如山"的精神，结果还不是"贪污是贪污，法律是法律"？广西近年来的政治干得有声有色，驰名海内，就是因为当局"执法如山"的精神，值得钦佩。该省在二十年九月三日颁行了《广西公务员犯赃治罪暂行条例》，伴着当局的执法如山，贪污敛迹，才能有今日政治上的成绩。因此我们希望中枢当轴和各省行政首长，都能"执法如山""不徇情不枉法"，第一步做到使《惩治贪污暂行条例》不是一部具文，才能根绝贪污。

（乙）大法小廉

清代名臣蔡文勤公梁村先生说："古人有言曰：'大法小廉。'大臣能廉，仅得其半，非廉无以行法，非法无以佐廉。使一己廉静，而属员奸贪，或限于耳目之所不周，或因循牵制而不能决去，犹是独善其身。"（《与杨宾实书》）近年来，无可讳言的事实，贪污之风所以嚣张如故者，似乎就因为在上位者不但没有做到"法"字，而且有些人连"廉"字也说不上，"上行下效，举国风从"，并不是我们的"过火话"！从监察院成立以来，我们似乎就不曾看到弹劾并且惩戒末秩微官县长以上的官员，这一点，我们今后要引为殷鉴,先肃清贪污大官,再做到"大法"两字,从在上者做起,当无不可惩治之贪污了。

二、积极方面

(甲)保障事务官

稍一考究各国政治的人就会晓得,法兰西的政治生命,是由保障事务官的"部曹政治"来支撑的。我国过去若干年,往往由于主管长官的更动,连带去职者常占十之八九,在位者都存了"五日京兆"之心,苟可搜括捞摸,无不千方百计以为之,不如此不足以在失业后作久居之计,贪污之所以"恬不为怪相习成风",事务官的没有保障,的确是一大原因。所以我们要根绝贪污,不但要确立功绩制(Merit System),厉行公务员考绩的制度,舛误惩戒,勤劳奖励,并且要和海关邮务人员一样,对于事务官要有确实的保障。像过去对于考试及格人员,仅仅乎规定:除依考绩受惩戒者外,不得任意令其去职,非因考绩受惩戒而被迫去职者,虽得向铨叙部申请改分他机关服务,但以一次为限,仍非保障事务官之道。所以我们今后希望确立事务官保障制度,凡属政府铨叙任命的事务官,都应该予以保障,不以考试及格人员为限,才是根绝贪污的一个"正本清源"之计。

(乙)增厚俸给

我国一般人虽都耻言俸禄,然而合法的俸禄正是养廉之道。假使俸给所得,不足以赡养妻孥,或者甚且不足以维持自己生活,怎能不令妄冀非分的收入,向贪污的道途上走去?我国公务员的待遇,尤其是中下级职员,素来太薄,再加七折八扣,一捐再捐,往往不能无妻子冻馁之忧,贪污之风的所以盛行,不能说不是一个重大原因!一代名相清廉忠贞如诸葛武侯,尚且因为"成都有桑八百株,薄田十五顷,子孙衣食,悉仰于家,自有余饶",才能"臣在外任,别无调度随身衣食,悉仰于官,不别治生,以长尺寸,若臣死之日,不使内有余帛,外有赢财,以负陛下"(见《三国志·诸葛亮传》)。所以增厚俸给,的确是根绝贪污的又一正本清源之道。关于官俸的改订问题,已有许多人讨论过,一般地说来,高级官吏的俸给过高,低级官吏的俸给过低;中央官吏的俸给过高,地方官吏的俸给过低;一般公务员的俸给过低,关邮铁公务员的俸给过高;文官的俸给过高,武官的俸给过低。如何除去这些畸形现象、改订合理的增厚俸给的官俸,是根绝贪污声中一个值得注意的问题。

(丙)提倡节约运动

"俭以养廉",是颠扑不破的真理。历史上凡属清廉的名吏,没有不刻苦自励,提倡节约的风气。宋何文定公说:"唯俭足以养廉,盖费广则用窘,盼盼然每怀不足,则所守,必不固。"这就是贪污者多奢侈的缘因。我国近百年来,都市人民多安于佚乐,习于享受,养成奢侈豪华之风,非高楼大厦不居,非膏粱珍惜不食,非绮罗毛羽不衣,非汽车摩托不行,一饭千钱,一掷百金,积习既多,陋风益深!尤其是一般摩登女子,面擦浓脂,唇涂猩红,四肢抹黄油,十指染蔻丹,满头烫飞机,浑身洒香水,一切皆需上等的洋货,只有增加黄金的外流。一百个贪污,定有九十多位直接间接为了奢侈的习气。奢侈既与贪污互有因果关系,所以在抗战建国的过程中,为了保持国家富力,为了根绝贪污政治,都有提倡节约运动的必要。现在政府既将颁发《提倡节约运动大纲》,我们希望从上面做起,养成风气,根绝贪污。顾亭林先生说"国奢、示之以俭,君子之行,宰相之事也"。广西省近年政治之进步,由于贪污之敛迹。而贪污之敛迹,实亦由于当局以身作则养成了刻苦节约的风气。所以节约运动的有无成效,就看在上者是否"以身作则"而已。

(丁) 改变社会观念

就因为公道是非之不明,社会上对于贪污,已经习于故常,视为当然了!揩油捞摸,不必说它,"外块"(上海方面的土话指正俸以外的非分收入)多少,已成交际场中谈话的资料,肥缺苦差,更是官场上的口头禅!假使清廉自持,一介不苟,社会一般人不是表示怀疑,便将笑为痴子;多方渔利,贪污致富者,社会都交口称誉为有办法有才干。这种绝对错误的社会观念,也是造成贪污牢不可破的一个原因。我们以为要澈底根绝贪污,非用教育——学校教育、社会教育的力量,把它改变过来不可。当然改变社会观念,和前面所述的各点,都有因果关系,那是不消多说的。

原载于《东方杂志》第 35 卷第 17 号(1938 年)

战后的婚姻问题

一、问题的提出

战争固然是国与国间一切纠纷的算总账,同时也是国内一切问题的清血针。历史上既然决无百年不和的战争,那么战后的问题,就应该在战神尚未锻羽的时候,筹谋去腐生新的方案。何况我们"抗战胜利之时,亦即建国完成之日",举凡一切完成建国所必备的要素,也就是建国过程中所必须确立的种种新方略,都得在抗战期间作一个总的检讨呢?因此,我们在"国事如麻"的今日,提出一个战后婚姻问题,作为战后法律问题的研究之一,借以引起国人的注意,应该不是"不识时务"之论吧?

我们这所谓"战后的婚姻问题",不是在研究许多军民牺牲以后,由于妇女过剩因而引起的在婚姻方面的出路问题,战后的妇女是否过剩以及战后妇女的出路,不必我们过虑。我们一方面有见于抗战期间,社会上发生了许多婚姻方面的不正常现象,这才提出这个问题,引起国人的注意;一方面预想到抗战结束以后,由于这些婚姻方面的不正常现象,因而引起的种种法律的或社会的问题,这才提出解决的原则和方案,借供贤达的研讨。作者不揣浅陋,抛砖引玉,意在于斯。

二、战时婚姻方面的几个现象

固然,我们没有精确的统计数字,来说明战时婚姻方面的几个现象,然而我们不必重视事实,就凭耳之所闻、目之所睹,无论在前方后方以及沦陷区域,平常而很普遍的有这些现象:

(甲)重婚。抗战以来,较有资产的阶层,流行着"国难太太"的口号,原有的妻室不在身边,因而在外另行娶妻者颇多;同时在比较贫困的阶层,尤其是这一阶层的已婚妇女,也因为原有的丈夫生死莫卜或天各一方,因而在外另行婚嫁者亦很多。这些有配偶而与人结婚者,都是重婚。

(乙)同居。不经过结婚仪式而有永久共同生活目的的事实婚,固然是同居,就是"纳妾"(讨姨太太)或"姘度"(轧姘头),也都是同居。抗战以来,给予许多乱世男女以"将就"或"姘居"的机会(自然,这些男女,指的是单方或双方已有配偶的人),一般有所谓"伪组织"之称,盖即指此,同时为了战时节约,也曾给予许多乱世男女,借为不举行仪式而宣布结婚的理由。无论事实婚的夫妻也罢,临时夫妻也罢,姨太太也罢,都不能算做严格意义的配偶,自然都是战时不正常的婚姻方面的现象。

(丙)悔约。已有配偶而在婚姻存续期间的夫妻,尚且有重婚的,其并未结婚仅有婚约关系的男女,乱世姻缘,变幻无常,更是不必说起了!这些已订婚而又与人订婚或结婚的男女,或是出于单方面的悔约,或是出于双方面同意的解约,在抗战的动乱社会,那自然并不算得怎样严重的一回事。

此外,性道德的堕落,也是抗战期间牵涉到婚姻方面的现象之一。《恨海》上的故事,发生在拳匪之乱的社会里,比《恨海》那个故事上更可认为性道德堕落的事实,恐怕抗战期间也多的不可计数呢!过去曾哄动一时的,由某剧作家串演的行都三角恋爱案,以及桂林文化座谈会曾经作为讨论题材的某某两件相反而同是出于所谓文化人中间的事例(一是一位女子热恋有配偶的某青年诗人而与之三人同居,一是一位男子热恋有配偶的女记者而与之三人同居),不都是由于社会的大动乱而反映到性道德堕落的例证吗?

三、为什么有这些现象?

平时在婚姻方面未尝没有上述这些重婚、同居、悔约等现象,但是这些婚姻方面不正常的现象,在抗战时期比较更普遍、更显著。平时如有这些现象,与其责备社会,毋宁归咎于个人;在抗战时期发生这些现象,固然也应该归咎于造成这现象的个人,然而我们这动乱的社会或甚至于抗战的事实,也是诱致这些现象的有力因素之一。分析起来,为什么这些现象在战时比较更普遍、更多见呢?

(甲)生活的原因。在这"有弟皆离散,无家问死生"的动乱社会,辗转流离的单身妇女流落异乡,生活自然极端困难,要是在并无公力救济的地方,一个人举目无亲、孤苦无依的时候,重行择配或以身事人,的确不能不认为是一条出路,就看被作为出路的对手方,是怎样一种人和出于什么目的而已。同样的情形，要是父兄壮丁都逃难在外，只剩老弱妇孺留在沦陷区域，生活如无办法，重行择配或以身事人，那也是不得已而出此的。

（乙）**空间的原因**。爱情本来是一件不可捉摸的东西，空间能给予它以极大的影响。常常有许多海誓山盟热的如火如荼的男女，经不起空间的冷水一浇，爱情的火焰，就会熄灭的变成死灰。抗战两三年来，许多痴男女东逃西散，劳燕分飞，要像平剧《武家坡》上薛平贵和王宝钏那样，分别了一十八载，还是忠贞如一的夫妻，当然还是有，但恐未必很多！如果由于空间的关系而使双方原有的情感渐归淡漠的话，尽管有法律的锁链，恐怕依然锁不住乱世男女的别有新恋吧！

（丙）**心理的原因**。社会的动乱，反映在人们心理上的现象，不一而足：家破人亡，弄得一贫如洗的人，有的是；混水摸鱼，大发其国难财的人，有的是。那些处境恶劣而缺少修养的人，由于悲观的侵袭，多半"今日有酒今日醉"，什么事都马虎起来；那些投机取巧，得来全不费工夫的人，由于乐观的过分，落得财色并家，难免不"还将旧时意，怜取眼前人"。安居后方，冲破了法律的藩篱，过着醉生梦死的生活，心理的刺激，不是一个有力的原因吗？

四、法律上的效果

法律所加于这些婚姻方面不正常现象的效果，我们从民事和刑事两方面来说：

（一）民事方面的效果

由于各种现象的不同，因而在民事方面的法律效果亦各异。

（甲）重婚。 夫妻之一方，对于有重婚情事的他方，一面可在重婚后二年内，向法院请求离婚并赔偿损害，给付赡养费，一面可向法院请求撤销其重为之婚姻；夫妻之一方，发觉他方系已有配偶而重婚，得于其前婚姻关系消灭前，请求撤销婚姻，赔偿损害。（《民法》第一〇五二条第一款、第一〇五三条、第九九二条、第一〇五六条、第一〇五七条、第九九九条）例如甲（夫）乙（妻）原为夫妻，其后甲于战时又与丙结婚，则乙可于甲重婚后二年以内，请求与甲离婚，由甲赔偿损害与赡养费，或请求撤销甲丙间的婚姻关系；丙可于甲乙离婚后，请求撤销甲丙间婚姻关系，由甲赔偿损害。

（乙）同居。 夫妻双方过去并无配偶，仅系未举行结婚仪式而同居的"事实婚"，是无效的婚姻，如经法院宣告无效，便自始与并无夫妻关系一样，仅得请求有过失之他方赔偿损害。（《民法》第九八八条、第九九九条）夫妻之一方，对于另与他人同居的地方，得于知悉其同居后六个月内请求离婚，并赔偿损害，给付赡养费。（《民法》第一〇五二条第二款、第一〇五三条、第一〇五六条、第一〇五七条）例如甲（夫）乙（妻）原为夫妻，其后甲于战时又与丙同居，则乙可于知悉甲丙同居时起六个月内，请求与甲离婚，并赔偿损害，给付赡养费。丙只能以家属的资格，请求甲抚养或与甲脱离家属关系，其他并无保障。（《民法》第一一二三条第三项、第一一六条、第一一二七条）

（丙）悔约。 未婚夫妻之一方，对于悔约而另与他人订婚或结婚的他方，自己如无过失，只能声请解除彼此间的婚约，并由有过失的他方赔偿损害。(《民法》第九七六条第一项第一款、第九七七条、第九七九条)例如甲(男)乙(女)原已订婚,其后于战时甲又与丙订婚或结婚,则乙可请求与甲解除婚约并赔偿损害。

(二) 刑事方面的效果

刑事方面的法律效果,因各种现象而不同。

(甲) 重婚。有配偶而与人重婚者,犯重婚罪,依《刑法》第三三七条处五年以下有期徒刑,其知情相婚者亦同。此种重婚罪且不必"告诉乃论",有侦查犯罪权的检察官可以自动检举的。例如甲(夫)乙(妻)原为夫妻,其后在战时甲又与丙结婚,甲犯重婚罪,丙如知道甲有妻子而与之结婚,那么也犯重婚罪。

(乙) 诈婚。以诈术与人结婚者,为诈婚罪,依《刑法》第二三八条以诈术缔结无效或得撤销的婚姻,因而致婚姻无效之裁判,或撤销婚姻之裁判确定者,处三年以下有期徒刑,此种诈婚罪,同样的不必"告诉乃论"。例如甲(夫)乙(妻)原为夫妻,其后在战时甲以诈术与丙以同居而不举行公开仪式缔结婚姻,如将来宣告甲丙间婚姻无效,甲犯诈婚罪。

(丙) 通奸。有配偶而与人同居者,无论其同居方式或纳妾或女友,如经配偶于知情后六个月内提出告诉,应依《刑法》第二三九条处一年以下有期徒刑,其知情而与之同居者,处罚亦同。(参照《刑事诉讼法》第二一六条)例如甲(夫)乙(妻)原为夫妻,其后在战时甲与丙同居,甲犯通奸罪,丙如知甲已有妻而与之同居,亦犯相奸罪。

至于已订婚之男女,另与他人订婚或结婚者,刑事上没有责任可言,那完全是民事责任问题。

五、法律应有救济

法律只有事后的制裁,而无事前的预防。关于"出征军人的妻子,无论任何理由,均不得于丈夫现役期间离婚;出征军人的未婚妻,无论任何理由,均不得于未婚夫现役期间,另行婚配"。军事委员会虽已函知司法院,通令所属各法院遵照,对于此等离婚或解除婚约案件,概不受理,然而这也只能限制那些声请法院离婚或解约……的人,要如并不声请法院办理,那还不一样是禁者自禁而去者自去,所谓"老母在堂,生妻去帏"吗?总之,从这些战时婚姻方面的现象看来,现在固应及时设法,将来战事结束后尤应另谋补救,我们有下面三个理由:

(甲)从法律的目的说。法律是人类行为的准则,它的消极目的在维系社会秩序的安定。如果战事结束以后,这些婚姻方面的不正常现象,一律课以应得的法律上的效果,不但法院方面,不胜其烦,诉讼上调查证据,很多困难,就是私人方面,也因为纠葛太多,增加了社会的不安,岂不是为了法律的尊严,反倒与法律维系社会秩序安定的目的,适得其反?况且,以重婚为理由而请求离婚,只限于重婚情事发生后二年之内(《民法》第一〇五三条),过了二年便已不得请求离婚,只能请求撤销其重为的婚姻,再也没有法定的理由作为离婚的根据,此于法律公平的原则也有所不符的。

(乙)从立法的政策说。法律绝对不能追认既成的事实,但是法律却不能距离事实太远。在什么社会里制定什么法律,那要由立法政策来决定了。比如具有法定离婚或解除婚约原因时，便得声请离婚或解约，这是法律所赋予的权利，可是在抗战时期，对于出征军人的妻室和未婚妻便不能适用，那是因为"军事第一"，防免牵动军心的缘故。将来战事结束以后，当然"民族第一""国家第一"，什么政策的决定，处处都得以民族国家利益为前提，立法政策自亦不能例外。将来在若千万军民牺牲以后，关于婚姻方面的立法政策，当以人口的增加和种族的利益为着眼点，在总的民族国家利益的前面，个人的利益，应该是不算一回事的。

（丙）从历史的先例说。历史上，在大的乱动后面，跟着一定是在少数大政治家的策划下，与民更始，过去的一切，除去内乱外患的巨恶大憝外，都取不闻不问态度。历史上换朝代以后的新措施，或者于我们这次战后情形各殊，不能作为引证，我们但看清季太平天国乱后，清政府本于中兴功臣如曾左李之流的奏议而颁行的政令，也就可资借镜了。

六、战时怎样补救

我们目击战时发生的婚姻方面的种种现象，提出"战后的婚姻问题"，并且认为战后的法律应该予以救济，绝不是误为法律应该追认既成事实，更绝无奖励人们作奸犯科的意思。本于上述这些理由，我们认为战时的救济是政治的，战后的救济是法律的。先说战时政治的救济。战时，关于婚姻方面不正常现象的救济方法，除应普遍的切实的救济自战区退出的难民难童，俾使生活上消极的无冻馁之虞，积极的并可成家立业外，还得注意三点：

（甲）解决出征军人家属的生活问题。要出征军人忠勇抗战，无后顾之忧，换一句话说，要出征军人的妻室或未婚妻不另行择配，起码就要使出征军人家属的生活不生问题，"衣食足而后知荣辱"，那是不消多说的。现在，依照《优待出征军人家属办法》《应征（召）入营士兵家庭救济暂行办法》《抗战功勋子女就学免费条例》的规定，出征军人家属，虽可减免摊派捐款，免服劳役，请求救济，子女免费就学……然而，"徒法不能以自行，徒善不足以为政"，我们希望要切实的普遍的解决出征军人家属的生活问题。

（乙）明定出征军人配偶或未婚配偶违背婚姻义务治罪办法。出征军人妻室如果有重婚情事，固可依重婚罪最高刑或甚至加重处罚，但检察官或其他司法警察官应尽量检举，乡镇保甲长更应多多告发；出征军人妻室如有另与他人同居情事，应准由乡镇保甲长或本人的父母兄弟代为检举，不必拘守《刑事诉讼法》第二一三条第二项"非本夫不能告诉"的规定，稍予变通办理（但本人如有宥恕表示者，自属例外）；出征军人的未婚妻如有悔婚情事，现行法虽不认为犯罪，但欲贯澈军事委员会前令本旨，抗战期内，无妨明定治罪办法，以安军心。如果仅仅当作民事违约问题，似乎太不足以保障出征军人的婚约，这点值得我们特别注意的。

（丙）迁移公务员眷属至后方各省。妻眷远在沦陷区域，关山万里，是战时诱发"重婚""同居"即所谓"国难太太""伪组织"等现象的一大原因，如在可能范围内，于交通运输上给予极大的便利与优待，一面更给以接眷津贴，使一般公务员的眷属，一律迁至后方适当地区，不但可以减免婚姻方面的不正常现象，同时亦即是使一般公务员安心供职绝不受任何诱惑的良法。当然，两害相权取其轻，决不能因此妨害军事运输，"可能范围"四字，自然值得斟酌的。

七、战后怎样补救

战后关于婚姻方面不正常现象的救济方法，可分治标的和治本的来说。治标的方法，是对于战时婚姻恶果——即是那些不正常现象的——法律救济；治本的方法，有避免以后诱发这些不正常现象的法律救济。无论对于以往的救济或将来的防免，我们以为都得依下列三个原则为本据：

（甲）维系一夫一妻制度；

（乙）确立以爱情为基础的新道德；

（丙）民族国家的利益高于一切。

本于这三个原则，我们分婚姻恶果的救济与婚姻恶果的防免来说：

（一）婚姻恶果的救济

对于战时婚姻方面不正常现象的消极救济，刑事方面，在抗战胜利之后，少不得政府要颁发大赦令，与民更始，除罪大恶极的汉奸罪外，关于重婚、诈婚、通奸等妨害婚姻及家庭部分的罪刑，自然将在赦免之列，我们不必深论；其在民事方面，纠纷的解决，可分别言之：

（甲）重婚。战时重婚者，前婚配偶（指第一次的配偶）或后婚配偶（指定第二次的配偶）听其改嫁或改娶，分别情形，由重婚的一方付给损害赔偿与赡养费。

（乙）同居。战时仅以未举行结婚仪式而法律上认为同居关系者，一律追认其为有效的婚姻，排斥《民法》第九八八条第一款的适用；其余如妾的变相或系姘度关系者，一律勒令改嫁，分别情形，由有配偶之他方付给损害赔偿费，如不遵办，并得课以刑事罪责，其有原配偶自愿离异而与妾或姘度关系之人改为正式配偶者听之，但应付给原配偶损害赔偿费，那可不消多说。

（丙）悔约。战时未婚夫妻双方悔约者，均无权诉究；一方悔约，他方尚未另与他人订婚或结婚者，分别情形，由悔约者付给损害赔偿费，但以此方无过失为限，始得声请。

这些都是快刀斩乱麻的解决方法，自然有待于政府颁布特别法令，优先于《民法》而适用的。

（二）婚姻恶果的防免

对于婚姻方面不正常现象的积极救济，我们认为在刑事方面应增加纳妾处罪的明文（《刑法》第二三九条虽可援用，但须本夫告诉，不足以贯澈一夫一妻制度）外，在民事方面，应修订现行《民法》，于婚姻法部分，作下列必要之修正：

（甲）关于结婚

（1）兼采事实婚主义与形式婚主义。现行《民法》采形式婚主义，对于未举行公开仪式的婚姻，认为无效，不如兼采事实婚主义，对于社会习惯上有可认为婚姻事实关系存在者，法律亦认为有效的婚姻。如此，婚姻的事业关系与法律关系不是可以相互一致了吗？

（2）采取劣种禁婚主义。希特勒秉政后的德国法律，采取劣种禁婚主义，为民族国家利益计，"质量重于数量"，我们亦应效法，但禁止白痴、低能、精神病或有恶性传染病者结婚,固无不可,如欲排除此等人的生殖作用,而去势或使永远成为"不能人道",那是违背人道的办法,我们似可不必采取。为贯澈优生主张,并无背于事实婚主义计,同时规定以登记为要件,亦无不可。

(3) 违反重婚禁止应采无效主义。现行《民法》关于违反重婚禁止,采取撤销主义,重婚仅得为撤销婚姻的原因,未撤销前,仍属有效的婚姻,殊不足以贯澈一夫一妻制,应于此种场合,如《德国民法》《瑞士民法》一样,采取无效主义,将重婚认为婚姻无效的原因,始为较妥。

(乙) 关于离婚

(1) 离婚原因应采例示主义。《民法》上关于裁判离婚的原因,采取列举主义,将得为诉请离婚的原因,明定十款(第一〇五二条),虽不若概括主义的失之广漠,但亦不免缺乏弹性,应如《德国民法》《瑞士民法》一样,采取例示主义,除法律所规定的重大原因外,如有其他紊乱婚姻社会的事实,亦得请求离婚,才足以适合实际上的需要。

(2) 离婚结果应采无过失赔偿责任主义。《民法》于裁判离婚的结果,原则上采取有过失,赔偿责任主义,例外才采取无过失赔偿责任主义,故一方面责令有过失之一方,赔偿损失,一方面以请求人无过失为限,又有请求赡养费的规定(第一〇五七条),但对于有过失而离婚后陷于生活困难的一方,亦应如《苏俄婚姻法》一样,采取纯无过失赔偿责任主义,才足以因应现代婚姻法的新趋势呢。

二月十五日脱稿于北碚

原载于《东方杂志》第37卷第7号(1940年)

战时的民事诉讼
——《非常时期民事诉讼补充条例》述评

抗战四年了。这四年来,社会上一切情事,莫不有剧烈的变迁,对于这些因战争而变迁的情事,如仍墨守成规,按照平时的法律以为解决,不但于理论于事实均有不妥,而且扞格难行之处,反将因之增加社会上许多纷扰和不安。因此,各国战时均依照情事变迁原则(Geaure Ducur Rix Rtan Pibno)制定特别法令,以救其弊,无论实体法和程序法都是一样。

民事诉讼是国家确定私权的审判程序。凡是生存于社会的人们,依据法律的认许享有私权,设遇私权被人侵害或将被侵害,单凭"自力救济",恃个人一己的力量以排除之,其结果往往强凌弱、众暴寡,人类共同生存的安全既不足保,而社会公共秩序亦难维持。因此,国家不可不有以保护之,民事诉讼即其保护的一种方法,而以确定私权为宗旨。抗战期内,虽说"国家至上,民族至上",然既仍有保护私权的必要,而抗战前颁布(民国二十四年二月一日国民政府公布,同年七月一日施行)的现行《民事诉讼法》(以下简称《民诉法》),又不能因应抗战需要,以利诉讼之进行,所以最近国民政府特又颁行(民国三十年七月一日公布,同日施行)《非常时期民事诉讼补充条例》(以下简称《民诉补充条例》),斟酌特殊情形,加以补充规定,实系依照情事变迁原则而制定的特别法令之一。在抗战期内,该条例具有民事诉讼特别法的性质,优先《民诉法》而适用,可不待言。

本题主旨,除将《民诉补充条例》的内容,作一个大体的论述,阐释战事民事诉讼的特别法令外,并愿一本管见所及,以就正于立法与司法界先进和关心改善司法制度的专家学者!

一、诉讼程序的补充

由于战时情事变迁,《民诉补充条例》关于诉讼程序方面予以补充者,有如下述:

(一) 关于法院管辖

关于某一法院与他法院间的职务及权限,诉讼法上谓之管辖。法院就某诉讼事件有审判职务及权限,即为有管辖权。管辖权的有无,虽以起诉时为准(《民诉法》第二七条),但因战时情事变迁,于法院的管辖,却不无影响:

(A) 关于土地管辖

依住所定管辖的诉讼,其住所在战区者,得由居所地之法院管辖,虽专属管辖之依法所而定者亦同。(《民诉补充条例》第二条第一、第二项)原来依管辖区域与诉讼事件的关系而定法院管辖权之有无者,为土地管辖。诉讼事件的发生,在某法院管辖区域内者,某法院对之即为有管辖权,而该诉讼事件的被告,即有受该法院裁判的义务,谓之审判籍。

其不问诉讼性质如何,只以被告的住所与法院管辖区域的关系为标准者,谓之普通审判籍;其依诉讼标的与法院管辖区域的关系,或依被告与诉讼标的,并法院管辖区域关系为标准者,谓之特别审判籍;其不容他审判籍的审判籍,谓之专属审判籍,如某法院就某诉讼有专属审判籍,则唯该某法院就该诉讼有土地管辖权。依照上述《民诉补充条例》的规定,我们可为下述的阐释:

(1) 关于普通审判籍。自然人的普通审判籍,除有专属管辖者外,由被告住所地的法院管辖。(《民诉法》第一条第一项)但如被告住所地在战区者,得由被告居所地之法院管辖。凡以永久居住之意思而住于一定的地域者,即为设定其住所于该地,无永久居住之意思而住于一定的地域者,即为设定其居所于该地,这是住所地和居所地的区别。换言之,被告由战区逃难到后方,得向该被告逃难所到之地,即被告居所地的法院,认有普通审判籍而提起诉讼。至于法人,本系以其主事务所之所在地为住所(《民法》第二九条),对于法人的诉讼,由其主事务所所在地之法院管辖(《民诉法》第二条第二项)。但如法人主事务所所在地在战区者,得由其在后方的分事务所所在地之法院管辖。

(2) 关于时别审判籍。凡因公司或其他团体关系涉讼者,则该公司或其他团体主事务所成主营业所所在地的法院对之有特别审判籍,故得由该团体主事务所或主营业所在地的法院管辖。(《民诉法》第九条)但如公司或其他团体主事务所或主营业所在战区者,得由该公司或团体在后方的分事务所或分营业所所在地之法院管辖。

凡因遗产继承关系涉讼者,则继承开始时被继承人住所地的法院,对之有特别审判籍,故得由继承开始时被继承人住所地的法院管辖(《民诉法》等十八条、第十九条),但如被继承人住所地在战区者,得由继承开始时被继承人在后方的居所地之法院管辖。

（3）关于专属审判籍。关于支付命令的声请,以债务人为被告时的住所地,主事务所或主营业所所在地,及事务所或营业所所在地之法院,对之有专属审判籍,故有专属管辖权(《民诉法》第五〇六条)。但如此等住所地、主事务所或主营业所地在战区者,得由被告在后方的居所地,分事务所或分营业所所在地法院专属管辖。

关于人事诉讼的专属审判籍,婚姻事件专属于夫的住所地,或其死亡时住所地的法院管辖,但如夫的住所地或其死亡时的住所地在战区者,得由夫在后方的居所地或其死亡时的居所地法院专属管辖。亲子关系事件,或专属于养父母的住所地,或其死亡时住所地的法院管辖(《民诉法》第五七九条),或专属于子女住所地或其死亡时住所地的法院管辖(《民诉法》第五八五条),或专属于行亲权人,或曾行亲权人住所地的法院管辖(《民诉法》第五八八条),但如上列各该关系人住所地在战区者,得由各该关系人在后方的居所地法院专属管辖。

此外,共同诉讼的被告数人,其住所不在一法院管辖区域内者,除得依特别审判籍定其共同管辖法院外,各该被告住所地之法院,俱有管辖权(《民诉法》第二〇条),是为选择审判籍。此等可为选择的住所地,如均在战区,得由其某一被告在后方的居所地法院,为有选择审判籍的法院,换言之,该共同被告中某一被告在后方居所地的法院,对之有土地管辖权。

（B）关于指定管辖

本来,就某诉讼有管辖权的法院,如因战争不能行审判权者,诉讼事件的当事人,得向该法院的直接上级法院,声请指定管辖,被指定的其他法院,纵然本无管辖权,亦应就该事件行使审判权,《民诉法》第二三条已有明文规定。《民诉补充条例》为适用上之便利计,更于第三条、第四条补充规定:因有管辖权的法院,在战区不能行使审判权,而声请指定管辖者，得陈明指定之法院，不过上级法院指定管辖时不受陈明指定之羁束罢了。又指定管辖声请人陈明指定之法院与有管辖权之法院不隶属于同一高等法院或分院者，由最高法院就其声请为指定与否的裁定；陈明指定之法院隶属于最高法院分庭者，得由该分庭为指定与否的裁定。

（二）关于诉讼代理

禁治产人，和七岁以下的未成年人，在《民法》上是不能独立以法律为行负义务的无行为能力人，在诉讼法上便是无诉讼能力人。无诉讼能力人为诉讼行为，如因战事致无法定代理人，或法定代理人不能行使代理权，恐久延而受损害者，如必由当事人声请而后受诉法院之审判长，始得为之选任特别代理人（《民诉法》第五一条），亦非允当，故于此种情形，受诉法院之审判长，可不须当事人之声请，得依职权就本事件为之选任特别代理人（《民诉补充条例》第五条第一项）。至于受诉法院审判长依职权所选任之特别代理人，不得为舍弃认诺或和解（《民诉补充条例》第五条第二项），依照《民诉法》第五一条第三项，本系当然应有的解释，初可不必另行规定，《民诉补充条例》又复定诸明文，不过为适用时免滋利弊起见而已。

（三）关于诉讼救助

诉讼救助是对于无资力支出诉讼费用的当事人，只要不是显无胜诉之望者，法院得本于其声请，准其暂免诉讼费用，而为诉讼的意思。但当事人向受诉法院声请诉讼救助时，应"释明"其声请救助的事由（《民诉法》第一〇九条），换言之，应提出可供即时调查的证据，使法院信其主张为真实。这样，往往因事实上的困难，而迟延诉讼，致使当事人蒙其不利。故"声请诉讼救助，纵未释明无支出诉讼费用之资力，法院亦得酌量情形，准予救助"（《民诉补充条例》第六条）。殊不失为确当应有的补充规定。

（四）关于回复原状

法律所定的期间，不得依法院的职权或当事人的声请，而伸长或缩短的期间（如上诉期间判决送达后二十日），抗告期间（裁定送达后十日或五日），再审期间（判决确定时起三十日或知悉再审理由时起三十日），谓之不变期间。当事人或代理人因战事而迟误不变期间者，如其迟误已逾一年，且竟不得声请回复原状（《民诉法》第一六四条第三项），则于因长期抗战而迟误不变期间者，势将格于该项规定，不能于战事结束或战争状态消灭后声请回复原状，有失法律公平之本旨，故"《民事诉讼法》第一百六十四条第三项之规定，于因战事迟误不变期间者不适用之"（《民诉补充条例》第七条）。有此补救规定，则无论战事至何年结束，凡因战事迟误不变期间者，一律得于战事结束或战争状态消灭后依法声请回复原状了。不过，这么一来，必将有许多战前或战事波及前的诉讼事件，停留在不确定的阶段，必将有许多战前或战事波及前的诉讼事件，留待战后的法官们去审理和裁判了。

至于诉讼程序因当事人的合意而休止者，自休止时起，如于四个月内，不续行诉讼者，不问有无不可归责于当事人的事由，一律视为撤回其诉或上诉（《民诉法》第一九〇条），在战时亦有未妥，故"《民事诉讼法》关于声请回复原状之规定，于诉讼程序休止后因战事未能于四个月内续行诉讼者,准用之"(《民诉补充条例》第九条)。准此规定,凡于诉讼程序休止后因战事未能于四个月内续行诉讼者,待至战时结束或战争状态消灭后,均得依法声请回复原状了。

(五)关于诉讼中止

当事人于战时服兵役,如已委任诉讼代理人者,诉讼程序似可不必中止,若未委任诉讼代理人,则法院应以裁定命在障碍消灭以前,中止诉讼程序(《民诉补充条例》第八条)。此与《民诉法》第一八一条中止与否法院有自由裁量余地者不同,一方面固系保护出征军人权益,免受缺席判决的损失,一方面为法院裁判之妥适计,更属应有的补充规定。

(六)关于延展辩论

言词辩论期日,当事人之一造不到场者,法院本来得依到场当事人之声请,由其一造辩论而为缺席判决(《民诉法》第三八五条);但如当事人在言词辩论期日不到场,系因战事而到场显有困难者,则其不到场虽非由于不可避免的事故,亦当适用《民诉法》第三八六条的规定,法院应以裁定驳回到场当事人由其一造辩论而为判决的声请,并延展辩论期日(《民诉补充条例》第十条)。

二、争议事件的调解

《民诉法》规定：凡属简易诉讼事件，在起诉前应经法院调解，必调解不成立，始得起诉。又人事诉讼中，虽亦有以调解为起诉前的必经程序，然而"兄弟阋于墙，外御其侮"，在此精诚团结，共御外侮的时候，仅恃此种规定，尚不足以杜息争端，减少讼累，更何论因应抗战需要？《民诉补充条例》为此关于民事争议的调解，有较为详密的补充，分释于次：

（一）调解的标的

凡属买卖、租赁、借贷、雇佣、承揽、出版、地上权、抵押权、典权九种法律关系，因受战事影响，致生争议者，当事人得声请法院，依照《民诉补充条例》的规定调解之（《民诉补充条例》第十一条）。此等争议的法律关系已有诉讼系属于法院者，受诉法院得依当事人的声请，将争议事件移付调解，中止诉讼程序（《同条例》第十二条）。

（二）调解的机构

争议事件的调解机构，不采委员评议制，由调解人以会议的方式行之，虽以推事为调解主任，但参与调解之人，不以法院选定为原则，而以当事人推举为原则，故由当事人合意推举二人或四人或各推举一人或二人为调解人,如当事人不推举时,由法院院长选任声望素著或有特别知识经验者二人或四人充之(《同条例》第十三条)。被选任为调解人者,非有正当事由,不得辞任,其有《民诉法》第三十二条所列"推事应自行回避"之原因者,当事人得声请解任(《同条例》第十四条)。

(三) 调解的程序

调解程序,由调解主任指挥之(《同条例》第十五条)。和其他一般民事调解程序稍有不同。唯自声请而开始,至调解成立或不成立而终结,中经期日的指定,书状或笔录及传票的送达,暨调查证据,制作笔录,第三人参加调解等,则与一般调解大致无异:

(A) 调解的声请。当事人声请调解者,无论以书状或以言词为之,均应表明为调解标的之法律关系及争议的情形,以为进行调解时的根据(同条例第十六条、《民诉法》第四一〇条第一项)。声请调解,应向有管辖权的法院为之,管辖调解的法院,准用《民诉法》关于管辖法院的规定(同条例第十六条、《民诉法》第四一〇条第二项)。

(B) 调解的期日。调解主任依据当事人的声请,应速定调解期日,并命当事人推举调解人或选定调解人,施行调解,其程序得不公开行之,因为调解本旨,在求息争,不公开易使当事人间互相让步,期于妥协。但调解主任于必要时得命当事人或法定代理人本人于调解期日到场,俾便易于调解(同条例第十六条、《民诉法》第四一三条、第四一五条)。

(C) 第三人参加调解。就调解结果有利害关系的第三人,经调解主任的许可,得参加于调解程序;其未为参加,若调解主任知其于调解结果有利害关系者,亦得将事件通知之,命其参加,俾使有利害关系的第三人,不至于调解程序失其主张的机会(同条例第十六条、《民诉法》第四一七条)。

(D) 调查证据。调解主任暨调解人等行调解时,应审究事件关系及两造争议之所在,于必要时得调查证据(同条例第十六条、《民诉法》第四一八条)。

(E) 调解笔录。调解期日,法院书记官应作调解程序笔录,记载调解的成立或不成立,及期日之延展或诉讼之辩论开始等事项。其他应记载的事项,和一般关于言词辩论笔录的规定相同(同条例第十六条、《民诉法》第四二二条)。

(F) 传票及笔录的送达。调解主任接受当事人调解的声请后,除认其声请不合法,驳回调解之声请外,应即速定调解期日,将声请书状与期日传票,一并送达于他造。此项传票,除记载到场的时日及处所外,并应记载不到场时法定的效果,及务于到场时携带所用证物,与偕同所举证人到场。若当事人以言词为声请者,应将记明声请调解的笔录,与调解期日的传票,一并送达于他造(同条例第十六条,《民诉法》第四一二条、第四二七条、第四二八条)。

(G) 当事人不到场的处分。当事人无正当理由不于调解期日到场者,调解主任得以裁定科五十元以下之罚锾,其有代理人到场而本人无正当理由不遵命到场者亦同。但当事人对于此项裁定,得为抗告,抗告中应停止执行(同条例第十六条、《民诉法》第四一四条)。又调解期日,当事人两造或一造不到场者,调解主任酌量情形,得视为调解不成立,或另定调解期日(同条例第十六条、《民诉法》第四二〇条)。

(四) 调解的成立与不成立

调解会议,以调解人过半数的意见决定之,可否同数时,则取决于调解主任(同条例第十七条)。调解会议应议定调解条款,作成调解书,以正本送达于当事人,当事人对于调解条款如已同意,则调解即为成立,如或未经同意者,得于调解书正本送达后二十日之不变期间内提出异议,不提出异议者,视为调解成立(同条例第十八条第一、第二项)。调解成立者,与诉讼上和解有同一的效力(同条例第十六条、《民诉法》就四二一条第一项),即当事人的一造,得依调解为执行名义,声请法院强制执行(执行力),而不得就已调解成立的法律关系,更行起诉(确定力)。至于法院送达于当事人之调解书正本,应记载得提出异议的期间,及不提出异议的效果(同条例第十八条第三项),可不待言。

当事人两造或一造于调解期日不到场者,调解主任得酌量情形,视为调解不成立,已如所述外,当事人于调解书正本送达后二十日之不变期间内,提出异议后,法院书记官应通知他造当事人(同条例第十九条)。此种情形,如经当事人起诉,或于调解前已起诉者,法院应依下列规定为裁判(同条例第二〇条):

(1) 争议的法律关系,就其因战事所受影响,法律有规定者,依其规定。

(2) 法律如无规定时,中央或省市政府因战争就争议的法律关系,已以命令定有处理办法者,依其办法。

(3) 法律既无规定,又无单行办法时,如该法律关系因战争致情事剧变,非当时所得预料,而依原有关系发生效力显失公平者,法院得斟酌社会经济情形、当事人生活状况,及其因战事所受损失之程度,为增减给付,延期或分期给付之裁判。

又调解不成立者,当事人得请求法院书记官赋予证明书(同条例第十六条、《民诉法》第四二一条第二项),调解不成立后起诉者,其调解程序之费用,应作为诉讼费用之一部,不起诉者,由声请人负担(同条例第十六条、《民诉法》第四二三条），此与一般民事调解当同，可不待言。

三、文书灭失的补救

民事诉讼的文书，无论裁判书或卷宗等，都有保存相当期间的必要。例如裁判书正本，应为当事人所保存，以为主张权益的本据；各案卷宗，法院应该依据《法院文卷保存期限规程》（民国二十二年十二月二十六日前司法行政部公布同日施行），在法定期限内予以保存，以免将来必要时无可查考。抗战四年来，若干省县沦为战区，民事诉讼的文书，无论个人或法院，因战事而灭失者恐且不可计数，为了这种情事的变迁，《民诉补充条例》这才规定了下列补救的办法：

（一）裁判书灭失的补救

裁判书灭失的补救方法，因下列情形而异：

(A) 正本灭失。裁判书正本别于推事所制作之原本而言；其抄录原本全文，经法院书记官签名认证并盖法院印信，以之送达于当事人或附卷者，谓之正本。当事人所执的裁判书正本，因战事灭失者得依《诉讼费用条例》的规定，预纳费用，向法院书记官请求赋予正文；如果法院所保存的裁判书原本亦已灭失者，应赋予灭失之证明书（《民诉补充条例》第二一条）。

(B) 原本灭失。法院所保存的裁判书原来及正文，如均因战事灭失,审判长得定期间,命当事人两造提出正本。在此期内,两造如均不提出正本者,视为当事人所执正本亦已灭失;在此期内,当事人提出裁判书正本时,法院书记官应速依该正本作成正本附卷,将当事人所提出的正本发还;在此期内,当事人两造均不提出,但于嗣后提出者,依下列规定办理(《民诉补充条例》第二二条):

(1)当事人嗣后所提出者,如为确定裁判的正本时,不妨碍《民诉法》第四九二条第一项第十款的适用。换言之,如法院因原本灭失命当事人提出正本而当事人不为提出时,当事人如竟更行起诉,法院并对之已为裁判,且如该项裁判已归确定者,当事人如嗣后忽又提出前一确定裁判之正本,自得对于后一确定裁判提起再审之诉。

(2)当事人嗣后所提出者,如为未确定裁判的正本时,在提出前因认前一裁判书灭失所为之后一裁判,不因此而受影响。

(C)原本正本均灭失。法院所保存的裁判书原本以及当事人所执的裁判书正文,如均因战事而灭失,则其补救办法,依原裁判是否为确定裁判而异:

(1)确定裁判书的灭失。判决确定事件,判决原本及正本均灭失者,应先设法寻觅其他方法证明判决的内容,如竟又无其他方法证明判决内容者,当事人得对于原事件更行起诉(《民诉补充条例》第二二条第三项),如故对于确定判决所提的再审之诉,有此情形时,应以裁定驳回之(《民诉补充条例》第二八条)。

(2)裁判确定前裁判书的灭失。民事诉讼事件于裁判确定前,裁判原本及正本均因战事灭失,而无其他方法证明裁判之内容者,视为未裁判。但如事件已系属于上诉审法院者,依照下列规定办理(《民诉补充条例》第五二条):

(a)系属于第二审法院者,由第二审法院就该事件自为判决。

(b) 系属于第三审法院者,由第三审法院以裁定发回原第二审法院或发交其他与原第二审同级的法院。

又民事诉讼事件,系属于第三审法院,而第二审卷宗因战事灭失者,由第三审法院以裁定发回原第二审法院或发交其他与第二审同级的法院。但如上诉不合法,或显无理由,或应就事件自为判决者,则第三审法院仍应分别情形自为裁判(《民诉补充条例》第二六条)。

再如关于抗告或再抗告事件,如于裁定确定前,裁定原本及正本均因战事灭失,而无其他方法证明裁定之内容者,除其抗告或再抗告已无实益者,应予驳回外,视为未裁定。但如事件已系属于上诉审法院者,亦依前述关于上诉判决的规定办理(《民诉补充条例》第二七条)。详言之:

(a) 系属于第二审法院者,由第二审法院就该事件自为裁定。

(b) 系属于第三审法院者,由第三审法院以裁定发回原第二审法院或发交其他与第二审同级的法院。

至于民事诉讼事件,系属于第三审法院,而第二审卷宗因战事灭失者,由第三审法院以裁定发回原第二审法院或发交其他与第二审同级的法院。但如抗告或再抗告不合法,或显无理由,或应就该事件自为裁定者,则第三审法院仍应分别情形自为裁定(《民诉补充条例》第二七条)。

(二) 卷宗灭失的补救

凡属当事人的书状、笔录、裁判书及其他关于诉讼事件的文书——送达证书、报告书、抗告事件意见书等,法院应保存者,应由书记官编为卷宗(《民诉法》第二四一条)。因战事而诉讼卷宗灭失之事件,依法院之簿册,或经当事人之证明,确系属于法院者,该法院应即依法进行之

(《民诉补充条例》第二三条)。有此情形,审判长得定期间,命当事人将灭失的书状补行提出,在此期内,当事人如不提出书状者,依照下列规定办理(《民诉补充条例》第二四条):

(A)当事人应补行提出者为诉状、上诉状、抗告状或声请状时,视为撤回而诉、上诉、抗告或声请。

(B)当事人应补行提出者为诉状、上诉状、抗告状或声请状以外的其他书状时,视为自始未提出书状。

(C)当事人以言词为声请或陈述,由法院书记官作成之笔录灭失者,如应补行提出者为诉状或声请状时,视为撤回其诉或声请;如应补行提出者为其他书状时,视为自始未提出书状。

又因战事而卷宗灭失事件之上诉,抗告或再审之诉,除能证明其为不合法者外,视为其上诉,抗告或再审之诉系属合法(《民诉补充条例》第二九条)。

四、结语和总评

由前所述,《民诉补充条例》既系适应战时的民事诉讼而制定的特别法令,且其制定颁布,已在抗战四年以后的现在,我们除掉微嫌其"姗姗来迟"以外,相信该条例当系本于司法当局积集四年来各级司法人员的经验与要求而产生的结晶。纵然我们此刻尚不能预测该条例施行于各级法院后的效果到底怎样,然而其必多少总能配合情事变迁原则,因应抗战需要,可无疑义。

记得三年以前，作者于本志《抗战期内的司法》一文中，曾大胆建议凡属民诉案件，均应先经调解程序，即扩充调解程序的适用范围于一切民事争议，以及变更现行《民诉法》调解不免形式主义的精神，务达"杜息争端、减少讼累"的要求。三年后颁行的该条例，总算附有条件的予以容纳了，但有二点仍未满足作者当年的期望：（一）争议事件的调解，限于买卖租赁等九种法律关系，而非一切法律关系的争议，均可依该条例调解，其他法律关系的争议，仍依《民诉法》中关于调解及和解的规定，以资解决。（二）争议事件的调解不成立时，如再以诉讼方式由法院裁判，法院无较大的裁量权。推敲立法意旨，殆有二因：（一）民事法律关系的法律行为，于法律行为之后，效果完成以前，因不可归责于当事人的事由，且不得预见的程度，其法律行为环境的情事，发生急激的变迁，如仍认其照常发生效果，殊有背于信义衡平的原则。故于必要范围内，适用情事变迁的新规范，以资调整，谓之情事变迁原则。情事变迁原则既然基于法律行为后环境情事发生变更的需要而产生，故其适用范围，主要为基于法律行为构成的债权与物权契约。（二）我国系采用法典主义的国家，法典主义固然适于一般的法律生活之安定，然因缺乏伸缩性，每不足适应具体的情事而臻于确当，尤其在法官程度不若英、美、德、法之我国，欲责法官以适应时代精神，充实法典的内容，追随时代的变迁，即以判例补充法律的缺陷，事实上殊为困难。故凡法律关系因战事致生争议，应由立法院制定非常时期民事补充法规，以为解决之标准，在该项法规未经制定以前，关于买卖租赁等九种法律关系因战事而争议的调解不成立时，如再以诉讼方式由法院裁判，则现行法律已有规定可为解决之标准者，不问该法律之公布，或在战前，或在战事发生以后，法院应适用该法律以为裁判；其如法律未有规定，而中央或该省市政府就争议的法律关系，因战事影响已以命令定有解决办法者，法院应以该办法以为裁判；再如，既无此项法律，又无此项命令所定之办法时，法院始得审酌实际情事，以为裁判，而情事之究竟因何变更？变更之程度若何？何者为应予斟酌之事项？以及裁判应以增减给付，延期或分期给付为限等等，该条例为免空泛无据致失法律力求公允之精义，均有明文为之规定。

立法当局这种顾全事实困难而配合情事变迁原则的立法，我们固然无可厚非，但是我们除热切期待非常时期民事补充法规的从速制定，以为法院适用上的本据外，认为司法制度的改善，实为目前刻不容缓之举。就以战时的民事诉讼为例吧，我们为贯澈"力量集中""减免讼累"的要求，诉讼程序务求简单，财力劳力务求节省，虽不必参照苏联司法制度暨我国军法一审终结的精神，实行一审制，谋澈底的改善，然而无论如过去参政员孔庚向国民参政会提案中所拟议的采用虚三级制也好，或如司法院向国民参政会提案中所拟议的审判以三级二审制为原则、三级三审制为例外也好，或又如有些人所主张的废除三审、实行三级二审制也好，三级三审制的必须废除，在今日似已成为举国上下的定论。为什么我们不能先于战时的民事诉讼补充法规中，试行废除三级三审办法，以应抗战时期的特别需要，而为战后整个改善司法制度的张本呢？为什么我们在贯澈情事变迁原则而制定的民事诉讼补充法规中，还要奉行旧制，而不作改善诉讼程序的根本打算呢？作者草此文既终，不期然而然的发为此问，不知读者高明，又将作何感想？

七月七日作于北碚

原载于《东方杂志》第38卷第17号(1941年)

战时的刑事诉讼
——《非常时期刑事诉讼补充条例》述评

刑事诉讼是刑事法院、刑事原告、刑事被告等以实行国家刑罚权为目的之行为。换言之，人们的行为，若在《刑法》上被认为犯罪，国家为保障公众的安宁、维系社会的秩序，以及保护个人的法益计，对之即有处罚之权，将犯罪人置之于法，科之以刑，此种程序，便是刑事诉讼。

抗战四年来，由于情事的剧变，无论刑事法院、刑事原告、刑事被告或犯罪嫌疑人等，关于实行国家刑罚权的行为，若仍按照战前颁行（民国二十四年一月一日公布同年七月一日施行）的现行《刑事诉讼法》（以下简称《刑诉法》）以为处理，不但有些地方显然扞格难行，而且胶柱鼓瑟，将会发生与原期目的相反的效果。因此，最近国民政府为了因应抗战需要，以利诉讼之进行计，特又颁行（民国三〇年七月一日公布同日施行）《非常时期刑事诉讼补充条例》（以下简称《刑诉补充条例》），斟酌特殊情形，加以补充规定。

本文目的，拟将这个抗战期内作为刑事诉讼特别法令的《刑诉补充条例》，论述其大概，阐释其内容，并就战时的刑事诉讼，探讨其变质的所在，作为今后司法改善的展望之一，以下分别论之。

一、土地管辖的补充

法院管辖刑事案件,各有一定的范围:事物管辖系以事物为标准,即就诉讼事件的种类而定各法院管辖的范围;土地管辖系以土地为标准,即就土地的区域而定各法院管辖的范围。第一审法院的土地管辖,以犯罪地或被告的住所、居所或其所在地为标准(《刑诉法》第五条),第二审及第三审法院的土地管辖,依第一审法院的土地管辖定之。《刑诉补充条例》关于土地管辖的补充规定,有如下述:

(一)关于移转管辖

对于刑事案件本有土地管辖权的法院,有时因法律或事实不能行使审判权,有时因特别情形不便行使审判权,应由直接上级法院移转其案件于无管辖权的法院管辖之,此固《刑诉法》第十条所明定,但如抗战期内,因战时交通或其他情事而有移转管辖的必要者,若竟不予变通,亦于情理不合,故凡"案件经直接上级法院斟酌战时交通或其他特殊情事,认为有移转管辖之必要者,虽无《刑事诉讼法》第十条各款所列之情形,亦得以裁定将该案件移转于其管辖区域内与原法院同级之他法院"(同条例第二条第一项)。移转管辖之权,操诸直接上级法院,但如直接上级法院不能为移转的裁定时,亦不可不有补救的方法,故若遇有必要情形,刑事案件的移转管辖,得由再上级法院——最高法院或其分庭为之裁定

(同条例第二条第二项)。

当事人因有管辖权的法院在战区，不能行使审判权，声请移转管辖者，得陈明其所希望移转之法院，不过上级法院以裁定移转管辖时，不受其陈明的拘束罢了(同条例第三条)。至于当事人所陈明其所希望移转的法院，如与有管辖权的法院不隶属于同一高等法院或分院者，由最高法院裁定之；当事人所陈明其所希望移转的法院，如系隶属于最高法院分庭者，得由该分庭裁定之(同条例第四条)，自不待言。

（二）关于管辖错误

法院逾越其土地管辖的范围而为审判，便是管辖错误。管辖错误案件，虽其已经实施的诉讼程序，不因法院无管辖权而失其效力(《刑诉法》第十二条)，但如其初不知为无管辖权，嗣后全案辩论终结，始经辨明无管辖权，因而谕知管辖错误的判决，并同时移送于有权管辖的法院，更新审理(《刑诉法》第二九六条)，或如根本不知其为无管辖权，故未谕知管辖错误而为判决，第二审法院认为不当，对之撤销原判决，发交有权管辖的第一审法院，更新审理，而置原判决对于实体上审判的当否于不顾；殊与节省人力物力，办案应求妥适迅速之旨，大相径庭，而且当事人徒因法院认定有无管辖权一时之误，即蒙诉讼迟延的痛苦，亦未免不顾实际、利害，流入形式主义。因此，《刑诉补充条例》明定为："法院虽无土地管辖权，而认为有管辖权已就该案件为裁判者，以有管辖权论"(第五条)，准此规定，除非法院自始即认为无土地管辖权者，应对之谕知管辖错误的判决外，其如全案辩论终结已为实质上的判决，上级法院即不得认系管辖错误而撤销原判决，发交有权管辖的法院，更新审判了。

二、期间程式的补正

(一) 期间的补正

诉讼法上所规定的失权期间,系法律规定的期间以内不可不为一定的诉讼行为之意,此种期间,如因战事迟误而即丧失其诉讼法上所得主张的权利,殊失公平本旨,故《刑诉补充条例》特作如下的补正。

(A) 关于追诉时效。对于犯罪行为的追诉权,因一定期间内不行使而消灭,谓之追诉时效。追诉权的时效,如依法律的规定,侦查、起诉或审判程序不能开始或继续时,固应停止其进行(《刑法》第八三条);但如侦查、起诉或审判的程序,因战事而不能开始或继续时,若不停止追诉时效的进行,仍令犯罪人享受时效利益,则因长期抗战而得逍遥法外,殊失法律之平!故除所犯轻微罪名外,如所犯之罪,最重本刑为五年以上有期徒刑以上之罪,因战事致侦查、起诉或审判之程序不能开始或继续时,停止其追诉权时效期间的进行(同条例第六条),详言之,所犯最重本刑为五年以上有期徒刑以上之罪,其追诉权时效期间,为十年或二十年(《刑法》第八〇条第一项第一第二款),此项追诉权的时效期间,自犯罪成立或犯罪行为终了之日起算(《刑法》同条第二项),在此十年或二十年的追诉时效期间内,如因战事致侦查、起诉或审判之程序不能开始或继续时,停止其进行,自战事结束或战争状态消灭之日起,再与时效停止进行前已经过的期间,一并计算。但如战事继续延长,已达于此项时效期间即十年或二十年的四分之一——二年六个月或五年者,其停止原因,视为消灭(《刑法》第八三条)。

(B) 关于告诉期间。告诉乃论之罪,其诉追与否,系于告诉权人的意思,但其告诉,应自得为告诉之人知悉犯人之时起,六个月以内为之(《刑诉法》第二一六条)。如逾六个月的告诉期间,告诉权即消灭,不得对于该项案件,提起告诉。但如由于战事影响而不能于知悉犯人之时起六个月以内告诉者,若亦丧失告诉权,殊背法律设此告诉期间的本旨,故"告诉乃论之罪,因战事不能于告诉期间内告诉者,其不能告诉之期间,应不算入"(同条例第七条)。

(C) 关于回复原状。回复原状系期间经过以后,回复其所失去的权利的意思。本来,非因当事人本人或其代理人的过失,而迟误上诉期间、抗告期间、声请正式审判期间,声请再议期间、声请撤销审判长或推事裁定的期间、声请变更审判长或推事裁定的期间,以及声请变更或撤销检察官命令的期间者,于其迟误原因消灭后五日内,可得声请回复原状,准予补办各该期间内所应为的诉讼行为(《刑诉法》第六七条、第七○条)。如因战事而迟误各该期间,若必于战事结束后五日内为之,期间殊嫌过促,故"战区案件,因战事迟误《刑事诉讼法》第六十七条第一项、第七十条所定各期间(按即上述各期间)者,得于该区域战事结束经法院布告办公后六十日内,声请回复原状"(同条例第八条)。

(D) 关于再审期间。《刑法》第六一条所列各罪,经第二审法院审判后判决即为确定,不得上诉于第三审法院(《刑诉法》第三六八条),此等刑事案件,其经第二审确定的有罪判决,如就足生影响于判决的重要证据,漏未审酌者,得为受判决人的利益,声请再审,但其声请,应于送达判决后二十日内为之(《刑诉法》第四一四条、第四一七条)。如因战事而迟误此二十日的声请期间,亦不可不有补充规定,故特明定为得于该区域战事结束经法院布告办公后六十日内,声请回复原状(同条例第九条)。

(二) 程式的补正

刑事诉讼各项程式,如有欠缺,法院往往不命补正,径以裁定驳回之(例如上诉或抗告违背法律上之程式,原审法院即以裁定驳回),殊有背于节省时力物力之旨,在此一般国民缺乏法律常识,而又未必人人皆能委请律师代撰书状之际,尤宜别谋补正的方法,故《刑诉补充条例》特作如下的补正:

(A) 关于若干程式。起诉、上诉、抗告、声请的程式,如有欠缺可以补正者,审判长不得径以裁定或判决驳回(《刑诉法》第三五四条、第四〇〇条、第三五九条、第三八七条),应定期间,以裁定命其补正,如于期间内不为补正,再行驳回之(同条例第十条)。

(B) 关于代理权。许用代理人的案件,代理人的代理权有欠缺可以补正者,审判长应定期间,以裁定命其补正(同条例第十条)。

(C) 关于告诉。告诉乃论之罪,如果未经告诉权人提起告诉,法院应对之谕知不受理的判决(《刑诉法》第二九五条第三款),如在告诉期间以内,告诉权人再依法告诉,法院又不免要重理旧案,更新审判,既背办案迅速的要求,亦非节省人力物力之所宜,故凡"告诉乃论之罪,未经告诉,在第一审辩论终结前,向法院陈明愿告诉者,与起诉时向检察官告诉有同一之效力"(同条例第十一条)。于此,应注意者,即自告诉权人知悉犯人之时起,至补行告诉时止,应在六个月的告诉期间以内,当不待言。

三、非常上诉的变更

我国非常上诉制度，其目的不但为统一法律的解释，并且为保护被告的利益。故如原判决适用法令不当，固可以非常上诉之判决撤销或变更之，但其判决所科之刑，只能有利于被告，不能更较原判决加重。《刑诉补充条例》于此原则，并无变更，所变更者，是在程序方面：因为现行《刑诉法》所谓非常上诉，系对于已经确定的判决，以违背法令为理由，由最高法院的检察长请求最高法院撤销或变更其判决的程序（同法第四三四条），非由最高法院审判不可；而《刑诉补充条例》则确定判决有下列情形之一者，经最高法院检察长提起非常上诉后，最高法院应将原判决撤销，由原审法院仍依判决前的程序，更为审判，必要时并得发交与原审法院同级的法院更为审判（同条例第十二条）：

（一）法院误认上诉为不合法而为驳回之判决者

本来，上诉不合法（上诉违背法律上的程式或其上诉权已经丧失……）者，原审法院应以裁定驳回之（《刑诉法》第三五四条、第三七六条），原审法院如未驳回，则上诉审法院应以判决驳回之（《刑诉法》第三五九条、第三八七条）。如原确定判决系因上诉审法院误认上诉为不合法而为驳回之判决者，经提起非常上诉后，最高法院自应撤销原判决，仍由原上诉审法院或发交与原上诉审法院同级的法院更为审判。如该案件曾经他造当事人上诉,上诉审法院已就该案件为实体上的判决者,最高法院并应将该判决并予撤销,更为审判。但原上诉审法院或与之同级之他法院更审后应为之判决,如较原确定判决不利于被告者,仍维持原确定判决之效力。

（二）法院误认为无审判权而为不受理之判决者

本来法院对于被告无审判权者,应谕知不受理的判决(《刑诉法》第二九五条第六款),如原确定判决系因原审法院误认为无审判权而为不受理之判决者,经提起非常上诉后,最高法院自应撤销原判决,仍由原审法院或发交与原审同级的法院更为实体上的审判。但于此有应注意者,即更审后所为之判决,如竟不利于被告,依《刑诉法》第四四一条及《刑诉补充条例》第十二条第二项的立法精神,似应解释为其效力不及于被告,殆无疑义。

（三）复判审应为复审裁定,而为核准或更正之判决者

本来,县司法处、兼理司法事务县政府、县司法公署或由县长兼行检察职权的县法院,审判地方法院管辖的刑事案件,未经当事人声明上诉,或当事人上诉后已经撤回上诉,或上诉不合法经原审以裁定驳回,致未经第二审法院为实体上之审判者,均应由高等法院或分院复判(《复判暂行条例》第一条)。高等法院或其分院为复判时,或为核准的判决,或为更正的判决,或为复审的裁定。如为复审的裁定,或发回原审县司法处、县政府、县司法公署或县法院复审,或由本院提审,或指定推事莅审。

凡经裁定复审的案件，其初判判决，视为业已撤销，应依复审后所为之判决送经核准或更正后执行之。如原确定判决系由该高等法院或分院，对于复判案件，应为复审裁定，而为核准或更正之判决者，经提起非常上诉后，最高法院自应撤销原判决，仍由原复判审之高等法院或分院更为审判，或发交其他高等法院或分院更为审判。至更审后所为之判决，如竟不利于被告，其效力不及于被告，亦不待言。

此外，关于自诉案件，《刑诉补充条例》规定变通办法后（容后详述），如法院认为对于该案被告无审判权者，可不依《刑诉法》第三三五条援用同法第二九五条第六款的规定，谕知不受理的判决，而径以裁定驳回之（同条例第十三条第二款）。自诉案件，如法院误认为无审判权而为不受理之裁定者，于该裁定确定后，得依非常上诉程序由最高法院检察长，向最高法院提起非常上诉，最高法院对之自应撤销原裁定，仍由原审法院或发交与原审同级的法院，更为实体上的审判（同条例第二一条）。至其更审后所为之判决，如竟不利于被告，则其效力不及于被告。我们由此以观，好像非常上诉原来只能对于确定判决以违背法令为理由而提起者，今后变更为对于确定裁定，亦有得以违背法令为理由而提起之例外了。其实，仔细一想，非常上诉程序于此并不能说有何变更。何以故呢？因为自诉案件，法院认为对于被告诉无审判权者，本应谕知不受理的判决，已如前述，今依《刑诉补充条例》的规定，改用裁定驳回之，纵令形式上有裁定与判决之别，而其实质上未经法院为实体上的裁判则一。此种情形，依《刑诉法》本可对之提起非常上诉，那么，今后改以裁定办法后，若竟不得依非常上诉程序，为原确定裁定违背法令的救济，殊不能贯澈统一法律解释的目的。然则，我们虽谓为《刑诉补充条例》仍系将此种情形认做确定判决而准予提起非常上诉，亦无不可。换言之，对于此项确定的裁定，可得提起非常上诉，仍无变更于非常上诉的一般原则,自不待言。

四、自诉程序的变通

凡有行为能力的犯罪被害人,得径向法院请求对于被告确定刑罚权的有无及其范围,此项诉讼,便是自诉。现行《刑诉法》扩张自诉的范围以后,流弊滋生,《刑诉补充条例》特将自诉程序,酌予变通,除有罪科刑案件仍以判决为之外,其他概以裁定方式代替判决,详述其规定于次:

(一) 以裁定代判决

自诉案件,有下列情形之一者,本应以判决为之,兹变通为以裁定行之(同条例第十三条):

(A) 合于《刑诉法》第二九四条之规定,应谕知免诉者。

(B) 合于《刑诉法》第二九五条或第三二六条之规定,应谕知不受理者。

(C) 行为不罚,应谕知无罪者,但因未满十四岁或心神丧失而其行为不罚,认为有谕知保安处分的必要者,自应并为谕知。

(D) 犯罪嫌疑,经调查结果显然不足,应谕知无罪者。

(E) 应谕知管辖错误者(同条例第十四条);该项裁定,虽应同时谕知移送于管辖法院,但仍非经自诉人声明,毋庸移送案件于管辖法院(同条例第十五条第二项)。

羁押中的被告,经法院谕知无罪、免诉,不受理之裁定者,视为撤销羁押,但于抗告期间内或抗告中,得命具保或责付,如不能具保或责付而有必要情形者,并得命继续羁押之。扣押物未经谕知没收者,除抗告期间内或抗告中遇有必要情形得继续扣押外,应即发还之。扣押之赃物,无第三人主张权利者,应不待请求,即发还被害人(同条例第十五条第一项)。

自诉案件经法院谕知无罪、免诉、不受理或管辖错误之裁定者,裁定书并应送达于该管检察官。检察官接受不受理或管辖错误之裁定书后,认为应提起公诉者,应即开始或续行侦查;检察官对于谕知无罪、免诉、不受理或管辖错误之裁定,得独立提起抗告;自诉人对于各该裁定抗告者,非得检察官之同意,不得撤回(同条例第十五条第三项)。自诉案件经法院谕知无罪、免诉或不受理之裁定已确定者,检察官非有下列情形之一,不得对于同一案件,再行起诉(同条例第二〇条):

(A) 发见新事实或新证据者;

(B) 原裁定所凭之证物,已证明其为伪造或变造者;

(C) 原裁定所凭之证言、鉴定或通译,已证明其为虚伪者;

(D) 原裁定所凭之通常法院或特别法院之裁判,已经确定裁判变更者;

(E) 参与原裁定或裁定前所行调查之推事,因该案件犯职务上之罪已经证明者。

自诉案件经被告提起反诉者,如自诉经法院谕知无罪、免诉、不受理或管辖错误之裁定,除反诉另有必要得于自诉裁定后裁判外,应与自诉同时裁定之(同条例第十五条第三项)。自诉案件,经谕知免诉、不受理或无罪之裁定者,其附带民事诉讼应以裁定驳回之,但经原告声请时,应移送管辖法院之民事庭(同条例第十六条)。

（二）对于裁定的抗告

自诉案件一方面既得以裁定谕知无罪、免诉、不受理或管辖错误,一方面就不能不给予不服裁定的当事人以声明不服的机会,《刑诉补充条例》于此特有得抗告一次的规定：

(A) 抗告的提出。自诉案件,经法院谕知无罪、免诉、不受理、管辖错误或附带民事诉讼驳回之裁定者,当事人对之如有不服,得抗告于直接上级法院,但对于附带民事诉讼驳回之裁定,非对于刑事诉讼之裁定有抗告时,不得抗告。法院送达于被告或自诉人之裁定正本,应将抗告期间及提出抗告状之法院记载清楚（同条例第十七条）。又对于抗告法院就其抗告所为裁定,不得再行抗告（同条例第十九条）,故其抗告只以一次为限）。

(B) 抗告的裁定。抗告法院认为抗告有理由,将原裁定撤销者,得将该案件发回原审法院或发交与原审同级之他法院更为审判（同条例第十八条）。

五、文书灭失的补救

诉讼上的事实,依赖文书以为证明,故如讯问笔录、搜索扣押勘验笔录、审判笔录、裁判书或起诉书、不起诉处分书的原本和正本等,及其他应行保存的一切文书,应由书记官编为卷宗（《刑诉法》第五四条）,依照

《法院文卷保存期限规程》(民国二十二年十二月二十六日前司法行政部公布同日施行),所规定的期限,妥为保存,以免无从稽考。抗战以来,诉讼文书因战事而毁损灭失者很多,《刑诉补充条例》特详定办法,以资补救。原则上凡案件卷宗因战事灭失,不能证明已裁判者,视为未裁判,已裁判而不能证明其确定者,视为未确定(同条例第二三条)。但经法院更为裁判后,又复发见前为之原裁判者,则其后所为的裁判,效力如何?因其是否为裁判确定案件而异:已裁判确定案件,因卷宗裁判原本正本灭失,经重行裁判后复发见原确定裁判者,其确定后所为之裁判,失其效力(同条例第三五条第一项);未裁判确定案件,因卷宗裁判原本正本灭失,经重行裁判后复发见原裁判者,原裁判失其效力(同条例第三六条)。兹将具体补救办法,说明于次:

(一)案件已裁判确定

案件已裁判确定,而裁判原本及正本均因战事灭失,且无其他方法证明裁判内容者,视为未裁判;其起诉文件亦灭失者,视为未起诉(同条例第二二条)。检察官对于该项案件,自得再行侦查起诉,不得援引《刑诉法》第二三一条第一款之规定,认为曾经审判决定,予以不起诉处分。

(二)案件未裁判确定

案件未裁判确定而卷宗因战事灭失者,其补救办法,依下列情形而不同(同条例第二四条):

（A）第一审案件

第一审案件有起诉文件,而裁判原本及正本均灭失,且无其他方法证明裁判内容者,仍应为第一审审判;其起诉文件亦灭失者,视为未起诉(同条例第二五条)。检察官对于该项案件,自得再行侦查起诉。

（B）第二审案件

（1）第二审案件有上诉文件。第二审案件有上诉文件而第二审之裁判原本及正本均灭失,且无其他方法证明裁判内容者,仍应为第二审审判。原审裁判原本及正本亦均灭失,且无其他方法证明裁判内容者,以裁定移送原审法院或其他与原审同级之法院审判;其起诉文件亦灭失者,视为未起诉,该第二审之上诉,毋庸裁判(同条例第二六条),经法院审核后,应命书记官将其情形通知当事人及其他应受裁判之人(同条例第三四条)。又上诉案件,因卷宗灭失不能证明其为不合法者,视为合法(同条例第三二条)。

（2）第二审案件无上诉文件。第二审案件之上诉文件灭失而上诉人能释明其确已上诉,或法院有文书可查者,审判长应定期间,以裁定命其补行上诉之程序,逾期不补行者,视为撤回上诉(同条例第三一条)。

（C）第三审案件

（1）第三审案件有上诉文件。第三审案件有上诉文件而第三审之裁判原本及正本均灭失,且无其他方法证明裁判内容者,仍应为第三审审判。原审裁判原本及正本亦均灭失,且无其他方法证明裁判内容者,以裁定移送原审或其同级之法院审判其第一审裁判原本及正本亦均灭失,且无其他方法证明裁判内容者,以裁定移送第一审或其同级之他法院审判;其起诉文件亦灭失者,视同未起诉该第三审之上诉,毋庸裁判(同条例第二七条),经法院审核后,应命书记官将其情形通知当事人及他应受裁判之人(同条例第三四条)。又上诉案件,因卷宗灭失不能证明其为不合法者,视为合法(同条例第三一条)。

(2) 第三审案件无上诉文件。第三审案件之上诉文件灭失,而上诉人能释明其确已上诉,或法院有文书可查者,审判长应定期间以裁定命其补行上诉之程序,逾期不补行者,视为撤回上诉(同条例第三一条)。

(D) 抗告案件

(1) 抗告案件有抗告文件。抗告案件有抗告文件而抗告法院之裁定原本及正本均灭失,且无其他方法证明裁定内容者,仍应就该抗告为裁定。其原审裁定原本及正本亦均灭失,且无其他方法证明裁定内容者,以裁定移送原审或其同级之他法院(同条例第二八条)。又抗告案件因卷宗灭失不能证明其为不合法者,视为合法(同条例第三三条)。

(2) 抗告案件无抗告文件。抗告之文件灭失,而抗告人能释明其确已抗告,或法院有文书可查者,审判长应定期间,以裁定命其补行抗告之程序,逾其不补行者,视为撤回抗告(同条例第三一条)。

(E) 声请再审案件

(1) 声请再审案件有声请文件。声请再审案件有声请文件,而管辖再审法院之裁定原本及正本均灭失,且无其他方法证明裁定内容者,仍应就该声请为裁定。原确定裁判原本及正本亦均灭失,且无其他方法证明裁判内容者,该再审之声请毋庸裁定;其已裁定开始再审者,亦毋庸为再审之审判(同条例第二九条)。该项毋庸裁定或再审之案件,经法院审核后,应命书记官将其情形通知当事人及其他应受裁判之人(同条例第三四条)。又声请再审案件,因卷宗灭失不能证明其为不合法者,视为合法(同条例第三二条)。

(2) 声请再审案件无声请文件。声请再审之文件灭失,而声请人能释明其确已声请,或法院有文书可查,审判长应定期间,以裁定命其补行声请程序,逾期不补行者,视回撤回声请(同条例第三一条)。

（F）复判案件

复判案件有呈送复判之文件，而复判之裁判原本及正本均灭失，且无其他方法证明裁判内容者，仍应复判。原审之裁判原本及正本亦均灭失，且无其他方法证明裁判内容者，以裁定移送原审或其他县司法处、县政府或其同级之他法院审判。其起诉文件亦灭失者，视为未起诉，毋庸复判（同条例第三〇条）。

（G）处刑命令案件

（1）检察官声请以命令处刑案件。检察官声请以命令处刑案件，其卷宗灭失且无其他方法证明处刑命令内容者，仍应为处刑命令。其声请文件亦灭失者视为未声请以命令处刑（同条例第三三条、第二五条）。

（2）被告对于处刑命令声请正式审判案件。被告对于处刑命令声请正式审判及其他声明或声请案件，其卷宗灭失且无其他方法证明裁定内容者，仍应就该声明或声请为裁定（同条例第三三条、第二八条）。又因卷宗灭失不能证明其声明或声请为不合法者，视为合法（同条例第三三条、第三二条）。至其声明或声请文件灭失，而声明或声请之被告能释明其确已声明或声请，或法院有文书可查者，审判长应定期间，以裁定命其补行声明或声请，逾期不补行者，视为撤回声明或声请（同条例第三三条、第三一条）。

（三）案件不起诉或声请再议

检察官不起诉处分及声请再议案件，其卷宗因战事灭失者，补救办法如次（同条例第三七条）：

（A）不起诉处分案件。不起诉处分案件，其卷宗因战事灭失不能证明已为处分者，视为未为处分；已为不起诉处分不能证明其确定者，视为未确定,告诉人对之得声请再议。不起诉处分案件,有告诉文件或声请再议文件而处分原本及正本均灭失,且无其他方法证明处分内容者,检察官仍应为侦查及处分;其告诉文件亦已灭失者,视为未告诉。因视同未为处分或处分未确定……续为侦查处分案件,经检察官为相反的处分(前提起公诉)后,发见原不起诉处分者,该不起诉处分如为确定的不起诉处分,其确定后所为之处分(即起诉),失其效力;该不起诉处分如为未确定的不起诉处分,原不起诉处分失其效力(同条例第三七条、第二三条、第二五条、第三五条第一项、第三六条)。

(B) 声请再议案件。

告诉人对于不起诉处分声请再议案件,其卷宗因战事灭失者,补救办法依下列情形而不同:

(1) 声请再议案件有声请文件。声请再议案件有声请文件而法院首席检察官或检察长之处分书原本及正本均灭失,且无其他方法证明其内容者,仍应就该声请为处分。其原不起诉处分原本及正本亦均灭失,且无其他方法证明处分内容者,应以命令移送原法院或同级法院检察官(同条例第三七条、第二八条)。又声请再议案件因卷宗灭失,不能证明其不合法者,视为合法(同条例第三七条、第三二条)。

(2) 声请再议案件无声请文件。声请再议案件之声请文件灭失,而声请人能释明其确已声请,或法院有文书可查者,首席检察官或检察长应定期间命其补行声请之程序,逾期不补行者,视为撤回其声请(同条例第三七条、第三一条)。

六、结语和总评

《刑诉补充条例》虽系适应战时的刑事诉讼而制定的特别法令,但其中如非常上诉的变更和自诉程序的变通,却与战事似无直接关系,而非战时的刑事诉讼所必要;足见该《刑诉补充条例》的颁订,确系本于司法当局积集若干年来各级司法人员的经验与要求而产生的结晶,借着配合情事变迁的机会,来充实刑诉法规的内容,使今后的刑诉法典,走向更进步的道途。

关于刑事诉讼,最为一般人所引为讨论题材的,似乎莫过于自诉范围的应否扩大或缩小,以及检察制度的应否废除、加强或缩减两个问题了。就前者言,现行《刑诉法》扩大自诉范围后,流弊百出,听说司法院早已咨请立法院回复旧刑讼法自诉范围之限制在案,此次《刑诉补充条例》关于自诉案件,虽未回复旧刑诉法自诉范围之限制,但已给予法院以裁定驳回的方便,自诉人对此裁定仅得提起抗告,程序因以简省,现行《刑诉法》扩大自诉范围后所可能发生的恶果将必至少减小一半,当可预断。就后者言,我们不敢屈从废弃专设检察制度之议,认为目前的检察机构,不但不应缩减,而且反应加强其效能,纵或此时尚不能要求每一个检察官都得自动的摘奸发伏,尽量检举犯罪,要当贯澈微罪不检举主义,善自运用《刑诉法》第二三二条的规定。

原载于《东方杂志》第 38 卷第 18 号(1941 年)

论乡镇民代表会

一、乡镇民代表会的性质

树立基层政治组织，早日完成地方自治，是"抗建三年计划"关于政治部分的重要纲目，而新县制的实施与完成，又是实施此纲目的主要方案。新县制的机构，从横的方面说，可分县与乡镇二级，区署仅是县的辅助机关，保甲则是乡镇以内的细胞组织，故县与乡镇均为法人，而县为地方自治的单位，乡镇为县以下的基本单位；再从纵的方面说，可分行政机构、民意机关和民众组织三个体系，而民意机关体系，在县有县参议会，在乡镇有乡镇民代表会，在保甲有保民大会及户长会议，不用说，其中县参议会为地方自治单位的民意机关，乡镇民代表会为县以下基本单位的民意机关。国府最近（八月九日）公布的《乡镇组织暂行条例》（以下简称《组织条例》）和《乡镇民代表选举条例》（以下简称《选举条例》），便是充实县以下行政机构和设立县以下民意机关的先声，本文仅就县以下基本单位的民意机关——乡镇民代表会，加以论列。

比起县参议会来，乡镇民代表会对之只有程度和范围的不同，并无性质的差异：因为县参议会为全县人民代表机关，是全县人民直接运用政权以参加政治、领导政治、监督政治的机构；乡镇民代表会为全乡镇人民代表机关,是全乡镇人民直接运用政权以参加政治、领导政治、监督政治的机构。故二者性质上完全相同。又因为县参议会是全县人民代表机关,乡镇民代表会只是全县某一乡镇人民代表机关;县参议会尚不能代表全县人民选举县长、罢免县长,而乡镇民代表会则不但能代表全乡镇人民选举乡镇长,而且能代表全乡镇人民罢免乡镇长。故二者行使四权或"民主化"的范围和程度,实有大小深浅的不同。

再说乡镇民代表会的重要性,较诸县参议会也是有过之而无不及。因为真正的和健全的民意机构,是由下而上的,绝不是由上而下的,故新县制的民意机构,一反从前头重脚轻的倒金字塔式,一切从下面做起。县参议会十分之七以上的参议员,既由乡镇民代表会所选举,那么乡镇民代表会的设立,不但是县参议会设立的前提,而且没有健全的乡镇民代表会,绝不会有健全的县参议会。我们要树立基层政治组织,早日完成地方自治,对此县以下基本单位的民意机构——乡镇民代表会,值得多所致意的。

二、乡镇民代表会的产生

乡镇民代表会由本乡镇之保民大会,各选举代表二人组织之(《组织条例》第七条)。兹分乡镇民代表的资格、选举、罢免和任期,说明如次:

（一）乡镇民代表的资格

(A) 积极资格。县公民年满二十五岁,具有下列资格之一,经乡镇民代表候选人试验检核及格者,得被选为乡镇民代表会代表(《选举条例》第一条,《修正县参议员及乡镇民代表候选人考试暂行条例》第五条):

(1) 曾充保民大会出席人者;
(2) 曾任小学教职员三年以上者;
(3) 有普通考试应考资格,并有社会服务经历一年以上者;
(4) 经自治训练及格,并有社会服务经历一年以上者;
(5) 曾办理地方自治或地方公益事务一年以上者;
(6) 曾任职业团体或其他人民团体职务一年以上者;
(7) 曾从事自由职业一年以上者。

(B) 消极资格。下列各款人员,纵经乡镇民代表候选人试验检核及格,亦停止其被选举权(《选举条例》第二条):

(1) 现任本乡镇区域内之公职人员;
(2) 现役军人或警察;
(3) 现在学校肄业之学生。

（二）乡镇民代表的选举

乡镇民代表之选举，由各保保长在召集保民大会时举行之（《选举条例》第三条），每保各选举代表二人（《组织条例》第七条），不以出席保民大会的代表为限。保民大会每户出席一人，故乡镇民代表之选举，系直接选举，而县参议员之选举，则为保民大会选出代表所组成之乡镇民代表会所递级选举。乡镇民代表的选举，用无记名单记方式，投票完毕后应即当场开票，当选人以得票数较多者定之，票数相同以抽签定之，候补当选人以次多数充之，其名额与当选人相同。选举完毕后，由保长送请乡镇长汇报县政府，由县长审定各保当选人候补当选人后分别公布通知，当选人如不愿应选者，应于接到通知书三日内答复，即以得票次多数之候补当选人递补，否则逾期不为答复，便即视为应选（《选举条例》第七条至第十一条）。

（三）乡镇民代表的罢免

乡镇民代表违法或失职，由原所选举的保民大会罢免之（《组织条例》第九条第二项）。

（四）乡镇民代表的任期

乡镇民代表任期二年，连选得连任（《组织条例》第九条第一项）。

三、乡镇民代表会的职权

乡镇民代表会的职权,《组织条例》采取列举兼概括规定,而以列举主义为原则,概括主义为例外,依其性质,可分下列五类(第八条):

(一) 关于乡镇施政的议决权

(A) 议决乡镇概算,审核乡镇决算事项,但乡镇民代表会议决之概算,应经县政府核准,并编入县概算,其审核之决算,应经县政府之复核,并公布之。

(B) 议决乡镇公有财产及公营事业之经营与处分事项。

(C) 议决乡镇自治公约。

(D) 议决本乡镇与他乡镇间相互之公约,凡二个乡镇以上或乡与镇有共同利益之事项,得订立公约,联合办理之,该项公约之订立及解约,由乡镇公所提交乡镇民代表会议决之,在乡镇民代表会未成立前,由乡镇公所呈请县长核准,但仍应提交乡镇民代表会追认(《组织条例》第四条)。

(E) 议决乡镇长交议及本乡镇内公民建议事项。

乡镇民代表会决议事项,与现行法令抵触者,无效(第二十三条);县政府对于乡镇民代表会之决议案,认为有违反三民主义或国策情事者,得开明事实,呈请省政府核准后,予以解散重选,并报内政部备案(第二十六条）。所以乡镇民代表会决议事项，不得抵触现行法令和违反三民主义或国策。

（二）关于选举权

乡镇民代表会有选举本乡镇的乡镇长及本乡镇的县参议员之权。

（三）关于罢免权

乡镇民代表会有罢免本乡镇的乡镇长及本乡镇的县参议员之权。乡镇长或本乡镇的县参议员如有违法或失职情事，乡镇民代表会得以出席代表三分二以上的同意罢免之。

（四）关于听取工作报告权

乡镇民代表会有听取乡镇公所工作报告之权。

（五）关于询问权

乡镇民代表会有向乡镇公所提出询问事项之权。

此外，其他有关乡镇重要兴革事项，为前述列举所不及者，乡镇民代表会亦有权为之。

四、乡镇民代表会的集会

关于乡镇民代表会的集会,分述于次:

(一) 主席

乡镇民代表会置主席一人,由乡镇民代表互选之,乡镇民代表会开会时,主席对于与本身有利害关系之事件,应行回避(《组织条例》第十二条)。乡镇民代表会主席缺席或因对于本身有利害关系之事件而回避时,由出席乡镇民代表会代表互推一人为主席(《组织条例》第十三条)。

(二) 议场

乡镇民代表会议场,设在本乡镇公所或其所在地(《组织条例》第十四条)。

(三) 会期

乡镇民代表会每一个月开会一次,由主席召集,如遇特别事故或经乡镇代表三分之一以上请求时,得举行临时会议。无论常会或临时会,会期均不得逾三日(《组织条例》第十五条)。

(四) 召集

乡镇民代表会由主席召集之(《组织条例》第十五条)。

(五) 开议

乡镇民代表会应公开举行,非有本乡镇全体乡镇民代表过半数之出席,不得开议(《组织条例》第十八条、第十六条前段)。

(六) 表决

乡镇民代表会议案之表决,以出席代表过半数之同意行之,可否同数时,取决于主席,但罢免乡镇长或县参议员案的成立,应有出席代表三分二以上之同意(《组织条例》第十六条后段),至乡镇民代表对于本身有利害关系之议案,不得参与表决(《组织条例》第十七条),亦不待言。又乡镇民代表的提案,以书面行之,但开会时遇有必要事件,得为临时动议;乡镇长提交乡镇民代表会之案件,以书面行之;本乡镇内公民向乡镇民代表会建议时,应有十人以上之连署,以昭慎重(《组织条例》第十九条、第二十条、第二十一条)。

乡镇民代表为无给职,但在开会期内,得酌给膳宿费(《组织条例》第十一条),此依各乡镇经费状况定之。

五、乡镇民代表会的地位

乡镇民代表会法律上的地位如何？分述于次：

（一）乡镇民代表会与乡镇公所

正和县参议会与县政府一样，乡镇民代表会是意思机关，乡镇公所是执行机关，乡镇长既由乡镇民代表会所产生，乡镇民代表会对于乡镇长又有罢免之权，乡镇公所当本于乡镇民代表会所议决的意思去执行，可不待言。职是之故，乡镇民代表会除得就乡镇公所职员中调派兼办会议纪录外，乡镇长对于乡镇民代表会负有下列任务：（1）布置议场及办理会议记录，（2）报告经办事项，（3）答复乡镇民代表之询问（《组织条例》第二十二条）；乡镇民代表会决议案，送请乡镇长分别执行，如乡镇长延不执行，或执行不当，得请其说明理由，如仍认为不满意时，得报请县政府核办（《组织条例》第二十四条）；同时，乡镇长对于乡镇民代表会之决议案，如认为不当，得附理由送请复议，对于复议结果，如仍认为不当时，得呈请县政府核办（《组织条例》第二十五条）。

（二）乡镇民代表会与县政府

县政府是乡镇公所的直接上级机关，同时也是乡镇自治的监督机关。乡镇公所与乡镇民代表会间如有争执,例如前述乡镇民代表会的决议案,乡镇长延不执行或执行不当,又如乡镇长对于乡镇民代表会的决议案送请复议后仍旧认为不当,均由县政府妥为解决。县政府对于乡镇民代表会之决议案,如认为有违反三民主义或国策情事者,得开明事实,呈请省政府核准后,予以解散重选,并报内政部备案(《组织条例》第二十六条)。县政府对于乡镇民代表会既有呈请解散之权,他方面,乡镇民代表会议决之概算,应经县政府核准,并编入县概算,其审核之决算,应经县政府复核并公布之,则县政府对于乡镇民代表会实处于监督地位,可不待言。

(三)乡镇民代表会与保民大会

保民大会是乡镇民代表会下一级的民意机关,但二者却无从属的关系。因为乡镇民代表是由保民大会所选出,保民大会对于原所选举的乡镇民代表又有罢免之权,所以我们纵然不能说乡镇民代表会应该对保民大会负其责任,然而我们却不能否认,乡镇民代表会系由保民大会所产生,保民大会对于乡镇民代表会实有"母子"的关系。

(四)乡镇民代表会与县参议会

县参议会是乡镇民代表会上一级的民意机关,但二者却无从属的关系。因为县参议会至少有十分之七的代表(职业代表至多不得超得总额十分之三)是由乡镇民代表会所选出,乡镇民代表会对于原所选举的县参议员,又有以出席人三分二之决议加以罢免之权,所以我们纵然不能说县参议会应该对乡镇民代表会负其责任,然而我们却不能否认县参议会系由乡镇民代表会所产生,乡镇民代表会对于县参议会也和保民大会对于乡镇民代表会一样,实有"母子"的关系。

六、乡镇民代表会的展望

县各级民意机关的设立,为实施并完成新县制的重要工作之一。蒋委员长对于县各级民意机关的作用,曾经说过:"为增进人民参政之志趣,并本教学做合一之原理,以期人民养成管理政治能力起见,应定期成立县以下各级议事机关,并赋予相当之权力。"同时说明:"各级议事机关之建立,为训练民权的最好场所,亦为实行民主民治的必要条件。过去乡镇保甲长的人选,产生困难,或产生后而不能尽忠职守,甚至残害人民,为上级机关所不易纠察者,今后均得运用民主方法,以为补救;目前现有的上级监察机关,人数有限,耳目难周,而最与人民发生关系者,即为乡镇保长等基干人员,为免除此等人员假借政令殃民肥己,则采用民主监察制度,实为最有效的办法。"为使乡镇民代表会充分发挥其民主监察的效能起见,纵然实施新县制的母法——《县各级组织纲要》第三十九条规定:"乡镇民代表会之主席,如乡镇长由乡镇民代表会选出者,得由乡镇长兼任之。"但《乡镇组织暂行条例》于此却另设主席,不令乡镇长兼任主席。在这个三年完成新县制的预定期限,已经过去了大半的现在,中央颁行了县各级民意机关的法令,作为县以下基本单位的民意机关——乡镇民代表会,必能于最近的将来,普遍设立于各省,勿待臆测。

我们今天展望乡镇民代表会的时候，复诵蒋委员长的昭示："民权行使，必须从实际中加以练习。""民权主义的政治，原植基于民众，苟必待教育普及以后，方许人民参加政治，则所谓革命民权，还有什么意义？"似未便再以中国教育尚未普及，一旦允许民众参与政治，不无困难为理由，认为乡镇民代表会即使普遍设立，亦恐难期其有理想的收获。不过，凡经乡镇民代表候选人检核试验及格者，应先予以若干时期的训练，然后再设立乡镇民代表会，当较未经训练，即由保民大会选出代表组成乡镇民代表会，为更可臻于圆满境地，奠定基层政治的基础，自不待言。

关于乡镇民代表会及县参议会的设立，广西省早于距今两年以前便已普遍试行；《乡镇组织暂行条例》关于乡镇民代表会部分，也大多和《广西省县临时乡镇民代表会章程》（二十七年十一月二日广西省政府委员会第三八三次会议决议修正通过，同日公布施行）的规定相同。笔者离开广西时，虽当全省各县纷纷召开临时乡镇民代表会、设立县临时参议会之际，此二年来，不获亲临该省，检讨实施情形，但据各方报告，以该省基层干部人才的多量储备，试行结果，成绩确有可观。我们鉴于该省先例，展望今后乡镇民代表会的普遍设立，实无置疑余地，纵有困难问题，亦必须于实行中求其解决，不容再有徘徊瞻顾，畏难苟安。必如是而后"抗战胜利之日"，才能说是"建国完成之时"呢。

八月二十二日作于北碚

原载于《东方杂志》第 38 卷第 21 号（1941 年）

论县市参议会

一、县市参议会的性质

如同《国民参政会组织条例》《省（市）临时参议会组织条例》颁行以后，中央即先后设立国民参政会和各省市（行政院直辖市）临时参议会一样，最近（本年八月九日）国民政府颁布《县参议会组织条例》《县参议员选举条例》等法规，即是设立县参议会的先声。省辖各市的市参议会，既亦准用关于县参议会各规定（《县参议会组织条例》第二十七条），其将与县参议会同时设立，亦无待言。

虽然国民参政会和省市临时参议会的设立，不失为战时中央或各省市的民意机关，然而性质上，作为县市（省辖市）民意机关的县市参议会，却与国民参政会和省市临时参议会不同。因为"县（市）参议会为全县（市）人民代表机关"（《县参议会组织条例》第一条、第二十七条），是全县（市）人民直接运用政权以参加政治、领导政治、监督政治的机构，和那略具中央与省市两级民意机关雏形，去执行选举、罢免、创制、复决四权之境地尚远的国民参政会与省市临时参议会，自然性质各异。

"政治民主化"是抗战建国的必要条件。所谓"政治民主化"，就是人民直接运用四种政权以参加政治、领导政治、监督政治，而人民直接运用政权的机构,则为民意机关。这个机构的组织程序必须是由下而上的才健全合理,必须以全民的基层组织为根本,才能代表最大多数的真正的民意,必如是而后才合乎革命民权的原则。今后县市参议会的设立,便是基于此种理论而达成"政治民主化"的民意机构,其后各节,将作较详尽的说明。

二、县市参议会的产生

县(市)参议会由县(市)参议员组织之,关于县(市)参议会的产生,本文就县(市)参议员的资格、选举、罢免、任期,说明于次:

(一) 县(市)参议员的资格

(A) 积极资格。县(市)公民年满二十五岁,具有下列资格之一,经县(市)参议员候选人试验或检核及格者,得被选为县(市)参议员(《县参议选举条例》第一条《县参议员候选人检核办法》):

(1) 曾任乡镇民代表者;
(2) 有委任职之任用资格者;
(3) 有普通考试应考资格,并有社会服务经历三年以上者;
(4) 经自治训练及格并有社会服务经历三年以上者;
(5) 曾办理地方自治或地方公益事务三年以上著有成绩者;

(6) 曾任职业团体或其他人民团体职务三年以上著有成绩者；

(7) 曾从事自由职业三年以上者。

(B) 消极资格。下列各款人员，虽经参议员候选人试验或检核及格，亦停止其被选举权（《县参议员选举条例》第二条）：

(1) 现住本县(市)区域内之公务员；

(2) 现役军人或警察；

(3) 现在学校之肄业生。

（二）县(市)参议员的选举

县(市)参议会由乡镇民代表会选举、县(市)参议员组织之，并得加选依法成立之职业团体代表为该县(市)参议员（《县参议会组织条例》第四条）。因此，县(市)参议员可分区域代表与职业代表两种：

(A) 区域代表。县(市)参议员由乡镇民代表选举者，为区域代表。区域选举，由每一乡镇民代表会选出县(市)参议员一人，但乡镇数超过一百之县(市)，得由数乡镇合选参议员一人，未满七乡镇之县(市)，仍应选出县(市)参议员七人，其名额支配办法，由省政府斟酌当地人口交通等情形定之，并报内政部备案（《县参议会组织条例》第五条前段，《县参议员选举条例》第七条）。

(B) 职业代表。县(市)参议员由职业团体选举者，为职业代表。职业团体应出县(市)参议员之名额，不得超过总额十分之三，以每一职业团体为一单位，各自由职业团体合为一单位，按会员多寡，比照分配其应出之名额，但至少每一单位应分配一名，名额不足分配时，由各单位分别选出初选人会同复选之,各单位初选人名额,比照其会员人数定之(《县参议会组织条例》第五条后段,《县参议员选举条例》第十条)。至参加职业选举,以在选举前依法成立之各职业团体之会员而实际从事该项职业三年以上者为限(《县参议员选举条例》第十一条)。

于区域选举、职业选举均有选举权或被选举权者应参加区域选举;于职业选举有一个以上选举权或被选举权者,应择定其愿参加之一个团体,否则由县(市)政府指定公告之(《县参议员选举条例》第四条)。

(三) 县市参议员的罢免

县(市)参议员的罢免,区域代表得由原选举之乡镇民代表会代表过半数之出席,出席人数三分二之议决罢免之;职业代表得由原选举之职业团体会员过半数之出席,出席人数三分二之议决罢免之(《县参议会组织条例》第七条)。

(四) 县市参议员的任期

县(市)参议员任期二年,连选得连任(《县参议会组织条例》第六条)。县(市)参议员于任期内因事故去职时,由该乡镇或该职业团体候补当选人依次递补,其任期以补足前任未满之期为限(《县参议会组织条例》第八条)。县(市)参议员如于一会期内均未出席而无正当理由者,视为辞职,由该乡镇或该职业团体候补当选人递补(《县参议会组织条例》第九条)。

三、县市参议会的职权

县(市)参议会的职权,《县参议会组织条例》原则上采取列举规定,共计十项(《该条例》第二条),就其性质,可分五类:

(一) 县(市)政决议权

(A) 议决完成地方自治各事项;
(B) 议决县(市)预算,审核县(市)决算事项;
(C) 议决县(市)单行规章事项;
(D) 议决县(市)税、县(市)公债及其他增加县(市)库负担事项;
(E) 议决县(市)有财产之经营及处分事项;
(F) 议决县(市)长交议事项。

县(市)参议会议决之预算,及有关人民权利义务之单行规章,应报省政府备案,其审核之决算亦同(《该条例》第二条第二项)。县(市)参议会议决事项,与中央法令抵触者无效(《该条例》第三条)。省政府对于县(市)参议会之决议案,认为有违反三民主义或国策情事者,得开明事实,咨由内政部转呈行政院核准后予以解散重选(《该条例》第二十三条)。

（二）县（市）政建议权

关于县（市）政兴革，县（市）参议会有建议之权。

（三）听取施政报告权

县（市）参议会有听取县（市）政府施政报告之权。

（四）质询权

县（市）参议会有向县（市）政府提出询问之权。

（五）接受请愿权

县（市）参议会有接受人民请愿之权。

县（市）参议会于上述列举职权外，尚有其他法律赋予之职权。因为列举规定，往往不免疏漏，故于《该条例》第二条第十款，设此概括规定，较可富有弹性而有伸缩余地。

四、县市参议会的集会

关于县(市)参议会的集会,《县参议会组织条例》规定如次:

(一) 议长

县(市)参议会置议长、副议长各一人,由县(市)参议员用无记名投票互选之,议长或副议长因事故去职时,应由县(市)参议员仍用无记名投票补选之(第十条)。县(市)参议会开会时,议长主席,议长有事故时,副议长主席,议长、副议长均有事故时,由参议员互推一人为临时主席(第十三条)。

(二) 会期

县(市)参议会每三个月开会一次,每次会期三日至七日,必要时得延长之(第十一条)。

(三) 召集

县(市)参议会开会,由议长召集,但第一次开会由县长召集之(第十二条)。

(四) 开议

县(市)参议会非有全体参议员过半数之出席,不得开议(第十四条前段)。

(五) 表决

县(市)参议会议案之表决,以出席参议员过半数之同意行之,可否同数时,取决于主席(第十四条后段)。又县(市)参议员对于与本身有利害关系之议案,不得参与表决(第十五条)。

(六) 会议

县(市)参议会议事细则,由内政部定之(第二十六条)。县(市)参议会开会期内,得向县(市)政府调用人员(第二十五条),开会时并得请县(市)长、县(市)政府秘书、科长或其他负责职员,列席报告或说明(第十六条)。县(市)参议会会议,原则上应公开举行,但主席或参议员三人以上提议,经会议通过时,得禁止旁听,是为例外(第十七条)。县(市)参议员本为无给职,但在开会期内,得按照地方情形,酌给膳宿及交通费(第十八条)。县(市)参议员在会议时所为之言论及表决,对外不负责任(第十九条);县(市)参议员除现行犯外,在会期内非经县(市)参议会之许可,不得逮捕或拘禁(第二十条);这些都是会议期内所应给予县(市)参议员的法律保障。

五、县市参议会的地位

县(市)参议会在法律上的地位一言以蔽之,它是县(市)的意思机关。唯其如此,它和执行机关的县(市)政府站在对立的地位;省政府对它是监督的地位;它和下一级的民意机关——乡镇民代表会,以及上一级的民意机关——省参议会,均不无相当机关;和它平级的中国国民党县(市)党部,对之虽无法律的关系,然在党的作用上,却也不无辅导的地位。兹再详述于次:

(一)县(市)参议会与县(市)政府

无论就地方行政或地方自治说,县(市)政府是执行机关,县(市)参议会是意思机关,县(市)政府当本于县(市)参议会所议决的意思去执行,则无疑义。因此之故,县(市)参议会为欲明了县(市)施政情形,得请县(市)长或其他负责职员列席会议,报告说明(第十六条);县(市)参议会决议案,咨送县(市)长分别执行,如县(市)长延不执行或执行不当,得请其说明理由,如仍认为不满意时,得报请省政府核办(第二十一条)。反之,县(市)长对于县(市)参议会之决议案,如认为不当,得呈请省政府核办(第二十二条),免致互为掣肘,减低行政效率。

(二) 县(市)参议会与省政府

省政府是县(市)政府的直接上级机关,同时也是地方自治的监督机关。县(市)政府与县(市)参议会间如有争执,例如前述县(市)参议会的决议案,县(市)长延不执行或执行不当,又如县(市)长对于县(市)参议会的决议案认为不当,均由省政府妥为解决。省政府对于县(市)参议会之决议案,认为有违反三民主义或国策情事者,得开明事实咨由内政部转呈行政院核准后,予以解散及改选(第二十三条)。省政府对于县(市)参议会既有呈请解散之权,他方面,县(市)参议会审核的决算,议决的预算及有关人民权利义务之单位法规,又应报请省政府备案,则省政府对县(市)参议会实处于监督地位,可不待言。

(三) 县(市)参议会与乡镇民代表会

乡镇民代表会是县(市)参议会下一级的民意机关,但二者却无从属的关系。因为县(市)参议会至少有十分之七的代表(职业代表至多不得超过总额十分之三),是由乡镇民代表会所选出,乡镇民代表会对于原所选举的县(市)参议员,又有以出席人三分二之决议加以罢免的职权,所以我们纵然不能说县(市)参议会应该对乡镇民代表会负其责任,然而我们却不能否认县(市)参议会系由乡镇民代表会所产生,乡镇民代表会对于县(市)参议会实有"母子"的关系。

（四）县（市）参议会与省临时参议会

省临时参议会是县（市）参议会上一级的民意机关，但二者却无从属的关系。将来县（市）参议会设立以后，《省临时参议会组织条例》究将如何修改，纵然我们此刻尚不得而知，但我们若从省市临时参议会设立以后，各省市所出国民参政员即改由各该省市临时参议会选举（《修正国民参政会组织条例》第四条）以制之，将来县（市）参议会设立以后，各省参议会参议员中的区域代表，应即改由各县（市）参议会选举，理论上可无疑义。将来各省参议员中的区域代表，我们既然推测其将由各县市参议会选举，那么各该县市参议会对于原所选出的省参议员，似亦仍得以法定人数之决议加以罢免。如果我们的推测果与事实相符，那么县（市）参议会与省参议会的关系，当必与上述乡镇民代表会与县（市）参议会的关系，完全相同了。

（五）县（市）参议会与县（市）党部

读完《县参议会组织条例》及其他关系法规，我们尚不能指出县（市）参议会与县（市）党部有何法律的关系，不过负有建国重任的中国国民党，必须运用党的组织和党员的活动，尽最大的责任，才能使县市民意机关发挥最大的作用。因此，县（市）党部执监委员，具备县（市）参议员候选人资格者，将可当选为县（市）参议员，而使县（市）参议会与县（市）党部间，发生渗透的作用。

六、县市参议会的展望

尽管《县参议会组织条例》的施行日期,尚有待于政府"以命令定之"(《该条例》第二十八条);尽管县(市)参议员的检核和选举,尚有待于相当时间的准备;然而县(市)各级民意机关的设立,为实施新县制推行地方自治的重要工作之一,蒋委员长对于县各级民意机关的作用,曾经说过:"各级议事机关之建立为训练民权的最好场所,亦为实行民主政治的必要条件。"在这个距完成新县制所预期的期限不到一年半的时间里,我们必能于最近的将来,伫观县(市)参议会将以崭新的姿态,出现于各省。

今天我们展望县(市)参议会的时候,也许有鉴于现时县(市)政府最感痛苦的是上级命令机关之多,与同级机关职权之混淆不清,因而疑为县(市)参议会成立后,不晉使县(市)政府多受束缚,行政效率为之减低;况现在许多地方土豪劣绅势力尚大,县(市)参议会和乡镇民代表会的设立,如果忽略了这个事实,则民意机关又不难变成土豪劣绅把持地方事务,假借政令鱼肉百姓的组织;更有些地方文化程度过低,不但乡镇民代表会不容易选出受过中等教育的代表,即县参议会也很困难,这样的民意机关,恐必难有良好的效果。其实民意机关之设立,既以训练民权和促成"政治民主化"为目的,而文化落后和土豪劣绅的势力强大决不足以为反对设立的理由,相反的正因为要压抑豪强,提高文化程度,更不能不从速设立。县(市)政府和县(市)参议会间的争执,既有省政府为之解决,亦不至违反集中力量、集中意志、增加行政效率的精神。只要我们将来注意被选举的候选人、选举的方法、职权的行使,以及上级机关的辅导办法,县(市)参议会自能收到预期的效果,不致发生一般人所顾虑的毛病。

诚如王部长世杰招待外国新闻记者席上所说,县(市)参议会有两个显著特点:其一是县(市)参议员的产生,并非由政府委派,乃系乡镇民代表和职业团体所选举;其二是县(市)参议会的职权,超过了建议和咨询的范围,有议决县(市)预算审核县(市)决算……之权,不失为代表县(市)人民的意思机关。虽然县(市)参议会设立后暂不选举县(市)长(《县各级组织纲要》第十六条),然而县(市)参议会之普遍设立于各省,则《抗战建国纲领》第十三条的要求:"实行以县为单位,……加速完成地方自治条件,以巩固抗战中之政治的社会的基础,并为宪法实施之准备。"将必因此而益臻圆满的境地,我们可以深信。

关于县(市)参议会,我们最后所不能不微示疑义的,就是县(市)参议会闭会期间,既无驻会委员会的设置,便当有"必要时得召开临时会"的规定。其实,我们原也明白,若干边疆县分,全县只三个或四个乡镇,参议员不过十名(区域代表七人,职业代表三人),殊不若国民参政会和省市临时参议会那样再有设置驻会委员会的必要;县(市)参议会每隔三个月开会一次,会期甚近,也不若国民参政会和省市临时参议会那样再有召集临时会议的必要。然而欲使县(市)参议会的设立,能充分行使其法定职权,发挥其民主监察制度的效能,纵可不设驻会委员会,"必要时得召开临时会"的规定,当不失为"以备万一"的条文。《县参议会组织条例》于此似有疏漏,是我们今天展望县(市)参议会所不能不微示疑义的。

八月十五日作于北碚乡

原载于《东方杂志》第38卷第22期(1941年)

厉行法治惩治贪污

五年以前，那时候还是抗战初期，政府为了贯澈《抗战建国纲领》第十六条"严惩贪官污吏，并没收其财产"的规定，曾于二十七年六月二十七日颁布《惩治贪污暂行条例》。五年以来，全国各地，被援用该条例而枪决或处刑的贪官污吏，为数固已不少；然因该条例的规定欠周密，处罚不够重，而逍遥法外或罪有余辜的贪污及其帮手，却仍所在多有！军事当局这才本其频年经验及在适用上所感到的困难，提请立法院依照立法程序修订为《惩治贪污条例》，呈经国民政府公布施行。

现在，抗战渐近胜利的前夕。诚如《中国之命运》所指示："国民革命是集合国民的心力，以建设法治的国家，并且是以国民的心力厉行法治的。""我四万万五千万国民，人人必须养成此种自由与法治的观念，才能把国家建设为法治的国家，进而建设为坚强的国防组织体，以与世界上独立自由的各国，共同负起世界和平人类解放的责任。"我们既已认定建设近代化国家是今后全国上下一致努力的共同目标，而"工业化"与"厉行法治"又是达成近代化的两条缺一不可底大路。那么，"惩治贪污"实是"厉行法治"的一个极起码底前提，也是"工业化"的一个不可少的条件。孔子说："其身正，不令而行；其身不正，虽令不从。""苟正其身矣，于从政乎何有？不能正其身，如正人何？"要是每一个公务员都能人人廉洁自矢，那就是奉公守法的好榜样，还怕人民不跟着走上那法治的坦途吗？

我们希望以惩治贪污来奠定厉行法治的始基，"就法言法"，对于惩治贪污的特别法规，就得具有五个要求：第一是凡与公务员有关人员，只要有贪污行为，便应该一体适用。换句话说，贪污罪的犯罪主体，应该不以文武公务员为限。第二是凡属贪污行为，均应列举无遗，以免适用上有时而穷，致令贪污者逍遥法外。第三是治乱世用重典，对于贪污者的处罚，要唯恐其不够严峻，"不用霹雳手段，显不出菩萨心肠——假定此所谓菩萨心肠，被指作厉行法治"。第四是检举贪污，要唯恐其不严密，对于职务上发觉贪污的直属长官与会计审计人员，要课以检举贪污的责任。第五是贪污案件的审判，要迅速确实，当机立断，不能像普通诉讼案件那样迁延岁月，案久不结，徒使贪污人员久稽伏法，摇惑人民对于法治的信念。这些要求，已为现行《惩治贪污条例》所容纳，请申其说。

第一，同条例第一条："军人、公务员或受公务机关委托承办之人，于作战期内，犯本条例之罪者，依本条例处断。其非军人、公务员而与为共犯者亦同。办理社会公益之事务，以公务论，其财物以公有财物论。"这就是说，无论军人、公务员（包括办理社会公益事务之人）、公务机关委托承办之人，或者虽非军人、公务员而与军人、公务员为贪污罪共犯之人，都可一律依照该条例处罚。要是林世良案[①]依照该条例审判，那么案内共犯某君，就不必再以其无公务员身份仅系普通商人而移送法院审判了。

第二，同条例第二条和第三条列举了二十一种贪污行为：（1）克扣——克扣军饷或克扣职务上应行发给之财物。（2）抑留——抑留不

---

① 即"林世良云南走私贪污案"，案中，时任中央信托局运输处经理林世良利用管理香港、海防、仰光、昆明之间公物运输的职务之便，大肆包揽私商货运以自肥，后遭告发，于1942年判处死刑。该案因贪污数额巨大，加之牵涉孔祥熙家族，因而在当时引起广泛社会议论。下文所提"共犯某君"，当指同案的不法商人张德武。——编者注

发职务上应行发给之财物。(3)回扣——建筑军工或军用品,索取回扣或有其他舞弊情事。(4)盗卖——盗卖军用品或公用财物。(5)侵占——侵占军用品或公有财物。(6)窃取——窃取公有财物。(7)勒索——借势或借端勒索财物。(8)勒征——借势或借端勒征财物。(9)强占——借势或借端强占财物。(10)强募——借势或借端强募财物。(11)装运违禁品——以军用舟车、航空器、马匹、驮兽,装运违禁物品。(12)装运漏税物品——以军用舟车、航空器、马匹、驮兽,装运漏税物品。(13)扰乱金融——意图得利,扰乱金融。(14)违法收募税捐——违背法令收税或募捐。(15)违法收募公债——违背法令收取或募集公债。(16)擅提公款。(17)截留公款。(18)贿赂——贿赂罪复分二种:(甲)对于违背职务之行为,要求贿赂、期约贿赂,或收受贿赂,或要求期约收受不正当之利益;(乙)对于职务上之行为,要求贿赂、期约贿赂,或收受贿赂,或要求期约收受不正当之利益。(19)舞弊——收募款项或征用土地民伕财物,从中舞弊。(20)诈取——利用职务上之机会,诈取财物。(21)揩油——揩油复分二种:(甲)对于主管或监督之事务,直接或间接图利者;(乙)对于非主管或监督之事务,而利用职权机会或身份图利者。综此以观,所有可能被作为贪污行为的罪行,都已列举无遗了。

　　第三,同条例第二、第三两条,关于贪污罪的处罚,分做两类,依其情节轻重,或则处以死刑、无期徒刑或十年以上有期徒刑(第一类),或则处以死刑、无期徒刑或七年以上有期徒刑(第二类)。同条例第五、第六两条,规定贪污罪的未遂犯,既在处罚之列,预备或阴谋犯贪污罪者,虽未至未遂程度,也应处五年以下有期徒刑。而且,同条例第十三条规定:"本条例所定之罪,如其他法律定有较重之处罚者,依其规定。"这就是处刑唯重的主义。又同条例第七条规定:"犯本条例之罪者,其所得之财物,除属于公有者应予追缴外,依其情形,分别予以没收或发还被害人。前项财物之全部或一部无法追缴,或不能没收时,追征其价额,或以其财产抵偿;但其财产价额,不及应追征之价额时,应酌留其家属必需之生活费。"这是贪污罪的一种从刑。至于褫夺公权,依同条例第十三条规定:"刑法总则之规定与本条例不相抵触者,仍适用之。"自然不待多赘。

第四,按现行《刑事诉讼法》第二一九条及第二二○条规定:"不问何人,知有犯罪嫌疑者,得为告发。""公务员因执行职务知有犯罪嫌疑者,应为告发。"可是对于应告发而不告发之人,尚无处罚明文。同条例为防杜贪污通弊,增加抗战力量起见,于第八条规定:"直属长官明知属员贪污有据,予以庇护或不为举发者,以共犯论;但得依其情节,酌量减轻。"直属长官要是明知属员贪污有据,积极的予以庇护,或消极的不为检举,便以贪污罪的共犯论,那就是具体而微的"联坐"办法。又第九条规定:"办理审计会计及其他人员,因执行职务,明知他人贪污有据,不为告发者,处三年以下有期徒刑或拘役。"办理会计审计及其他人员,如因执行职务明知他人贪污有据,要是洁身自好,不为检举,那便不得谓为忠于职守。对于此等违反告发责任者,科以罪刑,自然是惩治贪污所必要的规定。此外,同条例第四条:"对于军人或公务员关于违背职务之行为,要求期约或交付贿赂或其他不正利益者,处一年以上七年以下有期徒刑。但自首者减轻免除其刑;在侦查或审判中自白者得减轻其刑。"这也不失为关于奖励检举贪污的规定。

第五,同条例第十一条规定:"犯本条例之罪者,依特种刑事案件之审判程序办理。"那是因为本年四月一日国民政府令准国防最高委员会第一百零五次常务会议决议:"现行法令规定应由军事审判之刑事案件,除军人为被告者外,移归司法机关按照另行订定之特别审判程序办理。其实体法则仍适用现行特别刑事法规,并以曾经国防最高委员会核定公布,或立法院议决公布者为限。至特别审判程序,应由司法行政部从速草拟,依法送请立法院审议,立法院对于现行特别刑事法规,应随时体察情形,于必要时量予修正。"贪污案件,在特别审判程序法颁行以前,固然仍由军法机关审判,呈经中央最高军事机关核准后执行。将来特别审判程序法颁行以后,除军人为被告者外,虽归法院审理,但既依照特别审判程序,自然于慎重之中,仍寓简捷之意,不致如一般诉讼案件那样繁复缓慢,可以断言。

说到此地,我们犹记得在前《惩治贪污暂行条例》颁布以后,笔者曾草《抗战建国与惩治贪污》一文,揭载于《东方杂志》第三十六卷第十九期,妄陈末议,主张于严惩贪污以外,对于公务员的生活与保障等问题,提出了治标与治本的解决之道。这五年来,生活高涨,迥非昔比,公务员的收入虽然厚薄不均,大体说来,多已不敷维持其最低限度的温饱!"兼职"(依兼职条例的规定,兼职不得兼薪,现在许多人兼职,已与兼薪并为一谈!)、"兼商"(依公务员服务法的规定,公务员及其他公营事业机关服务人员,不得兼任私营商业之经理、董事长和相同之职务,更不得兼营投机事业)已为若干公务员不可讳言的事实。安贫乐道乃贤者之所为,未必人人尽能为之。贪官污吏之为生计所迫,铤而走险者,在所难免。因此,我们旧话重提,认为根绝贪污之计,"万本归源唯生活":一方面我们不妨防微杜渐,严刑峻法的,惩治贪污人员;一方面我们更应该对于公务员生活,筹谋澈底办法。我们最低限度,要给予公务员及其家属以维持生活所必要的待遇,然后才能责以公正廉明。否则,"又要马儿好,又要马儿不吃草",事实上恐不可能。

末尾,我们话说回来,"就法言法",现行《惩治贪污条例》已经对于惩治贪污,有相当完密详备的规定。孟子说:"徒善不足以为政,徒法不能以自行。"王荆公说:"制而用之谓乎法,推而行之存乎人。"张居正说:

"行法在人。"立法机关已经为贪官污吏布满了这天罗地网,我们要希望贪污之鱼,不再从这法网里漏出去!那就全赖行法的当局者,不徇情,不枉纵,严密防范,厉行检举。非如此,不足以走上法治的道路,不足以建设近代化的国家。

原载于《新中华》复刊第 1 卷第 11 期(1943 年)

我国调解制度

"讼则终凶",古有明训。直到现在,"堂上一点朱,阶下千滴血""衙门朝南开,无钱莫进来"等等关于诉讼拖累的谚语,依然流行在民间。陪都附近巴县蔡农场的场口,矗立着一个竖立不久的石碑,刻有"请君抬头望,气死莫告状"十个大字,警惕乡人。这种阿Q精神,自然不足为训;可是诉讼所给予人民的痛苦,却也不必讳言。孔子说:"听讼,吾犹人也,必也使无讼乎?"我们体念使民无讼之旨,若能息事宁人,使人民的讼争"大事化小事,小事化无事",既可避免或减轻讼累,也是当前"意志集中、力量集中"所必要。司法行政部特将推行公证和调解制度,作为今明二年的两大中心工作,其意义重大,当可想见。

说到调解制度,本来关于民事纠纷,《民事诉讼法》对于简易诉讼案件,既有"应于起诉前声请法院调解"的规定,对于一般诉讼案件,又有"诉讼进行中法院得试行和解"的规定,而《非常时期民事诉讼补充条例》更对于"买卖、租赁、借贷、雇佣、承揽、出版、地上权、抵押权、典权九种法律关系,因受战事影响致生争议者,当事人得声请法院调解"的规定。可是这些关于法院里调解的办法,成效未著,调解不易成立,适足以增加民事诉讼程序之繁复!况且关于刑事轻微案件,《刑事诉讼法》及《非常时期刑事诉讼补充条例》均无得予调解的明文,仅于刑事简易案件,规定检察官得为不起诉处分或声请以命令处刑,但告诉人对于不起诉处分既得声请再议，而被告对于法院的处刑命令也得声请正式审判，其结果是同样地适足以增加刑事诉讼程序之繁复和诉讼当事人的拖累！所以被司法行政部列为中心工作的调解制度，只是民间的调解——普遍于全国各区乡镇的调解，换言之，是使民间争执不入法院的调解，这种调解，包括民事纠纷和刑事而易案件。

其实，民间调解办法，一向就有所谓"吃讲茶""会社""会区""会族"……等办法。从前专制时代，若干案件，经过"会社""会区""会族"……的结果，在众议金同之下，"抵命""赔礼"……等公断，见怪不怪。但这是从前的老话。民国二十年司法行政部依照《区自治施行法》和《乡镇自治施行法》的规定，颁布《区乡镇坊调解委员会权限规程》，各省准此规定，另定单行规章，以资推行。因为种种原因，尚未普遍实施，且鲜成效。现在该权限规程早已不能适用，而现行《市组织法乡镇组织暂行条例》以及《县各级组织纲要》，既无区乡镇得设调解委员会的规定，各省中例如四川省政府颁订《乡镇调解委员会组织规则》又只是依据权限规程而颁行的单行法令。因此，司法行政部为便于统筹全局普遍推行起见，这才会同内政部商订《乡镇调解委员会组织规程草案》，呈请中央核定。我们谨本平日观感，以及多年来留心此一问题的结果，对于司法行政部即将普遍推行的区乡镇调解制度，论其要略。

一、关于调解机构

区（新颁市组织法，市分区与县之乡镇同级）乡镇调解机构，应由区乡镇公所自任调解职责呢？抑系另组调解委员会专司调解？新县制实施以后，区乡镇长集管教养卫权责于一身，办理兵役事务，流弊所至，已且"有钱得生，无钱得死"，若再畀以调解之权，坏的区乡镇长难免借此擅作威福，"有钱罚钱，无钱关人"，流弊滋多！似应仍采旧制精神，由区乡镇民代表会或区乡镇务会议推举本区乡镇内具有法律智识之公正人士三人、五人或至九人组织调解委员会。区乡镇长和副乡镇长以及区乡镇公所职员，不得当选为调解委员。但调解委员会得调用区乡镇公所职员办理会内事务。调解委员会置主席一人，由调解委员推定之，调解委员任期，应与区乡镇民代表任期，同为二年，连选得连任。调解委员会区乡镇公所之监督，办理民刑事调解事项。调解委员选定后，既应呈请县市政府及该管法院备案；对于每一调解事项的调解经过及其笔录，无论其调解成立与否，均应呈报县市政府与该管法院备案，县市政府及该管法院对于调解委员会实有监督之责。调解机构是否健全？调解结果有无成效？全视调解委员的公正及称职与否而定，人选问题，最关重要。

二、关于调解范围

区乡镇调解委员会的调解范围，民事应以一切民事争执为其调解范围；刑事以告诉乃论之罪依法得撤回告诉之刑事案件为其调解范围。告诉乃论之罪，除其本刑为七年以上有期徒刑之罪以外，均为得于第一审言词辩论终结前撤回告诉之刑事案件。故在未经正式告诉或自诉以前既可由调解委员会予以调解，如果已经提起告诉或自诉而在地方法院言词辩论终结以前，亦得由调解委员会调解，不过在调解成立以后，应由告诉人或自诉人撤回其告诉或自诉罢了。民事案件已经法院受理以后而由调解委员会调解成立者，其原告亦应依法定程序撤回其诉。旧权限规程关于刑事调解范围，采取列举规定，而将得为调解的刑事案件，列举其在《刑法》上的条文，适用上固较便利，但若改采概括规定，不妨由司法行政编印"调解须知"，将调解委员会得以调解的刑事案件，详为载列，并加说明，以利推行。

三、关于调解程序

调解委员会调解民刑事纠纷，应以争执双方在同一区乡镇为原则，但两造不在同一区乡镇之事项，除两造合意得由任一区乡镇之调解委员会调解外，民事得由被告所在地之调解委员会调解，刑事得就犯罪地之调解委员会调解。当事人声请调解，得以书面或言词陈述其姓名、性别、年龄、住址、事由、概要，并附送该事项之关系文件，由区乡镇公所移送调解委员会予以调解。其以言词声请调解者，应由区乡镇公所作成记录，移送调解委员会办理。调解委员会接受声请后，应决定开会调解日期，经由区乡镇公所通知当事人亲自到场。调解委员会须有调解委员过半数之出席，始得开会，调解委员对于调解事项之涉及本身或其同居家属时，应即回避。民事调解事项须得当事人之同意，刑事调解事项须得被害人之同意，始得进行调解。调解委员会于调解成立后，应本两造意旨书立调解字据以资证明，并应叙列当事人姓名、性别、年龄、住址及事由、概要和调解成立年月日，送由区乡镇公所呈报县市政府及该管法院备案，其不能调解事项，并应加叙不能调解之原由，分报备案。刑事调解事项须验伤及查勘者，得由被害人或其法定代理人辅佐人，报请该管区乡镇公所勘验，开单存查。办理调解事项除勘验费应由当事人核实开支外，不得征收任何费用或收受报酬。但如区乡镇辽阔，调解委员散处各地，如需车船筏竿代步，似应由区乡镇公所准予酌支车马费，否则调解委员既系无给职，又不能向当事人征收任何费用或收受报酬，一定要调解委员枵腹从公，自垫车马费，事实上恐行不通。四川省《乡镇调解委员会组织规则》虽规定调解以所在乡镇之赶场日期为原则，但仍不能将此困难完全解决。

四、关于调解效力

调解委员会办理调解事项，固得对于民事当事人及刑事被害人评定赔偿，但对他造不得为财产上或身体上之处罚，而且调解委员会不得有强迫调解及阻止告诉各行为。调解结果，如果不能对于当事人有何拘束力（仅仅认定为民事上的和解契约，拘束力自然不够），那么，其结果恐怕难符息事宁人之旨。狡黠者尽可不赴调解或不遵调解，纵有公正合理之办法，亦不能见诸实行，徒劳唇舌，无补实际。四川各县乡镇调解委员会，对于民刑事纠纷，大多调解不成，最后仍然诉之于法院，终致调解委员会虽存若亡，可为殷鉴！我们希望今后的调解：第一要规定民刑事轻微案件，在提起诉讼之前，必须经过区乡镇调解委员会之调解，未经调解而起诉者，法院得批令调解；第二要承认区乡镇调解委员会之调解，经过向法院备案之手续后，有与法院判决同一之效力，而执行之责，亦可由区乡镇公所负之；第三要规定当事人之一造不服调解者，虽具有充分理由，亦须先向法院声请和解，不得径行起诉，以免调解等于形式。如此一来，那就无异变更现行法律，自非另行制定法律不可。

五、关于调解推行

我国调解制度，如欲作普遍而有效的推行，一面减少讼累，一面防免流弊，我们认为下列三事，值得司法当局注意：第一，各地法院要实施巡回审判制度。比年推行新政，征实征兵，乡镇长权重一身，流弊所趋，甚且对于人民滥打滥罚滥押滥杀，擅作威福，有不杀人不够乡镇长资格之说。推行调解制度以后，区乡镇长虽然不得当选为调解委员，但对调解委员有监督之权。而且调解委员违背法令时，区乡镇长得呈请县市政府核准，先行停止其职务，再提经区乡镇民代表会或区乡镇务会议予以罢免。如果司法当局能用巡回审判以为救济，一方面可使人民得以近便告诉于法官之前，一方面法官对于各区乡镇调解委员会又得指导监督，既使区乡镇长知所顾忌，又纳调解于正常轨道，一举两得；只是牵涉到治安和经费两个问题罢了。第二，对于乡镇长及调解委员要予以法律智识的训练。调解制度普遍推行后，不见得每一个乡镇都能有三五位通晓法律的人士，足以胜任调解委员之责，乡镇长智识水准未能普遍提高以前，恐怕全国乡镇长通晓法律者，有如凤毛麟角，近年来各地法院对于违法的乡镇长,诚恐妨碍新政不能依法惩治所感到的严重问题,其原因正是为此。要是让这些对于法律智识懵然漠然,一无所知的乡镇长和调解委员,担负起调解民刑事纠纷的责任,无异"盲人骑瞎马,夜半临深池",其危险将不堪设想!战前浙江兰溪实验县试行调解制度之初,由县政府召集各地乡镇长及调解委员举行法令讲习会,予以法律智识的训练,足资仿效。调解制度普遍推行之先,司法行政部应编印《调解须知》《民法大意》和《刑事调解部分条文浅说》等小册,由县市政府会同所在地法院举行讲习会,普遍宣讲,庶能顺利推行。第三,要转移社会上不管闲事的风气,造成舆论力量。外国调解制度,调解人多为大学教授或有声望人士,彼邦向富法治精神,息事宁人,故肯乐就,所拟调解办法,地位所关,亦较平允,当事人信仰所至,服从真理,多愿接受,调解易于成立。我国素有"各人自扫门前雪,休管他家瓦上霜""济人利物非吾事,自有周公孔圣人"之古训,深入民间,风气如此,事不关己,谁肯多费唇舌,结怨于人?况且有时因调解涉讼,反受拖累呢!因此,我们要使调解制度有效推行,还要转移社会上不管闲事的风气,造成舆论力量才是。

原载于《东方杂志》第 39 卷第 20 号(1943 年)

抗战七年来之法律

  抗战进入了第八个年头。"一切力量，均应为达成军事胜利而贡献；一切设施，均应为中于军事第一胜利第一之目标而检讨得失。"本此原则，我们检讨过去七年来的法律，虽觉《国家总动员法》于抗战第四年后——三十一年三月二十九日才公布施行，不无姗姗来迟之感，然而关于人力、物力、财力的动员法律，远在抗战初年便已配合了军事的需要而陆续颁行。直到现在，我们举其要者，例如：《兵役法》《违反兵役法治罪条例》《陆军兵役惩罚条例》《陆海空军奖励条例》《陆海空军勋赏条例》《战地守土奖励条例》《空军抚恤条例》《陆军抚恤条例》《海军抚恤条例》《战时军律》《危害民国紧急治罪法》《惩治汉奸条例》《处理在华美军人员刑事案件条例》《出征抗敌军人婚姻保障条例》《优待出征抗敌军人家属条例》《国民义务劳动法》《战时全国技术员工管理条例》《军事征用法》《防空法》《妨害国币惩治条例》《战时地价申报条例》《战时地籍整理条例》《战时进出口物品管理条例》《非常时期过分利得税条例》《战时征收土地税条例》《禁运资敌物品条例》《敌国人民处理条例》《敌产处理条例》等等，以及其他直接间接有关动员的法律，凡是法规名称冠以"战时"或"非常时期"字样者，更是多的不胜枚举。配合着军事的需要，若干关于人力、物力、财力动员的法律既曾不时予以修正；配合着军事的进展，若干新的关于人力、物力、财力动员的法律也曾不时予以颁订。一切为了胜利，一切为了军事，七年来的法律，自然也不能例外。

在抗战初期，中国国民党与国民政府即确定抗战与建国并行的方针，而其条目订定于《抗战建国纲领》。这个纲领，通过于中国国民党临时全国代表大会，复为国民参政会所接受，自为我全国上下所共遵循。我们在一面抗战一面建国的国策下，早已认定建设近代化国家是全国上下一致努力的共同目标，而工业化与厉行法治又是达成近代化的两条缺一不可的大路。说到法治，不外乎"事事有法"和"人人守法"，而现行法规的整理，尤为厉行法治的前提。三十二年三月十八日国防最高委员会规定"现行法规整理原则"八点，立法院据此原则，修正《法规制定标准法》后，凡应经立法程序之法规，各机关以命令制定公布者，应送立法院执行立法程序；其因事机急要或时间迫切送请国防最高委员会备案施行者，亦须补完立法程序；尤其是严定法规的形式，将法律规定为"法"和"条例"二种，而将法规性质的命令规定为"规程""规则""细则""办法"四种，"规程""规则""细则""办法"不得违反变更或抵触法律。过去这一年来，由于法规的整理，若干反法治的不良现象，例如各机关以事实需要而将条例案、组织法案及财政案等不经立法程序命令径行制定公布，刑罚执行机关不经立法程序亦未受法律之授权径行颁布处罚法规，以及因欲适应环境及临时需要而另订与现行法抵触之法规，致使新法既立旧法不改而内容则重复抵触等等，总算不再发生，在政府方面，确已渐渐走上了法治的道途！虽然这些尚是整理法规的初步，然而法律已经从杂乱繁多的法规中和命令分了家，从此，《训政时期约法》所称"法律"，不谈"命令"鱼目混珠了，这是在法治运动声中我们检讨抗战七年来的法律所引为欣慰的一件事。

在抗战结束后一年内，国民政府将召集国民大会，制定宪法而颁布之,并决定其施行日期,实施宪政。但是欲使宪治奠立基础,有赖于基层自治的健全,《抗战建国纲领》早曾揭橥所旨,因此我们要以地方自治为基础,为宪政实施的准备,若是地方自治不健全,今后的民主和宪政,苟非徒托空言,亦必虚有其名。由此以则,地方自治的完成,是抗战期内最重要的建设工作,其理甚明。中央一本所旨,爰曾于二十九年九月颁布《县各级组织纲要》,期使管教养卫各事项,逐层贯法,由当地人民自身之劳力,谋地方事业确实之推进,而以训练合格之人员,配于新区乡镇,以为实际之辅导,于督劝民权之中收培植民权之效。过去七年来,关于民意机关和各级组织的法律,举如《国民参政会组织条例》《省市临时参议会组织条例》《县参议会组织条例》《乡镇组织条例》《市组织法》《省政府组织法》,以及正在立法院议订中之《县组织法》等,都是加紧推行地方自治实施三民主义的民主政治所应有的法律。依据县各级组织法要之规定,其应以法律制定之法规还是很多。我们在此次十二中全会关于加强推行地方自治确定了八大原则以后,检讨过去,瞻望将来,在今后抗战胜利的前夕,凡与地方自治有关的法律,将见陆续颁行,应无待论。

自从去年一月十一日中美、中英新约签字后,中比、中那等新约,亦相继签订,诚如总裁所昭示:平等新约的订立,不平等旧约的撤废,是国民革命初步的成功,而国民革命的初步成功,即为建国工作真正的开始。故凡现行法规中,如有与新约之精神不尽符合者,自应由主管机关迅为修正,以期适应新约签订后的新环境。例如关于金融(外商银行)事项、关于外人在中国经营实业事项、关于对外贸易及关税事项、关于外人入境游历居留传教办学出境事项、关于国际私法法律适用事项、关于土地房屋事项、关于人民团体事项、关于利用外资事项……这些涉外法律,有待于修改或拟订者甚多,现行法律之内容,与中美、中英新约的精神不尽符合,确是事实。直到现在为止,虽然尚未见这些涉外法律的修订或颁行,然而各项原则,主管机关早已讨议决定,使这些原则"法律化",只是时间的问题。此外,基于平等新约所应该举起的问题,便是我们于领事裁判权取销以后,关于司法制度,尤应积极从事改善,此为目前最切要之工作,但是为了改良监狱,我们就得颁订《监狱法》,为了简化诉讼程序,我们就得修改《民刑事诉讼法》,为了澈底改善司法制度,我们就得修改《法律组织法》和其他关系法规……再如我国边区情形,与内地各殊,关于司法方面,也应制定特别法,以资适用。这些问题,听说司法立法主管机关,正在研究各方意见,从事□□□□□,□□□□相当成果了。至于《特别刑事案件诉讼条例》的颁布,无非□使原由军法或军事机关审判的特种刑事案件,改归普通司法机关审判,使司法权独立与完整,自然也是配合新约精神所应有的措置,不消多说。

基于上面的检讨,我们对于抗战七年来法律方面的大略情形,已有简单的报道。这里,要是我们在回顾之余,继之以展望将来,就笔者的意见,预料今后的法律,至少有稍稍动向,值得我们注意:其一是关于复员问题;我国现与欧美联邦,联合作战,最后胜利已操胜券,所有各部门复员计划,虽已在中央设计局会同有关各机关研讨之中,然而战事结束以前,各项□□法律,自应预为准备,以备届时应用,免致临时张皇,迫不及待。其二是关于战后法律问题:民主国家的反侵略战争,已然逼近最后胜利的前夕,我们的抗战,不久也可望获致胜利的结束,由于过去若干年抗战所发生的种种法律现象因而引起的法律问题,有待于战后作一妥善的解决,例如民刑事方面种种问题,酌情依据现行法律的规定办理,若非谓□有失公平,恐必事实上扞格难行,因此战后法律的修订补充,也成为抗战结束以前所急待解决的问题。站在法律的岗位上,我们切盼并且期待法律学界广泛的展开战后法律问题的研讨和论争，以作自己岗位上的最大贡献。笔者草此短文既终，不期然而然地应□提供这一个实际的问题，不知读者贤明作何反声？

原载于《文化先锋》第 3 卷第 23 期(1944 年)

论特种刑事案件诉讼程序

司法权之完整与独立，可自二方面言之：自对外言，撤废领事裁判权固为我国司法权之完整与独立所必要；自对内言，非军人犯罪而由军事或军法机关审判之畸形制度，亟应从速废止，尤为我国司法权之完整与独立所必要。溯自美、英等友邦，相继与我缔立新约，撤废在华领事裁判权以来，自对外言，我国司法权之完整与独立，固已不成问题；但就对内言，非军人犯罪者，若仍由军事或军法机关审判，理论上既系割裂司法权之统一性，事实上尤不足与不平等条约取销后之新环境相配合。国民政府有鉴及此，爰于三十二年四月一日令准国防最高委员会第一百零五次常务会议决议："现行法令规则应由军事审判之刑事案件，除军人为被告者外，移归司法机关按照另行订定之特别审判程序办理。其实体法则仍适用现行特别刑事法规，并以曾经国防最高委员会核定公布，或立法院决议公布者为限。至特别审判程序，应由司法行政部从速草拟，依法送请立法院审议，立法院对于现行特别刑事法规，应随时体察情形，于必要时量予修正。"司法行政部奉令后，遵经拟具"《特种刑事案件诉讼条例》立法原则"十二点，呈经行政院会议通过，国防最高委员会第一百十五次常务会议采纳法制专门委员会之审查意见，将该原则第二项予以删除，核定"《特种刑事案件诉讼条例》原则"十一点。司法行政部复遵照核定之原则，拟具《特种刑事案件诉讼条例草案》，呈送行政院召集有关机关如司法院、军事委员会军法执行总监部等，审查修正，提经行政院第六三三次会议议决通过，咨送立法院审议。经立法院于同年十一月三十日第二百五十次会议，完成立法程序，呈送国民政府于本（三十三）年一月十三日公布，定于同年十二月十一日起施行。此《特种刑事案件诉讼条例》之由来也。

抑尤须补充说明者：非军人犯罪案件，改归司法机关办理，恢复司法权之完整与统一之后，何以不适用《刑事诉讼法》所定之通常诉讼程序，而须为其特定审判程序？考其理由，实缘我国刑事诉讼法规，取材大陆法系，对于诉讼程序规定綦详，失之繁复，窒碍良多，而因诉讼迂缓迟延致增诉讼当事人之讼累，尤为国人所诟病，为求其程序简单，俾达迅速结案减轻人民讼累之目的，则易繁就简，规定特种刑事诉讼程序，自属必要。但特种刑事诉讼程序之制定，不外为适应此非常时期之需要，一旦事过情迁，似应恢复常轨，所有一切刑事案件之由司法机关审理者，均应适用刑事诉讼法所定之程序，以免纷歧，故以明文规定有效期间为三年（《特种刑事案件诉讼条例》第三十五条）。至于将来一般诉讼程序之应如何利国便民、迅速确当，则司法当局已自三十一年五月一日起，设立璧山实验地方法院，从事种种实验。复于本（三十三）年七月一日起设立重庆实验地方法院，以为革新司法制度之准备，当可本其实验所得拟具改革方案，为澈底之改善，此系另一问题，兹不赘论。姑就《特种刑事案件诉讼条例》之规定，试将特种刑事案件诉讼程序之内容，分论于次。今后废弃非军人犯罪而由军事或军法机关审判之畸形制度，恢复司法权之完整与独立，司法界实辟一新纪元，笔者不揣浅陋，剖析说明，借供国人研讨特种刑事案件诉讼程序之一助，抛砖引玉，旨在斯乎。

一、特种刑事案件之范围

何谓特种刑事案件？易言之，特种刑事案件之范围若何？行政院议决之原草案（以下简称原草案）采列举方式，分列十一款，而将《非军人触犯中华民国战时军律》《军机防护法》《危害民国紧急治罪法》《惩治汉奸条例》《剿匪区内惩治土豪劣绅条例》《惩治盗匪暂行办法》《禁烟禁毒治罪暂行条例》《惩治贪污条例》《妨害国家总动员惩罚暂行条例》《非常时期违反粮食管理治罪暂行条例》，以及其他规定非军人犯罪应由军法机关审判之法令，认为特种刑事案件之范围。现行《特种刑事案件诉讼条例》（以下简称本条例）则采概括方式，"依法律规定适用特种刑事审判程序之案件，及本条例施行前依法令规定由军事或军法机关审理之案件，除军人为被告者外，依本条例之规定审理之。本条例未规定者，仍适用《刑事诉讼法》及其他有关之法令"（第一条第一项）。立法理由，盖在刑事法规，常因应需要而时有修改，其名称随同变更，不乏其例，如因刑事法规名称之修改而本条例亦需同时修正（例如《惩治盗匪暂行办法》即经修改为《惩治盗匪条例》，于三十三年四月八日公布施行），似嫌烦累，而以实体法明定关于特定案件应适用特种刑事审判程序，既已著有先例，将来立法上亦大可采此同一方法，故不如采用概括方式为当也。至所谓依法律规定适用特种刑事审判程序之案件，例如《惩治贪污条例》第十一条之规定是。所谓本条例施行前依法令规定由军事或军法机关审理之案件，原草案所列举各种，除惩治贪污条例外均属之。又本条例为《刑事诉讼法》之特别法,则本条例所未规定者,仍适用《刑事诉讼法》及其他有关法令之规定,自不待言。

二、特种刑事案件之管辖

特种刑事案件之管辖,本条例与原草案亦互异。原草案规定此类案件,一律由地方法院或县司法机关管辖,本条例则采纳司法院之意见,以由地方法院或县司法机关管辖为原则,而由高等法院或其分院管辖为例外。详言之,则特种刑事案件,由地方法院或县司法机关审理之,但系危害国民、汉奸、违反战时军律、妨害军机之案件,由高等法院或分院审理之(第一条第二项)。盖关于《危害民国紧急治罪法》《惩治汉奸条例》《中华民国战时军律》及《军机防护法》等类之犯罪,其性质颇有与内乱罪或外患罪相近似者,《刑事诉讼法》关于内乱罪及外患罪之第一审管辖权,本属高等法院或分院;此等案件,其性质既与内乱罪或外患罪相近似,则定由高等法院或分院管辖,以昭慎重,衡诸现实情况,自属必要也。

《刑法》第五十五条之牵连犯案件(即一行为而触犯数罪名,或犯一罪而其方法或结果之行为犯他罪名者),及《刑法》第五十六条连续犯案件(即连续数行为而犯同一罪名者),其一部之犯罪事实应依本条例审理时,全部应依本条例审理之(第二条第二项)。准此以解,凡牵连犯或连续犯案件之一部犯罪事实,如依本条例之规定应由高等法院或分院管辖,则其他部分虽应由地方法院或县司法机关审理,亦不必另交地方法院或县司法机关,全部应由高等法院分院审理之。又若牵连犯或连续犯案件，其一部犯罪事实为特种刑事案之范围，而他部犯罪事实为普通刑事案件之范围，则其他部分，亦不必依普通刑事诉讼程序以为审理，应径依特种刑事诉讼程序审理之，解释上可无疑义。立法理由，盖因牵连犯、连续犯本属处断上之一罪，不能分别裁判，既有一部分之犯罪事实，系特种刑事案件，自以全部划归特别程序审理为宜也。

三、特种刑事案件之代起诉

在通常程序，司法警察官署移送之案件，必须经检察官提起公诉，法院始得进行审理，此等既经司法警察官署侦查之案件，仍须检察官再行侦查起诉，程序上已嫌重复，况特种刑事案件改归司法机关审理后，法院人员极感不足，势非酌调检察官办理此类案件不可，尤有减少检察官职务之必要。故司法警察官署依照规定用移送书移送之案件，以提起公诉论，法院得径行审判（第三条第二项）。且此类移送案件，审判期日，检察官得不出庭（第四条）。是为特种刑事案件之代起诉。司法警察官署移送之案件，既有代起诉之效力，则移送书之记载，自非与检察官起诉书有相同之记载不可，故司法警察官署移送案件于法院时应用移送书，记载下列事项：一、被告之姓名、性别、年龄、职业、住所或居所或其他足资辨别之特征；二、犯罪事实及证据并所犯法条。（第三条第一项）立法理由，盖以此类机关移送之案件，往往诉之范围，不甚明确，法院径行审判，不无困难，此所以须用书面记载一定事项，以确定诉之范围也。但此种司法警察官署移送案件有代起诉之效力，究为一种权宜之变通办法，在现时警界具有法律素养之人，尚不及法界之众多之际，赋予以与检察官之同样之职权，使得对判决声明不服，则恐利弊参半或且弊多而利少，故此类移送之案件，原移送之司法警察官署，既不得对判决声明不服，且不得撤回，以杜流弊（第五条）。又司法警察官署以移送书移送之案件，虽有代起诉之效力，以提起公诉论，省略检察官之侦查起诉程序，但法院或受命推事得于第一审言词辩论期日前，实施准备程序，讯问被告，不公开之（第六条），以补省略侦查起诉程序之不足。

四、特种刑事案件之复判

复判程序，向系用以补救承审制度之不备，今此类特种刑事案件，既一概不许上诉，自宜采用复判程序，以表明其系上诉之代替。盖第一审判决，依通常程序一律均得上诉，而上诉程序复失之繁复，案件终结之迟滞，此为最大原因。唯无论情节轻重或判断是否允当，概以一审终结，亦恐流弊滋多，此所以对于特种刑事案件斟酌损益，采用复判程序，以代替上诉也。"对于依本条例所为之判决，不得上诉，但得声请复判。"（第七条第一项）立法理由，即在于此。特种刑事案件之复判，既为上诉之代替，则"法院应于送达之判决正本内，载明得声请复判之期间，及提出声请状之法院"（第十三条），自属当然。但复判虽为上诉之代替，"对于复判法院之判决，不得声请再复判"（第七条第二项）。盖对于复判法院之判决，如得声请再复判，则案件终结之迟滞，与通常诉讼程序相同，又何必设此简单迅速之复判程序以代替上诉？且属于高等法院或分院管辖之案件(危害民国、汉奸、违反战时军律及妨害军机),最高法院为其复判法院,对于最高法院之判决,虽通常程序亦莫由再为上诉也。复判程序性质上虽为上诉之代替,然其结果则不必与上诉之结果相同,"复判法院得谕知较重于原审判决之刑"(第二十三条)。盖依《刑事诉讼法》第三百六十二条规定:"由被告上诉或被告之利益而上诉者,除因原审判决适用法条不当而撤销者外,第二审法院不得谕知较重于原审判决之刑。"而复判法院所为之判决,均为案件之终审,其性质与第二审所为之判决不尽相同,故复判法院得为不利益于被告之判决,俾使对于罪刑之审酌,有最后决定之权。复判之性质既明,兹复申论复判程序之大要于次:

(一)复判之机关

关于复判之机关,本条例第九条规定:"依本条例所为之判决,经声请复判者,应由原审法院送直接上级法院复判。但宣告死刑或无期徒刑之判决,应不待声请依职权径送最高法院复判。"准此以解,则复判之机关,原则上为原审法院之直接上级机关。易言之,原审法院若为地方法院或县司法机关,则以高等法院或分院为复判机关;原审法院若为高等法院或分院,则以最高法院为复判机关。但原审法院虽为地方法院或县司法机关,若系宣告死刑或无期徒刑之判决,亦应径送最高法院复判,是为例外。立法理由,盖以原审判处死刑或无期徒刑之案件,稍有出入,关系甚巨。其应行准驳,我国历来立法例均由最高司法机关总司其成;即现时军法审判,亦必须经最高之军法机关核准,始能执行。此次移归司法机关审判,如权由各省高等法院及分院复判,实不足以昭慎重。且运用各项特种刑事法令,关于法条之解释,易涉纷歧;如果见解不一,裁判结果即不免轻重悬殊,尤非由最高之司法机关统一裁判,不克得其公平。此所以对于地方法院或县司法机关宣告死刑或无期徒刑之判决,应以最高法院为复判机关也。或谓此与国防最高委员会核定之原则第三次不无出入,且就审判进行之速度言,最高法院辖区较广,诉讼较多,或亦不及高等法院之快速,然本条例第十八条及第二十五条既有审限之规定,似不至因复判机关之稍有变更而遂发生诉讼进行迟滞之结果,矧近年最高法院浙、赣、闽分庭及湘、粤分庭已先后成立,所有各该省复判案件均可由该分庭就近办理,其余未设分庭之省份,或与最高法院所在地相距不远,或平时案件无多,即由最高法院复判,亦不致有延积之弊也。

(二) 复判之端绪

关于复判之开始,本条例兼采声请复判主义与职权复判主义。对于特种刑事案件之判决,均得声请复判(第七条第一项),是为声请复判主义;对于宣告死刑或无期徒刑之判决,原审法院应不待声请依职权径送最高法院复判(第九条但书),是为职权复判主义。盖复判为上诉之代替,通常程序当事人对于判决既有上诉方法声明不服,则特种程序自不可不畀以声请复判之权,此所以采声请复判主义也;至又采取职权复判主义,凡第一审判处死刑或无期徒刑之案件,原审法院应依职权径送最高法院复判者,则所以慎重刑狱也。其依职权而复判者固不必深论,兹就因声请而复判者,详述于次:

甲,声请复判之权利。"声请复判,得由依《刑事诉讼法》有上诉权之人或依其他法令有申诉不服权之人为之。"(第十条)所谓依《刑事诉讼法》有上诉权之人,计有五种:一、检察官及自诉人;二、被告;三、被告之法定代理人及配偶；四、原审代理人；五、原审辩护人。唯被告,被告之法定代理人及配偶仅得为被告之利益声请复判,被告之原审代理人及原审辩护人则不但须为被告人之利益,且须不与被告明示之意思相反,始得声请复判。至检察官及自诉人,无论为被告之利益或不利益,均得声请复判,尤不待言。又所谓依其他法令有申诉不服权之人,例如告诉人对于县司法机关所为之判决,有申诉不服权,故亦得为被告之不利益声请复判。"有声请复判权之人,得舍弃其声请权。"(第十四条第一项)"声请复判,于复判决前得撤回之"(同上第二项)。舍弃声请权或撤回声请者丧失其复判声请权,故"舍弃或撤回非由被告为之者应即通知被告"(同上第三项)。俾被告知所准备而为声请复判与否之决定。

乙,声请复判之期间。"声请复判期间为十日,自送达判决后起算。但判决宣示后送达前之声请,亦有效力。"(第十一条第一项)非因过失迟误声请复判期间者,得于其原因消灭后五日内声请回复原状,其声请应以书状向原审法院为之,非因过失迟误声请复判期间之原因及其消灭时期,应于书状内释明之,且声请回复原状,应同时补行复判之声请。又回复原状之声请,如原审法院认其声请应行许可者,应缮具意见书将该声请复判案件,送由复判法院合并裁判,受声请之法院于裁判回复原状之声请前,得停止原裁判之执行。凡此均系第十一条规定准用《刑事诉讼法》第六十七条至第六十九条之规定所应有之解释,可无疑义。

丙,声请复判之方式。"声请复判,应以书状提出原审法院为之。"(第十二条第一项)"前项声请,非由被告为之者应由法院抄录书状缮本,送达于被告。"(同条第二项)

无论本于声请或应依职权移送复判之案件,原审法院应速将该案卷

宗证物,送交复判法院。(第十五条)判决一部应复判者,应将全案复判。其经共同被告声请复判者,亦应将全案复判。(第十六条)

(三)复判之结果

关于复判之进行,可自二方面言之:

甲,复判案件之审理。"复判案件,以书面审理,但由高等法院或分院复判者,得提审或命推事莅审"(第十七条)。复判案件以书面审理为原则,所以节人力而免拖延,但由高等法院或分院复判者,如法院认为有提审莅审之必要,应仍经言词辩论以资翔实。

乙,复判案件之判决。复判法院对于复判案件之判决,可分三种:一、驳回声请之判决:"复判法院认为声请复判违背法律上之程式,或其声请权已经丧失者,应以判决驳回之。但其情形可以补正者,应定期间命其补正。"(第十九条)二、核准之判决:"复判案件有下列情形之一者,复判法院应为核准之判决:一、认定事实适用法律无误者,二、诉讼程序虽系违背法令,而显然于判决无影响者。但关于违背法令之点,应于核准判决内指正之。"(第二十条)复判法院为核准判决时,如认为应谕知缓刑,得同时谕知缓刑。(第二十一条)三、撤销原判之判决:"复判案件,除应驳回或应全部核准者外,复判法院应撤销原审判决,自为判决。但原审判决认定事实显有不当者,得以判决发回原审法院或发交其同级之他法院,更为审理。"(第二十二条第一项)对于发回原审法院或发交其同级之他法院更审后所为之判决,亦与初审判决同,经声请复判者,应由原审法院送直接上级法院复判,但宣告死刑或无期徒刑之判决,应不待声请,依职权径送最高法院复判。(第二十二条第二项)

（四）复判之审限

特种刑事诉讼程序，以力求简单迅速为最大原则，故"复判法院对于复判案件之判决，应自接受卷宗证物之日起二十日内为之，但须提审莅审者，其审限得酌量延长，不得过二十日"（第十八条第一项）；"法院书记官接受判决原本后，除有特别规定外，应于七日内制成判决正本，送达检查官声请人或被告"（同条第二项）。

"汉奸盗匪经宣告死刑者，如于该管区域内镇压匪乱，维持治安确有重大关系时，原审法院得先行摘叙犯罪事实证据及必须紧急处分之理由，电请最高法院就死刑部分予以核准，随后补送卷宗证物。"（第二十四条第一项）最高法院接电后，处置办法有二：一、认为应予核准时，应自接受电报之日起三日内，径电司法行政部令准执行，其核准之电稿视为核准判决，并毋庸送达。（第二十五条第一项）但同案如有其他被告时，仍应将其他被告部分送请复判。（第二十六条）二、认为有疑义时，应电令原审法院，速即呈送卷宗证物。（第二十四条第二项）但最高法院接受卷宗证物后，如为核准之判决或虽撤销原审法院之判决仍自为宣告死刑之判决，应自判决之日起三日内，径电司法行政部令准执行。（第二十五条第二项）

五、特种刑事案件之抗告

抗告乃意图撤销或变更法院未确定之裁定，请求直接上级法院撤销或变更裁定之方法。对于特种刑事案件诉讼程序所为之裁定,得依法告,但不得再抗告。(第八条)所谓不得再抗告者,即对于抗告法院所为之裁定,不得再向抗告法院之直接上级法院提起抗告之谓也。立法理由,盖以特种刑事案件以迅速结案为主旨,对于原审法院之裁定,既已予诉讼当事人以提起抗告之机会,如再许其对于抗告法院所为之裁定,提起再抗告,则将牵延时日,案久不结,故特种刑事案件一律不得再抗告。又对于特种刑事案件诉讼程序所为之裁定,得依法抗告,此系原则;对此原则,亦有例外,即"对于复判法院之裁定,不得抗告"(第八条第二项)是也。复判法院如为最高法院,则对于终审法院之裁定,不得抗告,固不待言。若复判法院为高等法院或分院,其所为之裁定,何以亦不得抗告?无非以复判法院之判决尚且不得声请再复判,复判法院之判定如竟许以抗告则轻重倒置,有违背迅速结案之本旨故也。

六、特种刑事案件之再审

判决确定后发见确实之新证据者,或漏未审酌之证据,足认原判决显有重大错误者,自应予以救济,以期毋枉毋纵。但对于判决确定后发见确实之新证据者,《刑事诉讼法》第四百十三条第一项第六款虽有规定,仅得为受判决人之利益声请再审,且有相当限制;对于判决确定后发见漏未审酌之证据足认原判决显有重大错误者,《刑事诉讼法》第四百十四条虽有规定,亦仅得为受判决人之利益声请再审,且有相当限制。至对于受判决人不利益方面则毫无规定,殊难谓为允当。故本条例第二十八条特明定：一、依本条例所为有罪无罪免诉或不受理之判决确定后，发见确实之新证据者，亦得为受判决人之不利益再审。（第一项）二、依本条例所为有罪无罪免诉或不受理之判决确定后，因足影响于判决之重要证据漏未审酌，认为有重大错误者，得为受判决人之利益或不利益，声请再审（第二项），但应于送达判决后二十日内为之（第二十九条）。

声请再审，由判决之原审法院管辖（第三十条）。再审法院为开始再审裁定时，对于有同一原因之受判决人视为有一并开始再审之裁定，虽受判决人声请再审经驳回者，亦同（第三十一条）。复判法院以裁定开始再审后，应就该案件更为复判。但初判法院亦已开始再审者，对于复判法院再审之声请及关于再审之判决，失其效力（第三十二条第一项）。初判法院所为再审之判决，仍应依职权或因声请送请复判（同条第二项）。

七、特种刑事案件之非常上诉

非常上诉乃对于已确定之判决，以违背法令为理由，由最高法院检察署之检察长，请求最高法院撤销或变更其判决之方法。《刑事诉讼法》第四百四十条第一项第一款及第四百四十一条之规定，系采统一法律之解释兼为保护被告利益之主义，违法判决确定后经非常上诉撤销者，以原判决不利于被告为限。如就该案件另行判决，而非常上诉判决之一切不利益之效力，概不及于被告，因之对于失出之判决，虽显然违法，实际上亦无法救济，殊与防卫社会之旨不合。故本条例第三十三条规定：

"违背法令之判决确定后,经非常上诉程序将原判决撤销者,应就该案件另行判决,其利益或不利益之效力,均及于被告。"(第三十三条)俾罪刑二者克臻允当。

八、特种刑事案件之执行

裁判之执行,依《刑事诉讼法》第四百六十一条第一项前段之规定,应由为裁判之法院为之。但特种刑事案件之复判,以书面审理为原则,除被告已因提审解送至复判法院所在地之看守所或监狱者外,被告往往仍留原审法院所在地之看守所,故本条例第三十四条,特明定:"复判法院之判决,除被告已因提审解送至复判法院所在地之看守所或监狱者外,应由原审法院之检察官指挥执行之。"至若未经复判而原审判决即归确定者,其由原审法院检察官指挥执行,更不待言。

原载于《新中华》复刊第 2 卷第 10 期(1944 年)

战后关于婚姻的法律问题

一、小引

　　早在四年以前，作者就已开始研究战后民事法律问题，曾将"战后婚姻问题"的研究结果，发表于本志第三十七卷第七号，虽然至今看来，只是一些初步的研究或不成熟的见解，却也愧幸引起了各方的注意。现在逼近胜利的前夕，战后各种法律问题的解决，已到了拿出解决方案的时候，难怪参政员刘蘅静女士在此次（第三届第三次）国民参政会席上，聆取了司法行政部谢部长的施政报告以后，特别提出战后婚姻问题的解决以相质询。作者既有感于本问题需待准备解决的迫切，同时复参酌了司法行政部年前征询各级法官对于战后法律问题的意见，与立法院迭次考察团的考察报告，不得不再将此四年来继续研究所得的新意见，提供给关心本问题的读者以及立法司法机关，借作研讨的参考，或不失为愚者一得之见吧？

二、一个先决问题

战后婚姻问题的解决,有一个先决问题,就是一夫一妻制度应否予以维系?或者换一句话说,我们应否于战后一定期间(例如十五年)内停止或开放一夫一妻制度?

许多人主张战后一定期间(例如十五年)内停止或开放一夫一妻制度,恢复一夫多妻制度。他们的理由,约而言之,可得四端:(一)重婚纳妾为我国社会极普遍的事实,而战时尤甚,所谓"伪组织"或"国难太太""国难丈夫"已为众所共知的新名词,则战后开放一夫一妻制度,既可减少讼案,复能适合我国民情或习惯。(二)抗战逾七载,壮丁死伤过多,战后不免有女子过剩现象,则恢复一夫多妻制度,应为救济女子过剩所必要,非如此似不足以减少怨女和奸淫行为。(三)越王勾践,当初臣妾于吴,其甲盾不过五千耳,为生聚计,纵寡妇、处女淫乱于山中者十年,教训十年,而卒以雪耻。因此,我们为效法越王勾践十年生聚的办法,增加人口,弥补抗战中壮丁的损失,也得开放一夫一妻制度。(四)德国在上一次欧战后,因壮丁牺牲过多,女子过剩,也曾一度改行一夫多妻制,充实国力,我们未始不可仿效。这派人基于上述理由,主张战后一定期间之内(例如十五年),不妨准许重婚,同时给予妾以法律上相当的地位。

有些人主张维系一夫一妻制度,他们的理由,约而言之,也有四端:(一)一夫多妻制本身利少害多,因为(1)一夫多妻蔑视女权,为文明社会所不许;(2)两妻之间难为夫,易使家庭不睦;(3)夫妻爱情不专,破坏夫妻性生活的和谐;(4)男子因色欲放纵,易致道德堕落,影响种族健康。(二)社会进化到现阶段,婚姻制度以一夫一妻制为比较最合理的制度。美国法律上为澈底维护一夫一妻制起见,规定"多妻或拥护多妻主义者,禁止入境;但如信仰容许多妻之宗教,其本人如不崇信多妻主义,则为例外"。文明国家如美国,既已认为一夫多妻是不文明的婚姻制度,而拒绝一夫多妻者入境,我们又怎能开社会的倒车,恢复一夫多妻制呢?(三)此次抗战,我们前后方壮丁牺牲数量之巨,固为无容讳言的事实,但战后增加人口,应质量并重,不能单从量的方面着眼;而且其他国家,因此次战争而牺牲之壮丁,数量亦巨,未闻有以开放一夫一妻制为增加人口的对策者。(四)战时重婚纳妾事实之多,为社会病态现象之一,我们不妨针对此种事实,由法律予以救济,不能因为有此病态,就索性认病态为正常状态,而恢复一夫多妻制度。

作者对此先决问题,自始赞成维系一夫一妻制,因而关于战后婚姻问题所得的结论,自然与那些主张一定期间内开放一夫一妻制的人彼此互歧了。

三、两个基本原则

我们对于战后婚姻问题的解决,主张维系一夫一妻制度以外,还有两个基本原则,作为我们的中心观念:

其一是质量并重的人口政策。战后的人口政策,不能专着眼于人口的数量,我们应同时注意到人口的品质。如果我们只求人口数量的增大,不计较人口品质的提高,试问东亚邻邦印度拥有三万万以上的人口,其数量岂在英美之下？然而为什么迄未能跻于独立自主之林？从反方面说,与其有一百个老弱残兵,毋宁有十个精兵。人口品质的提高,至少应与人口数量的增大同等注意,此为海内人口问题专家所公认的一个人口政策。

其二是确立以爱情及伦理为基础的新道德。年来婚姻纠纷之多,婚姻问题之所以终于成为问题,论者或谓旧道德既已失去它的规范作用,而新道德又未能确立之故。就婚姻问题而论,似乎是旧道德专重伦理观念,忽略了爱情基础,而我们现社会的人们,多流于偏激,反其道以行,只在不可捉摸的爱情里兜圈子,根本不谈伦理观念。今后婚姻问题的解决,自应确立以爱情及伦理为基础的新道德,一方面以爱情为基础,一方面也要顾全到伦理道德,二者不偏不倚,才是较为合理的办法。

四、三个立法建议

基于作者对于先决问题所持的论点以及前面所述的两个基本原则,我们关于婚姻法的立法方面,提供三个建议：

（一）关于结婚规定的建议

关于结婚的规定,针对着现行《民法》,我们作下列的建议：
(A) 未达适龄结婚应采无效主义。 现行民法规定男未满十八岁,女未满十六岁者,不得结婚(第九八〇条),若男女未达适龄(即男未满十八岁,女未满十六岁)而结婚,则其男女当事人本人或其法定代理人得向法院请求撤销,但男女当事人其后已达适龄或虽于结婚后尚未达到适龄而已怀胎者,不得请求撤销(第九八九条)。此种对于未达适龄结婚所采的撤销主义,事实上往往等于具文,不足贯澈法律防止早婚的目的。因为男女早婚多由其父母或其他法定代理人作主,则法定代理人决不至出尔反尔,声请法院撤销其儿女或受监护人之婚姻;又男女早婚多系乡愚无知,岂能自动的撤销其婚姻?抗战以来,乡民多恐到达兵役年龄,即须应征入伍,为后代计,早婚之风,尤为盛行,早婚之害,岂可胜言?民法所定男女适婚年龄,原在挽救早婚之弊,得撤销主义既未能贯澈此旨,自应改采无效主义,凡未达适婚年龄而结婚者一律无效,不认其婚姻为合法的婚姻,则乡愚若知早婚不能得法律保障,自必相率力戒早婚,男女当事人自身的健康和下一代子女的体质,均可不致日趋衰颓,兴国强种,庶有豸乎?

(B) 近亲结婚应采绝对禁止主义。现行《民法》对于直系血亲及直系姻亲、八亲等以内的旁系血亲(表兄弟姊妹则为例外)和五亲等以内的旁系姻亲而辈分不相同者,虽然禁止结婚,但对于八亲等以外的旁系血亲,纵令辈分不相同,亦可任意结婚,既有背于我国固有的伦理观念,复因血统相近,难免影响生理繁殖。至于特许中表通婚,则系迁就社会习惯而设,但不知表兄弟姊妹之血统关系,原与堂兄弟姊妹无异,堂兄弟姊妹既不许为婚,基于同一理由,表兄弟姊妹似亦应在禁婚之列。因此,我们对于近亲结婚,主张绝对禁止,俾使向无血统关系的男女结婚,力争人口品质的上游。

(C) 劣种禁婚主义或绝育主义的实施。凡系白痴低能精神病及恶性传染病者,均为品资卑劣的人口分子,为禁绝其生育以免影响种族健康计,德、美两国,特别是美国的加利福尼亚州,施行劣种禁婚主义或绝育主义。但二者稍有不同,即二者虽均须施行外科手术(在男子行输精管割术,在女子行输卵管割术),但前者对于施行绝育手术的人口卑劣分子且禁止其结婚,后者则仍许其结婚,不过是不能生育罢了。为改善下一代的品种计,我们建议战后仿效实施。

(D) 事实婚主义与形式婚主义的同时采行。现行《民法》采形式婚主义,对于未履行公开仪式的婚姻,认为无效(第九八二条、第九八八条)。然事实上男女两相爱好实行同居者,固比比皆是,而"国难期间,一切从简",不举行仪式而实行同居者,尤为常见。此等同居之男女,社会上固无不目为正当之夫妇,而法律上犹视为陌路之他人(至多只是家属关系),法律与社会违离过远,实非妥善,应即兼采事实婚主义与形式婚主义,对于未履行公开仪式的婚姻,只要社会上有可认为婚姻事实关系的存在,法律上即应认为有效的婚姻。

(二) 关于重婚规定的建议

现行《民法》规定有配偶者不得重婚(第九八五条);凡重婚者,利害关系人(前配偶及后配偶)在前婚姻关系消灭前,得向法院请求撤销其重为之婚姻(第九九二条),前配偶并得以他方重婚为理由,向法院请求离婚(第一〇五二条第一款)。故重婚仅系前配偶离婚原因之一,前配偶如不请求离婚,只能请求撤销重为之婚姻;而后配偶则只有请求撤销其重婚之一途,而且在未撤销前,重婚亦系有效的婚姻。如此殊不足以贯澈一夫一妻制。应如德国及瑞士民法,采取无效主义,凡重婚者无效,较现行民法所采的得撤销主义,其为更有效的保障一夫一妻制,可不待言。

(三) 关于离婚规定的建议

现行《民法》关于裁判离婚的原因,采取列举主义,将得为诉请离婚的原因,明定十款(第一〇五二条),虽不若概括主义的失之广泛,但亦不免缺乏弹性,应如德国及瑞士民法,采取例示主义,或列举兼概括主义,除法律所列举的原因外,如有其他重大婚姻上之过误及不名誉不道德之行为,亦得请求离婚,才足以适合实际上的需要。

五、四个解决办法

乱世男女们的战后婚姻问题,不能依民法一般规定,以为处理,我们参照十年前军事委员会对于江西复兴区域所颁行的特别法令,提出四个解决办法:

(一) 男女订婚后,因一方流亡在外或沦陷在内,而他方另订婚约者,如已结婚,应准解除前约,如未结婚,应予维持前约。

以上是对于一方单独违反婚约义务的一个解决办法。因为婚约仅系婚姻的预约,于法本无请求强迫履行的拘束力,如因战事关系婚约当事人天各一方,无从结婚,因而其中一方与他人又另订婚约且已结婚者,自应准其解除前约,不能令其离婚后再履行前婚约义务。但如仅与他人另订婚约并未结婚者,自应维持前约,准予解除后约,较为公平合理。

(二) 男女订婚后,因战事关系,双方均已另订婚约或另行结婚,其前婚约视为解除。

以上是对于双方均违反婚约义务的一个解决办法。因为婚约订定后,男女当事人如因战事而均另与他人订婚或结婚,显系双方均无履行前婚约的诚意,各从其愿,其前婚约视为解除,既无背于双方当事人的本意,亦为顾全事实的妥善办法。

（三）男女结婚后,因一方流亡在外或沦陷在内,而他方另行结婚者,其婚姻关系应由双方协议定之,如协议不谐时,法院得依下列规定以为裁判:(1)前婚配偶同意复合时,应维持前婚姻,但须酌给后婚之夫或妻相当之生活费;(2)前婚配偶一方愿意复合而他方不同意时,应维持后婚姻,但须酌给前婚之夫或妻相当之生活费。

以上是对于一方单独违反婚姻义务的一个解决办法。因为夫妻关系比较复杂,夫妻之一方既因战事关系而另与他人结婚,战后"二者不可得而兼",究竟何所取舍,应由双方协议定之,如协议不成,那么,前婚配偶双方如果同意复合,自应维持前婚姻,对于因而离异之他方(后夫或后妻),酌给相当生活费,固有其宜,不必赘述。但如前婚配偶一方愿意复合而他方不同意,自应维持后婚姻,对于因而离异之他方(前夫或前妻),基于同一理由,亦应酌给相当生活费。

（四）男女结婚后,因战事关系,双方均已另行结婚,其前婚姻关系视为消灭。

以上又是对于双方均违反婚姻义务的一个解决办法。因为"世无不散的筵席""夫妻本是同林鸟,大难来时各自飞",男女结婚后,如因战事关系而双方均已另行结婚,则破镜不必重圆,其前婚姻关系视为消灭,既然各从其愿,也可减免不少纠纷呢!

六、三个题外问题

战后婚姻问题的解决,除前所述外,似乎还有三个题外的问题。

其一是与敌国人民的婚姻问题。法国沦陷区光复后,别开惩奸方法的生面,对于法国女郎在沦陷区与德人结婚者,一律将其美丽的金丝发,付诸并州一剪中,凡法国男子在沦陷区与德人结婚者,一律拘捕审办。此种方法,谓为惩奸则可,谓为解决与敌国人民的婚姻问题则犹未也。我们的意见,凡在沦陷区与敌国人民结婚者,多非善类,甚且利用此种关系,以敌寇的爪牙自任,鱼肉良民,则此种婚姻问题,自非单纯的婚姻问题。因此我们拟议:凡本国男子与日本女子在沦陷区订婚或结婚者,不认有婚约与婚姻之存在;凡本国女子与日本男子在沦陷区订婚或结婚者,开除其本人国籍,其父兄参与或知情者亦同,但因秘密工作而有此情形,则为例外。

其二是不婚的取缔问题。我国人口,向无精确统计,目前为社会一般所感觉到的,就是智识分子中产家庭不乐其生殖之繁,受过高等教育的男女,不愿为了儿女的繁衍而减低其生活标准。抗战以来,物价高涨,公教人员待遇菲薄,一般青年有感于生活的高压,甚且相率迟婚或不谈婚姻问题,甚非"保持广大人口、繁衍优秀子孙"所应有的现象。因此,我们拟议:战后凡年满二十五岁不结婚者,除因体质关系被禁止结婚者外,应课以累进税率的不婚或迟婚税。配偶死亡的寡妇或鳏夫,年在四十五岁以内,除其配偶因抗战殉难,不愿再婚者外,亦同。至于僧道尼姑,真正的皈依佛法,或信奉教义者,自可另作别论。

其三是婚姻的奖励问题。优秀流品或人口中上分子婚姻与生育的奖励,为人口政策所应该括的一端。关于生育的奖励,溢出本题范围姑勿具论,其关于结婚的奖励,自亦应被列为广义的战后婚姻问题之一。因为我们对于应结婚而不结婚或迟结婚者,固已拟议以课累进税为制裁之法,则对于欲结婚而不能或无力结婚者,就不可不有奖励之法。尤其是抗战有功的那些军人军属,频年出征在外,罔计家室问题,到了战后复员时,似更应由国库予以补助,既可酬有功,亦为奖励结婚所应有之举。至于这笔庞大的奖励结婚费用,不妨就取自不婚的取缔税,但兹事体大,如何实施,当然值得我们深长计议。

原载于《东方杂志》第40卷第24期(1944年)

战后关于亲子的法律问题

《易经》上说："有夫妇然后有父子。"父母子女间亲子的关系,就其为家庭构成的始基言,仅次于夫妻关系。因此,我们于战后婚姻问题以次,就得研究战后的亲子问题。

法律进化的观点言,法律上的亲子关系,由"家族本位"而"父母本位",由"父母本位"而"子女本位"。古代家族法时代,亲子关系纯受家族法的支配,对于子女的教养权,操之于家长而不属于父母,因而所谓亲子关系,只有家长家族关系,而无父母子女关系;其后亲权解放,父母虽非家长,对于子女之教养权,亦凌驾家长而上之,因而所谓亲子关系,才名副其实的被认为是父母子女间的关系;降至现代,亲子关系的重点,又由父母而趋于子女,父母对于子女的教养,一方面固是权利,一方面也就是义务。"父欲子死,不得不死"的伦理观念,跟"君欲臣死,不得不死"一样,早已随专制政体而变做反时代的思想了。

唯其我们要站在"子女本位"的立场,来解决战后的亲子关系,因而战后的亲子问题,就不能等闲视之,应该早作未雨绸缪之计。战后的婚姻问题,急需作解决的准备,大家都有相当认识,战后的亲子问题,为什么也需要作解决的准备呢?我们先得稍加说明。原来随着乱世男女的婚姻问题之发生,就自然而然的会发生亲子问题。"伪组织"的问题既须解决,"伪组织"所产生的子女又怎么办?照现行《民法》固不无解决办法，然而依那个解决办法以为解决，又是否公平合理呢？战事逾七年而不结束，夫妻分离，纵或双方未必皆有"伪组织"，亦恐难免不因奸淫而有"私生子女"即所谓"非婚生子女"，将来这些非婚生子女的出路问题，又怎样解决？战事所牵延的时间那么长，战事所牵连的地区又那么广，"有弟皆离散，无家问死生"，逃难后父子夫妻失散是常事，失散了的子女，经人收养长大，战后如许生父能领归宗，将置养父母教养之恩于何地？岂非又是一个需待解决的亲子问题？举如此类问题，我们参酌各方意见，本于自己的研究，分做婚生子女、非婚生子女及养子女三个问题来说。

一、关于婚生子女问题

婚生子女是基于婚姻关系受胎而生的子女。战后关于婚生子女的法律问题，我们提举下列二则：

（一）男女结婚后，因战事关系一方或双方另与他人结婚者，所生子女，如何定其监护扶养之人？

可分三种情形以论之：

（甲）男女结婚后，因战事关系双方均另行结婚者，前婚所生子女应归前夫监护扶养，后婚所生子女应归后夫监护扶养，但得另有特约。

（乙）男女结婚后，因战事关系男方另行结婚者，前后婚所生子女，均归夫监护抚养。

（丙）男女结婚后，因战事关系女方另行结婚者，前婚所生子女应归前夫监护扶养，后婚所生子女应归后夫监护扶养。

（二）子女因战事关系经人收养者，在未终止收养关系前，其父母不得认领归宗

父母对于子女，有生之、养之、教之三项任务，就此三项任务而言，其重要性至少应相等，若徒生之而不能养之教之，只能说尽了做父母者三分之一的责任，若或生之养之而不能教之，则"养不教，父之过"，已或为我国社会家喻户晓的教律，也只能说是尽了做父母者三分之二的责任。因此，父母对于子女，决不能以有生身之恩即为昊天罔及，应更使之发育健全（生之而能长之）、智识充足（长之而能教之）。如果因战事关系父子失散，或父母无力抚育教养（例如难童），经他人收养为养子女，教养长大，一旦战事终止，若是其子女并未与养父母终止收养关系，决不能认许其生身父母认领归宗。教养之恩，大于生身之恩，应从此为天下父母鉴戒！否则，若许生身父母无条件认领归宗，养生父母人财两空，岂不令那些为他人子女负教养责任者灰心？所以我们拟议：子女经人收养者，在未终止收养关系以前，生身父母不得认领归宗。

此外，我们着眼于此次抗战人民生命的牺牲，数量之巨，空前未有，为保持我们的广大人口，繁衍我们的优秀子孙计，战后自然需要一个品质与数量并重的人口政策，对于那些中上流品质的人口即所谓优秀分子，应该奖励其生育，九中全会于此早经决议有案：婚生子女在三人以上者，由国库补助赡养费。我们希望早日法律化，并于战后立即实施！这

似乎也是属于广义的亲子关系之一个问题吧？

二、关于非婚生子女问题

非婚生子女是由未为合法婚姻之男女间所生的子女，俗称私生子。私生子的法律地位，在上一次世界大战之后才成为各国立法政策上的重大问题，而力谋改善。因为私生子的出生，其自身实不应负任何责任，对于私生子加以歧视，显然是将其生身父母应负的责任转嫁于无辜的子女，而且歧视私生子，既不能防止私生子的产生，就因社会法制的歧视，私生子的死亡率高出于婚生子女的若干倍，私生子的犯罪案件因之亦反形增加，无论自人道及社会政策刑事政策人口政策言，均属不当。所以《德国魏玛宪法》第一二一条规定："对于非婚生子应依据法律使其身心之发育，有与婚生子女同一之条件。"英国为了救济私生子，曾陆续颁行《准正法》（一九二六年）、《养子法》（一九二七年）、《救贫法》（一九三〇年）等法规。而苏俄一九一八年九月十六日《亲属法》第一三三条，规定："亲子关系的基础，应为真实的血统，私生子血统与嫡生血统间不应有何等之区别。"（一九二六年十一月十九日《亲属法》第二五条亦同）

我们有鉴于此，既然主张战后婚姻问题的解决，应放宽"合法婚姻"的尺度，尽量减少非婚生子女的数量，同时对于《民法》第一〇六三条第二项，尤不无补充的意见。依《民法》规定："夫能证明于子女受胎期间内（即从子女出生日回溯第一百八十一日起至第三百零二日止），未与妻同居者，得于知悉子女出生之日起一年内，提起否认之诉。"如照此条规定,凡因战事关系,夫妻离散,妻于这漫长的抗战期内,如因与人奸通而生的子女(当然是非婚生子女),将来于战后为夫所知,提起否认之诉,经判决予以确认后,这些无辜的非婚生子女,岂非永久沦落在社会的底层? 或促使其死亡,或逼上犯罪之路! 因此,我们拟议,婚姻关系存续中所生之非婚生子女,仍视为婚生子女。以适应战后的人口政策而为《民法》第一〇六三条第二项规定之补充与救济。

三、关于养子女问题

养子女是被养父母收养的子女。养子制度存在的理由,不外救济贫苦孤儿,满足养父母情爱的企求,以及由于养父母获得继嗣的希望,达到"养儿防老"的目的。我国养子之风,盛于五代,李克用王建辈皆喜收养异姓,养为养子,历代因之,社会上普遍的有此习惯。我们对于战后养子女问题,其意见有二:

(一) 关于收养子女须与配偶共同为之问题

《民法》规定:"有配偶者收养子女时,应与其配偶共同为之。"(第一〇七四条)因为养子女既因收养而至养父母家,度着共同生活,如果许可夫妻各别收养子女,则家庭和平秩序,不易保持,且因收养而发生养亲子关系,如许夫妻分别收养子女,亦与收养制度的本旨未合,故《民法》规定收养子女须与配偶共同为之,他方如不同意,一方不能强行收养。但是此种规定,于战时收养子女者,适用上不无困难,战时夫妻离散,一方如欲收养子女,不能履行与配偶共同为之的手续,若竟否认有养亲子关系之存在,既与奖励一般人救济难童之旨未合,又易启战后收养关系的讼争。因此,我们拟议:有配偶者收养子女,因受战事影响,未能与其配偶共同为之者,除其配偶于知悉后相当期间内有明白之反对意思表示外,应视与自始与其配偶共同为之者同。如其配偶于知悉后相当期间内为明白之反对意思表示时,其收养仅对为收养者发生效力,但被收养者当然为其家属之一员。

(二) 关于社会习惯上嗣子的地位问题

我国养子制度,向有立嗣与乞养之分。立嗣之目的,系为继承宗祧,故非同宗之尊卑相当者不可,且非无子不得立嗣;而乞养则或出于情爱,或为怜恤孤苦,初无若何限制。现行《民法》虽已废止宗祧继承,而嗣子实仍可变相的有其存在。假如嗣子(同宗尊卑相当)以养子的等分而无直系血亲卑亲属者履行收养手续,那么养子的继承权实身于婚生子女(《民法》第一一四二条参照),则养子与嗣子,岂非二而一,一而二?假如嗣子以指定继承人的身份而经其无直系血亲卑亲属之嗣父母以遗嘱指定继承,则嗣子又与指定继承人,岂非二而一,一而二?无如法律智识,未能普及于民间,嗣子制度,既为社会上牢不可破的固有习惯,而一般无知愚民,狃于宗祧继承的积习,凡无直系血亲卑亲属者,既未必能知养子的收养手续与指定继承人的遗嘱办法,往往留待死后由其亲属为之议立嗣子,此种嗣子,于法律上实毫无地位,苟非启宵小知法弄法者觊觎遗产之渐,就是让事实与法律违离过远!尤其是抗战以来,壮丁死伤至多,出征之际,或其妻尚未受胎生育,或则尚未结婚,死难以后,民间既有议立嗣子以继宗祧香火之习惯,政府为追念忠烈,如竟不于法律上予以救济,实有未宜。因此,我们拟议,于收养子女,放宽其应具备的收养要件,凡收养者死亡后,得由其亲属议立养子,但其收养行为与收养者生前明示或可得推知之意思相反者无效。如此则与家族中于其人死亡后议立嗣子以资继承之习惯相符,同时也不失为战后解决亲子问题的法律纠纷之一策吧?

原载于《文化先锋》第 4 卷第 13 期(1944 年)

战后继承问题

　　私有财产制度如未消失于我们人类社会,"各尽所能,各取所需"的大同世界如果依然尚未到来,继承问题将必始终是一个法律问题。现行《民法》继承篇施行以来,十三年于兹,其间恰恰又遇着这一次空前的对外战争,利弊得失,彰彰在人耳目。现在胜利在望,战事即将结束,然则如何使继承制度适应于战后的社会呢?又如何使继承制度适应于特殊的国情与固有的习惯呢?作者提出六个问题,略抒一得之见,就正国人。

一、宗祧继承应否恢复

　　宗祧继承是我国古代封建社会的特殊产物,自从封建废而宗法亡,宗祧继承早已变了质,变作了立嗣制度,无论何人,除寻常夭亡未婚者外,凡无子者皆须立后,以继其祖宗嗣续。此种制度,既有背于男女平等原则,又且流弊甚多,立法者本革命精神,于现行民法毅然予以废除,财产继承不以宗祧继承为前提,认为"选立嗣子,原属当事人之自由,亦无庸加以禁止"[①]。

---

① 《中央政治会议继承法先决各点审查意见书》第一点。

但为顾全民间立嗣习惯,一方面扩充养子制度,一方面复设指定继承办法。凡立嗣而具有养子收养要件者(即以昭穆相当之同宗或同姓侄为嗣子时,曾书立收养字据或自幼抚养者),法律上虽于财产继承认为养子,习惯上于宗祧继承则又无妨认为嗣子,其结果则一。因为养子之应继分于养父母无直系血亲卑亲属为其承继人时,其应继分与婚生子女同;① 无后者才立嗣,则就此例论,嗣子与养子岂非二而一,一而二? 凡立嗣而具有指定继承人之要件者(即以昭穆相当之同宗或同姓侄为嗣子时,曾书立遗嘱,指定为其继承人),法律上虽于财产继承认为指定继承人,习惯上于宗祧继承则又无妨认为嗣子,其结果则一。因为无直系血亲卑亲属者,得以遗嘱就其财产之全部或一部指定继承人,② 无后者才立嗣,则就此例论,嗣子与指定继承人岂非二而一,一而二? 无如法律智识尚未普及于民间,国人懂得以收养养子或指定继承办法作为立嗣的"掩护"者,毕竟不多,而我国传统的观念,认为不孝有三,无后为大,此种思想既属牢不可破,抑且孝称百行之先,旧有的伦理观念几完全以孝为其本源,职是之故,于死后由其妻或族人为之立嗣者,亦所在多有。然依《民法》规定,民间立嗣子者,若未具备养子或指定继承人之要件,仍无财产继承权可言,流弊所至,往往易启知法弄法者觊觎遗产之渐,缠讼不已,司法机关依法裁判,既认民间依习惯立嗣而未具备养子或指定继承人要件者无遗产继承权,显与一般民众心理不合。因此,若干司法工作者异口同声,希望恢复数千年来变了质的宗祧继承即所谓立嗣制度。不特此也,旧律(现在也可以说已成民间习惯)规定虽须具备成年及已婚两种要件

---

① 《民法》第一一四二条。
② 《民法》第一一四三条。

才能立嗣,但有若干例外,①其中尤以"出兵阵亡者",功在国家,虽未婚夭亡,亦应立后,借以奖励一般出征壮丁效死沙场,为国家尽忠,为民族尽孝。我国此次抗战,官兵牺牲众多,民间多依旧有习惯,于无子嗣的官兵阵亡后,由其族人或亲属团体(未必是亲属会议)为之立嗣,此种不具备养子与指定继承人资格的嗣子,当然无遗产继承权,对于阵亡官兵的恤金,更无受领之权利。如果涉讼而被法庭依法判决,岂不将使一般无知民众怀疑到国家法律薄待阵亡官兵呢?很多人基于此一理由,更有主张恢复宗祧继承(立嗣制度),俾使阵亡官兵之无后者,得享"香火祭祀"之议。我们为破除迷信,固不必以"香火祭祀"或祖宗嗣续为理由,主张恢复宗祧继承(立嗣制度);但社会上立嗣习惯既已深入民心,尤其当抗战结束以后援出兵阵亡应为立后之旧例,由其族人或亲属团体为之立后,并即以之为阵亡官兵的遗产继承人者,其例必不鲜,为顾全此种事实计,似应于战后解决民事问题的特别法上,规定嗣子若未具备养子或指定继承人之要件者,亦视与养子有相同之继承权。庶几于战后关于此种民事案件,能得一较为合理的解决,且免法律与事实违离过远,同时又于扩大承认立嗣习惯的原则下,不兴废除宗祧继承的立法精神相违背。

---

① 《清现行律》户役门立嫡子违法律之条例:"无子立嗣……其有子婿而故,妇能孀守,已聘未娶,媳能以女身守志,及已婚而故,妇虽未能孀守,但所故之人业已成立或子虽未娶而因出兵阵亡者,俱应为之立后。……"

二、均分制度如何补救

现行《民法》依我国均分继承的固有习惯,①从各国多数立法例,于第一一四一条采取均分继承制度,规定:"同一顺序之继承人有数人时,按人数平均继承。"就优点言,"不患寡而患不均",均分继承本是最公平的办法;不过,我国古来以农立国,土地向为人民的主要财产,也是人民最主要的生活本据,历史上有所谓井田之制、均田之法,旧律又有男子不分嫡庶均分继承的规定,岁淹月久,人口愈繁,田产分析得愈益微小,流弊所至,最著者有二:其一是因为有限的田土面积,被分析做"豆腐干"般一块一块,小的不成样子,许多农民无法维持生活,自然而然演成所谓"合久必分,分久必合,一治一乱"的局面。临到农地的分配不敷维持多数农民生活的时候,社会上就发生动乱,战争杀戮,人口数量锐减,渐至土地面积已敷分配的时候,人心厌乱,又是一个太平的时期。这样循环式的治乱分合,还不是起因于土地问题的不得妥善解决?其二是因为农田分得愈细密,则农业生产只有走向小规模精致的集约农场的歧途!唯其如此,这才对于农业生产工具和生产方法老是那么一套,父传子,子传孙,历数千年而锢守不变,由于生产工具和生产方法的不知改良,农业生产听凭自然力去支配,一旦灾荒洊没,民食即生问题;而且小规模利用人力兽力的农业生产,无法增进农产,影响到整个的农村经济,乃至国家社会。以上所说,系指从前男子均分

---

① 《清现行律》户役门卑幼私擅用财之条例第一:"分析家财田产,不问妻妾所生,只以子数均分。"

继承的流弊而言；依现行《民法》采取男女均分继承的结果，除男子外连已未出嫁之女子而亦参预遗产的平均分配，田产愈析而愈微，其分割之程度，较从前仅限于男子均分继承者尤且过之！土地利用上的效能，将必随之而愈减，可为断言。何况我们展望战后的中国，是一个迎头赶上的工业化国家，像现在全中国的集约农场制，决不能供应工业化以后对于原料方面的需要。因此之故，为了配合工业化，我们应采行集体农场制，从事大规模的农业生产，达到地尽其利的目的，①那么遗产绝对均分制，是否需要加以修正，确是值得注意的一个问题。

基上理由，均分继承制度纵不必绝对废止，亦应参照《土地法》第一篇第三章土地重划之立法意旨，及《瑞士民法》第六一二条、第六一六条之规定，②凡土地面积在若干亩以下，因分割不合经济使用者，应明示禁止其分割，由承受之继承人对其他继承人照价补偿。

三、女子继承权应否保留

现行《民法》基于男女平等之旨，遵照第二次全国代表大会决议案，规定女子与男子有同等之继承权：女子以配偶的身份与其夫有相互继承

---

① 中华农学会所拟《中国农业政策之主要原则草案》第一条：中国农业建设，应以充实国防，丰裕民生，增进工业原料，发展国际贸易为目的。
② 《瑞士民法》第六一二条："凡遗产因分割其价值受有重大损失者，由继承人中之一人承受之。"
《瑞士民法》第六一六条："凡土地面积在若干公亩以下因分割不合经济使用者，禁止分割，由承受之继承人对其他继承人照价补偿。"

权,女子以直系血亲卑亲属的身份对其直系血亲尊亲属有继承权,女子以母亲的身份对其子女的遗产与其夫有同等继承权,女子以姊妹的身份对其兄弟姊妹之遗产有相互继承权,女子以祖母的身份对其孙子女及外孙子女的遗产有继承权,女子以养女的身份对其养父母之遗产有继承权,女子以指定继承人的身份对其被继承人(即以遗嘱指定继承之遗嘱人)之遗产有继承权。可是施行以来,各方面不无异议,其主张取销女子继承权者,理由有四:(一)就习惯言,女子继承财产与我国固有习惯不合。我国旧律关于财产继承以宗祧继承为前提,女子无继承宗祧资格,因而也就不能继承遗产,历代相因,已成民间固有习惯,现行《民法》予女子以继承权,显与民间故有习惯不合,不待多言。(二)就事实言,民间狃于积习,穷乡僻壤那些农村社会,固不问法律如何规定,仍照习惯办理,而城市人民,虽知法律如此规定,女子亦多抛弃其应享有之继承权,其结果则女子依法律规定实际上继承财产者,恐不过百之一二!哲学家冯友兰先生慨乎言之道:"近数年来,政府制定了许多新法律,专就这些法律的条文看,男女是真正底平等了。女人有参政权、有继承权、有独立财产权等等,凡男人所有底权,女人都有。专就法律条文上看,我们可以说,除苏联外,中国在世界上是最尊重女权底了。但是事实上,女人在法律上虽有这些权,但全国之内有几个女人能行使敢行使这些权?这些法律上底条文只是条文。立法院的人想以法律改革社会制度,但社会制度并不是法律可以改革底。"[①]这些话足以发人深省!(三)就伦理言,古来习惯,所以唯有男子才能享有财产继承权者,亦因妇子及笄而嫁,不能与父母共同生活,扶养父母之责,独赖儿子承担,而且送死祭扫,向例亦只有儿子任之,女子出嫁后便成外姓之人,纵能送丧,亦未必尽能春秋祭

---

① 冯友兰著《新事论》第一〇九页。

扫,何况出嫁女子于出嫁之际,父母多为之厚备妆奁,较儿子结婚时所费为多。出嫁女子既受妆奁,又不能负扶养父母及送死祭扫义务,却反令与独任扶养义务及送死祭扫义务之儿子,均分继承父母之遗产,揆诸情理,岂得谓乎?又岂为为父母者之所甘愿?(四)就经济言,我国农民占绝大多数,平时由父子兄弟通力合作,以维持其仅有之薄产,我民法既为杜绝纠纷起见,不认对于遗产有特别贡献之人有要求报偿之权,则在被继承人关于遗产处分别无遗嘱之时,其子女不问对于遗产曾否有所贡献,不问在室与否,其所得之数额完全均等。不忍远离父母,自愿招赘夫婿以便晨昏侍养者,与离家违适累岁不一归宁之若姊或妹,对于遗产所得主张之权利,无所轩轾。凡此均已有欠公平,而此项遗产概以不动产如田土房屋等为主,分割过微,大足减损其利用上之效能,在诸子间采绝对均分主义,从国民经济的见地言之,是否得策,已属疑问。今更增进其分割之程度,并已未出嫁之女子亦参预于遗产之平均分配,产愈析而愈微,利用上之效能,岂不随之而愈减?况彼既以出嫁之女子,能否因在母家分得薄田数亩茅屋数椽,遽舍其夫君与子女而归耕故里,以充分利用其所分得之财产?岂不更是问题?因此,我们也赞同有些人的建议:女子继承权虽不能遽行取销,但是出嫁之女,出赘之子,或为他人收养之子,其应继分均无妨规定少于其他子女。

四、无子孀媳应否有代位继承权

现行《民法》第一一四〇条规定:被继承人之直系血亲卑亲属有于

继承开始前死亡或丧失继承权时,由其直系血亲卑亲属与之同一顺序代位继承其应继分。此种代位继承之性质,依我国多数学者解释,系代位继承人本于其自己固有之地位而为继承,岂非代位继承人代被代位继承人之地位而为继承。准此以解,无子孀媳对翁姑遗产,自无代位继承权可言,只能作为被继承人生前继续扶养之人,依《民法》第一一四九条由亲属会议酌给遗产。① 易言之,夫死后夫对其父母之继承权仅能由子女代位继承,如夫死无子孀媳寡守者,不能代位继承,只能享受酌给遗产之权。假定翁姑先死,夫不久亦死,则夫既已继承翁姑之遗产,无子孀媳以其配偶之身份,依法继承夫之遗产,实际上也就不啻代位继承其翁姑之遗产。同系无子孀媳,竟因夫较翁姑先死或后死而法律上之结果,如此悬殊!论者对此,认为可以指责者二端:其一,无子孀媳不能代位继承翁姑之遗产,与我国固有习惯未合。因为旧律②有"妇人夫亡无子守志者,合承夫分,须凭族长择昭穆相当之人继承"之规定,所谓无子守志得承夫分,虽不过暂行管理,到头来终于要交给嗣子,但既然得承夫分,则就法理上言,无子孀媳凭其自己固有之地位就有代位继承之权,决非无子孀媳先行代理其不可知而必须立之嗣子行使其代位继承权。现行《民法》反乎此种习惯,不认无子孀媳代位继承权,所谓酌给遗产,毕竟与继承遗产不可相提并论,其结果岂非只有逼令无子孀媳走向再婚之一途?此与保存旧道德观念之农村社会,固有未合;假令抗战殉难将士,其寡妻无子,若无代位继承翁姑遗产之权,岂非法律不能容许一忠贞女子为其效忠国家之夫而守节吗?其次,无子孀媳不能代位继承,亦与男女平等原则有背。因为在我国农村社会,媳妇在夫家,无不为一家衣食通力合作,

---

① 《民法》一一四九条:"被继承人生前继续扶养之人,应由亲属会议依其所受扶养之程度及其他关系酌给遗产。"
② 《清现行律》户役门立嫡子违法律之条例。

其对翁姑遗产之贡献，既非其夫已嫁之姊妹所可比，平时克尽妇道孝养翁姑，夫死后承夫之志扶养翁姑者，尤所在多有，乃不能于翁姑之遗产与其夫已嫁之姊妹同享有继承权，情理已欠公平，何况夫较翁姑后死，则无子孀媳便可间接的继承翁姑遗产，夫较翁姑先死，则同系无子孀媳，即不能代位继承翁姑遗产，岂非依然不脱"重儿不重媳"之窠臼？岂非与男女平等之旨有背？或者说：无子孀媳所以不能代位继承其翁姑之遗产，无非以其自己对于本身之父母既已享有继承权，生活可无问题，纵有不足，亦可酌给翁姑之遗产，似无予以代位继承其翁姑遗产之必要；殊不知我国社会，向来轻视依赖母家之女子，更遑论继承其母家之遗产？纵使出嫁女子对于本身父母享有继承权，事实上亦多予以抛弃。则其结果无子孀媳往往既不愿分析其父母之遗产，又不能代位继承其翁姑之遗产，丧夫而又无子，法律上复不予以生活之资，诚不知将置弱女子于何地？！因此，我们要特别为此次抗战殉难将士的无子寡妻而又为其夫守志者呼吁，关于代位继承权，应为无子孀媳为夫守志者开一个方便之门！

五、带产再婚如何防免

现行《民法》第一一四四条规定：配偶有相互继承遗产之权。夫死而有子女，则其寡妻对于夫之遗产与子女平均继承；夫死而无子女，但有父母或兄弟姊妹者，则其寡妻之应继分为夫之遗产之二分之一；夫死而无子女，且又无父母与兄弟姊妹，但有祖父母或外祖父母者，则寡妻之应继分为夫之遗产之三分之二；夫死而无子女，且无父母兄弟姊妹祖父母及外祖父母者,则寡妻对于夫之遗产全部有继承权。准此以解,夫死无子寡妻对其遗产继承之应继分,凡占夫之遗产之二分之一、三分之二或全部遗产。

假使孀妇带产出嫁,则依司法院院字第八五一号解释,法律上固属无可訾议,认为当然可行,唯按诸一般社会,创业维艰,自古已然,亲子娶妇而死,已多伯人之感,兹又带产出嫁,尤为人情所痛!法院依法判决,当事人恒于上诉状攻击法院,不遗余力,实则所陈理由,皆属立法问题,似应另谋救济,以洽舆情。①

不宁唯是,抗战以来,出征壮丁死伤何可胜计?假如无子之妇,夫死沙场,带产再婚,死亡时以无子,后夫承其产,结果被后夫之子继承。置产之夫,纵系为国捐躯,纵有亲侄及叔伯,亦不能主张留产立嗣,与民情习惯大相刺谬,揆诸情理,又岂足谓乎?

查旧律规定:"妇人夫亡无子守志者,合承夫分,须凭族长择昭穆相当之人继嗣。其改嫁者,夫家财产及原有妆奁,并听前夫之家为主。"②足证我国历来习惯,向系不准无子孀妇带产出嫁。况现行《陆军抚恤条例》③、《海军抚恤条例》④、《空军抚恤条例》⑤及《公务员抚恤法》⑥均有如此规定:"妻再醮者不得受领恤金。"寡妻出嫁者,有限数额的抚恤金,尚且不许受领,那么大宗的遗产,为什么法律却许其携之以去呢?

我们于此,建议两点:(一)夫死赘夫入室者,以赘夫本姓冠以前夫之姓。(二)寡妻带产再嫁者,准用《民法》第一七九条之规定,夫之其他

---

① 立法院考察团第一团考察报告书第二六二页四川乐山高等法院分院书面谈话。
② 《清现行律》户役门立嫡子违法律之条例。
③ 《陆军抚恤条例》第十九条第一项第二款。
④ 《海军抚恤条例》第十九条第一项第二款。
⑤ 《空军抚恤条例》第十九条第一项第二款。
⑥ 《公务员抚恤法》第九条第一项第一款。

继承人（如无其他继承人时则当地自治机关）得请求返还之（如由自治机关请求返还者，被继承人若又不能立继，其遗产不妨以无人承认继承论）。赘夫带产归宗再婚者，亦同。

六、无人继承之遗产如何处置

无人承认继承之遗产，于清偿债务并交付遗赠物后，如有剩余，归属于国库，此为现行《民法》第一一八五条所明定。我们对此规定，尤其是展望战后实施民主宪政，全中国普遍实行地方自治之际，殊不能无异议。

本来无人继承之遗产，究应如何归属？各国立法例不一，除英国以之归属于王室外，德、法等国以之归属于国库，瑞士则以之归属于地方团体，其以之归属于国库各国，例如《西班牙民法》即限制其使用于死者住所地居所地或以公益为目的之慈善公共组合及慈善学校。至我国旧律，系听地方官详明上司，酌拨充公，称此无人承认继承之遗产为户绝财产。[①] 现行《民法》既以之归属国库，司法院院字第八二五号解释，如第三人径行请求提充地方公益用途，或误由行官署处理者，均难认为合法，自属当然。不过我国财政系统，现分中央财政与地方财政两大系统，而所谓地方财政，又系指自治财政而言。将来抗战结束，实施宪政，全中国均将普遍实施地方自治，自治经费将何所出？《建国大纲》虽有明定，但恐仍非多方面开源不可。那么，此种无人承认继承之自产，我们为什么

[①] 《清现行律》卑幼私擅用财律之条例："户绝财产，果无同宗应继之人，所有亲女承受，无女者听地方官详明上司，酌拨充公。"

不以之拨交地方自治团体,却反要归属中央国库呢?况且法人解散后之剩余财产,如无章程明定或总会决议定其归属者,属于法人住所所在地之地方自治团体,此为《民法》第四十四条所明定。为什么法人之剩余财产以之归属于地方自治团体,而无人继承之剩余遗产,却又以之归属于国库呢?

抗战结束后,无人承认之继承,其例必不鲜,为充裕自治财政计,我们建议:无人承认继承之遗产,于清偿债务并交付遗赠物后,如有剩余,应拨归地方自治团体。

原载于《中华法学杂志》第 3 卷第 10 期(1944 年)

抗战七年来之法律学

一

抗战七年了。这七年以来,我们的学术水准,纵令不降低到一个怎样可怕的程度,然而我们起码可以不客气地说:我们的学术水准,并未能随着时间的演进,达到理想中应有的进境。抗战七年来的法律学,自然也并无例外。

如果让我们爬梳一下抗战七年来的法律学园地,为便于说明计,简直可以自抗战第六年初即三十二年一月中美、中英新约订立时,划分一个界限,这时期以前溯及抗战初起是一个时期,这时期以后以迄现在又是一个时期。我们且先检讨抗战初起至三十一年底即第一个时期法律学方面的情形,次述三十二年以迄现在即第二个时期法律学方面的情形,再次展望将来,提出几点对于今后法律学方面的小小愿望,然后再下一个简短的结语。

二

自从抗战初起迄中美、中英新约的签订,这五年多的时间里,法律学方面的现象,看如次述:

(一)法律学之冷落

如果我们不健忘的话,我们准会记得,抗战初期的立法院和司法院,曾被称做冷衙闲署,落寞不堪!法律的制造所和执掌司法权的最高机关如此冷落,法律学界的冷落情形,也就不言可知。一般浅见者流,认为"军事第一""胜利第一"的大纛下面,法律学无补抗战于毫末,直把法律学当作承平时的点缀品,"治乱世用重典",那是法律的应用问题,于法律学并非同一事。因此各大学的法律学系,其投考学生之稀少,为其他各系所仅见,即此一例,可概其余。

(二)法学界之饥荒

战争足以致斯文浩劫,阻塞文化的进步,几为任何史学家所不否认。特别因为我们开遍了灿烂之花的学术园地,满布在沿海一带,首先遭受战争的摧残,许多园丁们忍痛抛弃了辛勤耕作的工具和种籽,狼狈撤退,赤手空拳,回到西南大后方这贫瘠的学术园地,但凭他们这一点可怜的经验,从事耕作,其收获也就不难想象;法学界的饥荒情形,说来尤为惨痛。一部齐全的《立法专刊》,在立法院里尚且要七凑八拼,居然只是仅有的海内孤本,立法院成立后所议订各重大法律案的全部关系文书,踏破铁鞋无觅处!各大学法律系,学生们多凭课室内口授笔记,作为其所研习的学问,参考书之供不应求、参考书内容之贫乏,更属见惯不怪。某大学学生在数年前曾愿出三千元之代价,征购某刑法教授战前在上海出版的一部《刑法概论》,要是在战前,岂不令人托为奇谈?抑尤有言者,我们无法呼吸着海外法学界的新鲜空气,更足以加重我们法学界的饥荒,这也是无可否认的事实。

(三)法律著作之无出路

足足有五个年头,抗战后的出版界,我们要找一本法律新著作,几如大海捞针一般困难,关键所在,倒不是法律学者停止著作生活,乃是法律著作的毫无出路。抗战初期,小册子占领了我们的出版界,法律学方面的小册子似乎就未能引起出版界的兴趣;迨至小册子的出版不能满足一般人的求知欲望时,学术性的具有相当分量的著作,虽然吸收了出版界的注意,然在出版界的风气这样转变以后,法律著作,依然有不胜落寞之感!法律著作无出路,法律著作没有适当的市场,只好藏之名山,传之后人,法律学之无进步,岂无故哉?

(四)法学期刊之停刊

抗战以前,我们法律学的期刊,本来就如凤毛麟角,不可多见,抗战既起,连这稀珍的法学杂志,也停止刊行。虽如《中华法学》杂志在抗战初期四五年间,也曾若断若续地出了几期,毕竟未能过去四五年间,定期刊行,担当起法学期刊的使命。法学论著,专门性的成分大,未必适合一般读者的胃口,一般的或综合性的期刊,因此也就不甚踊跃登载法学论著,欲期一般的或综合性的期刊刊出法律学论著专号,其可能性更小。这才使我们一般读者,几乎怀疑到这些年法律学者到底在做些甚么,为什么看不到他们法学论著的文章?

(五)法学者之旁鹜

抗战以后,也许因为法律学者无力解决现实的中国问题吧?在大时代中,无声无臭,竟被挤到学术园地的冷僻角落里,自叹自乐。为了物价的继涨增高,为了收入的微薄,为了生计的艰难,迫于生活,不能不旁骛兼营。作为法律学者代表的各大学法学院教授们,大多不能专心致志治学的研究,若非混身金融机关的大门,也必挂起律师牌从事律师业务,以裕收入。在重庆、在成都、在乐山、在昆明、在贵阳、在桂林……我们随时见到大学教授们为了代理当事人出庭或担任辩护,不能不分割了他们治学的时间,出入公庭。其因生活困难而离开自己的岗位改行者,更且大有人在呢!

(六) **法学研究所之空虚**

我们很感激教育当局的盛意,抗战以后,居然于国内各有名大学设置法科研究所五所,使一般大学法律学系毕业生,能有研究高深法学的机会。虽然法学研究生之人数,有如寥落的晨星,然可借此奖进法学界的新细胞,提高法学的研究,其意实至善。不过我们于美中不足之处,对于这些法科研究所内容之空虚,却不能不认为未尚尽合我们的理想,例如参考图书的贫乏,研究生法学根据的平凡才够得上做指导研究教授者的星散各地,在在有待于改善,这是毋庸讳言的事实。

(七) **法律教育之失败**

法律教育之失败,其由来也渐,初非自抗战以后始。然抗战以后,学校管理之不善,学风之凌替,设备之简陋,师资之缺乏,视抗战前固已变本加厉,而法律教育目标的错误,抗战以后则更依然如故!我国法律教育,不脱条文主义的窠臼,法律学系的课程,大半为现行法律条文的注释,抗战以后,或以空袭频仍,或以学校播迁,或以教授们外有旁骛,时时缺课,竟连条文主义的法律教育,犹未能谓为已尽其能事!各门课程,大多讲授未半而学年已终,欲使向学诸生,窥知现行法律条文之全貌而不可必得,遑论作法理的研究?如此法律教育,欲期提高法学水准,岂不戛戛甚难？

为什么抗战以后五年内，法律学界竟有上述这些现象呢？依我们的分析探讨，其原因有六：

（一）反法治的社会环境

战争之足以降低道德水准，原应势所必至，无可如何。我国自汉以来，独尊儒家，法学家之言，为士大夫所不屑道，反映在政治社会者，也就是人治礼治而非法治。我国既有不学尚法治的传统习惯，积重难反，流弊所至，所谓法律，几成为良善者的桎梏、痞棍们的工具！法律只能拘束社会善良之徒，却被一般败类作为为非作恶的工具。抗战以来，随着社会一般道德水准的低落，反法治的社会意识，愈益明朗化，驯至不可究诘！如此社会环境，法律学之冷落，理有固然。

（二）法律与现实社会之脱节

法律与现实社会脱节，固不自抗战以后被人觉察开始，然而近三十来年多半抄袭自外国的新法律，其与现实社会之脱节，却于抗战以后随着抗战形势的转变而愈显露其"马脚"。抗战以前，一般人的目光，集中在沿海几个"洋化"的城市，未必尽能有所觉察；抗战以后，政府西迁，一般人向大后方撤退，居处于这广大山岳地带的农村社会里，这才深深觉察到法律与现实社会之脱节。法律本是社会的规范，它既与现实社会脱节，自不能发挥其社会规范的效能，又何怪社会一般人之不重视法律学呢？

（三）出版界之风气——短视与肤浅

我们对于抗战后五年内的出版界，决不存心谩骂，然而我们根据过去的事实，却不能不认定那个时期内，出版界一般的风气，似乎犯着短视与肤浅的毛病。唯其是目光短浅，这才要投社会之所好，一切以目前营利的算盘为前提；唯其是见解肤浅，这才一度被小册子占领了整个的出版界,无视学术水准的高低。法律学是专门意味比较浓厚的一种,照当时出版界的计算,销路似成问题,这就违背了营利的铁则,何况关于法律学的著作,分量上又且超越小册子的范围,难怪其不能为出版界所欢迎了。

(四)法学界之风气——法律技术与法学理论的不合作

法律的技术常是法学理论的前驱,同时法律的技术也常是法学理论的检证。隔离了法律技术的法学理论,是空虚的法学理论,抛弃了法学理论的法律技术,是跛行的法律技术。唯有法律技术与法学理论相互合作,才是健全的法律学。可是,我们抗战以后的法学界,似乎还是走着法律技术与法学理论不合作的老路。研究现实法学者只是钻向法律技术的牛角尖去;研究理论法学者,又是走向法学理论的虚无乡去;二者不相为谋,不能配合。终使法律学者在此抗战的大时代里不能有意识地提供对症的良药,解决现实的社会问题,而渐渐被人们所忘记。

(五)文化交流之阻塞

学术无国界,也正和空气无国界一样。世界各国学术文化的交流通畅,这才能诱致学术文化普遍的进步。抗战以后,尤其是日寇掀起了太平洋战争的怒潮以后,我们和欧美文化交流阻塞,再也不能呼吸着欧美学术界的新鲜空气。为了外交或国际宣传所必要,尽管我们可能由政府订购欧美盟国各著名书刊,然而我们没有极充分的理由,要求政府于极端困难的情形下,为我们订购欧美盟国各种法学新书刊。我们的法学界,就在这闷的几乎要窒息的空气里,呼吸那仅有的氧气,维系我们一线的学术生命。

(六)战时经济之剧变

战时经济的剧变,最受威胁与痛苦者,莫过于一般薪水阶级。我们的法学者,都是薪水阶级阵营中的列兵,对于战时经济的剧变,生活上莫不感受着切肤之痛。于是少数人不甘清苦,或则抛弃了学人的生涯改事他业,或则兼营律师业务,或则增加授课时间企图略增钟点费,大多数人更不能不分出治学的时间,帮同治理家庭日常琐务。法学者为了维持一家最低限的生活水准,于战时经济剧变的高压下,让琐务或兼差侵蚀了他们宝贵的治学时间,岂非抗战所给予学术界不可补偿的损失?

三

民国三十二年一月十一日中美、中英新约的缔订,撤废了近百年来的不平等条约,总裁认为是"国民革命的初步成功,即为建国工作真正的开始"。于是乎在"穷则变变则通"的社会发展底必然法则下,法律学界也随着有一番新的气象。近两年来法律学方面的现象,有如下述:

(一)法学会的重整旗鼓

中华民国法学会成立于民国二十四年第一次全国司法会议之后,揭橥六大纲领:(1)确认三民主义为法学最高原理,研究吾国固有法系之制度及思想,以建立中国本位新法系;(2)以民生史观为中心,研究现行立法之得失及改进方法,求与人民生活及民族文化相适应,并谋其进展;(3)根据中国社会实际情形,指挥现行司法制度之得失,并研究最有效之改革方案;(4)吸收现行法学思想,介绍他国法律制度,均以适合现代中国需要为依归;(5)发扬三民主义之立法精神,参证其他学派之优劣,以增进法界人员对于革命意义及责任之认识;(6)普及法律智识,养成国民守法习惯,以转移社会风气,树立法治国家之基础。随着抗战的爆发,刚诞生不久的中华民国法学会也在法律之冷落气氛里偃旗息鼓,直到民国三十二年八月间,才举行第二届年会于陪都重庆,选举第二届理事监事,办理会员登记,重振旗鼓。其尤值得称道者,即于法学会内成立三种研究委员会:(1)三民主义法理研究委员会,(2)战后国际法律关系研究委员会,(3)涉外法律问题研究委员会,分别从事于三民主义法理、战后国际法律关系及涉外法律问题之研究。各研究委员会设委员十五人至二十五人,其人选由常务理事会推定之,并推定一人或二人负责召集,每月至少开会一次,必要时得开联席会议。各研究委员会应于每三个月提出研究报告于常务理事会,必要时得限期提出报告。各研究委员会之任务有二:(1)关于研究问题之研讨审查及法律方案之设计,拟订事项;(2)关于研究资料之征集译述及报告刊物之编纂事项。虽该会理事会曾订有各种委员会工作推进办法,也许因为各研究委员会召集人公私职务过忙吧?各委员会集会的次数,似未能达到"每月至少开会一次"的要求。然自各研究委员会的委员人选看来,其研究工作之必能有所表现,似无问题。

(二)法学书籍的印行

在法律著作无出路之际,据我们所知,曾有某法学院书籍富有学生,拟集巨资刊印法学书籍,以满足法律学系学生的求知欲。就在那个计划尚未实现的时候,我们曾发见有不少法律学者自己筹款将其历年讲学稿付印,例如胡元义教授的《民法总则》和《破产法》、梅仲协教授的《民法要义》、李祖荫教授的《民法概要》……便是代表。也许是出版界渐渐发觉法学书籍的决非无销路吧?近二年来,商务印书馆既打破了承印十万字以内书籍的成见,破例接受前司法院法官训练所主编的各种法学书籍(原系法官训练所用讲义),陆续出版者,已有赵琛氏《刑法总则》、黄右昌氏《民法诠解总则篇》、刘含章氏《继承法》、余觉氏《强制执行法》、夏勤氏《刑事诉讼法》等,其他的法学专著或法学教科用书,例如吴学义教授的《战时民事立法》、龙显铭君的《现行法上租赁之研究》、李宜琛教授的《日耳曼法概论及现行亲属论》、吴传颐教授的《比较破产法》等,亦间有出版。大东书局异军突起,恢复了出版人固有的业务,聘请梅仲协、林纪东二教授主持法学书籍的出版工作,承印中央政治学校司法官训练班的法律丛书,陆续出版者已有余觉氏《民事诉讼法实用》《民事审判实务》《破产法实用》及刘镇中氏《民法实用债篇各论》等,其他的法学著作或法学教科书,例如朱观氏的《刑事诉讼法要论》等亦且先后出版。同时,教育部大学书编辑委员会所征求编定的大学法学教科书,即所谓"部定大学用书",亦陆续交由正中书局和商务印书馆出版,而其他出版人,如中国文化服务社和独立出版社亦不无法学佳著问世,例如前者有张企泰教授的《中国民事诉讼法论》和郗朝俊氏的《中国民法总则详论》等,后者有蔡枢衡教授的《刑法学》等。可谓琳琅满目,美不胜收。至于法律通俗书籍的出版,亦为提倡社会教育普及法律智识所必要,听说国立编译馆社会组曾拟定编辑计划,请由陈顾远氏分别约请法学专家编辑通俗法律丛书,陆续付印,俾使各种有关法律之规定,能为民众实际生活所接受,并赖以树立法治的广泛基础,此亦不失为法律学界应做的工作之一,自可谓为法律学界的另一种新现象。

(三)法学杂志的复刊

中华民国法学会于抗战第六年复活后,即组织了编辑委员会,由夏勤、盛振为二氏分任正副主任委员,以《中华法学》杂志的复刊,作为其主要工作。复刊后的杂志,凡分论著、译述、专载、判解研究、法讯、书报介绍与批评、重要法令及附载八栏,其宗旨所在,除中华民国法学会纲领所指示者外,在目前并应注意抗战建国期中法治精神之发扬,与法治基础之确立,以及复员后一切法律问题之探讨。就内容言,复刊以来的《中华法学》杂志,质量与分量,均相当令人满意,足证近年来法学界人士的乳囊中,并非吸吮不出品质好和成分浓的乳汁来,只是过去四五年来,我们不曾好好利用这可珍宝的乳源,至今想来,岂不太觉可惜呢!我们由于法学杂志的复刊,对于法学界所引为美中不足者,即是过去拥有相当历史的《法律评论》以及前曾昙花一现的《法治周刊》等刊物,过去也曾吸收了若干法学界的读者,过去也曾使若干培植这些园地的园丁们流了不少汗,终于不再与国人相见了!还有那些可能产生的新底法学刊物,至今尚未与国人见面!难道我们法律学界的乳汁,只能喂养《中华法学》杂志这一个独生子吗?特别于各法学研究所,我们得毫不客气地加以责难,为什么在我们这些法学研究所中,轻易不让人们知道一些研究成绩,为什么不把研究成绩用定期或不定期之季刊、半年刊或年刊的方式与研究所以外的法律学界人士共相切磋琢磨呢?

(四)法学资料的刊行

法学界的新资料,仿佛法律学园地上改良品种的新种籽一样,假如法律学园地的一个园丁,不能播种改良品种的新种籽,或已有改良品种而不知,仍然播种旧品种的种籽,将必见笑方家和不能有良好的收获,自属当然。抗战后颁布修改的法律不下数十百种,这些作为法学主要资料的新品种,未必为法律学园地的每一个园丁所熟知,致使园丁们不能利用新的改良品种,达到法律学园地增产造产的目的。主要原因,乃缘抗战后法律案的公布,不能为一般法律学者所见共知:登载国府公布法律的《国民政府公报》、登载立法院议决法律案的《立法院公报》与《立法专刊》、登载与司法有关之法律的《司法院公报》和《司法行政公报》,专以各机关为赠阅的对象,未必为一般国民所能阅读,何况这些公报往往出版迟迟,竟有脱期至一年以上,待公报与世人相见而法律又经修改者,近年行政效率的迟缓,岂不令人痛心!作为一般国民精神食粮的报纸,限于篇幅,对于新法律案往往仅能举其名称,或连新法律案的名称,亦割爱于新闻编辑之手。直到现在为止,我们在中央任何机关,找不到一部整套的齐全的法律汇编,且连一部完全的法律目录也不易见到,欲期法律学者能窥见法律的全貌,又谈何容易？在无可如何之中,大东书局刊行的《法令周报》,总算给予法律学者以资料方面一部分的满足,从《法令周报》创刊时——民国三十三年一月十五日起,嗣后中央及地方政府之各种重要法令,及司法机关之解释判例该周刊逐期刊载,不失为今后"活的六法全书",法律学园地上的园丁们,再也不会不知已有改良品种,仍然播种旧品种那样的事了。至于司法院解释汇编和最高法院的判例印编,也经各该机关整理编印,亦大足鉴国内法学界喁喁之望。一年来这些法律资料的刊行,我们于检讨抗战今天之法律学时,确是值得大书特书的一件事。

为什么抗战今天的法律学界,竟转变的如此之快,又是一番新气象呢？依我们的检讨,其原因有三：

(一) 环境的适应

划时代的中美、中英平等新约,恰巧结束了过去百年的历史,写出了今后新历史的第一页。不平等条约撤废了,领事裁判权和其他特权取销了,时代给予我们的新环境,我们将如何去适应？把握时权,适应新环境,是全国上下人人共有的责任,法律学界的每一个细胞,尤应率先肩负起来。例如涉外法律关系的研究,便是适应新环境所必要而且刻不容缓之一举,自非动员法学界人士不为功,要动员法学界人士适应新环境,法学会的重振旗鼓,自属应有的一件事。

(二) 建国的要求

诚如总裁所昭示："要知道撤废不平等条约,是国民革命的初步成功""国民革命的初步成功,即为建国工作真正的开始"。我们的建国图案,国父早已给我们设计了,三民主义和五权宪法便是我们建国图案的精髓,这个建国图案的实施,一句话就是实施宪政。中央既经决定抗战结束后年内召开国民大会(闻犹有提前于抗战结束前召集之说),制定宪法而颁布之,然后再依据那个宪政召开国民大会组织政府,实施三民主义、五权宪法。如此说来,我们在"建国工作真正的开始"之际,法律学界实有重大的使命,岂能再像过去四五年那样无声无臭呢?

(三) 法治的呼声

愈是在反法治的社会,才更觉得法治的可贵,才更觉得守法习惯的必须养成。老实说,所谓民主宪政脱不了法治的观念。如果我们的经济建设尽管够得上工业化的标准,而我们的社会如仍不改其反法治的本来面目,则距离近代国家的目标,依然不知其相去若干里!所以随着建国的要求以俱来者,必然是法治的呼声。我们在法治运动声中,养成法治的观念,造成就守法的风气,则法治的宣扬倡导,与法理的阐明批判,为必不可少的工作,而所以宣扬法治阐明法理,则又有赖于进步的法学。我们沉寂已久的法学界,又岂能不自振作,放弃其应尽的责任?法学书籍的印行、法学刊物的复刊,以及法学资料的刊行,皆是宣扬法治阐明法理所必要,可不待言。

四

这里,我们怀着满腔热忱,对于今后的法律学界,提供五个小小的愿望:

(一）法律教育之改革

我们的法律教育,也许是染上了司法界富于保守的习气吧?抗战以来,似乎说不上有甚么改革;关于法律学系的修习科目,虽经教育部于二十八年八月及三十三年八月两次加以修订,然仍不能令人完全满意;关于司法实务人才的培植,司法行政部虽曾会同教育部于国内若干院校法律系附设司法组,侧重于司法实务的训练,然于整个法律教育,似仍无改革之可言。我们在整个的教育需要改革之呼声中,提出了改革法律教育的要求,实具有相当的理由。至于法律教育将如何改革?非本文所能详道,容当另行为文加以说明,姑不备述。

(二）法律研究所之设立

查看《中央研究院组织条例》,该院于现有各种研究所以外,应予增设的各种研究所尚多,而法律研究所便是其中之一。中央研究院是我国学术研究的最高机关,虽以创立未久,规模尚未完备,然于建国途中,我们切盼其能依照组织条例的规定,对于各种尚待设立的研究所,一一促其实现。我们展望今后的法律学,认为中央研究院法律研究所之计划设置,实寄以热切的期望。而且,中央研究院的法律所如能从速设立,又可沟通各大学法科研究所的研究工作,从事于中国本位之法律学的探讨,恢复我国固有法系的光荣。

(三）法律编译馆之拟议

"鉴在知来""他山之石,可以攻玉"。从第一句成语看,我们研究法律学,就不能忽略法制史。我国民族的血统、生活、语言、宗教、风俗习惯与外国互殊,历代的法制,值得我们研究或参考者,不乏其例,如何作系统的整理?如何于整理后编订专册,借供法律学界之参考?这是一个问题。再从第二句成语看,我们研究法律学,就不能忽略各国法制的立法例。我们要作各国法制的比较研究,就得集辑各国各种法制的资料。如何有计划的搜集各国各种法制而翻译出来？又如何进一步加以整理,借供法律学界之参考？这又是一个问题。为了这两个问题的解决,我们提出了设立法律编译馆的拟议。不过,我不赞同于国立编译馆之内,招致于法律学有素养的人士,从事于法律编译工作,理由是法律编译必须是有一个系统的筹划,继续不断的编译法律,此种任务似非在国立编译馆附设法律组所能胜任:理想上的法律编译馆虽应附设于立法院内,或由立法院和司法院共同设置,但其工作决不就是立法院编译处所做的工作。

(四) 法律学者之孕育

穆罕默德著《可兰经》,阿拉伯人和回教徒至今奉为圣典,他曾说过一句名言:"从事祈祷,聚学千人,不如法律学家一人之得力。"美国社会法学派倡导者庞德氏(Roseoe Pound,1878)说:"无巴平利安(Papiuianus,170—248)及阿尔比安(D. Wpianus,170—239)等则不得有罗马法;无葛老秀斯(Hugo Grotius,1583—1645)则不得有国际法;无荷提埃(O. T. Polhior,1722)则不得法兰西法;无萨文宜(F. K. Savigny,1779—1861)则不得有德意志法;无米恰尔(W. Mrchel,1844)则不得有美国宪法之优越权。"法律学家的应被我们珍视,不待烦言。我们既应珍视法律学者,对于法律学界有希望的后起之秀,我们就应以种种方法奖掖孕育,对于已有相当素养的法律学者,不宜诱之以官位,俾能专心致志法律学的研究。唯其如此,我们才应该优厚待遇,勿使兼营旁骛,以专责成,我们更应该不时让国内法学者有与外国法学者交换讲学的机会,我们尤应派遣法学界的后辈赴国外深造,以孕育后进。法学之昌明,有赖于法学者的努力,而法学者的孕育,则是国家和法学前辈的责任。

(五) 法律服务之展开

法律的社会服务事业,是每一个法学界人士之职责。所谓法律的社会服务事业，例如法律智识之普及，诉讼当事人的辅助——包括民事原被告的义务诉讼代理及刑事被告的义务辩护，非讼事件的义务指导，官吏违法渎职的检举和告发，民间冤曲的代为申诉等，都是值得法学界人士倡导力行的工作，尤其是法律学教授和律师，更属责无旁贷。可惜我们现状下的法学界，对于此种法律的社会服务事业，多未注意；相反的，律师们对于诉讼当事人莫不斤斤较量于工作的报酬，终使现中国的律师徒作有钱人的法律保护者，律师之门，穷苦平民多望而却步！社会上对于律师的估价，似仍不脱过去对于律师的固有观念，这确是法律学界一件憾事。我们希望今后的法律学界一改旧观，发挥"人生以服务为目的"底美德，展开法律的社会服务事业。

五

抗战七年了。这七年以来，法律学界的面目怎样？我们已描摹了一个简单的轮廓，毫不隐饰地将其曝露出来，决非"减自己的威风"，实欲借此策励，俾使我们的法律学光大昌明。对于今后的法律学界，我们纵已提供了五个小小愿望，决非仅求此五个愿望付诸实现，便已尽了法律学光大昌明之能事，愚者一得之见，徒足以见其愚而已。其为是为非和正确错误，期待着法律学界人士的批评和指教！

原载于《文化先锋》第4卷第17期（1945年）

战后民事上的时效问题

一定的事实状态经过一定的期间之后,即发生一定的法律效果者,谓之时效制度。详言之:不行使权利的事实状态,经过一定的期间(例如十五年、五年或二年)之后,即发生请求权消灭的法律效果者,为消灭时效;占有他人动产或不动产的事实状态,经过一定的期间(例如二十年、十年或五年)之后,即发生取得所有权的法律效果者,为取得时效。无论消灭时效或取得时效,其被法律上承认之理由,不外为尊重现在的事实秩序与避免举证的困难,其目的则在保护交易之安全,与企求社会生活之美满。

这一次抗战,到现在为止,已届满七个年头。在漫长的抗战期内,权利人事实上不能或无从行使其请求权者,颇多其例,是否就因为权利人于一定期间内继续不行使其请求权,其请求权遂因时效之完成而消灭呢?或若时效期间,于抗战期内虽未完成,但于抗战结束后即将完成,是否就因为权利人于残余的时效期间内继续不行使其请求权,其请求权遂因时效之完成而消灭呢?沦陷区域的义民多向大后方撤退,田地房产无法照顾,如有本不相识者"鸠占鹊巢",是否就能因为他人于一定期间内占有其动产或不动产,其动产或不动产所有权遂因时效之完成而被他人取得呢?这些都是战后民事上的时效问题。拟分论之:

一、关于消灭时效

关于消灭时效，现行民法规定，在时效期间内，债权人之请求权因不行使而消灭，请求权消灭之结果，债务人得拒绝给付。至所谓时效期间，则有一般期间与特别期间之分：前者为普通请求权之消灭时效期间，规定为十五年；后者又分为五年与二年二种：利息、红利、租金、赡养费、退职金及其他一年或不及一年之定期给付债权，其各期给付请求权之消灭时效期间，规定为五年；其如旅店、饮食店及娱乐场之住宿费、座费之代价及其垫款，运送费及运送人所垫之款，以租赁动产为营业者之租价，医生、药师、看护生之诊费、药费、报酬及其垫款，律师、会计师、公证人之报酬及其垫款，律师、会计师、公证人所收当事人物件之交还，技师承揽人之报酬及其垫款，商人、制造人、手工业人所供给之商品及产物之代价等，请求权之消灭时效期间，均规定为二年。（参照《民法》第一二五条至一二七条）除此之外，时效期间更有特别规定者，则依其规定期间。时效期间进行中，债权人随时可为行使请求权之行为，债权人之请求权，一经行使，无论其行使之方式如何，即发生时效中断的效果，其已进行之时效期间归于失效。

抗战以来，沦陷区域几占大半个中国，如果债务人留在沦陷区，债权人退至后方，或债权人留在沦陷区，债务人退至后方，或债权人与债务人均退至后方而互失联络者，债权人多无法或不能为中断时效之行为，若竟因时效期间之完成而发生请求权消灭之结果，毋乃不公平之甚！《民法》第一三九条虽规定："时效之期间终止时因……不可避之事变（战争当然包括在内）致不能中断其时效者，自其妨碍事由消灭时起一个月内，其时效不完成。"准此以解，时效期间在战争期内虽无完成之可能，但于战争结束后一个月，时效即将可能完成。纵令所谓"妨碍事由消灭"云云，不妨从宽解释，系指各沦陷区域地方秩序恢复常态而言；但以义民踪迹遍大后方各省，或频年在后方经营之私人事业，未必于短期内所可随时结束，或因服役军中，或因服务于公教机关，职责所在，未必于短期内即可长途归来，而交通复员，又因交通路线及交通工具等问题，更非一蹴可及，则敌人自某沦陷区撤退后一个月内，该地方退至后方各省之义民，绝不可能殊途同归，一齐回到老家去。那么这个因战争而使消灭时效不完成的一个月期间，实际上于债权人有何裨益？不宁唯是，时效期间在战争期内虽本不完成，但于战争结束后不久即将完成者，事实亦多其例。易言之，即消灭时效之残余期间，于战争结束时不足一月或数月者，则《民法》第一三九条之规定，便无适用之余地，依《民法》解释，一俟战争结束，口余时效期间届满，消灭时效即完成，债权人之请求权即随之消灭。以此次抗战时期之长，战地及沦陷区之广而言，遇此情形，亦应设法予以救济。因此，关于战后的消灭时效问题，我们建议二点：

（一）《民法》及《民事特别法》所规定之时效期间，因受战事影响致不能中断其时效者，自战争终止时起一年内，其时效不完成。

（二）战争终止后依《民法》及《民事特别法》规定之消灭时效期间尚有残余不足一年者，得于战争终止之日起一年内行使请求权。

二、关于取得时效

现行《民法》于所有权及所有权以外之其他财产权,设有取得时效之规定。关于所有权之取得时效,其成立要件因动产与不动产而不同,而不动产又因善意占有与恶意占有而互异。就动产所有权之取得时效言,以所有之意思五年间和平公然占有他人之动产者,取得其所有权。(第七六八条)就不动产之恶意占有言,以所有之意思二十年间和平继续占有他人未登记之不动产者,得请求登记为所有人。(第七六九条)就不动产之善意占有言,以所有之意思十年间和平继续占有他人未登记之不动产而其占有之始为善意并无过失者,得请求登记为所有人。(第七七〇条)无论动产或不动产所有权之取得时效,如果占有人自行中止占有,或变为不以所有之意思而占有,或其占有为他人侵夺者,其所有权之取得时效中断,则其已经过之时效期间,归于失效(除非占有人之占有物为他人侵夺后又回复其占有时,则取得时效不因其占有物一度曾被侵夺而中断,其前所已经过之时效期间仍属有效。)(第七七一条)至于所有权以外之财产权(例如地上权、质权、租借权、著作权、特许权、商标权等)之取得时效,不难依各种财产权之性质准用上述所有权取得时效之规定。(第七七二条)

由这些规定看来,抗战迄今,沦陷区内动产和未登记之不动产及其他财产权,因为业主退至后方,而被留在沦陷区的人占有者,何可胜计?如因时效期间(五年、二十年、十年)的完成,而使占有人依法取得所有权或其他财产权,不平孰甚!关于取得时效,虽不若消灭时效有因"不可避免之事变而不完成"之规定,但自抗战以来,权利人因战事而辗转迁徙,只等着战事好转打回老家去,究非怠于行使权利而置其动产或不动产所有权及其他财产权于不顾,何况占有物所在地既系沦陷区域,根本上亦无和平秩序之可言?又岂能承认无权利人因时效而取得权利之制度呢?再则一般抛弃财产向大后方撤退者,莫不同仇敌忾,富有极强烈的民族国家意识,在后方各守岗位直接间接参加于抗战工作,若使那些留居沦陷区域于抗战初无贡献可言的顺民,因占有他人财产,即可坐收渔人之利,而因时效之完成取得财产权,岂非法律反为顺民而不保护忠良?揆诸情理,也是说不过去!因此,关于取得时效,我们建议:《民法》第七六八条至第七七〇条、第七七二条之规定,于占有物在曾经沦陷区域而权利人不能行使权利者,不适用之。

原载于《法令周报(重庆)》第3卷第5期(1945年)

战后关于土地的法律问题

土地为生产要素之一，其在人类经济生活上所占之地位，极为重要。假如战后关于土地的法律问题不得妥善解决，将必于国人的经济生活发生莫大的影响，不言可知。

本来，战后关于土地的法律问题，原是不胜枚举，举如土地的租赁问题、永佃权问题、地上权问题、典权问题等，都包括在战后土地问题之内。因为我们对各该问题另有专文详为研讨，故不赘及。本文仅拟将战后关于土地的法律问题，分做土地经界问题、土地业权问题（沦陷区土地所有权之回复占有问题）、战士授田问题及私地限制问题，加以论述。战后这些关于土地的法律问题，恐非现行有关法令如《民法》《土地法》及《非常时期民事诉讼补充条例》等规定所能圆满解决，这才需要于将来为解决战后民事法律问题而颁行的特别法上，或为土地复员而准备的解决方案上，分别予以补充。谨本抛砖引玉之旨，略贡一得之见，借备采择。

一、土地经界问题

土地经界为什么于战后将成为关于土地的一个法律问题呢？因为

私有土地一旦许其存在,即不能不有土地的经界,而此次抗战,亘时已逾八载,或因战争关系,或因敌伪胡作非为,或因豪强土匪横行……沦陷区域的土地经界"沧海桑田",已失本来面目者比比皆是。将来战事结束,土地经界的争执,势必不仅大伤地政当局和司法工作者的脑筋而已,社会秩序和地方安宁,亦恐因之影响非浅。然则土地经界问题,究将如何以图解决呢?我们的拟议,可自消极、积极两方面言之:

(一)消极的解决方法

战后关于土地经界的法律问题,自消极方面言,其解决方法,应注意三事:

甲、设立土地裁判所。依现行《土地法》的规定:"市县地政机关所在地,应设土地裁判所,直辖于中央土地裁判所。"(第三〇条)"土地裁判所之组织及其受理事件之程序另定之。"(第三一条)准此以解,关于土地问题的裁判,本应设立中央土地裁判所及各市县土地裁判所以为之,战后土地经界纠纷,想象中既甚普遍,则土地裁判所之设立,似为刻不容缓之举。我们热切期待关于土地裁判所的一切法规,能于战事未结束前即明令颁布,关于设立土地裁判所的筹备工作,应即列入有关机关的复员准备工作之一。

乙、试行公断制度。《土地法》上所谓公断,固以土地所有权人或土地他项权利人,不服主管地政机关关于地价(第三四五条至第三四七条)、补偿地价(第三七五条)及迁移费(第三八一条)之决定时,始得要求召集公断员公断之(第三九〇条),而不及于其他土地纠纷;然查外国有所谓公断人制度,公断人基于当事人之选任,对于特定法律事件,不必经司法机关之审判,而有依法令或习惯以公断及终结争执之权限,且其公断对当事人有拘束效力,称曰"公断契约"。我国司法行政部推行之乡镇调解制度,虽同以息事和解为目的,但其效力甚微,恐未足以适应战后解决民事纠纷的要求,我们因此建议,战后不妨试行公断制度,而将公断范围,扩大至一切土地纠纷的解决。

丙、普设契据专员。《土地法》规定,契据专员为执掌审查第一次土地登记之声请书及契据并其他一切关系文件的专任人员(第九五条、第九六条)。凡未经依《土地法》登记所有权之土地,声请为第一次土地登记时,固由契据专员审查声请书及契据等项。凡因此次战事而土地权利书状或凭证灭失者,战后应有专人为之办理契据灭失的补救工作,我们的拟议,不妨由契据专员执司其事,因此我们希望战后各县市普遍设置契据专员,从而要求广为储备契据专员人才,应列入关于地政复员计划之一。

(二)积极的解决方法

战后嗣于土地经界的法律问题,自积极方面言,其解决方法,亦应注意三事:

甲、举办土地重划。凡因一定区域内之土地,其分段面积有不合经济使用者,得将其区域内土地之全部重行划分,以分配于原土地所有人,是为土地重划。(《土地法》第十八条至第二〇条、第二一一条至第二二六条参照)我国数千年来以农立国,由于以人力与兽力为主的集约的农业经营,和均分的继承制度等原因,耕地面积狭小奇零,经界纵横,大多宛如豆腐干般一块一块,殊不合将来用机器为主要工具的集体农业经营之用,至于我国农业社会的都市建筑,也不合战后工业化的需要,因此我们拟议,战后率性于全国各地,普遍举办土地重划,一方面解决土地经界问题,一方面适应战后的需要。

乙、实行土地测量。虽然《土地法》施行法规定:"在《土地法》施行之区域,于施行前已举办之地政事项,经中央地政机关依法核定者,其已经登记并领有凭证之土地,经过一年未发生纠纷者,视为已依土地法登记。"(第二六条第一项)虽然全国实行土地测量需费太巨,需时过久,然而像以往各省所举办的土地陈报或土地登记,草率从事,问题太多,若据为地价申报或地籍整理的张本,战时固无不可,战后似应为根本之图。我们拟议:战后应全国分区实行土地测量,举办土地绘图,装成地册,分存省县地政机关,俾可切实实施民生主义的平均地权,而为土地经界绝纠纷之源。

丙、厉行土地登记。《土地法》上所谓土地登记,包括土地及其定着物之登记(第三二条),而《民法》上所谓不动产,包括土地及其定着物(第六六条)。所以土地登记,实即不动产登记,因而我们所谓厉行土地登记,易言之实即厉行不动产登记。关于不动产所有权、地上权、永佃权、地役权、典权、抵押权之取得、设定、移转、变更或消灭,本应依法登记。如果战后全国厉行不动产登记,不特土地经界的纠纷可因此易于解决,而其他关于不动产权利的争执,也可因之而减少多多。

二、土地业权问题

沦陷区土地,如何由土地所有人回复其占有,确是战后关于土地的一个重大问题,我们名之曰"土地业权问题"。土地业权之所以成为问题，其原因甚多，或以土地所有人全家内徙，其土地由沦陷区顺民占有使用，或由沦陷区顺民依敌伪强制或与敌伪订立契约而占有使用，或则土地所有人留在沦陷区，以生活艰困出让其土地所有权于他人，或以壮丁内徙，陷区老弱病故或遭敌伪惨杀，而其遗产未能为法定继承人依法继承……我们拟针对土地业权问题所以发生的原因，分别研讨其解决办法于次：

（一）沦陷区土地由他人占有使用者

沦陷区土地所有人全家内徙时，或则初未计及其沦陷区的财产，或则以国家存亡为重而置私人产业于不顾，抗战八年来，如有其他顺民"鸠占鹊巢"，居然占有其土地以使用收益者，其例必多。若其土地于抗战前已依法登记，则该占有土地之顺民固不能依取得时效而取得其土地之所有权，若其土地为未登记之土地（其他不动产亦同），则该占有土地之顺民，反可依取得时效而取得其土地之所有权（参照《民法》第七六九条至第七七一条），殊失公平。我们关于沦陷区土地或其他不动产（例如房屋）之取得时效问题，已于《战后关于时效的法律问题》一文详加研讨，建议："《民法》第七六八条至第七七〇条、第七七二条之规定，于占有物在战事区域而权利人因地方秩序或交通困难等情形，不能行使权利者，不适用之。"姑不赘论。然则沦陷区土地由他人占有使用者，该占有土地之顺民虽不能取得其土地所有权，但关于其占有使用一节，战后应依无因管理或不当得利之规定，视其收益，补偿土地所有人。

(二) 沦陷区土地由他人依敌伪强制或与敌伪订立契约而占有使用者

沦陷区土地，无论土地所有人是否内徙，其由他人依敌伪强制或与敌伪订立契约而占有使用者，则其占有使用自非适法，且有背于国民公约，应于战后返还土地所有人，且其频年使用收益，亦应补偿土地所有人。

(三) 沦陷区土地于所在地沦陷期间土地所有人让售于他人者

沦陷区土地，于所在地沦陷期间，土地所有人因生活问题，让售于他人者，其例必不鲜。若干敌伪爪牙或发国难财的人们，多在陷区广置田宅，战前赤手空拳，贫无立锥，而在战时利用其敌伪控制下之特殊环境，摇身一变，居然拥资千百万，田连阡陌者，所在多有！如认此种土地所有权之移转为有效，无异为虎作伥，不平孰甚？我们因此拟议：战后土地所有人得依《民法》第七四条第一项之规定，认为"系乘土地所有人急迫轻率或无经验，使其为财产上之给付，依当时情形显失公平，法院得因利害关系人之声请，撤销其法律行为"。虽依同条第二项规定："撤销之声请，应于法律行为后一年内为之。"但此一年的除斥期间，我们已于《战后关于除斥期间的法律问题》一文详加研讨，建议："《民法》及其他民事特别法所定无时效性质之法定期间（按即除斥期间），权利人因受战事影响不能于一定期间内行使权利者，自战争终止时起一年内仍得行使其权利。"兹不赘论。

（四）沦陷区土地所有人死亡其法定继承人未能依法为遗产之继承致为他人侵夺或处分者

"田园寥落干戈后,骨肉流离道路中。"沦陷区人民,壮丁内徙,而老残留居故宅者,若其父母于地区光复前病故或惨遭敌伪土匪残杀,其法定继承人未能依法为遗产之继承,致其沦陷区土地为他人侵夺或处分者,在所难免。依《民法》第一一四六条第一项规定:"继承权被侵害者,被害人得请求回复其继承权。"虽依同条第二项规定:"其回复请求权自知悉被侵害之时起二年间不行使而消灭,自继承开始时起逾十年者亦同。"但此继承开始时(即父母在陷区死亡时)起十年或继承人自知悉其继承权被侵害之时起二年之特别消灭时效,我们已于《战后关于时效的法律问题》一文详加研讨,建议:"民法及民事特别法所规定时效之期间终止时,因受战事影响致不能中断其时效者,自战争终止时起一年内其时效不完成。"此不赘述。

三、战士授田问题

战士授田问题之所以被列为战后关于土地的法律问题之一,其理由有四:(一)解决复员后一部分战士的失业问题;(二)防止战士复员后流为匪盗影响治安;(三)参照各国战士授田成例,赏赉抗战有功的战士;

(四)使一部分战士于复员后有田可耕,实寓创设自耕农及增加农产之意。

战士授田问题的解决,可分所授予土地的来源及授田办法两项以论之:先说战士授田其所授予土地的来源。战后将以何种田地授予战士呢?其来源有五:(一)沦陷区汉奸被没收或查封的土地——依《惩治汉奸条例》第八条规定:"因犯本条例之罪所得或供犯罪所用或供犯罪预备之物,不问属于犯人与否没收之。"又依同条例第九条规定:"犯第二条之罪者,没收其财产之全部;前项罪犯未获案前,经国民政府通缉者,得单独宣告没收其财产之全部。"虽依同条例第十条:"依本条例没收或查封财产之全部时,应酌留家属生活费。"但以沦陷区汉奸之多,战后被宣告没收或查封之财产,其数量必大有可观!以沦陷区汉奸被没收或查封的土地,作为战士授田的一大来源,一赏一罚,情理上亦甚得其平。(二)敌伪侵占使用之土地——敌伪侵占使用之土地,包括敌人在战前既得之土地、战时于沦陷区非法攫取的土地、伪政府征收之土地等,依《抗战建国纲领》第七条的规定:"否认及取消日本在中国领土内以武力造成之一切伪政治组织,及其对内对外之行为。"则此等敌伪侵占使用之土地,战后以之作为战士授田之用,亦甚得其宜。(三)无主荒田——抗战以来,敌寇蹂躏我土地者几半,残害我同胞者千万,战后无主荒田,所在多有。《民法》第一一八五条规定:"无人继承之遗产,于清偿债权并交付遗赠物后,如有剩余归属国库。"则此等无主荒田,若以之作为战士授田之用,有何不可?(四)公有土地——公有土地之荒地适合耕作使用者,依《土地法》第一八八条以下规定,本应由地政机关定期招垦,以符地尽其利之旨。若以之授予战士开垦,亦与历代军垦营屯之意相合。(五)征收土地——国家以实施国家经济政策、调剂耕地、国防军备或其他以公共利益为目的之事业的需要,得依《土地法》第三三五条以下规定征收私有土地,则为战士授田而征收土地,自亦未尝不可。

次论战士授田办法。我们参照各国成例,建议六点:战士授田,不以复员时尚生存或尚能耕作之战士为限,凡复员时已阵亡或伤残者,得由其家属承领,此其一;战士授田,本人或其遗族,所得单位面积得视职位高低而有等差,似值得商讨,此其二;战士授田得视服役时间或劳绩而有等差,以示赏有重轻,此其三;战士授田得依战士及其家属之需要而有多寡之别,以维战士及其家属或遗族之生存,此其四;战士授田,其意义不全在奖恤,实寓创设自耕农及增加农产之意,故若干战士于战后生活毫无问题者,似可不再授予田地,以免地权集中,反于实行平均地权之旨相背,此其五;战士授田后,应预防所授田地辗转入于土地投机家之手,不妨禁止转让并参照《土地法》关于荒地使用之立法意旨,责令自行耕作,此其六。

四、私地限制问题

土地私有制虽已有数千年的历史,一时骤难废革,但限制私有土地的最高额,未尝不可与"平均地权"殊途同归,以达到民生主义社会之崇高理想。战后的中国,必然是三民主义的国家,战后的土地私有,"不患寡而患不均",故《五五宪草》第一一七条第一项规定:"中华民国领域内之土地,属于国民全体;其经人民依法律取得所有权者,其所有权受法律之保障及限制。"现行《土地法》除规定若干土地不得为私有(第八条参照)外,复于第十四条规定:"地方政府对于私有土地,得斟酌地方需要土地种类及土地性质三项情形,分别限制个人或团体所有土地面积之最高额,但应经中央地政机关之核定。"第十五条规定:"私有土地受前条规定限制时,由主管地政机关规定办法限令将额外土地分划出卖,不依规定分划出卖者,该管地方政府得依本法征收之。"《土地法施行法》第六条规定:"地方政府依《土地法》第十四条及第十五条征收逾最高额之私有土地时,其地价得分期给付之,但清付期限最长不得逾三年。"我们认为要贯澈《五五宪草》第一一七条第一项"……其所有权受法律之……限制"的规定,解决战后的土地问题,以实现国父民生主义的遗教,则现行《土地法》及其《施行法》之规定,似不能无不足之感。因为现行《土地法》关于限制私地最高额,须斟酌地方需要土地种类及土地性质三项情形,自嫌不足!关于私地限制问题,我们认为法律规定应更具体和确定,应该干脆以明文直率的加以限制,私有土地,以一家耕作能力及生活为标准,定其最高额,若非其一家能力所能耕作,又非一家生活所必需之土地,即无使其私有之必要。应由地政机关听取各该地民意机关的意见,依此标准,规定私有土地之最高额,然后规定办法限令将额外土地分划出卖,如不依规定分划出卖者,由该管地方政府依《土地法》之规定征收之。如果一方面澈底遵行"平均地权"的遗教,一方面又明白限制私有土地的最高额,我们敢信,今后的中国决不致再蹈资本主义的覆辙,今后的中国决不需再有社会革命的论争。不然的话,让一些发国难财的商人和贪污土劣坐享抗战之福,于战后的新中国依然田连阡陌,以一人一家而享受十百人十百家的生活之资,该是多么不公平的事!阎锡山先生于晋西兴集招待中外记者参观团时,主张战后严厉制裁汉奸与发国难财者,言下不禁感慨交集,足以发人深省。

原载于《东方杂志》第41卷第5号(1945年)

战后债务问题

生而为人，谁也不能一辈子不与他人发生债务关系。债务问题，自然是一个极普遍的法律问题。我国乡村社会一般愚夫愚妇，向有"来生债"之传说，所谓"一钱不落虚空地"，不但"欠人钱债，今生不还来生也得还"，而且连他人的施舍也不能轻易领受，寖成民间固有道德。可是晚近世风日下，"钱债官司"层出不穷，债务问题才由道德问题变成了纯法律问题。何况战争不但破坏了社会的安宁秩序，而且撕毁了道德的藩篱，战后的债务问题，自然距道德问题更远了。抗战八年以来，由于战事的影响、由于币值的低贬、由于物价的高涨、由于经济的激烈变动……法律学者用一句话代表，由于情势的变迁，现在及战后债务问题的解决，依照现行法律，纵有论理的解决方法，亦岂公平合理之所宜？现在抗战结束之期，一天逼近一天，战后债务问题的解决，也和战后其他民事法律问题的解决一样，有待于适用"情势变迁原则"，制颁特别法规以为处理。我们爰本抛砖引玉之旨，对于战后可能发生一般债务问题，就现行有关法规，提供愚者一得之见，以备关心本问题的读者与立法司法当局之参考。至于战后特殊债务问题，如战后租赁问题、雇佣问题等，另有专文，详为研讨，本文拟不赘及。

一、金钱债务问题

　　纯粹以金钱为标的之债务，最普遍的便是金钱的消费借贷，也就是以通用货币为给付的消费借贷。我国自民国二十四年十一月三日颁发《通货管理令》及同月四日颁发《禁用现金行使法币令》实施法币政策以来，银币已失通用货币之效力，法币才是通用货币。抗战以前，关于金钱债务的处理，银币与法币的法定价格相等，易言之，实施法币政策以前欠人银币百元，实施法币政策以后偿还法币百元，债权人与债务人均无异辞。抗战以后，币值日贬，物价日高，法币的法定价值固依然无殊，而法币的交易价格则日减月低，假定有人于抗战前欠人百元，抗战第八年仍以百元相偿（指原本言），又假定有人于抗战第二年欠人千元，至抗战第五年仍以千元相偿（指原本言），其法币之数额虽各相等，但就法币购买力言，相去岂可道里计？虽愚夫愚妇亦知其有欠公平。政府为金融之安定计，不能不维持法币之法律的效力，以免引起债权人与债务人之纠纷，而事实上法币购买力一天低似一天，债权人和储蓄人不免吃亏太甚！如因之而发生纠纷，固可依《非常时期民事诉讼补充条例》（民国三十年七月一日公布施行）的规定，凡借贷因受战事影响致生争议者，当事人得声请法院依条例之规定调解之（第十一条），如调解不成立经当事人起诉或于调解前本已起诉者，法院应依下列规定以为裁判，即法律就借贷关系因战事所受影响有规定者，依其规定；如无规定，而中央或省市政府因战事就借贷关系已以命令定有处理办法，依其办法；法律既无规定，又无单行办法时,法院得斟酌社会经济情形、当事人生活状况及其因战事所受损失之程度,为增减给付……之裁判(第二〇条)。唯依该条例既未厉行公断办法,以公断人之公断代替法院之裁判,又系抽象的授予法官以酌为增减……之广泛权限,徒使无所适从,且当事人仍得对此裁判,以上诉方法声明不服。战后的债务问题,如仍依此解决,恐难收息事省讼之效,反增争议当事人之拖累,而法院之增加负担,更其余事。我们拟议,关于战后金钱债务问题的解决,应参照德国于上一次欧洲战后因马克跌价而于一九二五年七月十六日颁布之《增额评价法》(Aufuestungsgosety)的规定,凡以金钱为给付标的之债务,以订约当时当地的米盐价值之指数(可以月或季为计算单位),定其增减给付之标准。因为米盐两项物价,大致可为当时法币购买力之标帜,以债务人订约当时所受利益之限度为范围,而定给付时通用货币增减给付之标准,最为公平合理,且可使当事人双方均无异议,不致健讼不休了。

二、最高利率问题

《民法》第二〇五条关于利率的限制:"约定利率超过周年百分之二十者,债权人对于超过部分之利息无请求权。"此种强行规定,抗战八年来,于当事人间,早已成为具文!纵然司法机关不能以解释或判例变更强行规定,仍依最高利率不得超过周年百分之二十为裁判,可是民间约定利率每月十分即所谓大一分者,已成各地极普遍现象,且均视为当然,商业银行收受存款或抵押放款,月息为六至八分,国营银行存款利息亦在二分左右，事实如此，无庸讳言。然则近年各地法院争执最高利率之诉讼何以尚不多见呢？此因银行钱庄放款，多握有实物担保。至那些投机囤积之债务人，则以物价扶摇直上，商人虽借用大一分利率之款项，犹大有余利可图，获利既甚丰厚，信用为上，自不屑计较及此。一旦战事好转或至战事结束，物价狂跌，投机囤积的债务人惨遭失败，周转不灵，偿债万分困难，债务人若又不肯减低大一分的约定利率，债务人势必援《民法》第二〇五条以为抗辩，而争议丛生，纠纷不已。《民法》为人类私生活之规范，应随社会经济之变化而转移，尤不能漠视社会现实，而与事实相距太远。如必胶柱鼓瑟，维持此约定利率不得超过周年百分之二十之最高限制，一方面无异保护投机及囤积居奇之发国难财商人，一方面又不啻奖励握有游资者囤积居奇操纵市场，反致银根奇紧不能活泼金融，实与政府取缔投机及囤积居奇之政策背道而驰！此种现状，如犹延至战后，后患更不堪设想！依经济观点，频年经专家商讨，金以提高利息为利多弊少，自不妨以法律明文提高利率，承认战时的最高利率不得超过每月百分之八十（按即月息八分），则战后债务问题的解决，有所依据，法官可不致被投机囤积之债务人所玩弄，而债务人亦不能倚恃《民法》第二〇五条为将来不当争执之根据。比较依现行《非常时期民事诉讼补充条例》第十一条及第二〇条之规定，由法院斟酌社会经济情形当事人生活状况及其因战争所受损失之程度，为增减给付之裁判，既可免当事人因不服裁判提起上诉而增加讼累，且亦可使《民法》第二〇五条的硬性规定，因情势变迁而得一补救办法。

三、债务清偿问题

此次抗战,一般国民的经济状况变化剧烈,不少贪污土劣投机囤积的人们,赤手空拳,战前一穷光蛋,抗战八年来,俨然成为千百万富翁;不少在沦陷区家资富有的人们,遭此兵燹,倾家荡产,流落后方,抗战八年来,一贫如洗,不能维持一家或一身的生活。如果因战事影响,穷的一无所有,战后如何清偿其债务呢?依《民法》第三一八条规定:"法院得斟酌债务人之境况,许其于无甚害于债权人利益之相当期限内,分期给付或缓期清偿。"所谓无甚害于债权人利益之相当期限,似乎限制太严,且其结果不过分期或延期清偿,其终须清偿则一。依《非常时期民事诉讼补充条例》第二〇条规定,必其法律关系因战事致情事剧变,非常时所得预料,而依原有关系发生效力显失公平者,始得于经调解不成立时,由法院斟酌社会经济情形、当事人生活状况及其因战事所受损失之程度,为增减给付延期或分期给付之裁判。此种规定对因战事受特别灾难之债务人,尚不足以言救济。虽于出征军人或抗属为债务人时,依《优待出征抗敌军人家属条例》第二七条规定:"出征抗敌军人在应征召前所负之债务,无力清偿者,得展至服役期满后第二年内清偿之。其因作战阵亡,或因公积劳成疾,或受重伤致成残废,或因伤病请归休回籍而死亡者,得自阵亡或停役或归休之日起满第三年后于二年内清偿之。"此种规定,于抗属为债务人时,不过得延期清偿而已,非抗属为债务人而遭遇特别灾难时,自更不得援用。我们认为因战事遭遇特别灾难者,战后国家尚且应予救济，借维生活，其对外债务，自可酌予减免，不仅延展清偿而已，因而我们拟议："债务人因战事致丧生活资力不能履行债务者，法院得斟酌情形，命免除利息，或减少原本，或免予清偿，或缓期分期清偿，但债权人应为对待给付时，亦得免除全部或一部之责任。"如能厉行乡镇调解或试办公断，以诉讼外方法，使战后无力清偿债务人减免或延展清偿，尤为妥便。

此外，关于债务清偿，我们认为对于一般银行钱庄的低利长期储户，即所谓定期债务的债权人，除政府的强迫储蓄外，应许以本届约定清偿期前有于一个月前催告而提前清偿之权。因为抗战八年来币值低贬，物价高涨，银行钱庄利用低利吸收之长期存款，从事囤积或投机事业，或以每月大部分高利贷放款于商人，获利太大。此等银钱业债务人不劳而获巨额利益，责令于约定期届满前提前清偿，衡情酌理原无不可；何况战事结束，存款人难免不需筹措大宗用款，为便利一般义民东归计，更有许予提前索偿存款之必要呢？

四、给付迟延问题

给付有确定期限者，债务人自期限届满时负迟延责任。(《民法》第二二九条第一项)但因不可归责于债务人之事由致未为给付者，债务人不负迟延责任。(《民法》第二三〇条)战前的债务，如因抗战既起，债权人与债务人各自逃散，或因给付地区沦陷，致债务人于期限届满时未为给付者，此系因不可归责于债务人之事由即所谓不可抗力之故，债务人自不负给付迟延责任；抗战期内的债务，如因战事演变，债务人无法或不能于期限届满时为给付，亦系因不可归责于债务人之事由即所谓不可抗力之故，而未为给付，债务人自不负给付迟延责任。但是抗战必有结束的一天，将来沦陷区收复，逃难后方者必纷纷言归。债务人自何时起始负给付迟延之责呢？为解决战后民事法律问题而颁布的特别法，于此似不能不有规定。因为战事障碍固为不可抗力，因战事障碍而致债务人于期限届满时未为给付即不负给付迟延责任，则战事障碍既去，依理债务人应即为给付，否则仍不能免于给付迟延之责。虽或债务人可依《非常时期民事诉讼条例》第十一条及第二〇条之规定，得为声请法院为延期或分期给付之裁判，但此系另一问题，不若以明文规定其何时始负给付迟延责任，在战事结束后若干期限以内可不负给付迟延责任，较可减省不少争议和讼案。我们的拟议："给付有确定期限，债务人因战事关系或债务履行地区沦陷，致不能于期限届满时依债务本旨提出给付者，应自该地区收复一年后仍不给付，始负迟延责任。"为什么我们以地区收复后一年内未给付者，仍使债务人不负给付迟延责任呢？因为地区收复前债权人或债务人逃难后方，或以交通复员未可一蹴而几，或以当事人在后方经营事业或所任公教职务未能立即摆脱，或以旅费尚待筹措，或以病体未能就道……总得在该地区收复后一年光景，始能各返至其本土。故以地区收复后一年未为给付者，债务人始负给付迟延责任。

五、外币债务问题

战时英美对存我国在外资金（参照中央银行民国三十年八月二十一

日公告:《英美封存我国在外资金解封办法》——财政部渝钱银字第三二○九四号公函),人民不得任意申请动支封存外汇资产(参照中央银行民国三十年九月六日公告:《人民申请动支封存外汇资产暂行办法》——财政部渝钱汇字第三二三三〇号公函),而外汇黑市较官价相差已极悬殊,如战后国际贸易路线畅通,我国法币国内购买力如尚未臻常态,则外汇黑市恐与官价相较更不知若干倍!依《民法》第二〇二条规定:"以外国通用货币定给付额者,债务人得按给付时给付地之市价以中华民国通用货币给付之;但订明应以外国通用货币为给付者,不在此限。"本条但书之适用,以英美封存我国在外资金而受限制,若战前或民国三十年九月以前订明以外国通用货币为给付,以民国三十年九月以后为给付期者,解释上固可谓为给付不能,债务人得援用本条前段按给付时给付地之市价以法币给付之。至所谓给付时与给付期不同,给付期乃应为给付之期,即指清偿期而言,而给付时则系指实际为给付之时。所谓给付地,依《民法》第三一四条之规定定之,若给付地无市价,应以与给付地最近商业地之市价为标准。至所谓市价,依英美封存我国在外资金、解封存我国在外资金解封办法之规定以为解释,自以中央银行所揭市价为标准,否认黑市场之暗盘,固无疑义。战后外币债务给付时,英美封存我国在外资金解封办法如未失效,则外币债务问题之解决,自应仍以给付时给付地中央银行所揭市价为标准,亦无疑义。

六、伪币债务问题

依抗战《建国纲领》第七条："否认及取消日本在中国领土内，以武力造成之一切伪政治组织及其对内对外之行为。"则敌伪在沦陷区发行的伪币，自不认有通用货币之效力。而且，相反的，凡有收藏转运或行使敌伪钞票者，依《取缔敌伪钞票办法》（财政部公布经行政院于民国二十八年一月二十八日核定）的规定，应依惩治汉奸条例从重处罚；若有任何债权债务基于伪钞而成立者，经由财政部于民国二十八年八月商准司法院，规定其为一律无效。则在抗战大后方，自不致且亦不能发生伪币债务问题，固无疑义，但在沦陷区域，一般同胞欲拒绝行使伪币而不能，于所在地沦陷期间，虽免不与人发生债权债务关系，且其金钱债务，欲均不基于伪钞而成立，事实上亦有所不可能，然则战后此种沦陷区人民在沦陷期间基于伪币而成立之债务问题，如何解决？自不能不认为关于战后债务的一个问题。

如果抗战结束以后，政府将于短期内通令沦陷区人民将所持伪币向政府换取法币，然后将伪币集中统计，作为敌寇赔款数字之一部，若干专家认为不特可以恢复法币的购买力，而且可以巩固光复区的金融，此是战后财政金融政策问题，非本文所应讨论，但如战后果然实施此种拟议，姑无论将来法币与伪币的兑换比率如何，既经准许兑换，事实上也就无异追认抗战期内沦陷区伪币有代替法币之效力，那么沦陷区人民于所在地沦陷期内基于伪币而成立之债务，是否必须贯澈"一律无效"之旨，似尚值得研究。

沦陷区人民于敌伪控制之下，水深火热，创巨痛深，生命财产的损失不可胜计，绝大多数的沦陷区同胞非必甘作愿民，其所以未能一律撤退至后方者，多出于不得已，其在所在地沦陷期间的一切法律行为，均不免与伪币有连带关系，战后对此等基于伪币而为之法律行为，如竟完全否认为有效，将必治丝益棼，不可究诘，此其一；战后为安定金融，对伪币似不能以一纸命令视同废纸，若竟定有整理办法，责令沦陷区人民对于若干限制下准予兑换法币，则对于过去沦陷区人民于所在地沦陷期间基于伪币而为之法律行为，便不能不于某种事件下认为有效，此其二；沦陷区人民"思汉心切"，"久不睹汉官仪"，渴望胜利前夕的总反攻，以解倒悬，有如大旱之望云霓，为重拾沦陷区人心，以促成最后胜利之早日实现计，对于敌伪施政，固绝对否认其有效，然对沦陷区人民，却应体恤备至，多方予以救济，然则就救济或善后之观点言，对于沦陷区的伪币债务问题，似亦不能采断然无效的态度，此其三。

我们决不为沦陷区的顺民作辩护，但我们却认为沦陷区的伪币债务问题，战后究将如何解决，不容我们忽视。战后对于这些伪币债务问题的解决，应该配合战后财政金融政策。我们以研究战后民事法律问题为立场，自不必溢出研究范围，且保留着待至战后财政金融政策，或者说的更精确些，待至战后整理沦陷区伪币政策确定时，根据那个政策，再来拟议更具体的结论吧！

原载于《新中华》复刊第 3 卷第 1 期（1945 年）

战后租赁问题

一、问题的产生

租赁为社会生活中最普遍的法律现象之一,且为一种继续性的法律关系。在租赁关系存续期间的长时期内,出租人与承租人间之利害矛盾,在所难免,况因战事情势变迁,尤为显著。战前都市生活发达,自耕农减少,其与他人发生不动产租赁关系之人,比比皆是;战时政府西迁,人口向后方移动,自沦陷区退出之公教人员及一般义民,咸集后方各省,关于房屋及土地的租赁纠葛,几占有各地方法院受理民事诉讼案件的十之三四;战后情势变迁,人口又向光复区移动,一般逃难义民,纷纷东归,其在后方的租赁关系,自将予以终止,而沦陷区各地,频年遭受兵燹,房产荡然,其与住的问题有密切关系之房屋租赁,以及与食的问题有密切关系之耕地租赁,如再牵涉到战前或战时的租赁契约问题,纠纷之多,恐更在意料之中。

对于战后租赁问题,如依现行《民法》《土地法》等规定以求解决,恐难期其公平合理。虽依《非常时期民事诉讼补充条例》的规定:租赁法律关系受战事影响致生争议者,当事人得声请法院依同条例所规定之调解程序调解之。如经当事人起诉者,法院对于争议的租赁法律关系,就其因受战争影响,法律有规定者,依其规定以为裁判;法律如无规定时,中央或省市政府因战事就争议的租赁法律关系已依命令定有处理办法者,依其办法以为裁判;既无法律规定,又无命令办法时,如该租赁法律关系因战事致情事剧变,非当时所能预料,而依原有关系发生效力显失公平者,法院得斟酌社会经济情形、当事人生活状况及其因战事所受损失之程度,为增减给付延期或分期给付之裁判(同条例第十一条、第二十条)。但于无法令规定时,法院只能于增减给付延期或分期给付之范围,运用情事变迁原则。且当事人对法院此种裁判,如有不服,仍得提起上诉,其结果往往缠讼不休!虽关于房屋租赁,依《战时房屋租赁条例》宜有解决文明,但该条例施行其间至战事结束后六个月为止(第二十四条),且其主旨又只在解决后方各地房屋租赁问题,对于战后房屋租赁的纠纷,亦尚不足以图完全解决。

第一次欧战后德、法两国关于租赁问题的解决,可资借鉴:德国解决战后的租赁问题,除颁有《普鲁士最高租赁规则》及《联邦收益租赁保护规则》外,最值得我们称引的,就是德国联邦法院一九二〇年九月一日有名的《九月宣言》。该宣言先基于情事变迁原则,确立契约解除权,次基于货币价值之减少,确立评价增额请求权。一九二二年三月二十四日联邦法院判决,认租赁耕地之租金增额,同年六月二十七日判决又认租赁耕地时所借附属农具实回费之增额。总之,德国法官应本正义公平之旨,依《九月宣言》之标准原则,为独创的判决。法国解决战后的租赁问题,依照战事尚未结束前———一九一八年三月九日之法律,共四章六十四条,租赁人以战争中住宅之利益全部或一部被夺为理由,得无偿延期租赁三年;商人得以战时不获利为理由,延期租赁五年(第五六条以下)。在一定条件下得解除租赁契约(第二条以下),或请求减少或免除租金(第十四条以下)。总之,法国政府颁布的特别法足为解决之准则。

我国法官程度不若大陆先进诸国，此乃无容讳言的事实，与其责令法官适应时代精神，充实法典内容，运用情事变迁原则，以判例补充法律之缺陷，无宁由立法机关制定特别法规，以为解决之依据。战时所颁行的《非常时期民事诉讼补充条例》以及《战时房屋租赁条例》，即不足解决战后可能发生之租赁问题，自应于将来解决战后民事法律问题的特别法上，有一明确的解决办法。否则，一旦战事结束，战后租赁问题若无因应情事变迁的解决办法，将必有害于民生（食、住为民生六大问题之二，而耕地租赁与房屋租赁又与食、住两问题有密切关系），动摇社会秩序，影响国家安宁，爰就现行有关租赁关系各法律的规定，研讨战后可能发生的租赁问题，聊贡一得，以供商榷。

二、分析的研究

（一）关于因战时不可抗力而生之租赁问题

不可抗力为免除债务人责任事由之一，有暂时性质的不可抗力与永久性质的不可抗力之分，前者仅能中止债务人之义务，待不可抗力之原因消灭后，仍须继续履行其义务，而后者则债务人得免除给付。因战争而引起之不可抗力，于租赁契约方面所可发生的问题，有如下述：

甲、租赁标的物灭失毁损。租赁标的物因受战事影响在战争期中灭失毁损者，例如房屋毁于炮火或炸弹、耕作地变为水荡或辟为公路，则租赁关系固当视为消灭（参照司法院院字第一九五〇号解释）（但依《战时房屋租赁条例》第十七条规定,被炸烧毁或倾圮之房屋,如出租人无力或不为修复,而承租人仍愿继续租用者,得由承租人代为修复,出租人不得无故拒绝,是为例外)。其因不可抗力而致租赁标的物返还不能者,就其不能返还之范围内,免除返还义务。

乙、不能为租赁物之使用收益。承租人因战事关系不能为租赁物之使用收益者,例如战区居民向后方撤退,自不能仍在原地租用出租人之房屋或耕作出租人之土地,依《民法》第四四一条之反面解释,自得免其支付租金之义务;且承租人因受战事影响不能行使权利及不得向出租人声明终止契约者,自障碍事实发生时,即视为终止。

丙、因租赁而生之特别消灭时效。出租人就租赁物所受损害对于承租人之赔偿请求权,承租人之偿还费用请求权及工作物取回权,均因二年间不行使而消灭。此二年的特别消灭时效,于出租人自受租赁物返还时起算,于承租人自租赁关系终止时起算。(《民法》第四五六条)此二年之特别消灭时效期间终止时,因战事关系致不能中断其时效者,自其妨碍事由消灭时起一个月内,其时效不完成。此战争终止后一个月的时效不完成期间,事实上于请求权人直同虚设,我们拟议:自战争结束时起一年内其时效不完成,其详已于战后时效问题一文论之。

(二)关于因战时币值变动而生之租赁问题

战时经济激变,币值低减,物价增涨,一旦战事结束,此种现象势恐未必即行消失,其因币值变动于租赁契约方面所可发生的问题,可有二端:

甲、租金之增减。租赁物为不动产者,无论为房屋或耕作地,如为不定期租赁,当事人得因租赁物价值之升降声请法院增减其租金,如为定有期限之租赁,则当事人不得声请法院增减其租金。(《民法》第四四二条)此种关于定期租赁当事人无租金增减请求权之规定,学者已多非议,姑不置论。查《土地法》第一七七条第一项规定:"地租不得超过耕地正产物收获之总额千分之三百七十五。约定地租超过千分之三百七十五者,应减为千分之三百七十五;不及千分之三百七十五者,依其约定。"同法《施行法》第一七七条第一项规定:"地租以现金支付者,《土地法》第一七七条所定地租制,应按支付时市价折算之。"则关于耕地租赁,若以现金支付地租者,自可按支付时市价以为折算,且于不定期的耕地租赁,出租人更得以耕地价值升高为理由,于不超过耕地正产物收获总额千分之三百七十五范围内,声请法院增加租金。(参照司法院院字第二二七二号解释)至关于房屋的租赁,依战时《房屋租赁条例》第三条规定:"出租房屋建造于本条例公布(三十二年十二月十三日)以后者,其每年租金之最高额,不得超过其建筑物价额百分之二十。出租房屋建筑在本条例公布以前者,其标准租金由省或院辖市政府拟订,报请内政部转请行政院核定之。租金数额超过前二项之标准者,虽有约定,出租人不得请求给付;其不及规定标准者,仍依原租约支付。"则关于不定期的房屋租赁,出租人自得以房屋价值升高为理由,于不超过其建筑物价额百分之二十或标准租金之范围内,声请法院增加租金。无论耕地租赁或房屋租赁,若其赁租定有期限者,虽依《民法》第四四二条规定,出租人无租金增额请求权,然亦可依《非常时期民事诉讼补充条例》第十一条、第二十条之规定,声请法院增加租金。不过当事人关于法院依该条例所为准予加租之裁判,仍得提起上诉,不免缠讼不休而已。如何期其公平合理,则有待于补充规定。

乙、押租之返还。押租为以担保关于租赁所生承租人之债务,而使出租人对之得优先受清偿为目的所授受之金钱。我国一般习惯,租赁常有押金之授受。故《战时房屋租赁条例》第五条规定："以现金为租赁之担保者,其总数不得超过两个月之租金额。"则关于房屋租赁,出租人于不超过两个月之租金额范围内,自得收取押金。但关于耕地租用,《土地法》第一七七条第二项规定："出租人不得预收地租,并不得收取押租。"则关于耕地租赁,出租人自不得收取押租,如事实上已收取押租者,承租人得随时以之抵充租金。无论房屋租赁或耕地租赁,如已收取押租者,租赁契约终止后,押租应即返还于承租人。不过因币值变动,战前押租百元,如于战后仍以百元返还于承租人,显然有失公平,当事人不妨依《非常时期民事诉讼补充条例》第十一条、第二十条之规定,声请法院增加返还数额。不过法院纵为增加返还数额之判决,当事人如有不服,仍得上诉,难免系讼不休。如何才是公平合理?似有待于补充规定。

(三) 关于承租人之优先承租承买承典权

"收回自耕之耕地再出租时,原承租人有优先承租之权;自收回自耕之日起未满一年而再出租时,原承租人得以原租用条件承租。"(《土地法》第一八四条)"以所有建筑物为目的,承租地人之土地,如于租赁契约届满时,尚有建筑物存在者,承租人对于该土地有优先承租之权。"(《土地法施行法》第四四条第一项)"出租人出卖耕地时,承租人依同样条件,有优先承买之权。"(《土地法》第一七三条)"出租人出典土地时,原承租人依同样条件,有承典之优先权。"(《土地法施行法》第三六条)这些都是承租人对于土地的优先承租承买承典权的规定。"房屋必须改建,经出租人重新建筑非供自住者,原承租人有优先租赁权。"(《战时房屋租赁条例》第十六条)"依前条规定收回自住之房屋,不得扃闭不用,并不得于一年内将全部或一部改租他人。"（同条例第十二条）这又是承租人对于房屋的优先承租权的规定。此等优先承租权、优先承买权及优先承典权，均于出租人将租赁物再出租、出卖或出典时发生，承租人有此等权利的结果，出租人即有应其请求之债务，如出租人将租赁物出租、出卖或出典于第三人，致该债务归于履行不能者，应依《民法》第二二六条、第二二七条之规定，对于承租人负损害赔偿责任。承租人原来之优先承租承买承典权，即于此时因履行不能变为损害赔偿请求权，故其得行使之时间甚为短暂。《土地法施行法》第三七条就优先承典权及优先承买权，明定承租人通知后十日内不为表示者，其优先权消灭，则此十日届满以前之期间，为该两种请求权之除斥期间，该两种请求权仅能于此期间内存在。准此以解，若因战事关系而承租人不能行使优先承租承买承典权者，承租人之优先承租承买承典权系因不可抗力而致履行不能归于消灭，出租人亦无损害赔偿责任之可言。但是此种解决，是否公平合理，似属疑问！

（四）关于租赁契约之终止

战后租赁问题中关于租赁契约之终止者，约有二端：

甲、不定期租赁之终止。租赁未定期限者，除有利于承租人之习惯外，各当事人得随时终止契约（《民法》第四五〇条第二项）。此种规定，不能保护承租人之利益，而以战时及战后为尤甚！因为战时及战后的租赁关系，受币值与物价的影响，租赁定有期限者较少，未定期限者占多数，如许随时终止，不便于承租人殊甚，关于房屋的租赁，《战时房屋租赁条例》第十一条明定："租约期满或租约未定期限者，出租人为因正当事由有收回自住之必要时，应经该管警察机关或自治团体证明后，于三个月前通知承租人退租。凡供公教人员或自沦陷区退出之难民所租用之房屋，出租人为依前项规定收回自住者，应于一年前通知承租人。"关于耕地或房屋之承租人为出征抗敌军人家属者，《优待出征抗敌军人家属条例》第二九条第一项规定："出征抗敌军人或其家属承租耕作或收益之田地或住之房屋，在出征抗敌期内，出租人不得收回或改租他人。"我们认为补救《民法》第四五〇条第二项规定之不足，贯澈战时房屋租赁条例的立法意旨，并澈底优待出征殉难的抗属计，战后应于特别法增设如此规定：租约期满或租约未定期限之租赁，非因正当事由确有收回自耕自用或自住必要，出租人不得收回或另租他人。

乙、耕地租赁因积欠地租之终止。《土地法》第一七七条第二项规定，耕地之出租人不得预收地租，并不得收取押租。同法第一八〇条第七款规定，依不定期限租用耕地之契约，承租人积欠地租达二年之总额时，出租人始得终止租约。又同法施行法第四〇条规定："《土地法》第一八〇条第七款，关于不定期限租用耕地终止契约之规定。于定期租用耕地之契约准用之。"准此以解。一切耕地租赁契约，无论定期或不定期，如因承租人积欠地租而终止租约，非承租人积欠地租达二年之总额不可。又因出租人不得收取押租，依司法院院字第一七二五号解释："耕地租用，依《土地法》第一七七条规定，不得收取押租，其出租人已收取押租者，于有同法第一八〇条第七款情形终止契约时，自应于其已收取之押租抵充积欠地租外，尚达二年之总额，始得终止。"于保护佃农之旨，固已无微不至，但于保护经济上弱者之承租人中，似不足言奖励投资农产，与战后鼓励金融界或资本家投资农地促进农产之旨，似相违离，是否值得早加注意，确系可供考虑之一问题。

（五）关于租赁契约对租赁物受让人继续存在问题

《民法》第四二五条规定："出租人于租赁物交付后，纵将其所有权让与第三人，其租赁契约对于受让人仍继续存在。"《战时房屋租赁条例》第十四条亦同此意旨。此为采用导源于日耳曼固有法之"买卖不破坏租赁"原则而为之规定，与罗马法上"买卖破坏租赁"之原则适相反对。学者对此规定，认为可非议者有三：（一）就法理言，租赁契约仅于当事人间发生债权债务关系，原则上固不能以之对抗第三人，今以对特定人关系之债权，使其对租赁物之受让人仍继续存在，理论上似不可通（最高法院十八年上字第九五号判例即持此见解）。（二）就习惯言，我国向有"租不拦卖"之习惯，今以法律规定租赁关系对租赁物之受让人继续存在，显与我国固有习惯相反。（三）就保护经济上弱者之原则言，凡出卖租赁物者，多为经济上之弱者，买主往往附有"清庄退佃后始付业价"之条件，出租人以有此规定，固不能达到取得业价之条件，即承租人之改良费用及押租，亦将因之无从清偿。基上理由，因此有人建议：不如取法此条保护承租人之立法意旨，畀承租人以优先承买权及承典权。战后经济激变，向之富有者多为赤贫，而一般发国难财者，赤手空拳不数年而积资千百万，如因法律有此规定，遂使出卖租赁物之经济上弱者，蒙其束缚，似非所宜，此则值得立法司法当局予以注意者。

三、综合的意见

战后租赁问题的解决,如果我们不拘泥于法文字句之末节,不囿于形式的逻辑,而就社会的妥当性以观察,我们决不能认为现行法律对之已有适当的解决,而让问题的本身依然存在,致使人们反供法律的牺牲。因此,我们在分析研究了战后的租赁问题以后,愿再提供一些综合的意见,作为研究本问题之结论。我们认为战后租赁问题的解决,应注意下列五个原则。若是运用此五个原则时发觉彼此互有抵触,那就应让"轻微利益为重大利益所牺牲"之原则去取决了。

第一个原则是地尽其利屋尽其用。地尽其利,为国父之遗教,屋尽其用,乃各国战时动员所采取的社会政策。就前者,战时英国地主贵族公馆别墅的隙地,多已改花木为农作,英国的粮食增产和粮食自给,因此已收良好的效果。战后的我国,自应急起仿效,县地尽其利以为鹄的。就后者言,战时房屋之毁坏,何可胜计? 一方面我们应参照苏联对收复失地之措施,全力协助人民收复及建筑所需之房屋,大量建筑平民住宅,从总裁《中国之命运》一书中关于战后十年内须建筑居室一〇,〇〇〇,〇〇〇所(增订本第一五三页)的指示以观之,固无疑义;一方面我们却应尽其最大可能做到屋尽其用。唯其我们要做到"地尽其利屋尽其用",我们既要防止住屋及耕地减少,更应强制空屋空地出租。这是解决战后租赁问题的一个原则,也可以说是解决战后租赁问题的一个前提。

第二个原则是保护经济上弱者。保护经济上之弱者,本是社会本位的立法所必然应取的政策，举如契约自由之限制，所有权之社会化以及无过失损害赔偿主义的采行，均莫不与保护经济上之弱者有关；就租赁言，例如租金最高额之限定，不得任意终止契约，不得收取押租或押租最高额之限定等规定，亦莫非为保护经济上之弱者而设。现行《民法》《土地法》等依据国父扶弱济倾之遗教，随处均充塞保护经济上弱者之精神。战后租赁问题的解决，尤应贯澈斯旨，勿为经济上之强有力者张目，更无疑义。

第三个原则是保护承租人。承租人虽不必尽为经济上之弱者，且有时出租人反为经济上的弱者，然而较大多数的承租人则属经济上的弱者。现行《民法》及《土地法》等关于租赁之规定，本已充满了保护承租人的精神。战后租赁问题的解决，自应一依保护承租人之旨，实现国父"平均地权，节制资本"的遗教。

第四个原则是奖励自耕农。"耕者有其田"是国父关于土地政策的遗教之一，《民法》《土地法》关于耕地租赁的规定，奖励自耕农保护佃农的条款，不一而足，战后更应贯澈此旨，以奖励和保护自耕农为解决耕地租赁问题之一目标。抗战八年来，沦陷区和后方各省，地权有普遍集中的趋势，穷苦小民衣之食之恃以为生的耕地，多为贪污土劣暨发国难财者所纳入私囊，战后实行民生主义，平均地权，奖励和保护自耕农，使耕者有其田，尤为当务之急，可不待言。

第五个原则是奖励投资农产。战后我们要提高人民的生活水准，以工业化为经济建设的目标，农业方面既须配合工业化的经济建设，就应以科学方法提高农民耕作效能，以求品种、农具、耕作技术、土壤品质、培育方法之改良，病虫害之防治以及农田水利之兴修。国父于《民生主义》第三讲，曾明白指示改进中国农业所应注意之问题有七：第一是机器问题，第二是肥料问题，第三是换种问题，第四是除害问题，第五是制造问题,第六是输送问题,第七是防灾问题。凡此农业建设,均非大量资本不为功,除由政府大规模经营外,奖励金融界或资本家投资农产,亦属必要。战后我们既应奖励投资农产,则关于战后租赁问题的解决便不可不考虑及此,虽不必因此而蹈保护资本主义者之嫌,然而有利可图,资本家才甘愿转移其目标投资农产,我们为表示欢迎投资农产计,凡足以阻碍投资农产的规定,似乎就得设法予以改善,则战后租赁问题的解决于此又何能度外置之呢?

原载于《新中华》复刊第 3 卷第 2 期(1945 年)

关于汉奸的审判

汉奸的"落网""审判"和"行刑",是处理汉奸的三个步骤。连日各报宣载江苏高等法院审判头号汉奸陈公博、褚民谊、陈璧君等的经过,轰传遐迩,人心称快。虽依《特种刑事案件诉讼条例》,初审宣判后,被告不服,尚须经过最高法院复判程序,到"行刑"的日子,尚有相当距离,然就初审法院的审判情形看来,"迅速""妥当",不愧为老吏断狱。

刑罚非但有特别预防一般预防之作用,且于被害人方面亦与以相当之满足,此之谓刑罚之个别性、警戒性及慰抚性。就刑罚的个别性言,当较量各人主观的恶性而为个别之处罚,陈公博、褚民谊之处死刑,陈璧君之处无期徒刑,或此之故。就刑罚的警戒性言,惩一儆百,所以使民众知所警戒,生君子怀刑之感,具有社会教育的作用。世变方亟,"第三次大战已在形成之中",对于这些头号汉奸,如不处以极刑,那么将来甘心出卖民族国家利益的无耻败类,难保其不再跃跃欲试,肆无忌惮。就刑罚的慰抚性言,对于直接间接遭受侵害的被害人方面,亦与以精神上之慰抚。伪南京政府①发号施令以来,沦陷区人民生命财产直接间接所蒙受的损害,何可胜计!对于此辈巨恶大憝,若不处以极刑,又何以慰抚忠贞、收拾人心?

"刑乱世用重典",虽非永久不变之常经,究不失为乱世应急之措

---

① 指汪伪政府。——编者注

置。我们就刑罚合理化的三个主要原则,对于陈公博、褚民谊等的初审判决,认为汉奸末路,固当如此,并信复判审的最高法院必能维持原判,以张纲纪,而为天下后世永昭戒鉴!

原载于《胜流》第 3 卷第 9 期(1946 年)

论司法院大法官会议之解释权

一

宪法之有待于解释,其理由有三:(1)确定条文疑义。因为宪法是大纲的规定,以笼统的原则为较多,其条文难免有暧昧不明或疏漏矛盾之处,(就中如关于权限之争执)而有待于解释。(2)适应新的环境。因为宪法的修改,其程序每每较普通法律的修改为繁重,时异势易,必求其能适应新的环境,如不经修改而欲改变其固有的意义,自亦有待于解释。(3)决定违宪问题。因为法治国通例,法律与命令均不能抵触宪法,法律与命令是否违宪,必待解释宪法法文的意义始能确定。基于以上(1)(2)两理由而解释宪法,为宪法本身之解释;基于最后理由而解释宪法,则为法律命令是否违宪之解释。

关于宪法解释权之归属,因各国之历史沿革与政治机构之不同,而异其制度,大别之不外三种:(1)普通法院解释制。此制以普通法院解释宪法,实倡于美国。然美国法院之享有此权,并非根据宪法之规定,而系依据事实上的习惯。自一八〇三年最高法院院长马歇尔(Marshall)判决马堡莱控告马迭逊(Marbury V Madison)一案宣告一七八九年《司法组织法》与《宪法》不合,拒绝执行以后,此制始确立。哈密顿(Hamilton)于其《联邦论》一书有云:"法律解释是专属于法院之职权,审判官对于宪法事实上应认为基本法律,因此审判官应该同时确定宪法的意义与立法机关所制定其他法律的意义,如这两种法律有不能调和的差别,当然遵从人民意志所产生的宪法,而牺牲立法机关制定的法律。"故美国法院不但可以解释行政命令是否违宪,并可以解释法律是否违宪。人民因违宪之法律蒙不利者,均得向法院申诉,请求确认其违宪,而拒绝适用。各级法院均有受理此项案件之权,而以联邦最高法院之判决为最终判决,有拘束下级法院之效力。但法院判决只有消极的作用,仅能使该项法律或命令对于本案不发生效力,并不能使其根本废止。是以下级法院认为违宪者,上级法院认为不违宪,或从前认为违宪者,其后又认为不违宪,不免有前后反复矛盾及彼此不同之事实,而使法律关系不安定。南美各国宪法如哥伦比亚、多米尼亚、波里维亚、乌拉圭、墨西哥、古巴、浑杜拉斯等国,均以明文规定法院有解释法律是否违宪之权。此制优点,在于法院判决仅能否认违宪的法令,对于本案适用,并不能撤销该项法令,则法院之行使解释权,可免司法权侵犯立法权之嫌,实际上亦不至引起立法机关之反响。然此制亦有弱点,既被认为违宪之法律仍得继续存在,则在政府方面或可蔑视法院之判决,而继续执行其法令;又同样案件,亦可因法院解释之不同,而异其适用之法律,显然有背平等之原则。(2)特设机关解释制。此制于第一次欧战后颇为盛行,如德国之国务法院、奥国之宪法法院、捷克之宪法法院及西班牙之护宪法院,均于普通法院之外,另组特别机关,以掌理宪法解释的任务。法律或命令被判决为违宪者,其法令应即撤销之。此制优点,即在对于违宪法令得行撤销,则经撤销后之法令即失其效力,可免前后解释之不同,而使法律关系安定;又解释权授于一特别组织之机关,则其地位超然,而其构成分子之选择,不独重法学的智识而且兼重政治上之经验,此亦非通常法官所能胜任。然此制弱点,则以撤销之效力不溯既往,未撤销前之法律关系与经撤销后之法律关系,仍应适用不同之法律,对于以前因违宪法律而受损害者,将无救济之法,而且违宪法律,自始即应无效,若以撤销时之前后为标准而定其效力之有无,理论上亦有未妥。况且撤销期间毫无限制,往往行之多年的法律,得因特设法院之判决而失其效力,不免动摇人民信任法律的心理。(3)议会解释制。此制倡于英国,法、义、比、瑞士诸国采之。英国宪法与普通法律之制定程序,并无若何不同,故不发生违宪问题,纵使有法律违反宪法,亦可在立法范围以内自谋救济,毋庸法院过问。至于法、义、比、瑞士诸国,虽以宪法解释权属于议会,但非如英国之为绝对的,所谓法院无解释权者,仅指法律"实质上"有无抵触宪法内容而言,若"形式上"不合宪法规定的程序,法院仍有权拒绝执行。此制优点,在于议会既为人民之代表机关,则其所通过之法律即可视为合于民意,故除议会本身加以修改或废止外,应常为有效,若许法院得认定其为违宪而拒绝适用,甚或加以废止,似无意于与民意挑战。然其弱点则为宪法乃民意之所托,较之普通法律究有程度之不同,此在宪法之制定及修改须经特别程序之国家,尤为显著,则立法机关之法律要不能谓为全合于民意,至于英国宪法之保障,实由赖于其悠久的宪政习惯,恐非他国所可仿效。

我国《宪法》规定:"《宪法》之解释,由司法院为之。"(一七三)"法律与《宪法》有无抵触发生疑义时,由司法院解释之。"(一七一Ⅰ)"省自治法制定后须即送司法院,司法院如认为有违宪之处,应将违宪条文宣布无效。"(一一四)"省法规与国家法律有无抵触发生疑义时,由司法院解释之。"(一一七)"司法院解释《宪法》,并有统一解释法律及命令之权。"(七八)"司法院设大法官若干人,掌理本《宪法》第七十八条规定事项。"(七九Ⅱ)准此以解,我国《宪法》解释权系属于司法院,精确言之,我国《宪法》解释权系属于司法院大法官会议。因为《司法院组织法》第三条规定:"司法院设大法官会议,以大法官十七人组织之,行使解释宪法并统一解释法律命令之职权。"严格言之,宪法解释权自系属于司法院大法官会议。关于宪法解释权之归属,体制上与特设机关解释制相近似。考其理由不外三端:(1)大法官多系法界硕儒,具有法学智识与经验,地位超然,易探得宪法之真义,且司法独立,不受政治之影响;(2)有特设机关解释制之长而无其短,因为经司法院大法官会议解释认为违宪之法律或命令,一概无效(《宪法》一七一与一七二),与特设机关解释制之仅得撤销,于撤销时起违宪之法令失效者不同;(3)我国立法院非制定宪法之机关,自不宜对于自己所制定的法律为违宪与否之解释。若以之属于国民大会,则因国民大会不常开会,况其人数过多,对于解释权之行使,事实上亦多困难。故宪法解释权不能属于立法机关与制宪机关。

二

司法院大法官会议,以大法官十七人组织之。依《司法院组织法》第四条规定,大法官应具有下列资格之一:(1)曾任最高法院推事十年以上者;(2)曾任立法委员九年以上者;(3)曾任大学法律主要科目教授十年以上者;(4)曾任国际法庭法官,或有公法学或比较法学之权威著作者;(5)研究法学,富有政治经验,声誉卓著者。具有上项任何一款资格之大法官,其人数不得超过总名额三分之一,以期多方面产生大法官。易言之,以上五种资格的大法官,无论何项资格,均至多只能产生五名。

不过,就上述五种资格言,第一种出身最高法院,第二种出身立法院,第三种出身于大学教授,均比较严格,第四种所谓曾任国际法庭法官者,在我国除王宠惠、郑天锡、徐谟诸氏外,不可多得,至所谓有公法学或比较法学之权威著作,则比较宽泛,而第五种只须研究法学富有政治经验声誉卓著者,尤为笼统,也许是为民、青两党开一个方便之门。其实大法官应该超出党派以外行使其解释权,大可不必考虑及此!

大法官的产生,依《宪法》规定,系由总统提名经监察院同意任命之。(七九Ⅱ)监察院行使同意权时,由出席委员过半数之决议行之。(九四)总统应就具备大法官资格者提名为大法官,监察院应就具备大法官资格者同意为大法官。总统为国家元首,对于大法官之提名,由总统为之,较为适宜,因为总统提名后须经监察院同意,总统只有提名权,而且监察委员为地域性的省市及其同等区域的人民代表,现行宪法上的监察院,颇有两院制议会政治的参议院或上议院之意味,经过监察院的同意,多多少少可以说是出于人民代表的共同意见。不过,总统固无法强使监察院必须同意,监察院亦不能以若干监察委员之联署,向总统有所建议。如果总统提名的大法官,监察院非同意不可,又何贵乎监察院的同意权?如果监察院以若干监察委员之联署,向总统有所建议,总统即本于监察委员的建议而提名,又何贵乎总统的提名权?《宪法》上所以予总统以提名权予监察院以同意权者,无非以大法官职司重要,必须审慎其人选,避免总统或若干监察委员的包办而已。至于大法官的产生,《司法院组织法》仅规定其名额与资格,《宪法》上仅规定由总统提名与监察院同意,绝无关于地域的限制,因为大法官职司重要,必须具备法学智识与经验,非法界硕学鸿儒不足以当此,未必每一省市均有此项适当人选,也许人杰地灵,某一省市可有数个理想的人选,而且大法官的解释权,除解释省自治法是否违宪外,工作上并无区域性的意义，亦无关于地域限制的必要。可是行宪后首届大法官的产生，各监察委员对于同意权的行使，似乎每一省市以不超过二名为限，此项大法官地区分配上的限制，只能看做监察院所创制的不成文法，理论上其实无此必要。

大法官之任期为九年（《司法院组织法》四Ⅲ），与一般司法官之为终身职者不同，但任期届满后，自得依法继续任命。就任期言，大法官之任期，比较对于他的产生享有提名权之总统及享有同意权之监察委员，均长三年（总统、副总统及监察委员任期各六年），比较其他经由总统提名及监察院同意而产生的考试院院长、副院长（《考试院组织法》十）、考试委员（《考试院组织法》三Ⅱ）亦长三年，（考试院院长、副院长及考试委员任期各六年）而司法院院长、副院长虽亦经由总统提名及监察院同意而产生，但《宪法》及《司法院组织法》均无关于任期之规定，显系疏漏，与本文无涉，姑不置论。由我们看来，大法官既有任期，似乎应与总统及监察委员之任期相同，不必定为九年。因为理想的大法官，尽不无继续任命的机会，对于年老力衰或不甚称职的大法官，与其让他尸位素餐，不若把任期缩短，好让法界新进分子，有获得宪法解释权的机会。

本届大法官虽经总统提名十七人，然经监察院同意者，仅有江庸、燕树棠、黄右昌、郗朝俊、张式彝、李伯申、胡伯岳、洪文澜、张于浔、林彬、刘克儁、沈家彝等十二人，除江庸辞不就职外，现任大法官只有十一人，是否仍将由总统提名咨经监察院同意补足六名缺额，则尚不可得而知。我们以为法律上既已规定大法官名额为十七人，而且解释权的行使，又取决于会议，在法定名额范围内，自应予以补足，增多了六个大法官的意见，也许可使解释权的运用，更能臻于妥善呢。

三

司法院大法官会议的解释权，包括解释宪法及统一解释法律及命令之职权而言。可分宪法解释权及法令统一解释权言之：（1）宪法解释权，包括《宪法》本身的解释及法律命令有无抵触《宪法》的解释。依照《司法院大法官会议规则》第三条规定：中央或地方机关于其职权上适用《宪法》发生疑义，或适用法律命令发生有无抵触宪法之疑义时，得声请解释。则所谓《宪法》本身的解释及法律命令有无抵触《宪法》的解释，必须于中央或地方机关于适用上发生疑义时，始得声请解释，司法院大法官会议必须本于声请始为解释。依此，则关于《宪法》本身之解释，其范围似仅及于中央或地方机关权限上的问题，当以中央或地方机关权限上积极或消极的争议为限。关于法律命令有无抵触《宪法》的解释，其范围虽不以中央或地方权限上的问题为限，但若与中央或地方权限毫无关系，恐不至发生适用上的疑义。（至于省自治法是否违宪的解释，不必经由声请程序，自当别论。）由此看来，司法院大法官会议关于《宪法》的解释，似为不常有之事了。（2）法律命令统一解释权。法律命令之内容，有时不免发生疑义，必须加以解释，统一解释之权，所以属于司法院大法官会议者，一则可免纷歧，二则大法官有丰富之学识经验，易得适当之解释，至命令有无与法律抵触，自亦在解释范围之内。依据《司法院大法官会议规则》第四条规定：中央或地方机关就其职权上适用法律或命令所持见解，与本机关或他机关适用同一法律或命令时所已表示之见解有异者,得声请统一解释;但该机关依法应受本机关或他机关见解之拘束或得变更其见解者,不在此限。依此规定,则统一解释法令之范围,以中央或地方机关就其职权上适用时所持见解,与本机关或彼此不受拘束之他机关适用时所持见解有异时为限。至于省法规与国家法律有无抵触,以及县单行规章与国家法律或省法规有无抵触,自亦在解释范围,自亦应以上项限制为解释范围。

关于解释权的发动,依《司法院大法官会议规则》,不外两种情形:

(甲)基于中央或地方机关之声请

(a)声请之条件,因宪法解释之声请与法令统一解释之声请而不同:(1)宪法解释之声请,须中央或地方机关于其职权上适用宪法发生疑义,或适用法律命令发生有无抵触《宪法》之疑义时,始得为之。(《会议规则》三)人民或民众团体,均无权声请解释。所谓中央机关,包括总统府、行政院、立法院、司法院、考试院、监察院及其所属部会而言,国民大会为依宪法规定代表人民行使政权之机关,解释上亦包括在内。所谓地方机关,指省市政府及县政府而言。(2)法律命令统一解释之声请,须中央或地方机关就其职权上适用法律或命令所持见解,与本机关或他机关适用同一法律或命令时所已表示之见解有异者,始得声请统一解释,但该机关依法应受本机关或他机关见解之拘束或得变更其见解者,不在此限。(《会议规则》四)所谓该机关依法应受本机关或他关见解之拘束或得变更其见解者,例如地方法院及高等法院应受最高法院见解之拘束,最高法院依《法院组织法》第二五条规定,得由院长呈由司法院院长召集变更判例会议决定,变更其法律上之见解。至于人民或人民团体,均无权声请解释,亦无待言。

(b)声请之程序,则无论宪法解释之声请或法令统一解释之声请,均须注意二点:(1)声请解释机关有上级机关者,其声请应经由上级机关层转。声请解释不合规定者,上级机关不得为之转请;上级机关应依职权予以解决者,应依职权径行予以解决,不得为之转请解释。(《会议规则》五)(2)声请解释,应以书面说明声请之事由,必要时并应附送有关文件。(《会议规则》六)按现已废止的《司法院统一解释法令》及《变更判例规则》第三条第一项但书所称"所列疑问,不得胪列具体事实",未为现行司法院大法官会议规则所采纳,因此,中央或地方机关声请解释,不必像过去一样仅得为比较抽象的叙述了。

(乙)非基于中央或地方机关之声请

此则专指《宪法》第一一四条关于省自治法违宪之解释而言。因为省自治法制定后,须即送司法院,司法院如认为有违宪之处,应即将违宪条文宣布无效。故关于《宪法》第一一四条规定之事件,不适用声请解释之程序。(《会议规则》九)

关于解释权之行使,可分会议前之准备及会议程序二项言之:

(甲)会议前之准备程序

(a)审查,(1)声请解释事件,应按收文先后编定号次,即按收文号次及分案输次交大法官一人审查,拟具解释初稿或其他意见,提出大法官会议讨论。如经会议议决重付审查时,得由会议加推大法官数人,以一人为召集人,拟具报告,提出会议讨论。前项交付审查事件,如大法官会议认为应迅速办理者,得附定提出审查报告之期间。(《会议规则》七、八)(2)非声请解释事件,即各省自治法是否违宪之审查事件,仍应按收文先后编定号次,由大法官全体或数人审查,并得限定提出报告之期间。(《会议规则》九)

(b)报告,审查完竣提出报告后,应即连同关系文件缮印,于开会前五日分送大法官会议主席及各大法官。(《会议规则》十)俾便各大法官对于审查意见之赞成与否决,有所准备。

（乙）会议程序

大法官会议每两星期开会一次,必要时得开临时会议。(《会议规则》十八)

(a) 主席,大法官会议开会时,由司法院院长主席,院长因事故不能为主席时,由大法官互推一人为主席。(《会议规则》十一、《司法院组织法》三Ⅱ)至于司法院院长因事故不能视事时,由副院长代理其综理院务及监督所属机关之职务,(《司法院组织法》六Ⅱ)对于大法官会议主席职务,司法院副院长能否于院长不能视事时代理为之,虽然大法官会议讨论会议规则时曾有争论,但会议规则既明定为院长因事故不能为主席时由大法官互推一人为主席,则司法院副院长之不能代理主席,应无待论。又大法官会议开会时,司法院秘书长得列席(《会议规则》十五),因为秘书长为司法院之幕僚长,其职权为承院长之命处理本院事务,并指挥监督所属职员(《司法院组织法》七),但秘书长之列席会议,对于讨论事件,纵使发言,亦不过供大法官之参考,其为不得参加表决,更不待言。

(b) 报告事项,大法官会议,应于声请解释事件,按收文编定号次,于每次会议时将案由列入报告事项。(《会议规则》七)对于各省自治法送司法院后,亦应按收文先后编定号次,列入报告。(《会议规则》九Ⅰ)

(c) 讨论顺序,大法官会议讨论事件之顺序,应按审查报告提出之先后编列,但经会议决定,得变更之。(《会议规则》十四)

(d) 议决,依宪法应由司法院解释之事项,其解释以大法官会议之决议行之。(《会议规则》二)大法官会议应有大法官总额过半数之出席,出席大法官过半数之同意,始得为决议。可否同数时,取决于主席。但解释宪法或为法律或地方自治法抵触宪法之决议,应有大法官总额过半数之同意,(《会议规则》十二)以昭慎重。至所谓大法官总额过半数,系指法定大法官总额过半数即十七人之过半数八人而言，非指现任大法官之过半数，解释上亦属当然。又表决方法，必要时得经会议决定，以无记名投票行之。(《会议规则》十三)大法官会议之解释经决议后，由司法院公布之，并通知原送机关。(《会议规则》二〇)至于解释事件之分配审查讨论及其他经过情形，无论大法官、司法院院长、秘书长及参加会议纪录、资料搜集及其他有关会议事务之职员，均应严守秘密。(《会议规则》十六、十九)

四

司法院大法官会议行使解释权之结果如何？可自《宪法》之解释与法令之统一解释言之：

(甲) 关于《宪法》之解释

就《宪法》本身之解释言，一经解释，则关于适用《宪法》上之疑义，便成定论，故大法官会议似有或多或少之修改《宪法》及补充《宪法》之权能。就关于法律命令是否抵触《宪法》之解释言，依我国《宪法》规定：(1)法律与《宪法》抵触者无效，(一七一Ⅰ)(2)命令与宪法或法律抵触者无效，(一七二)(3)省自治法违宪者，其违宪部分宣布无效，(一一四)(4)省法规与国家法律抵触者无效，(一一六)(5)县单行规章与国家法律或省法规抵触者无效。(一二五)

本来，关于宪法解释之结果，各国宪法有四种制度：(a)有效制，例如法国关于违宪的命令，得由法院予以否认，法院对于违宪的命令，得以拒绝适用，但对于经议会制定及总统公布的法律，则假定其为与《宪法》相适合，而不认违宪法律的存在。此种不承认违宪法律的制度，便是认为纵系违宪的法律，亦与不违宪同，一律有效。此制与《宪法》之效力高于一切法律之原则相违背，故我国《宪法》不予采用。(b)否认制，例如美国，关于法院认为违宪之法律，得以拒绝适用，因执行此项违宪法律所为之处分，亦不能成立，但法院否认的结果，仅及于与之相关的讼案，使该项法律不能发生效力。至于被认为违宪法律的本身，除非经最高法院判决认为违宪，否则仍然有效存在，不因为法院的否认而就归于消灭。此制固不易招致立法或行政机关的歧视而酿成政治上的纷争，但是违宪法律本身既仍继续存在，政府仍得依然执行，故亦不可采取。(c)撤销制，例如奥国，宪法法院如果以判决认为违宪的法律，并经中央政府或各邦政府公布后，该项违宪法律，即系废止而丧失其效力。此制，凡违宪法律在未经审定以前可以适用，但经《宪法》法院撤销后，即自撤销之日起向将来消灭其效力。因为撤销之效力不能溯及既往，撤销前因执行该项法律而为之处分，仍然有效，故亦不为我国《宪法》所采。(d)无效制，即法律或命令与《宪法》抵触者无效。一经解释机关确认无效，该项违宪法律或命令即失其拘束力，行政机关不得执行该项法令，且应溯及于该项法令公布之日起，自始不发生效力。就保障宪法言，以无效制为最优，故我国《宪法》采取此制。凡是法律与《宪法》抵触，命令与《宪法》或法律抵触，省自治法违宪，省法规与国家法律抵触，县单行规章与国家法律或省法规抵触，一经司法院大法官会议解释认定，即一概自始无效。

（乙）关于法律命令之统一解释

既经司法院大法官会议对于法律或命令为统一解释后，不特声请解释之机关，受其拘束，即一般人民及其他未经声请之机关亦应受其拘束，此种解释，属于所谓有权解释或强制解释。

国内学者有对于我国《宪法》对于法律命令是否抵触宪法之解释结果采取无效制，认为不无商榷余地者。例如张企泰氏于其《论解释宪法》一文（见本年六月廿九日《大公报》），尝谓"司法院解释的结果，如认为法律违宪，依《宪法》第一七一条前段规定，应宣示其为无效。故司法院的解释，不但有绝对的即对抗一般人的效力，且依'无效'一术语的法律上意义，更有溯及既往之效力。此与美、奥两国制度均不同。美国法院宣示法律违宪的判决，仅于本案为有效，法院仅于本案排除法律之适用，而不得撤销其法律，故不妨碍其他法院适用同法于他案。但法律如经最高法院认为违宪者，则以美国采行判例制，下级法院须受上级法院判例之拘束，实际上便等于被撤销或废止了。奥国《宪法》法院，如认为法律违宪，得以判决撤销之，其判决并有绝对的效力，但原则上不溯及既往。即法律在未被判决撤销之时，仍为有效。此外还可于判决中特地酌定法律丧失效力之日。良以制定法律，程序繁复，倘于旧法被撤销而失效之时，新法尚未及产生，法规中难免发生漏洞。旧法的效力，如获延长相当时间，立法机关即有弥补缺陷的机会。我国宪法的规定，便不无可以商榷之处了。立法机关为废止旧法而制定新法时，该新法尚仅于将来发生效力，而宣示法律违宪的司法院解释，却能溯及既往，此在理论上为不可通。又法律颁行之后，究竟与宪法有无抵触，不必立即由公署提出于司法院请求解释，在时间上，可能有若干年的距离，在此期间，该法律当然为全国人民行动时所依循。如一旦宣示无效，过去若干年的行动，将全发生问题。尤其是关于经济的法律，依违之间，可以影响巨额财产，故采取无效主义，不但使人民感觉无交易上之安全，甚且可以引起社会上的骚动，此又在事理上为不相宜"。由我们看来，抵触《宪法》之法律或命令经司法院大法官会议解释认定违宪后，该项违宪法律或命令即自始无效者，所以为确保《宪法》之效力计；而且违宪的法律或命令，自公布之日，即应归于无效，理论上亦未可厚非，因为法律或命令既已违宪，当然自该项法律或命令公布之日即应无效，司法院大法官会议之解释，不过加以认定而已。如果自司法院大法官会议解释宣示其无效之时起，始归于无效，无异追认违宪的法律或命令于未经解释宣示其无效前仍为有效，而且未经解释宣示其无效前之法律关系与经解释宣示无效后之法律关系，势必适用不同之法律，未经解释宣示其无效前之因违宪法律或命令而受损害者，将无救济之法，理论上反觉其未妥。至于抵触《宪法》之法律或命令如经长期间以后，始经声请司法院大法官会议解释宣示其为无效，则前此之法律关系俱因法律之溯及的自始不生效力，而发生动摇，似相当限制，似属不无疏漏。按《五五宪草》第一四〇条第二项，规定"法律与宪法有无抵触，由监察院于该法律施行后六个月内，提请司法院解释，其详以法律定之"。现行宪法于监察院提请解释权不予规定，固无不可，而于时间限制亦漏未规定，未免会发生流弊，似有待于补救或改正。

九月三十日脱稿于上海暨南大学

原载于《中华法学杂志》第 7 卷第 7 期(1948 年)

怎样读"法律学系"

跨入了大学之门，如果你是法律系学的学生，你必然会发生怎样修习各种法律学科及其关系学科的问题。要解答此一问题，你应该先明了法律学系的分组概况，然后再决定你进入法律学系的志愿，由于你的志愿，我们才能给你解答关于法律学系的修习问题。原来，教育部近年来为了重视法律教育，除于若干国立大学将法律学系扩充为法学院，或将政治、经济两系自法学院分开，让法学院单独设立法律学系外，并于法律学系分设各组，如所谓司法组、行政法学组、国际法学组及理论法学组是。大体说来，司法组是修习司法官应该修习的学科，目的在造就司法界的预备军；行政法学组偏重行政法学的研究，目的在造就行政界的预备军及行政法专家；国际法学组注重国际法学的研究，目的在造就外交界的预备军及国际法专家；理论法学组侧重法学理论的研究，目的在造就法学界的预备军及法律教育人才。以上分组，虽然不无可议，且各大学法律学系的分组，亦未必一概如此，然而你进入法律学系的志愿，大体说来，似亦不外乎如上所述。如果你有志做律师，在考试院未依律师法律举办律师考试以前，你仍得先以司法界或法律教育界为你的进身之梯。因为《律师法》规定：律师的检核，限于四种资格，即(1)曾任推事或检察官，(2)曾任教授、副教授、讲师，讲授民法、商事、刑法、民事诉讼法、刑事诉讼法、强制执行法、破产法等主要法律学科二年以上，(3)法科毕业生曾任荐任司法行政官办理民刑事件二年以上成绩优良,(4)曾任立法委员三年以上。你想,在律师考试举办以前,如是你要以律师为你的职业,除以司法界或法律教育界为进身之阶,岂有他途吗?由此以观,你的志愿如果在于从事司法官或律师,你应该对于各种法律学科理论与实用并重;你的志愿如果在于从事一般行政工作,你应该对于一般行政法令的原理原则有广泛与精深的了解;你的志愿如果在于从事外交工作,你应该对于国际法有深刻的研究,对于外国语文的工具尤应特别注意;你的志愿如果在于从事法学的研究或法律教育工作,你应该对于各种法律学科作博大精深的研习,理论与实用并重,外国语治学工具,尤不可不特别注意。

  无论你的志愿怎样,更无论你进的是法律学系哪一组,你学习的对象总不外乎各种法律:如宪法、民法、刑法、商事法、民事诉讼法、刑事诉讼法、国际公法、国际私法、行政法等,对于这些法律学科,你应该用同样的注意力去学习,不能有所偏颇,必定是"法法通"而后才是"一法通",决无对于其他法律不甚了了而可精通某一种法律之理。无论你学习哪一种法律,你得知道三个原则:(1)"知其然",用英语来说,即是 what the law is? 比方你学习民法,你得知道什么是民法;你学习民法中哪一篇或哪一条,你得知道该篇或该条的内容是什么;再说得具体些,民法上有所谓权利能力、行为能力、结婚能力、遗嘱能力,其意义究竟怎样。你学习民法,当然应该知道的,此之谓"知其然"。(2)"知其所以然",用英语来说,即是 why the law is? 比方你学习民法,你知道了民法某篇或某条的内容以后,你应该进一步研究为什么该篇或该条的内容如此规定;说得具体些,比如说民法上为什么规定权利能力始于出生终于死亡?为什么未满七岁之未成年人无行为能力,满七岁未满二十岁之未成年人有限制行为能力,未满二十岁之未成年人已结婚者有行为能力,为什么男满十八岁、女满十六岁有结婚能力,为什么满十六岁的未成年人有遗嘱能力?换一句话说,即是立法理由何在?你应该知道的,要不然,所谓"知其然而不知其所以然",死读法律,有何用处?(3)"知其所以应然",用英语来说,即是 what the law ought to be? 比方你学习民法,你知道民法中哪一篇或哪一条的规定,你也知道该篇或该条的立法理由,你应该更进一步研究民法该篇或该条此种规定是否妥善;如不善,究应如何规定,才能止于至善?说得具体些,比如说,民法上规定男未满十八岁、女未满十六岁不得结婚,此种规定,究竟是否妥善?如不妥善,则应如何修改?换一句话说,即是立法的趋势何在?法律的精神何在?你应该知道的,要不然,你仅仅乎死读法律条文,有何用处?记着,你无论学习哪一种法律,你得知道以上所说的"三 W 原则"。

说到法律学的研究方法,我国司法行政部顾问即美国法学泰斗庞德教授(Roseoe Pound)曾谓法学研究方法有四,即(1)哲学方法(Philosophical method),(2)历史方法(Historical method),(3)分析方法(Analytical method),(4)社会方法(Sociological method)。而英国蒲莱士氏(Jàmes Bryce)则谓研究法学有以下四种方法,即(1)玄学方法(Metaphysical method),(2)历史方法,(3)分析方法,(4)比较方法(Comparative method)。我们根据庞德与蒲莱士两氏的见解,归纳为五种方法:(1)哲学方法。哲学与玄学绝不相同,与其采取蒲莱士氏所主张的玄学方法,毋宁采取庞德氏所说的哲学方法。所谓哲学方法,系以哲学的方法研究法学,向人类理信之中,寻觅法律的真理。(2)历史方法。从历史的观察以研究法律,讨论法律问题,必须根据历史环境,研究法律,必须采集历史的材料,社会的统计,各民族既有其特殊的历史环境,即有其特殊的法律制度,不能认法律为一种永久而普遍的规则。关于各种法制史的研究以及法制沿革的探讨,均属此类方法。(3)分析方法。用逻辑与形式的方法观察法学,注重于现实法(Positive law)的研究,阐明其原委,从事于考核。关于各种现行法律注释的研究,即属此类方法。(4)比较方法。即将各种相同或相类似的法律,作比较的研究,借资借镜。或以国家区别而作比较,例如中国刑法、英国刑法、苏联刑法、法国刑法、日本刑法以及其他各国刑法的比较研究是;或以民族区别而作比较,例如日耳曼法、斯拉夫法、土耳其法的比较研究是;或以法系区别而作比较,例如罗马法系与英美法系的比较研究是。关于各国立法例的研究,即属此类方法。(5)社会方法。即观察社会实际情形,以寻求法律的基础,易言之,将法律当作社会现象之一而研究之,即所谓唯实论的方法是。二十世纪的法律,应该是社会本位的法律,以社会大众的利益为法律的立足点,不以个人的利益为法律的基准。我们研究社会本位的各种现实法律,自应采取社会方法,更易得法律的真谛。以上我们介绍了五种研究方法,至论研究哪一种法律学,都应该同时采用,因为无论这五种方法中的任何一种方法,均难免有其美中不足,必须并行不悖,始能相得益彰。

你如果是法律学系一年级的新生,你也许在注册选课时一定觉得很奇怪,为什么法律学系一年级新生,所能选习的法律学科,只有法学绪论与民法总则二门,而法学绪论又且是一学期的课程。其实,你若能仔细一想,便能恍悟其所以只能选习一二种法律学科的理由。因为国文与英文,都属于治学工具,虽然在大学一年级再修习国文、英文,事实上未必对于你的治学工具能有多大帮助,然而其意义则未可厚非。哲学概论研究哲学上的基本知识,政治学、经济学、社会学与法律学都是社会科学的一部门,研习法律学者,对于社会科学其他部门的政治学、经济学、社会学,自不能不研究一番。如果说法律与国家不可分离,那么以国家为研究对象的政治学,你就应该先选读;如果说法律应该建筑在经济的基础上,那么以经济现象为研究对象的经济学,正是法律学的基础学问;如果说作为法律学研究对象的法律现象,是属于社会现象的一种,那么以社会现象为研究对象的社会学,你就应该先行选读。治学应如金字塔,基础愈广大,愈能高峰矗立而无倾覆之虑,对于法律学的研究,又何莫不然?我们应该将法律学建筑在广泛的基础知识上面,所谓博而后约。如果一进大学之门,便全部修习法律学科,而无其他社会科学或哲学的基础知识,则无异钻牛角尖,与高深学问背道而驰了。

最后,我们且就法律学系一年级所能选读的两种法律学科即法学绪论与民法总则,让你先知道一些应该知道的常识。法学绪论之目的在使法律学系学生们对于"法"之基本概念、作用、体系、世界重要法学的发展概况、各国法学教育的现况、研究法学的方法等,有所认识,引起其对于法学的兴趣而研究各部门法学科目。与廿世纪初年德国式的法律科学绪论相同,而与日本式的法学通论即法律概论者则异,法学通论或法律概论是将主要法律如宪法、民法、刑法、民事诉讼法、刑事诉讼法等作一大体的介绍,不仅于法之本质有所论述而已。虽然我国法律顾问庞德氏(R. Pound)在其《法律教育第一次报告书》中,主张于法律学系应先开授中国法律体系的初步原理或导论,将全部法律如宪法、民法、刑法、行政法、国际私法及民刑诉讼法等,各占有一部分地位,然而此一主张,未被教育部法律教育委员会采用以前,则所谓法学绪论,自不可与法学通论同日而语。不过,你若问我法学绪论这一科目有无理想的大学教本或标准参考书,我却惭愧无以奉答,因为我国坊间尚无此书可供介绍。不得已而求其次,不妨就法学绪论所讨论的各个问题,寻求其参考书,至于美国法学导论或法学大纲之类书籍,用作我国法学绪论教本,恐非所宜。复次,民法总则为民法全部适用之通则,我国《民法》采取德国式体裁,系五分法的编制:第一编总则,第二编债,第三编物权,第四编亲属,第五编继承。民法总则编既是民法全部适用之通则,而且民法又是规范人们社会生活与经济生活的法律，就各种现实法言，与人们关系最密切的莫过于民法，所以民法总则应先于其他法律而修习。然而凡是初学法律者，大多认为民法总则不是容易修习的学科，凡是教授法律者，也大多认为民法总则不是容易讲授的学科。我不必把理由一一详细告诉你，你自然会体验而得。你既然知道民法总则是民法全部适用之通则，而且又是你最先修习的一部现实法，你应该在名教授的指导下，善自运用我们上面所介绍的研究原则与研究方法，好好儿学习，西谚所谓"有好的开始便已成功了一半"，希望你对于民法总则的研习能有好的开始。当然，课室笔记，你不能有脱漏；参考书籍，你必须选择二种或数种，精细研读。这里我们附带地开列若干种比较在水准以上的著作：（1）李宜琛《民法总则》（正中书局），（2）黄石昌《民法诠解总则篇》（商务印书馆），（3）史高宽《民法原论总则》（大东书局），（4）胡元义《民法总则》（自刊本），（5）李祖荫《民法概要》（自刊本），（6）梅仲协《民法要义》（昌明书屋），（7）胡长清《中国民法总论》（商务印书馆），（8）郗朝俊《民法总则详论》（中国文化服务社），（9）曹杰、张正学《民法总则注释》（商务印书馆）。本文关于法律学系的修习，限于篇幅，姑至此告一段落。如果你要问我法律学系全部学科的修习问题，我打算有机会写一篇"如果我再做法律学系学生"。

九月一日于暨大

原载于《创进》第 1 卷第 13 期（1948 年）

读李达编的《中华人民共和国宪法讲话》

李达编的《中华人民共和国宪法讲话》(人民出版社出版)是供一般读者阅读的中级读物。也许是由于这本书截稿于中国共产党第八次全国代表大会以前或者更早的一些时候,因而现在看来,作者没有把"八大"文件的精神贯串到这本书所涉及的一些问题中去。比如关于我国国内当前主要矛盾已经不是社会主义和资本主义的矛盾而是先进的社会制度和落后的社会生产力的矛盾问题,关于我国国家性质实质上是无产阶级专政问题,关于我们的人民民主专政就是以工人阶级为首的人民大众对于反动阶级、反动派和反抗社会主义革命的剥削者的专政问题,关于改进民族关系中的主要问题是克服大汉族主义问题,关于第二个五年计划的基本任务问题,关于党的工作和国家机关工作的关系或界限问题等,我们在阅读这本书的时候,就得根据"八大"文件的精神,来对待这些问题了。

尽管如此,我觉得这本书是存在着很多优点的。第一,《宪法》[①]实施后两年来的新情况和新问题,以及在新情况和新问题的发展中《宪法》本身在内容上也有了某些发展,这本书一般的都作了适当的说明。从而使读者可以深刻认识到作为上层建筑的我国《宪法》从实际出发而

[①] 此处指1954年9月20日在第一届全国人民代表大会第一次会议上通过的《中华人民共和国宪法》,即《五四宪法》。——编者注

又指导实践的能动作用。这就不是在宪法草案宣传时期或《宪法》颁布初期所写的一些关于《宪法》的小册子所可比拟的了。第二，我国《宪法》是实现我国过渡时期社会主义革命和社会主义建设的伟大武器，是马克思列宁主义理论和中国革命的具体实践相结合的典范。这本书对于《宪法》本身以及《宪法》所涉及的许多问题，企图从马克思列宁主义的理论上来加以阐明，帮助读者更加明确的认识到，"指导我们思想的理论基础是马克思列宁主义"，为进一步钻研《宪法》提供了比较系统的基础知识。作者对国家、法律、宪法的意义，从历史的发展上加以考察，对一般读者理解问题的实质是有益的。第三，这本书在阐明《宪法》所涉及的一些问题时，揭穿和批判了资产阶级国家和旧中国宪法的虚构性和反动性，使读者更清楚地了解到我国《宪法》的真实性和人民性，了解到我国《宪法》所规定的社会制度和国家制度的优越性，从而更加激发爱护祖国和积极参加社会主义建设事业的热情。这一个优点由于作者收集了实际生活中许多生动的资料来阐明问题而突出出来。第四，这本书不仅在字里行间鼓舞着读者热爱自己祖国和热爱伟大的社会主义建设事业，而且对于加强法制观念、提高法制思想作了必要的阐述，对一些违反法制思想的错误行为和看法作了适当的批判，这些都是必要的。

这本书还存在着一些缺点：第一，从理论上阐明宪法的概念本质和作用还不全面。马克思列宁主义关于宪法的理论教导我们：宪法是规定社会制度和国家制度基本原则的根本法，是阶级力量对比关系的表现，是上层建筑的一部分。因此，我们应该从这几方面去理解宪法的概念本质和作用，也必须在理解宪法的概念本质和作用的基础上才能理解宪法所调整的社会关系。本书只是从宪法是国家的根本法方面来说明宪法的概念，而对于宪法是阶级力量对比关系的表现和宪法是上层建筑的一部分，则未加以一般论述。作者在阐述我国《宪法》是历史经验的总结时,只是从"中国人民百多年以来英勇斗争的历史经验的总结""中国近代关于宪法问题和宪政运动的经验的总结"两方面来说明,忽略了我国《宪法》还正确地吸收了国际经验这一重要方面。第二,本书对于《宪法》实施中反映我国过渡时期特点的若干问题,也缺乏具体的阐述与分析,有的甚至讲的很不确切。例如:我们国家对资本主义工商业所采取的购买政策、民族资产阶级在国家中的地位,以及资本家的人的改造问题都没有必要的叙述。又如我国劳动群众集体所有制的社会主义经济的高级农业生产合作社,不但在名称上不是集体农庄,而且和土地所有权属国家所有的苏联的集体农庄还有某些不同。本书用集体农庄来说明高级农业生产合作社,同时还认为土地属"全民所有",这是和《高级农业生产合作社示范章程》的规定与我国现实情况不相符合的。第三,对资产阶级国家宪法和资产阶级国家议会制度的批判仍有一般化的缺点;作者还不是根据不同情况对不同的资产阶级国家进行具体分析的。就批判资产阶级国家宪法说,本书肯定了资产阶级国家宪法已经破产,这在某些帝国主义国家也确是如此;但是像印度、埃及、缅甸和印度尼西亚等由殖民地半殖民地获得民族独立的国家的宪法,虽然属于资产阶级国家宪法类型,可是毕竟和帝国主义国家的宪法还有所不同。它反映了人民在反对帝国主义压迫和封建反动统治以及争取民族独立、建立共和国的斗争中所获得的成就,在一定意义上说是有进步作用的,不应一笔抹煞。再就批判议会制度问题来说,本书也存在着雷同的缺点,对资产阶级国家的工人阶级和劳动人民维护民主和自由权利的斗争没有确切的阐释。此外,我还觉得这本书在问题的阐述上还存在一定程度的以引证代替分析的缺点。某些资料的运用,也有若干重复的地方。

这本书上所阐述的还有一些问题,在我国法学界还没有一致的定论,例如宪法所规定的社会制度和国家制度的涵义问题,政治制度是否就是政体问题(65页),国家权力是否就是对社会实行领导的阶级在政治上的统治权问题(149页)。虽然有些人的看法和本书不完全一致,但是在"百家争鸣"中,"仁者见仁,智者见智",不必强求过早地得出一致的结论。总之,不管怎样,我认为我国法律出版界把注意力过多地放在翻译苏联法学著作方面(当然,翻译苏联先进法律科学著作是必要的),而很少出版关于我国法律工作者自己编写的著作的时候,这本书的出版是值得欢迎的。

原载于《读书月报》1957年第2期

关于法在历史发展中的继承性问题

关于法和法学在历史发展中的阶级性和继承性问题，在我国法学界已展开了广泛的争论。中国政治法律学会和上海法学会所组织的讨论，还在进行中。我们在参加政法学会研究部召开的座谈会讨论过程中，得到了不少启发，从而使我们在原有看法的基础上不断有所提高。当讨论逐步深入的时候，把我们对于争论较集中的关于法在历史发展中有没有继承性、继承什么和怎样继承等问题的看法，提出不成熟的意见，与法学界共同商榷，并且希望得到批评和指正。

我们对于法和法学在历史发展中的继承性问题，始终是持肯定的态度。因此，我们不同意那些认为法学有继承性、法律没有继承性；或者是认为剥削阶级的法对于它以前的剥削阶级的法有继承性，而社会主义的法对于剥削阶级的法没有继承性的观点。

问题的关键，首先在于什么是法在历史发展中的继承性，看法上还不完全一致。

我们认为继承性就是一切新旧事物发展中的一种历史联系，就是事物发展中否定旧东西的消极因素、吸取旧东西的积极因素而加以发展。列宁在《论无产阶级的文化》中指出："马克思主义之所以为自己争得了作为革命的无产阶级底意识形态之全世界历史的意义，是因为马克思主义并不把资产阶级时代底最珍贵的成就完全抛弃，相反地，而是把人类思想及文化两千年以上发展中的有价值的一切东西,加以摄取与改造。"(《列宁文集》,第6册,第300页)毛泽东同志在《新民主主义论》中写道:"中国现时的新政治新经济是从古代的旧政治旧经济发展而来的,中国现时的新文化也是从古代的旧文化发展而来,因此,我们必须尊重自己的历史,决不能割断历史。"他还教导我们:"清理古代文化的发展过程,剔除其封建性的糟粕,吸收其民主性的精华,……但是决不能无批判地兼收并蓄。"(《毛泽东选集》,第2卷,第679页)这都是说明事物在历史发展中的继承性是一切科学文化发展中的客观规律,任何事物在发展过程中不可能没有它的历史联系。

因此,我们不能把法在历史发展中的继承性简单地理解为接受,把接受和批判对立起来,没有经过科学地批判改造是谈不上接受的。我们也不能把这个继承性理解为转化、搬用或抄袭,因为继承不是简单的反复、循环,而是从不同质的东西加以扬弃、改造和吸收。我们社会主义法律批判地继承剥削阶级法律,就是批判地接受剥削阶级法律中有益于人民的成分。批判其反动的阶级本质,对于有益于人民的成分不是原封不动地继承下来,而是为了工人阶级的革命利益,按照工人阶级的要求,加以改造和吸收。这就是吸取历史上对人民有益的法制经验和法律思想材料。剥削阶级法律中对人民有益的成分,就目前说,其标准为在国内方面是有利于巩固人民民主专政,建设社会主义和发展生产;在国际方面是符合于维护世界和平和人类进步的崇高目的。

问题的关键还在于有些同志过分强调了法律的特殊性。

法律是统治阶级意志的表现,具有强烈的阶级性。但是我们不能因为法律具有这个特殊性而就认为剥削阶级的法律不属于文化遗产的范畴。因为文化是物质财富和精神财富的总和。剥削阶级的法制经验具体化为剥削阶级的法律规范,有什么理由把体现剥削阶级法制经验的剥削阶级法律摒除于精神财富的范围以外呢？马克思列宁主义教导我们：社会主义社会的创造者和建设者，要在实践中从辩证唯物主义的科学基础上，积极地去掌握旧社会的全部科学文化。无产阶级必须取得资本主义遗留下来的全部文化，必须取得全部科学、技术、知识和艺术，用它来建设社会主义。法律虽然具有特殊性，并不排斥它作为精神文化的一般性，剥削阶级的法律当然也属于这里所说的"全部文化"的范围之内。社会文化发展中所发生的革命，决不排斥文化发展中的历史联系和继承性，相反地，它是以文化发展的历史联系和继承性为前提的。这对于法律文化也是一样。无产阶级在革命胜利后打碎旧的国家机器，废除反动统治的伪法统，这是由于法律的特殊性、在法律文化发展中所发生的革命。尽管如此，法律文化在发展中的历史联系和继承性仍然是存在的。

我们不但不能把法律的特殊性和它作为精神文化的一般性对立起来，我们也不能把法律的阶级性和继承性对立起来。这同样是一般和特殊的辩证关系。法律具有强烈的阶级性，这是法律跟一般事物所不同的特殊性，但法律在历史发展中也跟一般事物一样具有继承性。不应该强调继承性而抹煞阶级性，这是强调一般性而忽略特殊性；同时，也不应该强调阶级性而否认继承性，相反地，应该把法律作为精神文化的一般性，和法律的特殊性结合起来研究。正如毛泽东同志所批判的："他们也不懂得人类认识的两个过程的互相联结——由特殊到一般，又由一般到特殊……"（《毛泽东选集》，第2卷，第777页）如果认为法学有继承性而法律没有继承性，则一方面是过分强调了法律的阶级性而忽略了法律的继承性，一方面又是抹煞了法和法学的联系性。因为法学是关于法律思想的科学，它和阶级斗争分不开的，它反映某一阶级的法律观点、法律思想和法律观念，因而剥削阶级的法学是和剥削阶级的法律有密切联系的。

问题的关键还在于有些同志认为剥削阶级的法对于社会主义的法来说,本质不同,没有可以批判地继承的东西。

不可否认:社会主义的法是历史上最高类型的法,它和一切剥削阶级的法在本质上根本不同。一切剥削阶级的法,无论是奴隶主的法、封建主的法和资产阶级的法,都是代表着少数剥削者的意志,都是压迫和剥削广大劳动人民的工具;而社会主义的法是代表着工人阶级和广大劳动人民的意志,是为广大劳动人民谋福利的工具。这是两者根本的方面,不容有丝毫含混的。但是社会主义的法和剥削阶级的法的根本不同,并不排斥二者之间一定的历史联系。辩证唯物主义关于否定的否定规律的实践意义,就在于对旧事物的批判不是采取简单的否定一切的态度,而是认为新的东西通过否定的形式发展旧的东西,高级的东西总是对低级的东西加以否定而发展起来的结果。新事物对旧事物否定的过程就是扬弃的过程,这种否定是包括着继承的内容的。因此,对于剥削阶级的法律,只有坚决地否定它的腐朽的反动的本质、改造和吸取它有益于人民的积极的成分,才符合于事物发展的一般规律。

我们不能同意那种认为本质不同就谈不到继承的论点,我们也不能同意那种认为否定的否定的规律只是在事物发展的量变过程中才适用的论点。恰恰相反,事物的发展,正是在发生质变以后才谈得到新质态的事物继承旧质态事物的某些积极因素的问题;正是在质变而不是在量变的过程中才体现出否定的否定这个事物发展规律发生作用。因此,我们不同意那种认为否定的否定的规律不能作为说明法在历史发展中的继承性的论据。

当然,社会主义的法和剥削阶级的法有本质上的不同,所以剥削阶级类型的法之间的继承,由于根本相同,这才是大同小异,而社会主义的法对剥削阶级的法的继承,由于根本不同,只能是批判地吸收有限的有益成分。但是不能因此就认为剥削阶级的法对以前的剥削阶级法有继承性,而社会主义的法对剥削阶级的法没有继承性。必须明确认识"新旧法虽然有原则上的不同,但是并没有一道万里长城把它们隔开"(维辛斯基:《国家和法的理论问题》,法律出版社,第97页)。

的确,不能离开一定的条件来说明事物发展中的否定的否定的规律。是不是剥削阶级的法律里,没有什么东西可供社会主义法律来进行批判地继承呢?这就有必要谈一谈继承什么的问题,也就是剥削阶级法律有什么东西可被社会主义法律批判地接受的问题。

阶级社会的上层建筑的继承性,首先是以经济基础的继承性为根源的。从基础的继承性来看法律这个上层建筑的继承性,在剥削阶级社会里,无论奴隶制社会、封建社会或资本主义社会,都是以生产资料私有制和阶级剥削为前提;而社会主义社会在这一点上和剥削阶级社会毫无共同之处。因此,反映在上层建筑的继承性,也有根本的不同。资产阶级的法对于封建主的法的继承,和社会主义的法对于资产阶级法的继承,有极大的区别,这一点我们是容易了解的。这里需要进一步说明的,就是社会主义社会既然消灭了生产资料私有制和阶级剥削制度,那么基础的继承性表现在哪里呢?一般的说,基础是生产关系的总和,它包括生产资料所有制形式、分配关系和交换关系。生产资料所有制决定生产关系的性质,是生产关系的一个主要方面,但它仅仅是生产关系的一个方面。在商品生产的社会里,物质资料的分配是通过商品交换实现的。商品的交换受着价值规律作用的影响。社会主义社会生产资料虽然已经归全社会公有或集体所有,但个人消费品的分配,商品生产的交换,在一定范围和一定程度内还受等价交换原则的支配。这就是社会主义社会对资本主义社会在基础的继承性方面的实现。

马克思说:"法永不能超过社会经济制度以及由此经济制度所决定

的社会文化发展程度。"(《马克思恩格斯文选》两卷集,卷2,第22页)社会主义的法对剥削阶级的法继承什么,应该首先从基础的继承性上找出根源来。列宁在《国家与革命》中指出:"在共产主义社会的第一个阶段(普通称为社会主义的阶段)中,'资产阶级式的法'还没有完全取消,而只是局部取消,只是在已经达到的经济改革范围内,即只是在对于生产资料的关系上取消。'资产阶级式的法'承认生产资料是某些个人的私有财产。社会主义将其变为公共财产。在这个限度内——且只有在这个限度内——'资产阶级式的法'是不复存在的了。"(《列宁文选》两卷集,卷2,第242页)这里充分说明了法在发展中的联系性。因此,我们不能同意在反映生产资料所有制已经根本改变的法律规范里,社会主义的法对剥削阶级的法还有什么继承性。我们不能同意说"社会主义财产神圣不可侵犯就是批判地继承了资产阶级法中的私有财产神圣不可侵犯"。因为社会主义社会决不继承资产阶级的法中关于保护生产资料私有制和阶级剥削制度的法律规范,这个道理很是明显的。列宁在同书还接着指出:"但是,它(指'资产阶级式的法')在其另一部分中却依然存在,它依然是社会成员间分配产品和分配劳动的调节者(决定者)。'不劳动者不得食'这一社会主义原则已经实现了;'按等量劳动领得等量产品'这一社会主义原则,也已经实现了。然而,这还不是共产主义,这还没有消除认许不相等人们按不等量的(事实上不等的)劳动领取等量产品的那种'资产阶级式的法'。"(《列宁文选》两卷集,卷2,第242页)既然在分配和交换方面,还通行着在以前商品等价物的交换里所通行的原则,这就不能不在这些方面存在着"资产阶级式的法"。凡是资产阶级的法里直接间接反映等价物交换原则的部分,不能不在使它适合于社会主义生产的分配和交换的前提下加以批判地继承。

其次,上层建筑的继承性,还应该从上层建筑对基础的相对独立性来找出它的历史的联系。当然,上层建筑没有独立的发展史,归根到底决定于基础,但是上层建筑对基础是有相对的独立性的。不同的社会形态发展中,前一社会形态的上层建筑和后一社会形态的上层建筑间还有一定的历史联系,不过这种联系的性质和程度,取决于基础。因此,从上层建筑的相对独立性所产生的前一社会形态和后一社会形态间一定的历史联系来看,社会主义的法不能不批判地继承剥削阶级的法里的一些积极因素。例如社会生产是连续进行的,为了劳动力的生产和再生产,不可避免地发生夫妻父母子女关系以及亲子监护等问题;生产是社会的生产,为了保护正常的生产秩序和社会秩序,不可避免地就要有维持正常的生产秩序和社会秩序的法律规范。社会主义社会批判地继承剥削阶级法中的这些东西,这也是所谓刚从资本主义社会脱胎出来所不能不保有的旧社会的痕迹的一种表现。同时,上层建筑的继承性,还应该从上层建筑的相互影响来找出它的根源。上层建筑相互之间是互有影响的。政治(包括国际关系)、道德、宗教等等对于法律都有一定的影响,这种影响是错综复杂的。正是由于这些影响,才会使同一类型的法各有自己不同的特点。社会主义的法还不可避免地有"资产阶级式的法",它包括同一社会主义类型的法的共性部分,也包括同一社会主义类型的法的个性部分。当然,共性是通过个性而存在的。例如从政治对于法律的影响来说,资产阶级革命初期,资产阶级为了反对封建专制和特权,以利于资本主义的发展,在客观上代表了极大多数人的进步要求,提出了民主、自由、平等等口号,在资产阶级掌握政权以后并且反映在法律里面。固然这是决定于阶级力量对比的关系,但这些东西具有人民性,是资产阶级法律里的积极成分,是无可置疑的。无产阶级取得政权后,还在打碎了资产阶级的国家机器的同时,对于资产阶级民主中的代表机关和选举制,把它当作资产阶级法律制度里的积极成分而批判地继承下来。社会主义民主制当然是人类历史上最高类型的民主,是真正地为社会上最广大人民享受的民主,它消除了资产阶级民主的反人民的狭隘的界限,成为一种新类型的民主。它吸取了资产阶级民主制中的一些积极的东西,发展到这样广泛的程度,在性质上是同资产阶级民主根本对立起来,成为根本不同的东西。不难设想,民主制度从低级阶段的资产阶级民主发展为高级阶段的社会主义民主,虽然归根到底决定于社会的基础,但从民主制度本身的历史发展也有相对的独立性,和发展中一定的历史联系。

社会主义的法是否只能批判地继承剥削阶级法律制度的某些形式?我们持不同的看法。因为形式和内容是统一的。列宁指出:"形式是本质的。本质是具有形式的。不论怎样形式都还是以本质为转移的……"(列宁:《哲学笔记》,第125页)这就是说,我们不能离开事物的本质而谈形式。剥削阶级法律制度的剥削阶级本质,决不可能被社会主义的法继承下来。摆脱了剥削阶级本质的旧法形式,如果说被我们批判地继承下来,也是经过了改造而不是旧法制度形式的本来面目了。

恩格斯不是曾经以英国民法为例,说保存旧的封建法律形式的颇大部分,而在这形式中加进资产阶级的内容,甚至直接给封建的名称悄悄地添加上资产阶级的意义吗?(恩格斯:《费尔巴哈与德国古典哲学的终结》,人民出版社版,第61页)对,这在作为剥削阶级的英国资产阶级继承另一剥削阶级的封建主的法律确是这种情况。资产阶级和封建主阶级从剥削阶级本质来说,没有根本变化。我们不能以此为例说明社会主义的法对于剥削阶级的法也是这样。因为形式和内容的矛盾,是在内容的基础上统一起来的,内容的发展决定形式的变更。当内容的不断变化到了形式已经不能和内容相适应时,就会抛弃形式,旧形式就会被新形式所代替。因此,事物发展中新内容和旧形式的统一,必须在一定的条件之下才有可能。所谓一定的条件，是指旧形式与新内容能够相适应而言。资产阶级代替封建主取得了统治，作为剥削阶级的法的本质，没有起根本的变化，而社会主义的法对于剥削阶级的法来说，本质上起了根本的变化。只有在无产阶级夺取政权的初期，因为没有其他的法律规范，不得不在一定的程度内"立刻"去利用某些旧的法律规范，例如苏俄在十月革命初期和波兰、德意志民主共和国所曾经或尚在实行的办法那样。这种在一定程度内利用或援用一部分旧法，其阶级本质已起了根本变化，而形式还是旧法的形式。但是，还不能以此来说明一般的社会主义的法对旧法的继承性问题。我们一般的说新法对旧法的继承性，是指工人阶级自己制定的法律怎样批判地接受或吸取旧法的某些积极因素而说的。况且这种在一定程度内利用或援用旧法的情况，不可能延长到很久，决不会像英国资产阶级民法和封建主的法律那样，新内容和旧形式能够延长到这么久。苏联和波兰、德意志民主共和国关于利用某些旧法的事实就是最好的说明。

斯大林不是说：商品、货币和银行等资本主义的旧范畴，在社会主义社会保留下来的主要是形式，是外表，实质上这些范畴已经改变得与社会主义国民经济发展的需要相适合了。（斯大林：《苏联社会主义经济问题》，人民出版社版，第48页）这不是利用旧的形式来发展新的内容，保持旧的形式为社会主义制度所利用的事例吗？对，斯大林在说明社会主义条件下，经济发展并不是以变革的方式，而是以逐渐改变的方式进行的。而法是以变革的方式是以废除整个伪法统的方式，而不是以逐渐改变的方式进行的，这和经济发展还不能完全相提并论。而且，究竟资本主义旧范畴的商品、货币、银行在其本性和机能已经改变以后所賸下来的形式，是指名称说的呢？还是包括一部分具体的内容？形式的涵义是不够明确的。当然，谈到法的继承性，旧法中被认为有益于人民而加以改造和吸取的,作为其本质的阶级内容已经和原来的根本不同,就这一点说,也仅仅就这一点说,似乎可以说继承了某些有利于人民的旧法制度的形式。所以维辛斯基在给《苏联大百科全书》所写的"苏维埃社会主义的法",在说明苏维埃法对于旧法的继承时指出:"苏维埃社会主义的法承受、发展和丰富了许多世纪以来法律文化在法律形式方面所创造出来的那些精华,坚决地抛弃和新社会不相容的那些东西。"(维辛斯基:《国家和法的理论问题》,法律出版社版,第515页)也只是就这一点来说是可以的。但是,在讨论法在历史发展中的继承性问题、谈到继承什么时,如果说只能继承旧法制度的形式,不但会把概念简单化,被理解为法律制度除了阶级内容外只是形式问题,而且究竟什么是具体法律规范的形式和内容,其涵义也不够明确。因为有些人就实体法与程序法来说,认为实体法是内容、程序法是形式,例如刑法是内容、刑事诉讼法是形式,民法是内容、民事诉讼法是形式。有些人说法的形式是法典或法律条文。有些人又说法的形式单纯指名词、概念、范畴,但在有些场合,仅仅名词相同,而这个名词的涵义又不一致,例如所有权这个概念,资产阶级民法包含占有、使用、收益和处分;社会主义民法不承认包含收益在内。

因此,我们不同意那种认为社会主义的法只继承旧法制度某些形式的论点。我们认为社会主义的法批判地继承剥削阶级的法中某些有益成分,除了阶级本质根本不同、形式和内容也有了一定的发展外,不但是旧法的某些形式,而且连旧法的某些具体内容也还是只有加以改造而后吸收的。

与王珉合著,原载于《新建设》1957年第5期

论孙中山的"五权宪法"思想

一

"从孔夫子到孙中山,我们应当给以总结,承继这一份珍贵的遗产。"①毛主席早就这样教导我们把孙中山遗留下来的精神财富当作珍贵的遗产来继承,并且在《纪念孙中山先生》一文中指出:"他(指孙中山——笔者)在政治思想方面留给我们许多有益的东西。"②怎样从作为孙中山政治思想的一部分的"五权宪法"思想中,以历史唯物主义观点来分析他留给我们哪些有益的东西,并指出其局限性,对于我们判别资本主义民主和社会主义民主,是具有现实意义的问题,值得我们在学习我国历史遗产时联系实际问题加以研究的。我这篇短文,企图尝试着提出自己不成熟的看法,抛砖引玉,来与学术界共同商确。

孙中山的"五权宪法"思想,是"三民主义"中民权主义的一个重要组成部分,但是他自己常常把"三民主义"和"五权宪法"并列地提出来,这就说明了"五权宪法"思想在他整个政治思想中所占有的重要地位。他的"五权宪法"思想,性质上是政体问题。他自己曾经这样说过:

---

① 《毛泽东选集》第2卷第496页。
② 《人民日报》1956年11月12日。

"……合上四权,共成为五权分立。这不但为各国制度上所未有,便是学说上也不多见,可谓破天荒的政体。"(81页)①我们不能脱离国体问题而孤立地谈政体问题,因为政体是政权构成的形式,它是指一定的社会阶级采取那种形式去组织那反对敌人保护自己的政权机关;而国体是国家的阶级本质问题,它是指社会各阶级在国家中的地位。因此,孙中山的"五权宪法"思想,实质上是关于统治阶级内部怎样实施民主的问题,也就是宪法怎样规定政治制度的问题。

孙中山在旧民主革命时期就已经提出了"五权宪法"的主张。早于1906年在《三民主义与中国民族之前途》演讲里曾经这样地说过:"兄弟历观各国的宪法,……英是不能学的,美是不必学的。……兄弟的意思,将来中华民国的宪法,是要创一种新主义,叫做'五权分立'。"(79页)后来新民主革命时期,也还是坚持"五权宪法"思想。他在逝世前半年即1924年11月23日自广州来北京途中经过日本长崎时,与新闻记者谈话中说:"中国革命的目的,和俄国相同;俄国革命的目的,也是和中国相同。中国同俄国革命,都是走一条路。所以中国同俄国不只是亲善,照革命的关系,实在是一家。至于说到国家制度,中国有中国的制度,俄国有俄国的制度;因为中国同俄国的国情,彼此向来不同,所以制度也不能相同。""中国将来是三民主义和五权宪法的制度。"(897页)由于孙中山的政治思想经历了两个时期,在旧三民主义时期曾提出了资产阶级民主共和国的理想,在主张联俄、联共和扶助农工三大政策的新三民主义时期,他放弃了资产阶级民主共和国的主张,接受了人民的民主共和国的纲领。因此,在他提出资产阶级共和国的时期,他所主张的"五权宪法",是主张资产阶级用这种政权机关的组织形式来反对敌人保护自己;

---

① 凡引文后附注页数,系指《孙中山选集》(人民出版社出版),下同。

在他放弃了资产阶级民主共和国思想接受人民共和国思想的时期,他认为"近世各国所谓民权制度,往往为资产阶级所专有,适成为压迫平民之工具。若国民党之民权主义,则为一般平民所共有,非少数人所得而私也"(526页)。那么他的"五权宪法"就是主张广大人民用这种政权机关的组织形式来反对敌人保护自己。

谁都知道:国民党统治时期,既没有实行孙中山的"三民主义",也没有实行孙中山的"五权宪法"思想。孙中山逝世以后,国民党反动政府阉割孙中山的革命精神,窃取其有利于反动统治的某些部分,例如建国三时期即军政时期、训政时期和宪政时期的划分,长期在所谓训政的掩护下,实行独裁统治。国民党反动派所谓"五院政制",完全假借"五权宪法"的某些形式,来实行封建地主和官僚资产阶级的专政,把五院政制建立在人民无权的基础上,和孙中山主张政府五权要建立在人民四权的基础上毫无共同之处。后来在人民的强大压力下,迫得反动政权摇摇欲坠时,召开了伪国大,制定伪宪法,那就更是公开地连"五权宪法"的形式也抛到九霄云外去了。参加伪宪法制订工作的张君劢说:"孙中山为民国之创始人,其宪法要义自为吾人所当尊重,然民主国宪法之根本要义,如人民监督政府之权,如政府对议会负责,既为各国通行之制,吾国自不能例外。"[①]"对于第五章、第六章、第七章、第八章、第九章的分章,采用孙中山五权宪法的学说,但是宪法中对于五权的划分,和国民大会对五权的关系,自然有了许多斟酌的地方。这无非说明一个政治上的大领袖,他的政治学说无论如何完备,决不能拘文牵义地适用于复杂的机构与广大的国家身上的。"[②]因此,孙中山的"五权宪法"思想同国民党

---

① 张君劢:《中华民国民主宪法十讲》自序。
② 张君劢:《中华民国民主宪法十讲》第140页。

反动统治时期所曾经打过的招牌是不能相提并论或混淆不分的。

二

孙中山的"五权宪法"思想形成于资本主义已发展到帝国主义阶段,标志着资产阶级民主的议会政治,在老牌资本主义国家里已开始趋于破产。因此,"五权宪法"思想完全反映了资产阶级民主革命时期半封建半殖民地伟大革命家反对议会政治的政治观点。一方面,他认为用代议士去管理政府、人民不能直接去管理政府这种实行间接民权的代议政体,不能说有充分的民权。要人民能够直接管理政府,便要人民能够实行四个民权即选举权、罢免权、创制权和复决权。选举权和罢免权是人民管理官吏的权,人民有了这两个权,对于一切官吏,一面可以放出去,一面可以调回来,来去都可以从人民的自由。创制权和复决权是人民管理法律的权,人民可以决定有利于人民的法律交到政府去执行,人民可以反对不利于人民的法律或废止从前的法律。他认为人民有了这四个权,才是充分的民权,才是彻底的直接民权,才能叫做"全民政治"。另一方面,他认为用"五权宪法"组织的政府才是完全政府,才是完全的政府机关。这就是把政府的权分做立法、司法、行政、弹劾(监察)、考试五个权,每个权都是独立的。他认为资产阶级议会政治所谓三权分立"到了现在,并不是三权政治,实在是一权政治"(580页)。他感到真正实行三权分立,还是不很完备,所以创造出这种"五权宪法",补救这种流弊。他认为中国从前封建君主所实行的考试权和弹劾权都是很好的制度，宪法里头决不可少。因此，他主张把弹劾权从三权分立制的立法权中独立开来，这样就可以补救议会制国家政党政治的一些流弊；把考试权从三权分立制的行政权中独立开来，这样凡是人民的公仆都要经过考试，不能随便乱用，就能补救选举制的流弊，才能选举德才兼备的人去做官。总的说来，孙中山把国家的政治大权分开成两个：一个是政权，一个是治权。政权就是选举、罢免、创制和复决这四权；治权就是行政、立法、司法、考试和监察这五权。政权是人民自己保留行使的权，治权是人民交给政府行使的权。

孙中山"五权宪法"思想划分政权、治权的理论根据是他的权能分立学说。他认为人们天赋的聪明才智各不相同，一般人都是"不知不觉"的，而政府却应该是万能的。人民应该有权，政府应该有能。所谓人民有权，就是要全国人民来做皇帝。所谓政府有能，就是要使政府来做专家、来做大臣。人民应该有的这种权力就是政权，政权就是要使人民"可以直接去管理国事""管理政治"或"管理政府"。政府所应该有的权能就是治权。治权就是"政府自身的力量"，也就是"治理全国事务"之权或"政府权"。孙中山在阐明政权性质时说："人民有了大权，政府能不能够做工夫，要做什么样的工夫，都要随人民的志愿。……人民随时要他停止，他便要停止。总而言之，要人民真有直接管理政府之权，便要政府的动作随时受人民的指挥。"（760页）"政府的一动一静，人民随时都是可以指挥的。"（764页）"人民就是政府的原动力。"（748页）孙中山在阐明治权性质时说："只要他们（指政府官吏——笔者）是有本领，忠心为国家做事，我们就应该把国家的大权付托于他们，不限制他们的行动，事事由他们自由去做，然后国家才可以进步，进步才是很快。如果不然，事事都是要自己去做，或者是请了专门家，一举一动都要牵制他们，不许他们自由行动，国家还是难望进步，进步还是很慢。"（740页）"政府有了这样的能力,有了这些做工的门径,才可以发出无限的威力,才是万能政府。"(763页)"现在讲民权的国家,最怕的是得到了一个万能政府,人民没有方法去节制它;最好的是得到一个万能政府完全归人民使用,为人民谋幸福。"(729页)这就是孙中山的权能分立学说。总的说来,就是人民必须有大权,可以管理政府,并且直接管理国事;但是人民却只应该在大处控制政府,并且直接管理国家的大事,而不应该事事牵制政府或者过问比较细小的事情。政府却必须有治理全国事务的万能,但同时却又必须听人民的指挥,为人民谋幸福。对于这种学说,我们是应该从历史局限性和阶级局限性来加以理解的。

孙中山根据权能分立学说而创立的"五权宪法"思想,尽管和三权分立论有所不同,但本质上还是属于资产阶级民主的范畴。怎么说五权分立论和三权分立论有所不同?因为"五权宪法"和"三权宪法"不但在数量上有多少之别,并且行使各个权力的机关、其性质及相互关系也有所不同。比方说三权分立论以消极限制行政权或立法权为目的,不能不以牵制均衡为行使各个权力的机关相互关系的最高原则;五权分立论以积极造成万能政府实行三民主义为人民谋幸福为目的,就不能不以人民和政府及政府各机关间的职务上的分工与合作为指导原则。三权分立论是议会制间接民权的代议政治,五权分立论主张直接民权的"全民政治",不以间接民权的代议政治为满足。怎么说"五权宪法"思想本质上还是属于资产阶级民主范畴?因为资产阶级分权理论和标榜议会政治的民主分不开的。实质上,正和马克思嘲笑德国一个分权论者丘尔威德尔所说:"把分权崇拜为神圣而绝无错误的原则,其实这不过是把普通的产业分工运用到国家机构上而已。"[1]国家权力是统治阶级压迫被统治

---

[1] 《马克思恩格斯全集》(俄文版)第6卷第284页。

阶级的有组织的暴力，它体现着统治阶级的意志，而统治阶级的意志是统一而不可分割的，不可能把它分割成一部分属于立法、一部分属于司法，而另一部分属于行政。资产阶级学者把国家机构活动的分工歪曲为分权，显然是一种抹煞阶级本质的巧妙掩饰。资产阶级国家的议会在其历史发展过程中，曾经是资产阶级实行统治的立法机关，它也曾经在不同程度上对行政机关（政府）实行监督。但随着资本主义进入了帝国主义时期，立法权实际上掌握在政府手中，议会的全部活动实际上是受政府的监督。资产阶级国家的权力，实际上不是分权制而是集权制。孙中山的"五权宪法"思想，还是把分权论作为其政治制度的出发点，从这一点上说，是资产阶级民主的范畴，反映着资产阶级的政治、法律观点。

孙中山的"五权宪法"思想是帝国主义时代半殖民地半封建资产阶级民主革命运动的产物。它诞生在资本主义的垂死阶段、无产阶级进入革命前夜的世界历史条件下，诞生在20世纪初帝国主义疯狂侵略、国内阶级斗争空前剧烈的中国革命高潮中。孙中山"经过千辛万苦，向西方国家寻找真理"[①]，当时欧美资本主义国家，在政体问题上只是议会政治、三权分立这一套标榜资产阶级民主的东西；而巴黎公社式的政治组织，在历史上仅仅是昙花一现。由于当时历史条件的限制，马克思还不可能对社会主义国家形式作出更加具体的规划。苏维埃制度是巴黎公社式政治组织的发展和完成，但由于当时苏维埃共和国还处在幼年时期，孙中山晚年还不能从苏俄政治实践中吸取宝贵的养料来丰富自己的"五权宪法"思想。他在"民权主义"演讲中说："近来俄国发生一种政体，这种政体，不是'代议政体'，是'人民独裁'的政体。这种'人民独裁'的政体，究竟是怎样的呢？我们得到的材料很少，不能判断其究竟，

---

① 毛泽东：《论人民民主专政》。

唯想这种'人民独裁'的政体，当然比较'代议政体'改良得多。"（722页）因此，他反对老牌资本主义国家的间接民权制度，他主张直接民权，虽然还不能超脱"分权论"的窠臼，但他研究资本主义国家宪法的结果，认为"三权分立"有重大缺点，主张在人民有权、政府有能的基础上实行"五权分立"，这是一方面。另一方面，孙中山的"五权宪法"思想又是中国古代政治思想史的继承和发展，它还保有自己的民族传统。他主张民权的政治思想，是太平天国朴素的农民革命思想的继承和发展；他的五权分立论之所以主张以考试权和监察权同其他三权并立，这就是中国封建社会考试制度和御史制度的流风余韵在他的政治思想里加以改造的结果。这一切，都说明了孙中山"五权宪法"思想的历史局限性。

孙中山"五权宪法"思想反映了半殖民地半封建资产阶级、小资产阶级在资产阶级民主革命运动中进步的政治观点，但不能超脱他的阶级局限性。"孙中山和我们具有各不相同的宇宙观，从不同的阶级立场去观察和处理问题。"[①]他的世界观，实质上是二元论或唯心论。由于孙中山的思想集中地表现了中国民族资产阶级的进步性，他的唯心主义哲学体系内存在着某些唯物主义因素，所以他的唯心主义哲学思想在具体的历史条件下所发生的客观作用是有一定进步性的，它是为革命实践服务的。他的"知难行易"学说所代表的哲学思想，是"五四运动"以前他对于革命斗争经验的总结，基本上没有超出旧资产阶级启蒙哲学的范围。它具备着启蒙哲学的进步方面，那就是对于世界的一般的唯物论的理解；但同时也有启蒙哲学的弱点，那就是对于社会和革命的认识，不能贯彻唯物主义的观点，而依然是唯心主义观点。孙中山不能从物质的经济基础上去看社会的变化、不能依据社会阶级关系的分析来解决中国的革

---

① 毛泽东:《论人民民主专政》。

命问题，和他的资产阶级启蒙的哲学思想分不开的。由于他的"知难行易"思想过分夸大了"知难"，就认为广大群众与知识无缘，产生了他的有害的观点，把领导者看成天生的圣贤才智和诸葛亮，把群众看成盲目无知的平庸愚劣和阿斗。他把四万万人看作是皇帝，说明他对于群众是重视的，在这个基础上他才觉悟到"必须唤起民众"，和俄国民粹派不相信群众力量、害怕群众运动根本不同，这就反映了中国民族资产阶级的进步性，因为资产阶级反对帝国主义和封建主义，不能不依靠广大人民的力量。这是他作为民主主义革命家的伟大之处。但是他把四万万人看作是阿斗，阿斗是无能之人，试问无能怎么又能有权？事实上，权和能应该是一致的。人民既有权，也有能。正因为阿斗无能，所以阿斗也无权。孙中山主张人民有权，而又认为人民无能，这种自相矛盾的说法，就是反映了中国民族资产阶级的软弱性。因为作为剥削阶级的资产阶级是不愿意群众有能，也看不到群众真正有能的。列宁认为："……似乎管理国家、管辖社会主义社会的组织建设工作，只有所谓'上等阶级'，只有富人或受过富有阶级教育的人，才能胜任。"①这是反映了剥削阶级私利观念的资产阶级知识分子的成见。因为这一基本观点的错误，就产生了真平等和假平等、权能分立和军政、训政和宪政三个时期等一系列的错误观点。以权能分立为根据的"五权宪法"思想的阶级局限性，正是说明了孙中山"五权宪法"思想不能超脱资产阶级民主的范畴的根本原因。

当然，孙中山"五权宪法"思想的历史局限性和阶级局限性是不可分的。标志着他和三权分立论不同的、把考试权和监察权同立法权、行政权和司法权并立的见解，不但是由于他当时跳不出资产阶级国家和资产阶级学者所安排好的一套资产阶级民主"分权论"的圈子，不但是由

---

① 《列宁文选》两卷集（莫斯科外文版）第2卷第308页。

于他保有中国历史的传统,才主张考试权和监察权应该独立开来。而且更重要的,还由于他代表着资产阶级的政治、法律观点:一方面反映了中国民族资产阶级的进步性,和老牌资本主义国家已居于统治地位的资产阶级不同,不满于欧美资本主义国家的代议政治;另一方面,又由于作为剥削阶级的资产阶级,毕竟在人民中是极少数,如果掌握国家的政治领导权,不能不学习过去统治阶级网罗天下英才、使"受过富有阶级教育的知识分子""尽入其彀中"的经验,不能不学习过去统治阶级设置职司弹劾的机构、纠举违法渎职的官吏,从博取人民同情中来巩固自己统治的经验。这样就在客观上一面对于另一剥削阶级——地主,伸出了在政治上妥协之手(地主阶级在"考试"方面比起劳动人民是有便宜可沾的),一面也就从考试制度上限制了劳动人民直接参加国家管理的可能。这就又不自觉地反映了作为剥削阶级的民族资产阶级的反动性。

毛主席说:"像很多站在正面指导时代潮流的伟大历史人物大都有他们的缺点一样,孙先生也有他的缺点方面。这是要从历史条件加以说明,使人理解,不可以苛求于前人的。"①对于孙中山"五权宪法"思想,我们完全应该按照这个精神来给以应有的评价的。

三

孙中山"五权宪法"的政治思想,和其他革命民主主义思想一样,在

---

① 《人民日报》1956 年 11 月 12 日。

我国资产阶级民主革命运动中,起着一定的积极作用。它深入人心,鼓舞着全国人民为争取民主自由和实施民主宪政而斗争。现在看来,还留给我们许多有益的东西:

(一)关于人民主权的思想,也就是人民当家作主的思想

主权是作为阶级专政工具的国家的最高权力,是国家一切权力直接或间接所从出的权力,也就是最后决定国家一切其他权力的权力。孙中山"五权宪法"政治思想的出发点,是他的人民主权的思想,是他的人民当家作主的思想。他在《五权宪法》演讲中说:"在南京订出来的民国约法里头,只有'中华民国主权属于国民全体'的那一条,是兄弟所主张的,其余都不是兄弟的意思,兄弟不负那个责任。"(587页)在《心理建设(孙文学说)》中说:"夫中华民国者,人民之国也,君政时代则大权独揽于一人,今则主权属于国民之全体,是四万万人民即今之皇帝也。"(157页)在《社会建设》的自序中说:"盖国民为一国之主,为统治权之所出。"(340页)这就说明孙中山并不把主权在民一点看作宪法上照例应有的形式,而是他的"五权宪法"思想的出发点。主权的原则是在资本主义形成时期被资产阶级学者提出来的,但是他们谈到国家的主权时,抹煞了国家的阶级本质和主权是为特定的阶级利益而服务这一真理。他们对于究竟谁是国家主权的执掌者有"人民主权说""议会主权说"和"国家主权说"。尽管是"人民主权说",也只是掩盖资产阶级专政本质的理论。而孙中山的"五权宪法"思想,尤其是当他后来接受了人民共和国思想以后的"五权宪法"思想所主张的人民主权,和资产阶级学者的人民主权说却有本质的不同。毛主席在《论人民民主专政》中指出:"除了谁领导谁这一个问题外,当作一般的政治纲领来说,这里所说的民权主义,是和我们所说的人民民主主义或新民主主义相符合的。只许为一般平民所共有,不许为资产阶级所私有的国家制度,如果加上工人阶级的领导,就是人民民主专政的国家制度了。"这就足够说明孙中山的人民主权思想,也就是人民当家作主的思想,是他的革命民主主义思想的核心。事实证明:只有工人阶级领导的社会主义国家,才真正是一切权力属于人民。孙中山毕生所主张的名副其实的人民国家,今天已经在中国共产党领导下的人民中国完全实现了。

(二)关于间接民权与直接民权相结合的思想,也就是代议制与直接民主政治相结合的思想

《中国国民党第一次全国代表大会宣言》写道:"国民党之民权主义,于间接民权之外,复行直接民权,即为国民者不但有选举权,且兼有创制、复决、罢免诸权也。民权运动之方式,规定于宪法,以孙先生所创之五权分立为原则,即立法、司法、行政、考试、监察五权分立是也。凡此,既以济代议政治之穷,亦以矫选举制度之弊。"(526页)这里明白地指出孙中山的"五权宪法"思想是间接民权(选举权)与直接民权(罢免、创制、复决)相结合的思想,也就是代议制与直接民主政治相结合的思想。法国资产阶级革命时期的学者卢梭(J. J. Rousseau)和亚伯西叶士(Abbe Sieyes)适应着资产阶级掩盖阶级本质的政治目的,都主张主权在民。但卢梭认为意思不能代表,议会不能代表人民的公意,因而拥护者就主张直接民权、反对代议制度;亚伯西叶士认为人民的公意可以委托贤良的代表表示,因而拥护者就主张间接民权、扩大议会权限。19世纪资产阶级国家的宪法一般反映了亚伯西叶士所代表的观点,认为主权属于国民全体,国民可以将主权委托议会行使,议会是代表整个国民的,不是代表本区选民,因之人民不能罢免议员,同时人民也不能给议员以"强行委托"(必须遵守的指令)。作为老牌资本主义国家主要统治工具的议会,开始时建筑在十分狭小的社会基础之上,选举权和被选举权受到很多资格的限制(财产、性别、年龄、居住、教育、种族、宗教信仰等等),

同时又规定了议员对选民不负责任,很露骨地表现了资产阶级代议制的阶级性。后来在人民群众的压力下,大多数资产阶级国家的统治阶级才不得不逐渐地放宽了选举资格的尺度,最后形式上完全废除资格的限制,但是所谓普遍选举实际上仍然有各种限制和例外,阻碍劳动人民参加人民代表机关。到了20世纪,一些资产阶级国家的宪法又反映了卢梭所代表的观点,认为主权属于国民全体,不能委托别人行使,议会虽由人民选举,但它只是国家机关之一,没有主权。人民必须用直接立法控制议会,必要时还能罢免议员。为什么有些资产阶级国家要实施所谓直接民权呢?这是由于宪法是阶级力量对比关系的表现,统治阶级不能不考虑被统治阶级日益强大的反抗力量;同时帝国主义时代,老牌资本主义国家的行政机关不但能够独立地和无监督地行使自己的职权,而且事实上还把立法的职能拿到自己的手中。主权属于议会的论调,已经不能再拿来当作骗人的笑料。而实施公民投票,资产阶级反而更易于玩弄操纵把持的把戏来愚弄人民,反而更利于资产阶级用"全民政治"的外衣来掩盖资产阶级专政的实质。孙中山所主张的间接民权与直接民权相结合,虽然受了资产阶级学者和资本主义国家宪法的影响,却也反映了我国资产阶级民主革命时期资产阶级和小资产阶级的政治要求。他主张选举权要和罢免权相结合,选举出来的代表对选民负责。选民对代表有期前召回权的这种观点,客观上和社会主义民主制度是符合的。他主张人民有权决定立法,由广大人民直接行使创制权和复决权,这在地大、人口多的中国,固然表现了孙中山善良的政治幻想,这也是他的所谓"社会主义"思想在政治制度上的反映。但是从精神上说,这和不断地吸引广大人民群众来直接参加政治管理的直接民主政治的要求客观上也是一致的。只有工人阶级领导的社会主义国家,人民代表才受选民或原选举单位的监督,选民或原选举单位才有权依照法律规定的程序,随时撤换其所选出的代表;才真是不断地吸引广大人民群众来直接参加政治管理。资本主义国家无论标榜间接民权或直接民权都是不可能彻底实现的。至于帝国主义国家其至连资产阶级民主制也成了法西斯独裁的障碍而肆意破坏。因此间接民权与直接民权相结合的思想,如果不和工人阶级领导国家政权相结合起来,是很难设想有实现的可能的。

(三)关于朴素的民主集中制思想

孙中山认为民权便是人民去管理政治,把政权放在人民掌握之中,凡事都由人民作主。这就是说人民要有充分的权,既要实施间接民权,又要实施直接民权,用这四个民权来管理国家大事,管理政府。而政府又要是万能的政府,才能为人民谋幸福。虽然孙中山用五权分立理论来给"万能政府"开出来的具体方案,还没有脱出资产阶级民主分权原则的范畴,但是从他"五权宪法"思想的精神,且撇开它的理论基础不谈,专就人民应该有充分民主,监督政府,政府在人民的监督下应该有充分的权能为人民谋幸福的基本精神,具有朴素的民主集中制思想。毛主席在和英国记者贝特兰谈话中指出:"民主和集中……对于中国,二者都是必需的。一方面,我们要求的政府,必须是能够真正代表民意的政府;这个政府要有全中国广大人民群众的支持和拥护,人民也一定要能够自由地去支持政府,和有一切机会去影响政府的政策。这就是民主制的意义。另一方面,行政权力的集中化是必要的;当人民要求的政策一经通过民意机关而交付与自己选举的政府的时候,即由政府去执行,只要执行时不违背曾经民意通过的方针,其执行必能顺利无阻。这就是集中制的意义。只有采取民主集中制,政府的力量才特别强大……"[①]孙中山一方面强调民主,一方面又强调政府要万能,要集中,他坚决反对不要民

---

① 《毛泽东选集》第 2 卷第 343 至 344 页。

主的绝对集中主义的政府，他也反对只讲民主而不要集中，使政府陷于瘫痪无能。除掉资产阶级领导和工人阶级领导这个问题以外，就这个意义来说，他的"五权宪法"思想在某些方面上和毛主席阐明的民主集中制精神是有些近似的，因而他包含了民主集中制思想的成分。当他接受了人民共和国主张以后，就更为显著。当然，由于孙中山的历史条件和阶级局限性，还不可能真正了解"民主基础上的集中和集中指导下的民主"的辩证意义，只有工人阶级和它的政党掌握了国家的领导权以后，才真正能够实施民主集中制的政治制度。把高度的民主和高度的集中结合在一起，而高度的集中又是以高度的民主为基础。这和孙中山资产阶级民主思想中所包含的民主集中制思想成分，是有本质的不同的。

总的说来，在人民革命胜利后的新中国，孙中山所主张的"驾乎欧美之上""为一般平民所共有、非少数人所得而私"的人民共和国，已经在工人阶级和共产党的领导下胜利地实现，并且向前推进而实现了社会主义的民主主义，确定了民主集中制的人民代表大会制为我国的政治制度，它是社会主义类型的国家政权组织形式。建国八年来，人民代表大会制已充分发挥了优越性：它吸引了人民群众参加国家管理；广泛联系了人民群众，实现了人民群众的监督；贯彻了各民族平权原则；它是人民代表机关，也是工作机关，是议行合一的国家机关；它保证了中央与地方国家权力的统一。这一切，都比较孙中山"五权宪法"思想所设计的政治制度大大向前发展了。

原载于《学术月刊》1957年第9期

法律教育古今谈
——兼论解放思想广开学路

最近听到一位中央领导同志在谈到过去重理轻文(文法商)的教训时,感慨地说:"建国三十年来,法律教育几乎一张白纸。"我深受启发。在这重视大学文科、多办大学文科并大力发展法律教育的呼声中,感到前事不忘,后事之师,有必要从法律教育这个侧面,投入教育工作问题的讨论。

历史是一面镜子。本文先介绍古代封建法律教育和旧中国半殖民地法律教育,再回顾建国三十年来的法律教育,谈谈自己对今后怎么办的看法,抛砖引玉,与法律教育界的同志们共同商确。

一、古代封建法律教育

古代封建统治者深深懂得法律是统治人民的工具,但又"徒法不能以自行",必须培养"明法吏",以鱼肉人民,因此,他们从来不忘记封建法律教育。

《汉书·艺文志》:"法家者流,盖出于理官。"所谓理官,指古代掌握狱讼文官,亦即法官。法官负责执行法律,对于法典的奥义,非弄懂不可。于是,只有作为法律行家的理官才具备传授法律知识的条件,而理官的后继人,又必须学习法律。这就是古代法律教育的由来。

早在春秋战国时期,百家争鸣,诸子收徒讲学,私学大兴,法学曾盛开灿烂之花。

秦始皇统一中国后,采纳李斯的奏议,法令书籍收藏于官府,学法律者以吏为师。但私学的暗流,似未中断。叔孙通在秦时以文学被征为博士,在汉时却能补充萧何《九章律》所不及,制定《傍章》十八篇,如果未曾学过法律,恐难完成这一立法任务。汉初沿袭秦制,下诏让明法者至相府①,传授律令,外郡学律令必至京师丞相府②。同时,私学也很盛行③。文帝时有位大教育家益州(今成都)学官文翁,兴办地方官学,选郡县小吏开敏有材者张叔等十人进京,从博士受经或学律令④,数年后回去做郡县官或传授律令。武帝时(公元前124年)兴办太学,立五经博士,从此开了二千年封建社会正规的中央官学之端。不久(公元前128年)又制定地方每年荐举四科贤才,其中一科为明习法令,让地方大官每年荐举"足以决疑、能按章覆问"者,选拔为狱吏(法官)⑤。被荐举的人必须学习律令,大大推动了法律教育。东汉时期,叔孙宣、郭令卿、马融、郑玄等注释律令章句的大儒,十有余家,每家数十万言⑥。南齐崔祖恩

---

① 《通典》卷十三《选举一》。
② 严延年年轻时到丞相府学律令,才做郡吏。
③ 父传其子,例如郑崇是高密大族,其父宾明法令,为御史;师传其子,例如黄霸少学律令,即系私学传授。
④ 《汉书·循吏传》第五十九《文翁传》。
⑤ 《通志》卷五十八《选举一》。
⑥ 《晋书·刑法志》。

在《请择人司律令奏》中说:"汉末治律有家,子孙并世其业,聚徒讲授至数百人。"①可见私学之盛。

三国魏明帝时,由于卫觊奏议,设置律博士,教授律令②。从此直至宋末,法律教育成为正规的中央官学。设学、招生,学成后分配官职,均有一定制度。以唐宋为例:唐代中央官学,设有类似专科学校的律学③,有律博士一人、助教一人,负责讲授。招收出身于八品以下下级官和平民家庭年十八以上、二十五以下的青年,在学年限最长不得超过六年。学习律令格式,主要有唐律、唐令。每年进一次选拔考试,及格的就可以参加尚书省考试,不及格的留下继续学习。如果三年考试不及格,在律学已经六年,就除名遣送回家。唐代的科举制度,有明法一科,从中央官学(律学)选拔的学生和地方官学选拔的贡生中考试选拔,考唐律七条、唐令三条,全答对为甲等,答对八条为乙等。教育是科举的附庸,学校纳入科举的轨道④。宋代中央官学国子监,设律学博士二人,执掌传授法律及考试命题阅卷评分⑤。宋代科举选拔官吏也有明法一科,规定考律令四十条⑥。神宗熙宁三年(公元1070年)开始用断案、律令刑统大义考试法官,六年因王安石奏议⑦,对一般进士也考试断案和律令刑统大义。所有报考进士者,都不得不学律令,苏东坡诗:"读书万卷不读律,致君尧舜终无术。"如实反映了当时情况。哲宗元祐元年(公元1086年),司马光请立十科取士法⑧,第八科"善听狱讼,尽公得实",第十科"练习

---

① 《南齐书》卷二十八《崔祖恩传》。
② 《三国志·魏书·卫觊传》(又《晋书·刑法志》)。
③ 《文献通考》卷四十一《学校二》。
④ 《文献通考》卷二十九《选举二》。
⑤ 《文献通考》卷四十二《学校十三》。
⑥ 《文献通考》卷三十《选举三》。
⑦ 《文献通考》卷三十一《选举四》。
⑧ 同上,又孙荣:《古今法制表》卷九举士《司马光请立十科取士法》。

法令,能断请谳"。不读律令,也无法参加这两科科举考试。

元代废置律博士制度,律学衰微,朝廷屡次颁诏修律,终无成就。明清两代同样不设律博士,中央官学和地方官学也不另设律学专业。明初中央官学国子监,有律令、《大诰》课程①。太祖洪武八年(公元1375年)沿袭元制,在乡社设置社学,曾一度使法律教育深入到全国乡社,令塾师教社学中的学生律令、《大诰》②。让社学学过律令、《大诰》的学生至南京礼部接受考查,按照能背诵《大诰》多少依成绩等第给赏。"于时,天下有讲读《大诰》,师生来朝者有十九万余人。并赐钞遣还。"(《明史·刑法志》)明清两代,对在职官吏的法律教育有讲读律令制度。《明律》卷三《吏律二·公式篇》(《清律》亦同)规定,对中央和地方百官进行考查,如有不能讲解律令,不通晓律意的,初犯罚俸钱一月,再犯笞四十附过(将罪名附记于官员名簿),三犯于本衙门内递降叙用,如知府降同知,同知降通判之类。同时又规定,只要通晓法律并有一定技艺(指工匠医卜等)的人员,犯谋反、叛逆以外的罪,可免予判刑一次。看来私塾塾师也负担了教读律令的责任。

总的讲,我国二千年封建法律教育,不外官学、私学和自学三种方式,而其学习内容一般是当时的律令。隋唐以后,同科举制度挂上了钩,为科举服务。元明清三代废官学,封建统治者一般地认为只要通经,就能明法,只抓儒家经学,不必另有律学。

---

① 孙荣:《古今法制表》卷十《学校》。
② 《续文献通考》卷五十《学校四》。

二、旧中国半殖民地法律教育

半殖民地旧中国,经历了清末变法改制、北洋政府和国民党政府三个时期。标志着丧权辱国的领事裁判权出现在中国大陆后,清朝政府及辛亥革命后的北洋政府和国民党政府,不得不变革法制、粉饰门面,兴办法律学校、培育有法律知识的官僚。

清政府末年,废除科举、兴办学校,引进外籍专家修订法律。光绪二十九年(公元 1903 年)抄自德国、日本的"癸卯学制",小学七年(四三制)、中学五年、高等学堂(大学预科)三年、大学(法科)四年。法律教育,开始只准官学,禁办私学,后开放私学;并专设法律学堂,专科三年毕业,速成科、讲习所,一年半或二年毕业。中学开法制理财大意,高等学堂第一类(文法商预备科)开法学通论和理财学大要,大学政法科法律门开设法理学、大清律例要义、中国历代刑律考、中国法制史、东西各国法制比较、各国宪法、各国民法及民事诉讼法、各国刑法及刑事诉讼法、各国商法、国际公法、国际私法、外国法(罗马法、英吉利法、法兰西法、德意志法)、行政法、经济学、财政学。采学年制,每周授课二十节。①

辛亥革命后,1912 年—1913 年学制,小学(四三制)七年、中学四年、大学预科三年、法律本科三年。增设专门学校,预科一年、法律本科三年。各省设立的专门学校,以法律专门学校最多。北洋政府时期,1922

---

① 舒新城:《中国近代教育史资料》(中华书局版)。

年抄自美国的"壬戌学制",小学六年(四二制)、中学六年(三三制)、大学四年(取消预科)、法律专门学校三年,公私立法科大学或专门学校逐渐增多。课程设置采学分制,必修科有宪法、行政法、刑法、民法、商法、破产法、刑事诉讼法、民事诉讼法、国际公法、国际私法、罗马法、法制史、法理学、经济学、外国法(英、德、法任选一种);选修科有比较法制史、刑事政策、国法学、财政学。①

国民党政府时期的1928年学制,基本上沿用1922年学制,后来虽经修改,对法律教育来说无大变动。高中公民科有一学年是法律概要。大学法律系分设司法组、行政法组和法学组,实施学分制。以原国立中央大学为例,一二年级各组共同开党义(三民主义)、国文、基本英文、民法总论、刑法总论、政治学、经济学、社会学、民法债论、刑法各论、民法物权、民法亲属及继承、宪法原理;第三学年起各组分别开设必修科和选修科。以司法组为例,必修课程有民事诉讼法、刑事诉讼法、公司法、票据法、比较司法制度、海商法、保险法、国际私法、破产法、强制执行法、诉讼实习;选修课程有证据法学、行政法、国际公法、最近大陆立法、第二外国语(德、法、日)、劳动法、法医学、犯罪学、监狱学、土地法、法理学、法律伦理学、近代法律思想史、审判实务②。毕业后经高等司法官考试及格,还得入司法官训练所受训一年,才分配法官职务。

旧中国半殖民地法律教育,开始限于官学,后来采取公私办学相结合方式。由学年制改为学分制。个别法律学校设置夜校(如东吴法学院),个别法学书籍出版商还附设法律函授学校(如抗战结束后上海昌明书屋)。

---

① 舒新城:《中国近代教育史资料》(中华书局版)。
② 孙晓楼:《法律教育》(商务印书馆版)。

三、新中国社会主义法律教育

新中国建立后的首要任务,是强化人民的国家机器,并牢牢地掌握人民民主专政这个武器。理所当然地要加强社会主义法制和法律教育工作。对于法律教育,采取了在职政法干部教育和培养政法新生力量双管齐下的办法。一面创办中央政法干部学校和各省市自治区政法干校,一面重建或新建综合大学法律系和创立各大区政法学院。院系调整前,各省市旧有大学一般都设法律系,调整后停办的有南京、浙江、安徽、厦门、江西、中山、广西、湖南、四川、云南、贵州、东北、长春、清华、暨南、同济、大夏等大学和私立东吴、震旦、朝阳、法政等法学院。1957年后陆续停办的有复旦、武汉、西北等大学法律系,和华东、西北政法学院,继续保存下来的法院系,法律专业课也一度改成政策业务课。1962年"高教六十条"发布后,法律教育的情况又有所好转。但是,好景不长,"十年浩劫"时期,与"砸烂公检法"的同时,法律教育也基本上被取消。

不可否认,建国三十年来,政法院校、系在干部培训方面和培养政法界新生力量方面,曾起了不小的作用。但从法律院、系的数量上,从培养出来的新老政法干部的数量上,从师资队伍的数量上,从法学教材和专著的出版数量和质量上看,比起其他文科、比起理工科,未免是望尘莫及;如果比起其他社会主义国家和资本主义国家,三十年来的法律教育,说是一张白纸,似乎不是完全脱离实际的过火话。

我们是社会主义国家,却把法律教育视同等闲,这本是不可思议的咄咄怪事。过去二十年,似乎流行一种政策可以代替法律的思想,难怪法律教育奄奄一息,不绝如缕。历史是无情的,十年灾难,无法无天,听任封建法制流毒到处泛滥,不少人都已吞食了法律和法律教育可有可无的苦果。总结过去,教训是沉痛的。

当前,为了适应四个现代化的迫切需要,为了发扬社会主义民主和加强社会主义法制,必须大力发展法律教育。首先,必须提高对法律教育重要性的认识。在恢复或筹建综合大学法律系的过程中,有些学校领导习惯于重理轻文的老一套,对法律教育兴趣不大;有些对过去法律教育的起落情景历历在目,抱着走着瞧的被动态度;有些省市领导担心法律系每年招生上百名,十年后本省市司法机关容纳不下,脑子里存有"冒进"的问号。诸如此类的思想障碍必须扫除。其次,师资不足是一大困难。为了适应增设法律院、系的需要,筹设师资班,由各校物色社会上法律系毕业生,送师资班加以一年培训,初步掌握一至二门学科,然后在教学实践中不断充实提高,不失为应急之计。第三,教材和图书资料缺乏。古今中外的法律书籍,"十年浩劫"时期初打成封资修黑货,个人藏书多已抄没处理,法律出版社停办后,1958 年以前翻译出版的外国法律书籍也不可多得,巧妇难为无米之炊。因此,除有关部门应组织力量,编写统一教材外,还应该创造条件,鼓励法学界的同志们多多出法律书籍。对于参考资料,法律出版社恢复后应可组织力量翻译国外最新大学教材和法学专著,编辑出版本国的法学材料。又可以通过中国图书进出口公司购进国外参考书籍和工具书籍,问题不难解决。第四,目前法学界知识面较狭窄。自 1957 年以后,极"左"思潮对法律教育的影响,特别是"十年浩劫"的破坏使法学落后了整整二十年。近二十年来,随着世界经济的发展,世界法学也突飞猛进,我们长期闭目塞聪,近年稍稍接触一些外国法学新著,豁然开朗,颇有"不知有汉,无论魏晋"之感。此种实际情况，应予正视，并力求改变，迎头赶上去。第五，关于专业和课程设置，过去学习苏联，开始完全必要，今天要走自己的道路。半殖民地旧中国，学习德国、日本，后来又学习美国，跟在别人屁股后面跑，总觉得不伦不类。今天应很好总结，扬长避短，搞出有社会主义中国特色的法律教育，闯出自己的路子。千万别把过去一套视为禁区，必须依样画葫芦，不能稍有改动。具体问题，本文不拟多谈。

面对着法律教育的广阔前景，必须继续搞好知识分子政策的落实工作，充分挖掘社会潜力。擅长外语的老法学界或中年以上知识分子，要借重他们大量翻译外国法学著作。必须解放思想，广开学路。小平同志指出，司法干部"起码缺一百万，我看缺两百万"。中央和各省市有条件的要办函授法律大学或电视大学法律专业，让广大在职青年业余自学法律，毕业考试合格者给予毕业证书，安排法律工作或发给律师证书。有条件的法律系、政法学院可以举办分校，招收走读生和自费生，让高考考分及格，因政法院系名额有限排除在高等学校门外的中学毕业青年获得就学机会，还要在有条件的地区创办法律专科学校或中等法律专业学校。师范大学、师范学院政教系必须开设法律专业课，中等学校必须开设法律概论……只有解放思想，大胆冲破习惯势力，才能使向隅已久的法学之花，在百花丛中，争妍于祖国社会主义教育园地。

原载于《法学杂志》1980 年第 3 期

论孙中山的法律思想

伟大的革命先行者孙中山所领导的辛亥革命,已届七十周年。众所周知,辛亥革命并没有完成反帝、反封建的革命任务,但它推翻了清皇朝的反动统治,结束了在中国延续了两千多年的封建专制主义君主制度,建立了共和制度,其丰功伟绩是不可磨灭的。

今天,我们重温孙中山遗著和辛亥革命史料,追怀这位伟大历史人物的法律思想,对于振兴中华,争取台湾回归祖国,实现和平统一,具有一定的历史意义和现实意义。

论述孙中山的法律思想,一方面不应当停留在辛亥革命时期这个历史阶段。同他的资产阶级民主革命思想一样,他的法律思想的形成,经历了一段过程,要从发展上全面地对待,因而我们要从孙中山全部著作中去探求。另一方面,辛亥革命推翻清皇朝,他担任南京临时政府的临时大总统,不过短短的三个月,而南京临时政府时期颁布的法律、法令,实际上又并未在全国范围内真正实施;但这些法律、法令,反映了他的法律思想,却是毋庸置疑。因此,辛亥革命史料不失为我们的探求对象。

* * *

法治观。资产阶级革命后一般总是先搞一个立宪会议,制定宪法,巩固既得权益,把统治阶级的统治活动,纳入宪法的轨道。法国从1789年革命起,到1875年颁布《第三共和国宪法》止,八十六年时间内,革命与反革命交替,先后搞过十一次宪法,这是典型的例子。孙中山的法治观,也是一样。直到晚年时期,确立三大政策后,才认识到"宪法之成立,唯在列强及军阀之势力颠覆之后"。他就任临时大总统后,通过参议院先后颁布《中华民国临时政府组织大纲》,规定十个月内召集国会,制定正式宪法。袁世凯窃国后,孙中山于1915年《讨袁檄文》中指出他的罪状"改毁约法,解散国会",1916年《第二次讨袁宣言》又指出"……解散国会,公然破坏我神圣庄严之约法",要"维国法而伸正义"。1917年在反对段祺瑞政府的《护法宣言》中说"须知国内纷争,皆由大法不立",要建立"合法永久之和平"。后来1924年在其所著《建国大纲》中规定:"宪法颁布之日,即为宪政完成之时,而全国国民则依宪法行全国大选举。国民政府,则于选举完毕之日起三个月内解职,而授于民选之政府,是为建国之大功告成。"他不但主张依据宪法治理国家,而且对待一般法律,也是法律怎么规定就怎么办。他在临时大总统任内,给内务部令文中指出:"民国一切法律,皆当由参议院决定宣布乃为有效。"内务部搞的《暂行报律》,应即撤销。又在咨复参议院弹劾司法部次长吕志伊违法文中认为:"立法权固当倍加尊重,而行政权亦不宜轻蔑。"认为吕志伊不构成违法,给予驳复。总起来说,孙中山的法治思想,首先是有法可依,如果无法可依就应健全法律制度;其次是有法必依,无论立法、行政、司法机关和平民百姓,都按法律规定办事。

* * *

平等观。孙中山主张平等,但不赞同天赋人权,即生来自由平等的理论。他反对封建社会帝王、公、侯、伯、子、男和庶民等级的"不平等",

他反对不管各人的聪明才智,即圣贤、才智、平庸、愚劣一律"平头"(平等对待)的"假平等",他主张人民在政治上(包括法律上)是地位平等的,即所谓立足点平等或"平脚"的"真平等"(《民权主义》第三讲)。从美国独立、法国和俄国革命的结果比较,他赞赏俄国十月革命后的平等是彻底的。推翻清皇朝封建君主专制、建立民国,他从政治地位平等出发,坚决反对封建等级制度;就任临时大总统后,首先革除前清官厅称呼:"官厅为治事机关,职员乃人民之公仆,本非特殊之阶级,何取非法之名称。"前清大人、老爷等称呼,"受之者增愧,施之者失体",一律革除。各官厅人员相称呼,各按官职,民间普通称呼"先生"或"君",也不得再沿前清官厅恶称。这是讲求平等的起码要求,孙中山这样要求别人,也这样身体力行。

正因为他坚决贯彻法律面前人人平等,在大总统任内,一再说"凡属国人、咸属平等",不得再有主奴名分,禁止买卖人口。鉴于福建、广东的疍户、浙江的惰民、河南的丐户,以及清朝因株连而发配在功臣家为奴的所谓义民,还有优娼隶卒等,辛亥革命前均有特别限制,不得与平民同等看待,通令一律予以开放(意即解放),"对于国家社会之一切权利,公权若选举参政等,私权若居住、言论、出版、集会、信教自由等,均许其一律享有,毋稍歧异,以重人权而彰公论"。

* * *

民主观。列宁在《中国的民主主义与民粹主义》一文中评价孙中山"是充满着崇高精神和英雄气概的革命的民主主义者"。孙中山主张人民有权,在民权主义讲演中讲的很详细。他的权能分立说把国家权力分为"政权"(亦称民权或四权)和"治权"(亦称政府权或五权),主张人民应该有管理国家的权力,但又不承认人民有管理国家的能力,主张政府另由有能力的专家组成。因此，提出把选举、罢免、创制、复决四个"政权"交给人民，把立法、司法、行政、考试、监察五个"治权"交给政府，实施权能分立，互相制约的制度。后来，他在俄国十月社会主义革命影响和中国共产党的帮助下，于《中国国民党第一次全国代表大会宣言》中，重新解释民权主义，称"民权为一般平民所共有，非少数人所得而私，一切自由权利只给予真正反对帝国主义的个人及团体，凡效忠于帝国主义和军阀者均不得享有"。

他主张用宪法和法律保障人民有权的民主主义，所以我们把它列入孙中山法律思想之一。

* * *

刑罚观。孙中山反对封建专制的法律制度，从革命人道主义出发，对于刑罚目的，采取目的主义或预防主义，反对报应主义。对于刑罚的适用，采取罪刑等价主义，主张刑与罪相适应，罚当其罪。"国家之所以惩罚犯人者，非快私人报复之私，亦非以示惩创，使后来者相戒，盖非此不足以保持国家之生存，而成人民之均平也。故其罚之程度，以足调剂个人之利益与社会之利益之平为准。"

他禁止刑讯，重证据而不轻信口供。"本总统提倡人道，注意民生……而于刑讯一端，尤深感痛绝……不论行政、司法官署及何种案件，一概不准刑讯。鞫狱专视证据之充实与否，不当偏重口供。其从前不法刑具，悉令焚毁。""如有故违，褫夺官职，治以应得之罪。"

他禁止体罚。"夫体罚制度为万国所摒弃，中外所讥评。"通饬各级官署审理及判决民刑案件："不准再用笞杖、枷号及他项不法用具。其罪当笞杖、枷号者，悉改科罚金、拘留。详细规定俟之他日法典。"

他反对株连。在对待查抄反动官吏应被查抄的财产问题上，以查抄本人的财产为限。"其果系该伯叔兄弟之财产,而该伯叔兄弟又未尝助该官吏反对民国者,其所有财产,自应一律保护。"

孙中山基于革命人道主义和刑罚预防主义,将数千年来的刑讯、体罚和株连制度,明令废止,是极其难能可贵的。

* * *

文明观。孙中山反对封建专制主义,坚持建立资产阶级共和国,一方面主张建设物质文明,在他所著的《建国方略》中有关物质建设方面说的很详细,一方面主张建设精神文明,《建国方略》中的心理建设(孙文学说)和社会建设(民权初步)代表了他的看法。他主张恢复固有道德,即忠孝、仁爱、信义、和平。他更讲究修身,重视文明礼貌和品德作风,《民族主义》第六讲讲的很详细。在他就任临时大总统后,涤荡旧污,革除陋俗,除废除跪拜旧制,改行鞠躬礼外,还有:

一、剪辫子。他令内务部晓示人民一律剪去辫子。凡未去辫者,于令到之日,限二十日一律剪除净尽,有不遵办者,以违法论。

二、劝禁妇女缠足。他令内务部通饬各省,劝禁妇女缠足,"其有故违禁令者,予其家属以相当之罚"。

三、禁鸦片。鸦片流毒中国,足以亡国灭种,他在令内务部通饬各省禁烟文中,"申告天下,明令禁止",并查明各机关有无吸食鸦片人员。

四、禁止赌博。他令内务部通饬各省,无论何种赌博,一律禁止,并不准出售赌具。

所有这些,在当时历史条件下,属于社会文明范围。

* * *

公仆观。孙中山把政府官吏,一切公职人员看作是人民的公仆,不是骑在人民头上作威作福的老爷。对待人民公仆,他在《五权宪法》讲演(1924年)中,主张政府要有五权,即立法权、司法权、行政权、弹劾权(监察权)和考试权。其中考试权和弹劾权是选拔和纠察检举国家官吏的。他主张厘订各种考试制度,以救济选举制度之穷(《中国国民党第一次全国代表大会宣言》)。他主张公职人员要有才有德,借鉴我国古代封建君主考试取士的办法,"凡是我们人民的公仆,都要经过考试,不能随便乱用"。他借鉴了秦汉以来设置监察御史等官专司弹劾官吏违法失职的制度,又参考资本主义国家的弹劾案通常由下议院提出、上议院受理的办法,主张专设监察机关,对违法失职的政府官吏,检举弹劾,替人民伸张正义;对于已经过考试被国家任用的公仆,进行监督纠察。这两项法律制度的设计,都属于有关公仆的法律思想。

* * *

总起来说,孙中山的法律思想,民主是核心。作为资产阶级民主革命派,他一贯反对封建专制,主张民主,平等是应有之义,官吏是人民公仆,又是平等的应有之义。把民主法律化,健全法制,以法治国,也是民主的引伸。只有实行民主,才能建设物质文明和适合新时代的精神文明,从而对待犯罪,自应取缔刑讯、体罚和株连,实行罪刑法定主义。

毛泽东同志在《纪念孙中山先生》(1956年11月12日)一文中指出:"他在政治思想方面留给我们许多有益的东西。"不难设想,这里所说的政治思想方面,也包括法律思想在内。上面从六个方面分析了孙中山的法律思想,正是企图作一次尝试,尝试着从他的资产阶级法律思想里,找出对我们有益的东西。

今天,我们正处在拨乱反正、继往开来的重要历史时期。我们的目标,是把我国建设成为现代化的、高度民主和高度文明(包括物质文明和精神文明)的社会主义强国。建设高度民主的社会主义政治制度,"要完善国家的宪法和法律,并使之成为任何人都必须严格遵守的不可侵犯的力量"。孙中山的法治思想,抛开它的实质(他是资产阶级法治,我们是社会主义法治)不谈,仅就逐步做到有法可依(健全和完善法制)以及有法必依两点,完全值得我们借鉴,而且我们正是这样去做的。孙中山的平等思想、公仆思想和民主思想,同样抛开它的实质和具体做法不谈,仅就法律面前人人平等、国家干部都是人民的公仆和人民有权当家作主的精神来说,我看也同样值得我们借鉴。再从建设高度的文明看,孙中山重视建设物质文明和精神文明,重视刑罚人道主义,重视道德修养……这种精神,也完全值得我们借鉴。

原载于《法学》1982年第2期

论新《宪法》的指导思想

新《宪法》即《八二宪法》,科学地总结了建国以来社会主义革命和社会主义建设正、反两方面的经验,完整地体现了中国共产党十一届三中全会以来所确定的路线、方针、政策,全面地反映了全国各族人民的共同意志和根本利益,是合乎国情、具有中国特色、适应社会主义现代化建设需要的、治国安邦的根本大法。

任何国家的宪法,都有它的指导思想。如苏联《1936年宪法》,按照斯大林《论新宪法草案》的报告精神,是以社会主义道路、无产阶级专政、苏联共产党的领导和马克思列宁主义作为它的指导思想的。

我国新《宪法》即《八二宪法》起草时所遵循的总的指导思想是四项基本原则。这就是坚持社会主义道路,坚持人民民主专政,坚持中国共产党的领导,坚持马克思列宁主义、毛泽东思想。道理很明显,中国人民在血的教训中认识到,只有社会主义才能救中国;没有中国共产党就没有新中国,也就不会有现代化的社会主义中国;中国共产党领导全国人民推翻了帝国主义、封建主义和官僚资本主义的统治,建立了人民民主专政的中华人民共和国,消灭了几千年来的剥削制度,建立了社会主义制度,基本上形成了独立的比较完整的工业体系,发展了社会主义经济、政治和文化。这一切都是在以马克思列宁主义、毛泽东思想为指导的中国共产党领导下取得的。新《宪法》的制定既然以四项基本原则为总的指导思想,同时它又在序言中把坚持四项基本原则用法律的形式固定下来,而且又将它贯穿在全部条款中。这样,既反映了不以人们意志为转移的历史发展规律,又是全国各族人民在长期斗争中团结前进的政治基础,并从他们切身体验中得出的不可动摇的结论。

为了坚持社会主义道路,新《宪法》在序言中明确宣告:"今后国家的根本任务是集中力量进行社会主义现代化建设。中国各族人民将继续在中国共产党领导下,在马克思列宁主义、毛泽东思想指引下,坚持人民民主专政,坚持社会主义道路,不断完善社会主义的各项制度,发展社会主义民主,健全社会主义法制。自力更生,艰苦奋斗。逐步实现工业、农业、国防和科学技术的现代化,把我国建设成为高度文明、高度民主的社会主义国家。"总纲第一条第二款规定:"社会主义制度是中华人民共和国的根本制度。禁止任何组织或者个人破坏社会主义制度。"新《宪法》关于我国的社会主义经济制度,肯定生产资料的社会主义公有制是我国社会主义经济制度的基础,其中国营经济是社会主义全民所有制经济,是国民经济中的主导力量,保证劳动群众集体所有制经济沿着社会主义方向前进,保证个体经济为社会主义服务;规定国家在社会主义公有制基础上实行计划经济,并通过经济计划的综合平衡和市场调节的辅助作用,保证国民经济按比例地协调发展;肯定各尽所能,按劳分配的社会主义的分配原则,同时指出国营企业和城乡集体经济组织的劳动者都应当以国家主人翁的态度对待自己的劳动;规定城市土地属于国家所有,农村和城市郊区的土地,除由法律规定属于国家所有的以外,属于集体所有,宅基地和自留地、自留山,也属于集体所有,保证农业经济发展的社会主义方向;规定矿藏、水流、森林、山岭、草原、荒地、滩涂等自然资源,都属于国家所有,即全民所有,由法律规定属于集体所有的森林和山岭、草原、荒地、滩涂除外;社会主义公共财产神圣不可侵犯,禁止任何组织或者个人用任何手段侵占或者破坏国家的或者集体的财产；等等。所有这些都是坚持社会主义道路极为必要的。

为了坚持中国共产党的领导，新《宪法》是由中国共产党代表中国人民利益、执行全体人民意志，领导中国人民制定的。新《宪法》序言中，明确规定中国各族人民将继续在中国共产党领导下，完成我们国家今后的根本任务。同时，新《宪法》已将中国共产党十二大所确定的十一届三中全会以来的路线、方针、政策予以法律化、制度化。党的领导主要是政治、思想和组织的领导，党制定了正确的路线、方针、政策，并在新《宪法》中作了反映，这就体现了中国共产党的领导。作为一个执政党，在新党章上规定了党必须在宪法和法律的范围内活动，新《宪法》序言中指出全国各族人民、一切国家机关和武装力量、各政党和各社会团体、各企业事业组织，都必须以宪法为根本的活动准则，并且负有维护宪法尊严、保证宪法实施的职责；又在总纲第五条规定，一切违反宪法和法律的行为，必须予以追究；任何组织或者个人都不能有超越宪法和法律的特权。这些规定充分体现了党领导全国人民安邦定国、保障宪法实施的决心。

为了坚持人民民主专政，新《宪法》序言中对此作了明确的肯定，并指出人民民主专政实质上即无产阶级专政。总纲第一条关于我国国家性质即我国的国体，规定："中华人民共和国是工人阶级领导的、以工农联盟为基础的人民民主专政的社会主义国家。"人民民主专政在社会主义制度确立以后的任务主要是保卫社会主义制度，领导和组织社会主义建设。首先关于人民民主方面，是在最广大的人民内部实行民主，加强广大工人、农民和知识分子的主人翁责任感，充分调动全国各族人民的社会主义建设的积极性。新《宪法》序言中概括地写入了在社会主义的建设事业必须依靠工人、农民和知识分子，团结一切可以团结的力量。

同时又在总纲中将"中华人民共和国的一切权力属于人民",作为我国国家制度的核心内容和根本准则,并具体规定,"人民行使国家权力的机关是全国人民代表大会和地方各级人民代表大会""人民依照法律规定,通过各种途径和形式,管理国家事务、管理经济和文化事业、管理社会事务"。这就是把社会主义民主扩展到政治生活、经济生活、文化生活的各个方面去,发展各个企业事业单位的民主管理,发展基层社会生活的群众自治。新《宪法》关于公民的基本权利和义务的规定,也是我国国家制度和社会制度原则规定的延伸,公民在法律面前一律平等,是保证社会主义民主实施的一条基本原则。其他如选举权和被选举权,关于公民的人格尊严不受侵犯,公民的人身自由、宗教信仰自由,公民的住宅不受侵犯,通信自由和通信秘密受法律保护,以及公民对于任何国家机关和国家工作人员的违法失职行为有提出申诉、控告或检举的权利等等,都有详细的规定。新《宪法》一方面规定公民在行使自由和权利的时候,不得损害国家的、社会的、集体的利益和其他公民的合法的自由和权利;另一方面又规定,任何公民享有宪法和法律规定的权利,同时必须履行宪法和法律规定的义务。根据这个基本原则,新《宪法》规定了公民对于国家和社会应尽的各项义务。其次关于专政方面,在剥削制度和剥削阶级消灭以后,专政的对象已经不是完整的反动阶级,人数也大为减少。但是阶级斗争还将在一定范围内长期存在,并且在某种条件下还有可能激化。这是由于国内和国际的各种复杂因素所造成的。对于敌视和蓄意破坏我国社会主义制度的国内外敌对势力和敌对分子,还必须进行斗争。国家的专政职能就是依照宪法和法律,镇压叛国和其他反革命的活动,打击经济领域和其他领域的蓄意破坏和推翻社会主义制度的严重犯罪分子。新《宪法》为此规定:"国家维护社会秩序,镇压叛国和其他反革命活动,制裁危害社会治安、破坏社会主义经济和其他犯罪的活动,惩办和改造犯罪分子。"另外,由于我国社会主义建设,是在世界还很不安宁、我国安全还受到严重威胁的形势下进行的,新《宪法》规定了必须加强国防建设,增强国防力量。

为了坚持马克思列宁主义、毛泽东思想,新《宪法》序言中肯定了中国新民主主义革命的胜利和社会主义事业的成就,都是中国共产党领导中国各族人民,在马克思列宁主义、毛泽东思想指引下,坚持真理,修正错误,战胜许多艰难险阻而取得的,又确定了今后完成新的历史时期的总任务,仍然必须继续在中国共产党领导下,在马克思列宁主义、毛泽东思想指引下,坚持人民民主专政,坚持社会主义道路。列宁曾经指出:"一切民族都将走到社会主义,这是不可避免的,但是一切民族的走法却不完全一样。"(《列宁全集》23卷第64—65页)邓小平同志在党的十二大开幕词中也说:"我们的现代化建设,必须从中国的实际出发。……把马克思主义的普遍真理同我国的具体实际结合起来,走自己的道路,建设有中国特色的社会主义,这就是我们总结长期历史经验得出的基本结论。"新《宪法》正是反映了从中国的实际出发,走自己的道路,建设有中国特色的社会主义。主要体现在:(1)把现代化、高度文明、高度民主这样三个目标、三位一体的目标统一起来,或者说是社会主义经济建设同社会主义政治建设、社会主义思想建设和社会主义文化建设统一起来,或者说是高度的社会主义物质文明和高度的社会主义精神文明统一起来,并以高度的社会主义民主作保证。也就是把经济建设作为中心,同时有社会主义民主的发展和社会主义精神文明的发展来保证。新《宪法》序言把集中力量进行社会主义现代化建设作为今后国家的根本任务,这是合乎历史规律的决定。社会主义精神文明是社会主义的重要特征,新《宪法》用了很大篇幅,对文化建设和思想建设这两个社会主义精神文明的内容,作了一系列重要的具体规定,并把教育、科学、卫生体育、文化单列一条，加重了分量，充实了内容，把建设社会主义精神文明的方针、任务，全面地、系统地、详细地确认下来，使之具体化、制度化、法律化，使全国人民有所遵循，这正是建设社会主义物质文明的可靠保证。关于高度的社会主义民主的政治建设，除前面已涉及外，新《宪法》还规定进一步发展国内各民族之间平等、团结、互助的社会主义民族关系，继续加强同各民主党派和各人民团体参加的，包括全体社会主义劳动者、拥护社会主义的爱国者和拥护祖国统一的爱国者的广泛的爱国统一战线。(2) 贯彻独立自主自力更生的方针。新《宪法》序言指出"中国坚持独立自主的外交政策"，总纲又规定允许外国的企业和其他经济组织或者个人依照中华人民共和国法律的规定在中国投资，同中国的企业或者其他经济组织进行各种形式的经济合作；国家制裁破坏社会主义经济和其他犯罪的活动；国家在人民中进行爱国主义、集体主义和国际主义、共产主义的教育，进行辩证唯物主义和历史唯物主义教育，反对资本主义的、封建主义的和其他的腐朽思想。(3) 新《宪法》严格遵循一切从实际出发的原则，力求符合中国的实际情况。例如在经济制度方面，规定我国实行两种形式的社会主义公有制，即全民所有制和劳动群众集体所有制。集体所有制，在农村除了人民公社外，还有各种形式的合作经济；在城镇也有手工业、工业、建筑业、运输业、商业、服务行业等各种形式的合作经济。此外，还允许在法律规定范围内的城乡劳动者个体经济，作为社会主义公有制经济的补充。关于土地制度，新《宪法》规定城市的土地属于国家所有，而农村和城市郊区的土地，除由法律规定属于国家所有的外，属于集体所有，自留地、自留山、宅基地等归个人使用，仍属集体所有。这是具有中国特色的社会主义土地制度。

总起来说，可以归纳为以下三点：(1) 作为新宪法指导思想的四项基本原则，是统一的整体，是互相联系、互为条件、不可分割的。但四项基本原则,最核心的是党的领导。坚持社会主义道路和人民民主专政,进行社会主义现代化建设,只有在以马克思列宁主义、毛泽东思想为指导的中国共产党的领导下才能实现。党的领导是其他三项基本原则的根本保证。坚持党的领导,必须巩固党的领导、改善党的领导。新《宪法》对之有所反映。就这一点讲,比较我国过去三部宪法,乃是建国以来最完善的宪法。(2)新《宪法》关于四项基本原则的规定,在具体形式上采取了两种不同的表述方法,一种是在序言中以叙述的形式表达出来,另一种是在具体章节中以条款的形式表达出来。只有全面地理解新《宪法》的规定,才能把坚持四项基本原则这一指导思想贯彻到实践当中去。(3)四项基本原则在新《宪法》中得到了充分的、正确的反映,是我国人民今后进行社会主义现代化建设的根本指导原则。正因为新宪法"规定了国家的根本制度和根本任务,是国家的根本法",具有最大的权威和最高的法律效力,是全国人民一切行动的根本准则,而坚决执行四项基本原则又是全面贯彻新《宪法》的关键和核心,所以,执行新《宪法》、维护新《宪法》的尊严,首要的前提就是贯彻执行四项基本原则。让我们认真学习新宪法,坚持四项基本原则,为新宪法的贯彻实施,为全面开创社会主义建设新局面而努力奋斗!

原载于《安徽大学学报(哲学社会科学版)》1983年第2期

论法制史的比较研究

自从粉碎江青、林彪反革命集团以来,特别是党的十一届三中全会以来,在党中央正确路线、方针、政策的指引下,拨乱反正,继往开来,我国法学界和全国其他各条战线一样,呈现出一派生气勃勃、欣欣向荣的新气象。就法制史的教学研究来说,各大学法律系和各政法学院恢复了中国法制史、外国法制史和罗马法等课程;1979年和1982年相继成立了中国法律史学会和外国法制史研究会;在司法部法学教材编辑部主持下,又编辑出版了《中国法制史》和《外国法制史》统编试用教材。这一切,标志着中外法制史的教学研究,迈开了极为可喜的步伐。

但是,在当前新形势下,我们决不能满足于这些成就。党的划时代的十二大制定的宏伟纲领——"全面开创社会主义现代化建设的新局面",把教育、科学同农业、能源、交通一起列为社会主义建设的战略重点。这里所说的教育和科学,当然包括法律教育和法学科研在内,因而也包括法制史的教学研究在内。作为从事法制史教学和研究的法学工作者,不能不适应新的形势,承担光荣而艰巨的任务。

中外法制史料记载着丰富的统治经验和管理经验,值得我们分析介绍。我们不能闭目塞听,要借鉴中外历史上的有益经验。古今中外的法律制度,不管是奴隶社会的、封建社会的还是资本主义社会的,不管是进步的、中间的还是反动的,我们都要以马克思列宁主义、毛泽东思想为指导进行研究,弃其有毒的糟粕,吸取有用的精华,达到"洋为中用""古为今用"的目的,为发展社会主义民主和健全社会主义法制服务。① 这就为我们法制史研究工作者提出了新的课题。

"有比较才能有鉴别"。我们法制史研究工作者要完成上述任务,开创研究工作的新局面,应该开展法制史的比较研究。法律制度史的比较研究,中外历史上早有先例。对于不同王朝的法律进行比较研究,中国历史上有明代邱濬(1420—1495)的《大学衍义补》和清代薛允升(1820—1901)的《唐明律合编》。对于不同国家法律制度的特点进行比较研究,在外国历史上,如十八世纪的孟德斯鸠(1689—1755)在他的《论法的精神》中,曾对东西方各国很多法律制度进行了比较研究,因而在西方法学著作中被认为是比较法学的奠基人。英国梅因(1822—1888)的主要著作《古代法》(1861)、《古代制度史》(1875)与《古代法和习惯》(1883),对各国古代法制加以比较研究。日本穗积陈重(1856—1926)的主要著作《法律进化论》(1924)对各国古代法律制度,尤其是对中国古代法律制度加以比较研究。我们可以用马克思主义的锐利武器,批判地吸取他们的经验和成果。

回顾中外比较法制史的研究,大致不外四种方法:

(1) 关于不同类型法律制度的比较。 通过剥削阶级法律制度与社会主义法律制度的比较,揭示出社会主义法律制度的优越性;通过剥削阶级类型的奴隶制、封建制和资本主义制的法律制度的比较,揭示出法律制度的发展过程、阶级实质及其规律。这在苏联的《国家与法权通史》中曾经这样尝试过;我国法制史工作者根据历史唯物主义原理,经济

---

① 引自彭真同志在中国法学会成立大会上的讲话(《人民日报》1982年9月30日)。

基础与上层建筑的关系,阶级与阶级斗争的观点,也曾作过这样的努力。

(2) 关于不同法系法律制度的比较。法系是一国法律制度影响其他国家、被其他国家所仿效,因而就根据法律制度的某种外部联系,如内容或形式上的特征,而不揭示它的阶级本质所进行的法制体系的划分。世界法制史上有多少法系? 没有一致的定论。但如罗马法系、印度法系、中华法系、伊斯兰法系、教会法系、日耳曼法系、英吉利法系等等则为一般所公认。按照不同法系,就法律制度的内容或形式上的特点进行比较,东西方学者的著作,如:美国魏格摩尔(1863—1943)的《世界法律制度概览》(1936)、日本田中周友的《世界法制史概说》(1965)和《比较法制史讲义》(1972),以及戴维德等的《现代世界主要法系》等著作,均作出了成绩。我国法制史工作者在这方面也做了一些工作。

(3) 关于不同国家法律制度的比较。国别法律制度的比较,有同一法系国家间,如对于英吉利法系的英国和美国之间,罗马法系(大陆法系)的法国和德国之间进行比较,研究其共同特点与不同特点;有不同法系国家间,如对于美国的总统制与法国的内阁制,或英日两国的内阁制进行比较研究;如此等等。我国法制史工作者对此也作出了努力,取得了一些成果。

(4) 关于同一国家不同时期法律制度的比较。这在以本国法律制度为研究对象的法制史著作中,就自己国家法律制度的发展过程,或多或少地都作了一些论述。中国法制史的著作也不例外。我国法制史工作者虽就本国法律制度作了这方面的研究,但对于其他国家不同时期法律制度的比较研究却做的不够。

当前,开展法制史的比较研究,无论采用哪种方法,要在原有基础上打开新局面:

第一,坚持四项基本原则,理论联系实际,必须加强马克思列宁主义、毛泽东思想的学习,当前应该认真学好党的十一届三中全会以来的重要文献,领会其精神。立足于中国实际,围绕着发展社会主义民主、健全社会主义法制,拟定课题,作出规划。

第二,加强国别法制史的研究。就不同国家的法律制度史,编写出版整套外国法制史丛书,或翻译出版有关各国法制史的文献资料和专著,为比较法制史的研究创造条件,壮大研究队伍,从而吸引更多的人参加这一工作。

第三,开展法律史学界的国际学术交流,互通情报,交换资料。尽管我们和他们的观点不尽相同,但他山之石,可以攻玉。各国比较法学和法律史学界的劳动成果和资料,可供我们研究参考,不可忽视。

第四,注意搜集第三世界亚洲、非洲和拉丁美洲各国的法律制度史资料,组织力量翻译介绍。要通过各种渠道与有关科研单位通力合作,从研究亚非拉国家的历史入手。这是我国法律史学界的空白点,法律制度史的比较研究,不能缺少这一环节。

怎样有的放矢、开创法制史研究的新局面?怎样加强法制史的比较研究?以下提出一些个人设想,抛砖引玉,共同商确:

(1) 关于统治经验。古往今来中外统治阶级积累了不少统治经验:如关于运用法律制度发展经济,调整中央与地方的关系,保证国家机构的正常运转,强化司法效能等等;关于运用法律制度缓和阶级矛盾和防止阶级矛盾激化的历史经验。"革命的专政和反革命的专政,性质是相反的,而前者是从后者学来的。这个学习很要紧。"[①]为了不断巩固人民民主专政,我们应该认真学习中外历史上的统治经验。

---

① 毛泽东:《论人民民主专政》。

(2) 关于管理经验。古往今来中外统治阶级还积累了不少管理经验:例如关于管理农田水利、扩展海外贸易、保护关税制度、人口制度、教育制度,以及其他经济管理制度……其中值得我们借鉴的经验,都应该作出比较研究。

(3) 关于民主制度。谁也不能否认社会主义民主的优越性,社会主义民主是资产阶级民主所不能比拟的。但在我们建设高度文明、高度民主的社会主义过程中,要让社会主义民主扩展到政治生活、经济生活、文化生活和社会生活的各个方面。我认为资产阶级民主正、反两方面的经验,只要是对于我国社会主义法制有益的,我们都得进行比较研究,借鉴参考。

(4) 关于澄清观点。资产阶级学者根据法律制度史的比较研究,得出了一些结论,在西方国家,似乎被认为定论。我们以马克思列宁主义、毛泽东思想为指导,对于他们的论点,当然不可能全部肯定,但也不能简单化地全部否定,全都认为是历史唯心主义,批判了事。我们要摆事实讲道理,进行具体分析,逐个地给予澄清。这也是非得从法律制度史的比较研究中去着手不可的。

例如古代法律的发展过程,梅因比较西方各国古代法律制度,认定为经历了三个阶段,即神授法时期、习惯法时期和成文法时期。[①] 日本穗积陈重、法国朗倍(Lambert)均在此基础上有所发展,穗积并引经据典,论证了中国古代法律制度。[②]

例如关于法律制度的发展,他们认为统治阶级的目的是从维持秩序(他们不谈镇压敌对阶级),到保护人民的自由,再到提高人民的生活;

---

① 梅因:《古代法》(世界书局版)。
② 穗积陈重:《法律进化论》(商务版)。

法律发展的形式,由具体到抽象;法律行为的方式,由繁复到简便;刑事法律的比重在整个法律体系中由大而小;民事法律制度从古代罗马法至中世纪日耳曼法,采用属地法与属人法的双轨制;法律的内容,由单一刑法到民刑不分,再到民法与刑法分开;法律的性质,由全部公法到公法与私法合体;再到公法与私法分开等等。①

以上这些论点,我们有的已经得到解决,有的还没有表态,其中不无合理的东西,我们应该通过法律制度史的比较研究,一一予以辨明,丰富我国的法律史学。

(5) 关于参加争鸣。目前我国社会主义法学界存在着一些争论未决的问题。例如经济法的涵义,就是其中之一。我们法制史工作者,应展开比较法制史的研究,参加争鸣。资本主义进入垄断资本阶段,出现了卡特尔、托拉斯、康采恩等垄断企业组织以后,在第一次世界大战前后,代表垄断资产阶级利益的统治阶级,为了调剂供需、实施经济统制,于是以经济统制为核心的经济法,成为立法的新课题。在此以前,只有规范企业组织及其活动的商法或商事法规。自从经济法载入近代法制史册以来,各国涵义不尽一致。经济法同原有的商法或商事法规的界限,也没有严格划分;它同原来意义的民法不能混同,更不能设想用经济法代替民法。

我国近年来为了适应经济发展的新形势,加强经济立法工作,据说经济法规研究中心制定了一个五年规划,将制定数目在一百以上的经济法规,财政部要制定几十个法规。立法实际上向法学界提出了有待解决的经济法涵义问题。目前法学界对此意见分歧,有的将《土地法》《人民

---

① 王伯琦:《习惯在法律上地位的演变》(见台版《二十世纪之科学第三辑法律学》)。

公社法》《财政法》《劳动法》《环境保护法》等都列入经济法。① 但这些法规在其他国家,有的不认为是经济法的。如在苏联,《土地法》《集体农庄法》《财政法》《劳动法》都是独立的部门法;②如日本,《劳动法》《环境保护法》等属于社会法。③ 法制史研究工作者应对各国近现代不同法制进行比较研究,力求切合实际,不能支持那种包罗一切的大经济法,甚至连民法也概予否定的论调。还有其他问题,不一一列举。

总之,我们外国法制史研究会要根据中国法学会对全国法学界提出的任务,在十二大精神鼓舞下,开创新局面,展开外国(也包括中国)法制史的比较研究,为扩大研究成果,振兴社会主义中华法学,作出应有的贡献。

1982 年 11 月于安大

原载于《外国法制史汇刊》第 1 集(武汉大学出版社 1984 年版)

---

① 统编教材《经济法概论》编写提纲(法学教材编辑部)。
② 《苏联法学词典》(俄文版)。
③ 日本《六法全书》(日文版)。

论中国历代官吏考核奖惩制度

中国几千年来的封建社会,从秦始皇建立统一的、多民族的封建君主专制王朝开始,历代相承,统治阶级积累了不少统治经验和管理经验。而其中关于官吏的考核和奖惩制度,就是人事管理工作的重要环节之一。本文旨在论述中国历代官吏考核奖惩制度,抛砖引玉,共同商确。

一、关于官吏考核制度

古代对于官吏的考核,《尚书·舜典》:"三载考绩,三考黜陟幽明。"是说对于官吏三年进行一次考绩,经过三次考绩,总计优劣,然后决定升降处理办法。《周礼·天官·冢宰》以六计"弊群吏之治"。是说用六条考计方法来考核官吏的政绩。所谓六计,一是廉善,审察官吏是否"善良";二是廉能,审察官吏是否办事干练;三是廉敬,审察官吏是否谨慎勤劳;四是廉正,审察官吏是否公正廉直;五是廉法,审察官吏是否守法;六是廉辨,审察官吏能否明辨是非。春秋、战国、秦、汉所谓上计,是年终考核地方官吏成绩的方法。秦统一以后,奉行"明主治吏不治民"的法家思想,强调对官吏严明赏罚。秦简《为吏之道》规定"五善"(忠信敬上,清廉毋谤,举事审当,喜为善行,恭敬多让),毕至,"必有大赏"。"五失"(夸以迣——奢侈超过限度;贵以泰——指骄傲;擅裂割——指擅权;犯上弗知害;贱士而贵货贝)则予重罚。同时,总结春秋战国上计方法考核官吏,汉承秦制,由县令(长)将该县的户口、垦田、钱谷出入等编为计簿,呈送郡国;郡守、国相再加以汇编,用副本上计于中央的丞相。与之同时,还有"会课"办法,即召集被考核者面试,三年一考治状,每届考课三年,递级进行。如太守对县吏,丞相御史对九卿及郡国守相,公府对掾吏,汇总上计,归于丞相御史两府。御史考察虚实真假,丞相定殿最(最差与最佳的名次),最后上计于皇帝,以定奖惩。汉元帝时,京房奏上考功课吏法,未能实行。东汉时,郡国上计,形式上归三公(太尉、司徒、司空)之一的司徒总核,实际上由尚书主持。① 汉时刺史巡察地方郡国,对两千石官吏(指郡守),用六条考核成绩:(1)强豪田宅踰制,凌弱暴寡;(2)侵渔百姓,聚敛为奸;(3)不恤疑狱,刑赏任性;(4)苟阿所爱,蔽贤宠顽;(5)子弟恃势,请托所监;(6)通行货贿,割损政令。②

三国时战争频繁,魏国刘劭作《考课法》七十二条,没有实行。③ 晋代以正身、勤民、抚孤、敦本、修人五条考察郡县官。杜预曾作《考课法》,"委任达官,各考所统"。④ 每年举优者一人为上,劣者一人为下,六次均优则起用,六次均劣则奏免。北魏孝文帝进行改革,把过去三次考绩才实行奖惩的办法,改为三年考绩就根据成绩优劣加以奖惩。⑤

唐代对于地方大员,于贞观年间也曾派人按照西汉六条进行考

---

① 《文献通考》,商务版,第37页《朱浮上光武疏》。
② 《汉书·百官公卿表》。
③ 《文献通考》,第370、371页。
④ 《文献通考》,第370、371页。
⑤ 《文献通考》,第370、371页。

核。[1] 考课办法比较完备。分为百司初考与吏部总考两级,司考要当众宣读,总考还得由皇帝派使臣核校。考核标准,分为四善二十七最。四善是所有官吏的共同标准,二十七最是按照不同职务而规定的标准。所谓四善:(1)德义有闻;(2)清慎明著;(3)公平可称;(4)恪勤匪懈。所谓二十七最指最优或最佳:(1)近侍要"献可替否,拾遗补阙";(2)选司要"铨衡人物,擢尽才良";(3)考较要"扬清激浊,褒贬必当";(4)礼官要"礼制仪式,动合经典";(5)乐官要"音律克谐,不失节奏";(6)判事要"决断不滞,与夺合理";(7)宿卫要"部统有方,警守无失";(8)督领要"兵士调习,戎装充备";(9)法官要"推鞫得情,处断平允";(10)校正要"雠校精审,明于刊定";(11)宣纳要"承旨敷奏,吐纳明敏";(12)学官要"训导有方,生徒充业";(13)军将要"赏罚严明,攻战必胜";(14)政教要"礼义兴行,肃清所部";(15)文史要"详录典正,词理兼举";(16)纠正要"访察精审,弹举必当";(17)勾检要"明于勘复,稽失无隐";(18)监掌要"职事修理,供承强济";(19)役使要"供课皆充,丁匠无怨";(20)屯官要"耕耨以时,收获成课";(21)仓库要"谨于盖藏,明于出纳";(22)历官要"推步盈虚,究理精密";(23)方术要"占候医卜,效验多著";(24)关津要"检察有方,行旅无壅";(25)市司要"市厘勿扰,奸滥不行";(26)牧官要"牧养肥硕,蕃息孳多";(27)镇防要"边境清肃,城隍修理"。[2]

金王朝的考课法,改为四善十七最,四善与唐王朝一样,十七最对二十七最有所归并:(1)礼乐兴行,肃清所部是政教之最;(2)赋役均平,四野加辟,是牧民之最;(3)决断不渝,与夺当理,是判事之最;(4)铃束吏

---

[1] 《资治通鉴》,中华版,第6236页。
[2] 《资治通鉴》,第6069页注文。

卒,奸盗不滋,是督领之最;(5)案簿分明,评拟均当,是检校之最;(6)详谳合宜,咨执当理,是幕职之最;(7)贼盗消弭,使人安静,是巡捕之最;(8)明于出纳,物无损失,是仓库之最;(9)训导有方,生徒充业,是学官之最;(10)检察有方,行旅无滞,是关津之最;(11)隄防坚固,备御无虞,是河防之最;(12)出纳明敏,数无滥失,是监督之最;(13)谨察禁囚,轻重无怨,是狱官之最;(14)物价得实,奸滥不行,是市司之最;(15)戎器完肃,捍守有方,是边防之最;(16)议狱得情,处断公平,是法官之最;(17)差役均平,盗贼止息,是军职之最。① 金王朝的县令考课法是六件事:田野辟、户口增、赋役平、盗贼息、军民和、词讼简②。

宋王朝对于中央官(内官)仍旧以唐代的四善二十七最为标准,设审官院主办;地方官(外官)则归考课院主办,以八件事为标准,即(1)断狱平允,(2)赋入不扰,(3)均役止盗,(4)劝课农桑,(5)赈恤饥穷,(6)导修水利,(7)户籍增衍,(8)整治簿书。③ 神宗熙宁年间废除审官院和考课院。宋初还实施磨勘历纸制度,磨勘指试用、总核百官的功过,优等的减磨勘,即减试用年限;劣等的展磨勘,即延长试用年限。历纸是考核的记载,即由百司长官记载所属官吏的善恶功过作为铨衡奖惩的根据。④ 宋孝宗时曾推行臧否法,以政平讼理为臧,以政不平讼不理为否,而臧有最、次、下三等,否有最、次,后改三等。治效显著是臧,无功无过是平,贪刻庸缪是否。⑤ 凡是官吏没有过失、犯法或者有劳绩的,就升迁,称为"循资"。元王朝官吏,三年就升迁,只要不犯罪,有进无退。实施按察司(后改肃政廉访司)巡行郡县办法,凡是民事钱谷、官吏奸弊,

---

① 《续文献通考》,商务版,第3201、3202页。
② 《续文献通考》,第3201、3202页。
③ 《文献通考》,第374、375、377页。
④ 《文献通考》,第374、375、377页。
⑤ 《文献通考》,第374、375、377页。

一切都委命按察司考察。①

明清两代考课,大同小异,分考满和考察两种。②"考满"是按照任职年限,三年初考,六年再考,九年通考,分称职、平常、不称职为上中下三等。四品以上的自己呈报,奏皇帝裁决,五品以上的归吏部审核,考满升降迁调。"考察"又分对京官考核的"京察",与对外官考核的"大计"。大致以三年为期,以守(操守)、常(才能)、政(政绩)、年(年龄)考察功过。责令都察院御史及各道的按察使察举有无过犯。然后由巡抚和按察使根据州、县、府层层上报给布政司的所属官吏的平时考核情况,进行通核,按照八法(后详)附以处理意见,造册县报吏部。

总的说来,秦汉以来封建统治阶级为了考核在职官吏的功过善恶,都有考课或考绩的制度。所谓考课,是考察政事的优良得失和考核职官的功过善恶。所谓考绩,指考核官吏的成绩。凡是考课或考绩,都有一定的标准,分别等差,以凭考核。历代统治者在继承前代制度的基础上,为了适应新的形势和需要,不断有所发展,这是合乎规律的。

二、关于官吏奖惩制度

历代对于官吏的奖惩,一般是以考课或者考绩为基础的。考核的结果,按照考课法所规定的标准,给予奖惩。奖惩的办法,综合历代制度分

---

① 《续文献通考》,第 3201、3204 页。
② 《续文献通考》,第 3201、3204 页。

述于次：

先说奖励的办法，一般不外下列三种：

1. 行政上的，是升官，有时不止升一级。例如汉时义纵、朱博、尹赏都以县令晋升为首都长安令。① 宋代文武官公勤廉恪及职事修举为上等，公勤廉恪及有一长为中等。中等的无赏罚，上等的除升官外，还有减磨勘即减少试用年限的办法。金时县令考课法，六件事都具备为上等，升官一等。②

2. 物质上的，给赏赐或加俸禄。例如汉宣帝时河南太守召信臣给百姓兴利，赐黄金四十斤。③ 唐代四善二十七最考课法规定：一最四善为上上，一最三善为上中，一最二善为上下，无最而有二善为中上。凡中上以上进一等、加俸禄一等。这就是说，中上加一等，上下加二等，上中加三等，上上加四等。④ 宋代颁布的"捕贼条"，规定三次限期，每次限期各二十日。在限期内捕获盗贼，县令和县尉各按等第议赏。⑤

3. 荣誉上的，包括皇帝赐题字、衣物和召见嘉奖等。宋代"捕贼条"规定，县令、县尉与盗贼搏斗，而能将盗贼全部拿获的，赐绯衣升官。⑥ 最突出的是明太祖朱元璋的朝觐考核，分三等：凡是称职而无过错的官吏，是上等，皇帝赐坐宴席；有过错而称职的官吏，是中等，皇帝赐宴而不坐。⑦

此外，秦汉起有因军功授爵位的规定，如秦简有《军爵律》的规定，

---

① 《汉书·酷吏列传》，中华版，第3653、3673页。
② 《续文献通考》，第3202页。
③ 《汉书·循吏列传》，第3642页。
④ 《资治通鉴》，第6069页注文。
⑤ 《文献通考》，第375页。
⑥ 《文献通考》，第375页。
⑦ 《续文献通考》，第3205页。

不详述。

其次,谈惩罚的办法,有以下几种:

1. 罚俸、夺禄。唐代四善二十七最,考核的结果,无最而有一善,是中中,守本禄,即按原俸禄不减;没有最也没有善的看情况:职事粗理,善最不闻,是中下;爱憎任情,处事乖理,是下上;背公向私,职务废阙,是下中;居官饰诈,贪浊有状,是下下。中下以下,每退一等,夺禄(不给俸禄)一季。① 这就是说,中下扣发一季,下上扣发二季,下中扣发三季,下下扣发一年。宋代"捕贼条"规定:三限(每限二十天)不能捕获盗贼的罚县尉一月俸,县令半月俸。如果县尉三次罚俸,县令四次罚俸,在考核时作为一次殿(殿对最而言,最是头名,殿是末名),三次殿停官。②

2. 降级调用。降级可自一级至五级。以清代为例,巡抚可以降为司道,司道可以降为府厅,被降的不准不就职。各省督抚对属下官吏不但可以随时参劾,还可以用"人地不宜"为理由随便调动,也可以用留省察看的名义不许到任。州县不胜任的,如果是科举出身的,也可以用"文理尚优"为理由改以教职任用。③

3. 革职、除名。革职就是开除官籍,唐代称除名。《唐律》规定,犯了罪的官吏除判刑外,还得除名。但除名以后六年,可以降一级改叙官职。④ 明清两代革职的,情节较轻,加"留任"二字,情节严重,加"永不叙用"四字。⑤

4. 禁锢。秦汉时原来指一定期限内或者终身禁止某种特定身份的人(如做买卖的或者赘婿)或犯贪污罪的官吏做官的制度。后来逐渐发

---

① 《资治通鉴》,第 6069 页注文。
② 《文献通考》,第 375 页。
③ 《历代官制概述》,见《历代职官表》,上海古籍版,第 74 页。
④ 《唐律疏议》卷 3。
⑤ 《历代官制概述》,见《历代职官表》,第 74 页。

展到因一个人犯罪而株连到子孙或其他亲属也不能做官。东汉时株连到三族(父族、母族、妻族)、五族(五服以内的亲属),甚至门生、故吏等。赃吏还增加至二世或三世不能做官。魏晋南北朝(宋、梁、陈、西魏)均沿袭禁锢制度。①

5. 羞辱。明太祖朱元璋的朝觐考核,对于有过错而不称职的官吏,是下等,不能参加皇帝设的宴席,按秩序站立门旁,直到参加宴席的被考核为上等或中等的官吏宴罢走完以后才能退出。②

6. 勒令休致、免官为民。明代对官吏考察八法,有贪、酷、浮躁、不及(才力不及)、老、病、罢(疲软无为)、不谨。③ 清乾隆时认为贪、酷二者不应等待三年参劾,改为六法。④ 凡具有这些情况的,或者勒令休致(退休),或者免官为民,或者驱逐回籍,交地方官严加管束。八法中的"老"字,指衰老不能办事,并非限定年龄超过六十便入于八法之内。清雍正时,梁玉年已六十八岁,而精力不衰,且操守廉洁,办事敏练,皇帝认为年老谙练事务,尤为难得,不同意按八法处理,仍令继续供职。⑤

7. 延长试用年限。宋代文武官吏,既无廉政,又多谬政为下等,除降官外,另有展磨勘,即延长试用年限办法。

8. 交刑部办罪。以清朝为例,治罪结果,如果不处斩、绞,便是发往边疆工作,称做遣戍。遣戍的官吏经过一定时期就可以放回,并且有放回不久仍复起用做官的。⑥

历代官吏考核奖惩制度,又有哪些值得我们借鉴呢?提出以下五

---

① 程树德:《九朝律考》。
② 《续文献通考》,第 3205、3204 页。
③ 《续文献通考》,第 3205、3204 页。
④ 《清朝文献通考》,商务版,第 5420、7193 页。
⑤ 《清朝文献通考》,第 5420、7193 页。
⑥ 《历代官职概述》,见《历代职官表》,第 74 页。

点,供研究参考:

一、健全官吏考核奖惩制度是统治阶级搞好吏治的重要环节。封建统治阶级的经验,"图治必先察吏,而驭吏尤在劝惩"。这就是说,要巩固国家的统治秩序必须先认真考察官吏的功过善恶,而要驾驭官吏,就在于贯彻实施一定的考核奖惩制度。凡是历代开国君主,总是高度重视官吏的考核奖惩的。以明太祖为例,洪武十八年(1385年)吏部奏朝觐官4117人,经考核结果,称职的占十分之一,平常的占十分之七,不称职的占十分之一,而"贪污阘茸"(品格卑鄙)的占十分之一。明太祖下令称职的升官,平常的复职,不称职的降职,贪污的交付法司治罪,阘茸的免官为民。① 相反,元王朝是只要不犯罪,三年一升迁,有进无退,那种"铁饭碗"制度,造成政治腐败,不足取法。

二、官吏责任制是考核奖惩制度的核心。历代官制,对各级官吏都规定了职权,明确了应该负担的责任,正是在这种责任制的基础上进行考核奖惩的。汉武帝时倪宽(?—前103年)当左内史官(京城地区行政长官),因为未能完成催交粮赋的任务,考核结果是下下(殿),依法应该免职;由于他"深得黎民信任爱戴",黎民百姓为了保住这位好官,争着输送粮赋,于是又变更考核结果为上上(最)。② 不难设想,如果黎民百姓不给支持,使之转"殿"为"最",结果将会遭到免官的结局。

三、中央对地方大员的铨衡考核,标志着统一的多民族国家的治乱兴衰。每一王朝的盛世,狠抓地方大员的考核奖惩,这对于版图辽阔的统一大国来说,正确处理中央与地方的关系,尤为必要。汉朝的刺史以六条考核二千石地方大员,唐初也派员以汉六条巡察地方。清代乾隆一

---

① 《续文献通考》,第3205页。
② 《文献通考》,第370页。

朝,三品以上大员犯赃罪(贪污罪)被处斩刑、绞刑或令自尽的,达四十余人,而犯贪污以外的罪处死,或判处死罪以下的刑罚以及四品以下的犯官更多。① 当然,并不排斥因政治派系斗争而借口处罚的。每每在中央统治力量弱小,如汉唐晚期的尾大不掉,藩镇跋扈,各自为政,中央对地方也就无能为力了。

四、考核官吏熟习法令,抓到了治国安邦的点子。秦统一中国,十分强调官吏"明习法令",秦简《语书》:"凡良吏明法律令,事无不能殹(也)。""恶吏不明法律令,……不可不为罚。"历代也十分重视官吏习律令,降至后世,明清两代统治阶级于《明律》和《清律》中都规定官吏必须熟习法令。每年年终,京官由都察院、外官由分巡御史提刑按察司官担任考核,如果有不能讲解律令通晓律令意义的,初犯罚俸钱一月,再犯(第二次考核时仍不能讲解律令、通晓律令意义)答四十,登录考绩簿册(附过),三犯(第三次考核时仍不及格)就在本衙门内以次递降叙用。② 律令是统治的工具,考核官吏是否熟习法令,抓到了治国安邦的点子。尽管清代中期以后,大开捐官之例,京官最高到郎中,外官最高到道员,都可以出钱捐买,有的文化水平很低,官吏必须熟习法令的规定已成空文。但在中期以前,清律的规定,还是具有一定效力的。

五、严禁主管人事考核的官吏弄虚作假,是赢得官心、民心的关键。"官官相卫"、打击报复是流传于剥削阶级社会的官场恶习。封建统治阶级也曾有鉴及此,为了搞好封建统治,安定官心民心,不能不严禁主管考核的官吏,弄虚作假。唐太宗贞观三年(629年)房玄龄和王珪掌管内(中央官)外(地主官)考绩,被御史万年权和万纪弹劾不公允,追究房玄

---

① 《清朝文献通考》,第 8523 页。
② 《明律集解附例》,《公式·讲读律令》,清律同。

龄、王珪的责任。皇帝命侯君集依法侦讯。如果没有魏征的一番议论，唐太宗是不能不处理的。[①] 明宪宗成化十九年(1483年)申严考核连坐之罚：凡是揭帖所报失实(与实际不符合)的，例如"假公市恩，乘机以偿怨，毁誉失真，贤否失实"的，连坐。[②] 这就是说考核官出现弄虚作假、打击报复、假公济私、党同伐异等情况，一律连坐，通同作弊的官员，一律处罚。尽管如此，剥削阶级社会从本质上决定了根本不可能使"官官相卫"、打击报复绝迹。

1982年9月初稿，1983年2月修改二稿，1984年3月增订三稿

原载于《中国法学文集》第1集(中国法律出版社1984年版)

[①] 《资治通鉴》，第6070页。
[②] 《续文献通考》，第3205页。

论民法与预防犯罪——民法是防止人民内部矛盾激化、预防犯罪、搞好综合治理的重要工具

乍一看，好像民法与预防犯罪没有什么直接关系。

仔细一想，民法作为基本法，在调整公民之间以及公民与企事业单位、社会团体之间的财产关系和人身关系，保护他们的合法权益中，是能够起到防止犯罪的作用的。

本文将从民法是防止人民内部矛盾激化、预防犯罪、搞好对青少年犯罪的综合治理的重要工具，来进行论述。同时也从民法对于防止犯罪的作用，以及加强健全社会主义法制的必要性呼吁国家立法机关，迅速制定民法这个重要的基本法。

民事纠纷和民事案件，属于人民内部矛盾，如果不及时地、恰当地解决处理好，就会引起矛盾激化，酿成恶果，发生自杀、凶杀、斗殴、伤害等刑事案件。仅据安徽凤阳县司法局统计，1982年全县因民事纠纷引起打架斗殴的有2,264件，占民事纠纷总数29.8%，因矛盾激化引起非正常死亡的140人，经抢救免于非正常死亡的88人。又据云南昆明市司法局不完全统计，1982年至1983年破获的109起杀人、放火、爆炸、投毒等恶性案件中，因人民内部矛盾激化而引起的，就有90件，占82.5%。

山东省临沂地区1982年共发生凶杀、伤害等案件223起,其中由民事纠纷激化发案的116起,占52%。

这类事例,随处可见。安徽歙县罗田乡32岁的男社员方成华与17岁的女社员方小萍,1982年起恋爱期间,男方供给女方财物数百元,后来女方本人表示不愿与男方保持恋爱关系,女方父亲也反对他俩成婚。为此男方要女方退还财物、赔偿损失,女方不予理睬。几经基层调解不成。1984年2月1日,男方上山打柴,见女方也在山上打柴,当即手持柴刀,猛向女方头部连砍数刀,后经送医院抢救脱险;而男方自知触犯国法,当天下午用炸药将自己炸死。安徽淮南市郊区社员刘传模与刘士铎为宅基地经常发生纠纷,曾经大队、公社多次处理。1980年4月5日刘传模擅自移动经大队调解时埋下的界石,挖沟排水,引起争吵。刘传模又出口伤人,两家成员均参与打架,造成双方不同程度的伤害。案件发生后,刘传模家中拒绝调解处理。田家庵区人民法院判刘士同(刘士铎的胞弟)有期徒刑一年,缓刑一年,赔偿医药费、营养费150元,刘传模不服上诉,淮南市中级法院维持原判。他扬言"处理不公,非要搞掉他家几个",随即用镰刀砍死刘士同七岁男孩,砍伤刘士同的妻子和父亲,被判处死刑。

从以上两事例看,为什么经过有关单位调处,当事人不接受,人民内部矛盾终于激化为严重刑事犯罪案件呢?为什么第二例经过区法院和中级法院判决,竟还行凶杀人,酿成更为恶化的后果呢?其重要原因之一是我们至今还没有一部完整的和健全的民法。因此,在基层组织和司法部门,在调解、处理和解决民事纠纷和民事案件中,就不能做到有章可循、有法可依。由于没有统一的法律尺度,案件难以处理,司法人员和有关组织缩手缩脚;当事人也不易说服,甚至钻空子,把说服疏导当作耳边风,依然我行我素。这就势必影响司法部门在调整社会关系方面应起的权威作用。

当前,随着农村联产承包责任制的进一步发展,农村经济搞活以后,

"包"字入城,经济关系复杂了,民事纠纷和民事案件激增,特别是人们相互之间的经济纠纷,也必然日益增多。只有迅速制定民法,并在颁布后大张旗鼓地进行宣传,使之家喻户晓,加强法制观念,做到人人知民法、守民法。这样,一方面就会使人民内部矛盾不至于激化,另一方面农村基层组织村民委员会和调解委员会有法可依,就能真正成为群众自治性的组织,更好地发挥应有的作用。

由此可见,民法是防止人民内部矛盾激化的重要工具,能起到防止犯罪的作用。

近年来,城乡民事纠纷和民事案件中,婚姻、房屋、宅基地、家庭纠纷、遗产继承、土地相邻关系和债务纠纷,比较突出。婚姻案件逐年增长,一般占民事案件一半左右。据江苏无锡市中级法院统计,婚姻案件1980年占49.6%,1982年占60.4%。而离婚案件占婚姻纠纷的绝大部分。安徽凤阳县法院自1980年至1982年底,受理婚姻案件444件中,离婚案件就有360件,占81.8%,而由女方提出的约占其中80%。其原因有由于父母包办或者通过"换亲"等非法手段组成的,但由于第三者插足却是一个比较突出的问题。据江苏无锡市中级法院调查分析,1982年因第三者插足而引起离婚的就有81件。第三者插足的婚姻纠纷,极易引起矛盾激化,自杀、凶杀事件增多,案情比较复杂,调处难度大,和好率低,影响面广,污染社会风气。房屋纠纷案件,一般占民事案件总数30%左右,有的属于房屋产权纠纷,有的属于房屋所有者与使用者的纠纷,也有的是属于建房中的纠纷。农村宅基地成了一个非常紧张的问题,社员邻居之间、兄弟之间发生宅基地纠纷的也不少,往往因争执几分几厘宅基地发生争吵、殴打、闹的不可开交。土地相邻关系纠纷,有地界纠纷、灌溉用水纠纷等。家庭纠纷如夫妻间一方猜疑,或者一方感情不合,一方斤斤计较小事,一方性情暴躁,或插入第三者,或为子女教育,或为赡养老人,因经济上谁用多了少了等等;又如家庭成员间、婆媳之间、兄弟姐妹之间、父母子女之间,也由于赡养、抚养或分家析产或财产继承等问题,发生纠葛、虐待遗弃、打架伤害。据江苏无锡市司法局统计,1981年因民事纠纷引起自杀死亡的24人中,有18人是因家庭纠纷而引起的,占75%;1982年因家庭纠纷孕育的恶性案件178起,占总数的31%;无锡县1982年因家庭纠纷引起自杀的33起,占总数的53.2%。其他如发展多种经营中的纠纷、禽畜损害别人庄稼,或因对先富起来的专业户有"红眼病",或因争场地、争农机具等而引起的纠纷,也不在少数。至于债务纠纷,也因经济活动大大增加,因赊购赊销发生债务纠纷的也不少。自1980年至1983年第一季度,仅安徽凤阳县法院受理的债务纠纷即有92件,且有逐年增加的趋势。

这类事例很多。安徽淮南市原制药厂工人张玉好与清洁工杨新祥系邻居,因索还借米问题(杨新祥家说借两碗,张玉好家说借一碗)引起口角争吵,发生撕打,结果酿成人命案,杨新祥被打死,张玉好被判处有期徒刑十二年。安徽凤阳县江山乡社员沈贤良的鸡吃了邻居王玉亭的庄稼,王母将一只鸡打跛,沈妻将王母打伤,王家兄弟到沈家评理,并要沈到大队处理。沈暗中身藏菜刀,一出门即砍伤王弟肩部,王以锹把回击,当场把沈打死。此二事虽较突出,在农村却不是个别的。尤其是土地相邻关系灌溉用水纠纷,包产到户以后,户与户之间的纠纷很多。有的人田里刚施过肥,怕肥冲走,即不让别人过田放水。在插秧而天旱时节,问题更多,抢水偷水的事,多有发生。

为什么这类民事纠纷层出不穷,影响生产秩序和社会秩序?我们的法制工作没有跟上去是一个重要原因。如果说我们及早颁布民法,并把民法上的规定,化为群众的法制观念,有很多民事纠纷就不会发生,即使发生了，经过有关单位调解处理，也不至于恶化成自杀、凶杀、斗殴伤害等刑事案件。比方说，农村集体组织，包括社员的耕地和分配给社员使用的自留地、自留山、宅基地的所有权，仍属该集体组织。包给社员的耕地和分配给社员的自留地、自留山，社员只能用于农业生产，不准擅自用于建屋、葬坟以及其他非农业生产。比方说，相邻各方应当按照有利于生产、生活、互助团结的原则，正确处理相邻关系，不得只顾自己的利益妨碍公共利益和邻人的合法权益。相邻各方对于自然流水的利用，应当合理分配。如果一方擅自堵截，影响他方使用，他方有权请求拆除。如果造成损失，应当给予赔偿。比方说，民事活动必须遵守国家的法律、法令，不得违背社会主义道德准则和优良风俗习惯。诸如此类的有关民法上的规定，如果被每一个城乡公民所掌握，那么民事纠纷将会得到合情合理合法的解决，不至恶化成刑事犯罪案件。

由此可见，民法是预防犯罪的重要工具，能起到防止犯罪的作用。

近年来，青少年犯罪比较突出，占整个刑事案件比重很大，已成为人民群众普遍关心的问题。仅据安徽合肥市中级法院统计，1981年一月至1982年二月，全市共判处各类刑事犯罪分子494人，其中25岁以下的青少年有276人，占总数55.9%；在276人中未成年犯达104人（15岁的9人，16、17岁的45人），占37.7%。从276名青少年犯罪的类别看，抢劫罪101人，占36.6%；流氓强奸罪66人，占23.9%；盗窃罪56人，占20.3%；伤害杀人、放火罪45人，占16.3%；其他犯罪8人，占2.9%。从上数字，说明青少年犯罪人数多、危害深、影响大，是整个社会治安形势不够稳定的重要因素。青少年犯罪活动的特点：一是拉帮结派，形成团伙，互相腐蚀，越变越坏；二是目无国法，铤身走险，易走极端；三是胆大妄为，见机生歹，不计后果。从上述276名青少年犯罪的年龄上看，23岁以上青年有

29 人,仅占 9.8%;15 岁至 22 岁的青少年有 249 人,占 90.2%。再从 1983 年八月至 1984 年二月七个月时间内,安徽省各级检察机关开展严厉打击刑事犯罪活动以来,批准逮捕各类人犯 43,992 人,决定起诉的各类人犯 33,509 人。各级法院审理刑事案件 27,412 件,判处罪犯 31,872 名。杀人犯占 1.5%,强奸犯占 14.2%,抢劫犯占 14.8%,流氓犯占 35.9%,重大盗窃犯占 22.5%,拐卖人口犯占 7.6%,其他占 3.5%。其中流氓集团犯罪分子 2,281 名。这些严重刑事罪犯中,青少年占很大比重。他们对社会治安危害极大,特别是一些流氓、强奸、抢劫犯罪集团的骨干分子,以极其残酷的手段,疯狂向社会报复,残害无辜群众,犯罪活动气焰嚣张,对于他们,按照"从重从快,一网打尽"的精神予以坚决打击,是完全必要的。

打击罪犯与预防犯罪,是对青少年犯罪综合治理不可偏废的两个方面。综合治理是搞好社会治安的根本方针,严厉打击刑事犯罪分子是综合治理的最重要内容。对社会治安的综合治理,包括很多内容,有专政的手段、法律的手段,又有行政的手段,也有教育感化的手段,目的在于惩罚和预防犯罪。

对症才能下药。青少年犯罪原因很多,有客观的原因,也有主观的原因。在客观方面,社会、家庭、学校等方面,对青少年的成长有着重要影响。现在 25 岁以下的青少年,生长在"史无前例"的"十年动乱"时期,在幼小的心灵上,留下完全颠倒的社会图景,这给青少年的毒害,是最主要最根本的原因。其次是不良社会的影响,农村赌风的影响,互相腐蚀和惯盗惯窃的教唆,不良电影电视的影响。再则政治思想工作薄弱,无人管教,家庭子女多或父母离异者,无暇管教,家长教育方法不当或自身行为不端,给子女作出坏的榜样;学校片面追求升学率,非重点学校、非重点班级学生升学无望,思想消极、情绪低落、逍遥混世、不求上进,结果越变越差。而专政机关对于闲散在社会上、从拘留所出来的失足青少年又没有专人过问。所有这些都是外因,外因只有通过内因才起作用。内因为主要原因,是青少年犯罪的决定因素。主要由于法制观念淡薄,受资产阶级思想侵蚀、贪图享受、好逸恶劳、讲义气、逞英雄等等。而其中最主要的是法制观念淡薄,他们不学法、不懂法,怎知道守法?又怎能把法律当作约束自己行动的准则呢?总的讲,法律的手段没有很好地跟上去。邓小平同志早在1978年12月中央工作会议上就曾指出,"为了保障人民民主,必须加强法制,必须使民主制度化、法律化……应该集中力量制定刑法、民法、诉讼法和其他各种必要的法律……"(《邓小平文选》第136页)现在,《刑法》《刑事诉讼法》和《民事诉讼法》陆续颁布,而民法尚未制定。《婚姻法》还欠完备,例如"父母对子女有抚养教育的义务,父母不履行抚养义务时,未成年的或不能独立生活的子女,有要求父母付给抚养费的权利"。但对于父母不履行教育义务、放弃对未成年子女的管教或对未成年子女放任自流、纵容不轨,《婚姻法》则无规定。这是民法关于监护制度的内容。我们的民法要解决的历史任务之一,就是要改变"四人帮"造成的不良的社会风气,发扬社会主义的新风尚、新道德。具有中国特色的民法,应该提出社会道德的准则,作为公民的民事义务来加以规定,这是符合《宪法》第24条精神的,它规定"国家通过普及理想教育、道德教育、文化教育、纪律和法制教育,通过在城乡不同范围的群众中制定和执行各种守则、公约,加强社会主义精神文明的建设"。如果民法这个基本法依据宪法这个根本大法的规定,将某些道德规范变为法律规范,这就更有助于搞好社会治安的综合治理,加强对青少年的理想教育、道德教育和法制教育,把治标和治本结合起来,这是减少和预防青少年犯罪的根本。当然,通过深入开展"五讲四美"活动,提高社会主义道德水平,增强他们对剥削阶级思想的免疫力和拒腐蚀的能力,也是完全必要的。

由此可见,民法是搞好综合治理的重要工具,能起到预防和减少青少年犯罪的作用。

本文已就以上三个方面论述了防止犯罪不能没有民法,这里还得从重视社会主义民主和法制建设作进一步探讨。

邓小平同志指出,要继续发展社会主义民主,健全社会主义法制,这是党的十一届三中全会以来中央坚定不移的方针。胡耀邦同志在十二大报告中,更提出"社会主义的物质文明和精神文明建设,都要靠继续发展社会主义民主来保证和支持。建设高度的社会主义民主,是我们的根本目标、根本任务之一"。接着他谈到为了保障人民民主,必须加强社会主义法制。最近,彭真同志在首都新闻界人士座谈会上指出,国家长治久安靠健全社会主义法制,他说:"我国新的历史时期,党和国家的任务,概括起来说,就是在坚持四项基本原则的前提下,实现社会主义现代化,发展社会主义民主和健全社会主义法制,建设高度文明、高度民主的社会主义国家。不搞好社会主义民主和社会主义法制的建设,我们的国家就不能长治久安,社会主义建设就不能顺利进行。"他还说我们要从依靠政策办事,逐步过渡到不仅依靠政策,还要建立健全法制,依法办事。深刻学习和领会了中央领导同志的讲话精神,不由得不满怀信心,依宪法为指针制定民法,是刻不容缓的了。紧接着沿海十四个城市的对外开放,中外民事活动将更趋频繁,仅仅制定单行的经济法规而没有一部完整的基本法——民法,是不能适应当前经济发展形势的需要的。全国人大常委要赶快把起草并颁布民法,提到议事日程上来!

一九八四年五一节于合肥

原载于《民法论文集》(山西人民出版社 1985 年版)

论法学教育的改革

一、法学教育改革的重要性

法学教育的改革是教育体制改革的组成部分。《中共中央关于教育体制改革的决定》(以下简称《决定》)指出了教育体制改革的重要性。从系统方法的整体性看,法学教育与教育体制的改革是一个有机的整体,必须不失时机地同时迈开改革的步伐。

搞"四化"要一手抓建设、一手抓法制,这是我国社会主义建设过程中取得的宝贵经验。我国现在的任务是要建立高度文明的、高度民主的现代化的社会主义强国。为了建设高度的物质文明和精神文明,必须加强和健全社会主义法制。为了建设高度民主,必须使民主制度化和法律化。归根结蒂,没有法制,高度文明和民主就没有保障。法制对四化举足轻重,而法制建设依靠人才的开发和培养,关键在于法学教育。这就是说,抓法制必须抓法学教育的改革与发展。

因此,《中共中央关于制定国民经济和社会发展第七个五年计划的建议》(以下简称《关于制定"七五"计划建议》)在谈到各级党委和政府要切实加强对科技、教育和文化工作的领导时指出:"当前最重要的是坚决贯彻执行中央关于改革科技和教育体制的两个决定。"贯彻实施即将由全国人大制定的"七五"计划,当然不可忽视法学教育的改革。《决定》指出要"加快财经、政法、管理等类薄弱系科和专业的发展",法学教育正是我国的薄弱学科,"七五"期内,必须在改革中求发展。

当前,法学教育亟须进行改革的问题,举如:结构层次问题、管理体制问题、培养目标问题、招生对象问题、课程设置问题、教学内容问题、教学方法问题、师资老化和梯队建设问题……今年是"七五"计划的头一年,听说国务院国家教育委员会将会同司法部召开全国政法教育工作会议,集思广益,共同探讨,切实贯彻"七五"计划,搞好法学教育改革,这是令人鼓舞的大好信息。作为法学教育战线的一员老兵,就几个重要问题提出自己极不成熟的一孔之见,作为学习《决定》和《关于制定"七五"计划建议》的体会,抛砖引玉,就正于关心法学教育改革的同志们!

二、法学教育改革的根本目的

法学教育改革的根本目的,也同教育体制改革一样,是提高民族素质,多出人才、出好人才。

怎样达到法学教育改革的根本目的,回顾一下建国三十六年来的盛衰情况很有必要。首先,建国初期,曾办了一些政法院系和轮训在职干部的政法干校,但从1957年以后,法学教育在法律虚无主义的"左"的思想指导下,冲击很大,"十年内乱"时期连这少数院校也濒于停顿。党的十一届三中全会以来这七年,拨乱反正,发展很快,规模空前,成绩巨大,对此必须充分肯定。但也应该承认,新恢复或建立的政法院系百废俱兴,因陋就简,师资老化,梯队不足。怎样从实际出发,调动各方面的积极性,挖掘潜力,发挥经济效益,多出人才?这是摆在我们面前的一个问题。

其次,目前的法学教育要达到出好人才的目的,有待改革的项目更多。怎样开好马克思列宁主义政治理论课?怎样做好政治思想教育工作?怎样面向现代化、面向世界、面向未来?怎样在教育思想方面改变陈旧传统的封闭型为开放型?怎样在教学内容方面改革课程结构和陈旧的内容?怎样在教学方法方面把以传授知识为主转变为以培养思维能力、学习能力和创新能力为主?怎样通过改革建立具有中国特色的社会主义法学教育?这一切,都亟待我们探讨和摸索。

最后,关于提高民族素质问题,法学教育培养的人才,必须能做到"有法必依、违法必究、执法必严"。要以身作则,遵纪守法,作风正派,严格要求自己,对待社会上不正之风要"出污泥而不染"。要像包公那样公正不阿,执法如山。要牢固树立"法律面前人人平等"的思想,不畏权势,不是"唯上"而是"唯法",具有改革和创新的精神。

三、法学教育结构的改革

法学教育的改革与整个教育体制的改革一样,都有一个教育结构的问题,突出地表现在高等本科、大专教育和中专教育的比例问题。

近年来,法学教育蓬勃发展,各级政府和政法院校解放思想、广开学路,建立了在职干部进修学院。此外,广播电视大学也都设有法律专业班,各政法院校也都设立大专函授学校,国家教委对于通过业余学习法学的职工还进行自学考试,开发自学人才。

在高等法学教育方面,各政法学院和部分大学法律系,除四年制本科外,还办有大专班专修科、走读生专修科(或分校)、在职干部专修科。在中专法律学校方面,各省市自治区司法厅一般都办有司法学校或公证律师培训班。

从个别大学法律系或政法学院看,有的虽只办四年制本科,但从法学教育整体看,四年制本科生的数字远远少于二年或三年制大专生。所谓比例失调,恐怕早已扭转了过去的情况。我们所说的层次结构问题是指只办单一制本科的学校而言。

当然,不论在职干部教育也罢,高等政法教育也罢,都要从实际出发,有什么条件培养什么层次的学生,不必贪大求全,也不必要非把法律系办成法学院不可。总的要保质保量,提高质量。国家教委和司法部以及各省市自治区的主管部门,要严密监督,把好教学质量关。

专业的设置也属于法学教育的结构问题。这个问题也要从实际出发,看本地区客观需要和主观条件。一般讲,大学法律系和政法学院各应有所侧重。政法学院本科主要培养司法干部,个别大学可以侧重于师资和科研人才的培养,但也有培养司法干部的任务。各省市自治区所属大学法律系,主要培养司法干部。因此,法学教育的共同任务是培养司法人才,法学专业是每一个政法院系都得设置的专业。至于其他专业要看实际需要和主观条件,因地制宜。我想,沿海开放省市,可开设国际私法、国际经济法专业,也可开设经济法专业;内地省(自治区)可以考虑设置行政管理专业。由于各省(自治区)均办有经济管理学院或财贸学院,法律系似可不必设置经济法专业,其他有条件的大学法律系可以设置国际法专业之类。关于研究生的培养,目前高级科研人才不是过多而是过于缺乏,我认为可以"因神设庙",有条件取得硕士学位或博士学位授予权的单位和导师,不管什么专业和研究方向,都可以招收,发挥培养高级人才的积极性。

四、法学教育内容的改革

  法学教育内容的改革,包括课程结构的改革和各门课程教学内容的改革。《决定》指出:"高级专门人才的培养,基本上立足于国内。"关于培养硕士、博士研究生的基础是大学本科教育,本文仅就法学教育本科课程体系的改革和各门课程教学内容的改革加以论列。
  目前法学本科课程结构,大体上还是五十年代的苏联模式。实践证明,存在着公共课与业务课问题,保证必修科与增开选修科问题,政治理论课与法律专业课问题,专业课与应用课问题,等等。
  公共课包括外语、语文(现代汉语、古代汉语和司法文书)、政治理论课(包括中共党史、哲学、政治经济学和国际共运史)和体育,有的学校占总课时的50%左右,与法学业务课比例失调。一般讲,法学业务课应占总课时60%。首先,我认为,参照武汉大学教学方案,语文课只开写作与司法文书,前者2学分(每周2课时,一学期结束),后者3学分(每周3课时,一学期结束);政治理论课,不开国际共运史,其他三门亦适当压缩课时,均一个学期结束。据学生反映,司法文书固然必须开设,现代汉语不如改为写作,而古代汉语可以不开;政治理论课与中学所学习的大多重复,教学又不得法,值得思索。

其次,我认为在保证必修科的基础上应广开选修科。到底哪些必修科、哪些选修科?涉及我国社会主义法律体系和社会主义法学体系问题。我国现在的法律体系正处于形成的过程中,尽管有了《宪法》《刑法》《刑事诉讼法》《婚姻法》《民事诉讼法》和若干单行的经济法规,但民法(《民法通则》仅仅是民法的一个粗线条的轮廓)、行政法、劳动法等重要部门法,也有待于制定,具有中国特色的社会主义法学体系也有待于深入探讨。尽管如此,我们从法理学(我同意将法学基础理论改为法理学)的角度,参考资本主义国家和社会主义国家先例,法学必修科不妨定为:法理学、法史学(即中国法制史,外国法制史)、宪法学、行政法学、刑法学、刑事诉讼法学、民法学、婚姻法学、经济法学、民事诉讼法学、国际法学、国际私法学、国际经济法学,应用法学中的刑事侦察学、法医学、法律逻辑学、写作和司法文书,政治理论课中的中共党史、哲学和政治经济学,还有外语和体育。选修课程可开设政治学、社会学、法社会学、行政管理学、计量法学、劳动法学、劳教劳改学、中国法律思想史、外国法律思想史、电脑学、法制心理学、司法精神病学、青少年犯罪学、外国宪法、外国刑法、外国民商法、公司法、保险法、票据法、海商法、破产法、国际关系史、自然科学讲座(主要讲老三论 SCI,即系统论、控制论和信息论,新三论 DSC,即耗散结构论、协同论和突变论,以及遗传工程论等现代科学方法论和新兴学科)等等。当然,选修科的开设,看师资条件量力而行。选修科可分为指定选修科与非指定选修科。关于作为选修科的第二外语是否开设?我认为侧重培养师资与科研人才的院系应该开设,侧重培养司法人才的院校可不开设。关于学分制与学时制问题,我主张改为学分制。

对于课程结构的改革,要掌握以下基本原则:(1)三个面向。课程设置要面向现代化,面向世界,面向未来。(2)多样化。各政法院系存在着客观的差异,多样化才是从实际出发,不能一刀切、齐步走、一个样。(3)因培养目标而异,因校制宜。(4)要各有特色,不管老校新校都要创立自己的特色。

关于各门课程教学内容的改革,要掌握以下基本原则:(1)在坚持四项基本原则的前提下执行"双百"方针。(2)突破陈旧的教学内容。党的十一届三中全会以前,法学界禁区林立,法学教学不敢越雷池一步。十一届三中全会以来,拨乱反正,法学理论方面解决了一些问题,但如法的概念、人民民主专政的概念、犯罪原因的分析等等还停留在五十年代初期的水平,应有所突破,有所发展。(3)力求避免重复。各门课程虽有相对的独立性,但教师要有全局观点。例如讲经济合同法就不必讲民法债篇的内容之类。(4)对待统编试用教材的态度,法学教材编辑部组织编写的一整套统编试用教材,成书于八十年代初期,现已重新增订改写,国家教委正在组织另编一套法学教材,今后各校教师可自由选用。也可自己另编一套革新的教学大纲和教材。

五、法学教学方法的改革

法学教育需要把人类已经获得的知识传授给新的一代。但更重要的是培养学生独立思考的能力,培养学生运用获得的知识去解决面临的新问题的能力,培养他们继续获得新的知识、善于总结新的经验、发展新的理论的科学的思想方法。因此,法学教学方法的改革,要把以传授知识为主的教育转变为以培养思维能力、学习能力、创新能力为主,也就是由知识储备式的教育转变为智力开发式的教育。这样的法学教学方法应该是:

(一) 改革注入式、灌输式或填鸭式的教学方法为启发式的教学方法

其方式:

(1) 双向反馈式教学法。英美普通法系国家,法学教学一般采取案例教学法。不是老师讲学生听的单向教学法而是双向教学法,即训练学生在听课过程中对所讲内容作出及时反应的能力,根据自己的理解对所学的法学问题,提出自己的看法与见解,反馈给老师和同学们,形成师生之间有来有往的信息交流,养成大家勤于思考、善于思考,从不同的角度来观察分析事物的能力。这种方式能获致互相启发、集思广益、开阔学生思路的效果。

(2) 纵横比较式教学法。罗马日耳曼法系国家和欧洲社会主义国家广泛采用这种教学法。它不仅更新和充实法学教学内容,而且改变了死板的注入法。有纵向比较与横向比较。前者是历史的比较;后者是当代社会主义国家间、资本主义国家间、民族独立国家间,或其相互间不同模式的比较。"有比较才能有鉴别",通过比较找出其异同就能分析其优劣。当然,无论纵向或横向,均是相对而言。在进行比较过程中,往往纵横交错,纵中有横、横中有纵。正如黑格尔所说,在两个相似事物中"看出异中之同和同中之异",这就是共同性和差异性。这样就可以从中启发学生悟出中国社会主义法律和各门法学的特色,有助于进一步理解中国特色的社会主义法学。这种方法是用丰富而生动的事实来引出和论证有关的观点,而不是简单地灌输抽象的概念,是引导学生通过自己的学习和思考来提高认识、寻求问题的答案。

（二）改革传统的考试方法

在现代教学中,通过考试着重培养与测验学生运用知识解决问题的能力,引导学生进行创造性思维。试题要给学生发挥创造性的机会,评定成绩重视分析问题、解决问题的能力。指导复习也要改变那种教师考前划重点、学生背重点、考试考重点的做法,答疑时要在思路上进行启发诱导。

（三）理论联系实际

理论联系实际是马克思主义学风,是法学教学必须遵守的原则。法学教育必须面向实际,调查研究把法学教学与立法、司法实践紧密结合起来,与现代化建设的实际紧密结合起来,要同司法部门加强联系,吸取司法实践中的具体事例充实教学内容。司法实习和见习,是法学教育的组成部分。平时要多请一些司法实践部门的同志举行系列讲座,并搞一些模拟法庭和现场教学。司法实习阶段要对公、检、法、司各部门业务都要进行全面实习。

六、法学教育改革的关键

法学教育改革的关键在于以下三点：

（一）加强领导,纠正重理轻文特别轻法的思想

《决定》指出,要"改变高等教育科类比例不合理的状况,加快财经、政法、管理等类薄弱系科和专业的发展","加强领导,调动各方面积极因素,保证教育体制改革的顺利进行"。但事实上在配备经费、教师、招

生名额、图书资料、教室、实验室和教研室等方面,对法律系还不能与其他系一视同仁、无分轩轾,距离《决定》的要求还存在着差距。因此,法学教育改革的关键之一是端正领导思想。

(二) 实现教师由知识型向智能型的转变

学生的创造能力只能在创造性的教学中去培养,因而要完成以上法学教育改革的任务,对教师的知识更新,对教师的创造能力,对教师的智能水平,提出了更高的要求,这就是说,进行教育改革首先要求教师由知识型变为智能型。每一个法学教育工作者都应该通过艰苦的学习、艰苦的创造性劳动,自觉地实现这一转变以适应时代发展的需要,进行法学的教育改革。

(三) 加强梯队建设加紧培养师资

法学师资队伍缺少一个梯队。今天政法院校师资老化是普遍现象,青黄不接,情况严重。当前的主要任务是加快培养年轻一代新生力量。现代科学的发展的一个突出特点,就是各门科学在高度分化的基础上出现了综合化的趋势,自然科学与社会科学互相渗透,互相依存,出现了一系列边缘学科或交叉学科。法学也当然一样。因此,我认为《决定》指出改革中实行双学位制,很有必要,让理科毕业生(数学、物理、生物、化学)再攻读法学,取得法学士学位,有利于建设边缘学科,适应现代法学教育需要。《决定》指出:"我国高等教育发展的战略目标是:到本世纪末,建成科类齐全,层次、比例合理的体系,总规模达到与我国经济实力相当的水平;高级专门人才的培养基本上立足于国内;能为自主地进行科学技术开发和解决社会主义现代化建设中重大理论问题和实际问题作出较大贡献。"一方面满足这个需要,另一方面大力培养法学师资和科研人才,应该鼓励有条件的政法院系、科研单位和有条件的教授(研究员)、副教授(副研究员),继续培养硕士和博士学位研究生。研究生的培养工作,也是法学教育改革的组成部分。当然也要按照《决定》要求,进行各项改革,我希望全国政法教育工作会议把它作为一个项目列入会议日程。

原载于《安徽大学学报(哲学社会科学版)》1986年第3期

关于法史学观念更新的思考

一、从法学界现状说起

中华人民共和国的法学研究包括法史学的研究,已经走过了40年的历程,取得了明显的成就,有着长足的进步。但是,我国的法学研究在发展过程中屡遭挫折和磨难,至今发展现状尚难以令人满意,有人称之为"法学的幼稚"。对于这个论断,法学界见仁见智看法不同。如果我们实事求是地、冷静地考虑一下,此言不无道理。

只要我们反思一下,建国40年来的中国法学,在党的十一届三中全会以前29年里的情况,就完全可以理解。在那29年里,公开出版的法学论著,为数很少。虽然翻译了俄文版40至50年代初期的法学教材(当时是必要的),但我国自己编写、公开出版的教材,好像只有法律出版社在1957年前后出版的《中华人民共和国宪法讲义》《中华人民共和国刑法讲义》等书而已。在那极"左"思潮的法律虚无主义指引下,法律教育几乎是一张白纸,教学上以政策业务代替法律知识。在那以阶级斗争为纲的年月,政治运动一个接着一个,法学界同理论界一样,不少人被打成敌对分子,剥夺了发言权;不少人也只能是解释政策,只能是"引经据典",只能是"唯上唯书是从"。否则就要冒当"反面教员"的风险。平心而论,在那种政治环境和生活环境的严峻气氛下,我们决不能责怪法学界知识分子不够努力。粉碎"四人帮"以后,党的十一届三中全会倡导以实践为检验真理的唯一标准,拨乱反正,法学和法律教育才获得了新生,法学界从零开始,十年来成绩显著,有目共睹。迄今为止,严格讲,我们走上具有中国特色的社会主义法学道路才仅仅十岁,正是处于少年时期。说是幼稚的法学,我看恰如其分,如实地反映了法学现状的实际。

我们法学界是不是就满足于这样幼稚的法学现状,而不把我国法学从少年推向青年、壮年呢?我想决不会有人愿意这样想的。值得欣慰的是,我国的法学界在坚持四项基本原则的前提下,坚持改革开放方针,更新观念,开拓创新,探索前进。因此,我满怀信心地祝愿我们法学界的老中青知识分子团结协作、更新观念,走向我们法学的青年壮年和成熟时期,在社会主义世界乃至全世界的法学园地里争艳斗葩。

二、深化改革呼唤着法学更新

这些年来,在改革、开放、搞活的新形势下,随着社会主义有计划的商品经济的发展,竞争机制、利益机制、市场机制的浪潮,冲击着我国社会科学界。人们感到某些传统的僵化了的理论观点,不但不能说明和解决改革中出现的实际问题,而且还阻滞着改革的进程。于是,学习和研究马克思主义基本理论,在马克思主义指导下研究和探讨当代重大的政治、经济、社会理论问题,作为一项紧迫任务,提上了议事日程。通过对社会主义的理论和实践的深入研究,我们明确了我国正处于社会主义初级阶段,要大力发展社会生产力,发展有计划的商品经济,突破了社会主义只能有一个固定模式即苏联模式的僵化观念,树立了根据不同国家的国情特点,社会主义可以有多种模式的正确思想,坚定不移地走建设有中国特色的社会主义的道路。通过对马克思列宁主义的全面、系统研究,确立了实事求是、一切从实际出发的思想路线。当前最根本最主要的实际亦即最大的实际,是在社会主义条件下,以经济建设为中心,大力发展社会生产力。摒弃以阶级斗争为纲、片面强调阶级斗争,并用新的社会主义经济模式来改造和代替旧的传统体制模式,更新了一系列的观念,如计划、市场、价格等观念。明确必须把计划经济和市场调节有机地结合起来。同时,对于资本主义历史及现状的全面分析,根据改革实践,澄清了是非,把那些本来不是社会主义的东西附加给社会主义,把一些不是资本主义特有而是社会化生产和商品经济所共有的东西说成是资本主义的传统错误看法扭转了过来。既明确了社会主义与资本主义的界限,又明确了资本主义社会有许多东西是可以借鉴的。

同样,深化改革,必然要求繁荣法学,我们突破了苏联斯大林时期的某些法学理论,坚持马克思主义法学理论同我国实践相结合的原则。建设高度的社会主义民主和完备的社会主义法制,是我国社会主义现代化建设的一个重要目标和任务,是党和人民的共同愿望。因此,我国加强民主健全法制,厉行法治,依法治国,从人治走向法治,"法制必须贯穿于改革的全过程","必须一手抓建设和改革,一手抓法制"。民主法制建设必须从我国的实际出发,沿着社会主义方向和轨道有秩序地逐步进行。坚持四项基本原则,反对资产阶级自由化,才能真正繁荣社会主义法学。

三、法史学也需要观念更新

法史学是法学与史学的交叉学科,涉及法学和史学两个方面的观念更新。从现状说,"法学的幼稚与史学的危机"兼而有之。法学的幼稚我们上面已经谈到;史学的危机表现在哪些方面呢?从社会客观方面说,"历史无用论"相当流行,史学得不到社会重视,历史学的社会功能得不到应有的承认,遭到"冷落"。从史学界主观方面说,我国史学研究的脱离现实,方法单一,模式陈旧,范围狭窄,史学功能的"启示作用"未能引起广泛注意。历史是以人类社会已经过去的现实为对象的一门学科,史学的社会功能,诚如清代章学诚(1738—1801)所说:"上阐古人精微,下启后人津逮。"要做到"古为今用"。史学的启示作用,应当与现实生活密切相关。现实生活中某些重大问题,应该而且可以从历史的启示(经验教训)中得到解答。这就是说,史学的启示作用应当是为当前改革、开放、搞活的正、反两方面提供借鉴,在两个文明建设中发挥其社会效益,以满足新的伟大时代的要求。史学的研究虽不能直接转化为生产力,但它可以通过提高生产力的主体——人的道德文化素质间接地反作用于生产力。因此,史学只要从封闭状态中走出来,提供有关对国情和社会的认识,从历史的角度帮助人们了解社会,了解世界,关注和研究与社会现实和经济建设等密切相关的问题,通过自己研究的成果参与社会决策,并对改革的前景,作出科学的预测,以最大限度地纠正和减少失误,史学是可以发挥作用的,前途也是无限光明的。法史学也完全一样。

法史学既然具有法学和史学的二重性,同法学和史学的研究一样,要进一步提倡学术自由,真正贯彻执行实事求是、百花齐放、百家争鸣的方针,允许不同观点的存在,真正做到"科学研究无禁区,科学研究无顶峰"的原则,公民的学术自由得到政治民主的保障,我们法史学界是完全能够更新观念的。反之,如果我们故步自封,抱残守缺,死守着僵化的脱离生活、脱离实际的理论,不在突破中更新观念,那么幼稚与危机,将成为法史学前进道路上的障碍。

四、法史学怎样更新观念

我提出以下八个问题,与法史学界同志们共同商榷。

(一)关于法史学与法律文化

当前我国的法史学分作四个分支学科,即中国法制史、外国法制史、中国法律思想史与外国法律思想史或西方政治法律思想史,偏重于中外法律制度和法律观点的论述,对于历史上人类法律实践活动如思维、立法、司法、执法缺乏有机的、总体的、规律性的探讨。把制度史与思想史分开是19世纪末20世纪初从日本引进的。中国古代从《汉书·刑法志》开始的历代刑法志,从来就是将法制史与法律思想史融为一体的。从法律文化这一概念来说,历代刑法志实际上是法律文化史,包含法律思想(主要是统治集团的法律思想)、法律实践即立法与司法实践,对于各该王朝的法律文化作了有机的、总体的,但不是规律性的描述,可以说熔法律制度与法律思想于一炉,是我国的传统。现代各国法学界颇致力于法律文化的研究,值得我们法史学界注意。我国法史学界于50年代初期在讨论法律继承性问题时,曾有人提出法律文化这一概念,引用列宁在《共青团的任务》中谈到无产阶级文化时所说的:"只有确切通晓人类全部发展过程所造成的文化,只有改造这种已往的文化,才能建设无产阶级的文化。""无产阶级文化应当是人类在资本主义社会、地主社会、官僚社会压迫下所创造出来的知识总汇发展的必然结果。"法律文化(包括法律制度和法律思想)也是人类全部发展过程中所形成的文化的组成部分,当然也有批判地继承的问题。后来在极"左"思潮的大棒下,不但不再提法律的继承,也不再谈法律文化了。现在,法学界,尤其是青年法史学工作者,研究法律文化的基础理论已经迈开了进军的步伐,值得欣慰。我们更新观念,改革法律教育,不如把法制史和法律思想史合并为法律文化史,把原来的法史学分为中国法律文化史与外国法律文化史。我这种法史学改革的设想,希望引起我们法史学界的争论。

(二) 关于法史学与传统文化

不同的民族有不同的传统文化,各国不同类型的法律制度和法律思想,都受不同历史背景下的传统文化影响而形成自己的特色。在关于文化的讨论中,对待以儒家思想占重要地位的中国传统文化,有的主张砸碎儒家学说,实行全盘西化,有的主张中国只能"西体中用"才有出路;也有认为必须重建儒家的第三繁荣期;有人认为中国未来的文化应当是中国传统文化的继续,又是高于传统文化,在吸纳、消化外国文化之后,既是世界文化的一部分,又具有中国的特点。法史学对待传统文化所形成的法律制度和法律思想采取什么态度,似未展开讨论。基于我国是处于社会主义初级阶段的国家,也是发展中的国家,对于长期形成的封建传统的法律制度和法律思想,是应该扬弃的糟粕多于可以继承的精华,但借古开今,可以作为教训与启迪;相反地,正是应该更多地借鉴已经走上现代化的外国的优秀法律文化成果,才能健全我国社会主义民主与法制建设。但这绝不是法律制度和法律思想的全盘西化或照搬。法律制度和法律思想都有它的发展规律,都离不开民族传统文化的继承和发展。中国民间向来有"天理、国法、人情"这种传统文化的思想和实践。天理相当于自然法,其地位处于国法之前,意味着封建君主制颁法律不能悖于天理(主要指公平、正义);人情与国法并称,民间又有"法律不外乎人情"的俗谚,意指人际关系的准则,也包括道德、宗教准则在内。在社会主义社会,人情的涵义与封建社会相比发生了质的变化。遗憾的是一些当官的按照"关系"来执行法律,没有更新观念。还有"讲面子"也是人情的表现形式之一,我国《民法通则》关于承担民事责任的方式中有消除影响、恢复名誉和赔礼道歉,这难道不是民族传统文化的影响吗?穆斯林国家的传统文化与伊斯兰教义分不开。轰动世界的《撒旦诗篇》事件,自从1989年1月14日伊朗电台播放了宗教领袖霍梅尼的死刑令,号召穆斯林找到并处死该书作者英籍印度人萨尔曼·拉什迪,伊朗政府并悬赏400—600万美元来要拉什迪的人头后,一片杀气腾腾的恐怖气氛笼罩着英国和世界,激起了轩然大波,并由宗教领域扩张到政治领域,影响到各国之间的关系(首先是伊朗与英国断交)和世界政治形势。这难道不是由传统文化所引发的国际风波吗?因此,法史学要更新观念,重视中外各国传统文化的研究和讨论,从深度和广度上丰富自己。

(三)关于法史学与历史分期

法史学是法学与史学的交叉学科,它的纵向研究,离不开分期问题。传统理论依照社会历史类型或者古代、中世纪、近代、现代划分,无论中国历史或外国历史都存在一些问题。恩格斯肯定了摩尔根(L. H. Morgan)文明社会"始于标音字母的发明和文字的使用";把人类文明史称为"有文字记载的历史",把"成文史以前"的历史称为"人类的史前史"。我国学者据此认为只有殷商时期有了文字(盘庚迁殷后有了甲骨文)才有文字记载的历史。一般又主张夏禹传子为我国文明和国家的开始,但考古学界不承认夏文化这一概念。1987年发现的辽西文化从辽西出土的古墓中发见文字,被论证为我国5000年前即已有了文字。近人骆宾基研究金文10余年,著有《金文新考》一书(山西人民出版社出版),论述金文早在甲骨文之前就已存在,我国最早的文字产生于公元前2300、2400年之间,从"炎黄五帝"时期至夏以前相当长的历史阶段,不再是史前时期。那么中国国家和法的起源似应推前,与《史记》的文献记载相吻合了。况且文字是文明的一个标志也不排斥有例外的存在。秘鲁的文明只有结绳记事而无文字,印加人没有书面文字却有高度发达的文化艺术和组织严密的管理机构。我国古代匈奴虽没有文字但已建立了国家。还有中国是否存在过奴隶社会?封建社会究竟始于何时?也值得再研究。这些中国历史分期的主张,当然影响我们法史学的观念更新。同样,外国历史分期也存在着影响法史学的问题。宗教法包括古印度的《摩奴法典》、天主教教会法和伊斯兰法。伊斯兰法出现于中世纪,但它在现代阿拉伯世界不是仍然在一定程度上起着法的作用吗?

(四) 关于法史学与哲学史

法史学与哲学的桥梁是哲学史。哲学界的现状是否贫困?由哲学界去讨论。但是可以肯定,哲学也存在着观念更新的问题。钱学森同志基于科学知识体系仍旧沿用100年前的分类法即分为自然科学、社会科学和哲学三类,以及哲学只讲阶级性不强调真理性,提出了更新观念的看法。我们法史学在分析有关人物思想的哲学基础时,也习惯于用唯心主义和唯物主义两大阵营的观点,对历史上的法学思想,不是唯心主义就是唯物主义来给以限定。并且认为只有唯物主义才是进步的,唯心主义则是反动的。这不是历史唯物主义者所应取的态度和方法。我们应该从社会发展的观点,历史地、实事求是地评价历史上的法学思想以期得出正确的结论(参见列宁:《哲学笔记》第365页和《马克思恩格斯选集》第三卷,第527—528页)。

(五)关于法史学与社会发展动力

传统理论强调阶级斗争是社会发展的唯一动力,是法律制度和法律思想发展规律的主线,忽视了马克思反复阐明的法归根结底是由社会物质生活条件决定的观点(《马克思恩格斯选集》第一卷,第268页),物质生活条件主要以生产力为基本因素,与多种社会要素交互作用的合力规律,所谓多种社会要素交互作用的合力规律,即物质生产、生产关系的生产、精神生产,人本身生产交互作用的合力规律。以此分析物质生活条件,分析被它所决定的法律制度和法律思想的发展规律才是比较全面的。

(六)关于法史学与研究方法

近年来,随着科学技术的革新浪潮,开始以系统论、控制论、信息论为标志的现代自然科学方法运用于法学、历史学和法史学的研究。马克思主义中已有系统论的整体性、层次性、结构性、联系性原则,马克思也早已把人类社会看作一个整体进行历史研究。"三论"总结了马克思时代所不可能有的科学技术成果和更广阔丰富的社会生活内容,它丰富了马克思的初步系统思想。新的时代必然产生新的思维,运用"三论"方法可以开阔人们的视野,丰富人们的思维形式。马克思主义本身是一个开放的、发展的体系而不是封闭、凝固的学说,它绝不会拒绝而只会欢迎新事物、新思想并丰富和发展它自身的体系,这是可以肯定的。

(七)关于资本主义国家的法律制度

传统观念对于资本主义国家进入垄断资本主义阶段后的法律制度和法律思想,完全否定,这也不是实事求是的态度。当代资本主义国家从社会主义国家借鉴了很多有用的决策,如利用国家政府的宏观调节,吸引工人和人民群众参与企业与社会管理,扩大福利事业,缩小分配差距等,资本主义生产社会化程度更进一步提高。社会主义国家也要善于吸收当代资本主义的肯定成果以改善和完备自己的法律制度。对待当代资本主义国家法律制度和法律思想,需要更新观念,要树立博采精华,抵制糟粕,坚持原则,适当斗争,长期共存的战略观念,再也不能简单化、绝对化地一概否定了。

(八) 关于巴黎公社经验的再认识

传统观念对于巴黎公社所创建的议行合一制,认为是无比宝贵的经验。巴黎公社虽然是无产阶级政权,但不是社会主义国家。马克思、恩格斯只说过巴黎公社是"无产阶级的政府",是"无产阶级专政"的一种形式,但他们没有说过巴黎公社就是高于资本主义社会的共产主义社会第一阶段的国家形式。同样,马克思赞赏巴黎公社的议行合一。但他没有说过议行合一是社会主义国家政治组织的普遍原则。现实的社会主义社会中议行合一制度在实行过程中所以存在弊病,就是没有实现巴黎公社式的民主。巴黎公社赋予选民以直接选举和罢免公社委员的权利;由选民的选举、罢免权来制约议行合一。对巴黎公社的经验,我认为,应该同对其他一切经验一样,必须进行历史唯物主义的分析研究,必须结合国情和民族传统予以运用,决不能照搬照抄。

五、简短的结语

马克思说:"人们按照自己的社会关系创造了相应的观念。"因此,观念同它所表现的关系一样,不是永恒的。在现实生活中,观念的更新要迟缓得多,复杂得多。

在任何探索中都会犯一些不可避免的错误和发生一些偏离正确轨道的现象。同时,所有新东西起初常都被看作是错误的。我们对于在学术讨论中表现出来的被认为是错误的观点,只要不是反对、敌视四项基本原则的,就应该采取讨论的方法、说理的方法、批评的方法,摆事实、讲道理,坚决贯彻"双百"方针。这是使我们法学顺利发展的必不可少的精神条件。只有这样,才能使学者们习惯于不怕犯错误,大胆解放思想,在勇敢地突破旧的与实际脱节的理论中不断创新。

本文是关于法史学观念更新的思考,既然是思考,表明仅仅是我个人很不成熟的想法,不可能完全正确,错误是难免的。目的是借以抛砖引玉,引起大家来共同进行更新观念的讨论。

原载于《外国法制史论文集》(中山大学出版社1990年版)

包拯的儒法兼容

包拯对于打击犯罪及惩罚犯罪的思想,以儒家思想为主,兼有法家思想。

一、儒家的法律思想

儒家创始人孔子(公元前551—前479年),继承和发展了周公的"礼治"和"明德慎刑"思想,主张"为政以德"的德治,重视道德感化作用和统治者个人的以身作则的表率作用。他说:"道(导)之以政,齐之以刑,民免而无耻;道之以德,齐之以礼,有耻且格。"意谓统治者以法令和刑罚手段治理人民,虽可使人不敢犯罪,但并不懂犯罪可耻;如果用道德去感化并加强礼教,老百姓就会感到犯罪可耻,自愿遵纪守法。

他的德治思想要求统治者对人民必须"宽""惠","宽则得众""惠则足以使人";他提倡教化,反对"不教而诛";要"宽猛相济","宽以济猛,猛以济宽,政是以和"。他认为刑罚只应作为德化的辅助手段,这就是德主刑辅的思想。

他还有"必也无讼"的思想,他说:"听讼,吾犹人也,必也使无讼乎。"意谓要是我审讯诉讼,也同别人一样,但我一定要使争讼双方"化干戈为玉帛",达到"无讼"的境界。古代"狱"与"讼"是两个不同概念,狱指刑事犯罪,而讼是民事争讼。古代民刑不分,尽管是钱债、户婚、土地纠纷等,还是离不了刑事惩罚。

《尚书·大禹谟》:"汝作士,期于五刑,以弼五教,期于予治,刑期于无刑。"这种"刑期无刑"的思想,是说法刑的目的,乃在使天下以后无犯罪之人,而期望刑罚可从此无所施用。也就是说,对犯罪人施加刑罚,使之悔过自新,导致不再犯罪;与之同时,对犯罪人施加刑罚,对社会也起了惩一儆百的作用,导致一般人不至于走上犯罪道路。这种刑期无刑的思想正是与"德主刑辅""必也无讼"的精神一致的。

以上孔子的法律思想,后来经过孟子(约公元前 372—前 289 年)和荀子(约公元前 298—前 238 年)以及西汉董仲舒(约公元前 179—前 104 年)等的继承、发展和改造,终于形成后来封建正统法律思想的核心。所以《唐律疏议》明确指出:"德礼为政教之本,刑罚为政教之用。"

二、法家的法律思想

法家主张以法治国,是指封建君主专制统治下的法治。法家的主要代表人物,有春秋时期的管仲(?—公元前 645 年),战国初期的李悝(?—约公元前 395 年),战国中期的商鞅(约公元前 390—前 338 年)、慎到(约公元前 395 年—约前 315 年)、申不害(约公元前 385—前 337

年),战国末期的韩非(约公元前280—前233年)、李斯(？—公元前208年)。法家著作保存下来比较完整的有《商君书》《韩非子》以及后人纂辑的《慎子》《申子》残篇和托名管仲的《管子》。

法家法律思想的核心是"依法治国"的法治,要求"不别亲疏不殊贵贱一断于法"。主张不务德而务法,认为只能"以力服人",强调以国家暴力为后盾的法律的作用。他们强调治国的关键是法而不是人。

法家推行法治的做法:1.实行法治必须有法可依,"依法办事"。但统治者不能立禁太多,法令如牛毛。2.必须使法令成为人们言行的唯一标准。因此,必须用成文法的形式公布于众,使民不敢犯,吏不敢擅断;必须使法令具有绝对的权威;他们主张"禁奸于未萌",要求"以法为教""以吏为师",实行文化专制。3.信赏必罚,赏厚重罚。"民信其赏,则易功成;信其罚则奸无端""罚不讳强大,赏不私近亲",赏罚要公正。他们坚决反对赦罪和减免刑。商鞅以主张重刑著称,即刑多而赏少,反对滥赏。所谓"禁奸止过,莫若重刑"。主张"以刑去刑",《商君书·靳令》说:"重其轻者,轻者不至,重者不来,此谓以刑去刑,刑去事成。"

本来,法家所谓法、势、术三者,商鞅重法,慎到重势,申不害重术。《管子》书中提出了三者结合的意见,韩非发展了"以法为本",使法、势、术结合,才能实现法治的思想。"势"指权势,君主如果无权势就不能发号施令、行赏施罚,也就根本谈不上法治。"术"指君主掌握政权、贯彻法令的策略和手段。所有这些为秦皇朝统一的专制主义中央集权准备了理论基础。

三、包拯法家思想的言行

1. 包拯十分重视法律对封建国家的作用,主张"以法治国"。他在《上殿札子》中说:"法令既行,纪律自正,则无不治之国,无不化之民。"他的有关法治的言行与法家的法治思想如出一辙。

2. 包拯对于犯罪行为中尤其是以动摇宋王朝统治的重大犯罪,主张从重从快严加诛戮。《论妖人冷清事》二章,对于冒充皇子的政治骗子冷清,他认为:"天地所不容,人神所共弃,岂宜引用常法迁延不断?"要求"特出宸断,速令诛夷"。在《乞断韦贵》中,对韦贵身为保州兵马监押供奉官,在保州兵变中不能死节,反而为其戎首,同恶相济,致朝廷用兵攻取,累降诏谕,方始开门纳款。他认为不能因其投降而加宽贷。对于韦贵降充岳州监税,欲乞重行处置,以伸国法。如果未便遽行严断,即乞于远处编管。

3. 包拯对待某些贪赃枉法官吏,主张"法外重行"。例如《请依旧封弥誊录考校举人》中主张:"其逐处试官、监试官如稍涉徇私及请托不公,并于常法外重行处置。"在《请法外断魏兼》中说:"伏望圣慈特出宸断,法外重行,以警贪猥。"在《乞断向绶》中表示:向绶迫死太常博士江中立事,"所系事体甚大,欲望圣慈特于法外重赐裁断,以戒将来"。在《请重断张可久》中说:"乞不原近降疏决,特于法外远地编管,以励将来。"

所谓"法外重行",是对犯罪人于法律规定以外加重处罚。不过,包拯提出的"法外重行",并非将它作为一般的普遍原则提出来,他只是对于处理某些犯罪或某些犯罪人(主要是赃吏)的具体意见提出来的。这些罪犯都是统治阶级内部成员。按照北宋封建法律,他们都享受某些法律赋予的特权,如"议""请""减""赎"和"官当"等等。他所谓"法外重行",正是指对于这些官员,"不依原减之例",即对他们取消封建法律规定的"议""请""减""赎"和"官当"等办法,也就是对他们不减免刑罚,实际上体现了"罚必当罪"的原则,反映了包拯为超越法定特权限制的公正无私精神,显然是难能可贵的。

4. 包拯主张加重边吏的保任责任。他在《请重坐举边吏者》中,对于枢密直学士知益州蒋堂为奉举前保州(今河北保定市)通判秘书丞石待举不当,罚铜40斤,感到处罚太轻。因为石待举残虐屯兵,刻削廪食,群凶相扇,固守城壁,杀害民吏,几成大患。原其情状,免死犹示塞责,而保任石待举的蒋堂,只从轻典,罚铜了事,这种处分,不足以警戒其滥举的过错。他认为河朔三路,军民财赋,事多繁剧,长吏僚佐,尤在得人,所以申命近臣,同罪保举(被保举的人有罪,保举人同罪),这是国家慎重选擢边吏应有之举,而论荐之人,不能体认朝廷求实才备急用之意,只因为素来有关系,或昵于爱私,或迫于势要,或通于贿赂,势不得已,因而举之,根本说不上详细了解被保举人是否有材器,是否有德行,这样人一旦用之,为国生事,给国家带来祸患。对于荐举边吏,确实不可不深思熟虑,慎重其事。因此,"臣欲乞今后应河北、陕西、河东知州军、通判、兵马都监已下,依旧令两制(北宋前期草拟'外制'的知制诰和草拟'内制'的翰林学士)以上臣僚,举曾历三路差遣,谙悉边事京朝官及武职等,委是精当,方得以次选用。如擢用后稍不如举状,并乞同坐,重行朝典"。这种保举人因被保举人犯罪而连坐保举人的保任制度,加重保任责任,目的是为了巩固边防。但同罪连坐,精神上与法家商鞅牧司连坐是一致的。

5. 包拯关于严惩臣僚中的"非所宜言"。他在《弹李淑》三章中说：李淑父子蒙国厚恩，官职俱显，只以累守外郡，未获大用，竟怀怨愤，遂借前代为名，讥切本朝，迹其用心，罪不容诛。又于吕夷简墓志有"遏猾鸡晨"之语（仁宗本系李宸妃所生，真宗皇后刘氏即章献太后垂帘听政，被讥为"牝鸡司晨"）。又说李淑"作《周三陵诗话》，语涉怨愤，非所宜言""昔汉宣帝时，杨恽但以怨刺之言，尚坐弃市，迹淑罪状，不赐显戮，已为宽贷。"他对李淑罪行，虽未请求按不敬治以十恶罪，只是"伏望陛下检会臣前后札子，特出宸断，与之外任，或令侍养，庶几稍塞中外之议"。仁宗据奏先后罢李淑翰林学士和侍读学士。但从法律思想看，包拯承袭了封建历史上"觖望"即"怨望""腹诽""非所宜言"（说了被认为不应该说的话）等思想犯罪的观念。封建帝王用这种手段来钳制人民的思想、言论，目的无非是压制人民的不满和反抗以维护封建统治。这种秦始皇以来的思想犯罪，显然又是法家思想的组成部分。

四、包拯儒家思想的言行

1. 明盛之君必务德泽、罕用刑法。他在《请不用苛虐之人充监司》中说："且治平之世，明盛之君，必务德泽，罕用刑法。故董仲舒曰：'阳为德为春夏，当和煦发生之时；阴为刑为秋冬，在虚空不用之处。'以此见天任德不任刑也。王者亦当上体天道，下为民极，故不宜过用重典，以伤德化。昔暴世法网凝密，动罹酷害，下不堪命，卒致溃乱。老子曰：'其政察察,其民缺缺;其政闷闷,其民淳淳。'臣愿圣明鉴于此言而无忽焉。"他劝仁宗多施德化,少用刑法,并引证董仲舒天人感应的话来推论"以此见天任德不任刑,王者不宜过于用重典以修德化"。这是儒家任德不任刑、德主刑辅的思想。

2. 用刑法惩治犯人要实事求是公正合法。包拯在《请重断张可久》中,因前淮南转运按察使司勋郎中张可久招伏,在任日于部下兴贩私盐一万余斤,案下大理寺,他恐怕大理寺引用应犯违禁等物,并以现捉获斤两条贯定断。而张可久贩私盐已经卖去,别无现在,议罪必轻,况前件条贯,本来是为老百姓贩卖私盐而设立的规定。包拯认为:对于赃官兴贩各项违禁物,不以现在或废用为计赃标准,应该实事求是以原犯斤石罪名定断;至于老百姓所犯,即依旧条贯施行。原来我国封建法律,"以赃为罪"原则指导下的量刑关系,是按赃物多寡量刑的。《宋刑统》"受所监临赃",官人于所部买卖违禁物(盐)有剩利者,计利以乞取监临财物论,而乞取监临财物要比受所监临财物加一等处罚。如果依私盐现在或废用为准,张可久所贩私盐早已不存在,议罪必轻。包拯为反腐倡廉、严惩贪污计,主张以原犯斤石罪名定断,对官吏与老百姓贩私盐区别对待符合立法精神,罚当其罪。

3. 关于入谷赎罪筹足边防军粮。包拯在《天章阁对策》中,谈到河北灾荒、军粮不足,财赋空虚,如何有备无患、筹足边防军粮问题时,说:"臣尝读《汉书》,宣帝时以西羌未平,京兆尹张敞建议,愿令有罪、非盗、受财、杀人者(对犯罪人只要不是强盗、官吏收受贿赂、杀人三种情况),皆得以差入谷赎罪。欲乞下有司议,其罪犯可以赎者,条具事件,差入谷多少,俾河北州军得以赎罪,此亦权宜济用之一端尔。"他根据汉宣帝时张敞的建议,除了强盗、贪污受贿、杀人以外,凡是犯罪者,都可以按刑罚轻重入谷赎罪。建议有关部门官员讨论,关于可以用谷赎罪者,条具事件和入谷数，作为权宜之计。关于入谷赎罪办法，汉宣帝时张敞提出来后，当时就受到人们的批评，如《汉书·萧望之传》即指出："如此富者得生，贫者难免，是贫富异刑而法不一也。"封建社会贫富悬殊，入谷赎罪的办法，有利于富人，不利于穷人，尽管包拯的建议是筹边粮在沿边军的"权宜济用之一端"，他也未必不知道《汉书·萧望之传》所说的弊端。仁宗提出让有关部门讨论时，都以同样理由予以否定。包拯在《天章阁对策》中此一建言，据《续资治通鉴长编》称是皇祐元年（1049年）三月庚子"先是户部副使包拯答诏"云云。而《宋大诏令集》"律外条贯别定赎法诏"，则是庆历三年（1043年）九月癸巳，该诏令说："先王用法简约，使人知禁而易从；后代设茶盐酒税之禁，夺民厚利，用刑滋章。今之编敕，皆出于律外，又数更改，官吏且不能晓，百姓固未尝闻之。若有一犯，而徒流相继，身体发肤以之毁伤，父母妻子以之离散，情虽可衰、法不可赎，岂礼乐之化未行而专用刑罚之弊欤？孔子曰：'礼乐不兴则刑罚不中，刑罚不中则民无所措手足。'此之谓矣。汉文帝使天下之人入粟于边，以受爵免罪，而几无刑措……其令御史台、审刑院、大理寺并编敕所，同议律外条贯，或细民难知，或人情不免，或冒利犯禁，或奢侈违令，或过误可悯之类，别定赎法，乡人以谷麦、市人以钱帛，使民重谷帛，免刑罚，则农桑自劝，富寿可期。繄尔辅臣，仰体予意！"《宋史·刑法志（刑法三）》载："诏下，论者皆以为富人得赎而贫者不能免，非朝廷用法之意。时命辅臣分总职事，以参知政事范仲淹领刑法，未及有所建明而仲淹罢，事遂寝。"《宋史·刑法志》接着又说："终宋之世，赎法惟及轻刑而已。"这就是说，宋仁宗下诏后尽管当时未能定夺，但其后事实上还是对轻刑犯罪实行了赎刑。包拯恰是庆历三年被仁宗任命为监察御史里行的，他对于上述诏令是知道的。他体会到仁宗按儒家德治主义法律思想立赎刑以对待薄刑的，这才于皇祐元年他做户部副使时答诏中提出沿边州军在一定范围内实行赎刑以充实边防粮食的。

4. 关于防免冤滥和疏决人犯。包拯按照宋代封建法律,断罪有程限,违反规定程限则为"淹迟";拖延诉讼是违法行为,对当事人(原被告及有关证人)更为不利。包拯为防刑罚冤滥,在《请令提刑亲按罪人》中说:"……春州(今广东阳春)禁勘罪人,追捕甚众,缧系(羁押)二百余日,凡该大辟罪(死罪)者四五人,徒罪不少,亦不闻提刑司推究淹延之状,洎转运司取公案委官定夺,果有失入死罪(不该判死罪而判了死罪)等……窃恐天下刑狱,似此冤枉者至多。"他请求:"今后诸州军凡勘大辟罪不以军贼百姓五人已上并出违日限者,并委提刑司画时亲往审问决断,所冀刑狱无或冤滥。"这是为减轻诉讼拖累,要求提刑司定时往该管州县审问断决。

他在《请勘阎士良》中,谈到蔡州(今河南汝南)驻泊都监阎士良与知州陈述古互相攻讦,互论不法事件很多,官员人吏僧尼等出面陈首阎士良87状,干连人数不少。"炎酷方炽,缧系颇久,罪非本犯,情实可悯。且干连人等,应系照证,各有归著。如该杖罪已下之人,亦乞令本处一面先次决遣疏放,盛暑之际,免淹刑禁。"这就是说阎士良案有关人证,应速理勘清结,在炎夏酷热之际,凡是只该杖罪以下的人,应该迅速处理疏放,以免淹迟羁禁,使这些人蒙受不必要牵累。他又在《论疏决》中,谈道:"常年四五月内,皇帝亲临疏决罪人,并从减降,已成定例。"如庆历四年(1049年)诏疏决系囚,流、徒罪降一等,杖笞释之;杂犯至死,情可免者,奏裁。这是说已判杖罪、笞罪的,一律释放;流罪、徒罪的降一等。由于这种疏决定例,因而三司、开封府等处,当四月后,"应有收坐干连人,合行追勘公事,及寄杖人,多是用情拖延,等候疏决,深成敝倖"。他建议:"今后才入三月,应有合行结绝公事,严禁催促了当,仍令当职官员躬亲检举,庶绝奸弊。"

包拯关于注意诉讼淹滞，疏决人犯，减轻应该避免的诉讼拖累，是从民本主义出发的传统儒家刑罚思想。

五、包拯以儒家法律思想为主兼容法家思想

包拯关于惩罚犯罪的刑罚思想，以儒家思想为主、兼容法家思想，其原因有二：

1. 先秦的儒家思想，近据1993年10月湖北荆门郭店出土的《郭店楚简》，其中的儒家著作，填补了儒家学说史从孔子以后孟子以前100余年间子思著作的空白。他的《性自命出》说："性自命出，命自天（指社会力）降，道（指人道）始于情，情出于性，始者近情，终者近义。"这种性可以为善、可以为恶的无善恶论，说明先秦儒家学派从孔子"性相近"发展为孟子"性善论"的发展过程。先秦的儒家思想，自从汉武帝刘彻（公元前147—前87年在位）听信董仲舒的建议，罢黜百家、独尊儒学以后，儒家思想占据封建社会的统治地位。统治阶级贯彻儒家经典的教育，以儒家思想统治人民。董仲舒明确指出德主刑辅的理论，认为犯罪源于人性；他以阴阳五行之说说明"天任德不任刑"，君主治国自然应该"法天"，以德为本；又主张以三纲作为立法的基本原则，形成封建正统的法律思想。包拯身受儒家的正统教育，宋仁宗又是以儒家思想治理国家的，包拯惩罚犯罪的刑罚思想，理所当然以儒家思想为主。

2. 儒家法律思想在发展过程中，统治阶级鉴于秦始皇嬴政（公元前259—前210年）统一中国后采用法家思想而实施君主专制、不旋踵而亡

灭，因而改用儒家思想（汉初一度实施黄老思想）统治社会，但也不排除吸取法家思想中有利于巩固专制统治的内容，以利自己的统治，这就形成了儒法合流（当然以儒为主）。例如在封建专制统治下的"以法治国"（自然君主本身不受法律约束，而且可随时改变），制定成文法令，实行信赏必罚，等等。包拯为巩固北宋王朝统治，主张："法令既行，纪律自正，则无不治之国、不化之民。"而他自己执法不阿，不徇情，不枉法，正是把自己塑造成清官形象所完全必要的，也是符合宋王朝的需要的。他对于动摇宋王朝统治的十恶罪犯，主张严惩，对于贪污赃吏，他主张"法外重行"，等等，都是在巩固宋王朝统治、利国利民的前提下的言行。因而他是儒家思想为主兼容法家思想的政治家。

原载于《包拯研究与传统法律文化——纪念包拯诞辰千年论文集》（安徽人民出版社2001年版）

编后记

受同济大学法学院青年才俊、全国外国法制史副会长陈颐教授之邀,帮忙编辑"同济法学先哲文存"之《陈盛清集》,让我有机会缅怀陈老、进一步了解陈老的法学人生。

一、陈盛清生平

陈盛清(1910—2009),曾用名陈说,汉族,1910 年 11 月出生于江苏省溧阳县(今溧阳市)的一个农民家庭,8 岁入学,高中毕业后考入当时的公费学校——国民党中央政治学校大学部法律系,1935 年毕业。大学毕业后,陈老在江苏省立医政学院卫生行政科担任民法、刑法教员,此后至 1951 年,陈老先后担任国立云南大学法律系讲师、在母校国立政治大学大学部教授刑法、在杭州国立英士大学行政专修科任教授、在上海暨南大学法律系任教授,其间还兼任国立同济大学民法、刑法教授。除教学外,他还于 1938—1939 年在广西日报社担任编辑、1940—1941 年在教育部教科用书编辑委员会任编辑、1941—1942 年任当时的立法院法制委员会专员。

新中国成立后,陈老以暨南大学教授身份带职至北京中国新法学研究院学习,1951 年 1 月结业后被分配在政务院政法委员会参事室政治组任研究员,参加湖北武昌纸坊区土改工作;不久,调至中央政法干校国家法教研室担任教员。在中央政法干校期间,陈老被选派至中国人民大学国家法研究室向苏联专家学习苏联宪法、行政法等;后又被调至国务院法制局任研究员,并于1957年任国务院法制局《中华人民共和国法规汇编》委员会研究员,但随即于反右运动中被错划为右派,下放到湖北大别山区鄂东麻城农村进行劳动改造,1961年摘帽后就地安排在麻城县(今麻城市)任中学教师教授俄语。

1978年陈老被借调到中国社会科学院法学研究所,以常务编委名义参与编写新中国第一部《法学辞典》。在安徽大学"三顾茅庐"后,1979年陈老到安徽大学法律系继续发挥法学专家的作用,先后担任法律系主任、学校学术委员会副主任,1981年起开始招收法律史专业硕士研究生并取得学位授予点,成为改革开放后最早的一批硕士研究生导师。此外,陈老还是中国法学会发起人之一,曾任中国法学会第一、二届理事,第三届名誉理事;任中国法律史学会第二、三届学术顾问,第七届名誉理事;任全国外国法制史研究会第一、二、三届会长,第四届顾问,第七届功勋会员。此外,陈老还担任过安徽省政协第五届委员;安徽省社联第二届副会长;安徽省法学会第一、二届副会长,第三、四届名誉会长;安徽省律师协会第一、二届顾问;安徽省老年学会副会长。

二、学术成果与教学

陈老毕生从事法学研究。新中国成立前,在颠沛流离的求学、教学环境中,他著书立说,发表学术论文。他先后著有《五五宪草释论》(中国文化服务社,1946)、《公证法要论》(大东书局,1947)等著作。他还在《东方杂志》《新中华半月刊》《中华法学杂志》等刊物上发表法学论文五十多篇,其中既有对当时立法司法的研究,如《一个〈农村债务调解法〉的建议》(《政治评论》,1935,第 149 号)、《战时的民事诉讼——〈非常时期民事诉讼补充条例〉述评》(《东方杂志》,1941,第 38 卷第 17 号)、《论特种刑事案件诉讼程序》(《新中华》,1944,第 10 期);又有对普通民众法律问题的关注,如《法律是恋爱的藩篱》(《学生杂志》,1939,第 19 卷第 12 号)、《战后的婚姻问题》(《东方杂志》,1940,第 37 卷第 7 号)、《战后继承问题》(《中华法学杂志》,1944,新编 3 卷第 10 期);还有对当时社会法律问题的评论,如《厉行法治惩治贪污》(《新中华》,1943,第 11 期)、《关于汉奸的审判》(《胜流》,1946,第 3 卷第 9 期)。

中华人民共和国成立后,陈老以极大的热情投入到新中国的法制建设中,参加编写了《中华人民共和国宪法讲义》(法律出版社,1957)和新中国第一部《法学词典》(上海辞书出版社,1980),担任《中国大百科全书·法学》编委兼中国法制史分支学科主编,应邀参加中央民法起草小组召开的民法座谈会,参加了民法草案第二稿修改的全过程,主编了司法部、教育部统编教材《外国法制史》(初版、增订版)和国家"六五"重点科研项目《中国法律思想史·辽夏金元卷》(山西人民出版社,1998),并撰写法学论文二十余篇。1990 年后,已经告别讲坛、年逾八旬的陈老,仍笔耕不辍,专注于中国古代名臣包拯的政治法律思想及中国老年法学的研究,直至去世。

在教学方面,1949 年前,陈老先后在多所学校担任教员,教授刑法、民法。新中国成立后,由于历史原因,陈老一度离开了法学教育岗位,但他根据自身扎实的古文功底,又懂多国外语的有利条件,专门研究法制史,为 1979 年重新走上高校法学讲台奠定了坚实基础。作为安徽大学法制史专业硕士学位点的创建者、硕士研究生导师,陈老先后为本校研究生开设了中国法制史、外国法制史、中国民法史、中国刑法史、唐律疏议、历代刑法志、比较法制史、比较民法史、比较刑法史以及英美民法等课程；应邀为华东政法学院、中山大学法律系的研究生讲授比较法制史，担任南开大学法学研究所的研究员、法制史导师，为法制史专业的人才培养做出了重要贡献。陈老培养的硕士研究生，有的已成为我国法学界著名的法律史学专家，有的则成为司法实践中的实务专家。

三、主要学术思想

作为法学人，陈老在1949年前的研究涉及多个法学部门，既有宪法、行政法，也有民法、刑法，既有程序法也有实体法，既有立法也有司法。新中国成立后，他的研究主题在20世纪50年代主要是宪法，80年代后专业研究中外法制史。在几十年的法学研究与教育实践中，他将部门法与法律史学很好地融合到一起，形成了法学研究的整体观。

在法律史学研究方面，针对中国法制史、中国法律思想史、外国法制史与外国法律思想史在法学教育与法学研究方面的四科分支，陈老认为，这种法律史学分科虽然有利于法律史学研究的专门化，但也存在很多问题，特别是将法律制度史和思想史截然分开会造成"两张皮"现象。他认为，法律史学包括法律制度学和法律思想学。法律制度源于法律思想，因为先有思想，然后才有制度。因此在法学研究上，法律史与法律思想史的发展方向应融为一体，在法学教育课程体系中，本科不应区分法律制度史和法律思想史。

关于法律史和其他部门法的关系，陈老认为法史学既是法学和史学的交叉学科，又是法学基础学科，它虽不是应用法学，但却与部门法密切相关，"部门法学也不是从天而降的，也是由历史发展而来的"，每一个部门法的出现都是特定历史条件的产物。因此法史学研究应与部门法结合,拓宽视野,在部门法取得发言权;部门法学者也应当掌握部门法史,不了解部门法的过去,对立法司法就没有或很少有发言权。

关于法律史的研究方法,陈老认为法律史学的研究要善于应用考古发掘的资料,考古发掘的资料,一方面可以拓展法律史研究的视野,另一方面可以对现有资料拾遗补阙,甚至帮助辨析现有资料的谬误,从而获得可靠的法律史研究素材。

四、情缘法学、教书育人

陈老的一生是学习与研究的一生。大学毕业后,他一边当教员一边进行研究、发表论文;在国民党政府立法院法制委员会工作期间,也笔耕不断。新中国成立后在政法干校期间,陈老不仅学习外国法律,还自学俄语,为研究俄罗斯法律奠定了语言基础;在政务院法制局任研究员期间,利用自己的古文功底和懂多国外语的条件,专业研究中外法制史;担任中学教师期间,在教学之余阅读了《二十四史》《资治通鉴》《通鉴纪事本末》等古代历史著作,为法律史学专业研究积累了丰富的历史知识。告别讲坛后,陈老又专注于老年法学研究,结合中国传统文化和相关老年法律,研究中国特色的老年法学。

陈老一生情缘法学,与时俱进,思想清明,治学严谨。在法学研究方面,考虑到政治原因,陈老利用自身的多国语言优势和扎实古文功底,选择法律史学作为专业,从而既延续了法学情缘,又发挥了自身特长。在海南过冬期间,为研究老年法学,陈老戴着老花镜,手拿放大镜,查阅资料,撰写文稿。八旬高龄后,陈老还自学计算机知识,运用计算机处理文档。作为弟子,我有幸聆听了陈老"唐律疏义"和"历代刑法志"两门课,原文的讲解、研究的延伸、当时上课的情形至今历历在目,恍如昨日。在海南时，陈老得知我研究婚姻法，他在查阅自己所需资料的同时，还留意我的研究，帮我收集相关资料，细心地在他查阅的资料中做上记号，在我去看望他时，不仅告诉我书籍、史料中的相关内容，还给我他整理的索引字条。我为自己成为陈老的学生感到荣幸，他不断进取、严谨治学的精神，也永远激励着我前行。

陈老一生著作、论文很多，但《陈盛清集》容量有限，在编辑过程中，编者不得不有所取舍。如关于旧中国国民政府的法制研究论文，虽是法史研究的有益参考资料，但综合考虑时效与实用价值，只能忍痛割爱不予收录。在体例编排上，鉴于陈老的研究涉及面广，很难从学科上进行分类，为便于阅读，编者区分著作和论文，各以成果发表的时间先后顺序进行编排。编者虽尽最大可能地选取陈老作品以飨读者，但限于能力与学识，不可避免有偏颇、疏漏，敬请广大读者谅解。

本书在编辑过程中，受到了陈颐教授和商务印书馆责任编辑的大力支持，在此，衷心感谢陈颐教授的信任与帮助，衷心感谢商务印书馆责任编辑认真负责、精益求精的职业精神。

叶英萍
2023年5月于海口

图书在版编目(CIP)数据

陈盛清集/陈盛清著;叶英萍编.—北京:商务印书馆,2023
(同济法学先哲文存)
ISBN 978-7-100-22569-4

Ⅰ.①陈… Ⅱ.①陈…②叶… Ⅲ.①法学—文集 Ⅳ.①D90-53

中国国家版本馆CIP数据核字(2023)第099926号

权利保留，侵权必究。

同济法学先哲文存
陈盛清集
陈盛清 著
叶英萍 编

商 务 印 书 馆 出 版
(北京王府井大街36号 邮政编码100710)
商 务 印 书 馆 发 行
北京虎彩文化传播有限公司印刷
ISBN 978-7-100-22569-4

2023年8月第1版	开本 880×1240 1/32
2023年8月第1次印刷	印张 30½

定价：158.00元